PRISMA NWA | PHYSIK 4 | 5

Baden-Württemberg

Marion Barmeier
Joachim Boldt
Heinz Joachim Ciprina
Eycke Fröchtenicht
Gitta Heide
Klaus Hell
Michael Maiworm
Anke Méndez
Reinhard Peppmeier
Silva Wallaschek
Charlotte Willmer-Klumpp

Ernst Klett Schulbuchverlage
Stuttgart · Leipzig

Autoren: Marion Barmeier, Joachim Boldt, Heinz Joachim Ciprina, Eycke Fröchtenicht, Gitta Heide, Klaus Hell, Michael Maiworm, Anke Méndez, Reinhard Peppmeier, Silva Wallaschek, Charlotte Willmer-Klumpp

Unter Mitarbeit von: Günter Herzig, Wolfgang Zeiller

1. Auflage 1 7 6 5 4 | 2010 09 08 07

Alle Drucke dieser Auflage sind unverändert und können im Unterricht nebeneinander verwendet werden. Die letzten Zahlen bezeichnen jeweils die Auflage und das Jahr des Druckes.

Internetadresse: www.klett.de

Redaktion: Markus Hanselmann

Layoutkonzeption und Gestaltung: Matthias Balonier, Infografik, Lützelbach
Unter Mitarbeit von: Elke Kurz, Kernen i. R.
Mediengestaltung: Christine Guntrum

Illustrationen: Matthias Balonier, Lützelbach; Joachim Hormann, Stuttgart; Jeanne Kloepfer, Lindenfels; Angelika Kramer, Stuttgart; Karin Mall, Berlin; Alfred Marzell, Schwäbisch Gmünd; Tom Menzel, Rohlsdorf; Otto Nehren, Achern; Gerhart Römer, Ihringen
Umschlaggestaltung: KOMA AMOK®, Kunstbüro für Gestaltung, Stuttgart

Reproduktion: Meyle + Müller, Medien-Management, Pforzheim
Druck: Firmengruppe APPL, aprinta druck, Wemding

Printed in Germany
ISBN-13: 978-3-12-068735-1
ISBN-10: 3-12-068735-9

9 783120 687351

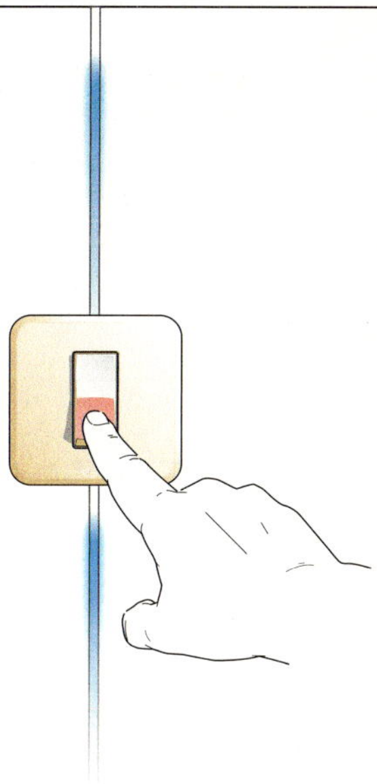

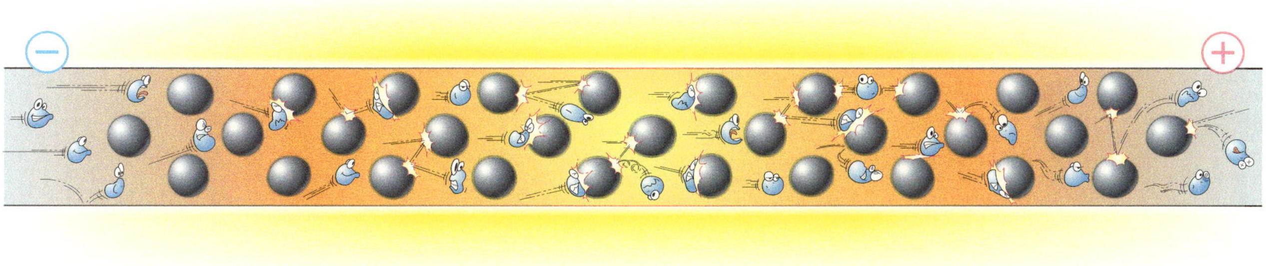

62 Arbeit und Leistung

78 Energie

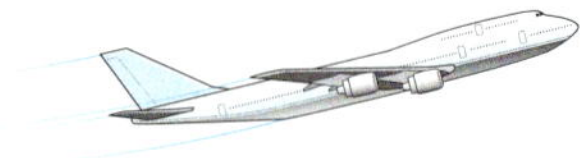

92 Warm oder kalt?

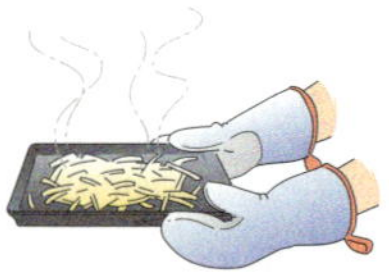

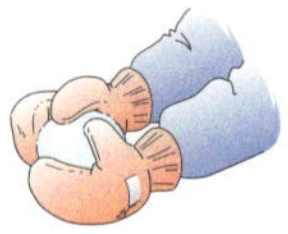

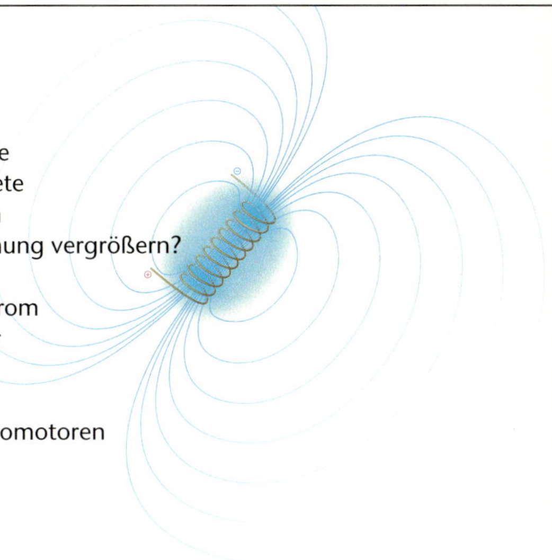

118 Elektromagnetismus

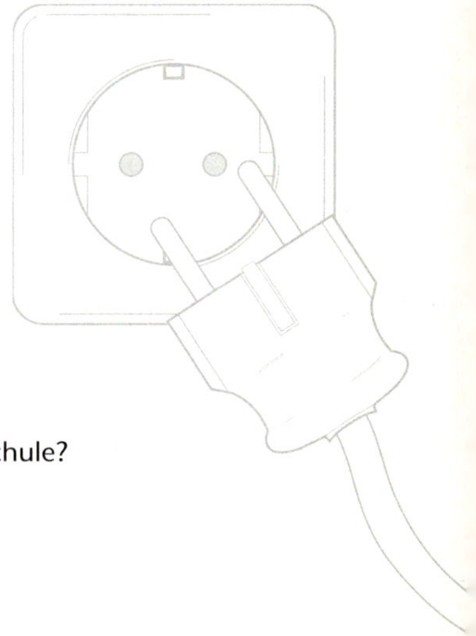

138 Elektrische Energieübertragung

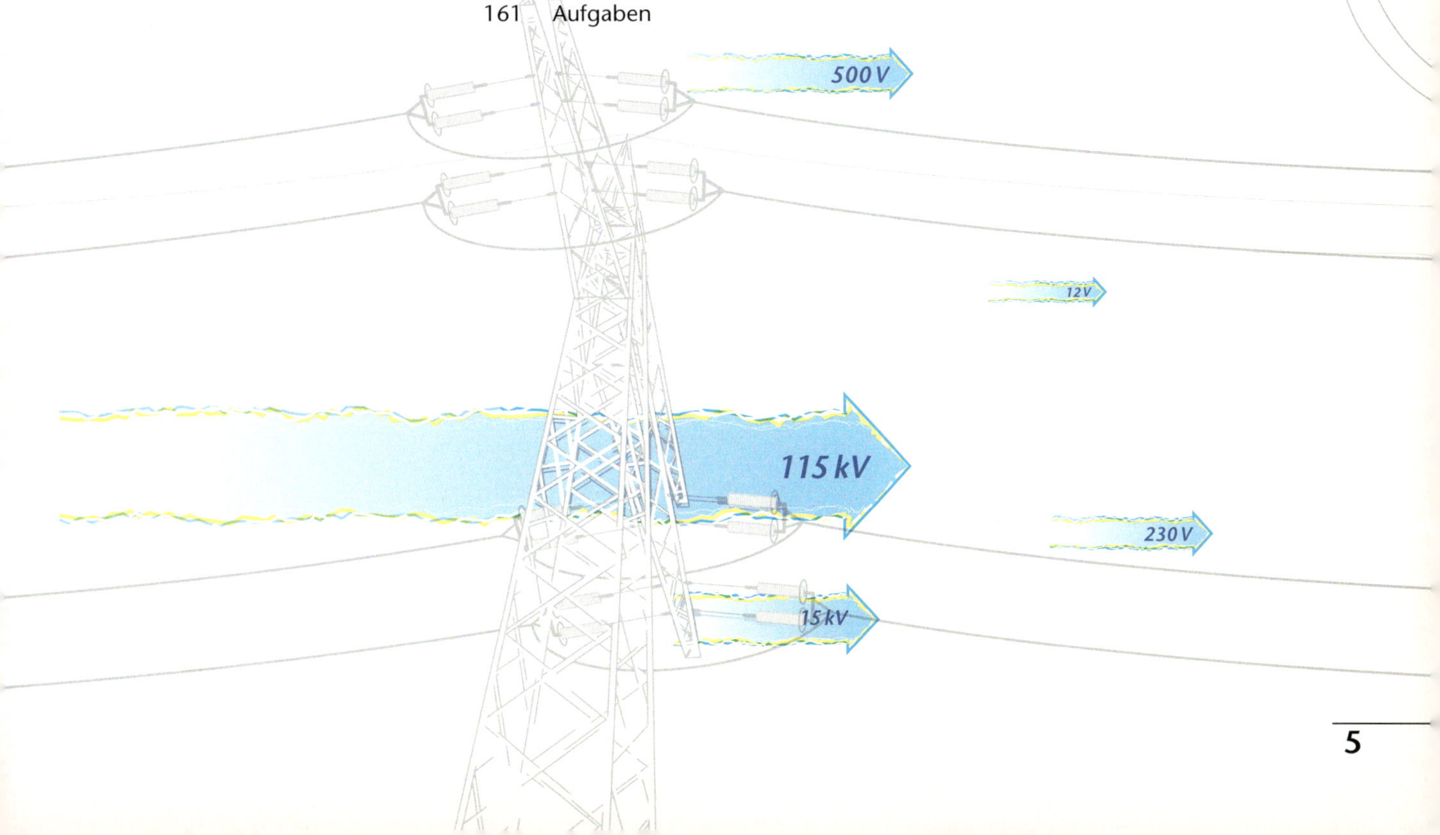

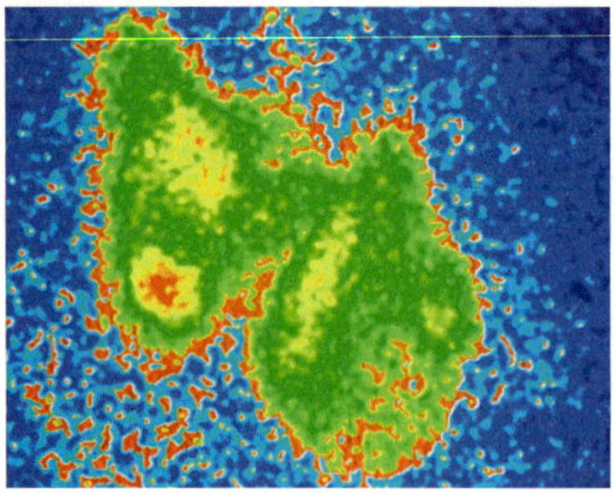

162 Radioaktivität und Kernenergie

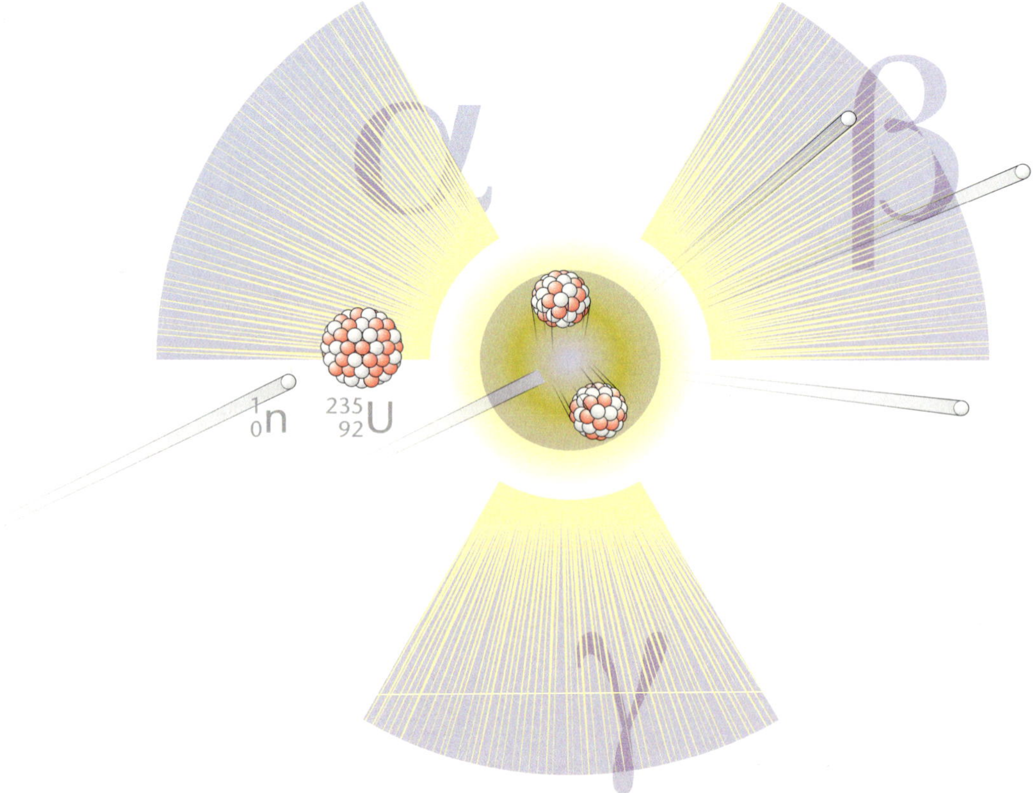

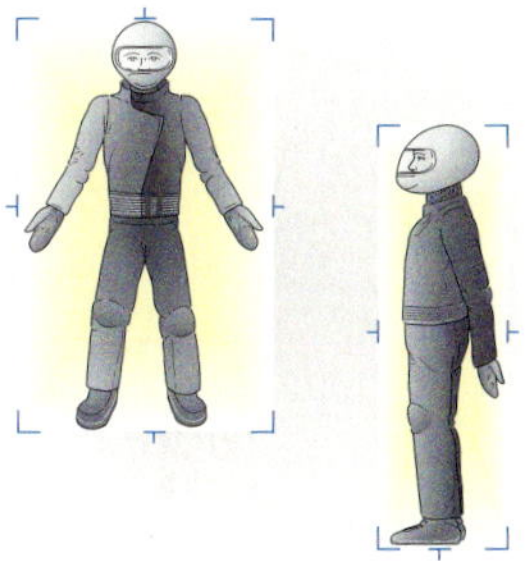

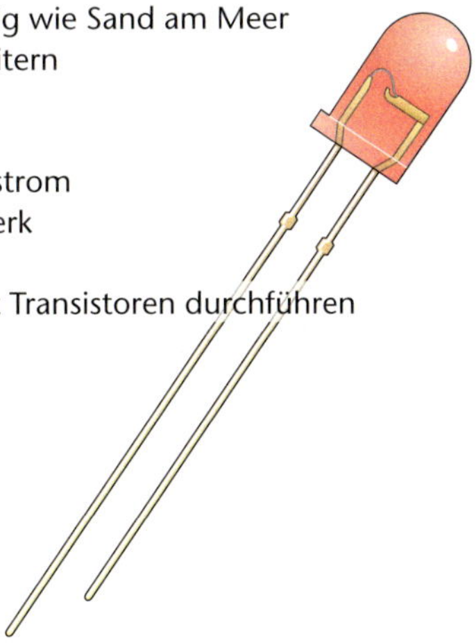

Anhang

Elektrischer Strom
– fließende elektrische Ladung

Elektrischer Strom ist für uns scheinbar überall und unbegrenzt verfügbar. Die nächste Steckdose ist meist nur ein paar Schritte entfernt. Dort lässt sich eine Vielzahl elektrischer Geräte mühelos anschließen und in Betrieb nehmen. Diese Möglichkeit hat unser Leben entscheidend verändert.

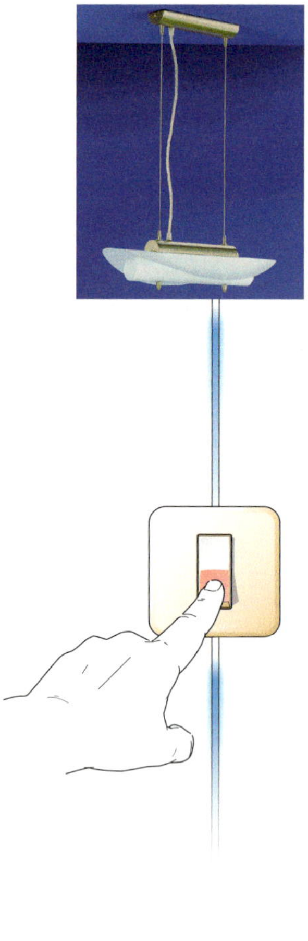

Kühlschränke, Fernseher, Waschmaschinen, Bohrmaschinen und die elektrische Beleuchtung sind aus unserem Alltag nicht mehr wegzudenken. Auch HiFi-Anlagen und Computer würden ohne elektrischen Strom nicht funktionieren.
In diesem Kapitel erfährst du, was Strom überhaupt ist, warum Strom durch elektrische Geräte fließt und was die Aufschriften auf den elektrischen Geräten bedeuten.

Viele Forscher haben das Verhalten des elektrischen Stroms untersucht und dabei erstaunliche Gesetzmäßigkeiten herausgefunden. Ihre Erkenntnisse ermöglichen es uns heute, den elektrischen Strom in jedem seiner vielen Anwendungsbereiche ganz gezielt einzusetzen.
Die Kenntnis der Gesetzmäßigkeiten hilft uns außerdem, den Umgang mit elektrisch betriebenen Geräten sicher zu machen. So können wir den elektrischen Strom im Alltag nutzen, ohne dass wir einen „Schlag“ bekommen.

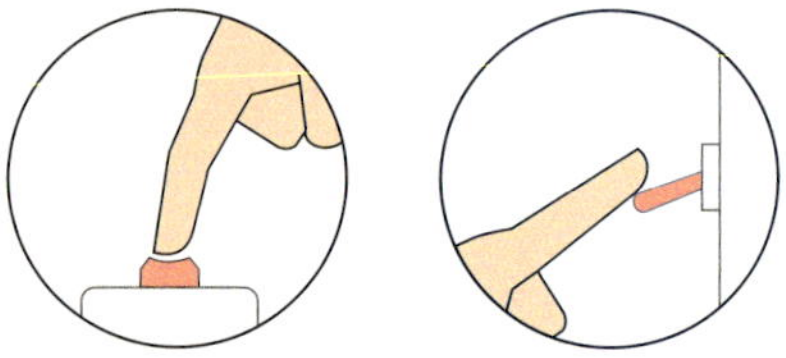

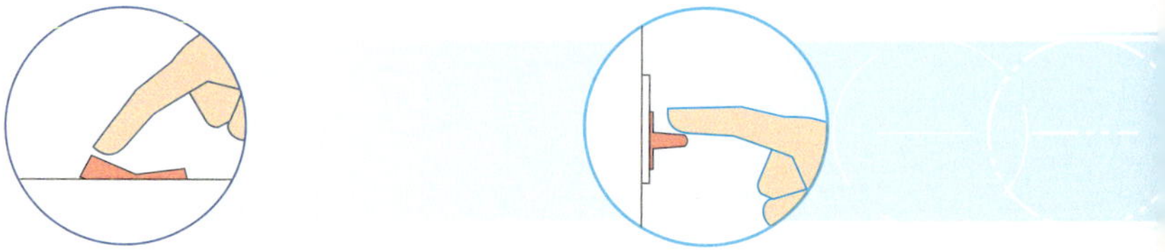

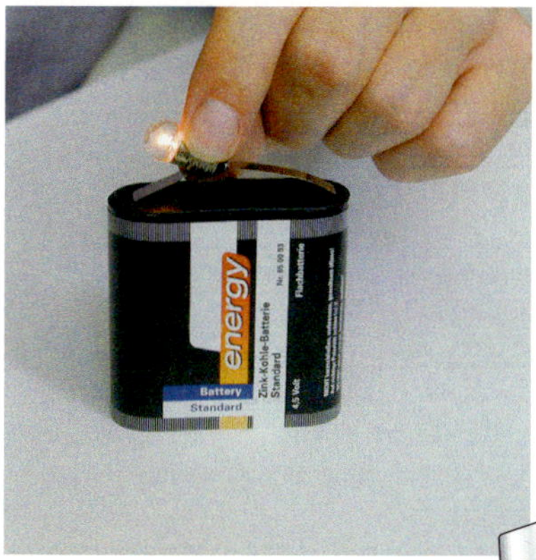
energy
Battery
Standard
Zink-Kohle-Batterie
Standard

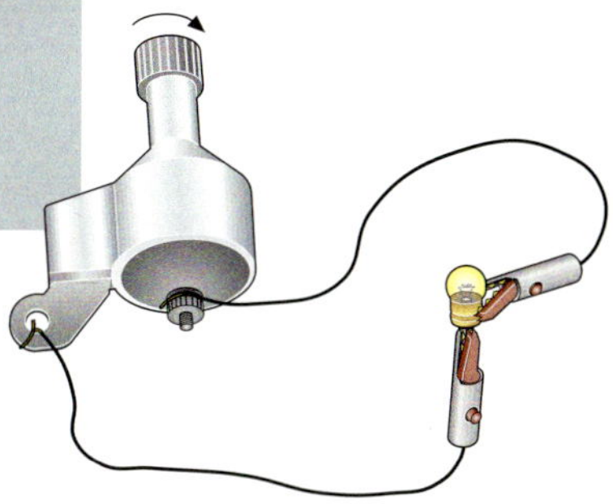

Allesschneider

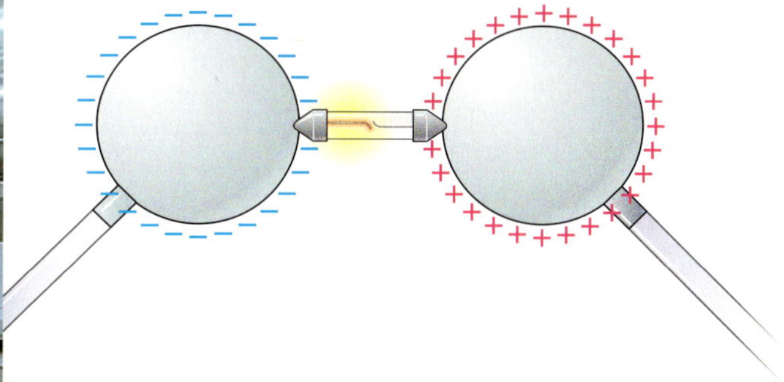

HT
kWh
NT
NWS Nr. 3 000 755
Wechselstromzähler

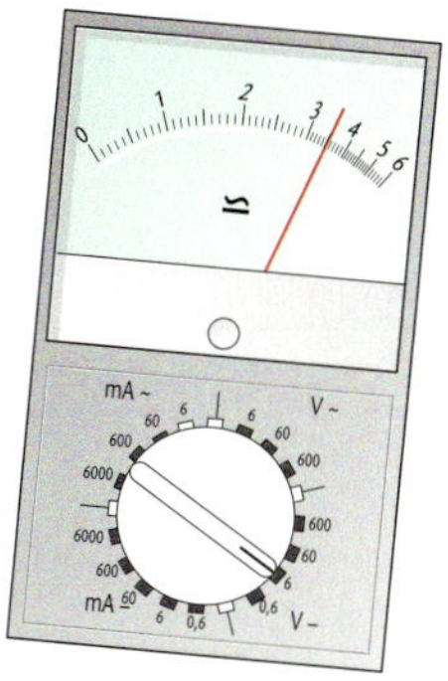
0 1 2 3 4 5 6
mA~
V~
mA
V–

1 Ein Haartrockner ist heute selbstverständlich.

Elektrische Diener für alle

Einen Brief am Computer schreiben, die Kleidung in der Waschmaschine waschen oder schnell noch die Haare trocknen (▷ B 1) – ohne elektrische Geräte können wir uns unseren Alltag nicht mehr vorstellen. Die „elektrischen Diener" erleichtern unser Leben und übernehmen viele Arbeiten, die früher mühselig in Handarbeit verrichtet werden mussten (▷ B 2). Überlege selbst einmal, wie dein Tag ohne elektrische Geräte ablaufen würde.

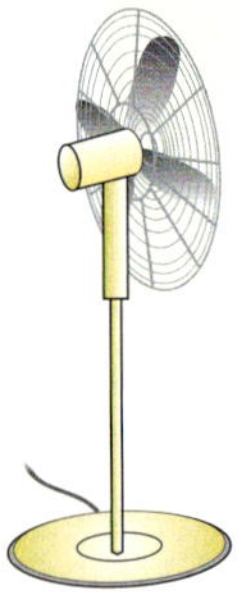

Ohne Energie läuft nichts

Einschalten und los – so einfach kannst du elektrische Geräte in Betrieb nehmen. Doch es gibt dabei eine wichtige Voraussetzung, die immer erfüllt sein muss. Alle elektrischen Geräte funktionieren nur dann, wenn sie an eine **Energiequelle** angeschlossen sind. Haushaltsgeräte z. B. werden an die Steckdose angeschlossen. Der „Strom aus der Steckdose" ist jedoch lebensgefährlich. Keinesfalls darfst du mit ihm experimentieren. Benutze ungefährliche Energiequellen, wie z. B. Batterien, Solarzellen oder einen Fahrraddynamo.

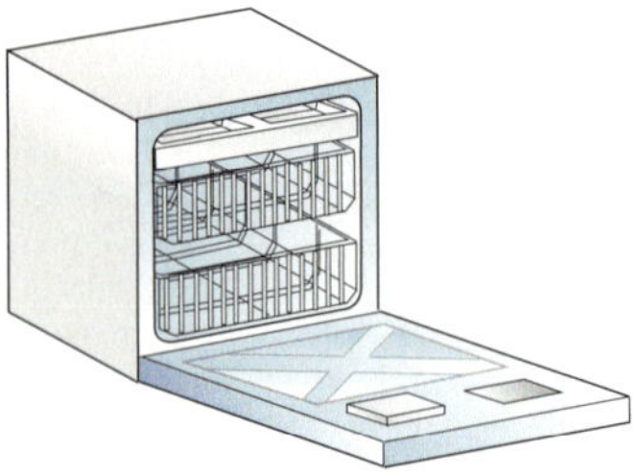

Wie werden elektrische Geräte angeschlossen?

Das Glühlämpchen aus Versuch 1 leuchtet nur dann, wenn ein Pol der Batterie an den Fußkontakt der Lampe (▷ B 7) und der andere Batteriepol an das Gewinde angeschlossen wird.
Du findest nicht nur am Lämpchen, sondern an jedem elektrischen Gerät zwei Anschlussstellen. Diese müssen jeweils korrekt mit den beiden Anschlüssen der Energiequelle verbunden werden.

Versuche

1 a) Wie muss ein Glühlämpchen an eine Batterie angeschlossen werden, damit es leuchtet?
b) Bringe mit einem Fahrraddynamo und zwei Drähten das Lämpchen zum leuchten. Wie muss das Lämpchen mit dem Dynamo verbunden werden?

2 Ein Experimentiermotor soll mit einer Solarzelle betrieben werden. Welche Bedingungen müssen erfüllt sein? Baue den Stromkreis auf und beschreibe.

3 Ist es gleichgültig, wo der Schalter in Bild 3 in den Stromkreis eingebaut wird? Überprüfe deine Antwort im Experiment.

2 Viele Arbeiten werden heute von Elektrogeräten erledigt und nicht mehr von Dienern.

Ein elektrisches Gerät funktioniert nur dann, wenn jeweils eine Anschlussstelle des Geräts mit einem Pol der Energiequelle verbunden ist.

Der elektrische Stromkreis
Willst du das Lämpchen aus Versuch 1 nicht ständig festhalten, wenn du es an die Batterie anschließt, dann benötigst du noch zwei elektrische Verbindungen (z. B. Kabel) und eine Lampenfassung. Das Lämpchen leuchtet, wenn du es wie in Bild 4 an die Batterie anschließt.

Anordnungen wie in Bild 4 werden als **elektrische Schaltung** bezeichnet. In der abgebildeten Schaltung führt die elektrisch leitende Verbindung von einem Batteriepol durch das Lämpchen wieder zum anderen Batteriepol. Man spricht von einem **elektrischen Stromkreis**.

Ist der Stromkreis geschlossen, so leuchtet das Lämpchen. Ist die Verbindung an irgendeiner Stelle unterbrochen, dann leuchtet das Lämpchen nicht.

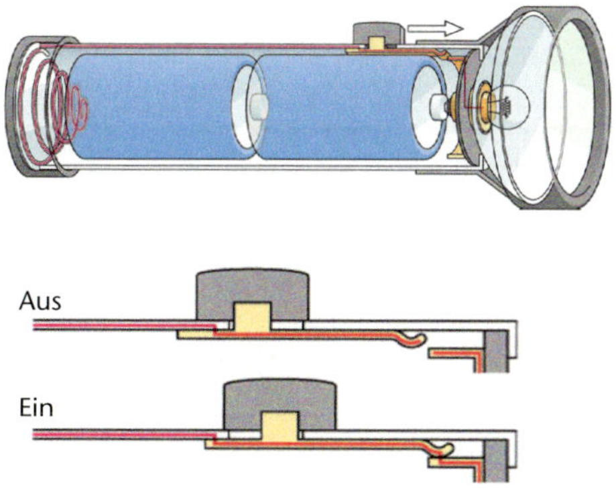

5 Stromkreis bei einer Taschenlampe

Aufgaben

1 „Der geschlossene Stromkreis führt durch die Lampe wieder zur Batterie zurück." Betrachte das Innere einer Glühlampe (▷ B 7) und erkläre diese Aussage.

2 Schaue dir die Schaltungen in Bild 6 an. Bei welchen Anordnungen leuchtet die Lampe?

3 Stromkreise müssen nicht immer über Kabel geschlossen sein. Beschreibe den Stromkreis in der Taschenlampe in Bild 5.

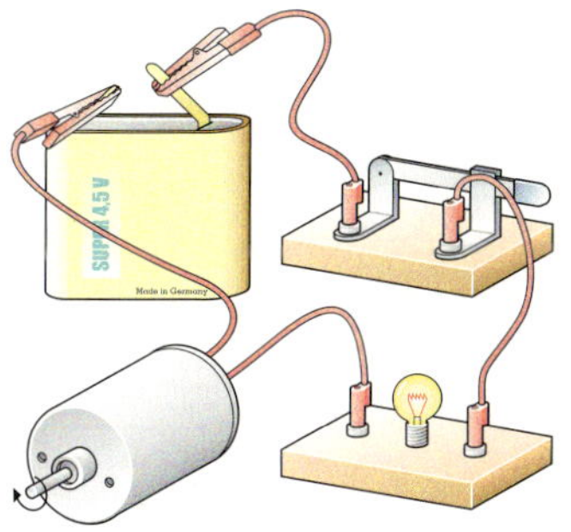

3 Geschlossener elektrischer Stromkreis mit Schalter

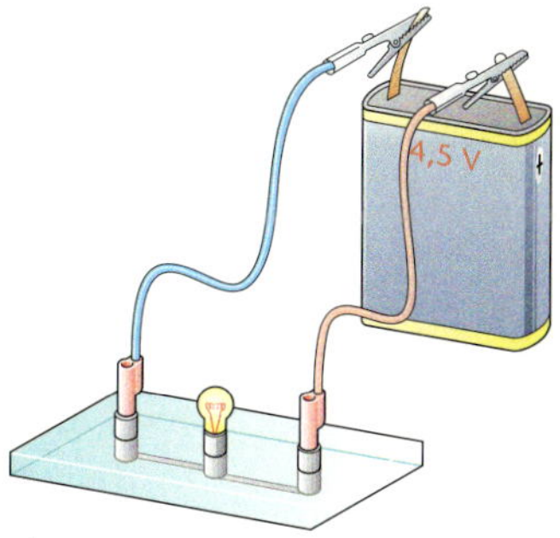

4 Geschlossener elektrischer Stromkreis

Ein elektrisches Gerät funktioniert nur dann, wenn die elektrische Verbindung mit der Energiequelle an keiner Stelle unterbrochen ist (geschlossener elektrischer Stromkreis).

Elektrische Geräte sollen nicht ständig in Betrieb sein. Die Klingel z. B. darf nicht stundenlang läuten. Auch das Licht möchtest du nicht nur an-, sondern auch ausschalten können. Deshalb findest du in fast jedem Stromkreis Schalter (▷ B 3). Damit kannst du einen elektrischen Stromkreis je nach Bedarf unterbrechen oder schließen (▷ V 3).

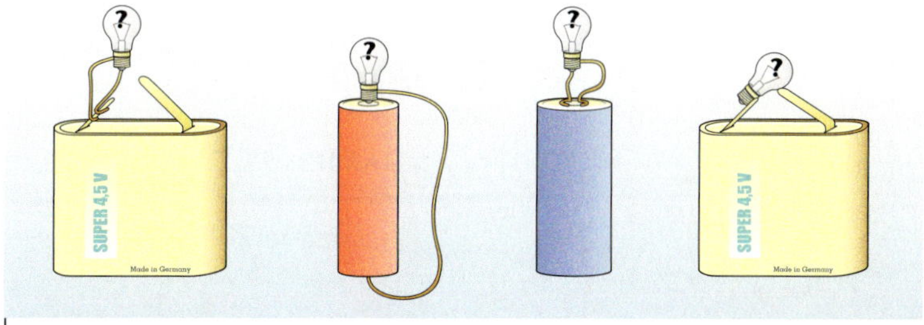

6 Schaltungen

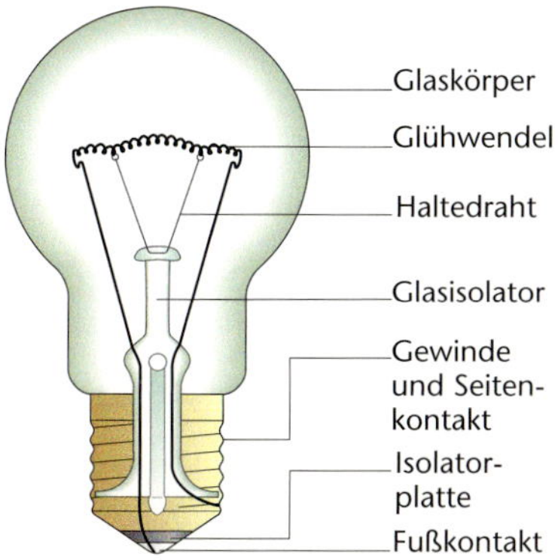

7 Aufbau einer Glühlampe

Ein schneller Plan für jede Schaltung
In einem Schaltplan kannst du übersichtlich darstellen, welche Bauteile in einer Schaltung verwendet werden und wie sie miteinander verbunden sind (▷ B 2). Um sich die Arbeit beim Zeichnen zu erleichtern, verwendet man für jedes Bauteil ein festgelegtes Schaltzeichen (▷ B 1).

Von der Schaltung zum Schaltplan
Beginne beim Zeichnen mit einem Pol der Energiequelle. Verfolge dann in Gedanken den Weg durch den Stromkreis von Bauteil zu Bauteil bis zum anderen Pol der Energiequelle. Zeichne erst dann parallel angeschlossene Bauteile dazu.

Wenn du eine Schaltung entsprechend eines Schaltplans aufbauen sollst, gehst du genauso vor. Beginne auch hier an einem Pol der Energiequelle.

Beachte beim Zeichnen:

- Kabel werden als gerade Linien gezeichnet.
- Bei Richtungsänderungen werden Kabel im rechten Winkel weitergezeichnet.
- Stellen, an denen Kabel miteinander verbunden sind, werden mit einem kleinen Punkt gekennzeichnet (▷ B 2).
- Bauteile werden nie in eine Ecke gezeichnet.

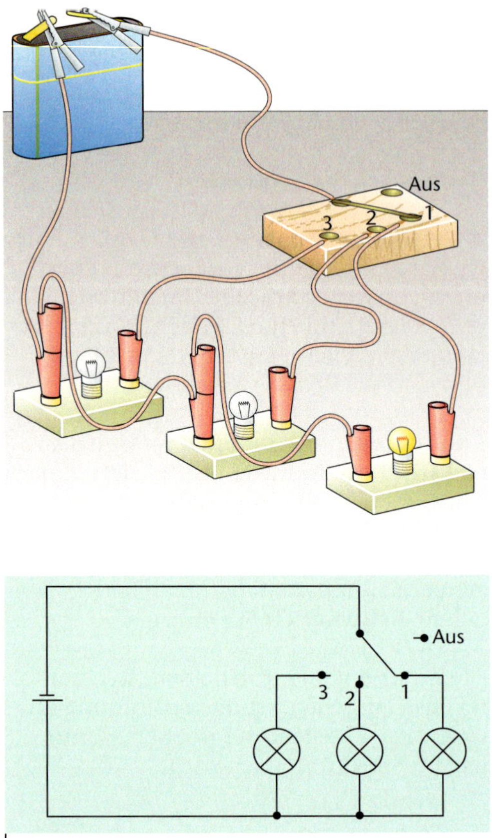

2 Schaltung und passender Schaltplan

Versuch

1 Baue einen Stromkreis aus einer Batterie und zwei geeigneten Lämpchen sowie einem Schalter. Wie viele Varianten findest du?
Beschreibe jeweils, wie deine Schaltung aufgebaut ist und zeichne den Schaltplan.

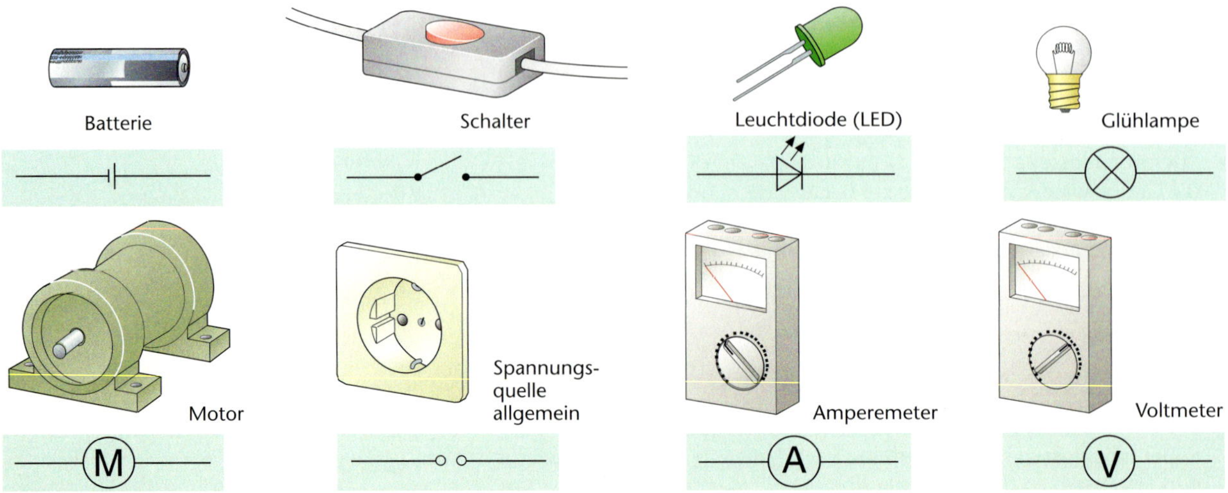

1 Verschiedene Geräte und die zugehörigen Schaltzeichen

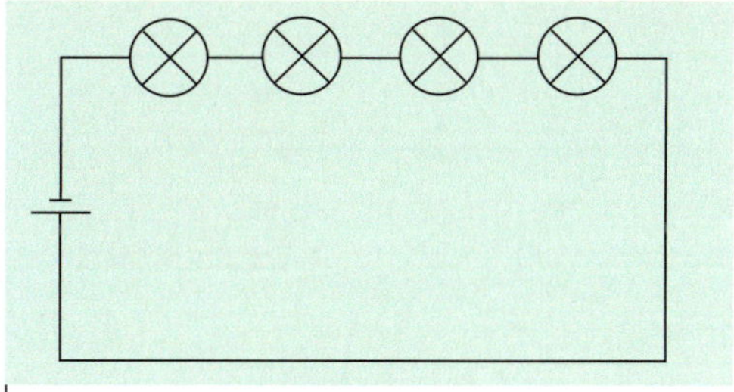

1 Reihenschaltung als Schaltplan

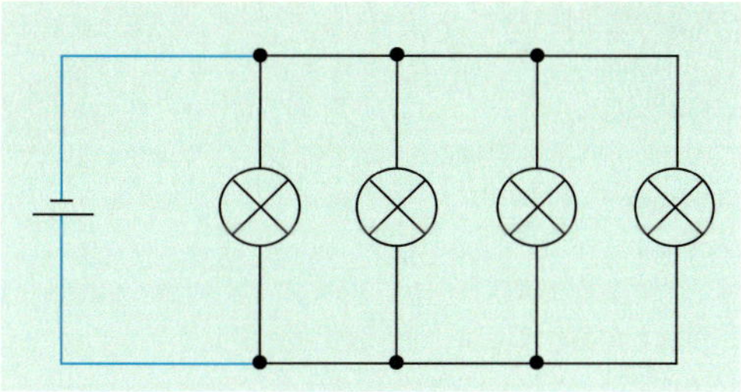

2 Parallelschaltung als Schaltplan

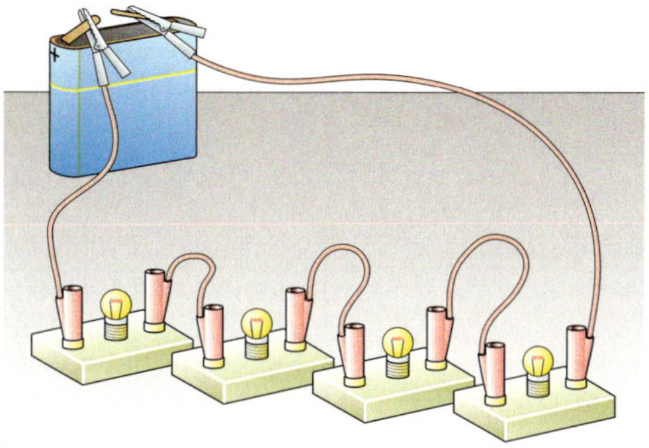

3 Reihenschaltung im Versuch

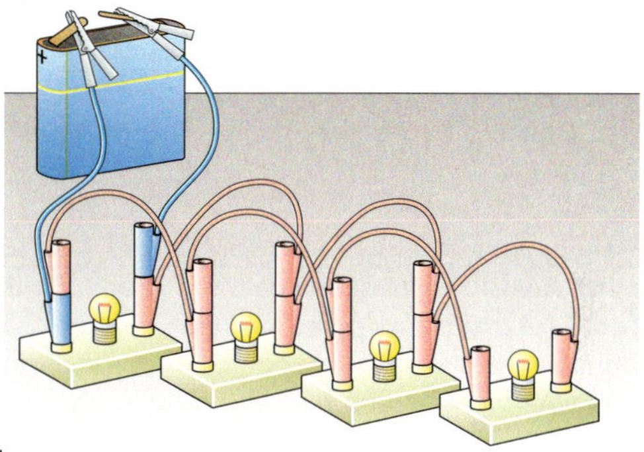

4 Parallelschaltung im Versuch

Eine einzige Energiequelle für mehrere Lampen

Bei einem Fahrrad, in einem Auto oder auch in deinem Zimmer leuchtet oft nicht nur eine Lampe, sondern es leuchten mehrere Lampen gleichzeitig. Diese werden meist von einer einzigen Energiequelle versorgt. Welche Möglichkeiten gibt es dafür?

Reihenschaltung

Im Bild 1 sind die Lämpchen in einer Reihe angeordnet. Der Stromkreis führt von der Batterie nacheinander durch jedes Lämpchen und wieder zur Batterie zurück. Solch eine Schaltung wird als **Reihenschaltung** bezeichnet. Je mehr Lämpchen in Reihe geschaltet werden, desto schwächer leuchtet jedes einzelne.

Ist eines der Lämpchen kaputt, dann leuchten auch die anderen nicht mehr, denn der gesamte Stromkreis ist unterbrochen.

Parallelschaltung

Du kannst auch jedes Lämpchen getrennt mit der Batterie verbinden. Dann bildet jedes Lämpchen mit der Batterie einen eigenen Stromkreis. Oftmals benutzen die Lämpchen eine gemeinsame Zuleitung (▷ B 2; B 4: blaue Leitung). Eine solche Anordnung wird **Parallelschaltung** genannt.

Der große Vorteil der Parallelschaltung: Ist eines der Lämpchen kaputt, so ist nur der betreffende Stromkreis unterbrochen – die anderen Lämpchen leuchten weiter.

Aufgabe

1 In die Schaltungen der Bilder 1 und 2 sollen Schalter eingebaut werden. Wo musst du Schalter einbauen, wenn …
a) … alle Lämpchen gleichzeitig ein- oder ausgeschaltet werden sollen?

b) … jedes Lämpchen einzeln geschaltet werden soll?

Zeichne die Schaltpläne zu a) und b) in dein Heft. Überprüfe deine Lösung im Experiment.

Versuche

1 Schließe ein Lämpchen (3,8 V) an eine geeignete Batterie an. Schalte nacheinander weitere gleiche Lämpchen in Reihe hintereinander (▷ B 1 und B 3). Wie verändert sich die Helligkeit der Lämpchen? Löse ein beliebiges Lämpchen aus der Fassung. Was geschieht?

2 Wiederhole Versuch 1. Schalte jedoch die Lämpchen nicht in Reihe, sondern parallel zueinander (▷ B 2 und B 4).

Energiewandlung

1 Warmes Wasser durch Strom

Material

Thermometer, 1 schmaler Glasbecher, 50 ml Wasser, 1 Korkstopfen, 1 Konstantandraht (Ø 0,2 mm, ca. 30 cm lang), 2 Kupferdrähte (Ø 1 mm, ca. 15 cm lang), 1 Batterie (4,5 V) oder Netzgerät (4,5 V), 2 Kabel, 4 Krokodilklemmen, Stativmaterial, 1 Nagel

Versuchsanleitung

Wickle den Konstantandraht um einen Bleistift zu einer Spirale (▷ B 2). Achte darauf, dass die Windungen eng beieinander liegen, sich aber nicht berühren.

Bohre mit dem Nagel zwei Löcher durch den Stopfen. Schiebe die Kupferdrähte durch die Löcher und biege jeweils am unteren Ende 1 cm des Kupferdrahtes scharf um. Klemme die Enden der Spirale dort ein. Fertig!

Hänge nun deinen „Tauchsieder" in das Glas mit Wasser. Schließe die Drähte mindestens 5 Minuten an die Batterie bzw. das Netzgerät an.

Aufgabe

Miss die Temperatur des Wassers zu Beginn des Versuchs. Bestimme die Wassertemperatur während des Versuchs in Minutenabständen.

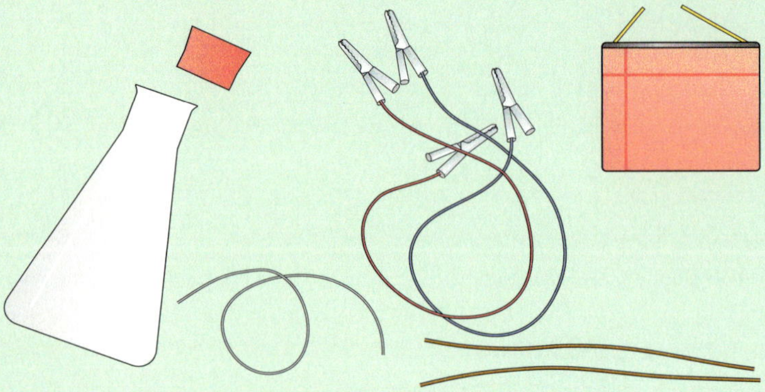

1 Material zu Versuch 2

2 Eine selbst gebaute Glühlampe

Material

1 kleiner Glaskolben mit Stopfen
2 Kupferdrähte (Ø 1 mm, 12 cm lang), 1 Flachbatterie, 1 Konstantandraht (Ø 0,2 mm, 30 cm lang)

Versuchsanleitung

Wickle den Konstantandraht ganz eng und Windung für Windung sauber nebeneinander auf eine dünne Kugelschreibermine oder eine Stricknadel.
Du erhältst schließlich eine feine Spirale.

Ziehe sie etwas auseinander, damit sich die einzelnen Windungen nicht mehr berühren.
Biege die beiden Kupferdrähte am Ende so um, dass du Anfang und Ende der Spirale festklemmen kannst.

Schiebe die Drähte mit der Spirale voran in den Kolben und fixiere sie mit dem Stopfen. Die Drähte dürfen sich nicht berühren (▷ B 3).

Schließe nun die Flachbatterie an die Kupferdrähte an.
Wenn der Draht nicht hell leuchtet, kannst du ihn nach und nach verkürzen oder du benutzt ein Netzgerät anstelle der Batterie.

Aufgaben

1. Warum wird der Draht zu einer Spirale gewickelt?

2. Warum brennt der Draht in der selbst gebauten Glühlampe schließlich durch?

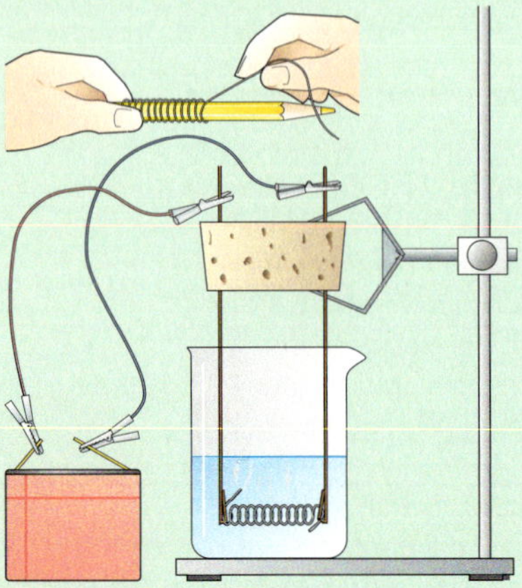

2 „Tauchsieder" im Versuch

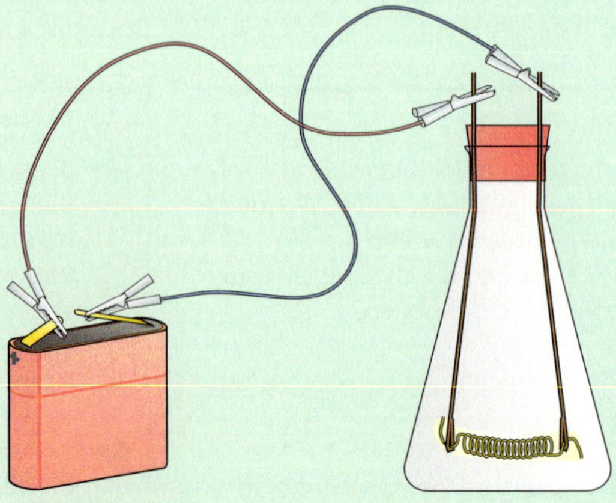

3 Eine selbst gebaute Glühlampe

Versuch

1 a) Schließe einen geeigneten Motor an eine Solarzelle an. Führe der Solarzelle unterschiedlich viel Energie zu. Welche Auswirkung hat das auf die Geschwindigkeit des Motors?
b) Ein Lämpchen wird an einen Fahrraddynamo angeschlossen. Wodurch wird die Helligkeit beeinflusst?
Notiere deine Beobachtungen in einer Tabelle. Was hat der Versuch mit Energie zu tun? Werte die Ergebnisse der Versuchsteile a) und b) unter diesem Aspekt aus.

Woher stammt die elektrische Energie?
Damit eine Lampe leuchten und ein Elektromotor sich drehen kann, benötigen sie Energie. Du kannst diese Energie leicht der Steckdose oder einer Batterie entnehmen. Doch woher stammt die entnommene elektrische Energie?
Es gibt mehrere Möglichkeiten. Im Elektrizitätswerk z. B. wird die Energie, die in Kohle, Erdgas usw. gespeichert ist, in elektrische Energie umgewandelt.
Solarzellen müssen erst dem Sonnenlicht ausgesetzt werden, bevor sie elektrische Energie liefern. Auch der Fahrraddynamo „erzeugt" keine elektrische Energie. Damit er Energie abgeben kann, muss sie ihm erst durch Bewegung (das Drehen des Rädchens) zugeführt werden.
In Akkus und in Batterien laufen chemische Vorgänge ab, bei denen elektrische Energie frei wird.

Elektrische Geräte sind Energiewandler
Im elektrischen Stromkreis wird die elektrische Energie, von z. B. einer Batterie, über die Kabel zu den elektrischen Geräten transportiert. Diese wandeln die Energie dann um: Der Wasserkocher gibt z. B. Wärme ab, der Glühdraht beginnt zu leuchten oder ein Motor beginnt sich zu drehen.

Wenn elektrische Geräte arbeiten, dann wandeln sie elektrische Energie in andere Energieformen um.

Aufgaben

1 Welche Geräte im Haushalt arbeiten mit elektrischer Energie? Gibt es auch welche, die manuell betrieben werden? Fertige für jedes Gerät ein Energieschema an.

2 Beschreibe die Energieumwandlungen in Bild 1 und 2.

3 Wir bezeichnen Batterie, Steckdose usw. oft als Energiequelle. Was meinst du zu diesem Begriff?

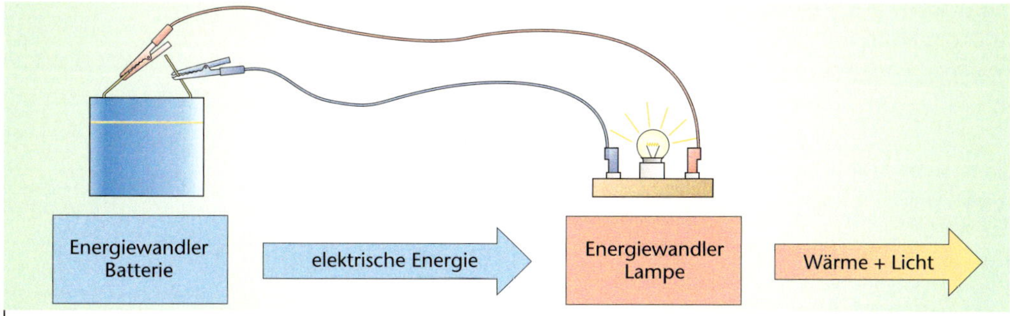

1 Energieumwandlung am Beispiel von Batterie und Lampe

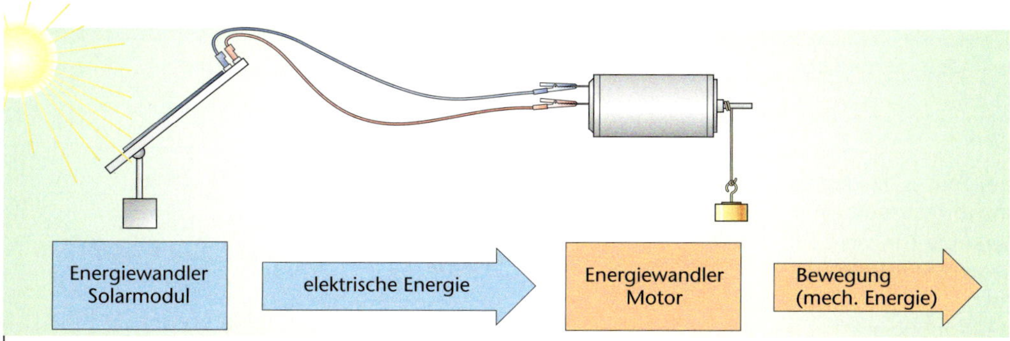

2 Energieumwandlung am Beispiel von Solarmodul und Motor

Strategie

Neues finden mit Experimenten

Mit Methode zu neuen Erkenntnissen
Naturwissenschaftlerinnen und Naturwissenschaftler gehen bei der Untersuchung von Naturphänomenen methodisch vor. Interessante Erscheinungen oder Probleme untersuchen sie häufig mit Experimenten. Auf diese Weise gelingt es ihnen immer wieder, wichtige physikalische Gesetze und neue Erkenntnisse zu gewinnen.

Ein Problem
Lisa führt im Physikunterricht einen Versuch durch. Dazu benötigt sie eine Taschenlampe. Als sie neue Batterien einsetzen will, fällt ein Kupferstreifen aus der Taschenlampe heraus. Zwischen den Stühlen, Bänken und Mappen kann sie den herausgefallenen Streifen nicht mehr finden. Der Stromkreis in der Taschenlampe lässt sich nicht mehr schließen. Was tun?

Vom Problem zur Frage
Lisas Problem ist sicher leicht zu lösen, z. B. mit einem Stück Metalldraht. Aber das Problem kann der Anlass sein, sich weitergehende Fragen zu stellen:

- Welcher „Stoff" kann in den Stromkreis eingebaut werden, damit er wieder funktioniert?
- Leiten alle Stoffe den elektrischen Strom?
- Leiten auch Flüssigkeiten den elektrischen Strom?
- Gibt es Unterschiede in der Leitfähigkeit?

Antworten auf diese Fragen findest du mithilfe eines Experiments.

Das Experiment
Ein Experiment so zu planen, dass es die gestellten Fragen tatsächlich beantwortet, ist oft einer der schwierigsten Schritte und braucht viel Zeit und Vorbereitung. Im vorliegenden Beispiel ist alles aber ein wenig einfacher:
Mit einer Lampe, einer Batterie und Kabeln kannst du einen Prüfstromkreis aufbauen (▷B 1). Dann suchst du verschiedene Materialien aus und schaltest sie in den Stromkreis. Die Lampe zeigt an, ob das Prüfstück den elektrischen Strom leitet oder nicht.
Die Ergebnisse notierst du in einer Tabelle. Als zusätzliches Nachweisinstrument für den elektrischen Strom kannst du auch ein Strommessgerät in den Stromkreis einbauen.

Antworten
Nach Abschluss der Messungen ist es wichtig sich die Ergebnisse genau anzuschauen, sie auszuwerten und soweit möglich, die Antworten zu den Fragen zu formulieren:

- Bei Metallen (Eisen, Kupfer, Messing ...) leuchtet die Lampe hell auf.
- Plastik, Holz, Glas leiten den elektrischen Strom nicht.
- Bei Flüssigkeiten zeigt sich ein erstaunliches Verhalten. Die Lampe leuchtet unterschiedlich hell auf und bei manchen Flüssigkeiten gar nicht.
- Die Leitfähigkeit von Essig und Salzwasser ist viel schlechter als die der Metalle.

Fortsetzung
Manche Experimente liefern nicht auf alle Fragen eine Antwort. Manchmal ergeben sich auch während der Durchführung des Experiments oder bei der Auswertung der Ergebnisse ganz neue Fragen. In jedem Fall ist das ein Anlass, ein neues Experiment zu planen und nach weiteren Antworten zu forschen.

Aufgabe
1 Leitet Wasser den elektrischen Strom? Untersuche das Problem experimentell. Ergeben sich in deinem Experiment weiterführende Fragen, die man untersuchen könnte?

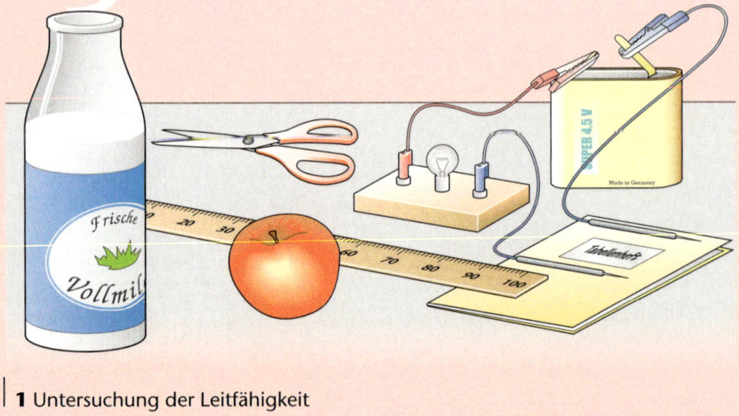

1 Untersuchung der Leitfähigkeit

▶74
▶109

1 JOHN DALTON

2 ERNEST RUTHERFORD

Erste Vorstellungen vom Atom

Schon um 400 v. Chr. war der griechische Naturgelehrte LEUKIPP VON MILET der Meinung, dass Körper eine körnige Struktur besäßen. Nach seiner Vorstellung war ein Körper aus einzelnen unteilbaren Teilchen aufgebaut. Diese kleinsten Teilchen nannte er **Atome** (atomos gr.: das Unteilbare). LEUKIPPS Schüler, DEMOKRIT VON ABDERA, erweiterte dieses Modell. Er glaubte die Atome seien so klein, dass man sie nicht mehr sehen könne.

Weil ein einzelnes kleinstes Teilchen nicht mehr sichtbar gemacht werden kann, haben die Menschen Denkmodelle entworfen. Diese Modelle helfen dabei, sich eine Vorstellung von den kleinsten Teilchen zu machen. Wie gut ein Modell die kleinsten Teilchen beschreibt, muss sich dann erweisen.

Kleinste Teilchen

Stelle dir vor, du teilst einen Eisennagel. Eines der Bruchstücke teilst du wieder und wieder und wieder. Bald ist das Eisenstück so klein, dass du ein Mikroskop zu Hilfe nehmen musst. Du teilst das Eisenstückchen weiter und weiter.

Das Eisenstückchen kannst du aber nicht beliebig oft teilen, irgendwann erhältst du ein kleinstes Teilchen Eisen.

Dieses kleinste Teilchen Eisen ist so klein, dass man es nicht mehr sehen kann, auch nicht mit dem besten Mikroskop.

Ein solches kleinstes Teilchen hat einen Durchmesser von ca. 0,000 000 1 mm.

Ein großer Eisennagel enthält über 1 000 000 000 000 000 000 000 000 (1 Quadrillion) solcher Eisenteilchen.

Das Dalton-Atommodell

1803, also über 2200 Jahre nach LEUKIPP und DEMOKRIT, griff der Chemiker und Physiker JOHN DALTON (1766 – 1844) das Modell der kleinsten Teilchen wieder auf. Nach DALTONS Vorstellung haben die kleinsten Teilchen (die Atome) eines Stoffes alle die gleichen Eigenschaften.

Das bedeutet beispielsweise, dass alle Eisenatome das gleiche Gewicht und die gleiche Größe haben und auch sonst in allem gleich sind. Entsprechendes gilt auch für andere Stoffe. So sind z. B. auch alle Schwefelatome untereinander völlig gleich. Nur zwischen den Stoffen gibt es Unterschiede. So haben z. B. Schwefelatome ein anderes Gewicht und eine andere Größe als Eisenatome.

Woher kommen die elektrischen Ladungen?

Der Physiker JOSEPH JOHN THOMSON (1856 – 1940) wies um 1897 ein neues Teilchen nach: das **Elektron**. THOMSON stellte fest, dass die Elektronen aus den Atomen stammen und dass die Elektronen elektrisch negativ geladen sind. Damit war klar, dass Atome doch nicht die kleinsten Teilchen sein können. Aufgrund dieser und anderer Entdeckungen entwarf ERNEST RUTHERFORD (1871 – 1937) ein neues Atommodell: Jedes Atom ist nach außen hin elektrisch neutral. Um einen positiv geladenen Atomkern bewegen sich die negativ geladenen Elektronen.

Gibt ein Atom Elektronen ab, entsteht ein positiv geladenes **Ion**. Nimmt ein Atom Elektronen auf, entsteht ein negativ geladenes Ion.

Der elektrische Strom

1 Der Fluss – ein Strom aus Wasser

2 Durch Städte fließen Verkehrsströme.

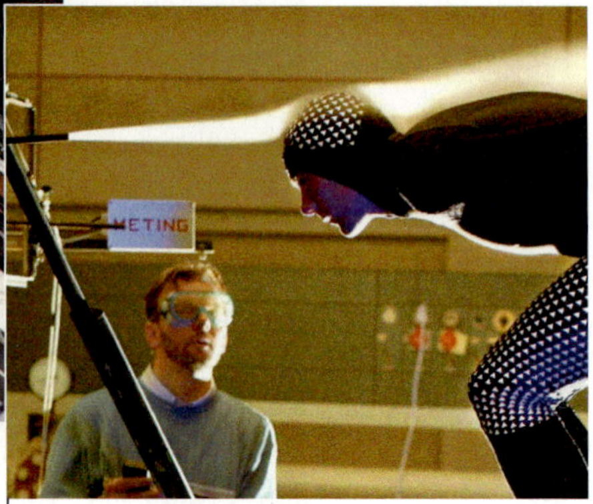

3 Den Strömungswiderstand untersucht man im Luftstrom.

Ströme

Du kennst unterschiedliche Ströme (▷ B 1–3). Ein großer Fluss wird als Strom bezeichnet. Durch Städte fließen Verkehrsströme. Im Windkanal erzeugt man einen Luftstrom. Nach dem Pausenklingeln fließt ein Schülerstrom aus dem Klassenzimmer in den Pausenhof.
Alle diese Ströme haben eine Gemeinsamkeit: Es bewegt sich etwas in eine Richtung. Beim Wasserstrom bewegen sich Wasserteilchen in eine Richtung, beim Verkehrsstrom sind es Fahrzeuge, im Windkanal strömen die Luftteilchen.

Elektrischer Strom

Im elektrischen Stromkreis fließt ein elektrischer Strom. Diese oder eine ähnliche Aussage hast du sicher schon einmal gehört. Doch was fließt eigentlich beim elektrischen Strom?

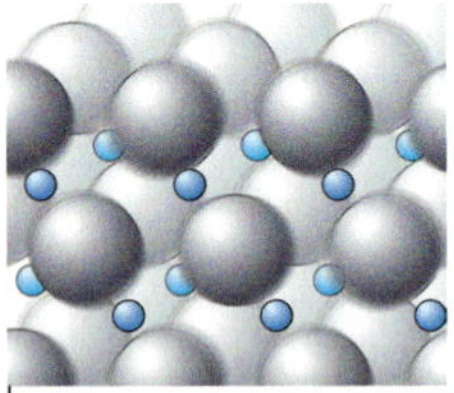

4 Aufbau eines Metallgitters

Ein Metalldraht besteht aus vielen Atomen, die jeweils eines ihrer Elektronen abgeben (▷ B 4). Diese Elektronen sind frei beweglich, während die „Restatome" (Ionen) fest an ihre Plätze gebunden sind. Schließt man den Leiter an eine Batterie an, so wandern die (negativ geladenen) Elektronen vom Minuspol zum Pluspol. Für jedes Elektron, das den Draht am Pluspol verlässt, rückt am Minuspol wieder ein Elektron nach (▷ B 5).

> In festen elektrischen Leitern ist der elektrische Strom ein Elektronenstrom. Der Strom fließt vom Minuspol zum Pluspol der Spannungsquelle.

In Flüssigkeiten und Gasen kann es frei bewegliche Ionen geben, die sie sich zum jeweils entgegengesetzt geladenen Pol bewegen können. Die Leitfähigkeit von z. B. Wasser ist trotzdem gering. Gibt man jedoch Salz hinzu, erhöht man die Zahl der Ionen und es entsteht eine elektrisch gut leitende Salzlösung (▷ V 1, B 6).

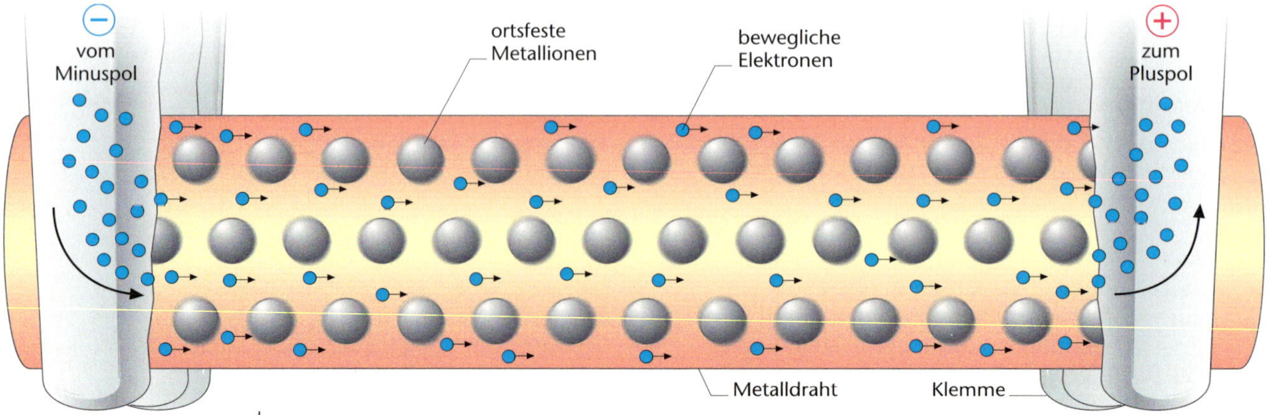

5 Elektronenfluss in einem Leiter

Versuche

1 Tauche zwei Nägel in ein Gefäß mit Wasser (▷ B 6). Verbinde die Nägel mit einer Lampe und einer Spannungsquelle. Anschließend gibst du ein wenig Salz in das Wasser.
Was kannst du beobachten?

2 Lade zwei Elektroskope unterschiedlich auf. Verbinde die beiden Elektroskope über eine Glimmlampe (▷ B 7).
Was beobachtest du?

3 Zwei Platten werden an eine Hochspannungsquelle angeschlossen. Zwischen die beiden Platten wird eine leitende Kugel gehängt (▷ B 8). Die Kugel wird angestoßen, sodass sie die negativ geladene Platte berührt.
Erkläre deine Beobachtungen.

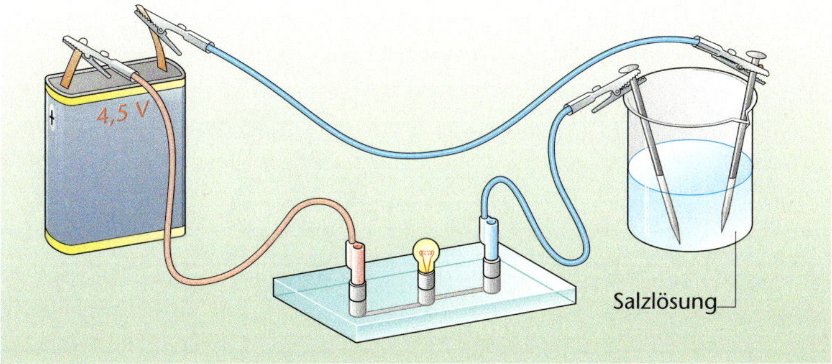

6 Auch in Flüssigkeiten können Ladungen wandern.

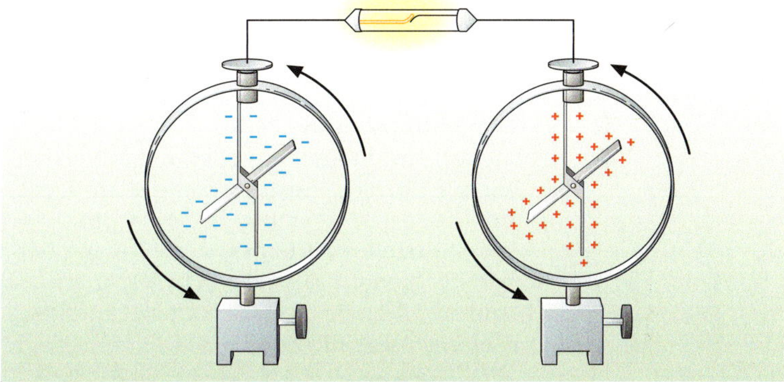
7 Beim Entladen gehen die Zeigerausschläge zurück.

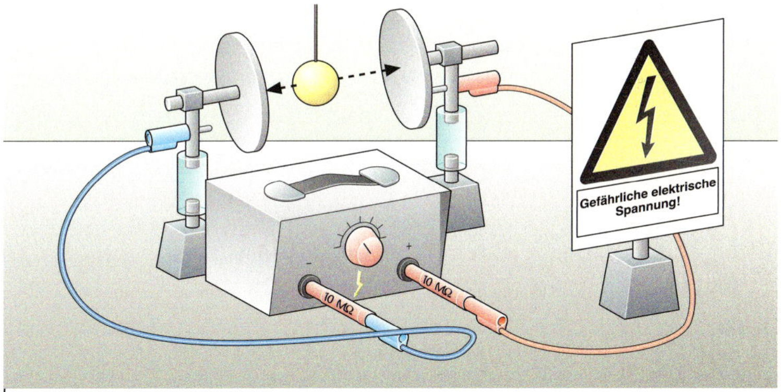

8 Eine Kugel pendelt zwischen den geladenen Platten.

Ladungen werden transportiert

Ein positiv und ein negativ geladenes Elektroskop werden miteinander über eine Glimmlampe verbunden (▷ V 2). Die Glimmlampe blitzt kurz auf und die Zeigerausschläge gehen zurück. Die unterschiedlichen Ladungen haben sich ausgeglichen. Waren beide Elektroskope gleich stark, aber entgegengesetzt geladen, dann geht der Zeigerausschlag komplett zurück. Wenn Elektronen fließen, werden Ladungen transportiert.

Elektronen transportieren negative elektrische Ladungen.

Auch in Versuch 3 werden Ladungen transportiert (▷ B 8). Die Kugel lädt sich an der negativ geladenen Platte auf. Anschließend entfernt sich die Kugel von der Platte, da sich gleich geladene Körper abstoßen. Gleichzeitig wird die Kugel von der positiv geladenen Platte angezogen, denn ungleich geladene Körper ziehen sich an. An der positiv geladenen Platte lädt sich die Kugel positiv auf und schwingt zurück zur negativ geladenen Platte.
Jetzt beginnt der Vorgang von neuem.

Geschwindigkeit des Stroms

In einem festen Leiter bewegen sich die Elektronen mit einer mittleren Geschwindigkeit von weniger als 1 mm/s in Richtung des Pluspols. Eigentlich müsste der Strom einige Zeit benötigen, bis er z. B. zu einer Lampe gelangt.

Deine Erfahrung mit dem Strom zeigt aber etwas anderes: Sobald du den Strom einschaltest, leuchtet die Lampe.
Das liegt daran, dass sich die Elektronen in einem festen Leiter alle gleichzeitig bewegen, sodass sofort Elektronen durch die Lampe fließen.

Aufgabe

1 In den Bildern 1–3 sind unterschiedliche Ströme dargestellt.
Welche Gemeinsamkeiten haben diese Ströme? Worin unterscheiden sie sich?

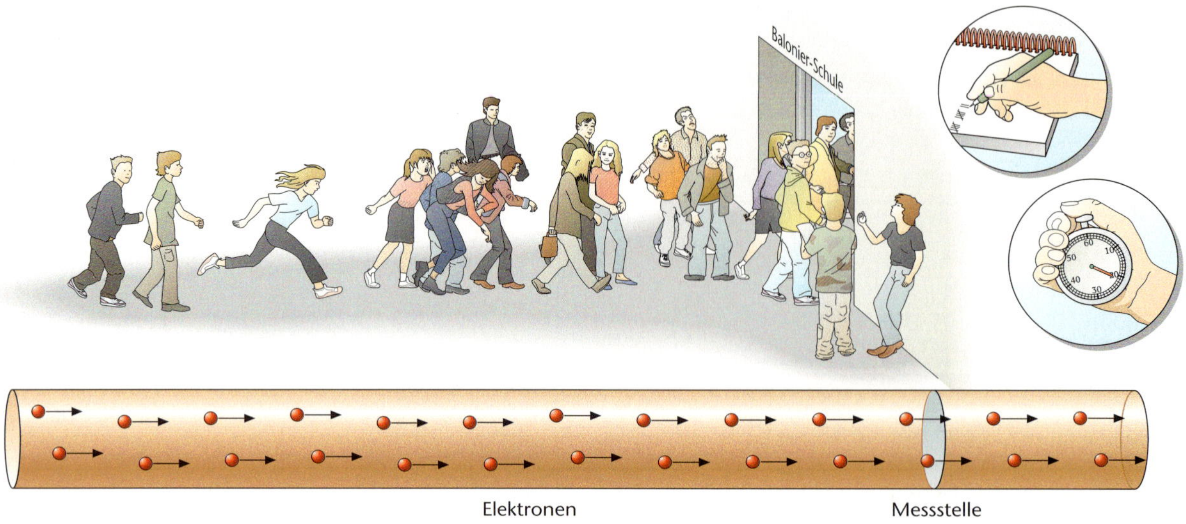

1 Messung der Stärke des Schülerstromes

Die „Schülerstromstärke"
Stefanie und Karsten wollen die Stärke des „Schülerstroms" bestimmen, der am Ende der Pause in das Schulgebäude strömt. Als Messstelle wählen sie den Eingang der Schule. Karsten zählt die Schülerinnen und Schüler, die das Gebäude betreten; Stefanie misst die Zeit (▷ B 1).

Sie stellen fest, dass in 60 Sekunden 180 Personen das Gebäude betreten. Um daraus die Stärke des „Schülerstroms" zu berechnen, müssen sie nur die Anzahl der eintretenden Personen durch die dafür benötigte Zeit teilen.

Die „Schülerstromstärke" beträgt also drei Schüler pro Sekunde oder anders ausgedrückt: Durchschnittlich betreten in einer Sekunde drei Jugendliche das Schulgebäude.

Die elektrische Stromstärke
In festen Leitern transportieren Elektronen Ladungen. Um die elektrische Stromstärke angeben zu können, muss man die Anzahl der Elektronen messen, die in einer bestimmten Zeit an einer bestimmten Messstelle vorbeifließen. Als Formelzeichen für die Stromstärke wird *I* verwendet.

Die Einheit für die elektrische Stromstärke ist das Ampere, benannt nach dem französischen Physiker ANDRÉ MARIE AMPÈRE (1775–1836). Bei einer Stromstärke von einem Ampere (1 A) fließen pro Sekunde 6 000 000 000 000 000 000 (6 Trillionen) Elektronen an der Messstelle vorbei!

▶ Die elektrische Stromstärke gibt an, wie viele Ladungen in einer bestimmten Zeit an einem Messpunkt vorbeifließen.

▶ Für die Stromstärke wird das Formelzeichen *I* verwendet.
Die elektrische Stromstärke *I* misst man in der Einheit Ampere (A).

Eine kleinere Einheit ist z. B. 1 mA:
1 A = 1000 mA
1 mA = 0,001 A

2 Wird die Stromstärke zu groß, lässt sie sich nicht mehr durch einfaches Abzählen bestimmen.

1 Digitales Mehrfachmessgerät

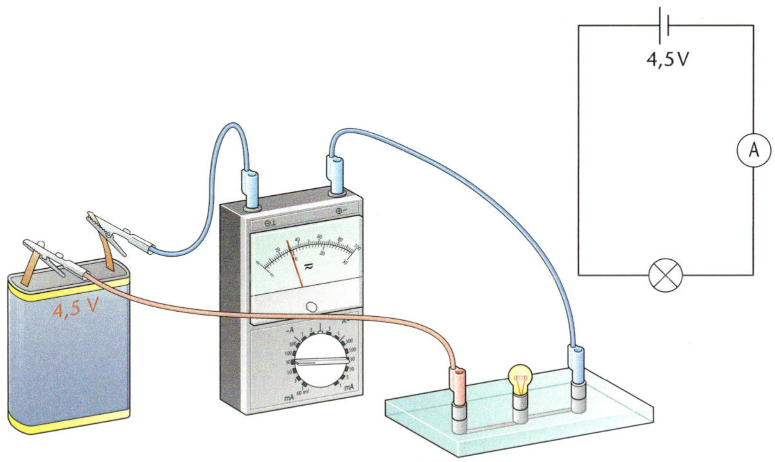

2 So wird das Amperemeter in den Stromkreis geschaltet.

Das Stromstärkemessgerät
Das Messgerät zur Bestimmung der elektrischen Stromstärke heißt Amperemeter (▷ B 1). Amperemeter werden immer in Reihe in den Stromkreis geschaltet, damit der gesamte Strom durch das Messgerät hindurchfließen kann (▷ B 2).

▶ Mit dem Amperemeter wird die Stromstärke gemessen. Das Messgerät wird in Reihe geschaltet.

Unterschiedliche Messbereiche
In vielen Schulen sind Zeigermessgeräte vorhanden. Sie werden auch als analoge Amperemeter bezeichnet. Zum genauen Ablesen unterschiedlich großer Stromstärken können verschiedene Messbereiche eingestellt werden.

So misst du die Stromstärke mit Zeigermessgerät:

1. Mit den meisten Messgeräten kannst du auch noch andere elektrische Größen messen. Stelle deshalb den Schalter am Messgerät auf A oder mA. Beachte dabei, ob du Gleichstrom oder Wechselstrom misst.
2. Du weißt vorher nicht, welche Messwerte zu erwarten sind. Beginne deshalb immer mit dem größten Messbereich.
3. Baue den Stromkreis mit Amperemeter und allen Bauteilen auf. Amperemeter werden immer in Reihe geschaltet. Achte auf die richtige Polung! (Im Bild 2 siehst du, dass der Pluspol der Spannungsquelle mit dem Plus-Anschluss des Amperemeters verbunden ist.)
4. Schließe den Stromkreis. Ist der Zeigerausschlag am Messgerät zu gering, dann darfst du den nächstkleineren Messbereich einstellen.

3 Richtiger Umgang mit dem Zeigermessgerät

In Bild 4 zeigt beispielsweise das linke Amperemeter die Stromstärke 2000 mA an, das rechte dagegen, trotz gleicher Zeigerstellung, nur 2 mA.

Bei digitalen Messgeräten ist das Ablesen meist etwas einfacher, weil die Stromstärke mit Ziffern angezeigt wird (▷ B 1).

Versuch

1 Baue die Schaltung entsprechend Bild 2 auf. Miss die elektrische Stromstärke. Wiederhole den Versuch mit unterschiedlichen Lämpchen.

Aufgabe

1 Gib die folgenden Stromstärken an:
– in mA: 3 A, 0,15 A, 0,08 A
– in A: 1500 mA, 270 mA, 50 mA.

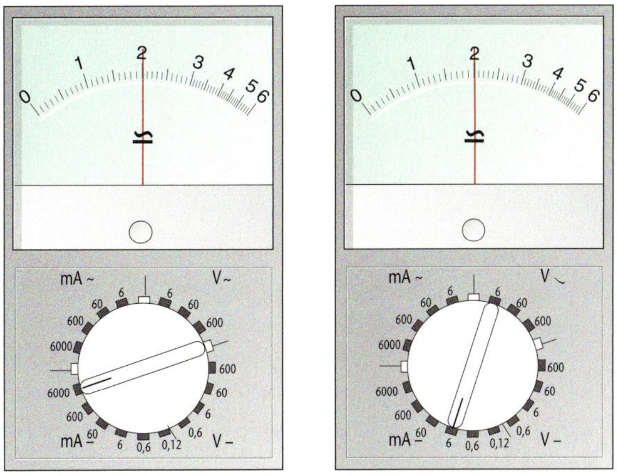

4 Gleiche Anzeige – unterschiedliche Stromstärke

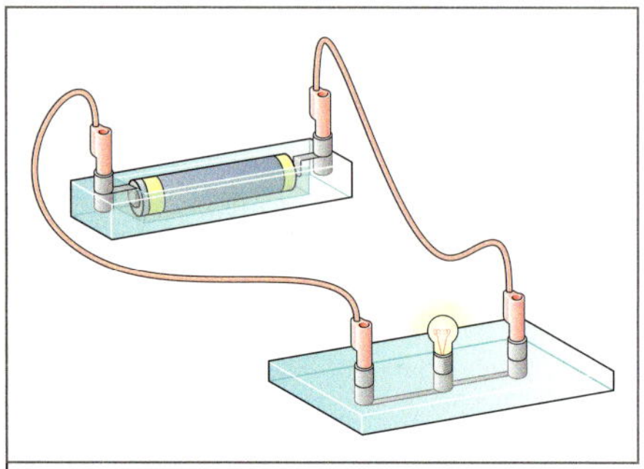

1 Versuchsaufbau zur Lichtwirkung

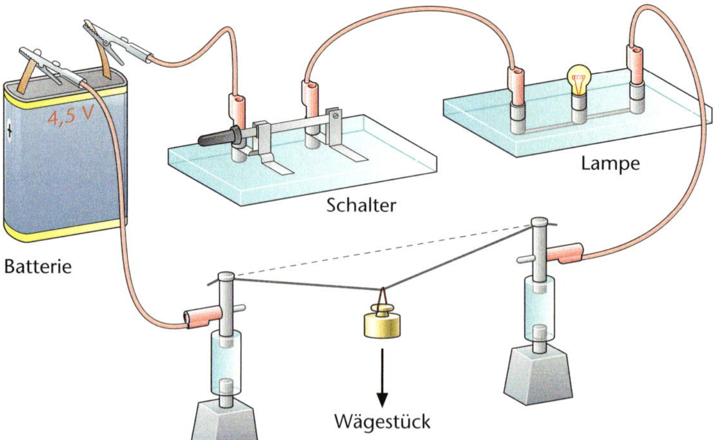

2 Versuchsaufbau zur Wärmewirkung

Eine Ursache – viele Wirkungen
Den elektrischen Strom selbst kannst du nicht sehen, aber du kannst ihn an seinen Wirkungen erkennen.

In den Versuchen 1 bis 3 kannst du einige dieser Wirkungen experimentell beobachten: die Licht- und Wärmewirkung sowie die magnetische Wirkung.

▶ Elektrischer Strom ist an seinen Wirkungen erkennbar. Beispiele sind die Licht- und Wärmewirkung sowie die magnetische Wirkung.

Anhand dieser Wirkungen kannst du Stromstärken vergleichen. Auch das kannst du in den Versuchen 1 bis 3 ausprobieren.

Dabei zeigt sich:
Je größer die elektrische Stromstärke,
- desto heller leuchtet eine Lampe (▷V 1),
- desto stärker erwärmt sich ein Draht und dehnt sich dadurch aus (▷V 2),
- desto stärker wird eine Kompassnadel in der Nähe des Strom führenden Leiters ausgelenkt (▷V 3).

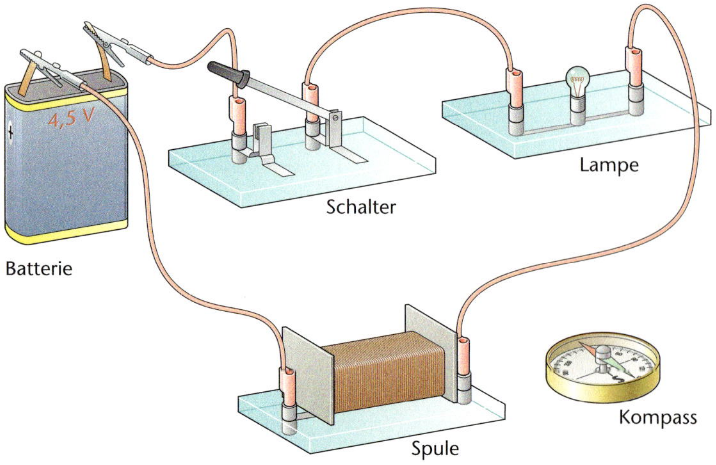

3 Versuchsaufbau zur magnetischen Wirkung

Versuche

1 Schließe ein geeignetes Glühlämpchen nacheinander an unterschiedliche Batterien (z. B. 1,5 V oder 4,5 V usw.) an (▷B 1). Kannst du auch ohne Messgerät unterschiedliche Stromstärken feststellen? Begründe.

2 Baue einen dünnen Kupferdraht (∅ ca. 0,2 mm) in einen Stromkreis mit einer Lampe ein (▷B 2). Befestige ein kleines Wägestück am Draht. Schalte nacheinander verschiedene Lämpchen in den Stromkreis, verwende aber immer die gleiche Batterie. Bei welchem Lämpchen fließt der größte Strom? Welche Auswirkung hat das auf den Draht? Begründe.

3 Baue den Stromkreis aus Bild 3 auf. Ordne Spule und Kompass so an, dass die Kompassnadel bei geöffnetem Schalter senkrecht zur Spulenachse steht. Schließe den Schalter. Ersetze auch hier das Lämpchen durch verschiedene andere Lämpchen. Was stellst du fest?

Ein Hitzdraht-amperemeter

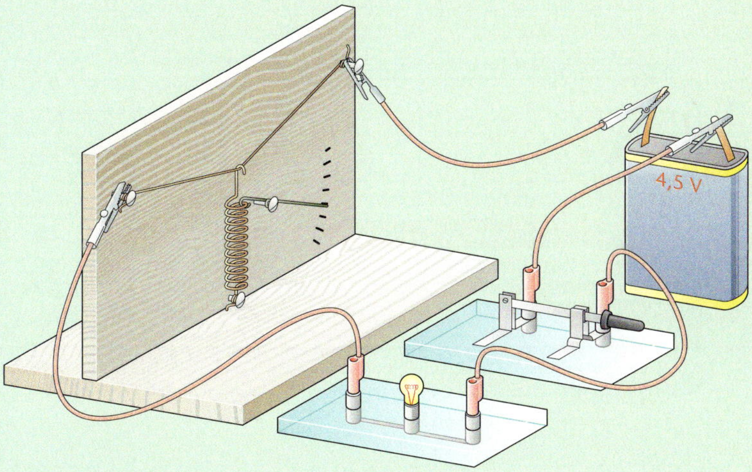

2 Hitzdrahtamperemeter im Stromkreis

Material
Dünner Kupferdraht, 2 Holzbretter (ca. DIN A4 groß), 3 kleine Holzschrauben, etwas Blumendraht (steif), 1 Feder (z. B. aus einem Kugelschreiber), 1 Schraubendreher, 1 Zange, 1 feiner Stift

Für die Versuche benötigst du außerdem noch:
verschiedene Glühlampen, Glühlampenfassungen, 1 Batterie (4,5 V), Kabel, 4 Krokodilklemmen, 1 Schalter.

Aufbau
Drehe je eine kleine Schraube links und rechts außen in eines der beiden Holzbretter.
Wickle anschließend ein Ende des Kupferdrahts um die linke Schraube. Spanne den Kupferdraht zur rechten Schraube.

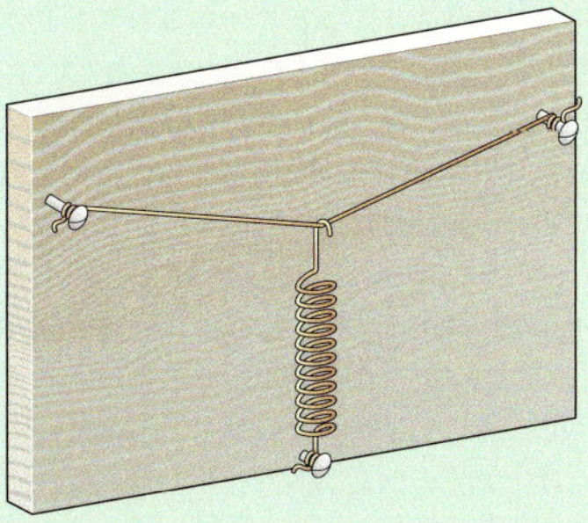

1 Befestigung von Draht und Feder

Hänge die Feder mittig in den Kupferdraht ein. Ziehe die Feder auseinander und befestige das freie Ende mit einer Schraube an der unteren Kante des Holzbretts.

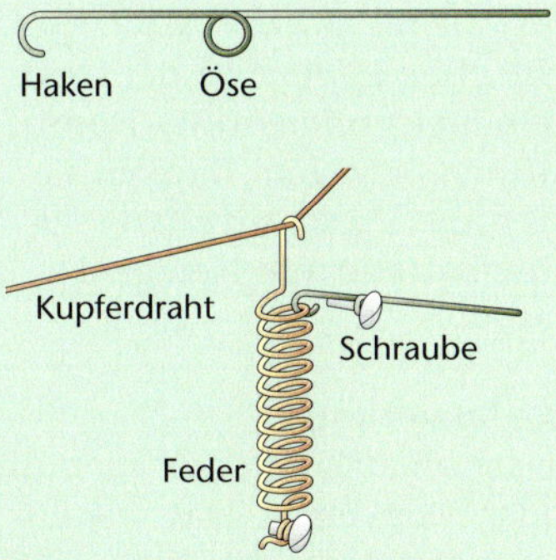

3 Herstellung und Befestigung des Zeigers

Forme den Blumendraht so wie in Bild 3 dargestellt zu einem Zeiger mit Haken und Öse. Hänge den Haken oben in die Feder ein. Befestige den Zeiger, indem du eine Schraube durch die Öse steckst und in das Holzbrett drehst. Befestige die Schraube so, dass der Zeiger sich gut bewegen lässt.

Klebe oder schraube das Holzbrett mittig auf das andere, sodass es stabil steht.

Markiere mit dem Stift die Nullstellung deines Messgerätes.

Funktionsweise
Mit deinem selbst gebauten Amperemeter kannst du nun kleinere Messungen qualitativ vornehmen. Fließt ein Strom durch den Kupferdraht, wird er warm und dehnt sich aus.

Weil sich die gespannte Feder nun zusammenziehen kann, bewegt sich der Zeiger nach oben.
Je größer der Strom ist, der durch den Draht fließt, desto größer ist die Erwärmung und desto stärker dehnt sich der Draht.
Entsprechend höher wandert auch der Zeiger.

Versuche
Baue zunächst die Schaltung wie im Bild 2 gezeigt auf.
Schließe den Stromkreis und markiere mit dem Stift, wie weit der Zeiger ausschlägt.
Wiederhole den Versuch mit unterschiedlichen Glühlämpchen.

Die elektrische Spannung

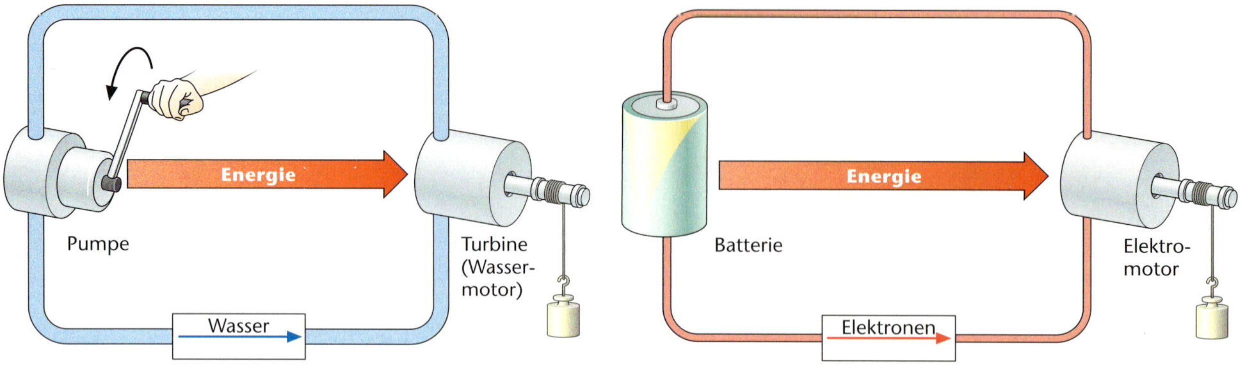

1 Das Wasserstrom-Modell hilft, unsichtbare Vorgänge im elektrischen Stromkreis besser zu verstehen.

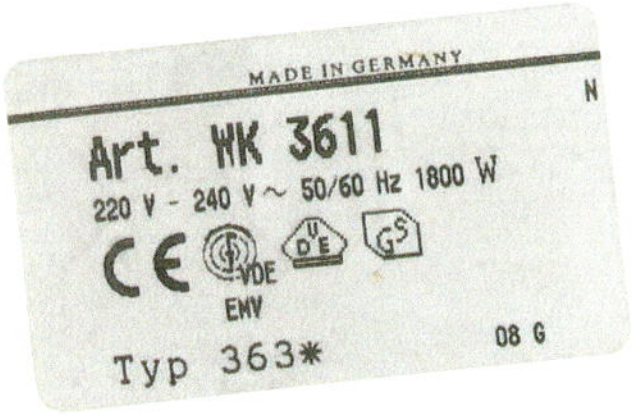

2 Typenschild

Was setzt Elektronen in Bewegung?
Du bist auf dem Zeltplatz und hast keine Batterien für deinen MP3-Player dabei. Wahrscheinlich wird das zum Problem für dich, denn ohne Energieversorgung funktioniert kein Elektrogerät. Welche Aufgabe hat überhaupt eine Batterie oder ein Netzgerät in einem Stromkreis?

In festen elektrischen Leitern ist der elektrische Strom ein Elektronenstrom. Damit sich die Elektronen bewegen, müssen sie angetrieben werden. Diese Aufgabe übernimmt z. B. eine Batterie, ein Netzgerät oder ein Dynamo.

Die elektrische Spannung
Sicher hast du schon auf Batterien die Aufschrift 1,5 V oder 9 V gelesen. Das V steht für Volt.
Eine 9-Volt-Batterie treibt die Elektronen im Stromkreis stärker an als eine 1,5-Volt-Batterie. Deshalb leuchtet ein Lämpchen an einer 9-Volt-Batterie auch deutlich heller als das gleiche Lämpchen an einer 1,5-Volt-Batterie (▷V 1).

Angaben wie 1,5 V oder 9 V bezeichnen die Größe der elektrischen Spannung. Sie ist ein Maß dafür, wie stark eine Batterie (oder eine andere **Spannungsquelle**) die Elektronen antreiben kann.

Die elektrische Spannung wird in der Einheit Volt (V) gemessen. Sie ist nach dem italienischen Physiker ALESSANDRO VOLTA (1745–1827) benannt, der die erste Batterie baute. Größere Spannungen misst man in der Einheit Kilovolt (kV), kleinere in Millivolt (mV).

Elektrische Spannung ist Voraussetzung dafür, dass elektrischer Strom fließt.
Die Spannung gibt an, wie stark Elektronen im Stromkreis angetrieben werden.
Formelzeichen: *U*
Einheit: Volt (V)
1 kV = 1000 V = 1 000 000 mV

Die Spannungsangabe ist wichtig
Elektrisches Gerät und Spannungsquelle müssen zusammenpassen. Deshalb befindet sich auf jedem elektrischen Gerät ein Aufdruck oder ein Typenschild (▷B 2), aus dem hervorgeht, mit welcher Spannung das Gerät betrieben werden soll.
Bei zu kleinen Spannungen arbeiten viele Elektrogeräte fehlerhaft oder gar nicht. Werden Geräte dagegen mit einer größeren als der angegebenen Spannung betrieben, gehen sie schnell kaputt.

Ein Modell für die elektrische Spannung
In einen Stromkreis kannst du nicht hineinsehen. Ein Modell kann dir helfen, die Vorgänge im Stromkreis besser zu verstehen.
In Bild 1 wird der elektrische Stromkreis mit einem Wasserkreislauf verglichen.
Im Wasserstrom-Modell treibt die Pumpe das Wasser in den Leitungen an. Die Pumpe entspricht der Spannungsquelle im elektrischen Stromkreis. Die Turbine kommt dem elektrischen Gerät gleich.
In beiden Kreisläufen wird mit dem Strom Energie transportiert. Mithilfe der Energie kann z. B. ein Massestück angehoben werden.

Kannst du an diesem Modell erklären, was hohe oder niedrige Spannung bedeutet?

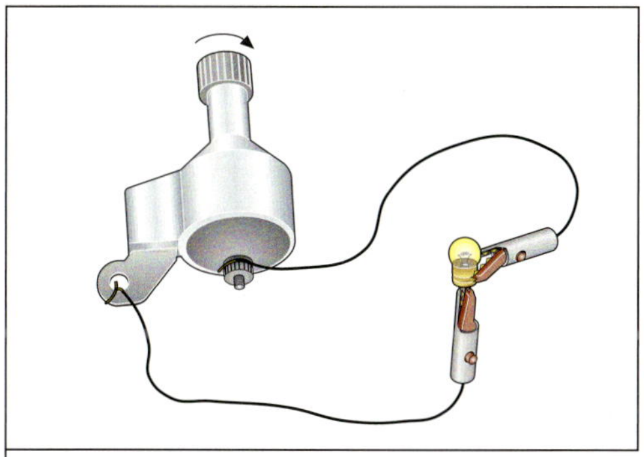

4 Ein Dynamo als Elektronenantrieb

Wie entsteht elektrische Spannung in einer Quelle?
In Spannungsquellen entsteht eine Spannung, wenn positive und negative Ladungen voneinander getrennt werden. Auf welche Weise dabei die Spannung erzeugt wird, kann sehr unterschiedlich sein. In Batterien geschieht das durch chemische Vorgänge. Bei einem Fahrraddynamo musst du dagegen am Rädchen drehen, um eine Spannung zu erhalten (▷B 4).

Gleichspannung und Wechselspannung
Eine Batterie liefert Gleichspannung. In einem Stromkreis mit einer Gleichspannungsquelle fließt der Elektronenstrom immer in die gleiche Richtung, vom Minuspol zum Pluspol (Gleichstrom, ▷V 2).

Zum Betrieb von Haushaltsgeräten wird eine Wechselspannung benötigt.

In Wechselspannungsquellen (wie z. B. der Steckdose) werden ständig Plus- und Minuspol vertauscht. Dadurch fließen die Elektronen im Stromkreis kurzzeitig in die eine und dann wieder in die andere Richtung (Wechselstrom). Bei der Steckdose geschieht dies 100 Mal pro Sekunde.

Das Spannungsmessgerät
Mit einem Voltmeter misst du die Spannung, die an einer Batterie, einem Netzgerät oder einem Bauteil anliegt. Spannungsmessgeräte werden immer parallel zur Spannungsquelle oder zu dem Bauteil geschaltet, an dem die Spannung gemessen werden soll (▷B 5).

Voltmeter werden immer parallel zu dem Bauteil geschaltet, an dem die Spannung gemessen werden soll.

Mit den meisten Messgeräten kannst du nicht nur Gleichspannung und Gleichstrom, sondern auch Wechselspannung und Wechselstrom messen. Achte darauf, dass du immer die richtige Einstellung auswählst.

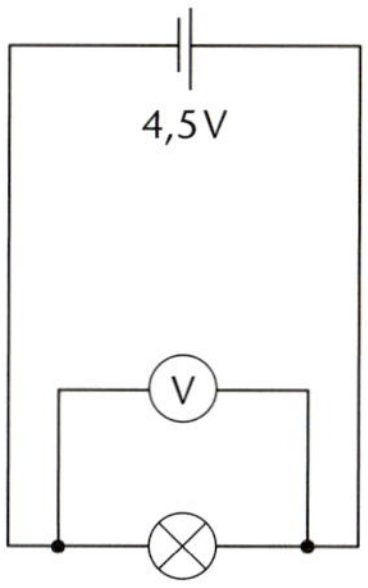

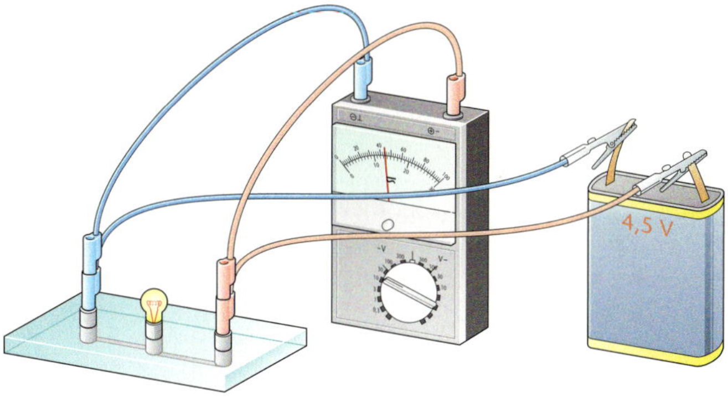

5 So wird das Voltmeter in den Stromkreis geschaltet.

Versuche

1 a) Baue einen einfachen Stromkreis mit einer Batterie und einem Glühlämpchen auf. Verwende als Spannungsquelle nacheinander unterschiedliche Batterien. Was stellst du fest?

b) Treibe die Elektronen im Stromkreis mit einem Fahrraddynamo an. Welchen Zusammenhang erkennst du zwischen Antrieb und der Helligkeit der Lampe?

2 a) Schließe ein 3,8-V-Glühlämpchen an eine geeignete Batterie an. Vertausche anschließend die Anschlüsse an der Batterie. Beobachte das Lämpchen.

b) Wiederhole den Versuch, benutze nun aber anstelle der Glühlampe einen Spielzeugmotor. Kannst du deine Beobachtungen erklären?

Aufgaben

1 Weshalb leuchtet eine Haushaltslampe nicht, wenn sie an eine Batterie angeschlossen wird?

2 Miss die elektrische Spannung an unterschiedlichen Batterien. Vergleiche deine Messwerte mit der Spannungsangabe auf der Batterie.

3 Verdeutliche Gleich- und Wechselspannung mithilfe des Wasserstrom-Modells.

4 Suche weitere Modelle für den elektrischen Stromkreis und beschreibe sie.

▶ 144 ff.

Galvani und Volta – Erfinder der Batterie

1 LUIGI GALVANI

Die Froschschenkel des Herrn GALVANI

Im 18. Jahrhundert gehörte es auf Jahrmärkten zu den Attraktionen, dass Künstler den Leuten elektrische Funken aus der Nase zogen oder ihre Haare zu Berge stehen ließen. Dass auch manche Fische (z. B. der Zitterrochen) starke elektrische Schläge austeilen können, war zu jener Zeit ebenfalls bekannt. Haben Lebewesen eine besondere Fähigkeit, Strom zu erzeugen? Diese Frage reizte damals viele Wissenschaftler.

Auch der italienische Arzt und Naturforscher LUIGI GALVANI (1737–1798) zeigte großes Interesse an solchen Vorgängen bei Tieren, deshalb führte er Experimente an Froschschenkeln durch (▷ B 4).
Mithilfe einer Elektrisiermaschine (▷ B 2) erzeugte er in seinem Labor starke Funken, die die Muskeln der Tiere zucken ließen.

Im November 1789 machte GALVANI jedoch eine merkwürdige Beobachtung: Auf seinem Balkon bewahrte er einige Froschschenkel für seine Experimente auf. Diese hatte er mit Messinghaken an das eiserne Geländer gehängt.
Dabei fiel ihm auf, dass die Froschschenkel jedes Mal heftig zuckten, wenn sie das Geländer berührten.

Verblüffend daran war: Dies geschah von ganz allein – kein Gewitter war in der Nähe und keine künstlichen Funken konnten die Ursache sein. Das Zucken der Muskeln zeigte ihm, dass tatsächlich Elektrizität im Spiel war. Woher aber kam diese Erscheinung?

Nach unzähligen Versuchen erkannte er schließlich die Zusammenhänge: Der Froschschenkel zuckte nur dann, wenn er den Messinghaken und das Eisengeländer gleichzeitig berührte. GALVANI war nun fest davon überzeugt, dass die Tiere selbst Elektrizität erzeugen konnten, sobald sie zwei verschiedene Metalle berührten.

Zum damaligen Zeitpunkt war GALVANI noch nicht bewusst, dass chemische Reaktionen die Ursache der elektrischen Ströme waren.

3 ALESSANDRO VOLTA

VOLTAS Sandwich-Batterie

Der italienische Physiker ALESSANDRO VOLTA (1745–1827) glaubte nicht so recht an GALVANIS „tierische Elektrizität". VOLTA wusste, dass elektrische Entladungen Nerven reizen. Daher glaubte er, dass die Froschschenkel keine „Stromerzeuger", sondern „Stromanzeiger" waren.
Ursache der Elektrizität waren nach VOLTAS Meinung die unterschiedlichen Metalle. Um dies zu prüfen, verband er mit einem dünnen Draht eine Silbermünze und eine

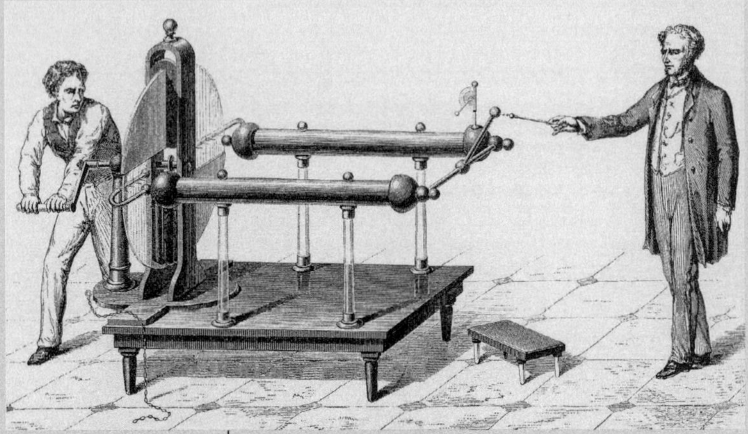

2 Elektrisiermaschine

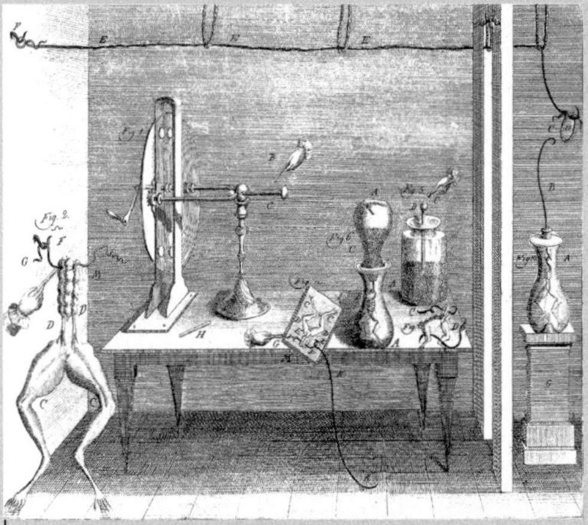

4 Messaufbau zu den Froschschenkelexperimenten

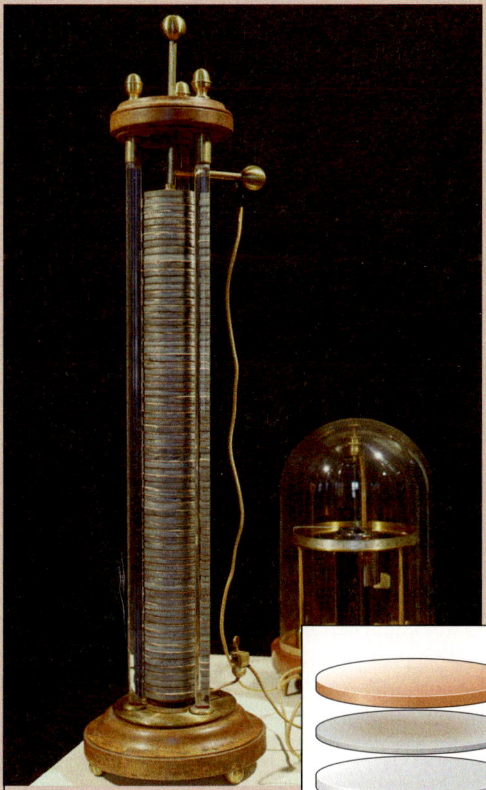

5 Die Voltasäule war die erste funktionierende Batterie.

6 Ein Element der Volta-Säule

Kupfermünze. Als er die Silbermünze auf seine Zunge legte und mit der anderen Münze die Zungenspitze berührte, entstand ein metallisch-säuerlicher Geschmack in seinem Mund. Die Münzmetalle und der Speichel erzeugten einen Strom, der die Geschmacksnerven reizte.

Im Jahr 1800 baute VOLTA seine erste Batterie: Dazu legte er eine Zinkscheibe, eine säuregetränkte Pappscheibe und eine Kupferscheibe aufeinander (▷ B 6).
Die Spannung, die dabei entstand, war jedoch sehr gering. Indem er mehrere dieser Sandwich-Elemente übereinander stapelte, konnte er die Spannung erhöhen (▷ B 5). Als er von der untersten Zinkscheibe einen Draht zur obersten Kupferscheibe führte, sprangen tatsächlich starke Funken über – VOLTAS Batterie funktionierte.

Aufgabe

1 Nach GALVANI sind viele technische Verfahren und Geräte benannt. Informiere dich über: Galvanisieren, Galvanometer, Galvanoplastik, Galvanotechnik. Was haben sie mit GALVANIS Versuchen zu tun?

Eine Batterie für alle Fälle

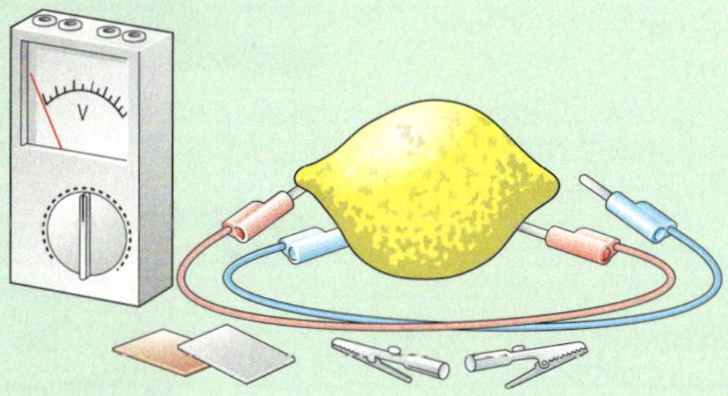

Auch du kannst nach GALVANIS und VOLTAS Vorbild experimentieren. Allerdings benutzt du dazu keine Froschschenkel, sondern eine Zitrone.

Material
Mehrere verschiedene Metallstücke (z. B. aus Zink und Kupfer), Zitronen, mehrere Kabel, 1 Spannungsmessgerät

Versuchsanleitung
Stecke das Zinkplättchen und das Kupferplättchen in die Zitrone (▷ B 1). Achte darauf, dass die Metallstücke tief genug und fest in der Frucht sitzen.
Verbinde nun das Zinkplättchen mit dem Minuspol und das Kupferplättchen mit dem Pluspol des Spannungsmessgeräts.
Welche Spannung liefert deine Zitronenbatterie?

Aufgabe
1. Führe den Versuch auch mit anderen Metallen durch.
2. Schalte mehrere deiner Batterien hintereinander und miss die Spannungen.

1 Zitronenbatterie

1 Großstädte benötigen viel elektrische Energie.

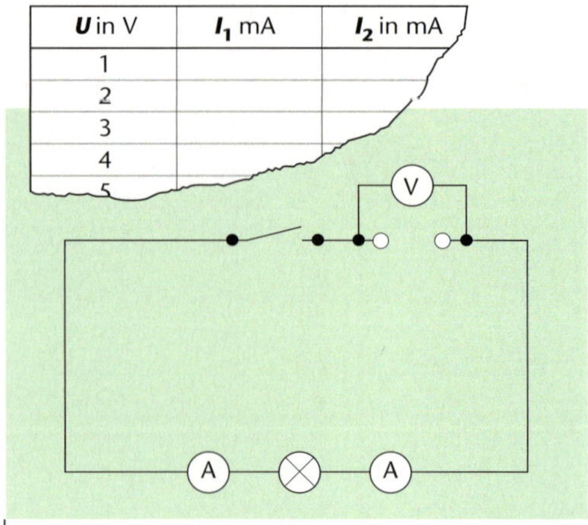

3 Schaltskizze zu Versuch 1

Kann man Strom verbrauchen?
Immer wieder kannst du in Zeitungsartikeln lesen, dass elektrische Geräte zu viel Strom verbrauchen. Ist das wahr? Mit deinen Kenntnissen über den elektrischen Strom kannst du das überprüfen.

Um festzustellen, ob der Strom tatsächlich verbraucht werden kann, musst du die elektrischen Ströme vor und nach dem Elektrogerät vergleichen. Dafür benötigst du zwei Stromstärkemessgeräte. Ein Messgerät muss vor das Elektrogerät, eines hinter das Gerät geschaltet sein (▷ V 1).

Im Versuch 1 wird überprüft, ob eine Lampe elektrischen Strom verbraucht. Sollte das wahr sein, müsste die Stromstärke nach der Lampe schwächer als vor der Lampe sein. Aber auch wenn du unterschiedliche Spannungen an den Stromkreis anlegst, erhältst du vor und hinter der Lampe immer den gleichen Stromstärkewert. Dieser Versuch zeigt: Elektrischer Strom wird nicht verbraucht!

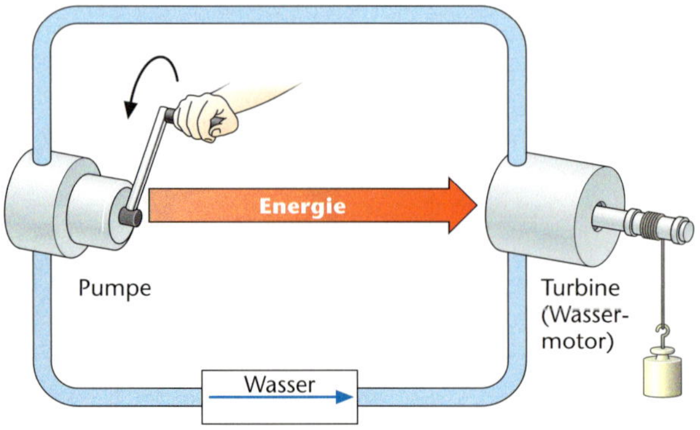

2 Das Wasserstrom-Modell eines Stromkreises

Versuch

1 Baue den Stromkreis aus Bild 3 auf. Stelle verschiedene Spannungen ein und miss die Stromstärken vor und hinter der Lampe. Wiederhole den Versuch mit anderen elektrischen Geräten.

Mit dem Wasserstrom-Modell aus Bild 2 kannst du dies auch erklären: Vor der Turbine befinden sich genauso viele Wasserteilchen wie hinter ihr. Die Wasserteilchen werden nicht verbraucht. Sie werden jedoch benötigt, damit die Turbine sich in Bewegung setzt. In ähnlicher Weise werden auch die Elektronen gebraucht, damit die Lampe leuchtet.

Was ist mit „Stromverbrauch" gemeint?
Die Spannungsquelle gibt den Elektronen Energie mit, die sie zum Elektrogerät transportieren. Dort wird die elektrische Energie in andere Energieformen (z. B. in der Lampe in Licht und Wärme) umgewandelt. Was fälschlicherweise als „Stromverbrauch" bezeichnet wird, ist also tatsächlich die Menge der umgewandelten Energie.

Der elektrische Strom transportiert Energie von der Spannungsquelle zum Gerät. Der Strom kann nicht verbraucht werden.

Aufgabe

1 Suche in Zeitungen Beispiele für den physikalisch falschen Ausdruck „Stromverbrauch". Stelle die Aussagen richtig.

Strategie

Mit Puzzeln lernen

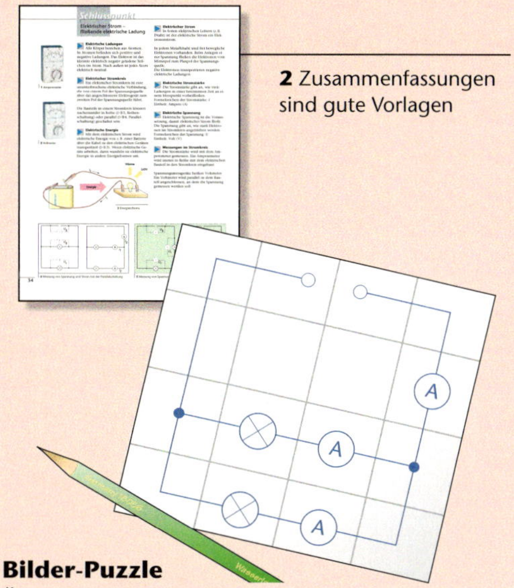

2 Zusammenfassungen sind gute Vorlagen

Stress ohne Ende

Jenny: „Ist dir eigentlich klar, dass wir am Freitag eine Physikarbeit schreiben?"
Sina: „Oje! Das habe ich ja total vergessen und ich habe überhaupt keine Zeit zum Lernen. Ich muss noch ein Deutschreferat schreiben, Englisch lernen, in den Klavierunterricht ..."
Jenny: „Das wirst du schon schaffen, es sind nur ein paar Seiten im Heft."
Sina: „Die Schaltungen und der viele Text, dass kann ich mir einfach nicht merken!"
Jenny: „Ich kenne zwei Methoden, die mir das Lernen erleichtern."

Text-Puzzle

Eine Möglichkeit einen Textinhalt zu lernen ist, einzelne Textbausteine wieder in ihre ursprüngliche Reihenfolge zu bringen. Versuchsbeschreibungen und Handlungsabläufe sind hierfür besonders gut geeignet.

Schreibe dazu einen Text aus dem Heft oder dem Buch (▷ B 2) handschriftlich oder mit dem Computer ab. Beginne nach jedem zusammenhängenden Textteil eine neue Zeile. Zerschneide den Text in kleine Streifen (▷ B 1).
Damit du nicht schummeln kannst und die Teile mithilfe der Schnittkanten zusammenlegst, schneide jeden Streifen nochmals aus.
Jetzt bringe die einzelnen Teile durcheinander und versuche sie wieder in die richtige Reihenfolge zu legen. Findest du hier die richtige Reihenfolge?

Bilder-Puzzle

Ähnlich wie beim Textpuzzle musst du beim Bilderpuzzle die einzelnen Teile zu einem richtigen Bild zusammenfügen.

Schaltungen und Versuchsaufbauten eignen sich besonders gut für diese Lernmethode. Zeichne entsprechend dem Platzbedarf für deine Schaltung ein Quadrat, z. B. Kantenlänge 10 cm. Dieses Quadrat unterteilst du in kleinere Quadrate, z. B. mit einer Kantenlänge von 2 cm.

Zeichne deine Schaltung so in das große Quadrat ein, dass Schaltzeichen in die kleinen Quadrate fallen und elektrische Leitungen parallel zu einer Quadratseite verlaufen (▷ B 2).

Zerschneide das große Viereck in die vorgezeichneten kleineren (▷ B 3).

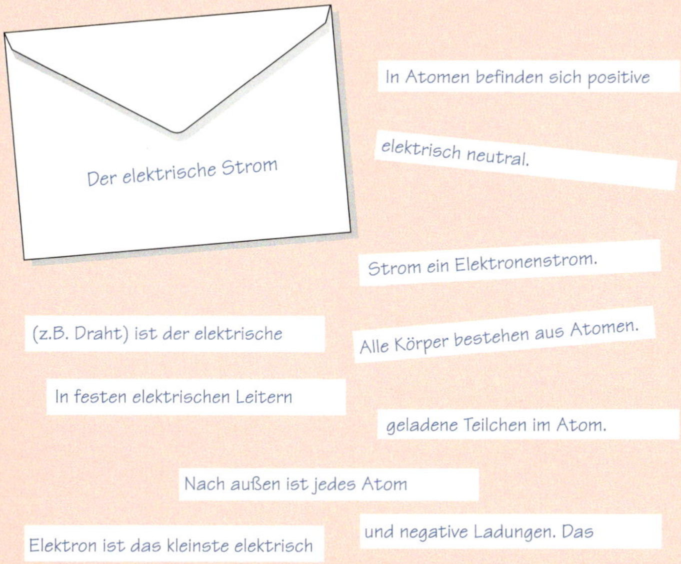

1 Ein Text-Puzzle

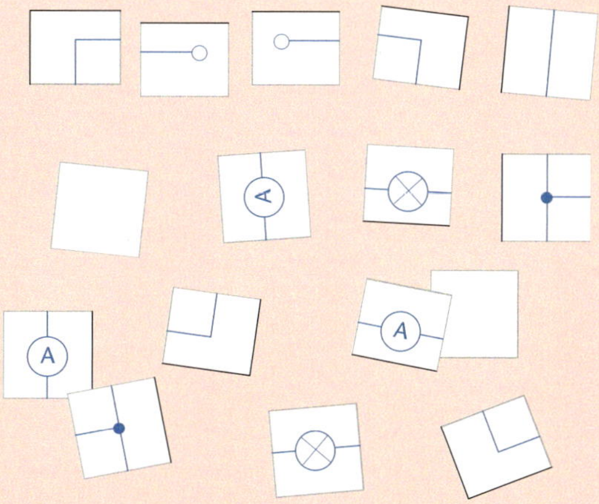

3 Ein Bilder-Puzzle

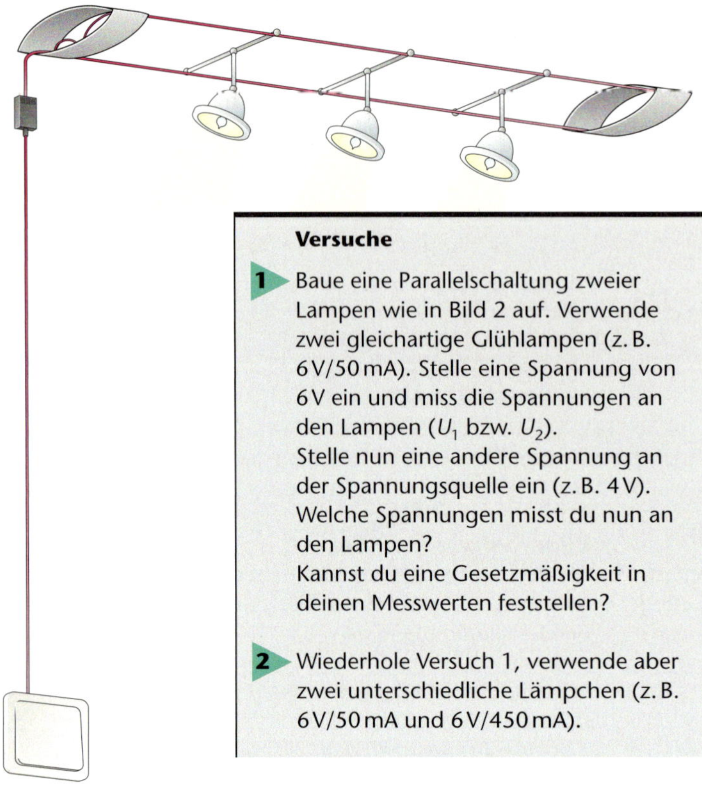

1 Lichtseilsysteme bestehen aus parallel geschalteten Lampen.

Versuche

1 Baue eine Parallelschaltung zweier Lampen wie in Bild 2 auf. Verwende zwei gleichartige Glühlampen (z. B. 6 V/50 mA). Stelle eine Spannung von 6 V ein und miss die Spannungen an den Lampen (U_1 bzw. U_2).
Stelle nun eine andere Spannung an der Spannungsquelle ein (z. B. 4 V). Welche Spannungen misst du nun an den Lampen?
Kannst du eine Gesetzmäßigkeit in deinen Messwerten feststellen?

2 Wiederhole Versuch 1, verwende aber zwei unterschiedliche Lämpchen (z. B. 6 V/50 mA und 6 V/450 mA).

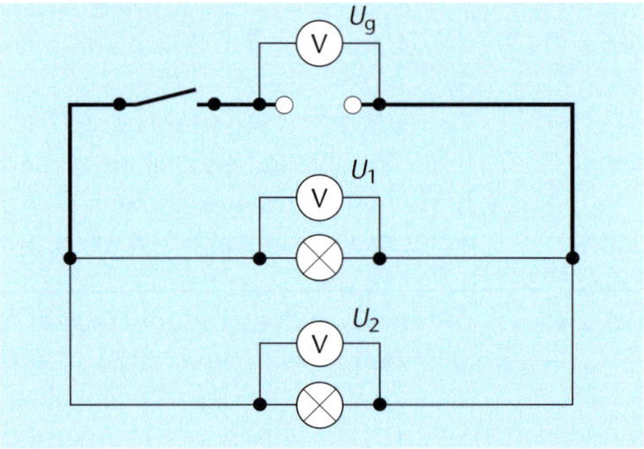

2 Schaltskizze zu Versuch 1

U_g in V	U_1 in V	U_2 in V
6	6	6
4	4	4

3 Tabelle zu Versuch 1

Die Parallelschaltung
Als Carla das Licht in ihrem Zimmer einschaltet, leuchten nur zwei der drei Lampen ihres Deckenstrahlers. Carla überlegt, wieso die beiden Lampen weiter leuchten, obwohl die dritte defekt ist.
Max weiß, dass Lampen parallel geschaltet werden können (▷B 2). Bei der Parallelschaltung ist jede einzelne Lampe mit der Spannungsquelle verbunden, wobei alle Lampen ein Leiterstück (in Bild 2 dick gezeichnet) gemeinsam nutzen.
Ist eine Lampe defekt, bleibt der Stromkreis für die anderen Lampen trotzdem geschlossen und sie leuchten weiter.

Die Spannung bei der Parallelschaltung
Was aber passiert mit der Spannung an den Lampen, wenn eine Lampe ausfällt? Die Versuche 1 und 2 helfen dir bei der Erklärung: Bei einer Parallelschaltung liegt an jeder Lampe die gleiche Spannung wie an der Spannungsquelle an (▷B 3). Die Elektronen werden also an allen Lampen von der gleichen Spannung angetrieben. Ist eine Lampe defekt, bleibt die Spannung an den anderen Lampen unverändert.

▶ Bei der Parallelschaltung von Lampen liegt an jeder Lampe die gleiche Spannung wie an der Spannungsquelle an.
Es gilt: $U_g = U_1 = U_2 = \ldots$

Die Haushaltsschaltung
Im Haushalt werden alle elektrischen Geräte parallel zueinander betrieben. Dies gewährleistet, dass an allen Geräten die für sie notwendige Netzspannung von 230 V anliegt.

Aufgabe

1 Entwirf eine Schaltung für drei parallel geschaltete Lampen, die jeweils einzeln ein- bzw. ausgeschaltet werden können.

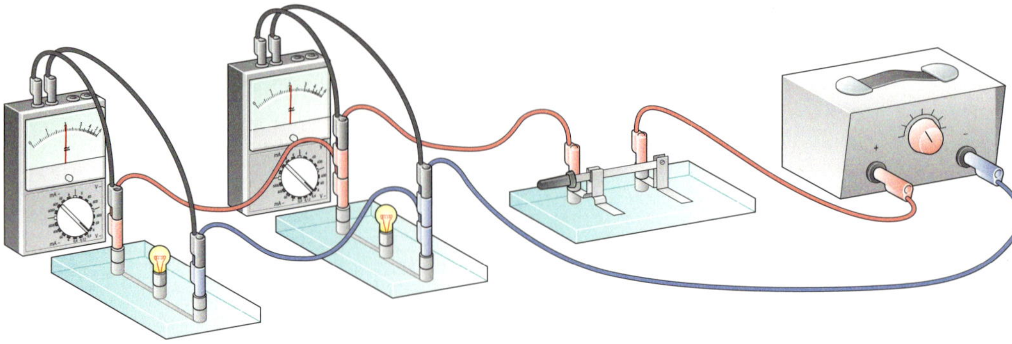

4 Versuchsaufbau zur Messung der Spannung an einer Parallelschaltung

Die Spannung bei der Reihenschaltung

Die Spannung bei der Reihenschaltung
Beim Auspacken der Weihnachtslichterkette fällt Max ein Lämpchen herunter und zerbricht. Als Max das Lämpchen ersetzen will, stellt er fest, dass auf dem Rand eine Spannung von 12 V angegeben ist. Spannungsquelle (230 V) und Lampe passen nicht zusammen. Wenn ein 12-V-Lämpchen direkt an die Haushaltsspannung von 230 V angeschlossen wird, dann geht es sofort kaputt.
Werden aber 20 Lämpchen zu je 12 V in Reihe geschaltet, kann die Lichterkette mit der Netzspannung betrieben werden. Durch jede Lampe werden die Elektronen dann mit einer Einzelspannung von ungefähr 12 V getrieben.

Schließt du zwei gleichartige Lämpchen in Reihe (▷ V 1), leuchten beide gleich hell. Die Spannung der Quelle verteilt sich je zur Hälfte auf beide Lampen (▷ B 3). Verwendest du zwei Lampen, die unterschiedliche Spannungen benötigen, durch die aber ein Strom gleicher Stärke fließen muss (▷ V 2b), verteilt sich die Spannung der Quelle ebenfalls. An den Lampen liegen nun aber unterschiedliche Spannungen an. Aber auch hier ergibt die Summe der Spannungen an Lampe 1 und Lampe 2 die Gesamtspannung.

Bei der Reihenschaltung von Lampen ist die Gesamtspannung so groß wie die Summe der Einzelspannungen.
Es gilt: $U_g = U_1 + U_2 + \ldots$

Aufgabe

1 In einer Lichterkette liegen 30 (40, 80) gleichartige Lämpchen in Reihe an der Netzspannung an. Welche Betriebsspannung entfällt auf jede Lampe?
Was würde passieren, wenn du eine Lampe durch eine andere mit größerer/kleinerer Spannung ersetzen würdest?

Versuche

1 Baue einen Stromkreis nach Bild 2 auf. Benutze zwei gleichartige Lämpchen (z. B. 6 V/50 mA).
Miss die Gesamtspannung U_g und die Teilspannungen U_1 und U_2 an den Lampen.
Stelle verschiedene Gesamtspannungen ein.
Lege eine Messtabelle an.
Welche Gesetzmäßigkeiten vermutest du?

2 Wiederhole den Versuch auch mit zwei unterschiedlichen Lämpchen, z. B.:
a) 6 V/450 mA und 6 V/50 mA;
b) 6 V/300 mA und 3,7 V/300 mA.
Welche Gesetzmäßigkeiten stellst du fest?

3 Wiederhole die Versuche 1 und 2 auch mit drei oder noch mehr in Reihe geschalteten Glühlämpchen.

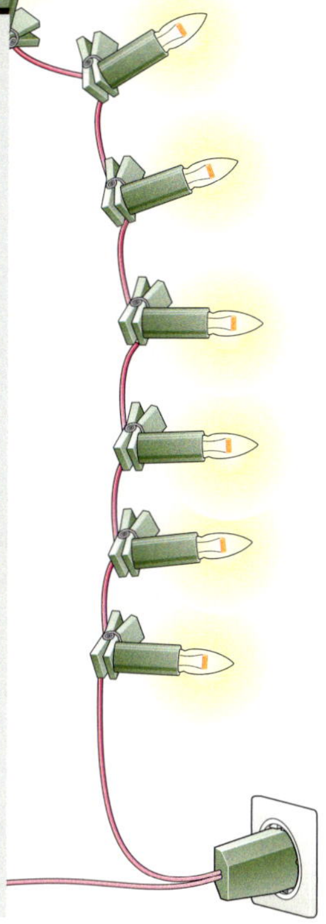

1 In einer Lichterkette sind viele Lampen in Reihe geschaltet.

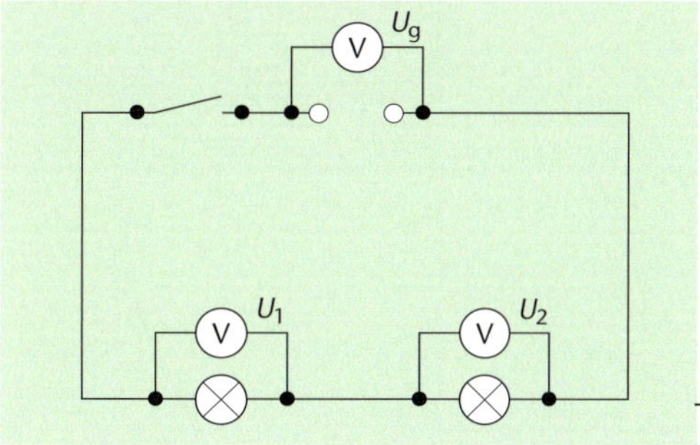

2 Schaltskizze zu Versuch 1

U_g in V	U_1 in V	U_2 in V
4	2	2
6	3	3

3 Tabelle zu Versuch 1

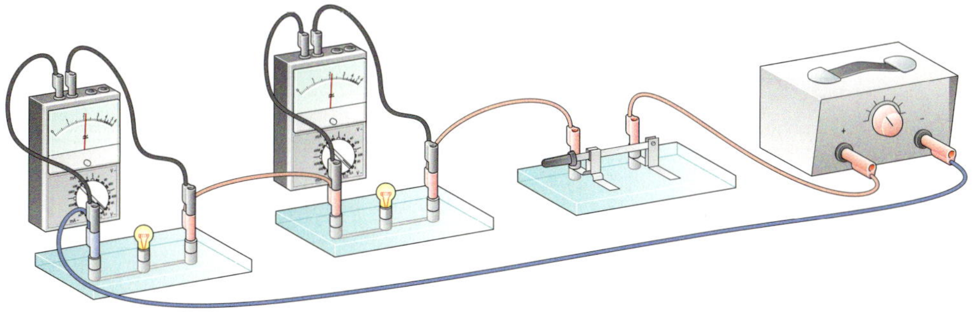

4 Versuchsaufbau zur Messung der Spannung an einer Reihenschaltung

Versuch

1 Mit der Schaltung in Bild 1 kannst du die Stromstärke in den einzelnen Abschnitten der Parallelschaltung bestimmen. Miss die Gesamtstromstärke I_g sowie die beiden Teilstromstärken I_1 und I_2. Notiere die Messwerte in einer Tabelle. Kannst du eine Gesetzmäßigkeit formulieren?
Wie ändern sich deine Ergebnisse, wenn du an Stelle zweier gleicher Lämpchen zwei unterschiedliche verwendest?

1 Schaltskizze zu Versuch 1

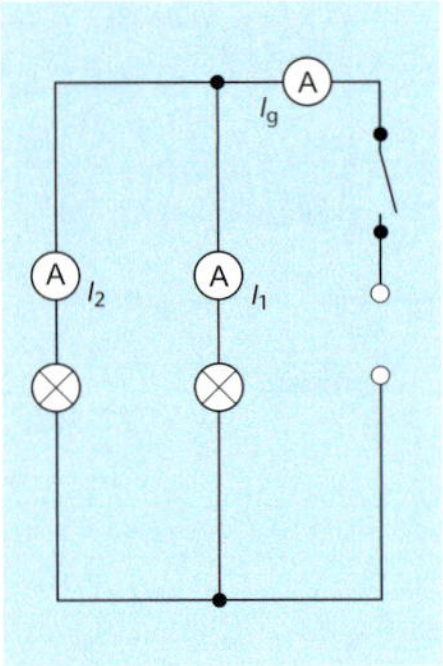

Die Stromstärke bei der Parallelschaltung

Sind elektrische Geräte parallel geschaltet, dann fließt der Strom zunächst durch eine gemeinsame Zuleitung bis zur Verzweigung. Dort teilt sich der Strom auf. Ein Teil fließt durch das Lämpchen 1, der andere durch das Lämpchen 2 (▷ B 2). Hinter den Lämpchen fließen die Ströme wieder zusammen und dann zurück zur Quelle.

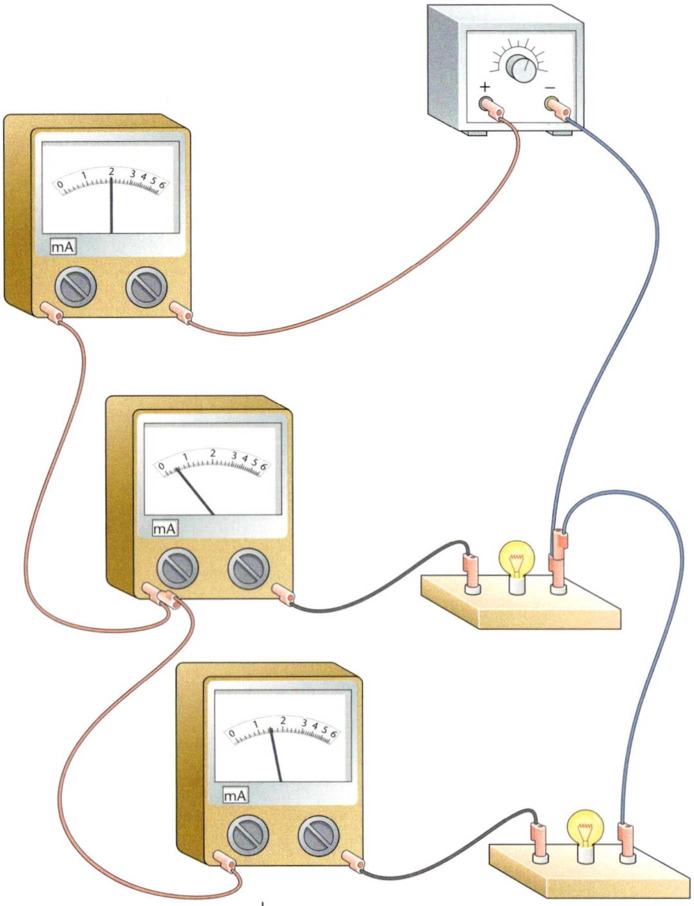

3 Zu Versuch 1

I_g in mA	I_1 in mA	I_2 in mA
80	40	40
200	160	40

3 Tabelle zu Versuch 1

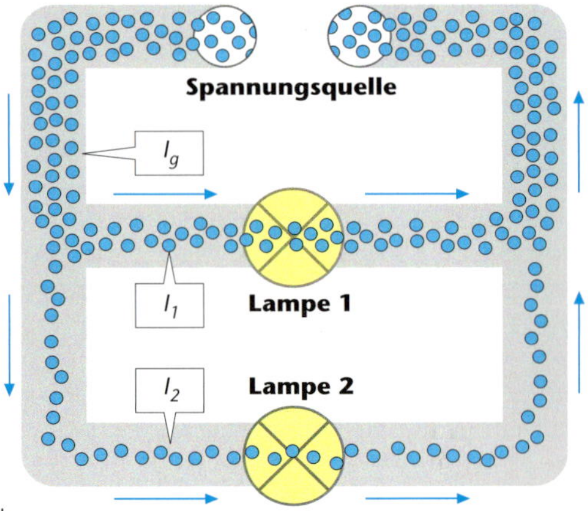

2 Fluss der Elektronen durch eine Parallelschaltung

Versuch 1 zeigt, wie sich die Gesamtstromstärke aufteilt: Durch jedes Lämpchen fließt ein bestimmter Strom. Die Teilströme addieren sich zum Gesamtstrom (▷ B 4).
Du kannst dir das etwa so vorstellen: Nach dem Pausenende strömen die Schülerinnen und Schüler in das Schulgebäude zurück. Vor den Türen teilt sich der gesamte Menschenstrom auf. Durch eine breite Tür können viele, durch eine schmale wenige Menschen eintreten. Hinter den Türen vereinigen sich beide Ströme wieder zu einem Gesamtstrom.

Bei der Parallelschaltung ist der Gesamtstrom genau so groß wie die Summe der Teilströme. Es gilt:
$I_g = I_1 + I_2 + I_3 + \ldots$

Die Mehrfachsteckdose

Auch bei der Mehrfachsteckdose sind alle Geräte parallel angeschlossen. Deshalb fließt durch jedes Gerät der Strom, den es benötigt. Diese Teilströme summieren sich zum Gesamtstrom, der in den gemeinsamen Zuleitungen fließt.

Aufgabe

1 An eine Mehrfachsteckdose sind ein Computer (1 A), ein Monitor (750 mA), ein Drucker (0,12 A) und ein Scanner (120 mA) angeschlossen. Berechne die Gesamtstromstärke.

Die Stromstärke bei der Reihenschaltung
Anders als bei der Parallelschaltung ist die Stromstärke bei der Reihenschaltung im gesamten Stromkreis gleich groß (▷B 1, B 2). Daher werden dich die Messergebnisse der Versuche 1 und 2 nicht überraschen: Alle Messgeräte zeigen die gleiche Stromstärke an. Die Elektronen wandern erst durch die eine und dann durch die andere Lampe (▷B 3).
Benutzt man zwei unterschiedliche Lampen, dann leuchten die beiden unterschiedlich hell, obwohl der gleiche Strom durch sie fließt. Die Fahrradlampe leuchtet in Versuch 2 nur schwach, da die Stromstärke zu klein ist. Damit sie hell leuchtet, müsste durch die Lampe ein großer Strom fließen.

Bei der Reihenschaltung von Lampen ist die Stromstärke überall im Stromkreis gleich groß.
$I_g = I_1 = I_2 = \ldots$

Versuche

1 Baue einen Stromkreis nach dem Schaltplan in Bild 1 auf. Benutze zwei gleiche Glühlampen (z. B. 6 V/50 mA). Welche Ergebnisse erwartest du? Miss die Gesamtstromstärke I_g sowie die Stromstärken I_1 und I_2. Stimmen die Ergebnisse mit deinen Vermutungen überein?

2 Wiederhole Versuch 1. Ersetze eine Glühlampe durch eine Fahrradlampe (z. B. 6 V/450 mA). Wie verändert sich das Versuchsergebnis im Vergleich zu Versuch 1? Setze anschließend die Fahrradlampe an die zweite Stelle und prüfe erneut.

3 Wiederhole die Versuche 1 und 2 auch mit einer Reihenschaltung von drei und noch mehr Lampen.

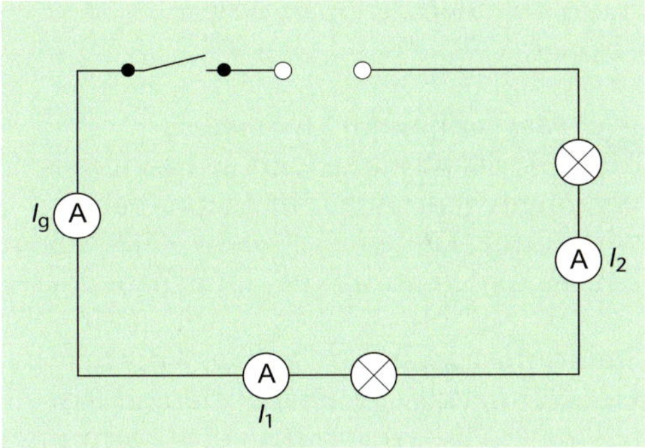

1 Schaltplan zu den Versuchen 1 und 2

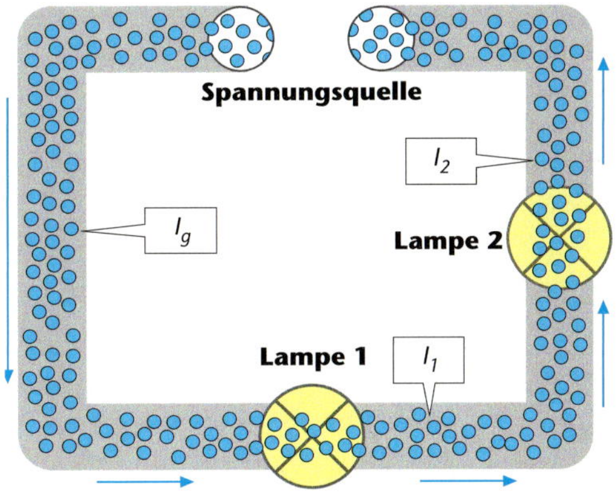

3 Fluss der Elektronen durch eine Reihenschaltung

I_g in mA	I_1 in mA	I_2 in mA
50	50	50

2 Tabelle zu Versuch 1

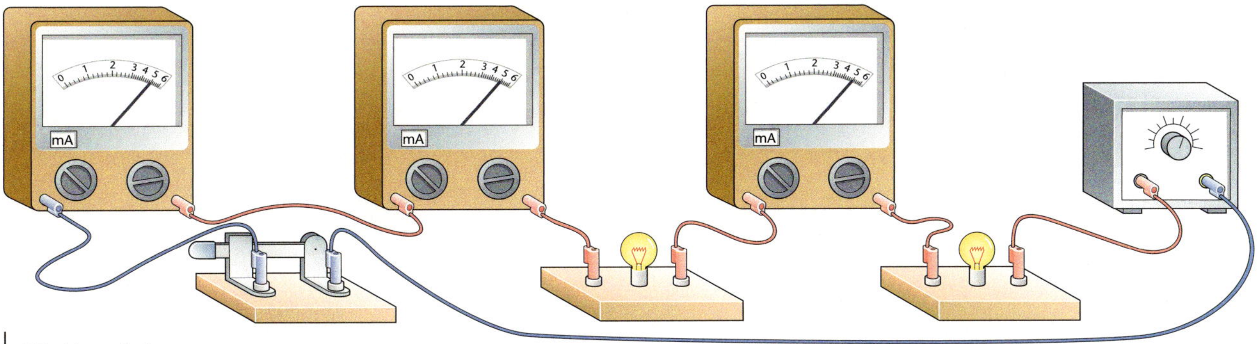

4 Zu Versuch 1

Elektrischer Strom – fließende elektrische Ladung

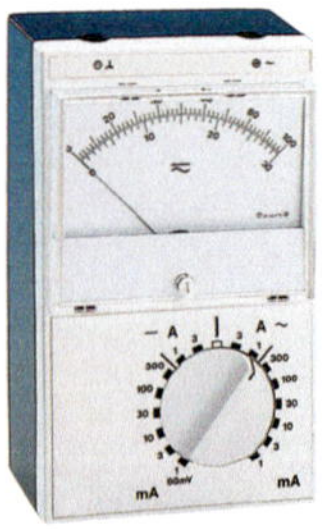

1 Amperemeter

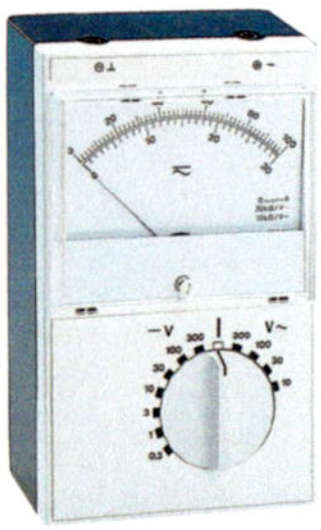

2 Voltmeter

Elektrische Ladungen
Alle Körper bestehen aus Atomen. In Atomen befinden sich positive und negative Ladungen. Das Elektron ist das kleinste elektrisch negativ geladene Teilchen im Atom. Nach außen ist jedes Atom elektrisch neutral.

Elektrischer Stromkreis
Ein elektrischer Stromkreis ist eine ununterbrochene elektrische Verbindung, die von einem Pol der Spannungsquelle über das angeschlossene Elektrogerät zum zweiten Pol der Spannungsquelle führt.

Die Bauteile in einem Stromkreis können nacheinander in Reihe (▷ B 5, Reihenschaltung) oder parallel (▷ B 4, Parallelschaltung) geschaltet sein.

Elektrische Energie
Mit dem elektrischen Strom wird elektrische Energie von z. B. einer Batterie über die Kabel zu den elektrischen Geräten transportiert (▷ B 3). Wenn elektrische Geräte arbeiten, dann wandeln sie elektrische Energie in andere Energieformen um.

Elektrischer Strom
In festen elektrischen Leitern (z. B. Draht) ist der elektrische Strom ein Elektronenstrom.

In jedem Metalldraht sind frei bewegliche Elektronen vorhanden. Beim Anlegen einer Spannung fließen die Elektronen vom Minuspol zum Pluspol der Spannungsquelle.
Die Elektronen transportieren negative elektrische Ladungen.

Elektrische Stromstärke
Die Stromstärke gibt an, wie viele Ladungen in einer bestimmten Zeit an einem Messpunkt vorbeifließen.
Formelzeichen der Stromstärke: I
Einheit: Ampere (A)

Elektrische Spannung
Elektrische Spannung ist Voraussetzung dafür, dass elektrischer Strom fließt. Die Spannung gibt an, wie stark Elektronen im Stromkreis angetrieben werden.
Formelzeichen der Spannung: U
Einheit: Volt (V)

Messungen im Stromkreis
Die Stromstärke wird mit dem Amperemeter gemessen. Ein Amperemeter wird immer in Reihe mit dem elektrischen Bauteil in den Stromkreis eingebaut.

Spannungsmessgeräte heißen Voltmeter. Ein Voltmeter wird parallel zu dem Bauteil angeschlossen, an dem die Spannung gemessen werden soll.

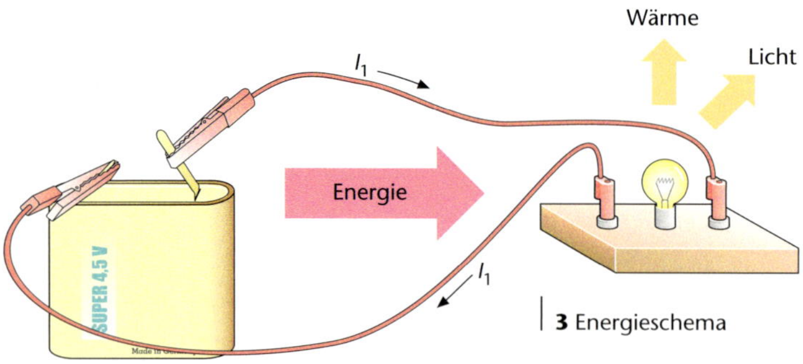

3 Energieschema

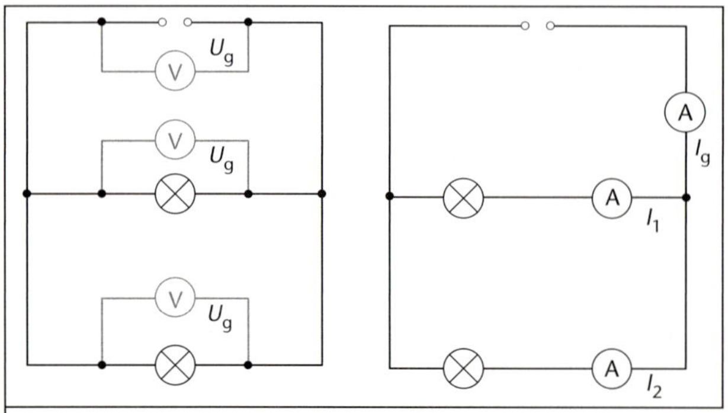

4 Messung von Spannung und Strom bei der Parallelschaltung

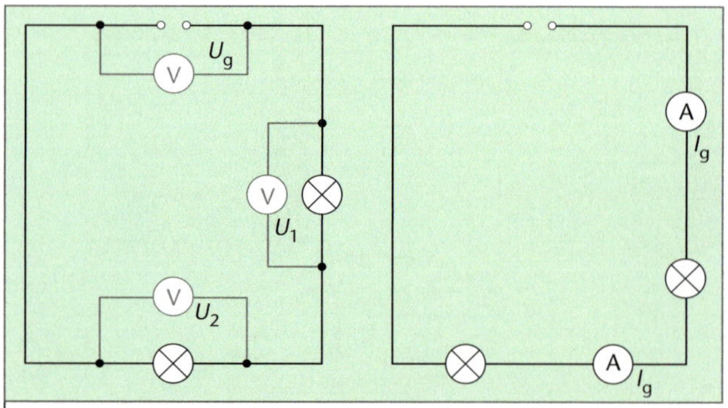

5 Messung von Spannung und Strom bei der Reihenschaltung

Reihenschaltung
Alle Bauteile in einer Reihenschaltung (▷ B 5) werden vom gleichen Strom durchflossen. Die Stromstärke ist überall gleich groß.
$I_g = I_1 = I_2 = \ldots$

Die Gesamtspannung verteilt sich auf die in Reihe geschalteten Bauteile.
$U_g = U_1 + U_2 + \ldots$

Parallelschaltung
Bei der Parallelschaltung (▷ B 4) liegt an jedem Bauteil die gleiche Spannung wie an der Spannungsquelle an.
$U_g = U_1 = U_2 = \ldots$

Der Strom in der Zuleitung verteilt sich auf die Teilstromkreise. Die Gesamtstromstärke ist genau so groß wie die Summe der Teilstromstärken.
$I_g = I_1 + I_2 + \ldots$

Aufgaben

1 Tina meint, dass in ungeladenen Körpern keine elektrischen Ladungen vorhanden sind. Hat sie recht?

2 Erläutere die Begriffe elektrischer Strom und elektrische Spannung.

3 Welche der Aussagen a), b), c) ist richtig? Begründe deine Entscheidung.
a) Eine Lampe verbraucht immer etwas Strom, sonst würde sie nicht brennen.
b) Eine Lampe verbraucht keinen elektrischen Strom.
c) Im elektrischen Stromkreis ist die Stromstärke am Anfang groß und wird zum Schluss immer weniger.

4 a) Zeichne die Schaltskizzen in Bild 1 ab. Ergänze die fehlenden Schaltsymbole für Voltmeter und Amperemeter.
b) Beschreibe für jedes Bild den Stromkreis. Beginne am Minuspol der Spannungsquelle. Überlege, ob es sich um eine Reihen- oder Parallelschaltung handelt.

5 Vier Lampen sollen in einen Stromkreis gebaut werden und zwar so, dass sie paarweise ein- oder ausgeschaltet werden können.
Zeichne den Schaltplan und erläutere die Schaltung deinen Mitschülern.

6 Bei einer Parallelschaltung zweier Lampen fließt ein Gesamtstrom der Stärke 420 mA. Durch eine der Lampen fließt ein Strom von 0,27 A. Wie groß ist der Strom durch die andere Lampe?
Was kannst du über die Spannungen aussagen?

7 Bei einer Lichterkette sind 80 Lampen in Reihe geschaltet. Welche Spannung liegt an jeder Lampe an (Netzspannung 230 V)?

8 Die drei Lampen im Bild 2 sind zusammengeschaltet. Die Schaltung ist in der Kiste versteckt. Wird die Lampe A herausgedreht, brennen noch die Lampen B und C. Dreht man die Lampe B heraus, brennt nur noch Lampe A. Welche der Schaltskizzen im Bild 2 verbirgt sich in der Kiste?

9 Weshalb sind im Haushalt alle elektrischen Geräte parallel geschaltet?

10 Woran erkennt man, dass elektrischer Strom fließt? Erläutere dies an Beispielen.

11 Was meinst du: Fließt in der Steckdose elektrischer Strom, auch wenn kein Gerät angeschlossen ist?

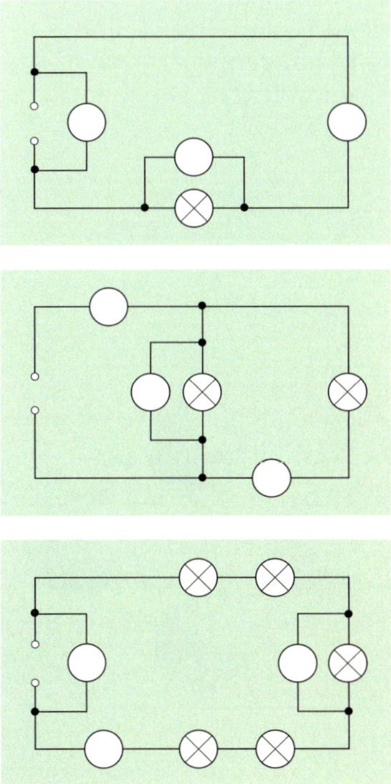

1 Zu Aufgabe 4

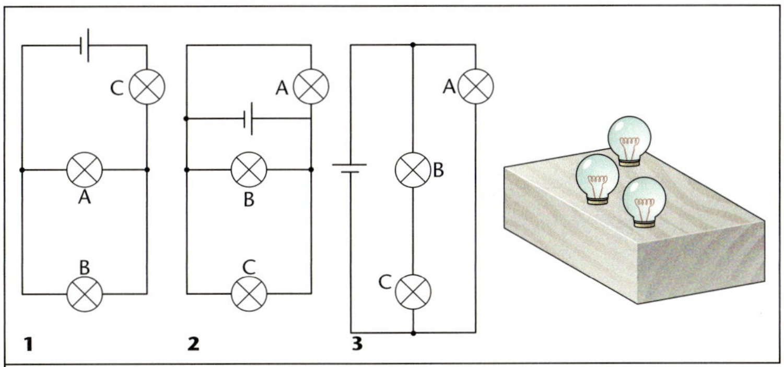

2 Zu Aufgabe 8

Der elektrische Strom stößt auf Widerstand

Den Begriff „Widerstand“ kennst du bereits aus der Umgangssprache. Woran denkst du, wenn du dieses Wort hörst?

Vielleicht hast du dich schon einmal beim Radfahren über den Luftwiderstand geärgert, der dir das Vorwärtskommen erschwert hat. Möglicherweise denkst du dabei auch an den Widerstand des Wassers, den du beim Schwimmen spürst.

Mit dem Wort „Widerstand“ ist gemeint, dass irgendein Vorgang behindert wird – in diesen Beispielen das Radfahren bzw. das Schwimmen.

Auch das Fließen des elektrischen Stroms wird behindert. Und so erstaunlich es klingen mag, ohne diesen Widerstand würde überhaupt kein elektrisches Gerät auf die Art und Weise funktionieren, wie du es aus dem Alltag gewohnt bist.

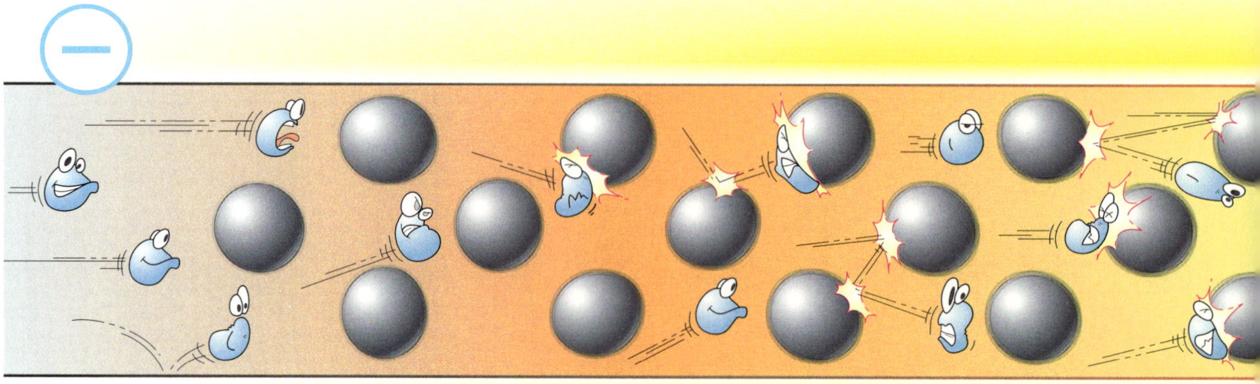

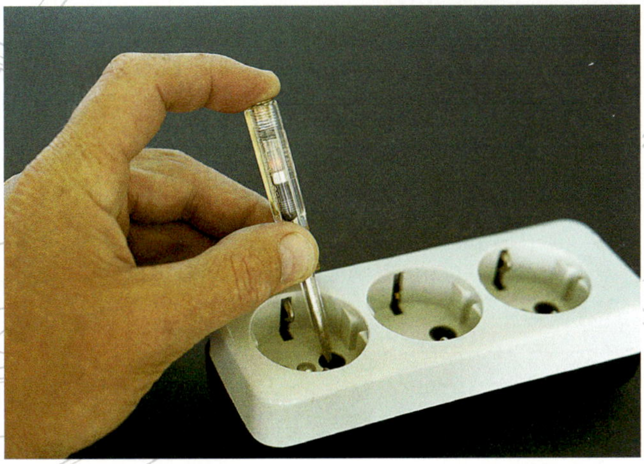

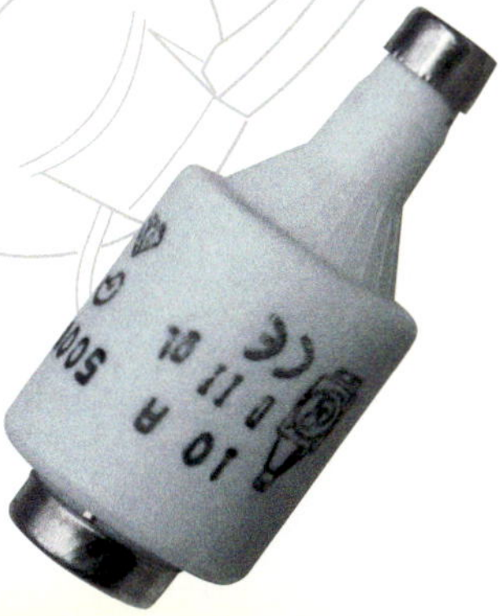

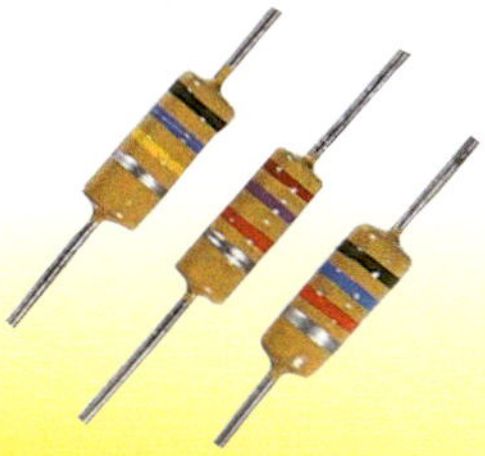

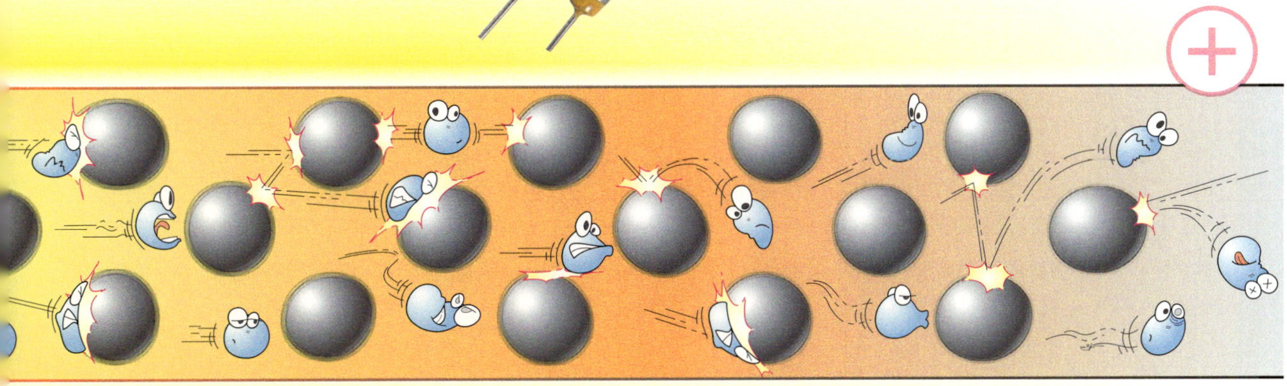

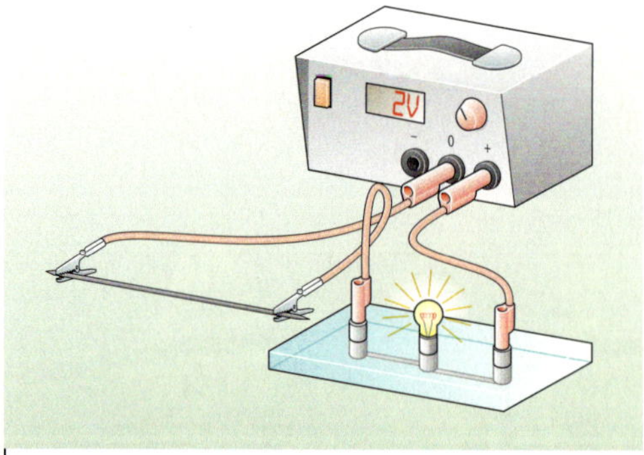

1 Stromkreis mit Bleistiftmine

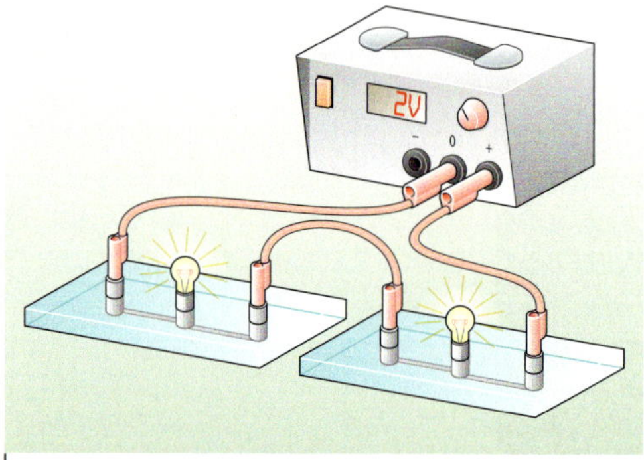

2 Stromkreis mit Lämpchen

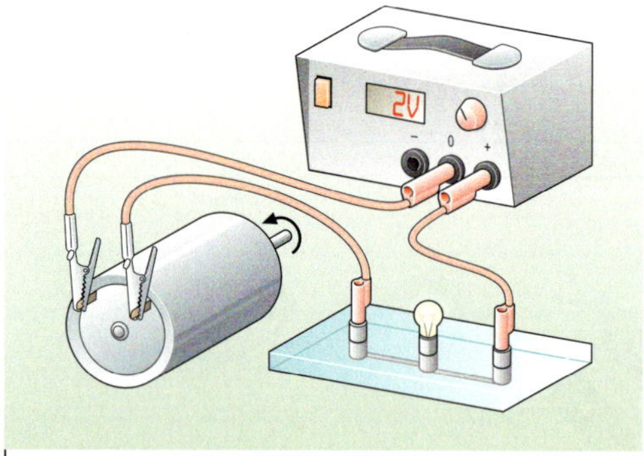

3 Stromkreis mit Motor

Versuch

1 a) Baue die Schaltung entsprechend der Schaltskizze auf (▷ B 4). Stelle eine Spannung von 2 V ein. Baue in den Stromkreis zwischen die Anschlüsse P und Q nacheinander
- eine Bleistiftmine,
- eine Lampe und
- einen kleinen Motor ein.

Lege eine Messwerttabelle an (▷ B 5). Welches Bauteil ist der beste elektrische Leiter? Welches Bauteil behindert den Stromfluss am stärksten?
b) Jetzt wird die Stromstärke bei 50 mA gehalten (▷ B 7). Welche Spannung musst du dafür jeweils einstellen? Trage die Werte in eine Tabelle ein. Welches Bauteil benötigt die größte Spannung?

Widerstand gegen den Strom
In den Bildern 1 bis 3 wurde eine Testlampe mit verschiedenen Bauteilen in Reihe geschaltet. Es wurde jeweils die gleiche Spannung angelegt. Je nachdem, ob die Mine, die Lampe oder der Motor eingebaut wurde, leuchtete die Testlampe jedoch unterschiedlich hell.

Wenn du die Testlampe durch ein Amperemeter ersetzt, wird deutlich, was Lampe, Mine und Motor im Stromkreis bewirken (▷ V 1).
Trotz gleicher Spannung misst du in den drei Stromkreisen unterschiedliche Stromstärken (▷ B 5).
Ursache sind die zusätzlichen Bauteile. Sie lassen den Strom nicht mehr ungehindert fließen – sie setzen ihm einen Widerstand entgegen. Da es sich hier um elektrische Vorgänge handelt, spricht man auch vom **elektrischen Widerstand.**

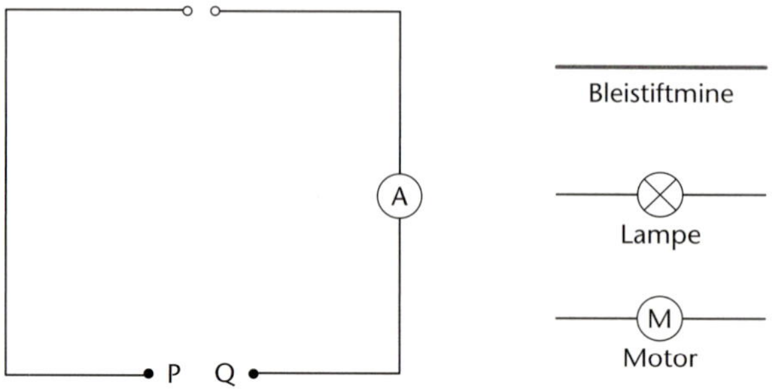

4 Schaltskizze zu Versuch 1

Bauteil im Stromkreis	**Stromstärke** bei konstanter Spannung $U = 2V$
Bleistiftmine	195 mA
Lampe	50 mA
Motor	23 mA

5 Beispielhafte Messwerte zu Versuch 1a

6 Der Wettkampf um den größten Widerstand

Nicht nur die Bauteile in unserem Versuch, sondern alle elektrischen Geräte – sogar die Leiterdrähte selbst – behindern den Strom. Sie bestimmen mit, wie groß der Strom ist, der im Stromkreis fließt.

Jeder Leiter und jedes elektrische Gerät behindert den elektrischen Strom. Diese Eigenschaft wird als „elektrischer Widerstand" bezeichnet.

Die Bauteile behindern den Stromfluss jedoch nicht alle in gleicher Weise.
Wird die Bleistiftmine durch ein Lämpchen ersetzt, zeigt das Messgerät eine kleinere Stromstärke an (▷ B 5). Es fließen weniger Elektronen pro Sekunde, denn das Lämpchen hemmt den Strom stärker als die Bleistiftmine. Aus diesem Grund leuchtet auch die Testlampe im Bild 2 nicht mehr so hell.

Baust du den Motor in den Stromkreis ein, leuchtet die Testlampe fast gar nicht mehr (▷ B 3). Im Versuch 1 wurde – bei gleicher Spannung – die kleinste elektrische Stromstärke gemessen. Der Motor hat demzufolge den größten elektrischen Widerstand.

Je stärker ein Bauteil den elektrischen Strom behindert, desto kleiner ist die Stromstärke im Stromkreis (bei gleicher Spannung).

Du kannst auch dann erkennen, welches Bauteil den größeren Widerstand hat, wenn du die Spannungen bei gleicher Stromstärke vergleichst. Bei gleicher Stromstärke muss am Gerät mit dem höheren Widerstand auch die höhere Spannung anliegen.
Im Versuch 1b wird dies deutlich:
Von den drei untersuchten Bauteilen benötigt der Motor den stärksten Antrieb (die größte Spannung), damit ein Strom von 50 mA fließt. Der Motor behindert den Strom also am stärksten.

Je stärker ein Bauteil den elektrischen Strom behindert, desto größer muss die Spannung sein, um eine bestimmte Stromstärke zu erreichen.

Bauteil im Stromkreis	**Spannung** bei konstanter Stromstärke $I = 50\,\text{mA}$
Bleistiftmine	0,8 V
Lampe	2,0 V
Motor	3,2 V

7 Beispielhafte Messwerte zu Versuch 1b

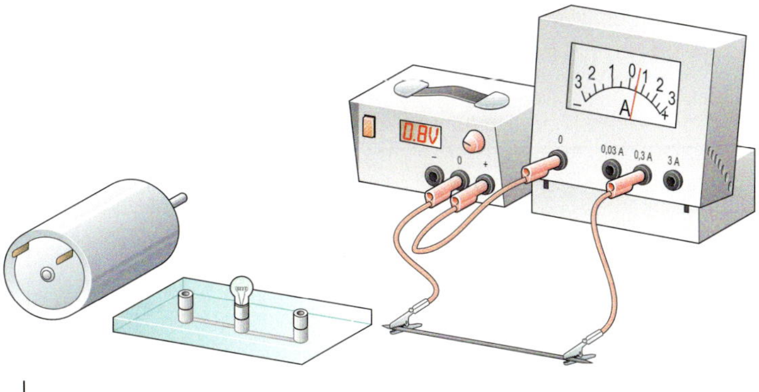

8 Zu Versuch 1b

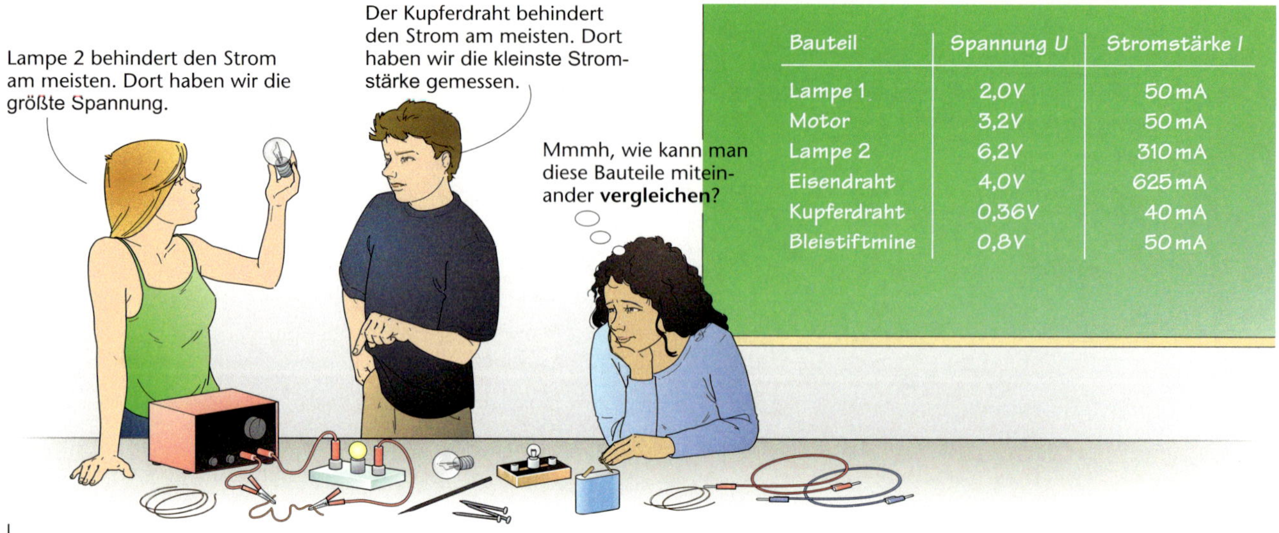

1 Wie lässt sich der elektrische Widerstand verschiedener Bauteile vergleichen?

Wie stark behindern Bauteile den Strom?

Svantje, Tom und Antonia wollen herausfinden, welches der Bauteile dem Strom den größten Widerstand entgegengesetzt (▷ B 1). Dazu messen sie jedes Mal die Stromstärke und die Spannung. Doch die Messwerte sind sehr unterschiedlich. Wie können sie entscheiden, welches Bauteil den Strom am stärksten hemmt?

Du kannst die „Hemmfähigkeit" der Bauteile gut vergleichen, wenn du die Spannung bestimmst, die zum Erreichen der gleichen Stromstärke notwendig ist. Betrachte die Werte in der Tabelle in Bild 1. Ist die Bleistiftmine in den Stromkreis eingebaut, müssen die Elektronen mit einer Spannung von 0,8 V angetrieben werden, um eine Stromstärke von 50 mA zu erreichen. Beim Motor ist dafür die vierfache Spannung (3,2 V) notwendig; er bietet dem Strom also den vierfachen Widerstand.

Solche Vergleiche im Experiment sind oft aufwändig. Einfacher ist es, aus den Messwerten den **elektrischen Widerstandswert *R*** des Bauteils zu berechnen. Dazu musst du die Spannung *U* durch die zugehörige Stromstärke *I* dividieren.

Bauteil	Spannung	Stromstärke	*R = U/I*
Bleistiftmine	0,8 V	50 mA	16 V/A
Lampe	2,0 V	50 mA	40 V/A
Motor	3,2 V	50 mA	64 V/A

Vergleiche die Ergebnisse für *R*. Der Widerstandswert, den du für den Motor berechnet hast, ist tatsächlich viermal so groß wie der Wert für die Mine.

Der elektrische Widerstandswert *R* gibt an, wie stark das Bauteil den elektrischen Strom behindert.

$$\text{Elektrischer Widerstandswert} = \frac{\text{Spannung}}{\text{Stromstärke}}$$

$$R = \frac{U}{I}$$

Die Einheit des elektrischen Widerstandswertes

Die Einheit des elektrischen Widerstandswerts ist das **Ohm**, benannt nach Georg Simon Ohm (1789–1854). Als Einheitenzeichen wurde der griechische Buchstabe Ω (Omega) gewählt.

Der elektrische Widerstandswert hat die Einheit Ohm (Ω).

Ein Leiter hat den elektrischen Widerstandswert 1 Ohm (1 Ω), wenn – bei einer Spannung von 1 Volt – die elektrische Stromstärke 1 Ampere gemessen wird.

$$1\ \text{Ohm} = \frac{1\ \text{Volt (V)}}{1\ \text{Ampere (A)}}$$

Willst du den elektrischen Widerstandswert eines Gerätes in Ohm berechnen, musst du auf die richtigen Einheiten achten: Die Spannung wird in Volt und die Stromstärke in Ampere angegeben.
In Bild 3 ist eine Beispielrechnung gezeigt.

Wie wird der elektrische Strom in einem Draht behindert?
Ein Metalldraht ist aus unzähligen Atomen aufgebaut. Dabei gibt es eine Besonderheit: Jedes Metallatom hat eines seiner Elektronen abgegeben. Diese Elektronen bewegen sich frei und ungeordnet im Draht (▷ B 2, oben).

Die „Restatome“ (Ionen) sind regelmäßig angeordnet und haben einen festen Platz, um den sie schwingen.

Wird eine Spannung an den Drahtenden angelegt, dann kannst du dir die Situation modellhaft so vorstellen:
Die freien Elektronen mit ihrer negativen Ladung bewegen sich zwar immer noch durcheinander, gleichzeitig werden sie aber durch den Draht langsam zum Pluspol getrieben (▷ B 2, unten).
Dabei stoßen sie immer wieder mit den „Restatomen“ (Ionen) zusammen, die auf ihrem Weg liegen. Dadurch werden die Elektronen in ihrer Bewegung behindert, sie kommen nicht mehr ungestört voran.

Je mehr Zusammenstöße es gibt, desto stärker wird der gesamte Elektronenstrom „abgebremst“. Pro Sekunde bewegen sich dann weniger Elektronen an einer beliebigen Messstelle vorbei – die elektrische Stromstärke *I* wird kleiner.

Aber noch etwas geschieht durch die Zusammenstöße: Die Ionen beginnen heftiger zu schwingen. Nach außen hin macht sich das durch eine Erwärmung des Drahtes bemerkbar. Wo elektrischer Strom fließt, entsteht also auch Wärme.

Beispiel: Berechnung des elektrischen Widerstandswerts

Gegeben: $U = 6{,}2\,V$
$I = 300\,mA$
$(I = 0{,}30\,A)$

Gesucht: R

Lösung: $R = \frac{U}{I}$

$R = \frac{6{,}2\,V}{0{,}30\,A}$

$R = 20{,}7\,\frac{V}{A}$

$R = 20{,}7\,\Omega$

Bei der Spannung 6,2 V hat das Lämpchen einen Widerstandswert von 20,7 Ω.

3 Berechnung des Widerstandswertes eines Glühlämpchens

4 Betriebsdaten auf einem Glühlämpchen

Aufgaben

1 Gib folgende Widerstandswerte in Ω an: 13 kΩ; 2,8 kΩ; 0,07 kΩ; 4 MΩ; 0,5 Ω.

2 Gib folgende Widerstandswerte in kΩ an: 4300 Ω, 560 Ω, 3 MΩ; 1,6 MΩ; 0,02 MΩ.

3 Berechne aus den Messwerten im Bild 1 die Widerstandswerte der Bauteile. Achte dabei auf die richtigen Einheiten. Welches Bauteil hemmt den Strom am stärksten?

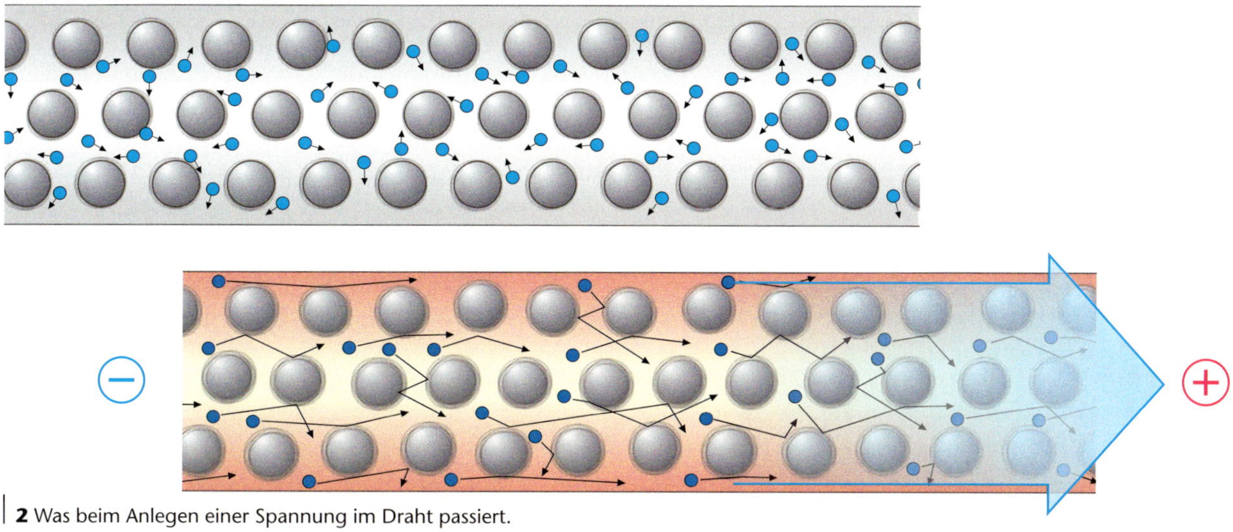

2 Was beim Anlegen einer Spannung im Draht passiert.

Eine Gleichung – drei Möglichkeiten
Mithilfe der Gleichung

$$R = \frac{U}{I}$$

kannst du nicht nur den elektrischen Widerstandswert eines Bauteils berechnen, sondern – abhängig von den gegebenen Größen – auch die elektrische Stromstärke und die elektrische Spannung. Dazu musst du die Gleichung umformen.
Achte besonders auf die richtigen Einheiten: Spannung in Volt, Stromstärke in Ampere.

Berechnung der elektrischen Spannung
Der Kopfhörer eines tragbaren CD-Players hat einen elektrischen Widerstandswert von etwa 16 Ω. Die Stärke des Stromes, der durch den Stromkreis fließt, beträgt etwa 43 mA.
Welche Spannung liegt am Kopfhörer an? Die Antwort gibt dir die Beispielrechnung im Bild 1.

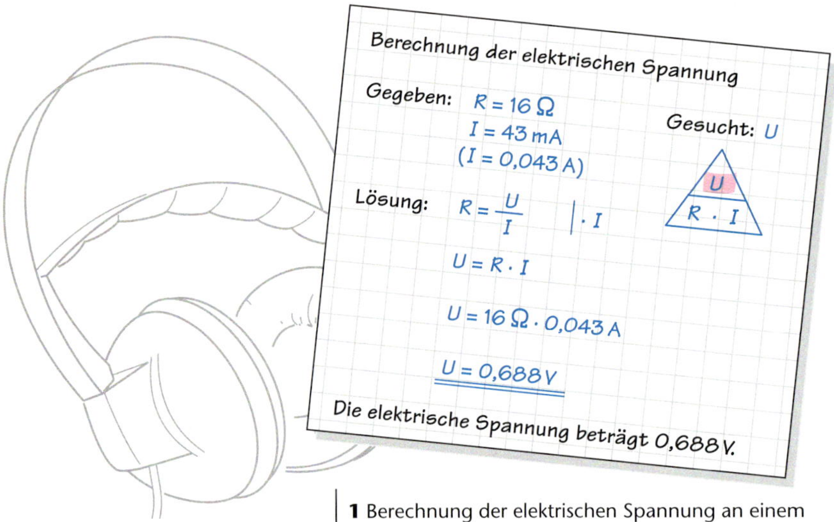

1 Berechnung der elektrischen Spannung an einem Kopfhörer

Kopfhörer Sound DX	
Widerstandswert	16 Ω
Stromstärke	43 mA
Frequenzgang	15 – 25 000 Hz
Gewicht	120 g
Garantie	2 Jahre

3 Herstellerangaben eines Kopfhörers

Berechnung der elektrischen Stromstärke
Ein Haartrockner mit einem Widerstandswert von 50 Ω wird an eine Steckdose (230 V) angeschlossen (▷ B 4). Die Größe des elektrischen Stromes, der durch den Stromkreis fließt, kannst du, wie in Bild 2 gezeigt, berechnen.

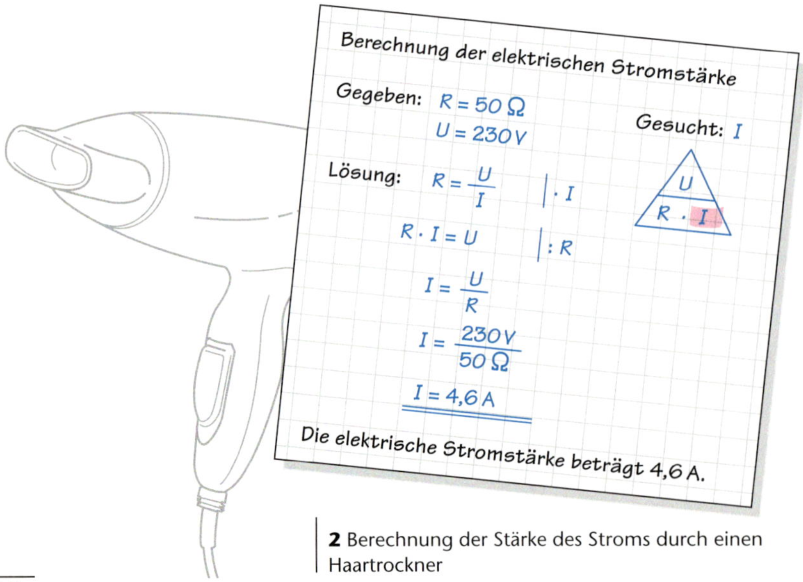

2 Berechnung der Stärke des Stroms durch einen Haartrockner

Haartrockner profiSTYLIST	
Betriebsspannung	230 V (AC)
Widerstandswert	50 Ω
Luftstrom pro Sekunde	27 l
Lautstärke	71 dB
Garantie	2 Jahre

4 Betriebsdaten eines Haartrockners

Georg Simon Ohm

Doktorarbeit mit 22 Jahren
Am 16. März 1789 wurde GEORG SIMON OHM in Erlangen geboren. Sein Vater war Schlossermeister und weihte ihn schon als Kind in die Geheimnisse der Naturwissenschaften ein.

Nach seiner Schulausbildung studierte OHM einige Semester Mathematik und Physik an der Universität seiner Heimatstadt Erlangen. Allerdings musste er das Studium mehrmals unterbrechen, um sich das Geld für die teure Ausbildung zu verdienen. Deshalb unterrichtete OHM sechs Jahre an einer Schweizer Privatschule. Nach seiner Rückkehr schrieb er mit 22 Jahren seine Doktorarbeit „Über Licht und Farben".

Lehrer und Forscher
Später arbeitete OHM als Dozent an verschiedenen Universitäten. Danach wurde er Lehrer und betreute die physikalische Sammlung des Jesuiten-Kollegs in Köln. Dort erhielt er die Möglichkeit, seine Experimente zur Leitfähigkeit von Drähten fortzuführen.

Damals war das Experimentieren nicht so einfach wie heute. Batterien gab es noch keine zu kaufen – OHM musste sie selbst bauen. Auch seine Messgeräte entwickelte und baute er selbst (▷ B 1).

1 Von OHM entwickelte und gebaute Apparate

Erst im Jahr 1826 konnte OHM nachweisen, wie Spannung, Stromstärke und Drahtwiderstand zusammenhängen.
Zur damaligen Zeit erkannte kaum ein Wissenschaftler, dass die von OHM gefundene Gesetzmäßigkeit die Grundlage für die Funktion eines jeden Stromkreises ist.

Über 20 Jahre vergingen, bis seine Leistungen in Deutschland anerkannt wurden.
1849 holte König MAXIMILIAN II. von Bayern den Physiker nach München.
1852 – mit 63 Jahren – wurde OHM zum Professor für Physik an der Universität München ernannt.
GEORG SIMON OHM starb bereits zwei Jahre später, 1854, in München.

Aufgaben

1 In vielen Geräten findest du Leuchtdioden (▷ B 5). Ihr Widerstandswert beträgt etwa 100 Ω. Leuchtdioden sind sehr empfindlich und vertragen nur geringe Stromstärken (etwa 20 mA). Darfst du sie direkt an eine 9-V-Batterie anschließen? Begründe.

2 In manchen Ländern Südamerikas beträgt die Spannung an der Steckdose nur 110 V. Berechne die Größe des Stroms, der durch den Heizdraht eines Haartrockners (50 Ω) fließen würde.

3 Bei deiner Taschenlampe ist das Lämpchen kaputt. Du findest im Schrank zwar ein neues Lämpchen, allerdings ist keine Beschriftung mehr auf ihm zu erkennen. Wie kannst du herausfinden, ob das Lämpchen für die Taschenlampe geeignet ist?

4 In deinem Zimmer wird eine Glühlampe gegen eine andere mit doppeltem Widerstandswert ausgetauscht. Welche Auswirkungen hat das?

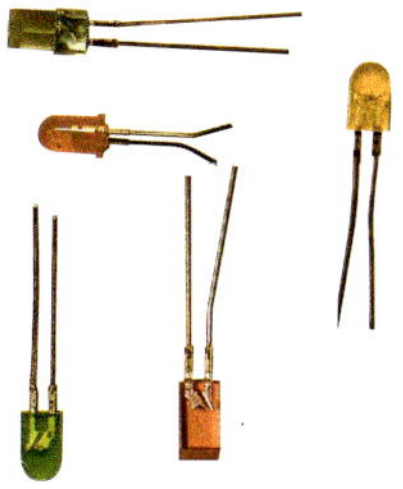

5 Leuchtdioden

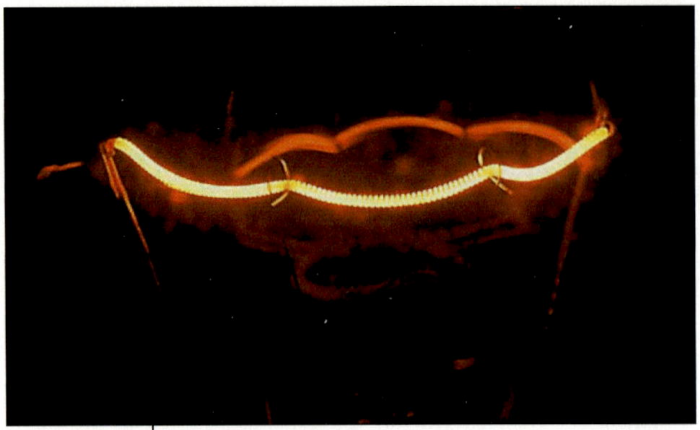

1 Glühende Wendel einer Glühlampe

Versuch

1 Baue die Schaltung nach Bild 5 auf. Benutze eine Spannung von 2 V.
a) Füge gleich dicke (▷ B 2), aber unterschiedlich lange Konstantandrähte in den Stromkreis ein. Miss jeweils die Stromstärke.
Berechne die Widerstandswerte der Drahtstücke. Vergleiche die Ergebnisse.

b) Ermittle nun auf gleiche Weise die Widerstandswerte von Drahtstücken mit unterschiedlichen Querschnittsflächen. Lasse Länge und Material gleich, z. B. Konstantan mit 50 cm.
(Tipp: Um einen dickeren Leiter mit zwei- oder dreifacher Querschnittsfläche zu erhalten, kannst du auch einfach zwei bzw. drei gleich dicke Konstantandrähte verzwirbeln, ▷ B 3.)

c) Bestimme die Widerstandswerte von Drähten aus Konstantan, Eisen und Chromnickel. Länge und Querschnittsfläche bleiben gleich (▷ B 4).

Der Glühdraht leuchtet, der Leitungsdraht aber nicht
Drähte haben in Stromkreisen ganz unterschiedliche Aufgaben zu erfüllen. In Heizgeräten, im Haartrockner oder in Glühlampen (▷ B 1) werden Drähte eingesetzt, die durch den Strom erwärmt und sogar zum Glühen gebracht werden.
Bei Leitungsdrähten ist eine Erwärmung dagegen unerwünscht, sie sollen den Strom möglichst wenig behindern.
Wie muss nun solch ein Draht mit einem geringen Widerstandswert beschaffen sein – kurz und dick oder vielleicht lang und dünn?

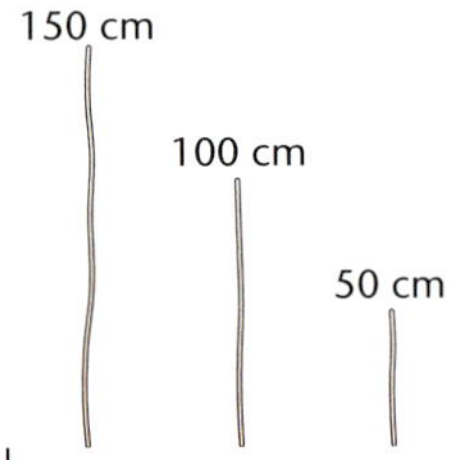

2 Zu Versuch 1a

Kurz oder lang?
Willst du untersuchen, wie die Drahtlänge den Widerstandswert beeinflusst, darfst du andere Drahtmerkmale (hier das Material und die Querschnittsfläche, ▷ V 1a) nicht verändern.

Versuch 1 zeigt, dass der lange Draht den elektrischen Strom viel schlechter leitet als der kurze Draht (▷ B 8). Das kannst du dir so erklären: Auf ihrem Weg durch den langen Draht haben die Elektronen insgesamt mehr Zusammenstöße mit Ionen als bei einem kurzen Draht.

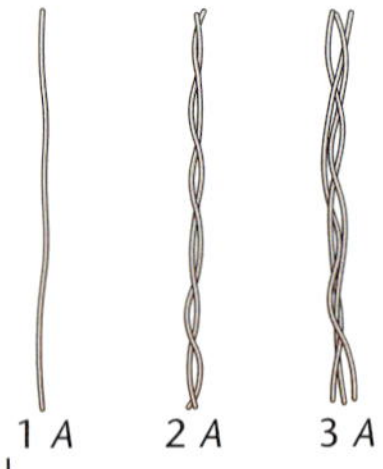

3 Zu Versuch 1b

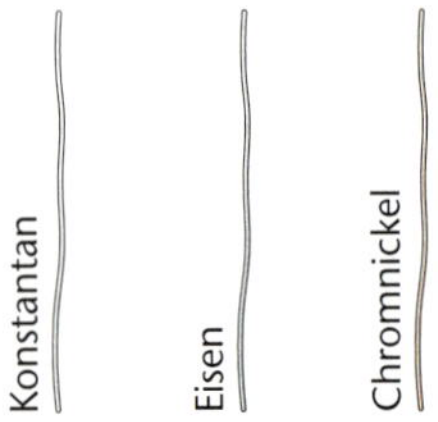

4 Zu Versuch 1c

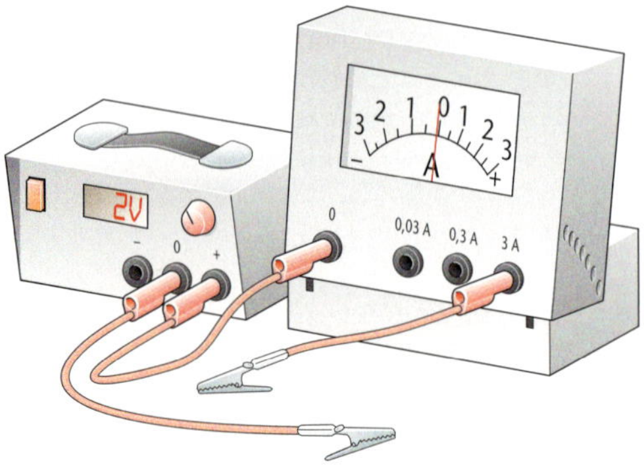

5 Zu Versuch 1

Bei gleichem Material und Drahtquerschnitt gilt:
Je länger ein Leiterdraht ist, desto größer ist sein Widerstandswert *R*.

Bei doppelter Drahtlänge verdoppelt sich der Widerstandswert. Ist der Draht dreimal so lang, so ist auch sein Widerstandswert ungefähr dreimal so groß.
Der Widerstandswert wächst also proportional mit der Drahtlänge ($R \sim l$).

Dick oder dünn?
Der Widerstandswert eines Drahtes hängt nicht nur von seiner Länge, sondern auch von seiner Querschnittsfläche ab (▷ V 1b).
Vergleiche die Messwerte in Bild 9:
Der Draht mit der kleinsten Querschnittsfläche weist den höchsten Widerstand auf. Die Elektronen werden also auf ihrem Weg durch einen „dünnen" Draht stärker behindert als bei einem „dicken" Draht.

Bei gleicher Drahtlänge und gleichem Material gilt:
Je größer die Querschnittsfläche des Drahtes ist, desto kleiner ist sein Widerstandswert.

Bei doppelter Querschnittsfläche ist der Widerstandswert nur noch halb so groß. Bei dreifacher Querschnittsfläche sinkt R auf ein Drittel des ursprünglichen Wertes. Hier gilt: Der Widerstandswert ist umgekehrt proportional zur Querschnittsfläche des Drahtes ($R \sim \frac{1}{A}$).

Material

Im Versuch 1c hat der Chromnickeldraht z. B. einen Widerstandswert von etwa 33,3 Ω, bei einem Eisendraht mit den gleichen Abmessungen beträgt er 4,5 Ω.

Jedes Material hat (unter sonst gleichen Bedingungen) einen charakteristischen Widerstandswert (▷ B 7). Zusammenfassend kannst du feststellen:

▶ Der Widerstandswert eines Drahtes hängt von der Länge, der Querschnittsfläche und dem Material ab.

Warum leuchtet der Glühdraht in der Lampe?

Die Zuleitungsdrähte einer Lampe bestehen meist aus Kupfer. Für den Glühdraht verwendet man dagegen Wolfram, weil dieses Material den elektrischen Strom wesentlich stärker behindert als Kupfer (▷ B 7).
Die beiden Drähte unterscheiden sich außerdem in ihren Querschnittsflächen.

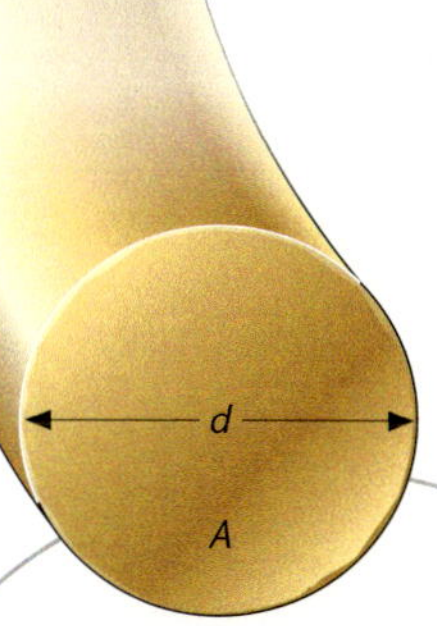

Ein Draht mit dem Durchmesser von d = 0,2 mm besitzt eine Querschnittsfläche von A = 0,03 mm².

Durchmesser *d*	**Querschnittsfläche *A*** (gerundet)
0,2 mm	0,03 mm²
0,3 mm	0,07 mm²
0,4 mm	0,13 mm²
0,5 mm	0,20 mm²

6 Zusammenhang zwischen d und A

Der Glühdraht wird viel dünner gefertigt, damit sein Widerstandswert noch größer wird.
Wenn Strom fließt, erwärmt sich der Glühdraht aufgrund seines hohen Widerstandswertes sehr stark. Die eng beieinander liegenden Windungen des Glühdrahtes heizen sich außerdem noch gegenseitig auf. Dadurch wird auf kleinstem Raum so viel Wärme konzentriert, dass die Glühtemperatur (etwa 2 600 °C) schnell erreicht ist.

Aufgabe

1 Wie ändert sich bei fester Spannung die Stromstärke, wenn ein 1 m langer Kupferdraht gegen einen Konstantandraht mit den gleichen Abmessungen ausgetauscht wird (▷ B 7)?

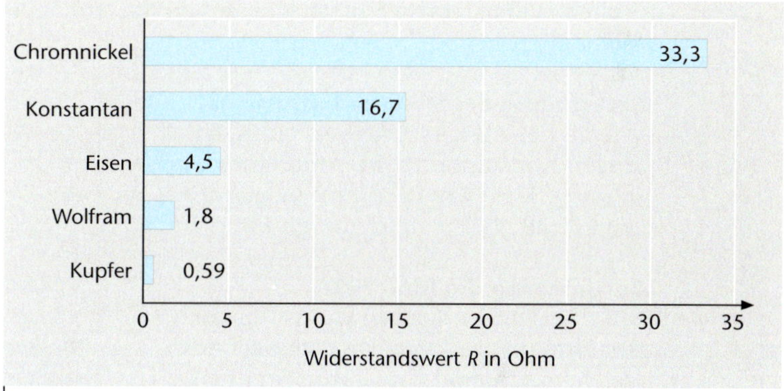

7 Widerstandswerte verschiedener Metalldrähte (l = 1 m, A = 0,03 mm²)

Drahtlänge (Durchmesser d jew. 0,2 mm)	**Stromstärke *I*** (bei konstanter Spannung U = 2 V)	**Widerstandswert *R*** (gerundet)
50 cm	240 mA	8,3 Ω
100 cm	120 mA	16,7 Ω
150 cm	80 mA	25,0 Ω

8 Abhängigkeit des Widerstandswertes von der Drahtlänge

Querschnittsfläche *A* (Drahtlänge jew. 50 cm)	**Stromstärke *I*** (bei konstanter Spannung U = 2 V)	**Widerstandswert *R*** (gerundet)
0,03 mm²	240 mA	8,3 Ω
0,06 mm²	480 mA	4,2 Ω
0,09 mm²	720 mA	2,8 Ω

9 Abhängigkeit des Widerstandswertes vom Drahtquerschnitt

Drahteigenschaften in einer Formel
Der Widerstandswert eines Drahtes hängt von seiner Länge, seiner Querschnittsfläche und vom Material ab.
Mit der folgenden Formel kannst du den Widerstandswert eines beliebigen Drahtes berechnen:

Widerstandswert eines Drahtes:

$$R = \rho \cdot \frac{l}{A}$$

ρ (Rho – griech. Buchstabe) ist der **spezifische Widerstandswert** des verwendeten Materials. Damit wird der Widerstandswert eines Drahtes angegeben, der genau 1 m lang ist und eine Querschnittsfläche von 1 mm² hat.
Die Einheit von ρ ist: $1\,\frac{\Omega \cdot \text{mm}^2}{\text{m}}$

In der Tabelle (▷ B 1) findest du die spezifischen Widerstandswerte verschiedener Materialien.

Berechnung des Widerstandswertes
Wie du den Widerstandswert eines 4 m langen Konstantandrahtes mit einer Querschnittsfläche von 0,20 mm² berechnest, zeigt dir die Beispielrechnung in Bild 1.

Bestimmung des Materials
Mit der gleichen Formel kannst du auch bestimmen, wie lang, wie dick oder aus welchem Material ein Draht sein muss, damit er einen vorgegebenen Widerstandswert hat. Dazu musst du die Formel umstellen.

Aus welchem Material muss z. B. ein 55 m langer Draht ($A = 0{,}15\,\text{mm}^2$) bestehen, damit sein Widerstandswert 10 Ω beträgt? Die Lösung zu dieser Aufgabe findest du ebenfalls im Bild 1. Nach Berechnung des spezifischen Widerstandswertes kannst du der Tabelle entnehmen, dass der Draht aus Aluminium bestehen muss.

Aufgaben

1 Vergleiche die spezifischen Widerstandswerte von Blei und Nickel (▷ B 1, Tabelle). Was bedeuten diese Angaben?

2 a) Berechne den Widerstandswert eines Wolframdrahtes, der 0,5 m lang ist und dessen Querschnittsfläche $A = 0{,}38\,\text{mm}^2$ beträgt.
b) Wie lang müsste ein ebenso dicker Konstantandraht mit dem gleichen Widerstandswert sein?

3 Der Widerstandswert eines Drahtes (Länge $l = 120\,\text{m}$, Querschnittsfläche $A = 0{,}3\,\text{mm}^2$) soll 7 Ω betragen. Welches Material wäre geeignet?

4 Der Widerstandswert eines 55 m langen Eisendrahtes beträgt $R = 10\,\Omega$. Welche Querschnittsfläche hat der Draht?

Berechnung des elektrischen Widerstandswerts

Gegeben: $l = 4\,\text{m}$, $A = 0{,}2\,\text{mm}^2$, $\rho_{\text{konst.}} = 0{,}5\,\frac{\Omega\,\text{mm}^2}{\text{m}}$ — Gesucht: R

Lösung:

$$R = \rho \cdot \frac{l}{A}$$

$$R = 0{,}5\,\frac{\Omega\,\text{mm}^2}{\text{m}} \cdot \frac{4\,\text{m}}{0{,}2\,\text{mm}^2}$$

$$R = 10\,\Omega$$

Der Draht hat einen elektrischen Widerstandswert von 10 Ω.

Berechnung des spezifischen Widerstandswerts

Gegeben: $l = 55\,\text{m}$, $A = 0{,}15\,\text{mm}^2$, $R = 10\,\Omega$ — Gesucht: ρ

Lösung:

$$R = \rho \cdot \frac{l}{A} \quad | \cdot A$$

$$\rho \cdot l = R \cdot A \quad | : l$$

$$\rho = \frac{R \cdot A}{l}$$

$$\rho = \frac{10\,\Omega \cdot 0{,}15\,\text{mm}^2}{55\,\text{m}}$$

$$\rho = 0{,}027\,\frac{\Omega\,\text{mm}^2}{\text{m}}$$

Der Draht hat einen spezifischen Widerstandswert von $0{,}027\,\frac{\Omega\,\text{mm}^2}{\text{m}}$.

Material	spez. Widerstandswert in Ω mm²/m (20 °C)
Kupfer	0,0175
Aluminium	0,0287
Wolfram	0,055
Nickel	0,087
Eisen	0,130
Blei	0,208
Konstantan	0,500

1 Berechnung des spezifischen Widerstandswertes und Ermittlung des geeigneten Leitermaterials

Aus den Kindertagen der elektrischen Leiter

1 Der erste Festwiderstand – die Widerstandskiste

Die erste „Widerstandskiste"
Nachdem Georg Simon Ohm im Jahr 1826 nachgewiesen hatte, wie Spannung, Stromstärke und Widerstandswert eines Drahtes zusammenhängen, begann man Bauteile mit einem festen Widerstandswert herzustellen.
Sie bestanden aus einem Widerstandsdraht, der in eine Holzkiste eingebaut war (▷ B 1). Diese gesamte Anordnung brachte man in einen Stromkreis, maß Stromstärke und Spannung und konnte so den elektrischen Widerstandswert bestimmen.

Die Suche nach besseren Leitern
Länge, Querschnittsfläche und Material eines Drahtes bestimmen seinen Widerstandswert. Mit diesem Wissen begannen die Menschen im 19. Jahrhundert nach leitfähigeren Materialien und guten Isolatoren zu suchen, denn elektrische Energie sollte ohne Verluste über immer größere Entfernungen transportiert werden.

Die ersten Telegrafenkabel
Um 1837 wurden die ersten Telegrafenkabel zur Nachrichtenübertragung eingesetzt. Stimmen konnte man damals noch nicht übertragen, die Nachricht wurde von einem Gerät auf Papier aufgezeichnet.

Die Telegrafenkabel bestanden aus Kupferleitungen (mit sehr geringem Widerstandswert), die mit Harz isoliert und in Holz eingelassen waren (▷ B 3).
Das Holz hatte jedoch einen großen Nachteil: Es nahm Feuchtigkeit auf. Die Folge war, dass einerseits die Isolierung nicht mehr gewährleistet war und andererseits die Kabel mit der Zeit brüchig wurden.

Die ersten Starkstromkabel
1880 wurden die ersten Starkstromkabel für die Berliner Straßenbeleuchtung eingesetzt. Auch dafür wurden zunächst einfache Kupferkabel verwendet.

Später wurden mehrere Kupferdrähte gebündelt. So erhielt man eine größere Querschnittsfläche und damit einen kleineren Widerstandswert.
Zur Isolierung benutzte man eine Papierschicht, die mit einem Spezialöl getränkt war (▷ B 2).

2 Starkstromkabel um 1900

3 Telegrafenkabel (um 1840)

Kabel heute
In Häusern werden oft Kupferkabel eingesetzt. Die Isolierung besteht meist aus Kunststoff.
Moderne Starkstromkabel haben außen einen schützenden Kunststoffmantel (▷ B 4). Sie besitzen meist mehrere voneinander isolierte Adern, die aus vielen Kupferdrähten bestehen.

Freileitungen sollen möglichst leicht sein, aber dennoch genug Festigkeit aufweisen, damit sie jedem Wetter standhalten. Sie besitzen einen stabilen Stahlkern und sind außen mit gut leitenden Aluminiumseilen umwickelt. Sie haben keine Isolierung.

4 Moderne Starkstromkabel

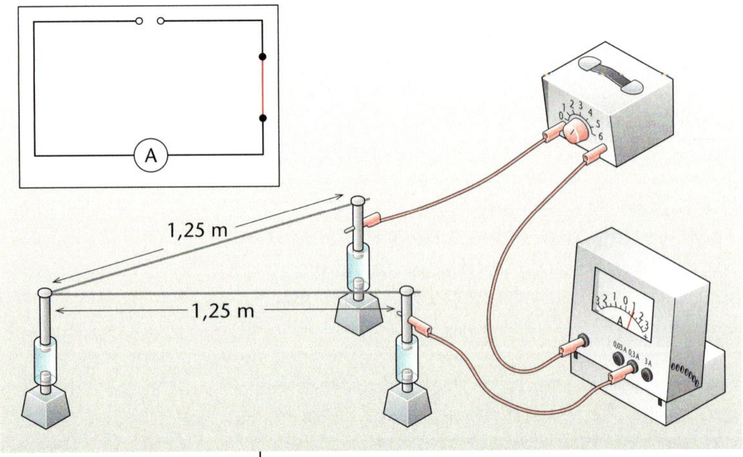

1 Strommessung an einem Konstantandraht

Versuche

1 Baue die Schaltung nach Bild 1 auf. Erhöhe am Konstantandraht die Spannung in 0,5-V-Schritten von 0 V auf 5 V. Miss die dazugehörige Stromstärke und trage die Messwerte in eine Tabelle ein.
Berechne die einzelnen Widerstandswerte und vergleiche sie.
Fertige ein *U*-*I*-Diagramm an (*x*-Achse: Spannung, *y*-Achse: Stromstärke).

2 Wiederhole den Versuch 1 mit einem Lämpchen.

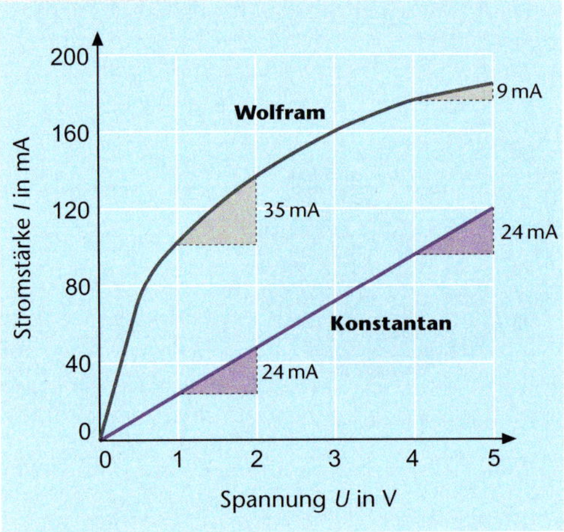

2 *U*-*I*-Kennlinien eines Wolframdrahtes und eines Konstantandrahtes

Spannung *U* in V	**Stromstärke** *I* in mA	**Widerstandswert** *R* in Ω
Konstantandraht *l* = 2,5 m/*d* = 0,2 mm		
1	24	41,7
2	48	41,7
3	72	41,7
4	96	41,7
5	120	41,7
Wolframdraht (Lämpchen 2,5 V/0,15 A)		
1	102	9,8
2	137	14,6
3	161	18,8
4	177	22,6
5	186	26,9

3 Messwerte zu den Versuchen 1 und 2

Der Konstantandraht im Test
Im Versuch 1 wird der Zusammenhang zwischen Stromstärke und Spannung an einem Konstantandraht untersucht. Konstantan ist eine Legierung, d. h. eine Mischung verschiedener Metalle (in diesem Fall Kupfer, Nickel, Eisen und Mangan).

Abgesehen von geringen Messfehlern sind die Messergebnisse (▷ B 3) eindeutig: Verdoppelt man die Spannung, verdoppelt sich auch die Stromstärke. Bei fünffacher Spannung misst du die fünffache Stromstärke usw.
Ganz gleich, von welchem Wert du ausgehst: Beim Konstantandraht ändern sich Spannung und Stromstärke im gleichen Verhältnis. Sie sind zueinander proportional ($U \sim I$).

Im Diagramm (▷ B 2) erkennst du die Proportionalität von *U* und *I* daran, dass die Messpunkte eine Gerade ergeben. Bis auf kleine Abweichungen steigt die Stromstärke pro 1-V-Schritt um 24 mA an.
Der Widerstandswert *R* des Konstantandrahtes bleibt konstant (▷ B 3). Daher hat diese Legierung ihren Namen.

Der Widerstandswert eines Konstantandrahtes bleibt immer gleich. *U* ist proportional zu *I*.

Doppelte Spannung – doppelte Stromstärke?
Auf Glühlampen findest du oft nähere Informationen über die elektrischen Eigenschaften des Glühdrahtes. Wird das Lämpchen in Bild 4 an eine Spannungsquelle mit 2,5 V angeschlossen, fließt ein elektrischer Strom von $I = 0{,}15$ A.

Kann man aus dieser Angabe schließen, dass bei doppelter Spannung auch der doppelte Strom fließt?

Der Lampendraht im Test
Im Versuch 2 wird der Glühdraht der Lampe getestet. Er besteht aus dem Metall Wolfram. Die Messungen (▷ B 3) zeigen Folgendes:
Stromstärke und Spannung sind nicht mehr proportional. Bei der doppelten bzw. dreifachen Spannung misst man nicht die doppelte bzw. dreifache Stromstärke.
Mit wachsender Spannung wird die Stromstärke zwar größer, aber sie steigt nicht gleichmäßig.

Im Diagramm (▷ B 2) wird der Unterschied zum Konstantandraht deutlich:
Wird die Spannung an der Lampe von 1 V auf 2 V erhöht, steigt die Stromstärke um 35 mA. Vergrößerst du die Spannung dagegen von 4 V auf 5 V, wächst sie nur noch um 9 mA. Die Messpunkte ergeben keine Gerade mehr.

Ähnliche Ergebnisse wirst du erhalten, wenn du den Versuch mit anderen Metalldrähten (Eisen, Kupfer usw.) wiederholst. Mit zunehmender Spannung wächst die Stromstärke immer langsamer, der Widerstandswert des Metalldrahtes wird also größer (▷ B 5).

Was passiert dabei im Metalldraht?
Wenn elektrischer Strom fließt, erwärmt sich der Draht. Steigt die Stromstärke an, dann nimmt auch die Temperatur des Drahtes zu. Die Metall-Ionen im Metall schwingen dann stärker und behindern die Elektronen auf ihrem Weg noch zusätzlich. Kurz gesagt: Je wärmer der Metalldraht, desto größer der Widerstandswert.

4 Glühlampe

▶ Der Widerstandswert der meisten Metalle nimmt mit steigender Temperatur zu (*U* ist nicht proportional zu *I*).

Das Ohm' sche Gesetz
Den gleichen Zusammenhang erkennst du an den Messwerten für einen Eisendraht, die in Bild 5 durch die rote Kurve dargestellt sind. Der Widerstandswert des Eisendrahtes wird ebenfalls größer, weil sich der Draht erwärmt.

Wird der Eisendraht während des Versuchs jedoch gekühlt, liegen die Messwerte wieder auf einer Geraden, wie das Diagramm in Bild 5 zeigt.
Weil die Temperatur des Eisendrahtes konstant gehalten wird, bleibt auch sein Widerstandswert konstant. Stromstärke und Spannung sind jetzt wieder proportional.

Der Physiker Georg Simon Ohm entdeckte diese Zusammenhänge bereits vor mehr als 175 Jahren. Aus diesem Grund wurde die Gesetzmäßigkeit nach ihm benannt.

▶ Wenn ein Leiter einen konstanten Widerstandswert besitzt, gilt für ihn das Ohm' sche Gesetz:
Spannung und Stromstärke sind proportional ($U \sim I$).

Aufgaben

1 Welche Stromstärke würde man in einem Konstantandraht (▷ B 2) bei einer Spannung von 10 V messen?

2 Was kannst du über die Widerstandswerte des Eisendrahtes in Bild 5 aussagen, wenn eine Spannung von 12 V angelegt wird?

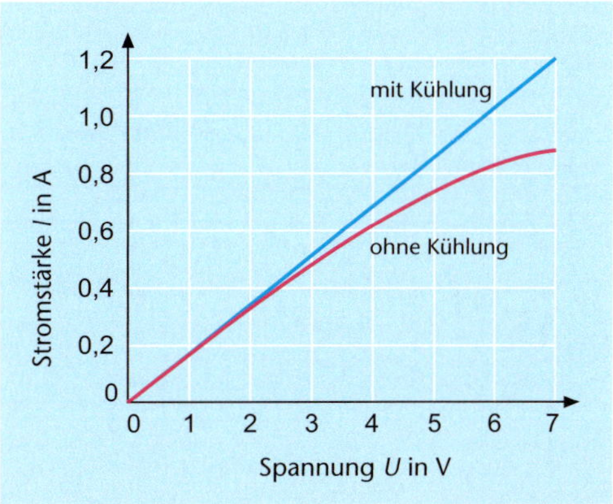

5 *U*-*I*-Diagramm eines Eisendrahtes mit und ohne Kühlung

1 Leiterplatine mit verschiedenen Festwiderständen

Versuch

1 a) Schalte einen Festwiderstand in einen Stromkreis (▷ B 3). Erhöhe mit dem Netzgerät die Spannung in 2-V-Schritten von 0 V bis 10 V und miss die entsprechenden Stromstärken. Lege eine Tabelle wie im Bild 4 an. Berechne für jedes Messwertepaar den Widerstandswert *R*. Gilt das Ohm'sche Gesetz?

b) Wiederhole den Versuch 1 a mit anderen Festwiderständen.

c) Erstelle aus den Messwerten ein *U*-*I*-Diagramm. Benutze für jeden Festwiderstand eine andere Farbe. Vergleiche die Kurven, die sich ergeben.

Ein Wort mit mehreren Bedeutungen

„Elektrischen Widerstand“ nennt man die physikalische Eigenschaft des Leiters, den Strom zu hemmen. Häufig sagt man auch kurz „elektrischer Widerstand“, wenn man eigentlich den Widerstandswert *R* meint. Auch Bauteile, mit denen man die Stromstärke im Stromkreis regeln kann, werden als „elektrische Widerstände“ bezeichnet.

Festwiderstände

Ein Festwiderstand ist ein Bauteil, das einen konstanten Widerstandswert hat. Im Bild 1 kannst du verschiedene Festwiderstände sehen. Der Widerstandswert wird auf dem Schaltzeichen angegeben (▷ B 2). Bei allen Festwiderständen sind Stromstärke und Spannung stets proportional (▷ B 4; V 1). Deshalb werden sie auch als **ohmsche Widerstände** bezeichnet.

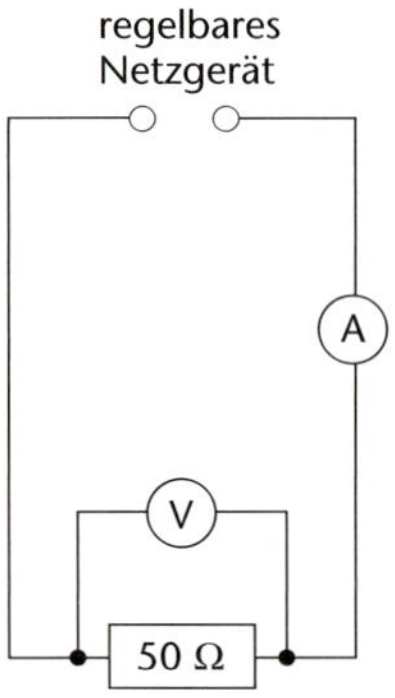

2 Schaltsymbol eines 50-Ω-Festwiderstands

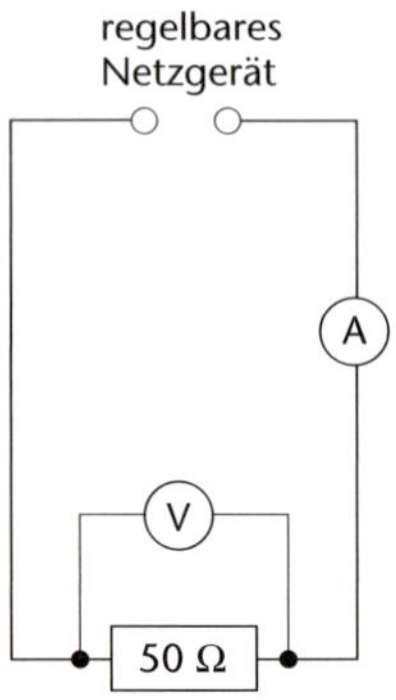

3 Schaltskizze zu Versuch 1

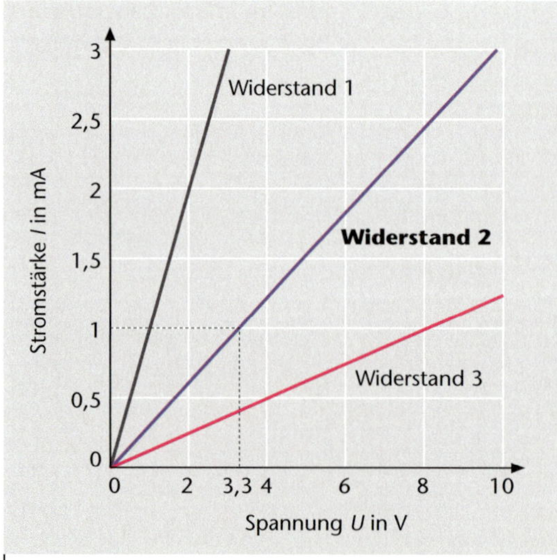

4 *U*-*I*-Kennlinien verschiedener Festwiderstände

Bestimmung von *R* aus dem Diagramm

Bild 4 zeigt ein Diagramm, in das die Messwerte von verschiedenen Festwiderständen eingetragen wurden. Für jeden Festwiderstand ergibt sich eine andere Gerade. In einem *U*-*I*-Diagramm gehört die flachste Gerade zum Bauteil mit dem größten Widerstandswert.

Im *U*-*I*-Diagramm kannst du den Widerstandswert eines Festwiderstandes direkt ablesen. Für die violette Gerade ergibt sich beispielsweise ein Wert von 3 300 Ω. Natürlich kannst du diesen Wert auch aus den Messwerten (▷ B 4) berechnen.

Bestimmung des Widerstandswerts mithilfe der Geraden zu Widerstand 2

Lösung: $R = \frac{U}{I}$

Im Diagramm liest man die Werte für die Spannung (3,3 V) und die Stromstärke (1 mA) ab und setzt sie in die Formel ein:

$$R = \frac{3{,}3\,\text{V}}{0{,}001\,\text{A}}$$

$$R = 3300\,\Omega$$

Der Widerstandswert beträgt 3300 Ω.

Spannung *U* in V	**Stromstärke** *I* in mA	**Widerstandswert** *R* in Ω
2	0,61	3300
4	1,22	3300
6	1,85	3300
8	2,45	3300
10	3,06	3300

Wärme regelt den Widerstandswert

Bei den meisten Metallen wird der Widerstandswert größer, wenn die Temperatur des Metalls steigt.
Sie werden auch als **Kaltleiter** bezeichnet, weil sie den Strom bei niedriger Temperatur am besten leiten (▷ B 1). Kaltleiter heißen auch PTC-Widerstände (engl. **p**ositive **t**emperature **c**oefficient). Sie dienen z. B. als Überlastungssschutz für Motoren in Türöffnern oder Rollladenhebern.

Es gibt aber auch Materialien, bei denen du genau das Gegenteil beobachten kannst: Je höher die Temperatur dieser Materialien ist, desto besser leiten sie den elektrischen Strom.
Bauteile aus solchem Material werden als **Heißleiter** bezeichnet (▷ B 1). Oft findest du dafür auch die Bezeichnung NTC-Widerstand (engl. **n**egative **t**emperature **c**oefficient).
Heißleiter werden z. B. in vielen Heizungsanlagen zur Steuerung verwendet.

> Kaltleiter (PTC-Widerstand) und Heißleiter (NTC-Widerstand) sind temperaturabhängige Widerstände.

> Der Widerstandswert eines Kaltleiters steigt mit zunehmender Temperatur. Der Widerstandswert eines Heißleiters sinkt mit zunehmender Temperatur.

Licht regelt den Widerstandswert

Neben Wärme kann auch Licht den Widerstandswert eines Materials beeinflussen. Der **Fotowiderstand** ist solch ein lichtempfindliches Bauteil (▷ B 1). Oftmals findest du dafür auch die Bezeichnung LDR (engl. **l**ight **d**ependend **r**esistor).

Der LDR besteht aus einem speziellen Material, dessen Widerstandswert durch das auftreffende Licht geregelt wird.
Je mehr Licht auf den Fotowiderstand trifft, desto besser leitet er den elektrischen Strom. Bei voller Beleuchtung leitet der LDR am besten.

Mithilfe von Fotowiderständen wird beispielsweise der Einschaltzeitpunkt der Straßenbeleuchtung gesteuert.

> Der Fotowiderstand (LDR) ist ein lichtabhängiger Widerstand. Je mehr Licht auf ihn trifft, desto kleiner ist sein Widerstandswert.

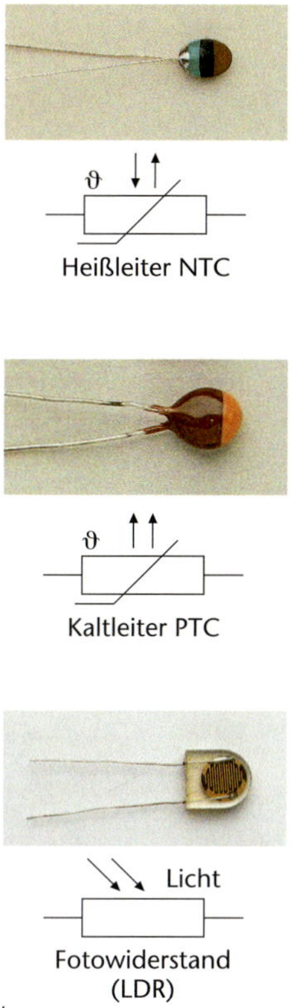

1 Heißleiter, Kaltleiter und Fotowiderstand

Werkstatt

Widerstände im Test

1 Variable Widerstände

Material

Mindestens 4 Bechergläser, Reagenzglas, Thermometer, Kabel, NTC-Widerstand, PTC-Widerstand, Messgerät, Fotowiderstand, starke Taschenlampe

Versuchsanleitung

a) Befülle ein Gefäß mit kaltem Wasser, die anderen Gefäße mit unterschiedlich warmem/heißem Wasser.
Schließe den Heißleiter an das Widerstandsmessgerät an.
Stecke den Heißleiter in das Reagenzglas und halte ihn nacheinander in die verschiedenen Gefäße.
Bestimme jeweils den Widerstandswert des Heißleiters sowie die Wassertemperatur (▷ B 1).

b) Wiederhole den Versuch a) mit einem PTC-Widerstand (Kaltleiter).

c) Schließe den LDR an das Widerstandsmessgerät an.
Richte das Licht der Taschenlampe auf den LDR. Bedecke den Fotowiderstand völlig, zur Hälfte und gar nicht. Bestimme jeweils den Widerstandswert.

Aufgabe

Lege zu jedem Versuch eine Tabelle an und notiere deine Messwerte und Beobachtungen. Erstelle für NTC und PTC ein Temperatur-Widerstands-Diagramm.
Formuliere jeweils ein Versuchsergebnis.

Fertige eine Präsentation über Widerstandsbauteile mit festen und veränderlichen Widerstandswerten an.

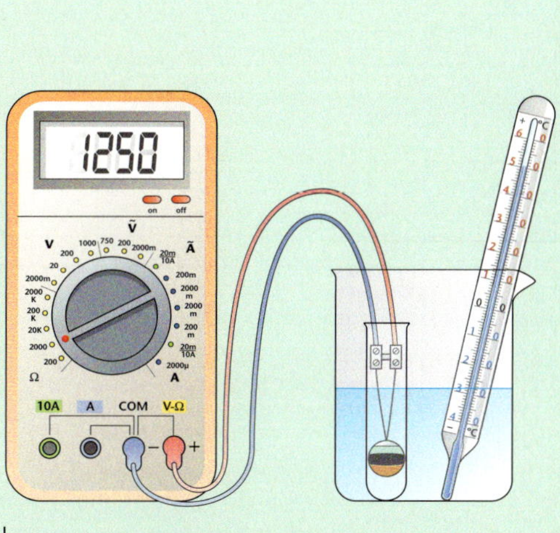

1 Versuchsaufbau

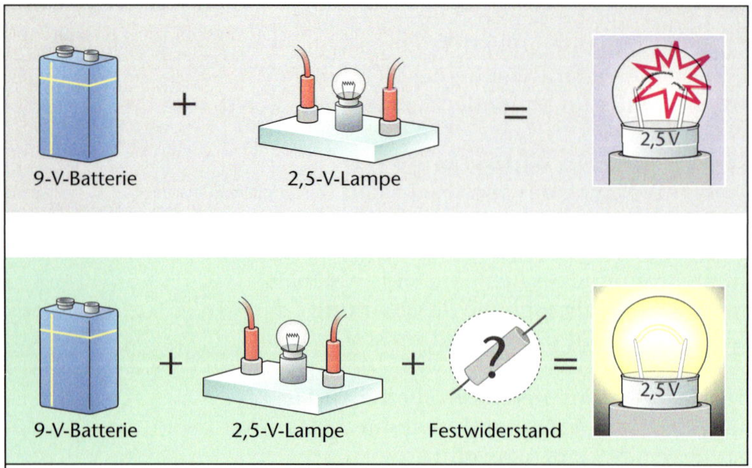

1 Lässt sich eine 2,5-V-Lampe mit einer 9-V-Batterie betreiben?

Versuch

1 a) Schalte erst ein, dann zwei und dann drei Widerstandsbauteile (z. B. 10 Ω/50 Ω/90 Ω) in Reihe (▷ B 2). Lasse die Spannung gleich (5 V). Miss jedes Mal die Stromstärke im Stromkreis. Vergleiche die Stromstärken. Wie verändern die Bauteile den Gesamtwiderstand im Stromkreis?
b) Berechne aus den Messwerten den jeweiligen Gesamtwiderstandswert im Stromkreis. Vergleiche diese Ergebnisse mit den Widerstandswerten der verwendeten Bauteile.

Bauteile in einer Reihe – der Gesamtwiderstand ändert sich
Batterie und Lämpchen müssen zusammenpassen. Würdest du ein 2,5-V-Lämpchen an eine 9-V-Batterie anschließen (▷ B 1), würde im Stromkreis ein viel zu großer Strom fließen – das Lämpchen ginge kaputt. Inzwischen hast du gelernt, dass die Stromstärke durch die Bauteile im Stromkreis geregelt werden kann.
Kann z. B. ein zusätzlich eingebautes Widerstandsbauteil das Lämpchen schützen?

Im Versuch 1 werden unterschiedlich viele Festwiderstände in Reihe geschaltet, dann wird der Strom gemessen. Die Messungen (▷ B 3) zeigen:

Je mehr Bauteile hintereinander geschaltet werden, desto kleiner ist die elektrische Stromstärke. Folglich muss der Gesamtwiderstand im Stromkreis größer geworden sein. Weshalb ist das so?

Du weißt bereits, dass Länge, Querschnitt und Material den Widerstandswert eines Drahtes bestimmen.
Stelle dir die Bauteile einfach als solche Drähte vor. Reihe in Gedanken alle Drähte aneinander und verbinde sie fest zu einem einzigen Draht (▷ B 2).
Der Elektronenstrom wird durch jeden einzelnen Draht behindert. Müssen die Elektronen mehrere solcher Widerstände nacheinander überwinden, wird diese Behinderung immer größer.

Je mehr Bauteile in Reihe geschaltet werden, desto größer wird der Gesamtwiderstand im Stromkreis.

Der Gesamtwiderstandswert (R_g) ist dabei so groß wie die Summe der einzelnen Widerstandswerte der Bauteile (▷ V 1b, B 2).

In einer Reihenschaltung gilt:
$R_g = R_1 + R_2 + R_3 + \ldots$

2 Gesamtwiderstand einer Reihenschaltung von Widerständen

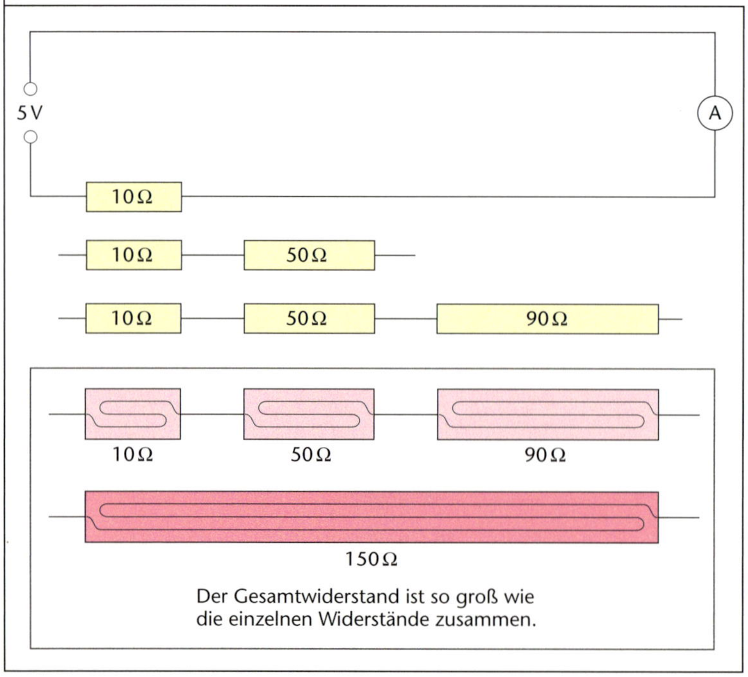

Bauteile (in Reihenschaltung)	**Stromstärke** I in mA (bei konstanter Spannung U = 5 V)	**Widerstandswert** R_{ges} in Ω (gerundet)
10 Ω	500,0	10
10 Ω + 50 Ω	83,3	60
10 Ω + 50 Ω + 90 Ω	33,3	150

3 Messwerte zu Versuch 1

Auf das richtige Bauteil kommt es an
Um die 2,5-V-Lampe mit einer 9-V-Batterie betreiben zu können (▷ B 1), muss man also ein Widerstandsbauteil in Reihe zur Lampe schalten. Die Widerstandswerte beider Bauteile addieren sich dann. Bei richtiger Wahl des Widerstandsbauteils wird die Stromstärke auf den Wert begrenzt, der für die Lampe maximal zulässig ist ($I = 0{,}15\,A$).

Welchen Wert R_x muss dieses Widerstandsbauteil haben?
Nach den Gesetzen der Reihenschaltung sind der Strom durch das gesuchte Bauteil und die Lampe gleich groß ($I = 0{,}15\,A$). Die Spannung der Batterie (9 V) verteilt sich dagegen auf die einzelnen Bauteile. Da an der Lampe 2,5 V anliegen, beträgt die Spannung am Widerstandsbauteil 6,5 V (▷ B 5).

Nun kennst du alle Größen, um den Widerstandswert des Bauteils wie in Bild 4 gezeigt zu berechnen.

Widerstände schützen Leuchtdioden
Nicht nur in Computern, auch in Modems und anderen Elektrogeräten findest du Leuchtdioden (▷ B 6). Leuchtdioden arbeiten mit sehr niedrigen Betriebsspannungen. Eine rote Leuchtdiode darf z. B. höchstens mit einer Spannung von 1,6 V betrieben werden.

Würde man die Leuchtdiode direkt an das Netzteil des Computers (12 V) anschließen, so würde die Stromstärke auf einen unzulässig hohen Wert ansteigen – nach kurzer Zeit wäre die Leuchtdiode kaputt.

Aus diesem Grund darf die Leuchtdiode nur zusammen mit einem geeigneten Widerstandsbauteil betrieben werden, das mit der Leuchtdiode in Reihe geschaltet ist. Dadurch steigt der Gesamtwiderstand im Stromkreis – die Stromstärke wird begrenzt.

Widerstände schützen Menschen
Elektriker verwenden Spannungsprüfer, um Steckdosen (230 V) zu kontrollieren. Als Anzeige dient eine Glimmlampe, die mit einem „großen" Festwiderstand (mit einem Widerstandswert von etwa 500 000 Ω) in Reihe geschaltet ist. Dadurch wird der Gesamtwiderstand im Stromkreis so hoch, dass nur ein ungefährlich kleiner Strom fließt.

Berechnung des Widerstandswerts R_x

Gegeben: $U_{Batterie} = 9\,V$, $U_{Lampe} = 2{,}5\,V$, $I_{Lampe} = 0{,}15\,A$

Gesucht: R_x

Lösung:

1. Bestimmung von I_x

$$I_x = I_{Lampe} = 0{,}15\,A$$

2. Bestimmung von U_x

$$U_x = U_{Batterie} - U_{Lampe}$$
$$U_x = 9\,V - 2{,}5\,V$$
$$U_x = 6{,}5\,V$$

3. Berechnung von R_x

$$R_x = \frac{U_x}{I_x}$$
$$R_x = \frac{6{,}5\,V}{0{,}15\,A}$$
$$R_x = 43{,}3\,\Omega$$

Der Widerstandswert R_x beträgt 43,3 Ω.

4 Berechnung des benötigten Widerstandswerts R_x

In einer Reihenschaltung ist die Stromstärke I überall gleich.
Für die Gesamtspannung gilt: $U_{ges} = U_1 + U_2$

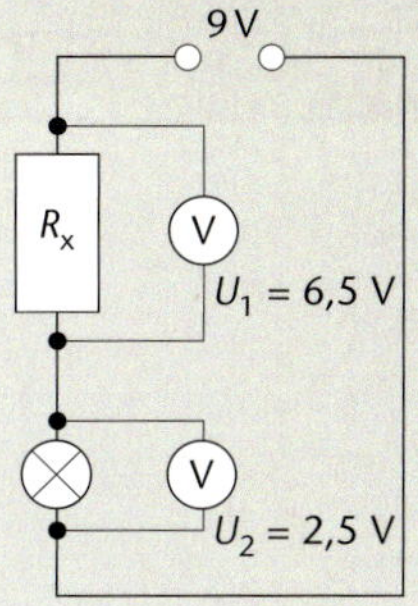

5 Aufteilung der Spannung an einer Reihenschaltung

Aufgabe

1 Berechne für die Schaltung aus Bild 5 den Gesamtwiderstandswert von Lämpchen und Widerstandsbauteil. Benutze die Angaben aus dem Text.

6 Leuchtdioden bei einem Mischpult

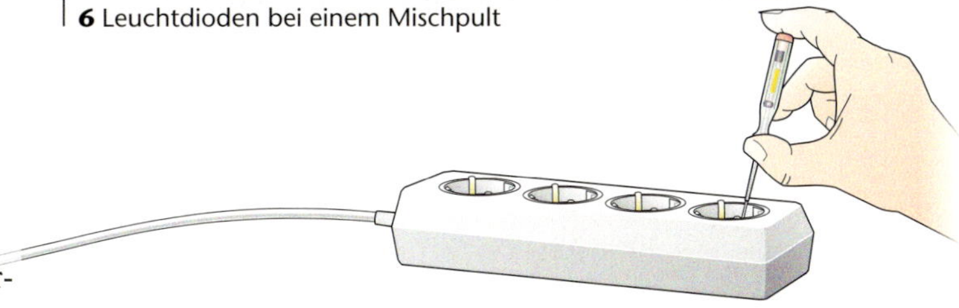

1 Moderne Lichtseilsysteme

Versuch

1 a) Schalte erst ein, dann zwei bzw. drei Widerstandsbauteile (z. B. jeweils 10 Ω) parallel zueinander. Die Spannung der Quelle bleibt konstant 5 V (Schaltskizze ▷ B 2). Miss jeweils die Gesamtstromstärke I_g. Wie verändern die drei Bauteile den Gesamtwiderstand im Stromkreis?
b) Berechne aus den Messwerten den jeweiligen Gesamtwiderstand im Stromkreis.

Lampen in der Parallelschaltung

„Lichtseile" wie im Bild 1 findest du oft bei modernen Beleuchtungssystemen. Alle Lampen sind parallel geschaltet, deshalb liegt an jeder Lampe die Spannung vom Netzteil (12 V) an.
Wie groß die Gesamtstromstärke ist, wird durch die Widerstandswerte aller Lampen im Stromkreis bestimmt.

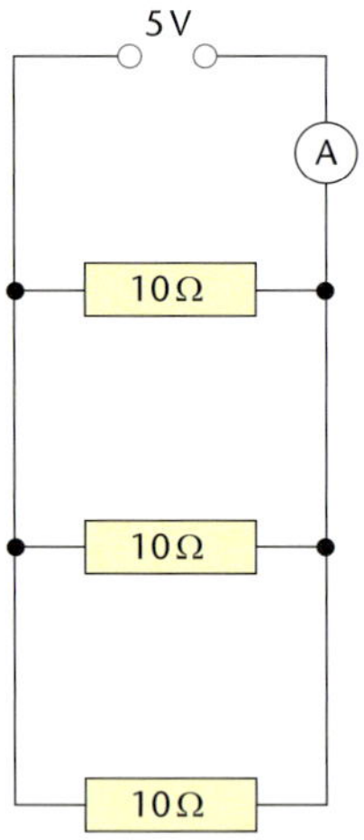

2 Schaltskizze zu Versuch 1

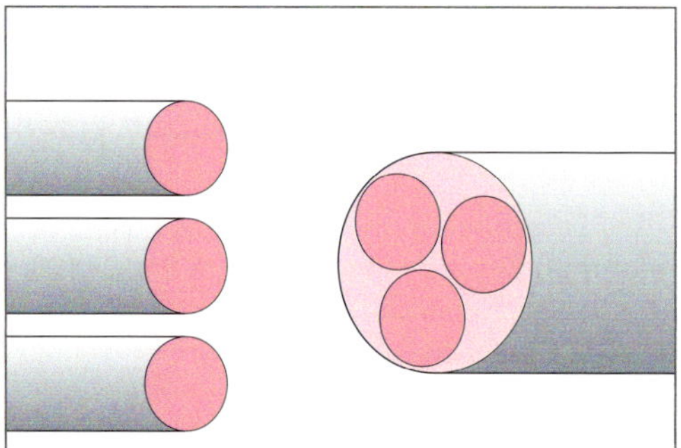

Die drei Drähte verhalten sich gemeinsam wie ein Draht mit einer großen Querschnittsfläche. Der Gesamtwiderstandswert ist kleiner als der Widerstandswert der einzelnen Bauteile.

3 Gesamtwiderstand parallel geschalteter Widerstände

Bauteile (in Parallelschaltung)	**Stromstärke** I in A (bei konstanter Spannung U = 5 V)	**Widerstandswert** R_g in Ω (gerundet)
10 Ω	0,5	10,0
10 Ω + 10 Ω	1,0	5
10 Ω + 10 Ω + 10 Ω	1,5	3,3

4 Messwerte zu Versuch 1

Die Stromstärke steigt

Der Versuch 1 zeigt was geschieht, wenn mehrere Bauteile parallel an eine Spannungsquelle angeschlossen werden.

An den Messwerten (▷ B 4) erkennst du: Mit jedem zusätzlichen Bauteil wird die Stromstärke im Stromkreis größer – der Gesamtwiderstand sinkt.
Somit hemmt ein einzelnes Bauteil den Strom stärker als mehrere parallel geschaltete Bauteile.

Das klingt scheinbar unlogisch. Vielleicht hilft es dir, wenn du dir die Bauteile wieder als Widerstandsdrähte vorstellst. Werden die Einzeldrähte zu einem einzigen Draht vereinigt (▷ B 3), bleibt die Länge zwar gleich, aber der Draht wird dicker. Je größer die Querschnittsfläche ist, desto einfacher kommen die Elektronen durch den Draht. Der Strom kann besser fließen – der Gesamtwiderstand wird kleiner.

▶ Je mehr Bauteile parallel geschaltet werden, desto kleiner wird der Gesamtwiderstand im Stromkreis.

Parallelschaltung im Haushalt

Im Haushalt sind Bügeleisen, Radio usw. parallel an die Spannung von 230 V angeschlossen.
Schaltest du nun viele Geräte gleichzeitig ein, verringert sich sofort der Gesamtwiderstand im Stromkreis. Dadurch steigt aber die Stromstärke – manchmal auch auf unzulässig hohe Werte.

Um Gefahren zu vermeiden, sind deshalb Sicherungen in den Stromkreis eingebaut. Sie unterbrechen den Stromkreis sofort, wenn die Stromstärke zu groß wird.

Berechnung des Gesamtwiderstandswertes

Um den Gesamtwiderstandswert von zwei parallel geschalteten Bauteilen zu berechnen, musst du die Gesetze der Parallelschaltung anwenden. Bild 5 zeigt dir, wie du vorgehst. Du erhältst als Ergebnis:

In einer Parallelschaltung gilt:

$$\frac{1}{R_g} = \frac{1}{R_1} + \frac{1}{R_2}$$

Welchen Wert der Gesamtwiderstand annimmt, wenn du z. B. deinen Computer (230 Ω) und deine Schreibtischlampe (1322,5 Ω) einschaltest, erfährst du aus der Beispielrechnung (▷ B 5).

Aufgaben

1 Warum darf man zu einem Lichtseilsystem (▷ B 1) nicht beliebig viele Lampen zuschalten?

2 Sandra behauptet: Wenn ich ein Bauteil mit 30 Ω und eines mit 150 Ω parallel in den Stromkreis baue, ist der Gesamtwiderstandswert kleiner als jeder einzelne. Prüfe diese Behauptung rechnerisch.

3 Berechne die Stromstärke im Stromkreis, wenn a) nur der Computer (230 Ω), b) nur die Schreibtischlampe (1322,5 Ω) oder c) beide gleichzeitig in Betrieb sind.

Überlegung	mathematische Übersetzung
1. In einer Parallelschaltung gilt: Die Teilströme durch die Bauteile ergeben zusammen den Gesamtstrom im Stromkreis.	$I_g = I_1 + I_2$
2. Es gilt: $R = \frac{U}{I}$ Wenn Du diese Gleichung nach I umformst, erhältst du: $I = \frac{U}{R}$ Damit kannst du I ersetzen.	$\frac{U_g}{R_g} = \frac{U_1}{R_1} + \frac{U_2}{R_2}$
3. In einer Parallelschaltung ist die Spannung an allen Bauteilen genauso groß wie an der Spannungsquelle. Es gilt: $U_s = U_g = U_1 = U_2$ Deshalb kannst du die Gleichung vereinfachen, wenn du für U jeweils den Wert der Spannungsquelle einsetzt und herauskürzt.	$\frac{U_s}{R_g} = \frac{U_s}{R_1} + \frac{U_s}{R_2}$
4. Mit dieser Gleichung kannst du jetzt den Gesamtwiderstandswert von zwei parallel geschalteten Bauteilen berechnen.	$\frac{1}{R_g} = \frac{1}{R_1} + \frac{1}{R_2}$
5. Die Formel lässt sich noch vereinfachen. Erweitere die rechte Seite der Gleichung auf den Hauptnenner und bilde den Kehrwert.	$\frac{1}{R_g} = \frac{R_1 + R_2}{R_1 \cdot R_2}$
6. Du erhältst eine weitere Gleichung, mit der sich der Gesamtwiderstandswert ebenfalls berechnen lässt.	$R_g = \frac{R_1 \cdot R_2}{R_1 + R_2}$

Berechnung des Gesamtwiderstandswertes R_g von Lampe und Computer

Gegeben: $R_{Comp.} = 230{,}0\ \Omega$
$R_{Lampe} = 1322{,}5\ \Omega$

Gesucht: R_g

Lösung:

$$R_g = \frac{R_{Comp.} \cdot R_{Lampe}}{R_{Comp.} + R_{Lampe}}$$

$$R_g = \frac{230{,}0\ \Omega \cdot 1322{,}5\ \Omega}{230{,}0\ \Omega + 1322{,}5\ \Omega}$$

$$R_g = \frac{304175\ \Omega \cdot \Omega}{1552{,}5\ \Omega}$$

$$R_g \approx 196\ \Omega$$

Der Widerstandswert R_g beider Geräte beträgt etwa 196 Ω.

5 Herleitung der Formel zur Berechnung des Gesamtwiderstandswertes parallel geschalteter Widerstände

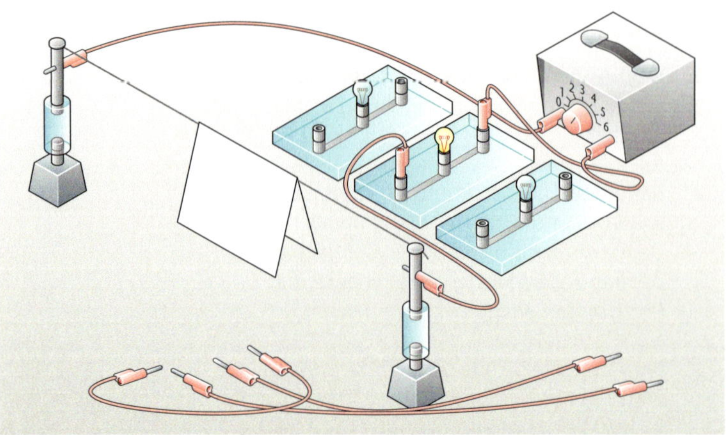

1 Aufbau der Schaltung zu Versuch 1

Überlastete Stromkreise

Tina fönt sich in ihrem Zimmer die Haare und hört dabei Musik. Als ihr Vater dann noch in Tinas Zimmer den Staubsauger anschaltet, unterbricht die Sicherung den Stromkreis. Tinas Zimmer ist ohne Strom. Warum hat die Sicherung reagiert?
Die Versuche 1a und b zeigen, dass sich die Stromstärke in der gemeinsamen Leitung bei einer Parallelschaltung mit jedem neu angeschlossenen Gerät erhöht.
Dabei können die elektrischen Leitungen so heiß werden, dass ein Brand entsteht. Die elektrischen Leitungen sind überlastet.

> Bei einer Überlastung fließt ein hoher Strom in der gemeinsamen Leitung der parallel geschalteten Geräte.

Kurzschluss

Im Haushalt entstehen Kurzschlüsse, wenn sich die elektrischen Leitungen berühren. Dies geschieht z. B., wenn Stromleitungen angebohrt werden. Dann stellt der Metallbohrer einen Kontakt zwischen den Leitungen her und löst so den Kurzschluss aus. Der Strom fließt ungehindert von einem Pol der Spannungsquelle zum anderen (▷ V 2).
Bei alten Leitungskabeln, die häufig gebogen werden, kann es auch vorkommen, dass die Isolierung um die Kabel bricht und die Leitungen sich berühren.
Auch bei einem Kurzschluss fließt ein sehr großer Strom, weil der Gesamtwiderstand sehr gering ist.

> Bei einem Kurzschluss fließt ein großer Strom ungehindert von einem Pol der Spannungsquelle zum anderen.

Die Sicherung

Sicherungen verhindern, dass bei einer Überlastung oder einem Kurzschluss ein Brand entsteht. Sie sind so konstruiert, dass sie bei einer bestimmten Stromstärke den Stromkreis unterbrechen.
Die einfachsten Sicherungen sind die Schmelzsicherungen (▷ B 6). Sie bestehen aus einem Porzellankörper. In ihrem Inneren befindet sich ein dünner Draht; meist sind sie zusätzlich noch mit Sand gefüllt. Bei geringen Stromstärken ist der Draht kalt. Bei hohen Stromstärken wird der Draht heiß. Wird ein bestimmter, auf der Sicherung aufgedruckter Wert für die Stromstärke überschritten, schmilzt der Draht. Der Stromkreis ist unterbrochen.

Nach einem Kurzschluss oder einer Überlastung muss eine Schmelzsicherung ausgetauscht werden, weil der dünne Draht in der Sicherung durchgeschmolzen ist.
Viele elektrische Geräte enthalten in ihrem Inneren noch eine zusätzliche Sicherung, die so genannte Feinsicherung (▷ B 7). Auch hier schmilzt der dünne

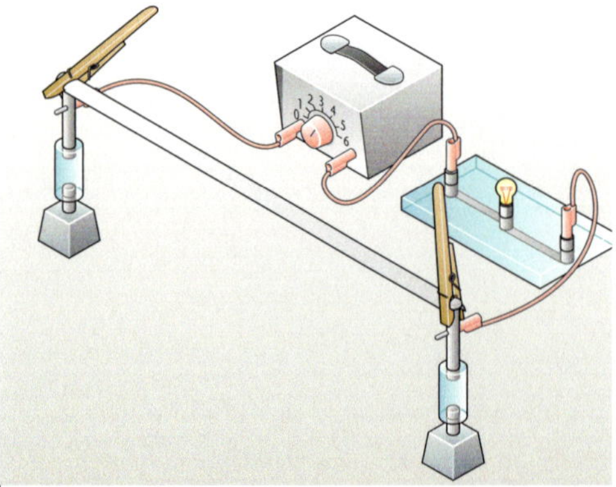

2 Schaltungsaufbau zu Versuch 2 – ohne Kurzschluss

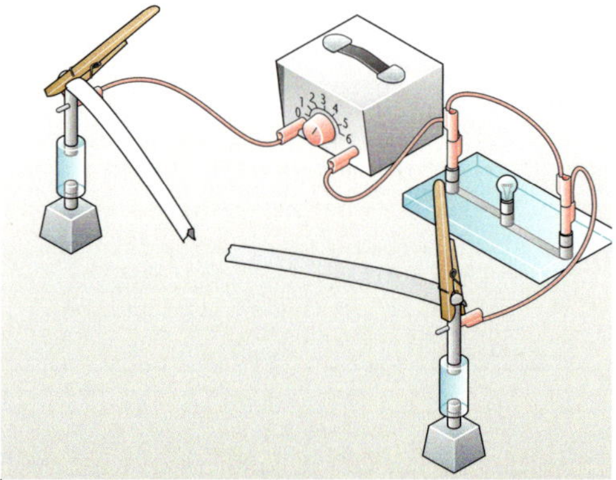

3 Schaltungsaufbau zu Versuch 2 – mit Kurzschluss

Versuche

1 a) In einen Stromkreis mit einer Lampe wird ein dünner Draht eingefügt (▷ B 1). Über den Draht wird ein Stück Papier gehängt. Weitere Lampen werden parallel zur schon vorhandenen Lampe angeschlossen.
Wie viele Lampen können angeschlossen werden, bis das Papier durchbrennt?
b) Versuch 1a wird wiederholt. An Stelle des Drahtes wird aber ein Stromstärkemessgerät angeschlossen. Erkläre deine Beobachtungen.

2 Ein Lämpchen wird an ein Netzgerät angeschlossen. In den Stromkreis ist ein Aluminiumstreifen gespannt (▷ B 2). Warum schmilzt der Streifen durch, wenn das Lämpchen mit einem Kabel überbrückt wird (▷ B 3)?

3 Öffne eine Schmelzsicherung. Was stellst du fest (▷ B 6)?
Beschreibe, was sich im Inneren der Schmelzsicherung befindet.

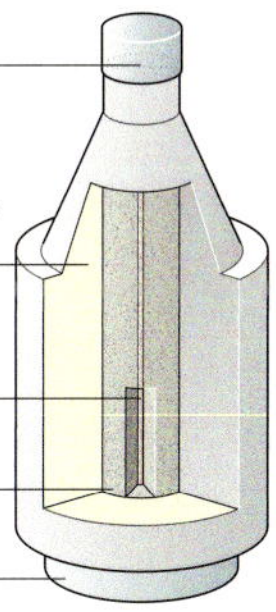

6 Schmelzsicherung

Draht im Inneren der Sicherung, wenn ein zu hoher Strom fließt.

Sicherungen unterbrechen den Stromkreis, wenn ein zu großer Strom fließt.

Sicherungsautomaten
An Stelle von Schmelzsicherungen werden im Haushalt häufig Sicherungsautomaten verwendet. Bei einem zu hohen Stromfluss wird der Stromkreis in der Sicherung mithilfe eines Elektromagneten oder eines Bimetallstreifens unterbrochen.

Ist die Störung beseitigt, kann man an der Sicherung einen Hebel zurückstellen, sodass der Stromkreis wieder geschlossen ist. Die im Haushalt benötigten Sicherungen befinden sich im Sicherungskasten (▷ B 4).

Der Fehlerstromschutzschalter
Neue Sicherungskästen enthalten einen Fehlerstromschutzschalter. Er prüft, ob der Strom in der einen Leitung (rote Leitung in Bild 5) genauso groß ist wie der Strom in der anderen Leitung (grüne Leitung).

Auf dem Weg zum Gerät fließt der Strom durch eine Spule und erzeugt ein Magnetfeld. Der weitere Weg des Stromes führt durch eine zweite, gleichartige Spule, in der ebenfalls ein Magnetfeld erzeugt wird. Sind die Ströme gleich groß, sind auch die Magnetfelder gleich groß. Aufgrund der unterschiedlichen Stromrichtungen sind die Magnetfelder einander aber entgegengerichtet und heben sich auf.

Leitet nun ein defektes Gerät den Strom z. B. über den Fußboden ab, unterscheiden sich die Stromstärken in den beiden Leitungen (▷ B 5, gekennzeichnet durch unterschiedlich dicke Leitungen). Auch die zugehörigen Magnetfelder sind jetzt nicht mehr gleich groß.
Dies führt dazu, dass innerhalb von Sekundenbruchteilen ein Schalter ausgelöst wird, der den Stromkreis am Punkt A unterbricht.

4 Sicherungskasten

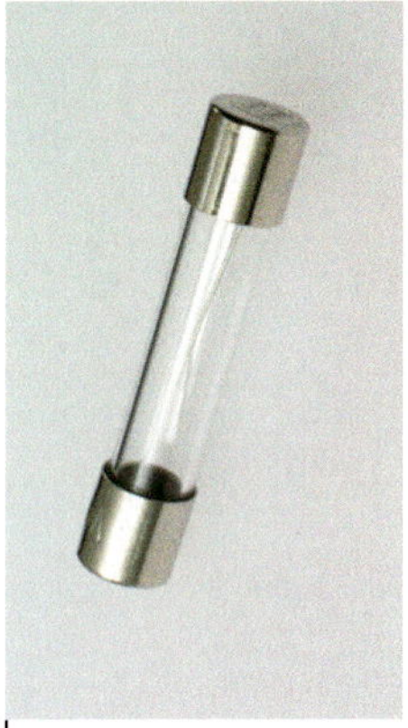

7 Feinsicherung

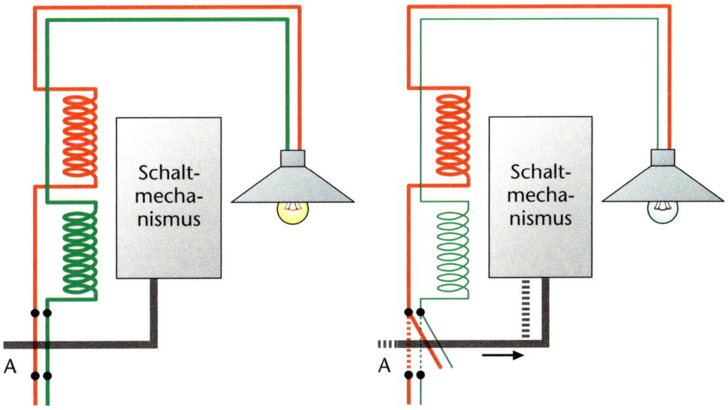

5 Funktionsweise eines Fehlerstromschutzschalters (stark vereinfacht)

Der elektrische Strom stößt auf Widerstand

Elektrischer Widerstand

Jeder elektrische Leiter hemmt den elektrischen Strom (d. h. die Bewegung der Elektronen). Diese Eigenschaft nennt man „elektrischen Widerstand“.

Je größer dieser Widerstand ist,
- desto kleiner ist die Stromstärke (bei unveränderter Spannung) oder
- desto größer muss die Spannung sein, um eine bestimmte Stromstärke zu erreichen.

Der elektrische Widerstandswert *R*

Dieser Wert gibt an, wie stark ein Leiter (bzw. ein Bauteil) den Strom hemmt.

Formelzeichen: *R*
Einheit: Ohm (Ω)

$$\text{Elektrischer Widerstandswert} = \frac{\text{Spannung}}{\text{Stromstärke}}$$

$$R = \frac{U}{I}$$

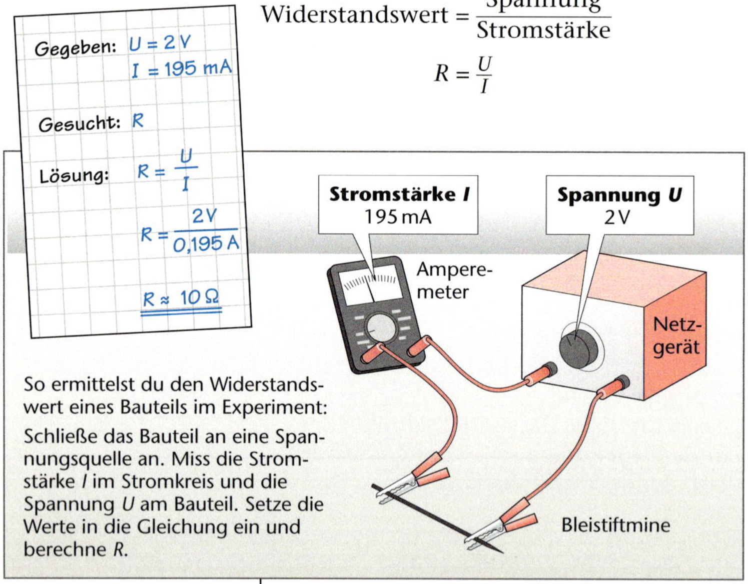

1 Bestimmung des Widerstandwerts aus *U* und *I*

Drahteigenschaften und Widerstandswert

Der Widerstandswert *R* eines Drahts (bzw. eines Leiters) hängt von seiner Länge (▷ B 3), seiner Querschnittsfläche und von seinem Material ab.
Der Widerstandswert ist um so größer,
- je länger der Draht ist ($R \sim l$),
- je kleiner die Querschnittsfläche ist ($R \sim \frac{1}{A}$)
- und je schlechter das Material den elektrischen Strom leitet.

Die Temperatur beeinflusst den Widerstandswert

Je höher die Temperatur eines Drahtes ist, desto größer ist sein Widerstandswert.

Das Ohm'sche Gesetz

Wenn ein Leiter einen konstanten Widerstandswert hat, gilt für ihn das Ohm'sche Gesetz:
Spannung und Stromstärke sind zueinander proportional ($U \sim I$).
Im Diagramm liegen alle *U*-*I*-Messpunkte auf einer Geraden (▷ B 2).
(Für die meisten metallenen Leiter gilt das Gesetz nur bei konstanter Temperatur.)

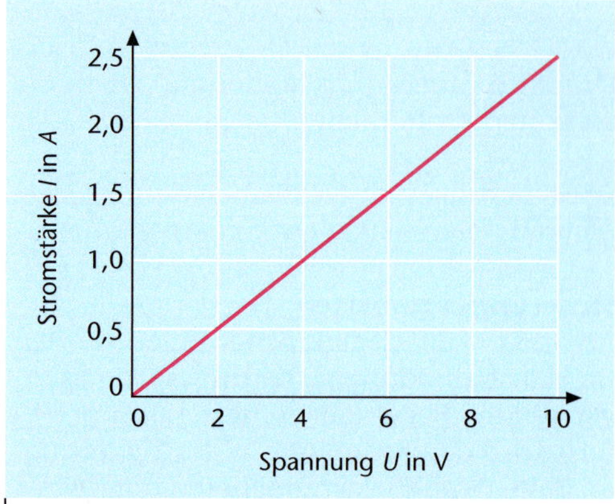

2 *U*-*I*-Diagramm eines ohmschen Widerstands

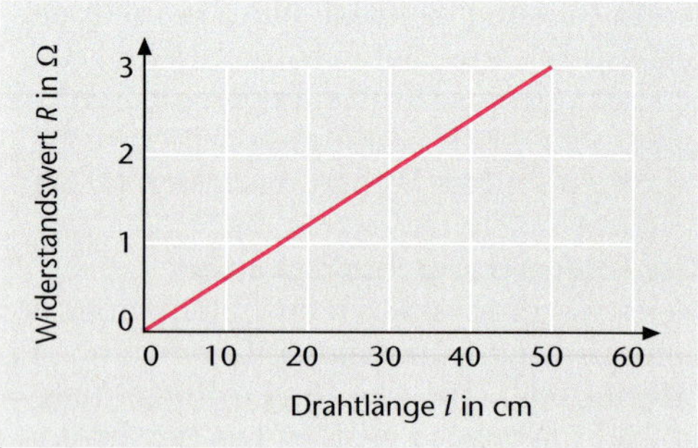

3 Zusammenhang zwischen dem Widerstandswert eines Leiters und seiner Länge

Festwiderstände

Festwiderstände (▷ B 4) sind Bauteile, die einen konstanten Widerstandswert haben. Für sie gilt das Ohm'sche Gesetz.
Zur Herstellung verwendet man ein Material, dessen Widerstandswert sich nicht mit der Temperatur verändert (z. B. Konstantan).

4 Festwiderstand

Widerstandsbauteile in Reihenschaltung

Sind zwei Bauteile in Reihe geschaltet (▷ B 5 links), so müssen die Elektronen nacheinander beide Hindernisse überwinden. Der Gesamtwiderstand im Stromkreis wird größer. So berechnest du den Gesamtwiderstandswert:

$$R_g = R_1 + R_2$$

Widerstandsbauteile in Parallelschaltung

Sind zwei Bauteile parallel geschaltet (▷ B 5 rechts), verteilt sich der Elektronenstrom auf beide Bauteile. Die Bewegung der Elektronen wird weniger behindert – der Gesamtwiderstand im Stromkreis nimmt ab. Es gilt:

$$\frac{1}{R_g} = \frac{1}{R_1} + \frac{1}{R_2}$$

Sicherung, Kurzschluss und Überlastung

Sicherungen unterbrechen den Stromkreis, wenn ein zu großer elektrischer Strom fließt.
Das kann vorkommen,
- wenn zu viele Elektrogeräte parallel angeschlossen sind; dann wird der Gesamtwiderstand im Stromkreis sehr klein und in der gemeinsamen Leitung ist die Stromstärke sehr groß (Überlastung),
- wenn der elektrische Strom ungehindert von einem Pol der Spannungsquelle zum anderen fließen kann (Kurzschluss).

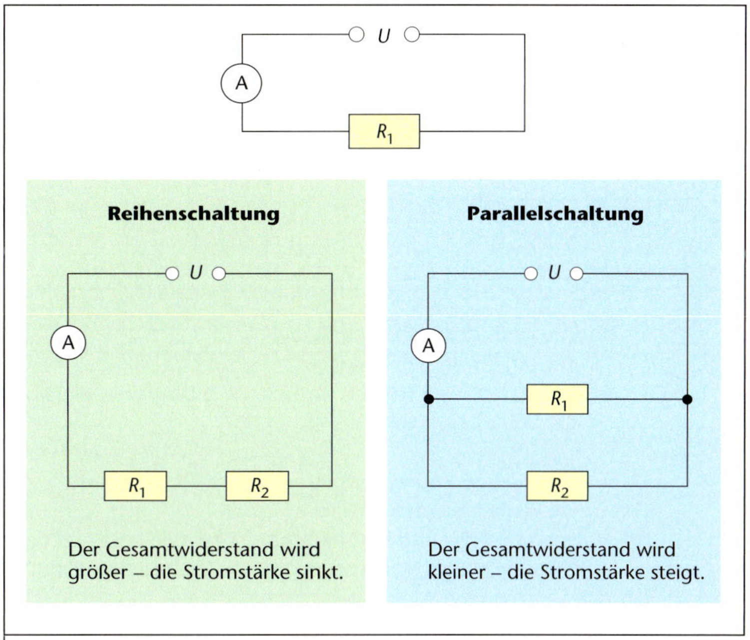

5 Reihenschaltung und Parallelschaltung von Widerständen

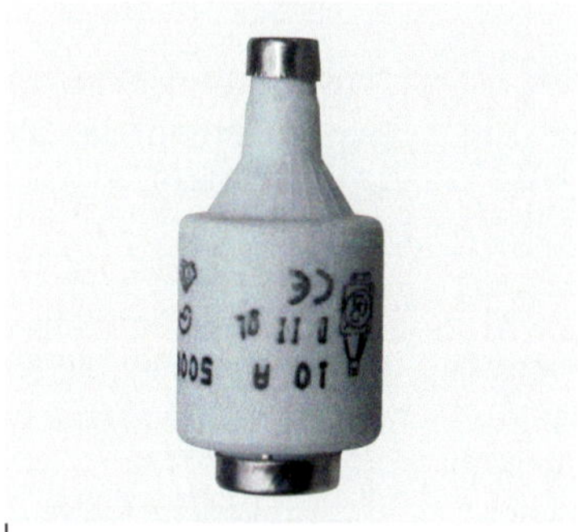

6 Schmelzsicherung

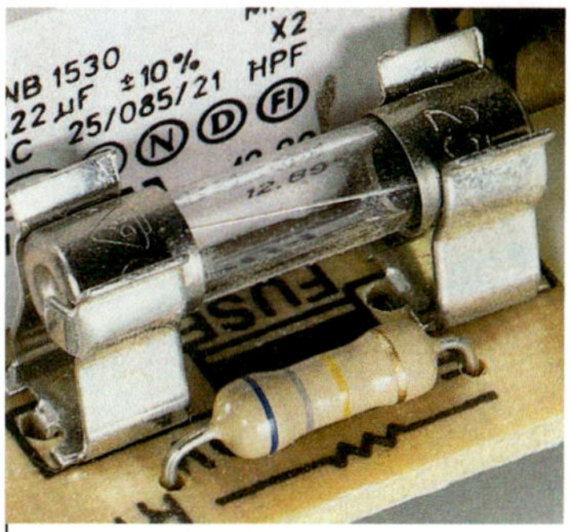

7 Feinsicherung

Aufgaben

1 Der Ausdruck „elektrischer Widerstand" kann mehrere Bedeutungen haben. Erläutere sie.

2 In welchem Stromkreis (▷ B 1) wird der Strom am stärksten gehemmt? Begründe deine Antwort.

3 Das Lämpchen im Bild 1 wird gegen ein anderes mit höherem Widerstandswert ausgetauscht. Wie ändert sich die Stromstärke im Stromkreis?

4 Rechne um:
a) in Ω: 15 kΩ, 1,3 kΩ, 2 MΩ, 0,057 kΩ, 0,5 MΩ
b) in kΩ: 6320 Ω, 72 Ω, 450215 Ω, 3,3 MΩ

5 Auf einem Glühlämpchen ist nur noch die Spannungsangabe 6 V lesbar. Wie kannst du herausfinden, welchen Widerstandswert das Lämpchen bei dieser Spannung hat?

6 Durch einen Eisendraht fließt ein Strom der Stärke 830 mA. Der Spannungsmesser zeigt 5 V an. Berechne den Widerstandswert des Drahts.

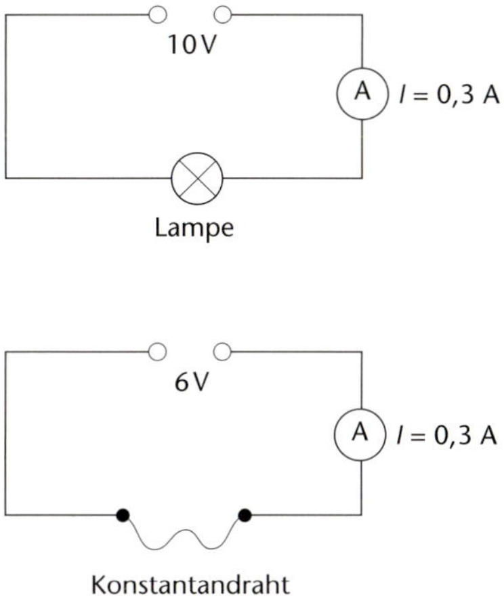

1 Schaltskizzen zu den Aufgaben 2 und 3

7 Übertrage die Tabelle in dein Heft und berechne die fehlenden Größen.

U	20 V		20 V	230 V	
I	1,5 A	2 A	40 mA		9 mA
R		30 Ω		0,46 kΩ	3,5 kΩ

8 Wie groß ist der elektrische Widerstandswert eines Toasters, durch den bei 230 V ein Strom der Stärke 3 A fließt?

9 Welche Bedeutung könnten die Pfeile bei den Schaltzeichen für NTC und PTC haben? Gib eine mögliche Erklärung.

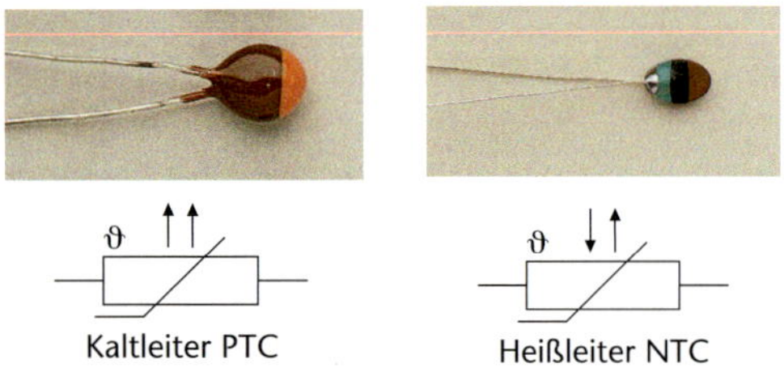

2 NTC- und PTC-Widerstand

10 Ein Potentiometer ist ebenfalls ein veränderliches Widerstandsbauteil. Informiere dich, wie es funktioniert. Welcher Unterschied besteht zu den Widerständen in Bild 2?

11 Für eine gelbe Leuchtdiode ist eine Stromstärke von 20 mA zugelassen. Ihr Widerstandswert beträgt 110 Ω. Welche Spannung darf angelegt werden?

12 Die beiden Kupferdrähte haben den gleichen Durchmesser. Welcher Draht behindert den Strom stärker? Begründe deine Antwort.

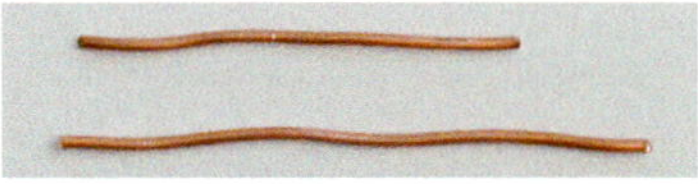

13 Juliana behauptet: Zwei gleich lange Eisendrähte müssen nicht unbedingt den gleichen Widerstandswert haben. Hat Juliana recht?

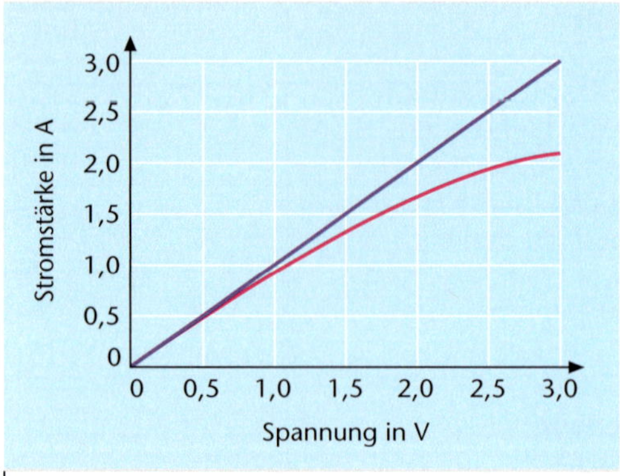

3 Diagramm zu Aufgabe 17

14 Wie lässt sich der Widerstandswert eines Drahts verdoppeln?

15 Manchmal wird die Gleichung $U = R \cdot I$ als Ohm'sches Gesetz bezeichnet. Unter welcher Voraussetzung ist das richtig?

16 In welchem Fall gilt für einen Eisendraht das Ohm'sche Gesetz nicht?

17 Für einen Kupfer- und einen Konstantandraht wurden im Experiment die Spannungs- und Stromstärkewerte ermittelt (▷ B 3).
a) Welche Kurve gehört zum Kupferdraht?
b) Berechne den Widerstandswert beider Drähte bei 0,5 V und bei 2,5 V.
Erläutere deine Ergebnisse.

18 Warum nennt man Festwiderstände (▷ B 5) auch ohmsche Widerstände?

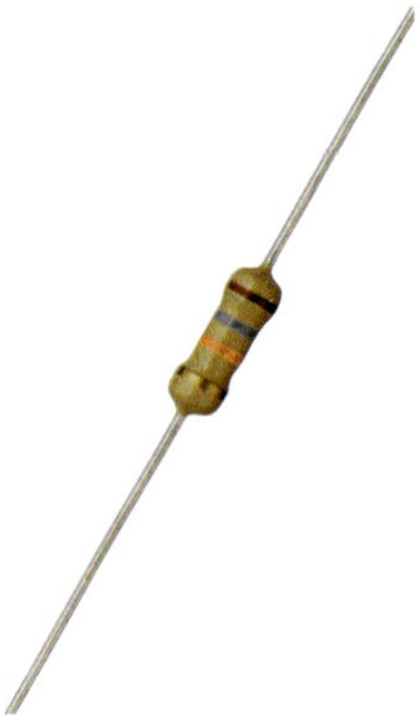

5 Festwiderstand

19 Ein Festwiderstand wird an eine Spannungsquelle (4 V) angeschlossen. Im Stromkreis wird die Stromstärke 50 mA gemessen.
a) Berechne den Widerstandswert.
b) Welche Stromstärke wird man messen, wenn man die dreifache Spannung anlegt?
c) Was musst du tun, damit die Stromstärke nur noch halb so groß ist?
d) Kannst du vorhersagen, bei welcher Spannung die Stromstärke 500 mA betragen würde?
e) Zeichne für diesen Festwiderstand ein *U*-*I*-Diagramm.

20 Berechne den Gesamtwiderstandswert und die Gesamtstromstärke des in Bild 4 gezeigten Stromkreises.

21 Damit eine rote Leuchtdiode (1,6 V/20 mA) mit einem 2-V-Netzteil betrieben werden kann, muss ein zusätzliches Widerstandsbauteil in Reihe mit ihr geschaltet werden.

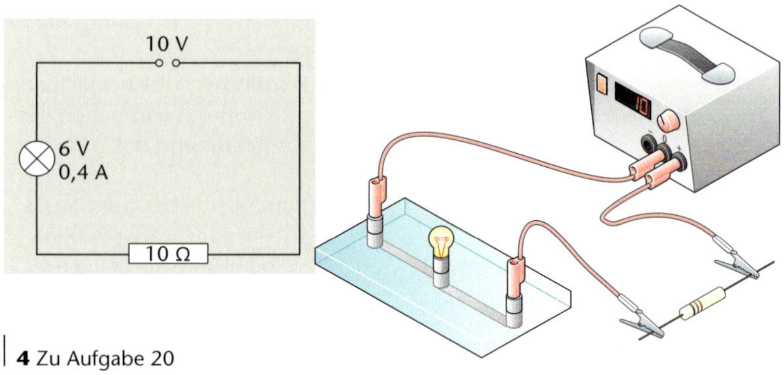

4 Zu Aufgabe 20

a) Fertige eine beschriftete Schaltskizze an und berechne den Widerstandswert des zusätzlichen Bauteils.
b) Muss dieser Widerstand vor oder nach der Leuchtdiode eingebaut werden?

22 In Alexanders Zimmer sind ein Radio (230 V/90 mA) und eine Tischlampe (230 V/110 mA) angeschaltet. Berechne den Gesamtwiderstandswert der Geräte.

23 In den Schaltungen im Bild 6 wird stets das gleiche Lämpchen verwendet. Sortiere die Bilder a bis d nach der Helligkeit der Glühlampe. Begründe deine Entscheidung.

24 Welche Werte zeigen die Messgeräte im Bild 7 an?
Berechne die gesuchten Spannungen bzw. Stromstärken.

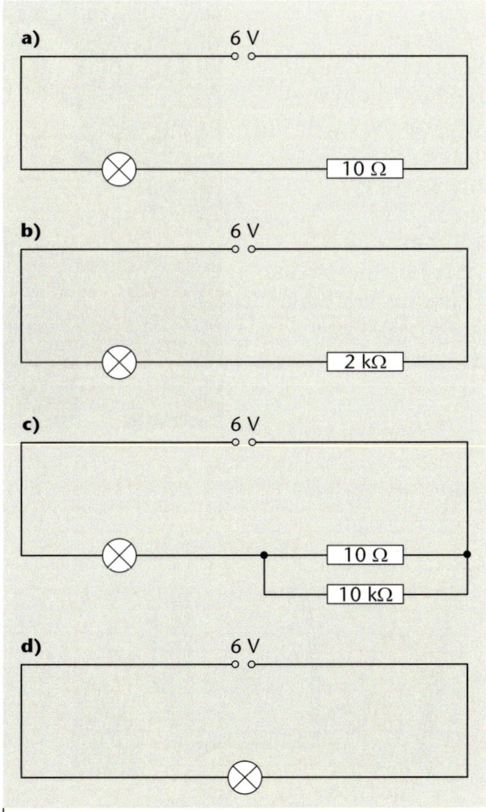

6 Schaltskizzen zu Aufgabe 23

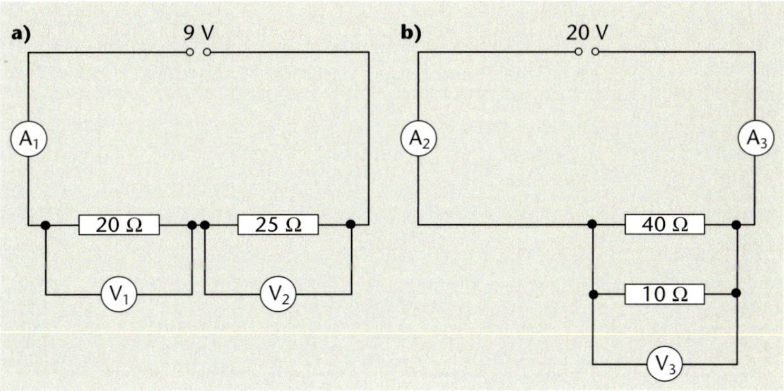

7 Schaltskizzen zu Aufgabe 24

25 Weshalb ist die Hauptleitung im Haus mit 16 A abgesichert, obwohl in den einzelnen Elektrogeräten viel geringere Ströme fließen?

26 a) Den spezifischen Widerstandswert von Kupfer kannst du dem Diagramm (▷ B 8) entnehmen. Was bedeutet diese Angabe?
b) Ein Eisendraht wird gegen einen gleich langen und gleich dicken Kupferdraht ausgetauscht. Was kannst du über den Widerstandswert des Drahtes aussagen? Wie verändert sich dabei die Stromstärke im Stromkreis?

27 a) Die Glühwendel einer Glühlampe besteht aus Wolframdraht mit einer Querschnittsfläche von 0,0013 mm². Bei einer Spannung von 230 V beträgt die Stromstärke 0,2 A. Der spezifische Widerstandswert von Wolfram bei Glühtemperatur (etwa 2600 °C) beträgt

$$\rho = 0{,}73\ \frac{\Omega \cdot \text{mm}^2}{\text{m}}$$

Wie lang ist der Glühdraht?

b) Weshalb unterscheidet sich der angegebene spezifische Widerstandswert von dem Wert, den du dem Diagramm in Bild 8 entnehmen kannst?

28 Ein Konstantandraht soll einen Widerstandswert von $R = 30\,\Omega$ haben. Welche Abmessungen könnte der Draht haben? Gib zwei unterschiedliche Möglichkeiten an.

29 Berechne jeweils den Gesamtwiderstandswert und die Gesamtstromstärke der Stromkreise in Bild 6a, b und c (Lämpchen 6 V/0,4 A).

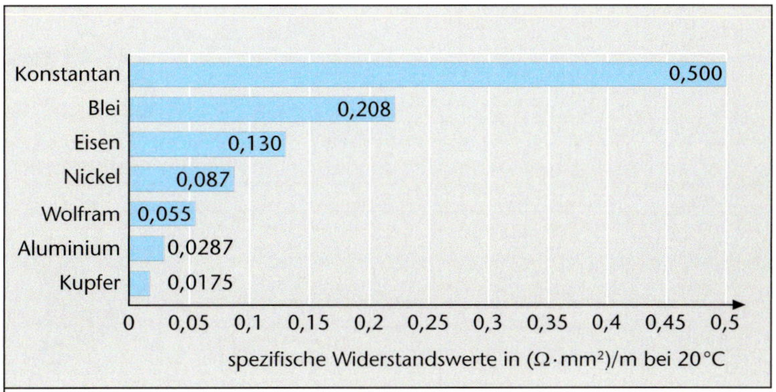

8 Spezifische Widerstandswerte verschiedener Metalle

Arbeit und Leistung

In den letzten Jahrzehnten sind viele Arbeiten für uns Menschen einfacher geworden. Nicht nur in den Fabriken, auch im Haushalt erleichtern Geräte die tägliche Arbeit.

Dank dieser Geräte ist der körperliche Einsatz in vielen Arbeitsbereichen nicht mehr so hart. Dafür müssen die Arbeiten aber oft in kürzerer Zeit erledigt werden. Der „Leistungsdruck“ ist damit gestiegen.

Arbeit und Leistung sind dir aus der Alltagssprache bekannt. In der Physik werden die Begriffe Arbeit und Leistung ebenfalls verwendet. Haben sie dort die gleiche Bedeutung?

108
KUKA

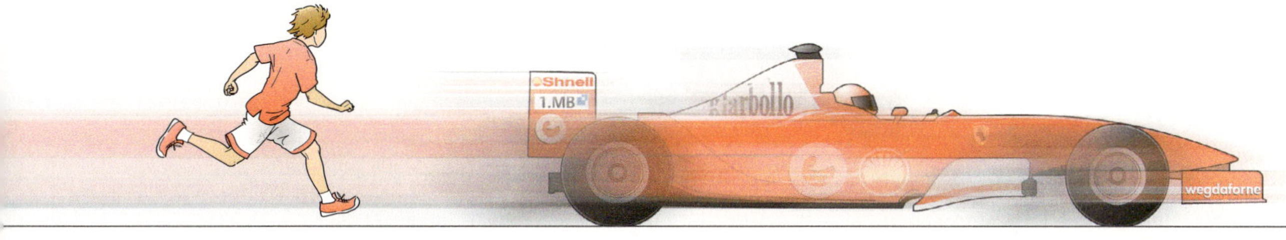
Shnell
1.MB
giarbollo
wegdaforne

1 Ganz schön anstrengend!

Jetzt wird gearbeitet!
In den oben stehenden Bildern sind unterschiedliche Situationen dargestellt: Der Rasen wird gemäht, Hausaufgaben werden bearbeitet und mehrere Getränkeflaschen werden gehalten.
Mit all diesen Beispielen verbinden wir im Alltag das Wort Arbeit. Aus physikalischer Sicht ist das anders. Nur das Rasenmähen ist Arbeit, denn in der Physik hat der Arbeitsbegriff eine ganz eigene Festlegung:

> Wird auf einen Körper eine Kraft ausgeübt und bewegt sich der Körper in Kraftrichtung, dann wird physikalische Arbeit verrichtet (▷ B 2).

Die Berechnung der Arbeit
Die physikalische Arbeit hat das Formelzeichen W. Um sie zu berechnen braucht man zwei physikalische Größen: die Kraft, die längs des Weges aufgewendet wird, und die zurückgelegte Strecke.

> Die verrichtete Arbeit ist das Produkt aus der Kraft in Wegrichtung und dem zurückgelegten Weg.
> Arbeit = Kraft · Weg
> $W = F \cdot s$

Die Einheit der Arbeit
Die Einheit der Kraft ist das Newton und die Einheit des Wegs ist das Meter. Die Einheit der Arbeit ist daher das Produkt aus diesen beiden Einheiten, das Newtonmeter (Nm). Für das Newtonmeter wird auch die Einheit Joule (J) verwendet, benannt nach dem englischen Physiker James Prescott Joule (1818–1889):
$1\,\text{Nm} = 1\,\text{J}$, $1000\,\text{J} = 1\,\text{kJ}$.

Wann wird keine physikalische Arbeit verrichtet?
1. Es wird kein Weg zurückgelegt: $s = 0\,\text{m}$.
Der Junge mit den Waren im Arm (▷ B 1) steht schon einige Zeit in der Kassenschlange. Die Anstrengung kann er schon in den Muskeln spüren. Dennoch hat er beim bloßen Halten der Waren keine physikalische Arbeit verrichtet. Wie kann das sein?
Das Halten der Waren erfordert zwar eine Kraft, aber es wird kein Weg zurückgelegt. Folglich gilt: $W = 0$.

2. Es wird keine Kraft ausgeübt: $F = 0\,\text{N}$.
Ein Gegenstand bewegt sich z. B. ohne Kraftaufwand durch das Weltall. Die verrichtete Arbeit an dem Gegenstand ist null, denn es wirkt keine Kraft.

2 Hier wird physikalische Arbeit verrichtet.

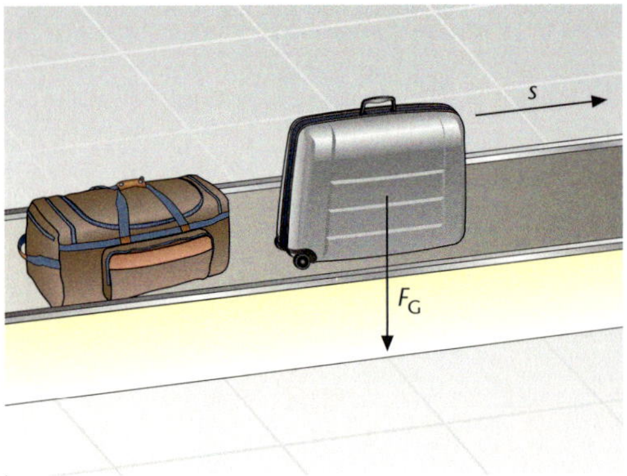

3 Die Gewichtskraft trägt nicht zu der am Koffer verrichteten Arbeit bei.

3. Bei geistiger Arbeit, z. B. am Schreibtisch, sind die Bedingungen für physikalische Arbeit ebenfalls nicht erfüllt. Es wird deshalb keine Arbeit im Sinne der Physik verrichtet.

Die Kraft in Bewegungsrichtung entscheidet

Die Gewichtskraft des Koffers in Bild 3 ist für die Arbeit, die das Förderband verrichtet, nicht entscheidend. Denn diese Kraft wirkt nach unten, während sich das Band senkrecht dazu bewegt. In die Berechnung der Arbeit geht nur die Kraft ein, die in Bewegungsrichtung wirkt.

Hubarbeit

In Bild 4 will der Junge das Zeitungsbündel in den Kofferraum legen. Er muss eine Kraft aufwenden um die Zeitungen hochzuheben. Diese Kraft nennen wir Hubkraft. Die Hubkraft ist genauso groß wie die Gewichtskraft der Zeitungen ($F_H = F_G$). Der Junge hat physikalische Arbeit verrichtet, man nennt sie Hubarbeit. Als Formelzeichen verwendet man W_H.

Wird ein Körper unter Kraftaufwand angehoben, verrichtet man Hubarbeit.

Berechnung der Hubarbeit

Es ist leicht zu verstehen, dass derjenige mehr Hubarbeit verrichtet hat, der die größere Hubkraft aufgebracht und die größere Strecke zurückgelegt hat.
Da die Größe der Hubkraft gleich der Gewichtskraft ($F_H = F_G$) ist, gilt:

Die verrichtete Hubarbeit ist das Produkt aus der Gewichtskraft und der Hubhöhe.
Hubarbeit = Gewichtskraft · Hubhöhe

$$W_H = F_G \cdot h$$

4 Hubarbeit

5 Damit das Flugzeug bewegt werden kann, ist die Reibung zu überwinden.

Reibungsarbeit

Damit der Schlitten (▷ B 6) über die Schneefläche gezogen oder das Flugzeug (▷ B 5) auf dem Rollfeld bewegt werden kann, ist eine Kraft erforderlich. Zwischen den Kufen und der Schneefläche bzw. den Reifen und der Rollbahn entsteht beim Bewegen des Körpers Reibung. Damit diese überwunden werden kann, ist die Zugkraft F_z erforderlich. Da der Körper sich vorwärts bewegt, wird Arbeit verrichtet. Die Arbeit wird als Reibungsarbeit bezeichnet.

Versuch

1 Hebe deine Schulmappe vom Boden auf den Experimentiertisch.
Miss mit einem Federkraftmesser die notwendige Hubkraft und mit einem Metermaß den Höhenunterschied zwischen Boden und Experimentiertisch.
Berechne die verrichtete Hubarbeit.

6 Ein Beispiel für Reibungsarbeit

1 Das Spannen des Bogens ist Arbeit.

Spannarbeit

Eine Feder wird durch das Anhängen von Wägestücken gedehnt (▷ B 3). Die angreifende Kraft spannt die Feder. Es wird Spannarbeit verrichtet.
Ebenso verrichtet die Sportschützin (▷ B 1) Spannarbeit, wenn sie die Sehne zu sich heranzieht.

Beschleunigungsarbeit

Um einen Körper zu beschleunigen, ist manchmal ein erheblicher Kraftaufwand erforderlich. Entlang des zurückgelegten Wegs wird der Körper immer schneller, die Geschwindigkeit nimmt zu. Es wird Arbeit verrichtet. Diese Form der Arbeit nennt man Beschleunigungsarbeit (▷ B 2).
Stelle dir vor, ein PKW und ein Transporter (▷ B 4) werden auf dieselbe Geschwindigkeit in derselben Zeit beschleunigt. Der Aufwand ist bei beiden unterschiedlich groß. Erkennst du die Ursache dafür? Der Transporter hat eine viel größere Masse als der PKW. Deshalb ist beim Transporter eine größere Kraft notwendig, damit die gleiche Beschleunigung erreicht wird.

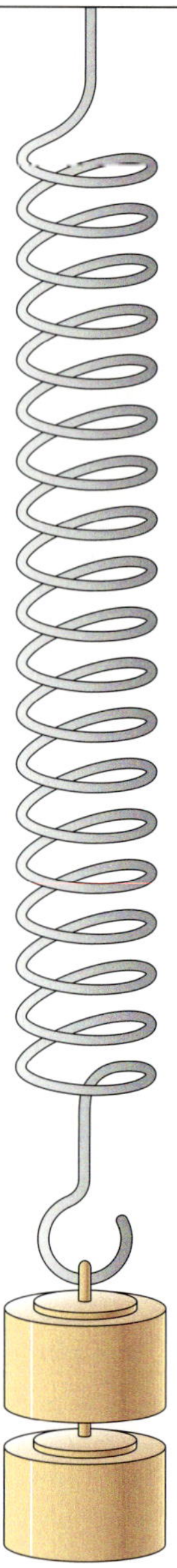

3 Die Feder zu dehnen erfordert Spannarbeit.

5 Verformungsarbeit bei einem Crashtest

Verformungsarbeit

Bevor ein neuer Autotyp die Betriebserlaubnis erhält, muss der Hersteller verschiedene Crashtests durchführen (▷ B 5). Dabei wird der Wagen sehr schnell auf ein Hindernis zubewegt. Das Blech verformt sich, Verformungsarbeit wird verrichtet. Weitere Beispiele für Verformungsarbeit sind: das Kneten von Teig, das Schmieden von Eisen usw.

▶ In der Physik unterscheidet man verschiedene Arbeitsformen: Hubarbeit, Reibungsarbeit, Spannarbeit, Beschleunigungsarbeit und Verformungsarbeit.

Aufgabe

1 Welche Arbeitsform hast du jeweils verrichtet, wenn du
a) einen Schwamm zusammendrückst?
b) ein Papierflugzeug starten lässt?
c) ein Gummiband auseinander ziehst?
d) deine Schultasche auf den Tisch hebst?
e) einen Tisch an die Wand schiebst?
f) ein Blatt Papier zerknüllst?

2 Beschleunigungsarbeit beim Start

4 Gleiche Beschleunigung erfordert unterschiedliche Kräfte.

Strategie

Mit kleinen Kärtchen zum großen Lernerfolg

Viele Leute schreiben kleine Zettelchen, wenn sie etwas nicht vergessen wollen. Für sie sind diese Notizen ihr „Hilfsgedächtnis“. Vielleicht benutzt du beim Vokabellernen solche Kärtchen.

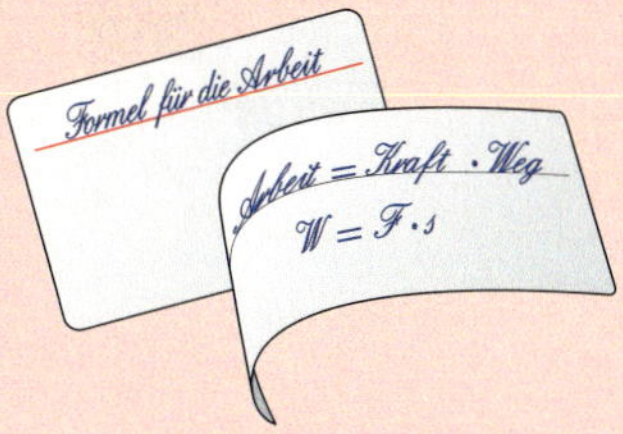

Deine Physik-Lernkartei
Du willst ein bestimmtes Stoffgebiet, z. B. „Arbeit und Leistung“, lernen und wiederholen. Lies zuerst den Text in deinem Physikbuch. Suche die wichtigen Begriffe heraus und schreibe sie auf nicht zu kleine Kärtchen (mindestens 7 cm x 10 cm). Auf die Vorderseite kommt der Begriff, auf die Rückseite schreibst du die Definition oder einen Satz als Erklärung. Den ersten Lernerfolg hast du jetzt schon erreicht, indem du Definitionen und Erklärungen selbst formuliert hast.

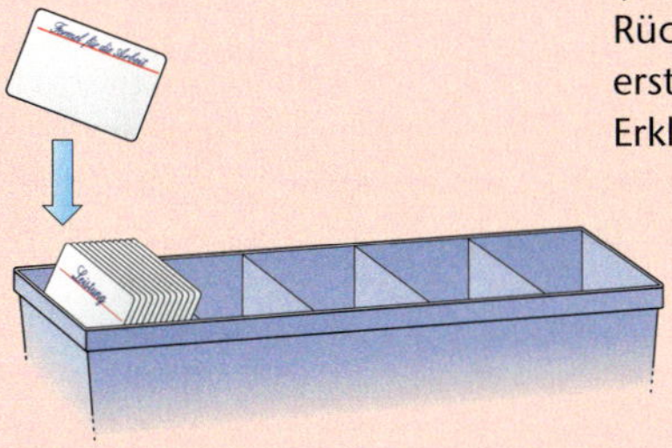

Allein lernen
Wenn du allein lernen willst, brauchst du noch einen Karteikasten, den du in fünf Fächer unterteilst.
Alle Kärtchen kommen in das vorderste Fach und wandern, wenn du die Erklärung auf der Rückseite richtig gewusst hast, ins 2. Fach.
Begriffe, die du nicht wusstest, bleiben im ersten Fach. Jeden Tag rutschen die Kärtchen bei richtiger Wiederholung ein Fach weiter nach hinten, bis du alle Begriffe gelernt hast.

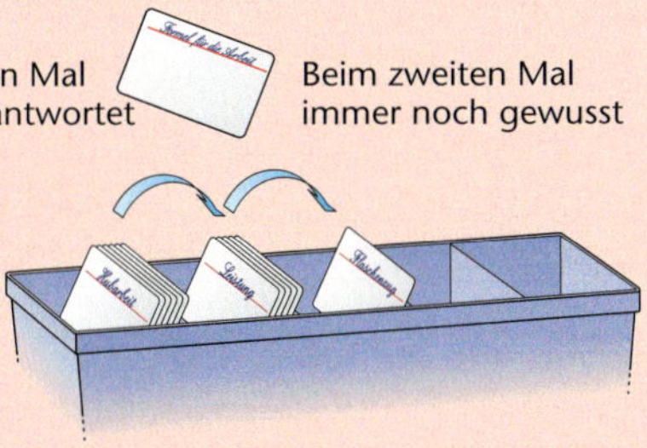

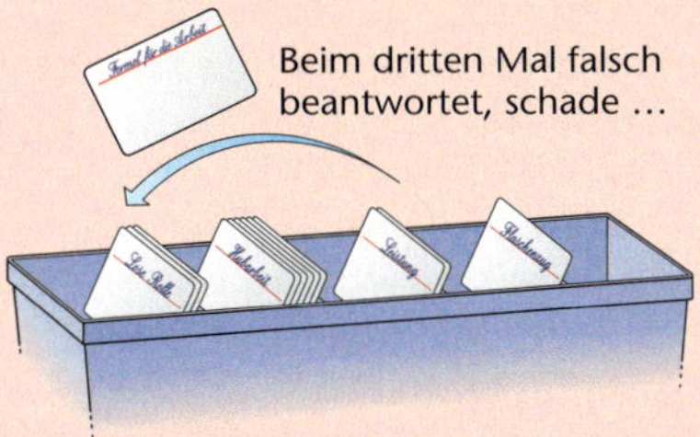

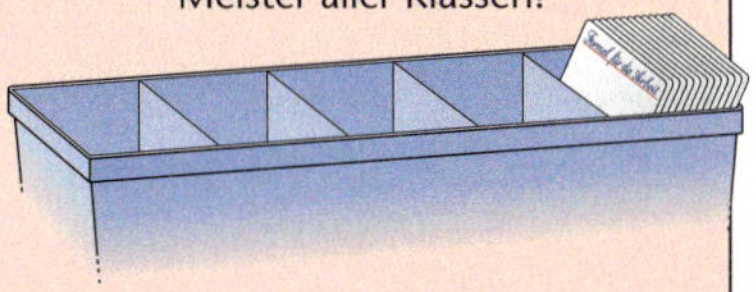

Zu zweit lernen
Ihr könnt mit den Kärtchen auch zu zweit lernen. Teilt die Kärtchen untereinander auf und fragt euch gegenseitig ab. Dabei könnt ihr euch den Begriff nennen oder die Erklärung auf der Rückseite.

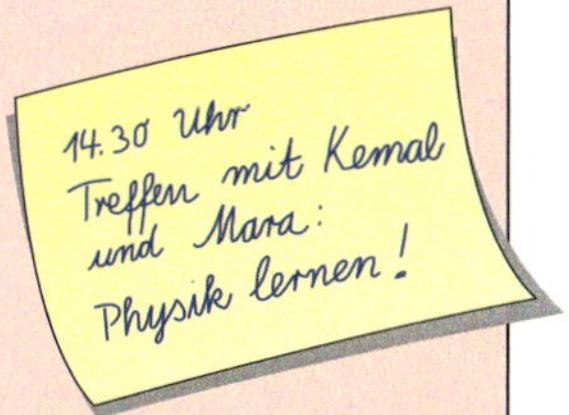

Lernen in der Gruppe
Auch zu dritt oder zu viert könnt ihr mit der Kärtchenmethode lernen.
Teilt die Kärtchen untereinander auf. Der Erste legt eine Karte mit einem Begriff, z. B. „Hubarbeit“, auf den Tisch. Der Nächste darf seinen Begriff nur anlegen, wenn er einen sinnvollen Satz mit beiden Begriffen bilden kann. Mit dem nächsten Begriff geht es genau so weiter.

1 Seilziehen mit fester Rolle

2 Seilziehen mit loser Rolle

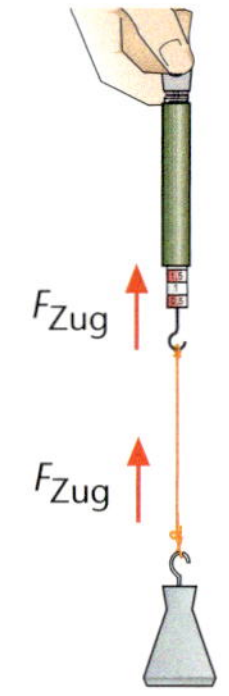

3 Das Seil verändert den Angriffspunkt der Kraft.

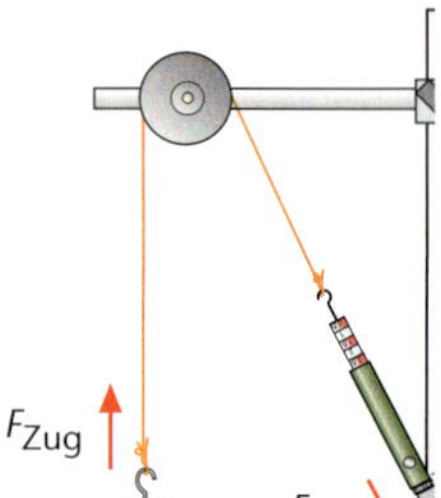

4 Die Rolle ändert die Richtung der Kraft.

Seilziehen mit einer Rolle
Firat hat ein Seil an einen Pfahl geknotet. An diesem Seil befestigt er eine Rolle, über die er ein zweites Seil legt. Nun zieht Matthias an einem Seilende, Firat zieht am anderen (▷ B 1). Matthias hat keine Chance. Firat zieht ihn immer weiter an den Pfahl heran.

Der Trick
Matthias überlegt sich, wie er seine Chancen verbessern könnte. Er verändert dazu die Anordnung. Matthias nimmt das am Pfahl befestigte Seil und legt die Rolle in eine Schlaufe des Seils. Das zweite Seil befestigt er an der Rolle und gibt es Firat in die Hand. Matthias selbst zieht am Ende des Seils, das am Pfahl festgemacht ist. Das Kräftemessen kann beginnen (▷ B 2). Dieses Mal ist es ein klarer Sieg für Matthias. Wie hat er das gemacht? Bei der Beantwortung dieser Frage können dir die Versuche 1 und 2 helfen.

Ein Experiment mit Seil und Rolle
Damit du den Körper in Versuch 1 anheben kannst, musst du am Seil ziehen (▷ B 5). Die dazu notwendige Zugkraft bestimmst du mit dem Federkraftmesser. Sie beträgt bei einer Gewichtskraft des Körpers von 10 N ebenfalls 10 N. Das Ergebnis ist wenig überraschend: Die Zugkraft entspricht der Gewichtskraft. Was ist dann aber die Funktion von Seil und Rolle?

Das Seil
Das Seil hat die Aufgabe Zugkräfte zu übertragen, sodass sie an einer anderen Stelle wirken können. Das Seil verlagert den Angriffspunkt der Kraft (▷ B 3).

▶ Ein Seil überträgt Zugkräfte. Größe und Richtung der Zugkraft bleiben dabei gleich.

Die feste Rolle
Die Aufgabe der Rolle ist es, die Richtung der Kraft zu ändern (▷ B 4). Die Rolle wird als feste Rolle bezeichnet, weil sie mit dem Stativ verbunden ist und sie daher ihre Lage nicht ändert.

▶ Mit einer festen Rolle kann die Richtung der Kraft verändert werden.

Heben mit und ohne Rolle
Stelle dir vor, auf einer Baustelle sollen Dachziegel nach oben transportiert werden. Ein Arbeiter könnte mehrmals hintereinander je 10 Stück nach oben tragen. Er könnte aber auch eine feste Rolle verwenden und nacheinander jeweils 10 Stück nach oben ziehen. Was wäre vorteilhafter? Trägt der Arbeiter die Ziegel nach oben, dann muss er zusätzlich zu den Ziegeln auch seinen eigenen Körper mit nach oben bewegen. Verwendet er dagegen eine feste Rolle, so müssen nur die Ziegel angehoben werden. Das ist deutlich weniger anstrengend.

Der Arbeiter zieht am Seil nach unten, die Ziegel werden nach oben transportiert. Das Seil hat die Richtung der Kraft verändert.

Auf und ab
Wie weit muss das Seil im Versuch 1 nach unten gezogen werden, damit der Körper um 10 cm angehoben wird? Die Messung ergibt 10 cm. Hub- und Zugweg sind also gleich.

Bei einer festen Rolle sind der Hubweg und der Zugweg gleich lang.
$s_{Hub} = s_{Zug}$

Die lose Rolle
Eine Rolle wird als lose bezeichnet, wenn sie zusammen mit der Last hochgezogen wird (▷B6). Deshalb sollten lose Rollen möglichst leicht sein.

In Versuch 2 wird ein Körper mit der Gewichtskraft von 10 N angehoben. Mit einem Federkraftmesser kannst du die Zugkraft messen. Sie ist nur noch etwa halb so groß wie die Gewichtskraft des Körpers. Bei der losen Rolle verteilt sich die Gewichtskraft des Körpers auf zwei Seilstücke, deshalb brauchst du nur noch halb so viel Kraft zum Ziehen.

Eine lose Rolle ist eine einfache Maschine, bei der die Zugkraft nur halb so groß wie die Gewichtskraft der Last ist:

$F_{Zug} = \frac{F_G}{2}$

Dies gilt allerdings nur, wenn die Rollen reibungsfrei laufen und die Gewichtskräfte von Seil und Rolle vernachlässigt werden.

Ein langes Seil wird gebraucht
In Versuch 2 wird der Körper um 10 cm angehoben (▷B6). Wie weit muss das Seil am anderen Ende nach oben gezogen werden? Du wirst feststellen, dass der Zugweg jetzt doppelt so lang ist, also 20 cm beträgt. Der Nachteil der losen Rolle besteht also darin, dass der Zugweg doppelt so lang ist wie der Hubweg.

Bei einer losen Rolle ist der Zugweg doppelt so lang wie der Hubweg:
$s_{Zug} = s_{Hub} \cdot 2$

Kannst du nun erklären, wieso Matthias den zweiten Wettkampf gegen Firat gewann?

Versuche

1 Befestige eine Rolle an einem Stativstab und lege ein Seil über die Rolle (▷B5). An einem Seilende wird ein Körper mit einer Gewichtskraft von 10 N befestigt. Am anderen Ende wird ein Federkraftmesser angebracht.
a) Bestimme mit dem Federkraftmesser, wie groß die Zugkraft ist.
b) Ziehe den Körper 10 cm nach oben. Wie weit muss das Seil nach unten gezogen werden?

2 Befestige ein Seilende an einem Stativstab (▷B6) und halte das andere Ende mit einem Federkraftmesser nach oben. In die Schlaufe des Seils wird eine Rolle gelegt, an der ein Körper mit einer Gewichtskraft von 10 N angehängt wird.
a) Bestimme mit dem Federkraftmesser, wie groß die Zugkraft ist.
b) Ziehe den Körper 10 cm nach oben. Wie weit muss das Seil nach oben gezogen werden?

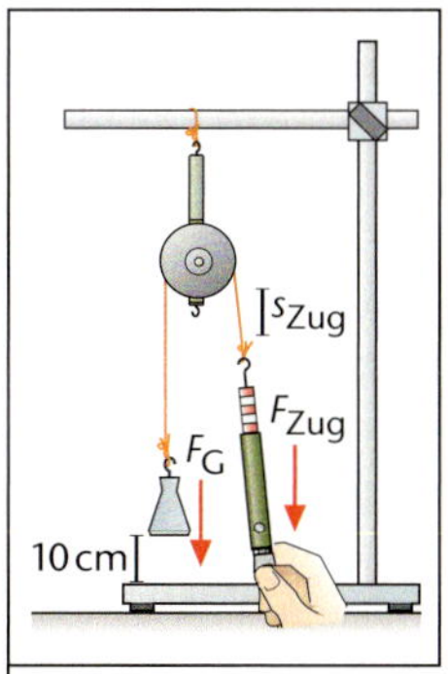

5 Zu Versuch 1

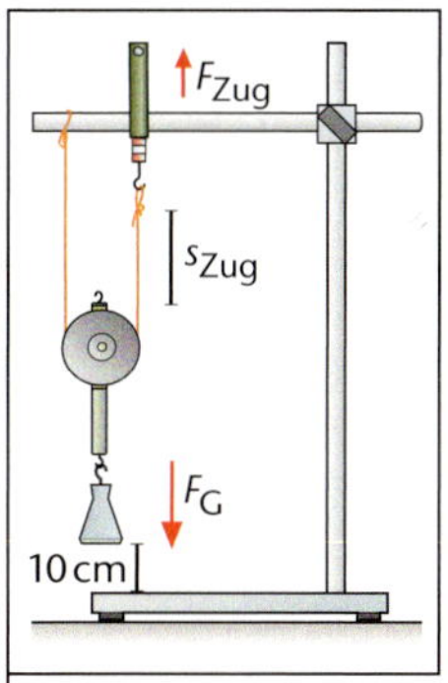

6 Zu Versuch 2

Aufgaben

1 Wie könnten Bauarbeiter eine lose Rolle nutzen, um z. B. Dachziegel nach oben zu transportieren? Fertige eine Skizze an.

2 Ein Körper mit einer Masse von 85 kg soll 15 m nach oben gehoben werden.
a) Verwende eine feste Rolle. Wie groß sind die Zugkraft und der Zugweg? (Vernachlässige die Gewichtskraft von Seil und Rolle sowie deren Reibung.)
b) Verwende eine lose Rolle. Wie groß sind jetzt die Zugkraft und der Zugweg?

3 Bergsteiger sichern sich mit Seilen und Karabinerhaken. Um einen Verletzten zu bergen, zieht man ihn nicht einfach am Seil nach oben. Sieh dir Bild 7 genau an und erkläre das Vorgehen der Bergsteiger.

7 Zu Aufgabe 3

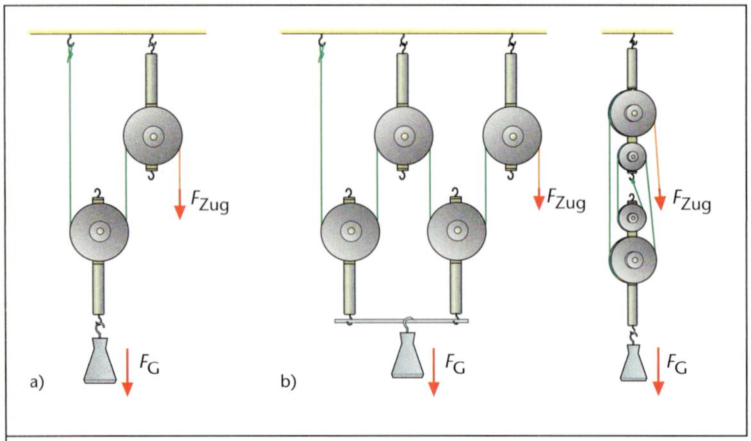

1 Lose und feste Rollen zusammen ergeben einen Flaschenzug.

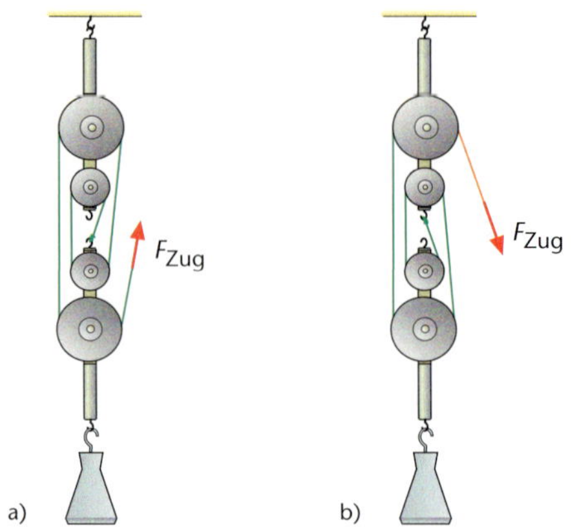

3 Verschiedene Zugkräfte bei gleicher Rollenanzahl

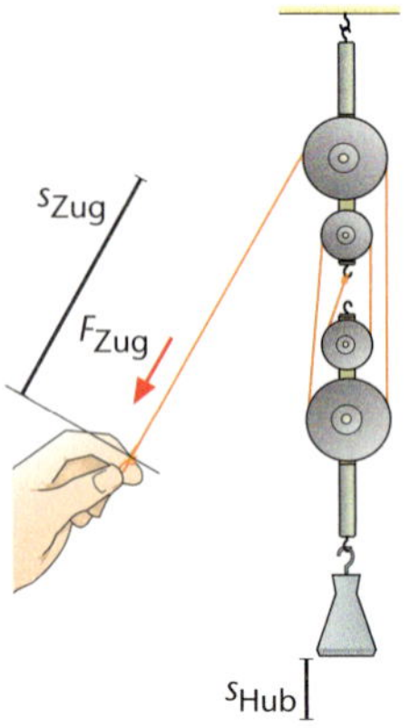

2 Bestimmung des Zugweges

Noch mehr Rollen

Wenn man eine feste und eine lose Rolle kombiniert, entsteht ein Flaschenzug. Oft werden sogar zwei, drei, vier oder mehr feste und lose Rollen verwendet (▷ B 1).

Noch weniger Zugkraft

Im Bild 1b siehst du einen Flaschenzug mit zwei festen und zwei losen Rollen sowie einer Last. Wie groß wird die Zugkraft sein? Die Last hat eine Masse von 800 g. Die Gewichtskraft beträgt somit 8 N. Die Zugkraft wird mit einem Federkraftmesser ermittelt. Sie beträgt 2 N, also nur noch ein Viertel der Gewichtskraft und das liegt an der Seilführung.

Bei einem Flaschenzug kommt es auf die Anzahl der Seilstücke an, die die Last tragen. In diesem Experiment sind es vier tragende Seilstücke (in Bild 1 grün gekennzeichnet). Das letzte Seilstück trägt keine Last. Denn mit der letzten Rolle, einer festen Rolle, wurde nur die Kraftrichtung geändert. Es sind demnach vier Seilstücke, auf die die Last verteilt wird. Deshalb braucht man nur noch ein Viertel der Kraft aufzuwenden.

Im Bild 3 siehst du zwei Flaschenzüge. Beide bestehen aus zwei losen und zwei festen Rollen. Achte genau auf die Seilführung. Die tragenden Seilstücke sind wieder mit Farbe gekennzeichnet. Der Flaschenzug im Bild 3a verfügt über fünf tragende Seilstücke, weil die letzte Rolle eine lose Rolle ist und somit das letzte Seilstück die Last mitträgt. Der Flaschenzug im Bild 3b hat nur vier tragende Seilstücke, denn die letzte Rolle ist eine feste Rolle und so zählt das letzte Seilstück nicht mit zu den tragenden. Verfügt der Flaschenzug über fünf tragende Seilstücke, dann beträgt die Zugkraft nur noch etwa ein Fünftel der Gewichtskraft der Last. Bei sechs tragenden Seilstücken beträgt die Zugkraft nur noch etwa ein Sechstel der Gewichtskraft usw.

Bei einem Flaschenzug ist die Zugkraft der Quotient aus der Gewichtskraft der Last und der Anzahl der tragenden Seilstücke (n).

$$F_{\text{Zug}} = F_{\text{G}} : n$$

Auch dies gilt nur, wenn die Gewichtskräfte von Seil und Rollen sowie die auftretenden Reibungskräfte unberücksichtigt bleiben.

Wie groß ist der Zugweg?

In einem Experiment kannst du messen, wie lang jeweils Hubweg und Zugweg bei einem Flaschenzug sind. Verwende zunächst einen Flaschenzug mit vier tragenden Seilstücken (▷ B 2).

Soll der Körper damit 10 cm hochgehoben werden, wirst du feststellen, dass der Zugweg 40 cm beträgt. Der Zugweg ist demnach viermal so lang wie der Hubweg. Bei einem Flaschenzug mit fünf tragenden Seilstücken ist der Zugweg fünfmal so lang wie der Hubweg usw. Der Nachteil eines Flaschenzuges ist also, dass der Zugweg sehr lang wird.

Bei einem Flaschenzug ist die Länge des Zugweges gleich dem Produkt aus der Länge des Hubweges und der Anzahl der tragenden Seilstücke (n).

$$s_{\text{Zug}} = s_{\text{Hub}} \cdot n$$

Berechnung der Hubarbeit
Die Gewichtheberin in Bild 1 leistet Hubarbeit. Die Masse des Gewichts beträgt 70 kg. Es wurde zwei Meter vom Boden angehoben.

Welche Hubarbeit verrichtet die Gewichtheberin?

Gegeben: $m = 70\ \text{kg},\ F_G = 700\ \text{N},\ s = 2\ \text{m}$

Gesucht: W_H

Lösung:
$W_H = F_G \cdot h$
$W_H = 700\ \text{N} \cdot 2\ \text{m}$
$W_H = 1400\ \text{Nm}$
$W_H = 1400\ \text{J}$
$W_H = 1{,}4\ \text{kJ}$

Die Gewichtheberin hat eine Hubarbeit von 1,4 kJ verrichtet.

Arbeitsersparnis mit dem Flaschenzug?
Mit einem Flaschenzug kann der Kraftaufwand zum Heben einer Last verringert werden. Muss man dann beim Heben der Last weniger Arbeit aufwenden?
Die Antwort lautet nein, denn man muss gleichzeitig einen längeren Seilweg in Kauf nehmen. Betrachte zur Verdeutlichung die Beispiele in Bild 2 und Bild 3. In beiden Fällen wird das Wägestück durch Verrichten von Hubarbeit um $h = 40\ \text{cm}$ angehoben. Man berechnet und vergleicht jeweils die geleistete Arbeit.
Bei dem Flaschenzug mit 4 tragenden Seilstücken (▷ B 3) beträgt die Zugkraft $F_Z = 2{,}5\ \text{N}$.

Hubarbeit ohne Flaschenzug:

Gegeben: $m = 1\ \text{kg},\ F_G = F_Z = 10\ \text{N},\ s = 40\ \text{cm}$

Gesucht: W_H

Lösung:
$W_H = F_Z \cdot s$
$W_H = 10\ \text{N} \cdot 0{,}4\ \text{m}$
$W_H = 4\ \text{J}$

Hubarbeit mit Flaschenzug:

Gegeben: $F_Z = 2{,}5\ \text{N},\ s = 160\ \text{cm}$

Gesucht: W_H

Lösung:
$W_H = F_Z \cdot s$
$W_H = 2{,}5\ \text{N} \cdot 1{,}6\ \text{m}$
$W_H = 4\ \text{J}$

Die Hubarbeit beträgt jeweils 4 J.

1 Gewichtheben ist Hubarbeit.

Um das Gewichtsstück um 40 cm anzuheben, muss allerdings das Seilende eine Strecke von 160 cm gezogen werden.
Es ist eine Hubarbeit von 4 J notwendig, damit das Gewichtsstück mit dem Flaschenzug angehoben werden kann. Den gleichen Wert erhält man auch für das Anheben mithilfe der festen Rolle. Der Einsatz des Flaschenzugs vermindert also nicht die zu verrichtende Arbeit.

▶ Mit einem Flaschenzug kann man keine physikalische Arbeit einsparen. Die aufgewendete Kraft kann zwar verkleinert werden, aber dafür verlängert sich der Weg entsprechend.

Auch in anderen Bereichen der Mechanik kann man die Beobachtung machen, dass die zu verrichtende Arbeit gleich bleibt. Diese Erkenntnis wird deshalb als **goldene Regel der Mechanik** bezeichnet.

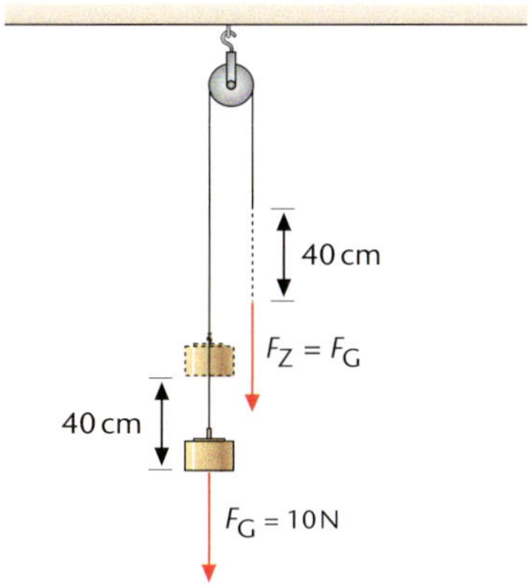

2 Feste Rolle

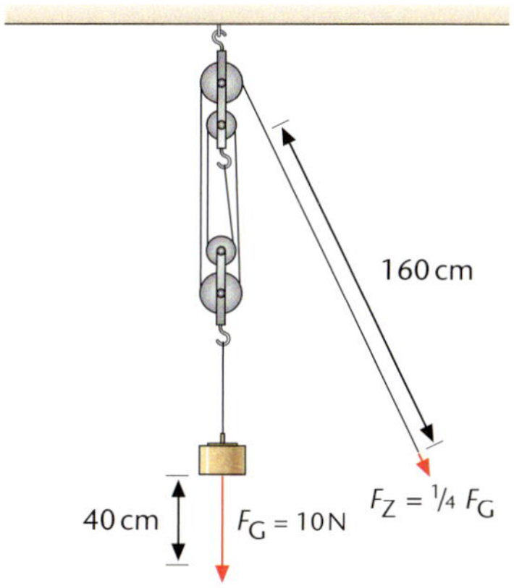

3 Flaschenzug

Auf die Plätze, fertig, los!
Vural und Oliver fahren bei einem Fahrradwettrennen einen Berg hoch (▷ B 1). Der Höhenunterschied vom Start bis zum Ziel beträgt 100 m. Oliver fährt zuerst über die Ziellinie und erklärt sich zum Sieger. Vural protestiert energisch. Kannst du dir denken warum? Vural entgegnet Oliver: „Ich bin doch schwerer, also habe ich auch die größere Hubarbeit verrichtet!"
Oliver: „Das mag schon sein, ich habe aber trotzdem die größere Leistung vollbracht!"
Was könnte Oliver damit meinen?

Wer von beiden leistet mehr?
Um eine Aussage über die Leistung zu machen, ist es sinnvoll, die Arbeit zu berechnen, die pro Sekunde verrichtet wird. (Sieh dir dazu die Rechnung in Bild 1 an.)

Höhenunterschied
100 m

benötigte Zeit
Vural: 625 s
Oliver: 520 s

Gewicht
Vural: 70 kg
Oliver: 65 kg

Die Leistung ist der Quotient aus der verrichteten Arbeit und der dafür benötigten Zeit.

$$\text{Leistung} = \frac{\text{Arbeit}}{\text{Zeit}}$$

$$P = \frac{W}{t}$$

Die Einheit der Leistung ist das Watt (W).

$$1\,\text{W} = 1\,\frac{\text{J}}{\text{s}}$$

Vural

Hubarbeit:
$W_H = F_H \cdot h$
$W_H = 700\,\text{N} \cdot 100\,\text{m}$
$W_H = 70\,\text{kJ}$
Leistung:
$\frac{70\,\text{kJ}}{625\,\text{s}} = 112\,\frac{\text{J}}{\text{s}}$

Vural leistet $112\,\frac{\text{J}}{\text{s}}$.

Oliver

Hubarbeit:
$W_H = F_H \cdot h$
$W_H = 650\,\text{N} \cdot 100\,\text{m}$
$W_H = 65\,\text{kJ}$
Leistung:
$\frac{65\,\text{kJ}}{520\,\text{s}} = 125\,\frac{\text{J}}{\text{s}}$

Oliver leistet $125\,\frac{\text{J}}{\text{s}}$.

1 Fahrradrennen am Berg

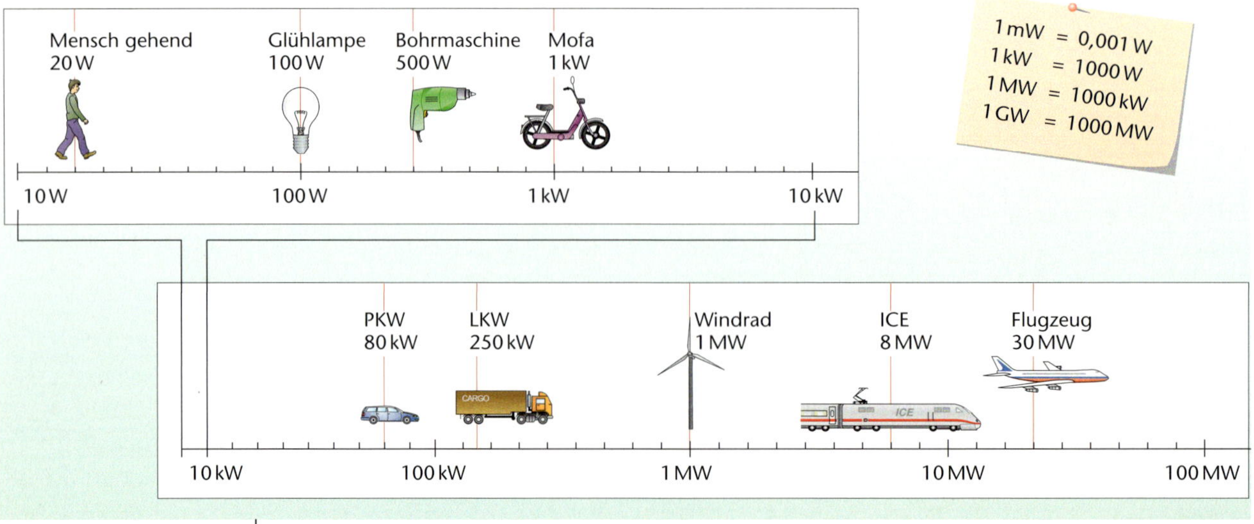

1 mW = 0,001 W
1 kW = 1000 W
1 MW = 1000 kW
1 GW = 1000 MW

2 Leistungen im Vergleich

Leistungsbestimmung

1 Leistung beim Treppensteigen

Material

1 Personenwaage, 1 Meterstab, 1 Stoppuhr, eventuell 5 m Faden

Versuchsanleitung

Bestimmt die Leistung von mehreren Mitschülern beim Treppensteigen. Dazu sollen einige Schüler möglichst schnell eine Treppe nach oben laufen (▷ B 1).
Welche Angaben benötigt ihr zur Berechnung der Leistung?
Mit einer Personenwaage könnt ihr die Masse der jeweiligen Schüler messen. Der Masse von 1 kg entspricht die Gewichtskraft von ca. 10 N.
Zur Berechnung der Hubarbeit fehlt euch noch die Höhe. Über die Anzahl und die Höhe der einzelnen Stufen könnt ihr die Gesamthöhe ermitteln. Die Länge eines herabgelassenen Fadens entspricht ebenfalls der Höhe der Treppe. Die benötigte Zeit wird mit einer Stoppuhr gemessen.

Übertragt die Tabelle in euer Heft und berechnet die Leistungen der einzelnen Schüler.

Name	F_G in N	t in s	P in W

1 Leistungsvergleich beim Treppensteigen

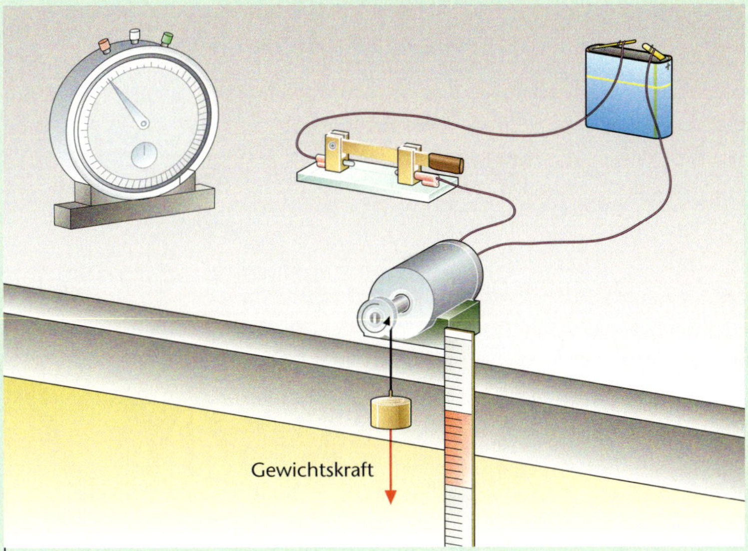

2 Leistungsmessung bei einem Elektromotor

2 Leistung eines Kleinmotors

Material

Motor mit Schnurscheibe, 1 Faden, 1 Stromquelle, 1 Stoppuhr, verschiedene Wägestücke, 2 Kabel und Befestigungsmaterial

Versuchsanleitung

Ein Elektromotor mit Schnurscheibe wird auf der Tischplatte stabil befestigt (▷ B 2). Der Motor zieht mithilfe des Fadens verschiedene Wägestücke nach oben.
Berechnet die jeweilige Leistung des Motors.

3 Leistung und Reibung

Material

1 Skateboard, 1 Federkraftmesser, 1 Stoppuhr, 1 Seil

Versuchsanleitung

Bei diesem Versuch werdet ihr die Leistung mithilfe der Reibungsarbeit berechnen (▷ B 3).
Zuerst müsst ihr die notwendige Zugkraft mit einem Federkraftmesser bestimmen. Der Federkraftmesser wird dazu an einem Ende des Seils befestigt. Das andere Ende hält der Schüler mit der Hand oder es wird um seinen Bauch gebunden. Zieht das Skateboard mit dem Schüler möglichst gleichmäßig zu euch heran und lest die Kraft am Federkraftmesser ab. Da ein ruckfreies Ziehen kaum zu erreichen ist, nehmt einen Mittelwert für die Kraft.
Bestimmt noch die anderen Werte, die zur Berechnung der Leistung notwendig sind.

Übertragt die Tabelle in euer Heft und berechnet die Leistungen für verschiedene Schüler.

Name	F in N	t in s	P in W

3 Zu Versuch 3

James Watt und die Dampfmaschine

1 Eine Watt'sche Dampfmaschine

Die Entwicklung der Dampfmaschine
Mit der Dampfmaschine wird der Name James Watt (1736–1819) verbunden. Dennoch ist Watt nicht der Erfinder dieser Maschine.
Der Ursprung der Dampfmaschine liegt im Kohlebergbau.
Beim Kohleabbau in Bergwerken drang Wasser in die Stollen ein und musste abgepumpt werden. Zunächst waren es Pferde, die die Pumpen antrieben. Im Jahr 1689 konstruierte Thomas Savery (1650–1715) eine Pumpe mit Dampfantrieb. Sie konnte Wasser 10 Meter hochpumpen. Eine Verbesserung brachte die Dampfmaschine von Thomas Newcomen (1663–1729) aus dem Jahr 1712. Sie war in der Lage, 600 Liter Wasser in einer Minute aus einer Kohlengrube nach oben zu befördern. Allerdings verbrauchte die Maschine enorm viel Kohle. Für ihren Betrieb war die Fördermenge eines kleinen Bergwerkes notwendig.

2 James Watt

James Watt
James Watt (▷ B 2) wurde 1736 in Schottland geboren. Armut der Eltern und häufige Krankheit bestimmten seine Kindheit. In seiner kurzen Schulausbildung zeigte er ein besonderes Interesse für die Mathematik. Die Werkstatt seines Vaters, der Schiffszimmermann war, bot ihm genug Platz für seine Tüfteleien. Hier konnte er einfache Instrumente und Maschinenmodelle bauen. Nach einer Ausbildung zum Feinmechaniker in Glasgow und London kehrte er nach Hause zurück. Er bekam eine Stelle als „mathematical instrument maker" an der Universität Glasgow.

Als Watt 1763 eine newcomensche Dampfmaschine reparieren musste, hatte er sich auch in den Sinn gesetzt, den Kohleverbrauch zu senken. Zwei Jahre später gelang es ihm, eine verbesserte Dampfmaschine zu bauen. Der Verbrauch an Brennmaterial konnte auf ein Viertel gesenkt werden.

Verbesserte Leistung bei gleichzeitiger Brennstoffreduzierung, das zeichnete die Dampfmaschinen von James Watt aus (▷ B 1). Darauf erhielt er 1769 ein Patent. Zusammen mit Matthew Boulton (1728–1809) gründete Watt die erste Dampfmaschinenfabrik der Welt.

Dampfmaschinen verdrängen Pferde
In Kohlegruben wurden die Pferde durch Dampfmaschinen ersetzt. Aber auch in Webereien, Druckereien und anderen Fabriken wurde die Dampfmaschine als Antrieb für Maschinen genutzt.
Auch die erste, für eine Eisenbahn gebaute Lokomotive hatte als Antrieb eine Dampfmaschine.
Mit der Dampfmaschine von Watt hatte das Industriezeitalter begonnen.

Die Leistung von Dampfmaschinen und Pferden
Die Leistung von Dampfmaschinen wurde mit der Leistung von Pferden verglichen. Leistete eine Maschine genauso viel wie ein Pferd, dann hatte die Maschine eine Leistung von 1 PS.

Watt untersuchte die Leistung von Pferden genauer. Insbesondere konzentrierte er sich auf Pferde, die in Mühlen arbeiteten (▷ B 3).
Berechnungen ergaben 736 Watt als Spitzenleistung für ein Pferd. 1 PS entspricht also 736 W.

3 Ein Pferd als Antrieb für eine Mühle

Arbeit und Leistung

1 Hubarbeit beim Klettern

3 Die Arbeit, die hier verrichtet wird, heißt Spannarbeit.

4 Beschleunigungsarbeit

Physikalische Arbeit

In der Physik spricht man von Arbeit, wenn ein Körper unter Kraftaufwand längs eines Weges bewegt wird (▷B 2).
Für die Berechnung der verrichteten Arbeit muss man die aufgewendete Kraft und den zurückgelegten Weg kennen.
Die verrichtete Arbeit ist das Produkt aus Kraft und Weg.

Arbeit = Kraft · Weg
$W = F \cdot s$

Einheit der Arbeit:
1 J (Joule)
1000 J = 1 kJ (Kilojoule)

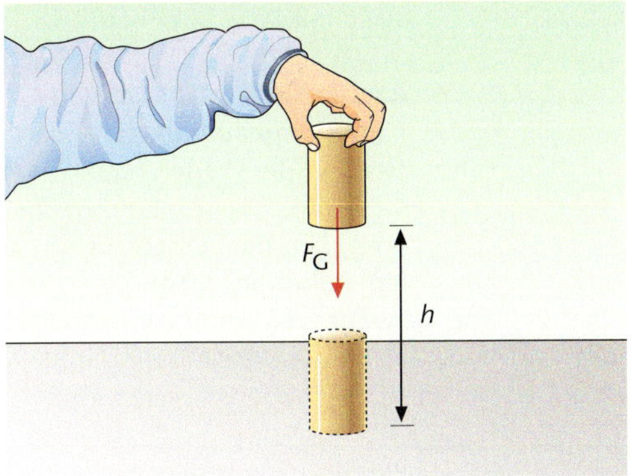

2 Hubarbeit

Arbeitsformen

Hubarbeit ist die Arbeit, die verrichtet werden muss, um einen Körper anzuheben (▷B 1; B 2).
Hubarbeit = Gewichtskraft · Hubhöhe
$W_H = F_G \cdot h$

Reibungsarbeit, Verformungsarbeit, Spannarbeit (▷B 3) und Beschleunigungsarbeit (▷B 4) sind weitere Arbeitsformen.

Goldene Regel der Mechanik

Man kann z. B. mithilfe eines Flaschenzugs den Kraftaufwand zum Heben einer Last verkleinern. Der zurückgelegte Weg wird aber im gleichen Verhältnis größer (▷B 5; B 6). Das Produkt aus Kraft und Weg bleibt konstant. Es kann keine Arbeit eingespart werden.

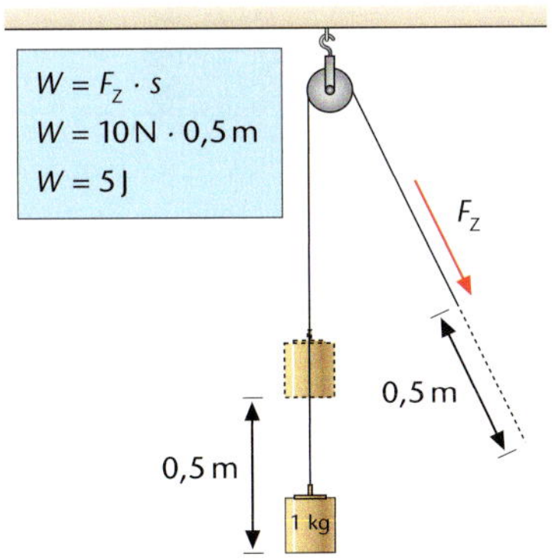

5 Feste Rolle

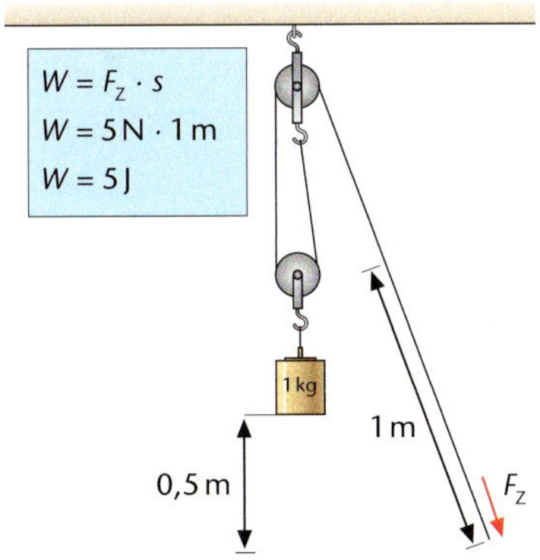

6 Flaschenzug mit zwei tragenden Seilen

Leistung

Die Leistung ist der Quotient aus verrichteter Arbeit und der dafür benötigten Zeit. Die Leistung gibt die in einer Sekunde verrichtete Arbeit an.

$$\text{Leistung} = \frac{\text{Arbeit}}{\text{Zeit}} \qquad P = \frac{W}{t}$$

Einheit: Watt (W)

1 Nm/s = 1 J/s = 1 W (Watt)

Aufgaben

1 Zu Aufgabe 3b)

2 Zu Aufgabe 3d)

3 Zu Aufgabe 3e)

1 Tina hat für den Deutschunterricht ein Referat geschrieben. Da ihr Drucker defekt war, musste sie die 4 Seiten mit Füller ins Heft schreiben. Hat Tina im physikalischen Sinn gearbeitet? Begründe deine Antwort.

2 Im Zugabteil muss Marco seinen Koffer kurze Zeit in der Hand halten, bevor er ihn auf die obere Gepäckablage ablegen kann. In welcher Situation verrichtet er physikalische Arbeit?

3 In welchem Beispiel wird physikalische Arbeit verrichtet? Begründe deine Antwort und nenne die Form der Arbeit.
a) Ein Sportler zieht einen Expander auseinander.
b) Ein Kran hält eine Last (▷B 1).
c) Eine Rakete wird von der Erde aus in den Weltraum geschossen.
d) Eine Raumstation umkreist die Erde (▷B 2).
e) Peter hält Kisten in den Händen (▷B 3).
f) Ein Motor zieht einen Aufzug in die oberste Etage.
g) Damit sein Bruder nicht herein kann, hält Erkhan die Tür von innen zu.

4 Nenne verschiedene Arbeitsformen und gib jeweils ein Beispiel aus dem Alltag an.

5 In Bild 4 siehst du verschiedene Möglichkeiten, eine Last anzuheben. Berechne jeweils die verrichtete Arbeit.
Bilde eigene Beispiele.

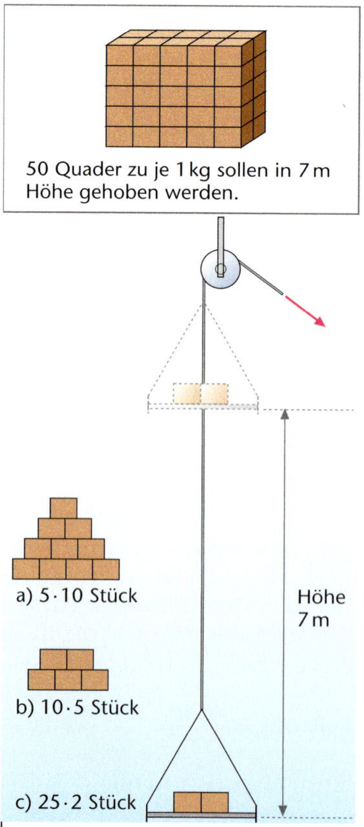

4 Zu Aufgabe 5

6 Ein Auto (1300 kg) wird mit einer Hebebühne 1,5 m angehoben. Welche Hubarbeit wurde verrichtet?

7 Thomas geht vom Erdgeschoss in sein Klassenzimmer im 1. Stock. Der Höhenunterschied beträgt 5 m. Welche Arbeit hat er verrichtet, wenn er eine Masse von 48 kg hat und seine Mappe eine Masse von 6 kg?

8 Nico ist auf einen Aussichtsturm 50 m hoch gestiegen. Er hat eine Hubarbeit von 22,5 kJ verrichtet.
Welche Masse hat Nico?

9 Rosalia kauft mit ihrem Vater Platten im Baumarkt. Die Platten und der Wagen haben eine Gesamtmasse von 200 kg. Der Weg, den die beiden zurücklegen, beträgt 50 m.
Warum darf man zur Berechnung der Arbeit nicht die Masse des Wagens verwenden?

10 Peter muss aus dem Keller eine alte Kommode (30 kg) entsorgen (▷B 5). Er schiebt sie zunächst mit 70 N zur Kelleraußentür, die 7 m entfernt ist. Dort hebt er die Kommode Stufe um Stufe nach oben auf einen Wagen. Der Höhenunterschied beträgt insgesamt 4 m.

Anschließend schiebt er den Wagen 500 m weit mit einer Kraft von 30 N. Welche Arbeit hat Peter insgesamt an der Kommode verrichtet?

11 Patrick zieht die Feder eines Kraftmessers 5 cm weit heraus. Dieser zeigt dann 50 N an.
Er berechnet die Spannarbeit:
$W = F_Z \cdot s$
$W = 50\,\text{N} \cdot 0{,}05\,\text{m}$
$W = 2{,}5\,\text{J}$
Wo liegt der Fehler bei seiner Berechnung?
Tipp: 50 N ist die maximale Zugkraft.

12 Wie verändert sich die Arbeit, wenn …
a) die Kraft und der Weg verdoppelt werden?
b) die Kraft verdoppelt und der Weg halbiert werden?
c) die Kraft verdreifacht und der Weg halbiert werden?

13 Welche physikalischen Größen werden zur Leistungsberechnung benötigt?

14 Beim Treppensteigen ist ein Höhenunterschied von 4,5 m zu bewältigen.
a) Felix (49 kg) benötigt dafür 12 Sekunden. Berechne seine Leistung.
b) Max (45 kg) hat für diesen Versuch eine Leistung von 150 W berechnet. In welcher Zeit hat er den Höhenunterschied bewältigt?

15 Ein Spielzeugauto zieht eine Last von 300 g in 2 Sekunden 80 cm hoch (▷ B 7). Berechne die Leistung. Warum wäre die Leistung, die man aus den technischen Daten berechnen könnte, größer?

16 Mithilfe eines Trimm-Fahrrades kann man sich fit halten (▷ B 6).
Zur Ausstattung vieler Fitnessfahrräder gehört ein Trainingscomputer. Er zeigt die „gefahrenen" Kilometer an, misst die Zeit und den Puls, gibt den Energieumsatz an und zeigt die Leistung an.
Was muss man über den Computer am Fahrrad einstellen, um eine größere Leistungsanzeige zu erhalten?

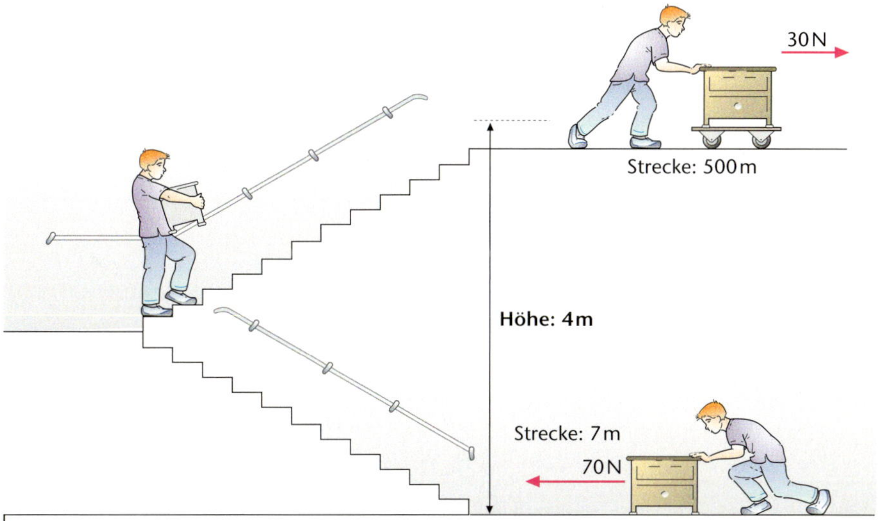

5 Zu Aufgabe 10

6 Zu Aufgabe 16

7 Zu Aufgabe 15

17 Im Fitness-Studio hebt ein Sportler eine Masse von 50 kg um 60 cm nach oben. Dies schafft er in 15 Sekunden 10-mal. Welche Leistung hat er erbracht?

18 Anja macht beim Training „Seilsprung". Beim Sprung hebt sich ihr Körper (52 kg) 10 cm vom Fußboden ab.
Sie schafft in 1 Minute 120 Sprünge.
Welche Leistung erbringt Anja?

19 Alex bestimmt seine Leistung durch Hantelstemmen. Mit beiden Händen kann er eine 10-kg-Hantel in 17 Sekunden 12-mal über 50 cm nach oben stemmen. Welche Leistung hat Alex erbracht?

20 Ein Motor zieht eine Last über eine feste Rolle nach oben.
Ein anderer Motor zieht dieselbe Last über einen Flaschenzug nach oben.
Welche Bedingung muss erfüllt sein, damit beide die gleiche Leistung erbringen?

21 Eine Pumpe kann 300 Liter Wasser (1 l Wasser hat eine Masse von ca. 1 kg) in 40 Sekunden 6 Meter hochpumpen. Berechne die Leistung der Pumpe.

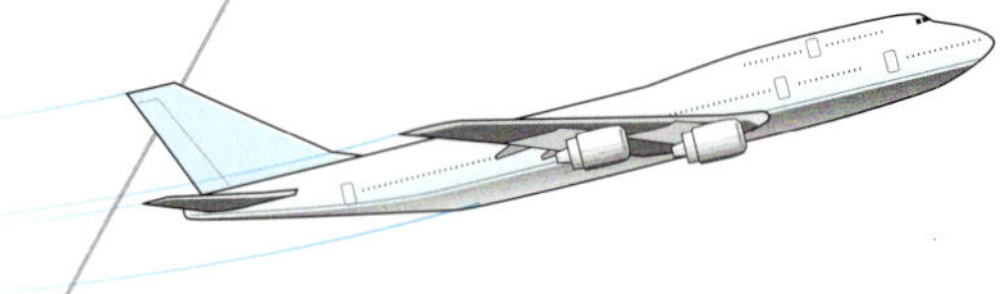

Energie

Energie ist die Voraussetzung für Leben. Menschen, Tiere und Pflanzen würde es ohne Energie nicht geben.

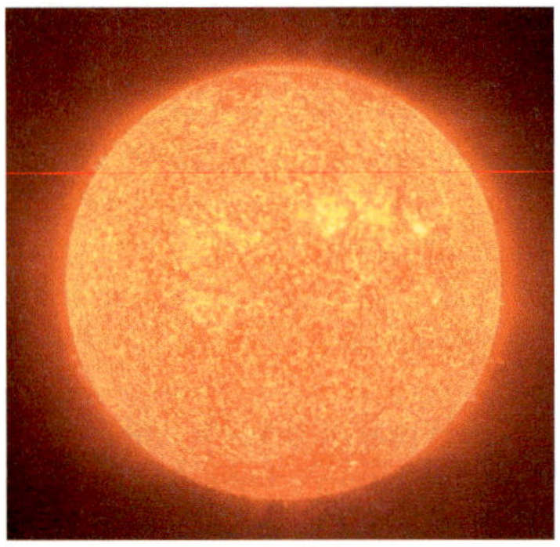

Energie brauchen wir aber auch, um z. B. mit dem Auto fahren zu können, um mit dem Flugzeug in ferne Länder zu gelangen und um unsere Häuser zu heizen und zu beleuchten. Für unsere Zukunft ist es von großer Bedeutung, immer genug Energie zur Verfügung zu haben.

Was ist aber Energie, wo kommt sie her, gibt es verschiedene Formen? Diese Fragen werden auf den nächsten Seiten beantwortet.

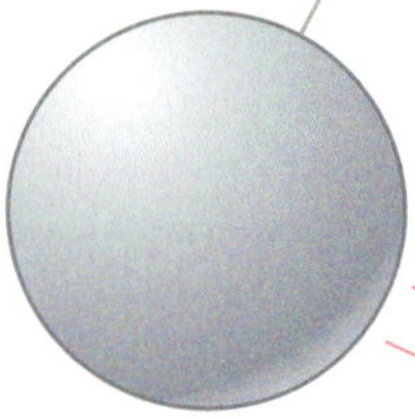

▶ 18 f.
▶ 242

Energie – wozu?

1 Auch ein Sportler braucht Energie.

2 Hier wird viel Energie benötigt.

Nichts geht ohne Energie
Damit ein Auto fahren kann, muss es Treibstoff im Tank haben. Ohne elektrischen Strom bleibt die Herdplatte in der Küche kalt, der Computer funktioniert nicht und die Glühlampe strahlt kein Licht ab. Im Zusammenhang mit diesen und anderen Beispielen wird oft das Wort Energie benutzt. Energie muss vorhanden sein, damit eine Lampe leuchtet, eine Maschine arbeitet usw.

> Zum Heizen, Leuchten, Arbeiten usw. ist Energie notwendig.

Energieträger – Energieempfänger
Von einem Stück Kohle weißt du, dass es Energie gespeichert hat. Das kannst du zeigen, indem du die Kohle anzündest. Kohle ist ein Energieträger. Auch Schokolade enthält Energie und brennt deshalb (▷ B 3). Beim Verbrennen geben die Kohle und Schokolade Wärme ab. Diese Wärme kann z. B. Wasser erhitzen. Damit ist Energie von der Kohle bzw. der Schokolade an das Wasser übergegangen. Das Wasser ist der Energieempfänger (▷ B 4).

> Energieträger können ihre Energie an Energieempfänger übertragen.

Energie und Arbeit
Ein Hochspringer geht an den Start. Er nimmt Anlauf und springt in die Höhe (▷ B 1). Über die Nahrung hat der Sportler Energie aufgenommen. Mithilfe dieser Energie verrichten seine Muskeln die Arbeit, die notwendig ist, um seinen Körper anzuheben.
Die im Treibstoff gespeicherte Energie kann dazu genutzt werden, ein Auto zu beschleunigen. Dabei wird Beschleunigungsarbeit verrichtet.
Die beiden Beispiele zeigen, dass mit Energie physikalische Arbeit verrichtet werden kann. Deshalb haben Energie und Arbeit die gleiche Einheit, das Joule (*J*).

> Hat ein Körper Energie, dann kann er physikalische Arbeit verrichten. Für die physikalische Größe Energie wird das Formelzeichen *E* verwendet.

Aufgabe

1 Woher nehmen diese Körper ihre Energie? Nenne die Energieträger: Heizkissen, Kerze, Taschenrechner, Glühwürmchen, Elektromotor, warmes Wasser der Heizungsanlage

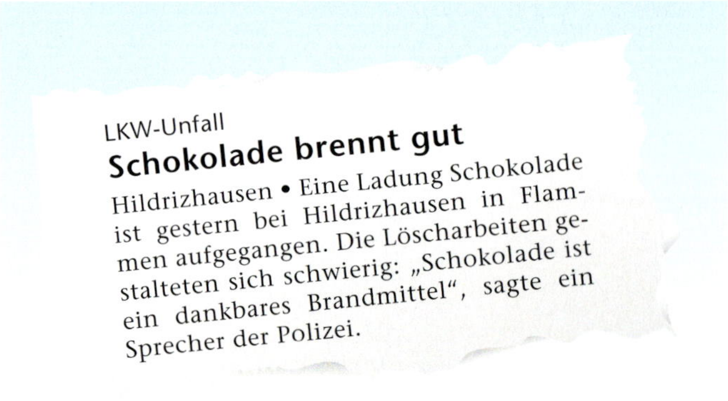

LKW-Unfall
Schokolade brennt gut
Hildrizhausen • Eine Ladung Schokolade ist gestern bei Hildrizhausen in Flammen aufgegangen. Die Löscharbeiten gestalteten sich schwierig: „Schokolade ist ein dankbares Brandmittel", sagte ein Sprecher der Polizei.

3 Energieträger Schokolade

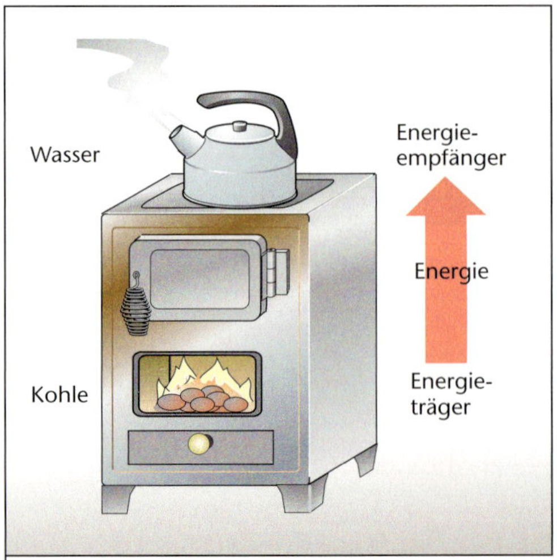

4 Energie wird übertragen.

▶ 230 ff.

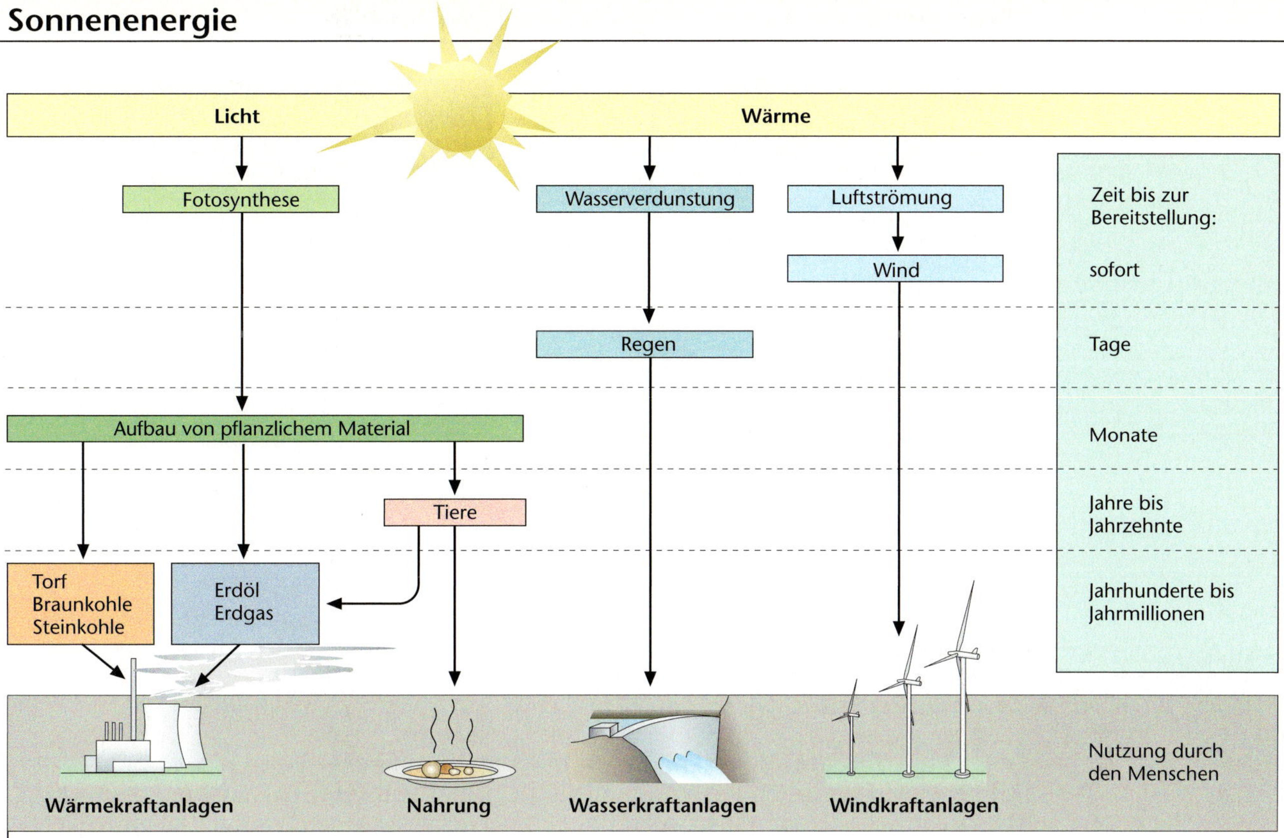

1 Sonnenenergie ist die Grundlage unserer Existenz.

Die Sonne als Energiequelle

Wenn wir das Wort Sonne hören, denken wir an Urlaub, Strand und Meer. Erst in zweiter Linie betrachten wir die Sonne als Energiequelle, ohne die kein Leben auf der Erde möglich ist.

Von den Pflanzen wird die Sonnenenergie zur Fotosynthese benötigt. Dabei produzieren sie Zucker, Stärke und Sauerstoff. Nur Pflanzen können die Sonnenenergie in Nahrung für Tiere und Menschen umwandeln. Somit erhalten Tiere und Menschen über die Nahrungsaufnahme Energie, die einst von der Sonne kam. Die Sonnenenergie ist somit die Grundlage für die Lebensprozesse der Pflanzen und Tiere.

Gespeicherte Sonnenenergie

Vor ca. 350 Millionen Jahren waren die Pflanzen aber auch noch Ausgangsstoff für einen anderen Prozess. Pflanzen starben ab und wurden von Wasser, Schlamm und Erde bedeckt. Kleinste Lebewesen wandelten das Pflanzenmaterial in Torf um. Mit zunehmendem Druck und steigender Temperatur entstand dann aus dem Torf zuerst Braunkohle und schließlich Steinkohle.

Tierische Lebewesen und Pflanzen bildeten vor 500 Millionen Jahren auch die Grundlage für Erdöl und Erdgas. Die Ausgangsstoffe sanken zum Meeresboden und bildeten im Laufe der Zeit mehrere Schichten. Sie wurden von Sand und Ton zugedeckt. Unter Luftabschluss zersetzten Bakterien die Stoffe in fauligen Schlamm. Unter hohem Druck und hoher Temperatur entstanden im Laufe der Zeit Erdöl und Erdgas.

Somit ist die Entstehung von Kohle, Erdöl und Erdgas der Sonne zu verdanken.

Indirekte Nutzung der Sonnenenergie

Die Energie des Windes und des Wassers gehen ebenfalls auf die Sonne zurück. Aufgrund der Sonneneinstrahlung verdunstet Wasser und fällt schließlich als Niederschlag wieder auf die Erde. Die Energie des strömenden Wassers kann in Wasserkraftanlagen genutzt werden.

Die Sonne erwärmt Land- und Wasserflächen unterschiedlich stark, dadurch entstehen Winde. Windkraftanlagen nutzen diese Energie aus.

Bild 1 gibt dir einen Überblick über die beteiligten Prozesse.

Aufgabe

1 Erkläre in eigenen Worten die Zusammenhänge in der Grafik (▷ B 1).

▶ 33
▶ 180 ff.

1 Einsatz von elektrischer Energie

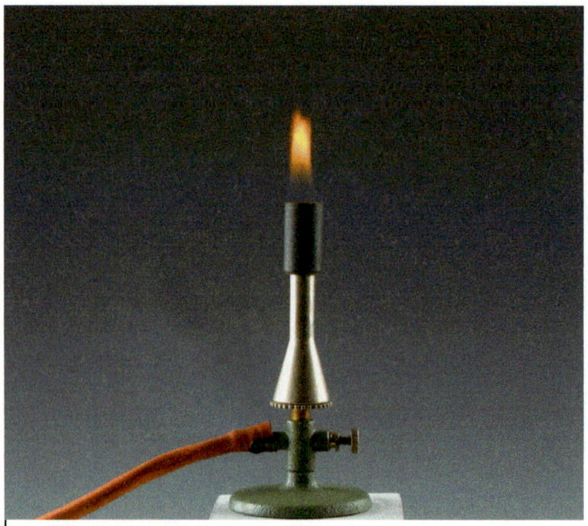

3 Chemische Energie wird in Licht und Wärme umgewandelt.

Elektrische Energie

Ein Lämpchen, das an eine Batterie angeschlossen ist, gibt Licht und Wärme ab. Ein elektrisch betriebener Motor zieht eine Last nach oben (▷ B 1). Es wird Hubarbeit verrichtet. In beiden Fällen kommt die benötigte Energie von der Spannungsquelle. Der elektrische Strom transportiert die Energie von der Quelle zur Lampe bzw. zum Motor.
In der Lampe und im Motor, den Energieempfängern, gibt der elektrische Strom die elektrische Energie ab. Dort wird sie zum Arbeiten, Leuchten oder Heizen verwendet.

Chemische Energie

Verbrennt man Öl, Benzin, Gas (▷ B 3), Kohle, Holz usw., dann finden chemische Reaktionen statt. Dabei entstehen neue Stoffe. Bei diesen chemischen Reaktionen wird aber auch Wärme und Licht abgegeben, weshalb die neuen Stoffe weniger Energie haben als die Ausgangsstoffe.
Die Energie, die bei der Verbrennung umgewandelt wird, nennt man chemische Energie. Sie ist in den Ausgangsstoffen gespeichert.

Wärme

Bei den Beschreibungen zu elektrischer und chemischer Energie kam häufig das Wort Wärme vor. Wärme ist eine weitere Energieform. Man nennt sie auch thermische Energie (thermos, griech.: warm).
Bei einer Dampfturbine (▷ B 2) z. B. wird Wärme dazu benutzt, elektrische Energie bereitzustellen. Wasserdampf wird erwärmt und dadurch unter hohen Druck gebracht. Der Dampf strömt gegen die Schaufeln der Dampfturbine und setzt sie in Bewegung. Die Turbine treibt einen Generator an, der vergleichbar einem Fahrraddynamo arbeitet und eine elektrische Spannung erzeugt.

Es gibt verschiedene Energieformen: z. B. elektrische Energie, chemische Energie und thermische Energie.

2 Wärme treibt eine Dampfturbine an.

4 Ein Laufwasserkraftwerk

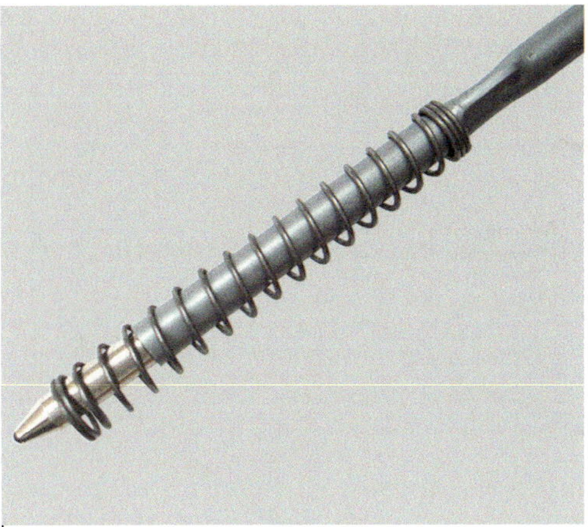

5 Kugelschreibermine mit Feder

6 Kuckucksuhr

7 Bei der Ramme kommt Höhenenergie zum Einsatz.

Höhenenergie
Früher kannte man keine Uhren, die mit Batterien angetrieben wurden. Bei Stand- oder Kuckucksuhren (▷ B 6) hat man Gewichte über eine Kette nach oben gezogen. Die Zahnräder der Uhr wurden dann durch die Gewichte angetrieben, die dabei langsam zu Boden sanken.
Durch das Anheben hat das Gewicht Energie gewonnen. Man nennt diese Energie Lage- oder Höhenenergie.

Sollen Bauwerke auf lockerem Untergrund gebaut werden, ist ein tief im Boden verankertes Fundament notwendig. Dazu werden Betonpfähle in den Boden gerammt. Dies geschieht mit Rammen (▷ B 7). Eine große Masse, der so genannte Freifallbär, wird an einem Gerüst nach oben gezogen und fällt dann auf den Pfahl. Dieser wird durch die Energie des Massestücks Stück für Stück in den Untergrund gerammt.
Die Schlagkraft wird, zusätzlich zur Schwerkraft des Massestücks, durch Dampfdruck erhöht. Gleichzeitig wird dabei die Schlagzahl erhöht, was einen schnelleren Arbeitsfortschritt bringt.

Die Energie eines hochgehobenen Körpers heißt Höhenenergie.

Versuch

1 Hebe die Massestücke (▷ B 1) um ca. 30 cm an. Achte darauf, dass der Faden gespannt bleibt. Lasse die Massestücke los.
Formuliere deine Beobachtung.

Bewegungsenergie
In Bild 4 kannst du erkennen, dass dem Wasser kaum Fallhöhe zur Verfügung steht. Die Turbinen werden durch die Strömung des Wassers angetrieben. Das Wasser ist in Bewegung und hat Energie.

Die Energie eines bewegten Körpers heißt Bewegungsenergie.

Spannenergie
Die Energie einer gespannten Feder, z. B. bei einem Kugelschreiber (▷ B 5), nennt man Spannenergie. Sie ist eine weitere mechanische Energieform, die z. B. bei der Feder eines Kugelschreibers zur Anwendung kommt.

Die Energie einer gespannten Feder heißt Spannenergie.

Arbeit – Energie
Wird an einem Körper Arbeit verrichtet, so wird auf den Körper Energie übertragen. Mithilfe dieser Energie kann der Körper an einem anderen Körper Arbeit verrichten (▷ V 1).

Höhenenergie, Bewegungsenergie und Spannenergie werden auch als mechanische Energieformen bezeichnet.

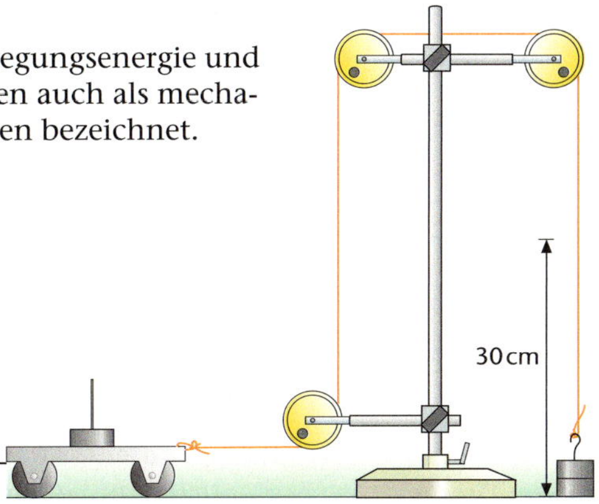

8 Zu Versuch 1

Energieumwandlung – Energieerhaltung

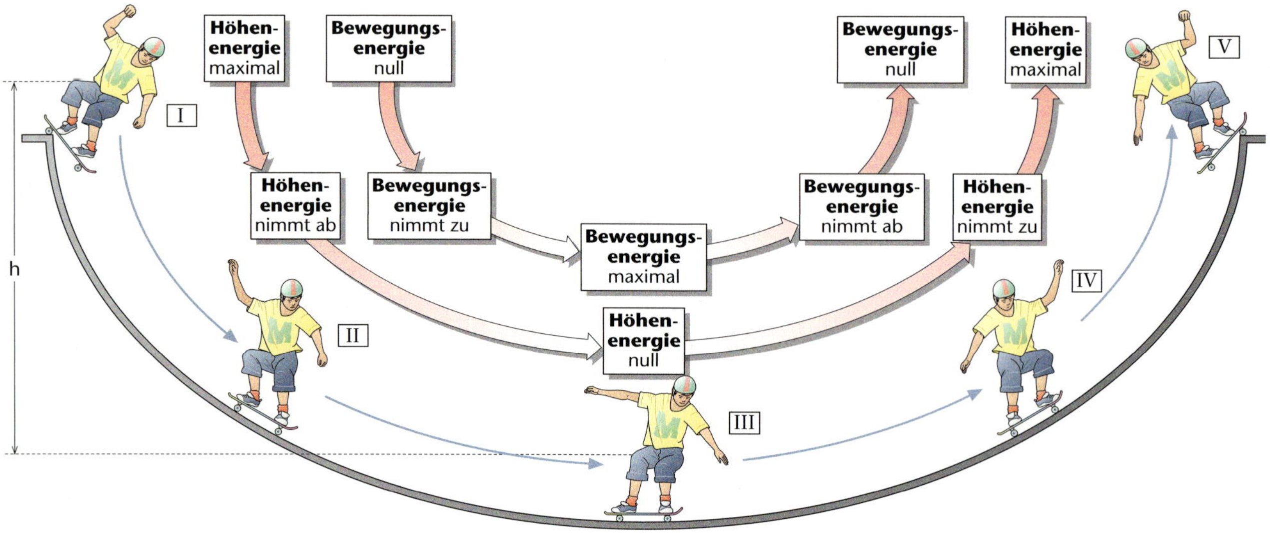

1 Energieumwandlung beim Skaten

Mit Schwung nach oben

Inlineskaten und Skateboardfahren auf der Half-Pipe ist bei Jugendlichen sehr beliebt (▷B 1). Immer wieder wird auf der Bahn hin und her geskatet und die unterschiedlichsten Figuren werden ausprobiert.

Was hat das mit Energie zu tun?

Betrachte einen Skater auf seiner Bahn von links nach rechts. Er kommt beim ersten Lauf fast auf dieselbe Höhe.

An dem Vorgang sind zwei Energieformen beteiligt: Höhenenergie und Bewegungsenergie.

In Punkt I hat der Skater Höhenenergie. Rollt er in Richtung Punkt II, bewegt er sich nach unten. Somit nimmt auch seine Höhenenergie ab. Dafür nimmt aber seine Bewegungsenergie zu. Am tiefsten Punkt der Half-Pipe (III) hat der Skater keine Höhenenergie mehr. Die gesamte Höhenenergie hat sich in Bewegungsenergie umgewandelt. Die Bewegungsenergie ist daher an diesem Punkt am größten. Rollt er weiter nach rechts, wandelt sich seine Bewegungsenergie wieder in Höhenenergie um. Insgesamt hat sich also Höhenenergie in Bewegungsenergie (von I nach III) und Bewegungsenergie wieder in Höhenenergie (von III nach V) umgewandelt.

Energie kann von einer Form in eine andere umgewandelt werden.

Im Regen stehen

Kennst du die Situation? In beiden Händen hältst du Einkaufstaschen und plötzlich fängt es an zu regnen. Jetzt noch einen Schirm aufzuspannen wird schwierig. Ein Automatikschirm kann dir helfen. Ein Knopfdruck und er öffnet sich von selbst. Woher kommt die Energie für das Entfalten des Schirmes?
Beim Zusammenklappen des Schirms musst du Spannarbeit an der Feder (▷B 4) verrichten. Sie wird zusammengedrückt und speichert die Spannenergie.

Auf Knopfdruck gibt die Feder ihre Energie ab. Es werden Beschleunigungsarbeit, Reibungsarbeit am Schirmgestänge und Spannarbeit am Schirmstoff verrichtet.

Reibung, der reinste Spielverderber

Weil beim Fadenpendel (▷V 1) die Reibung der Luft und vor allem die Reibung des Fadens am Finger mit im Spiel ist, wird die Auslenkung des Fadenpendels mit der Zeit immer kleiner. Bei der Umwandlung der Höhenenergie in Bewegungsenergie und umgekehrt wird ein Teil der Energie in Wärme umgewandelt. Diese Wärme

Versuch

1 Lasse an deinem Finger mithilfe eines Fadens ein Massestück pendeln (▷B 2).
a) Lenke das Fadenpendel aus und beschreibe die Energieumwandlungen.
b) Nach wie viel Schwingungen kommt das Pendel zur Ruhe?
c) Was ist aus der ursprünglichen Energie geworden, wenn das Massestück zur Ruhe gekommmen ist?

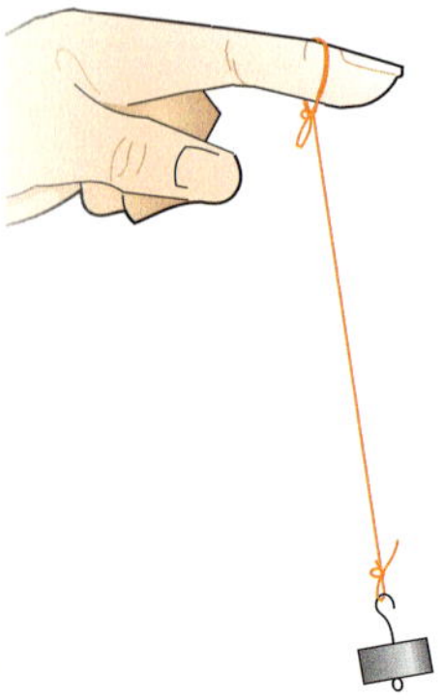

2 Das Fadenpendel

▶ 190 f.

wird an die Luft, den Finger und den Faden abgegeben und steht für eine weitere Energieumwandlung nicht mehr zur Verfügung.

Nutzenergie
Bei einer Glühlampe soll elektrische Energie in Licht umwandelt werden. Tatsächlich wird jedoch der größte Anteil der elektrischen Energie (ca. 95 %) in Wärme umgewandelt. Daher ist bei der Glühlampe der Anteil der Energie, der genutzt wird (Nutzenergie), gegenüber der Energie, die nicht genutzt wird, sehr gering. Energiesparlampen schneiden besser ab. Bei gleicher Helligkeit erzeugen sie weniger Wärme.

Energieerhaltung
Weitere Untersuchungen zeigen, dass auch bei anderen Energieumwandlungen ein Teil der Energie in Wärme umgewandelt wird.

▶ Bei Energieumwandlungen wird immer ein Teil der Energie in Wärme umgewandelt.

Weiterhin hat man festgestellt, dass keine Energie verbraucht wird. Obwohl nur ein Teil der Energie genutzt werden kann, ist doch stets die gesamte Energie noch vorhanden. Die restliche ungenutzte Energie wurde lediglich in Formen umgewandelt, die wir nicht nutzen wollen oder können.

▶ Bei Energieumwandlungsprozessen werden Energieformen ineinander umgewandelt. Dabei geht keine Energie verloren (Energieerhaltungssatz).

Eine Energieumwandlungskette
Die chemische Energie des Benzins wird dazu genutzt, den Wagen zu beschleunigen. Es wird Beschleunigungsarbeit und Reibungsarbeit verrichtet. Der Wagen hat Bewegungsenergie. Bremst der Wagen ab, wird Reibungsarbeit an den Bremsscheiben verrichtet. Sie werden heiß. Die gespeicherte Wärme wird an die Umgebung abgeführt.
Dieser Vorgang kann in einer Umwandlungskette dargestellt werden (▷ B 3).

▶ Energieumwandlung ist immer mit Verrichtung von Arbeit verbunden.

Energieentwertung
Beim Abbremsen eines Autos braucht man die Reibung. Die Bewegungsenergie des Fahrzeuges muss abgebaut werden. Die Bremsscheiben werden heiß und die Bewegungsenergie wird in Wärme umgewandelt. Sie wird an die Umgebung abgeführt. Ebenso wird bei der Verbrennung des Benzins der Motor heiß. Diese Wärme kann im Winter zum Heizen des Wageninneren benutzt werden. Anderenfalls wird sie über den Kühler an die Umgebung abgegeben. Insgesamt wird so ein Teil der chemischen Energie des Benzins in Wärme umgewandelt, die für die Beschleunigung des Autos nicht mehr zur Verfügung steht. Man spricht deshalb von Energieentwertung. Ein Teil der ursprünglichen Energie geht in eine andere Form über und ist dadurch für die weitere Nutzung wertlos geworden.

Einsatz von Energie – Energieeinsparung
Heizungsanlagen von Häusern werden teilweise mit Öl betrieben. In einem ungedämmten Haus werden z. B. 5 000 Liter Heizöl pro Jahr verbraucht. Im Brenner wird chemische Energie in Wärme umgewandelt. Diese Wärme soll die Temperatur in den Zimmern erhöhen. Bei schlecht isolierten Häusern geht ein Teil der Wärme über die unzureichende Mauerwerkisolation, die Fenster und das Dach „verloren“. Bei einem Niedrigenergiehaus oder Passivhaus kann der Ölverbrauch auf ca. 2 000 Liter Heizöl und weniger sinken. Hier wird nur sehr wenig Wärme an die Umwelt abgegeben.
Gegenüber dem ungedämmten Haus ergibt sich eine Einsparung von 3 000 Litern Heizöl.

4 Schirmfeder

3 Energieumwandlung

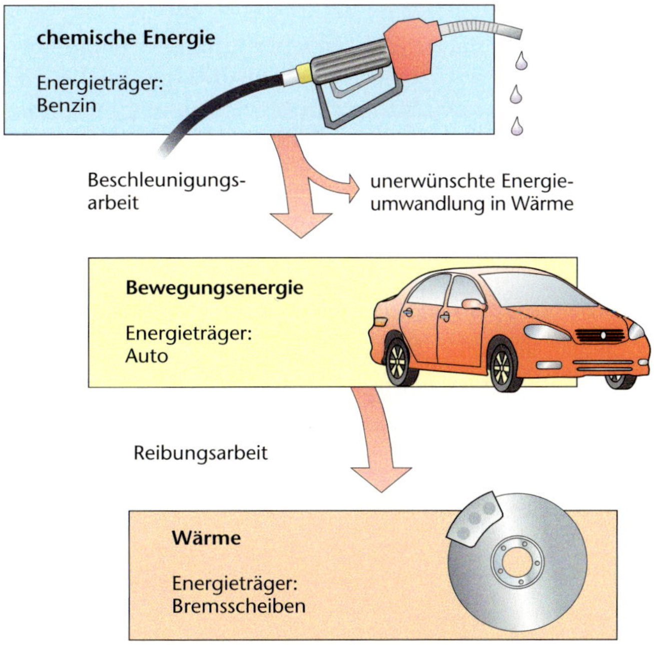

Der Wirkungsgrad

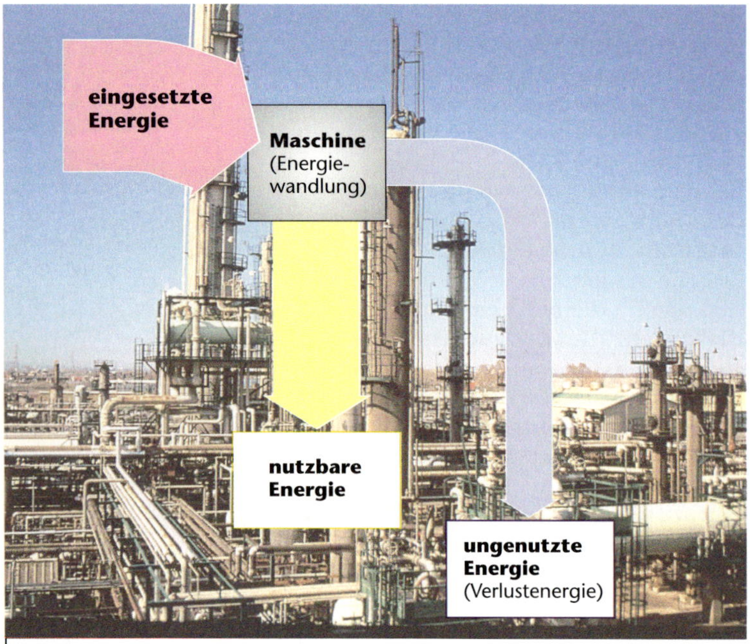

1 Die eingesetzte Energie kann nur teilweise in nutzbare Energie umgewandelt werden.

Der Wirkungsgrad

Ob beim Auto, in einem Kraftwerk, beim Betrieb einer elektrischen Glühlampe, beim Kochen mit Strom oder Gas – immer wird Energie genutzt. Die Größe der Energienutzung ist aber in jedem Fall begrenzt, denn nur ein Teil der eingesetzten Energie wird in Nutzenergie umgewandelt. Ein erheblicher Teil wird z. B. als Wärme an die Umgebung abgegeben (▷ B 1). Häufig wird die ungenutzte Energie als Verlustenergie bezeichnet.

Zur Angabe, welcher Anteil der eingesetzten Energie in die gewünschte nutzbare Energie umgewandelt wird, dient der Wirkungsgrad. Er wird meist in Prozent angegeben und mit dem griechischen Buchstaben η (Eta) bezeichnet.

Aufgaben

1 Was bedeutet die Aussage: „Der Wirkungsgrad einer Leuchtstoffröhre beträgt 15 %“?

2 Erläutere, warum der Wirkungsgrad des Autos insgesamt bei 16 % liegt, der des Automotors aber bei 20 bis 35 %.

3 Einem Kraftwerk werden täglich 128 000 MJ chemische Energie in Form von Kohle zugeführt. Davon werden 46 500 MJ in elektrische Energie umgewandelt. Berechne den Wirkungsgrad.

Den Quotient aus nutzbarer Energie und eingesetzter Energie nennt man Wirkungsgrad η (gr. Buchstabe Eta).

$$\text{Wirkungsgrad} = \frac{\text{Nutzbare Energie}}{\text{Eingesetzte Energie}}$$

$$\eta = \frac{E_n}{E}$$

Ein Wirkungsgrad von 25 % bedeutet, dass nur ein Viertel der zugeführten Energie in die gewünschte Nutzenergie umgewandelt wird.

Der Automotor als Energiewandler

Beim Automotor ist die Energiebilanz sehr ungünstig. Ein großer Teil der Energie, die im Treibstoff (Benzin oder Dieselöl) enthalten ist, kann nicht zum Fahren genutzt werden. Mehr als zwei Drittel der Energie werden in Form von Wärme und Abgasen abgegeben. Der Wirkungsgrad beträgt bei Benzinmotoren etwa 20 bis 35 % (▷ B 2). Alte Autos hatten sogar nur Wirkungsgrade von 5 bis 10 %.

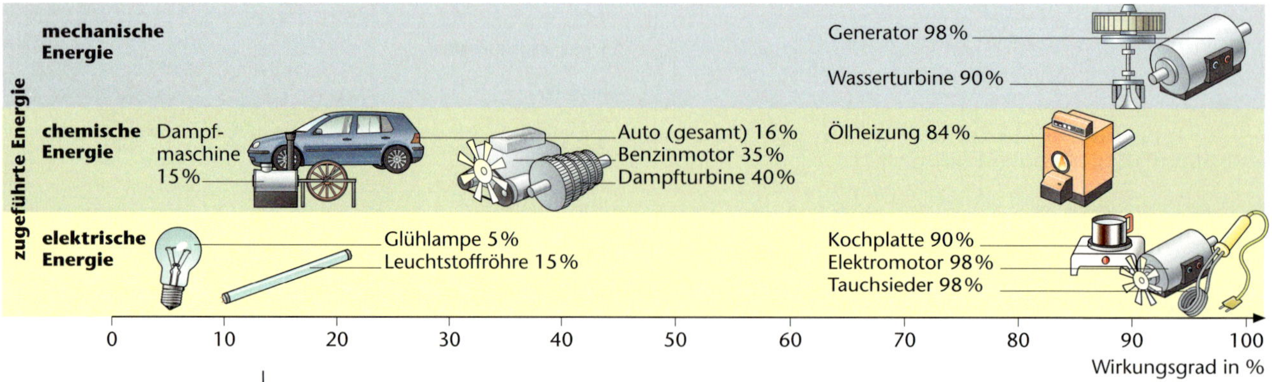

2 Verschiedene Wirkungsgrade

Strategie

Texte kritisch lesen

Im Laufe deiner Schulzeit bist du schon routiniert im Lesen und Verstehen von Texten geworden. Auch außerhalb der Schule wirst du immer wieder mit Texten konfrontiert, die einen physikalischen Hintergrund haben. Diese Texte solltest du bewerten und zu ihnen Stellung beziehen können.

Ein erster Überblick

Verschaffe dir zuerst einen groben Überblick. „Überfliege" dazu den Text, bleibe an Detailaussagen nicht „hängen". Danach solltest du wissen mit welchem Thema sich der Text befasst.

Wichtige Informationen

- Wer hat den Text verfasst (Fachautor oder Laie)?
- Wann und wo ist der Text erschienen (Fachzeitschrift oder Regenbogenpresse)?
- Was sagt der Text aus?

Schlüsselwörter

Nun musst du versuchen, „Schlüsselwörter" (zentrale Begriffe) zu klären und zu hinterfragen. Am Beispiel „Seltsame Technik gegen Handystrahlung" soll dir die Vorgehensweise verdeutlicht werden.

Die Überschrift benennt das Problem

Seltsame Technik gegen Handystrahlung

Die Angst telefoniert immer mit!

Viele elektrische Geräte wie z.B. Waschmaschine, Geschirrspüler erleichtern uns die tägliche Arbeit.
Handys geben uns die Möglichkeit mobil zu telefonieren. Von allen elektrisch betriebenen Geräten geht jedoch eine elektromagnetische Strahlung aus. Der so genannte Elektrosmog.

Was versteht man unter elektromagnetischer Strahlung und Elektrosmog?

Der Elektrosmog von Handys ist immer wieder Gegenstand von wissenschaftlichen Untersuchungen. Das Ziel dieser Untersuchungen ist die Frage: "Haben die Handystrahlen einen schädigenden Einfluss auf die Gesundheit des Menschen?"

Suche im Internet nach wissenschaftlichen Untersuchungen zum Thema Elektrosmog.

Nach einer Umfrage eines Meinungsforschungsinstituts haben nahezu 50 % aller Mobilfunkteilnehmer Angst vor den Handystrahlen und würden Geld für strahlungsreduzierendes Zubehör ausgeben.

Erkundige dich nach möglichen gesundheitlichen Risiken von elektromagnetischer Strahlung.

Skrupellose Abzocker wollen den Leuten mit seltsamen Abschirmmaßnahmen Geld aus der Tasche ziehen.
Ein Harmonisierungs-Chip, der auf das Handy geklebt wird, soll ein biologisches Schutzschild um den Mobilfunktelefonierer aufbauen. Somit bleibt man vor den gesundheitlichen Risiken des Mobiltelefonierens geschützt.
Der Ray-Protector aus echten Edelsteinen soll Handystrahlen neutralisieren.

Informiere dich, ob es wissenschaftlich getestete Geräte zur Abschirmung von Elektrosmog gibt.

Deine Meinung ist gefragt!

Du hast den Text gelesen und wichtige Aussagen gefunden. Sicher bist du nicht mit allem einverstanden. Diskutiere mit deinen Mitschülerinnen und Mitschülern über das Thema.

Aufgabe

1 Suche Texte zu folgenden Themen:
- gentechnisch veränderte Lebensmittel
- gentechnischer Lebensmittelanbau in Deutschland
- radioaktive Bestrahlung von Lebensmitteln.

Energiespeicher – heute und in Zukunft

1 Pumpspeicherkraftwerk

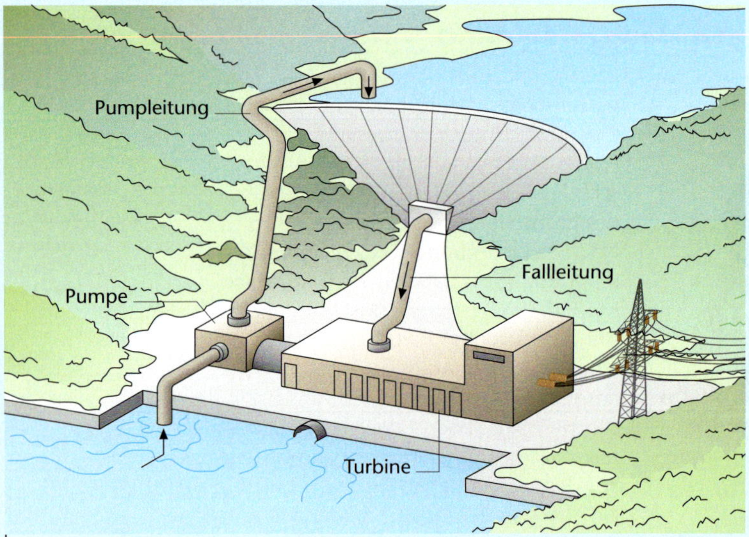

2 Prinzip eines Pumpspeicherkraftwerks

Energie bei Tag und Nacht

Kraftwerke liefern uns die elektrische Energie, die wir zum Betreiben elektrischer Geräte brauchen. In Wärmekraftwerken wird Kohle, Erdöl oder Erdgas verbrannt. Die in den Brennstoffen enthaltene Energie wird in elektrische Energie umgewandelt.

Der elektrische Energiebedarf der Haushalte und Fabriken schwankt im Laufe des Tages. Über die Mittagszeit ist er z. B. sehr groß und nachts eher gering. Es ist jedoch wirtschaftlicher die Wärmekraftwerke rund um die Uhr in Betrieb zu halten, als sie nachts abzuschalten. Was macht man also mit der elektrischen Energie, die nachts nicht gebraucht wird?

Das Pumpspeicherkraftwerk

Überschüssige Energie muss gespeichert werden. Elektrische Energiespeicher wie Batterien sind für so große Energiemengen nicht geeignet. Pumpspeicherkraftwerke sind eine Lösung (▷ B 1).

Mit elektrischen Pumpen wird Wasser in ein höher gelegenes Speicherbecken gebracht. Wenn dann tagsüber der Strombedarf schnell ansteigt, stürzen die Wassermassen durch Fallröhren nach unten und treiben Turbinen an (▷ B 2).

Regenerative Energiequellen

Kohle, Erdöl und Erdgas sind gute Energiespeicher für chemische Energie. Allerdings reichen diese fossilen Brennstoffe nur noch für einen begrenzten Zeitraum.

Aus diesem Grund nutzt man immer mehr alternative Energiequellen. Diese so genannten regenerativen (erneuerbaren) Energiequellen (Wasser, Wind und Sonne) werden von der Natur zum großen Teil aber nur sehr unregelmäßig angeboten. So ist die Sonneneinstrahlung durch den Tag-Nacht-Rhythmus und durch jahreszeitlichen Schwankungen geprägt.
Bei Solarzellen kann es innerhalb von 1 Minute zu einem Leistungsabfall von bis zu 50 % kommen. Windkraftanlagen geben bei Flaute keine elektrische Energie ab.

Es ist deshalb besonders wichtig, dass man die elektrische Energie, die durch erneuerbare Energiequellen gewonnen wurde, speichern kann. Eine Möglichkeit ist wieder das Pumpspeicherkraftwerk.

In Norddeutschlands größten Pumpspeicherkraftwerk Geesthacht werden die Pumpen von einer Solaranlage und einer Windkraftanlage unterstützt. Die aus Sonne und Wind gewonnene „regenerative Energie“ wird nicht sofort ins öffentliche Stromnetz eingespeist, sondern zur Füllung des Speicherbeckens mit Wasser verwendet.

Zukünftige Energiespeicher

Als ideale Basis für den Energiespeicher der Zukunft könnte sich der Wasserstoff erweisen.
Da beim Verbrennen von Wasserstoff nur Wasser entsteht, wäre er ein guter Ersatz für fossile Brennstoffe, wie z. B. Benzin, die sehr viel Kohlendioxid beim Verbrennen freisetzen.

▶ 34 ff.
▶ 192

Wasserstoff als Energieträger

Das Element Wasserstoff
Wasserstoff ist das leichteste aller chemischen Elemente und gleichzeitig das am häufigsten vorkommende im Universum. Wasserstoff reagiert zusammen mit Sauerstoff zu Wasser, dabei wird Energie frei.

Wasser wird zerlegt
Mithilfe des elektrischen Stroms kann Wasser in seine Bestandteile Wasserstoff und Sauerstoff zerlegt werden.
Die notwendige elektrische Energie kann beispielsweise durch Solarzellen bereitgestellt werden. Nach der Zerlegung wird der Sauerstoff an die Luft abgegeben und der Wasserstoff in speziellen Tanks gespeichert.

Wasserstoff im Auto
Wenn man Wasserstoff als Treibstoff bei Fahrzeugen einsetzen will, dann sollte man mit einer Tankfüllung Wasserstoff ungefähr genauso weit kommen wie mit einer Benzin- oder Dieseltankfüllung. Dies kann aber nur erreicht werden, wenn der Wasserstoff verflüssigt wird. Dann hat er eine Temperatur von etwa −253 °C. Der Tank, in dem der flüssige Wasserstoff unter Druck gelagert wird, muss deshalb besonders gut gegen Wärme isoliert sein.

Die Brennstoffzelle
Eine Brennstoffzelle erzeugt aus der Reaktion von Wasserstoff und Sauerstoff zu Wasser elektrische Energie.
Bild 1 zeigt ein Beispiel für eine Brennstoffzelle. Sie besteht auf drei Schichten. Die erste Schicht ist die Anode, die zweite die Elektrolytmembran und die dritte die Kathode. Der Anode wird Wasserstoff (H_2) zugeführt, der in Elektronen und Wasserstoffionen (H^+) zerlegt wird. Die Ionen wandern durch die Membran zur Kathode. Die Elektronen fließen durch den äußeren Stromkreis zur Kathode. An der Kathode reagieren die Elektronen, Wasserstoffionen und Sauerstoff aus der Luft zu Wasser.

Aufgabe

1 Erstelle eine Präsentation zum Brennstoffzellenauto. Informationen findest du u. a. in Fachzeitschriften und dem Internet.

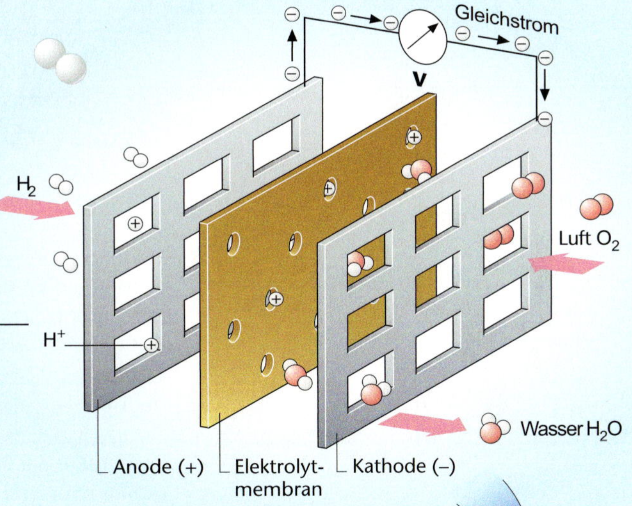

1 Funktion einer Brennstoffzelle

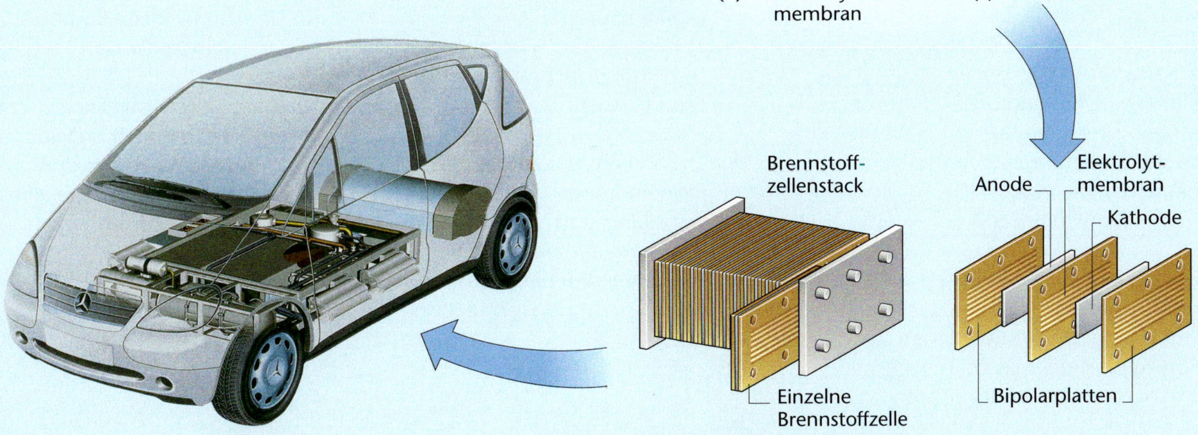

2 Mehrere Brennstoffzellen werden zu einem Stack zusammengefügt.

Energie

Energie
Energie ist die Fähigkeit eines Körpers, physikalische Arbeit zu verrichten und Wärme abzugeben.

Energieträger – Energieempfänger
Ein Energieträger kann Energie auf einen anderen Körper, den Energieempfänger, übertragen.

Energieformen
Es gibt verschiedene Energieformen: Höhenenergie, Bewegungsenergie, Spannenergie, Wärme, chemische Energie und elektrische Energie.

Energieumwandlung
Energie lässt sich von einer bestimmten Form in andere umwandeln. Die Energie ist vor dem Umwandlungsprozess genauso groß wie danach.

Wirkungsgrad
Den Quotient aus nutzbarer Energie und eingesetzter Energie nennt man

Wirkungsgrad $\eta = \frac{E_n}{E}$.

Aufgaben

1 Nenne verschiedene Geräte, die elektrische Energie in Wärme umwandeln.

2 In der Werbung wird behauptet: „Diese Batterie ist ein sagenhaftes Energiepaket". Wie kann diese Aussage belegt werden?

1 Zu Aufgabe 2

3 Zirkusartisten schwingen an einem Trapez hin und her. Beschreibe die Energieumwandlungen. In welchem Punkt haben die Artisten die größte Geschwindigkeit?

4 Ein rollendes Fahrzeug besitzt Bewegungsenergie. In welche Energieform wird die Bewegungsenergie beim Abbremsen umgewandelt?

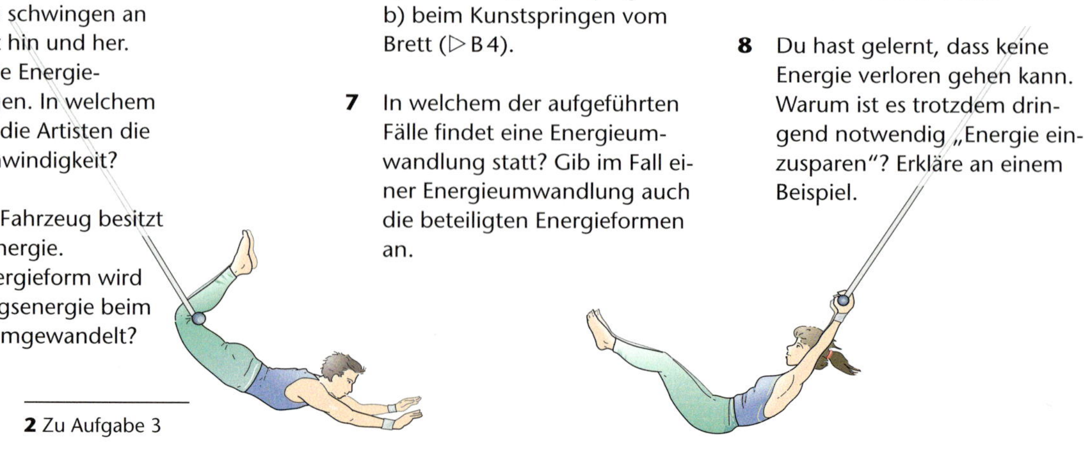

2 Zu Aufgabe 3

3 Zu Aufgabe 5

4 Zu Aufgabe 6

5 Wird über längere Zeit ein Loch in ein Werkstück aus Metall gebohrt, muss mit Flüssigkeit gekühlt werden (▷ B 3). Erkläre mithilfe des Energiebegriffs.

6 Beschreibe die Energieumwandlungen
a) beim Bungee-Jumping
b) beim Kunstspringen vom Brett (▷ B 4).

7 In welchem der aufgeführten Fälle findet eine Energieumwandlung statt? Gib im Fall einer Energieumwandlung auch die beteiligten Energieformen an.
a) Ein Tauchsieder erhitzt Wasser.
b) Ein gefüllter Benzinkanister steht in der Garage.
c) Ein Abrisshaus wird mit einer Sprengladung gezielt zum Einsturz gebracht.
d) Ein Apfel fällt vom Baum.
e) Eine aufgeladene Batterie steckt in einem Gerät.

8 Du hast gelernt, dass keine Energie verloren gehen kann. Warum ist es trotzdem dringend notwendig „Energie einzusparen"? Erkläre an einem Beispiel.

5 Zu Aufgabe 8

9 Wasser fließt aus einem Becken über eine Leitung auf ein Wasserrad. Dieses ist mit einem Generator verbunden und treibt ihn an. Der Generator gibt die elektrische Energie an eine Wasserpumpe ab. Die Pumpe pumpt das Wasser wieder nach oben. Der Kreislauf beginnt von vorne.
Kann das funktionieren?

10 Im Winter wird im Auto die Heizung eingeschaltet, damit der Fahrgastraum warm wird.
a) Woher kommt die Wärme?
b) Was passiert im Sommer mit der Wärme?
c) Warum braucht man bei Autos mit geringem Treibstoffverbrauch eine Zusatzheizung?

11 Mit einem Sprungbrett kann ein Artist nach oben katapultiert werden (▷ B 8).
Wie hoch kann er maximal kommen, wenn beide Artisten die gleiche Masse haben?

12 Ein Wagen, an dem vorne eine Feder befestigt ist, prallt auf ein Hindernis (▷ B 6).
Beschreibe den Bewegungsablauf. Welche Energieformen und Arbeitsformen sind beteiligt? Beschreibe die Energieumwandlungskette.

13 Vor Jahren wurden Wohnungen noch mit Kohlen geheizt, die aus dem Keller hochgebracht werden mussten. Trägt man die Kohlen z. B. in die erste Etage (▷ B 7), so erhöht man die Lageenergie der Kohlen. Geben diese Kohlen mehr Wärme ab als die Kohlen, die im Erdgeschoss verbrannt werden?
Begründe die Antwort.

14 Für die elektrische Energie, die wir zu Hause der Steckdose entnehmen, müssen wir der Elektrizitätsgesellschaft Geld bezahlen.
Verwenden wir Solarzellen, dann kostet die elektrische Energie „eigentlich" nichts. Ist die Nutzung der Sonnenenergie tatsächlich kostenlos? Begründe, warum man für die elektrische Energie der Solarzelle im Voraus bezahlen muss.

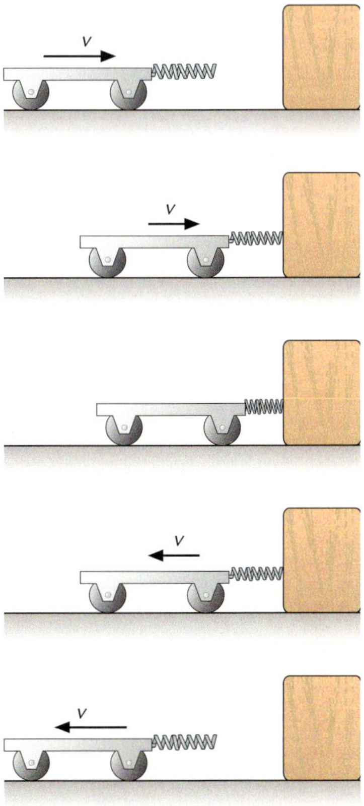

6 Zu Aufgabe 12

7 Zu Aufgabe 13

8 Zu Aufgabe 11

15 Der Energieerhaltungssatz besagt, dass die Energie vor einem Energieumwandlungsprozess genauso groß ist wie danach. Nenne einige Beispiele.

16 Verdeutliche am Beispiel eines startenden Flugzeugs den Zusammenhang zwischen Arbeit und Energie.

9 Zu Aufgabe 16

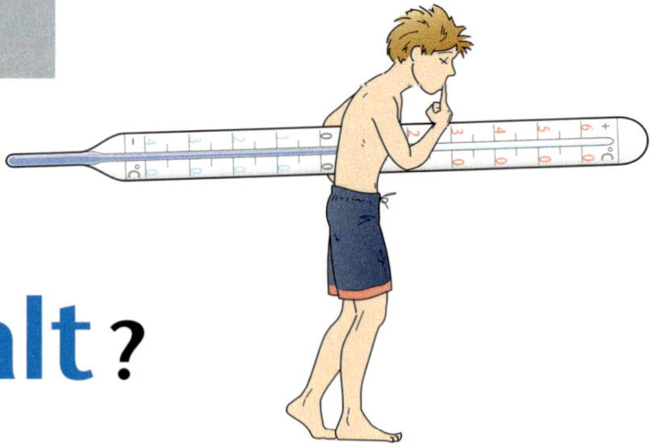

Warm oder kalt?

Sommer, Sonne, Hitzefrei und dann schnell ins Freibad. Klingt das nicht toll?

Im Freibad angekommen willst du dich durch einen Sprung ins „kühle Nass" erst einmal erfrischen. Vielleicht fällt dir auf dem Gang zum Becken auf, dass die Steinplatten der Wege sehr warm sind. Wieso aber sind die Steinplatten wärmer als das Wasser, wo beides doch gleich lange von der Sonne beschienen wurde?

Als die Schildbürger beim Bau ihres Rathauses die Fenster vergessen hatten, versuchten sie, das Licht von draußen mit Gefäßen nach innen zu tragen. Dieser Versuch scheiterte. Aber was ist mit Wärme? Kann man Wärme transportieren? Was muss man beachten, damit sie beim Transport nicht verloren geht? Was kann man tun, um im Winter die Wärme drinnen zu behalten und im Sommer nicht herein zu lassen?

Du weißt, dass Eis schmilzt, wenn es erwärmt wird. Gibt es noch andere Besonderheiten beim Erwärmen und Abkühlen von Körpern? Das sind nur einige der Fragen, um die es in diesem Kapitel geht.

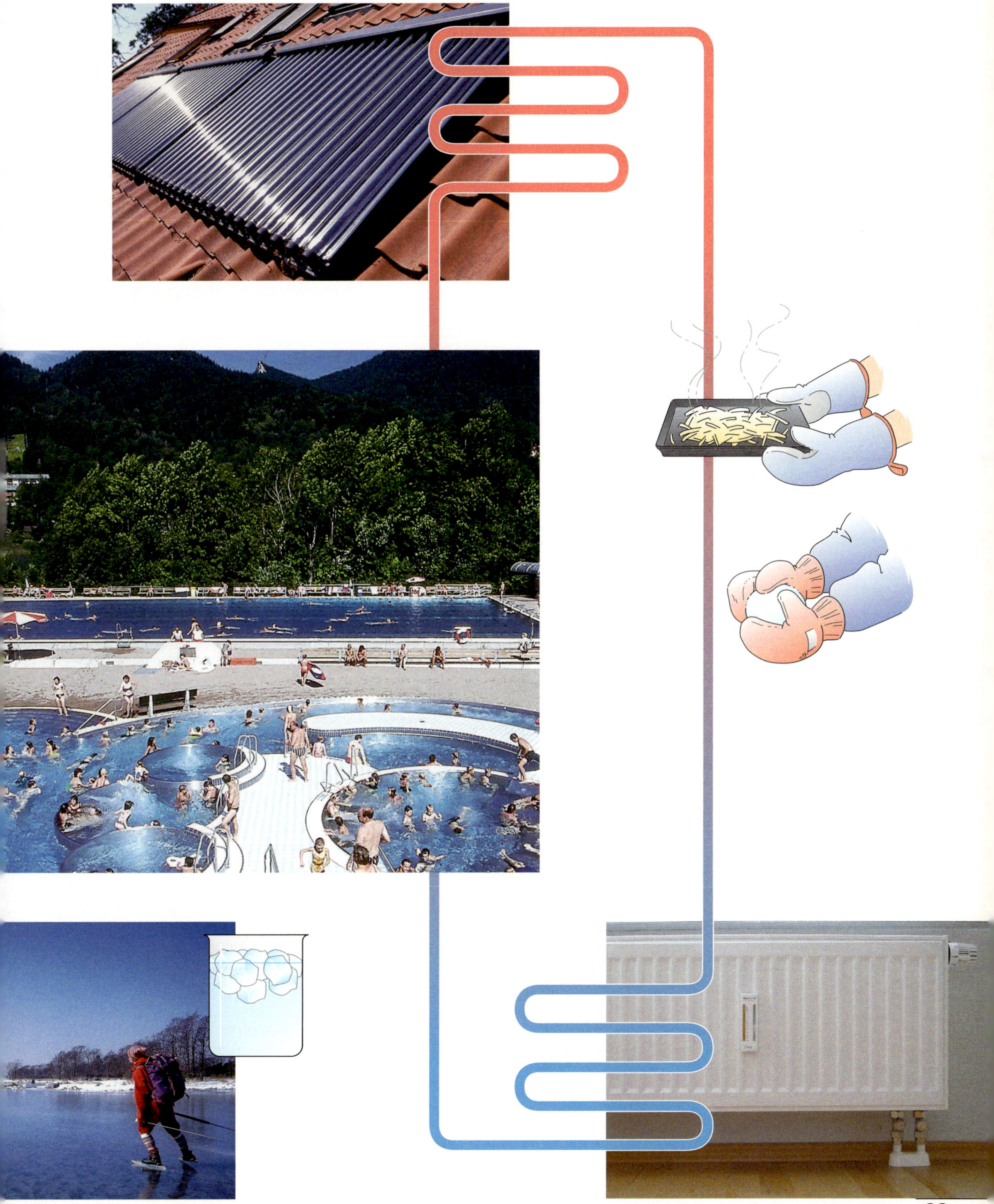

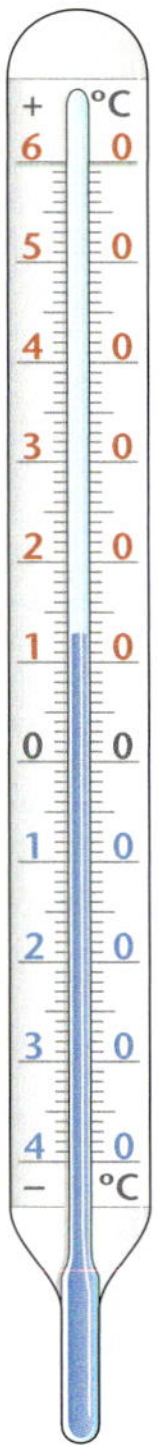

1 Thermometer

Temperatursinn

Unsere Haut reagiert u.a. auf Wärme. Der Temperatursinn kann aber keine Temperaturen messen. Allerdings können wir Temperaturunterschiede sehr gut wahrnehmen (▷B 4).

Thermometer

Temperaturen werden mit einem Thermometer gemessen (▷B 1). Bei uns ist die Celsius-Skala gebräuchlich. Sie ist nach ANDERS CELSIUS (1701–1744) benannt. Bei Eiswasser zeigt das Thermometer 0 °C und bei siedendem Wasser 100 °C an. Bei Temperaturen unter 0 °C wird dem Zahlenwert ein Minuszeichen vorangestellt.

Siedetemperatur und Schmelztemperatur

Siedetemperatur und Schmelztemperatur sind messbare Stoffeigenschaften. Die Siedetemperatur ist die Temperatur, bei der ein Stoff siedet. Die Schmelztemperatur ist die Temperatur, bei der ein Stoff schmilzt.

4 Temperaturunterschiede fühlen

Aggregatzustände

Stoffe können im festen, flüssigen oder gasförmigen Zustand vorkommen (▷B 2). Führt man einem festen Körper Wärme zu, dann steigt seine Temperatur. Erreicht der Stoff die Schmelztemperatur, dann schmilzt er und wird flüssig. Beim Verdampfen wird ein Stoff gasförmig.

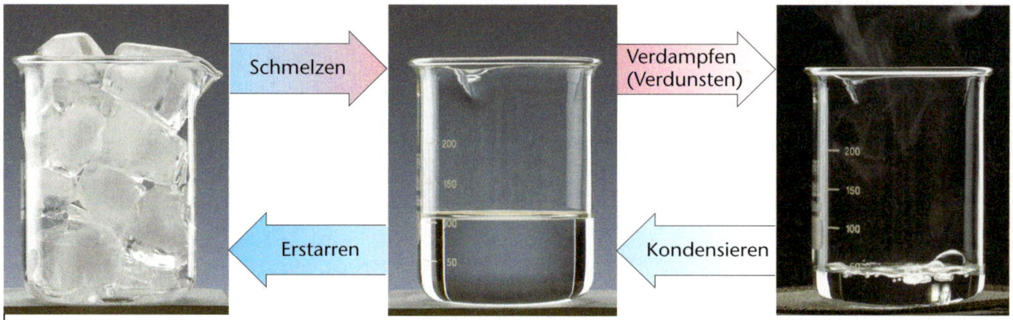

2 Die Aggregatzustände von Wasser

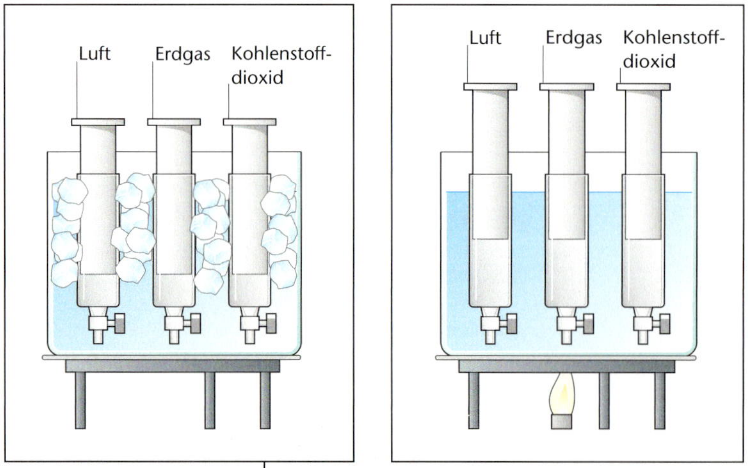

3 Alle Gase dehnen sich bei gleicher Erwärmung gleich stark aus.

Dazu muss dem Stoff ebenfalls Wärme zugeführt werden. Ein Gas kann auch wieder in den flüssigen Zustand übergehen. Diesen Vorgang nennt man kondensieren. Erstarrt der Körper wird er wieder fest.

Volumenänderung von Gasen

Gase dehnen sich beim Erwärmen aus und ziehen sich beim Abkühlen zusammen. Sind Ausgangsvolumen und Temperaturänderung gleich, dann ändert sich das Volumen aller Gase gleich stark (▷B 3).

Welcher Körper ist hier Wärmequelle?
Bild 2 zeigt Situationen, in denen ein warmer Körper an einen kälteren Wärme abgibt. Eine Heizung überträgt Wärme an dich. Auch das heiße Wasser gibt Wärme an dich weiter. Nimmst du dagegen einen Eiswürfel in die Hand oder legst du dir ein feuchtes Tuch auf den Kopf oder die Stirn, dann gibst du Wärme ab: Der Eiswürfel schmilzt, das Tuch wird warm.
Ein Körper, der einen anderen erwärmt, überträgt Energie. Der aufnehmende Körper ist ein Energieempfänger.

Wärme ist eine Form von **Energie**. Wärmeübertragung ist daher Übertragung von Energie.

Warmes Wasser gibt Energie ab
In Bild 1 siehst du Flaschenwärmer. Das Wasser in einem Flaschenwärmer hat eine gleich bleibende Temperatur und sorgt durch Energieabgabe an die Flasche dafür, dass sich deren Inhalt auf Trinktemperatur erwärmt.
Kaltes Wasser lässt sich erwärmen, wenn man heißes dazu füllt: Heißes und kaltes Wasser vermischen sich und das heiße Wasser gibt solange Energie an das kalte Wasser ab, bis überall dieselbe Temperatur vorhanden ist.

Kaltes Wasser nimmt Energie auf
Oft ist eine Erwärmung nicht erwünscht. Der Automotor in Bild 3 darf zum Beispiel nicht zu heiß werden. Die Wärme, die beim Verbrennen des Benzins entsteht, muss abgeführt werden. Dazu umspült Kühlwasser die Zylinder und nimmt Energie auf. Eine Pumpe drückt anschließend das heiße Wasser in den Kühler. Dort wird das Wasser abgekühlt, indem es Energie an die Umgebungsluft abgibt.

1 Flaschenwärmer

2 Eiswürfel und ein feuchtes Tuch kühlen, heißes Wasser und eine Heizung wärmen.

Versuche

1 Führe den in Bild 2 gezeigten Versuch mit dem feuchten Tuch durch. Miss die Temperatur der Stirn einmal vor dem Auflegen des Tuchs und einmal danach.

2 Fülle in ein Becherglas kaltes, in ein anderes warmes Wasser. Miss in beiden Gläsern die Temperaturen. Gieße kaltes und warmes Wasser zusammen und miss nach dem Umrühren noch einmal die Temperatur. Erkläre dein Ergebnis.

Aufgabe

1 Erkläre, wie der Motor in Bild 3 gekühlt wird.

3 Zwischen den Scheinwerfern ist der Kühler.

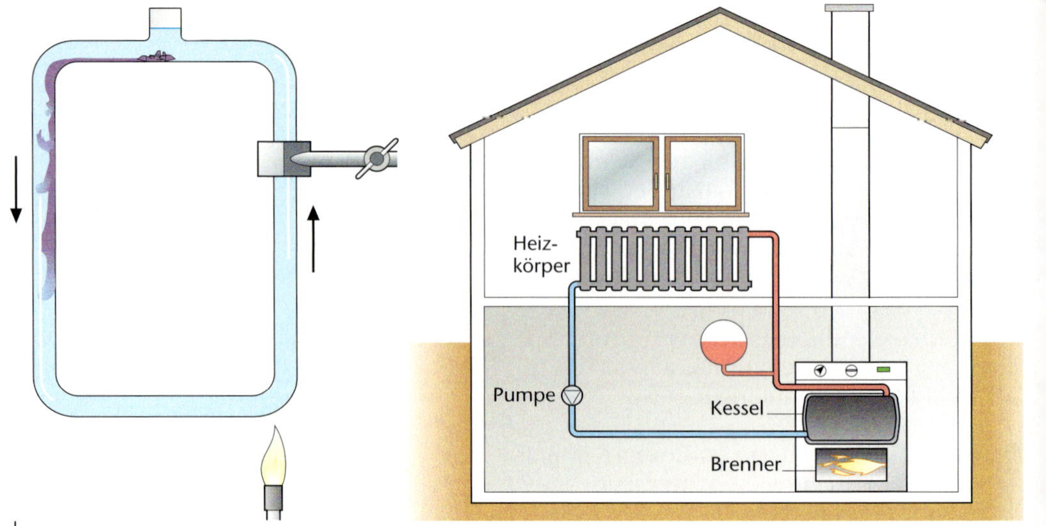

3 Wärmeströmung im Experiment und in der praktischen Anwendung

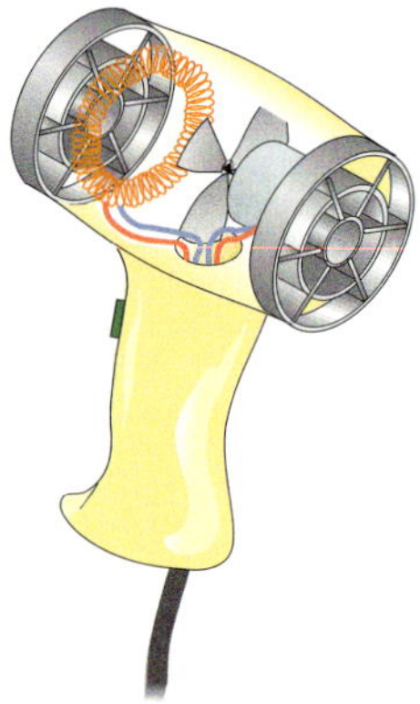

1 Haartrockner

Die Wärmeströmung
Das gebogene Glasrohr in Bild 3 ist mit kaltem Wasser gefüllt. Unterhalb der Öffnung liegen einzelne Farbkristalle. Was beobachtest du, wenn das Wasser unten rechts in der Ecke erwärmt wird? Die eingezeichneten Pfeile helfen dir bei der Antwort.

Zu sehen sind Farbschlieren, die im linken Teil des Glasrohrs nach unten wandern. Welche Rolle spielt dabei das erwärmte Wasser?

Das erwärmte Wasser steigt im rechten Teil des Rohrs nach oben. Das kalte Wasser aus dem unteren Rohrstück fließt nach. So entsteht ein Wasserkreislauf, in dem die Farbschlieren mitwandern.

Wenn Wärme zusammen mit einem Stoff transportiert wird, spricht man von Wärmeströmung.

So wie Wasser ist auch die uns umgebende Luft ein häufiges Transportmittel für Wärme. Im Haartrockner bewegt ein Ventilator kalte Luft an einer Heizspirale vorbei (▷ B 1). Die Heizspirale gibt Energie an die kalte Luft ab. Die dadurch erwärmte Luft wird dann zu deinen Haaren transportiert.

In einer Heizungsanlage (▷ B 3) sind Kessel, Rohre und Heizkörper mit Wasser gefüllt. Der Brenner erwärmt das Wasser. Es beginnt nach oben durch die Rohre und die Heizkörper zu fließen und nimmt so die Wärme mit. Eine elektrische Pumpe unterstützt den Wasserkreislauf, da durch die engen Rohre die Strömung stark gebremst wird.

Die Wärmeleitung
Auch Camper haben Hunger. Da ist eine Suppe nicht zu verachten. Eine Kelle aus Aluminium befindet sich bereits eine Weile in der heißen Suppe. Tobias greift nach der Kelle (▷ B 4). Warum lässt er sie mit einem lauten Schrei fallen?

Die Suppe gibt Energie an die Kelle ab, die sich deshalb erwärmt. Dabei ist die Kelle nicht sofort überall gleich warm. Zuerst erwärmt sich der untere Teil und dann mit der Zeit auch der Griff.

2 Die Wärmeleitung von Stoffen ist sehr unterschiedlich.

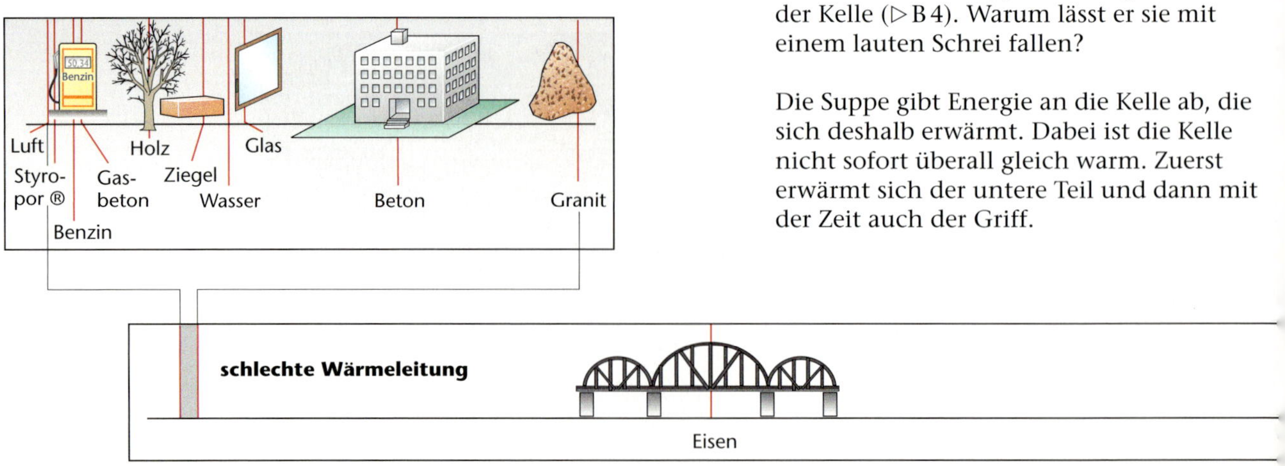

Das Aluminium leitet die Wärme von der Suppe in den Griff. Dies ist in Bild 4 durch den roten Pfeil angedeutet.

Wenn Stoffe Wärme weitergeben, ohne dass sie selbst mitwandern, spricht man von Wärmeleitung.

Leiten alle Materialien gleich gut?
Das kannst du im Versuch 2 testen.
Das Wasser gibt Energie an die Löffel ab. Die Löffel erwärmen sich. Sie leiten die Wärme aber unterschiedlich gut weiter: Der Silber- oder Alulöffel sind bessere Wärmeleiter als die Löffel aus Kunststoff und Holz.

Berührst du nacheinander Gegenstände aus unterschiedlichen Materialien (▷V3), dann stellst du fest, dass sich zum Beispiel Holz wärmer anfühlt als Metall. Der Grund ist, dass Metalle Wärme schneller ableiten als Holz. Das bedeutet: Von deinem Körper wird pro Zeit mehr Energie an einen Gegenstand aus Metall übertragen als an einen aus Holz. Metall ist ein besserer Wärmeleiter als Holz.

Versuche

1 Fülle Wasser in ein Glas. Gib am Rand des Glases etwas Tinte ins Wasser. Halte an dieser Stelle eine Kerzenflamme unter das Glas. Erkläre!

2 Stecke die Griffe eines Silber-, Aluminium-, Plastik- und Holzlöffels durch ein Styroporstück. Es muss so groß sein, dass es einen Becher abdecken kann. Fülle heißes Wasser in den Becher und setze die Löffel so hinein, dass das Styroporstück auf dem Becher aufliegt. Welches Löffelende ist zuerst warm?

3 Berühre nacheinander Gegenstände aus unterschiedlichen Materialien. Fühlen sie sich warm oder kalt an? Erstelle eine Liste mit einer Reihenfolge: Beginne mit dem kältesten Gegenstand. Vergleiche mit Bild 2.

4 Eine Suppenkelle aus Aluminium ist ein guter Wärmeleiter.

Luft gehört zu den schlechten Wärmeleitern. Daher ist eine Luftmatratze ein guter Schutz vor kalten Böden, denn die Luft in der Matratze leitet die Energie von deinem Körper nur langsam weiter.
Das Eis in Bild 5 schmilzt trotz der Erwärmung nur sehr langsam. Wasser ist ebenfalls ein schlechter Wärmeleiter.

Metalle sind gute Wärmeleiter. Stein, Holz, Kunststoffe, Wasser und Luft sind schlechte Wärmeleiter.

Aufgaben

1 Vergleiche in Bild 3 die linke und die rechte Zeichnung. Welche Gemeinsamkeiten findest du im Aufbau? Warum spricht man in beiden Fällen von Wärmeströmung?

2 Sieh bei dir zu Hause nach, ob du die bezeichneten Teile in Bild 3 an eurer Heizungsanlage entdeckst.

3 Luft wird oft zum Kühlen verwendet. Sie soll Wärme abtransportieren. Das kannst du zum Beispiel an den Lüftungsschlitzen eines Computermonitorgehäuses oder der Mikrowelle fühlen. Suche weitere Beispiele in deiner Umgebung.

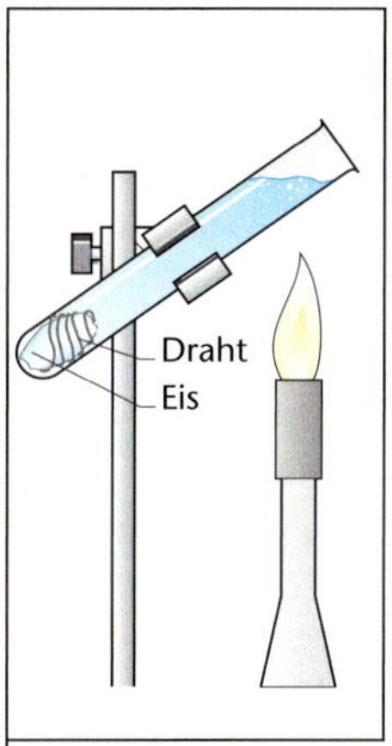

5 Wasser ist ein schlechter Wärmeleiter.

gute Wärmeleitung

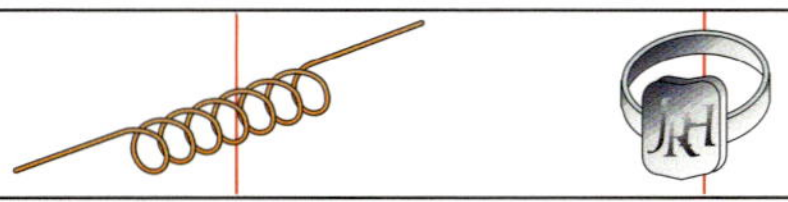

Wärme wird geleitet

1 Zu Versuch 1

1 Wie lange kannst du die Münze halten?

Material
1 Münze, 1 Streichholz

Versuchsanleitung
Halte die Münze am Rand fest. Dein Partner erwärmt die Münze, indem er eine Streichholzflamme unter die Münze hält (▷ B 1).

2 Kalte Füße

Material
„Bodenbeläge": Holz, Fliesen, Teppich, Zeitung, Metallplatte

Versuchsanleitung
Stelle dich barfuß mit einem Fuß auf Holz, mit einem auf Fliesen. Probiere verschiedene andere Materialienpaare aus. Bei welchem Bodenbelag bleiben deine Füße am wärmsten?
Hast du eine Erklärung dafür?

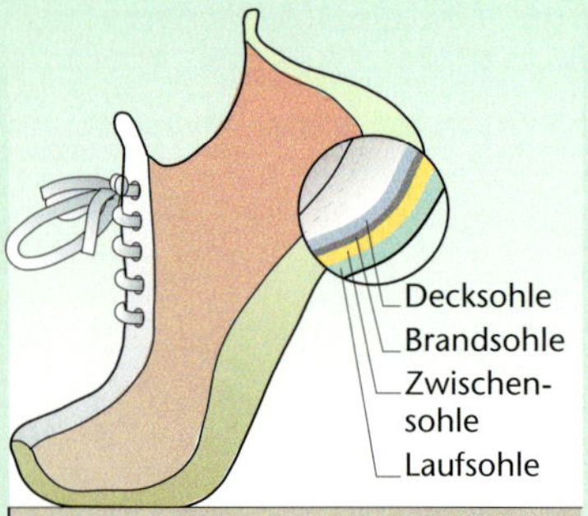

2 Querschnitt eines Schuhs

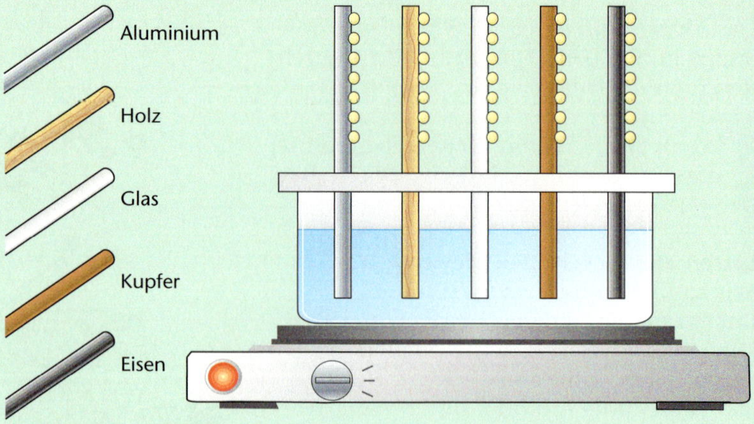

3 Zu Versuch 3

Kannst du die Materialien in eine Reihenfolge bringen?

Aufgabe
Untersuche den Aufbau einer Schuhsohle. Erläutere die Funktion der einzelnen Schichten (▷ B 2).

3 Schmelzende Kugeln

Material
Mehrere gleich lange und gleich dicke Stäbe aus unterschiedlichen Materialien, Wachskügelchen, 1 Wasserwanne, 1 Styroporplatte, 1 Heizplatte, Wasser

Versuchsanleitung
Befestige die Wachskügelchen in gleichen Abständen an den Stäben (▷ B 3). Stecke die Stäbe durch die Styroporplatte.
Fülle Wasser in die Wanne und lege die Styroporplatte darauf. Erhitze das Wasser.
Schreibe auf, in welcher Reihenfolge die Wachskügelchen abfallen!

4 Wärmeleitung in der Küche

Auf einem Streifzug durch die Küche (▷ B 4) kannst du feststellen, dass Wärmeleitung in manchen Situationen erwünscht ist, in anderen möglichst vermieden wird.

Bei welchen Gegenständen in eurer Küche ist eine gute Wärmeleitung vorhanden, bei welchen möchte man keine Wärmeleitung haben?
Stelle eine Tabelle auf für die Gegenstände mit guter und schlechter Wärmeleitung. Begründe deine Einteilung.

4 In der Küche gibt es gute und schlechte Wärmeleiter.

1 Sonnenschirme schützen.

Wärmetransport per Strahlung
Ein heißer Sommernachmittag. Kerstin und Luka genießen die Wärme (▷ B 1). Allerdings bevorzugen beide den Schattenbereich unter dem Sonnenschirm. „Welche Temperatur haben wir denn eigentlich?“, fragt Luka. Kerstin holt ein Thermometer und die beiden messen im Schatten 32 °C und in der Sonne 45 °C. Der Schirm hält die Sonnenwärme gut zurück, aber wie kommt die Wärme eigentlich von der Sonne bis zum Schirm?

Für diesen speziellen Wärmetransport ist ein Transportmittel nicht immer nötig. Die Sonne schickt uns Wärme, aber das Weltall ist fast leer.

Du lernst hier eine weitere Art des Wärmetransports kennen, die Wärmestrahlung.

Wenn sich Wärme ohne einen Stoff ausbreitet, spricht man von Wärmestrahlung.

Glühlampen, Infrarotlampen (▷ B 2) und Heizkörper sind Beispiele für Wärmestrahler, ebenso der menschliche Körper.

Schwarz und weiß!
Verschieden helle Gegenstände erwärmen sich durch Wärmestrahlung unterschiedlich. Das zeigt der T-Shirt-Test (▷ V 1).

Helle Flächen erwärmen sich weniger als dunkle.

Das hat Folgen: Helle Flächen bleiben bei Sonnenbestrahlung kühler als dunkle. Deshalb zieht man im Sommer lieber helle Kleidung an. Ein Gärtner kalkt die Stämme seiner Apfelbäume (▷ B 3). Die Frühjahrssonne erwärmt so die Stämme langsamer und der Knospenaustrieb verzögert sich. Die Knospen sind besser gegen späten Frost geschützt.

Versuche

1 Der T-Shirt-Test: Lege zuerst ein helles, dann ein dunkles T-Shirt in die Sonne oder vor einen Heizstrahler. Miss in beiden Fällen die Temperatur im Innern des T-Shirts.

2 Teste unter hellen und dunklen Sonnenschirmen die Temperatur bei Sonnenschein.

Aufgabe

1 a) Was versteht man unter Wärmestrahlung?
b) Nenne zwei weitere Arten von Wärmetransport. Was unterscheidet diese beiden von der Wärmestrahlung?

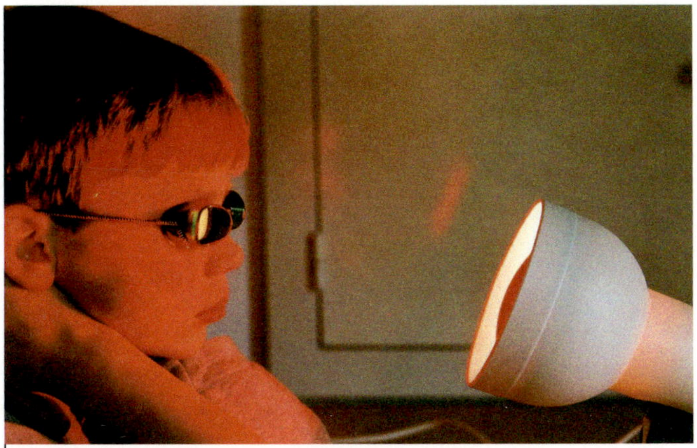

2 Wärmestrahlung bei einer Infrarotlampe

3 Ein gekalkter Baum ist gegen späten Frost geschützt.

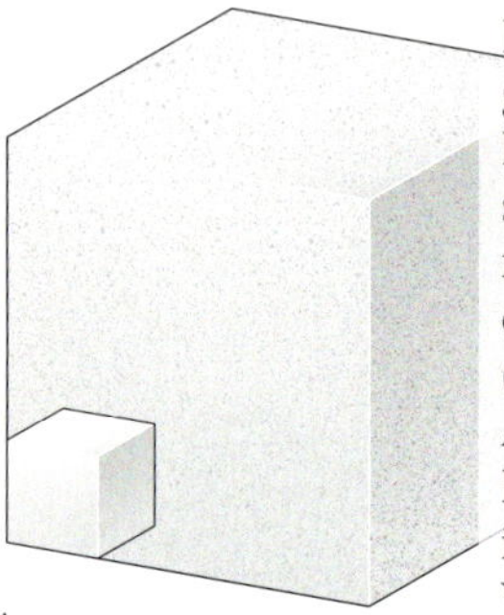

1 Aus 20 Liter Kunststoff werden 1000 Liter Styropor®.

Wärmetransport – erwünscht und unerwünscht

Wenn es uns im Sommer zu warm wird, legen wir Kleidungsstücke ab, damit ein besserer Wärmetransport zwischen unserem Körper und der Luft stattfinden kann. Es gibt aber auch sehr häufig Situationen, in denen wir einen Wärmetransport verhindern wollen. Im Winter tragen wir Kleidung aus mehreren Schichten. Geräte wie der Kühlschrank oder die Thermoskanne sind gut isoliert. Und besonders beim Hausbau wird auf gute Wärmedämmung geachtet.

Wärmedämmung beim Hausbau

Die Kosten für das Heizen im Winter steigen von Jahr zu Jahr. Da lohnt es sich bei Häusern, die Wärmedämmung zu verbessern. Das heißt, es werden Baumaßnahmen durchgeführt, die verhindern sollen, dass zu viel Wärme nach außen entweicht (▷ B 2).

Aber auch für den Sommer ist eine gute Isolierung hilfreich. Das kennt jeder, der in einer Dachgeschosswohnung lebt. Wenn die Sonne auf ein nicht isoliertes Dach „knallt", wird es in der darunter liegenden Wohnung unerträglich heiß.

Eines der Isoliermaterialien beim Hausbau ist Styropor®. Dieses Material besteht aus Kunststoff und Luft, zwei sehr schlechten Wärmeleitern. Bei der Herstellung werden „Kunststoffperlen" erhitzt. Dabei blähen sie sich auf und verkleben miteinander. Um 1 000 Liter von diesem Isoliermaterial herzustellen, benötigt man nur 20 Liter Kunststoff (▷ B 1).

▶ Stoffe, die Wärme schlecht leiten und die einen Wärmetransport erschweren, nennt man Wärmedämmstoffe.

Aufgaben

1 Warum sind „mit Luft gefüllte Materialien" gut zur Wärmedämmung geeignet?

2 Begründe, warum es bei großer Kälte sinnvoller ist, mehrere dünne Kleidungsstücke übereinander anzuziehen als ein dickes.

3 Durch welche baulichen Maßnahmen wird bei der Heizungsanlage in deinem Wohnhaus erreicht, dass die Wärme auf dem Weg von der Heizungsanlage bis zu den Heizkörpern nicht „verloren" geht?

4 Durch welche „Vorkehrungen" wird bei der Thermoskanne (▷ B 4) eine besonders gute Wärmedämmung erreicht?

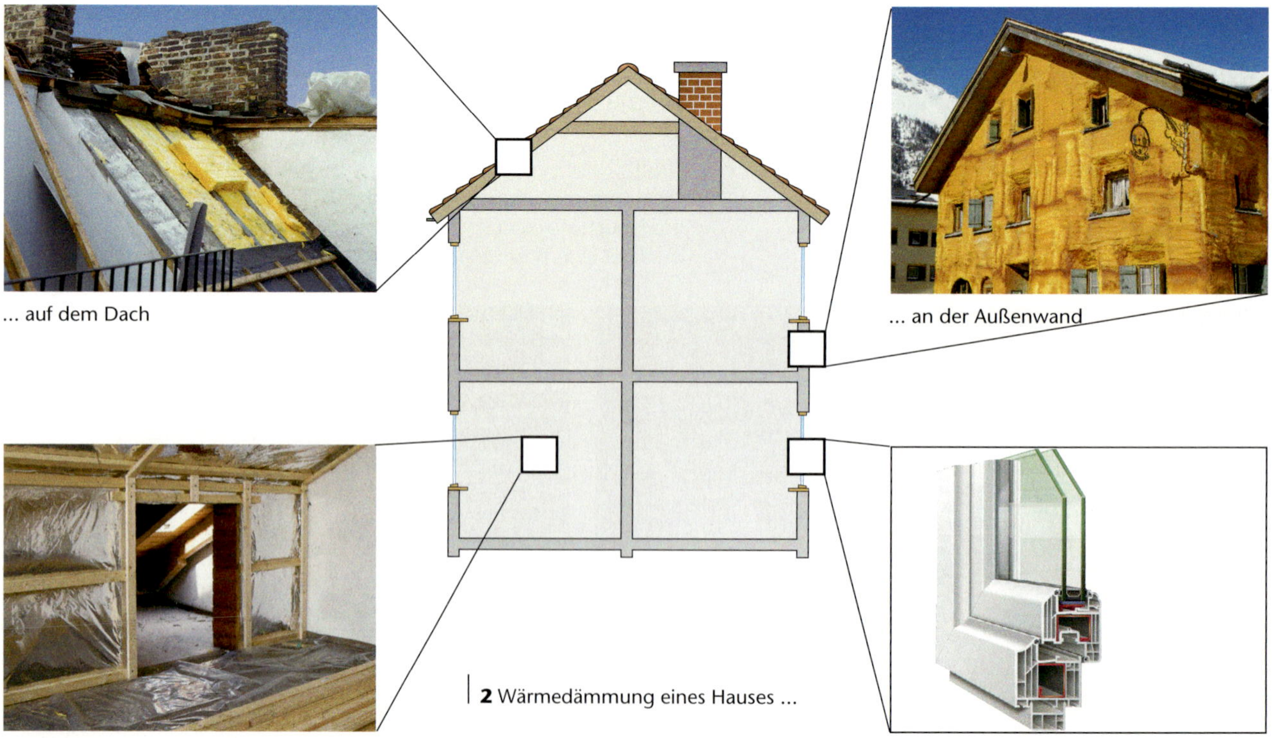

... auf dem Dach

... an der Außenwand

... im Inneren

... bei den Fenstern

2 Wärmedämmung eines Hauses ...

Eine 5 cm dicke Wand aus Holz isoliert genau so gut wie:

- **eine 13 cm dicke Ziegelsteinmauer,**
- **eine 23 cm dicke Glaswand,**
- **eine 55 cm dicke Betonwand,**
- **eine 100 cm dicke Marmormauer.**

3 Dämmeigenschaften verschiedener Baumaterialien

Holz als Baumaterial

In Skandinavien, Alaska, Kanada und Sibirien werden Häuser meist aus Holz gebaut. Das ist nicht verwunderlich, da dort Holz als Baumaterial in großen Mengen vorhanden und somit preiswert ist. Aber das ist nicht der einzige Grund. Wenn du die Wärmedämmung verschiedener Baumaterialien (▷B3) miteinander vergleichst, verstehst du, warum Holz ein „ideales" Baumaterial ist.

Die Thermoskanne

Die Thermoskanne ist ein Gefäß, in dem man Getränke sehr lange heiß beziehungsweise kalt aufbewahren kann (▷B4). Sie besteht in ihren einzelnen Teilen aus Materialien wie Glas, Kunststoff, Kork, Gummi oder Styropor®. Das sind allesamt schlechte Wärmeleiter.
Da der Glaskolben doppelwandig ist und die Luft aus seinem Innern entfernt wurde, ist die Wärmeleitung (fast) unterbunden. Die Verspiegelung des Glaskörpers hemmt die Wärmestrahlung. Der Verschluss ist meistens mit Kork oder Styropor® gefüllt.

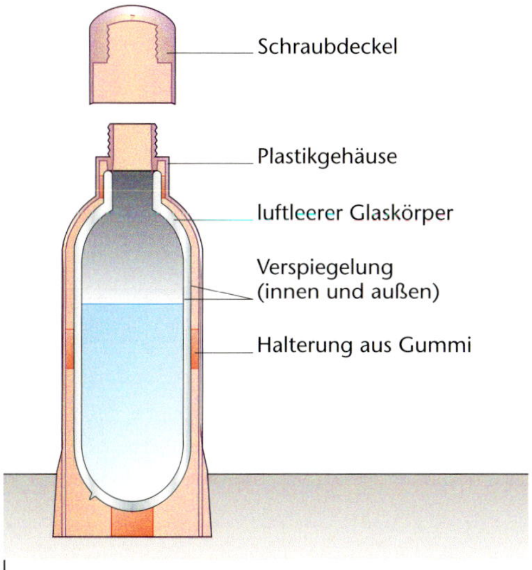

4 Aufbau einer Thermoskanne

Luft als „Wärmepolster"

Wenn du dich an kalten Wintertagen im Freien aufhältst, musst du deinen Körper davor schützen, dass zu viel Wärme an die Luft abgegeben wird. Du würdest frieren. Die Kleidungsstücke, die du trägst, sind meist aus dickeren Materialien. Eine Daunenjacke wirkt wie „aufgeblasen". Wenn du sie zusammendrückst, entweicht die Luft. Auch ein grober dicker Wollpullover hat zwischen den Maschen Luftpolster. Vögel plustern sich im Winter auf (▷B5). Sie spreizen das Gefieder ab, es bildet sich ein Luftpolster zwischen den Federn.

5 Vogel im Winter

Versuche

1 Führe den Versuch wie in Bild 7 durch. Fülle dazu heißes Wasser in die beiden Glaskolben (gleiche Temperatur, gleiche Menge) und vergleiche nach einiger Zeit die Temperaturen. Begründe die unterschiedlichen Werte.

2 Fülle 4 Reagenzgläser mit heißem Wasser (▷B6). „Verpacke" drei der Reagenzgläser mit unterschiedlichen Materialien. Miss alle 10 Minuten die Temperaturen. Lege eine Tabelle an. Begründe deine Ergebnisse.

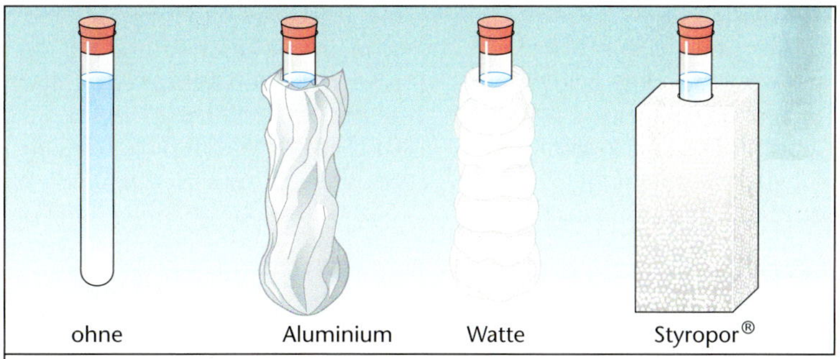

6 Wärmedämmung mit verschiedenen Materialien

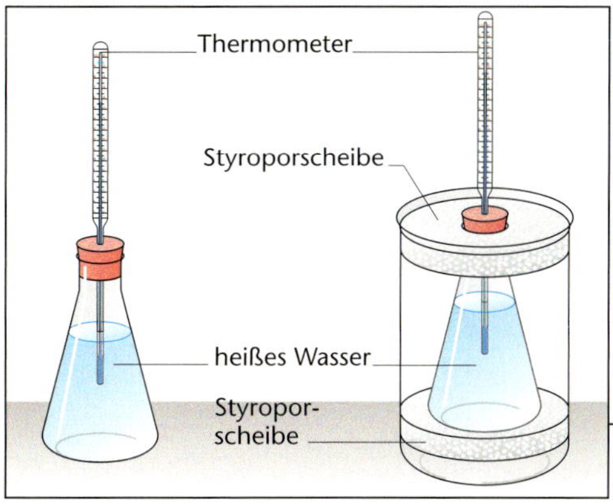

7 Glaskolben – mit und ohne Wärmedämmung

Wir bauen ein Modellhaus

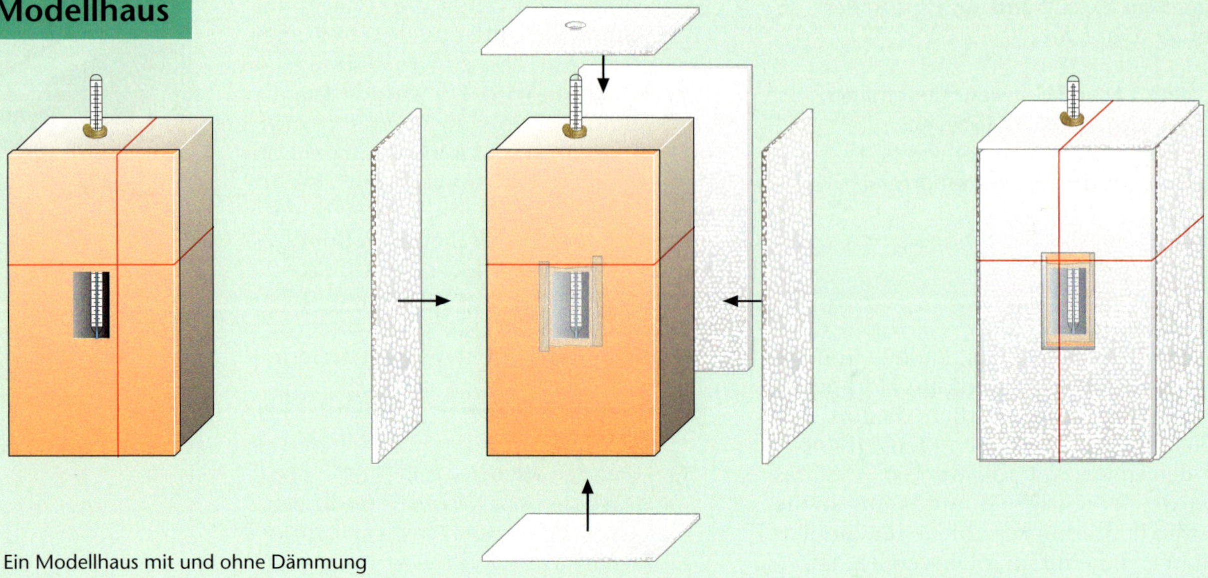

1 Ein Modellhaus mit und ohne Dämmung

Du hast über Hausbau mit besonderer Wärmedämmung bereits einiges gehört. Auf dieser Seite bekommst du nun die Bauanleitung für ein „Modellhaus". So kannst du selbst überprüfen, welchen Einfluss Wärmedämmung auf die Temperaturen in einem Haus hat.

Materialien

2 gleich große Schuhkartons, 2 gleich große Steine, 2 Thermometer, 1 scharfes Messer, 1 Schere, Kleber, Knetmasse, Klarsichtfolie, Alufolie, 4 Gummiringe, 2 Platten Styropor® (etwa 1 cm dick)

„Haus" ohne Wärmedämmung

In den Deckel des Schuhkartons schneidest du ein Fenster und klebst als Scheibe ein Stück Frischhaltefolie davor. Oben wird ein kleines Loch in den Karton geschnitten, das Thermometer hineingesteckt, mit Knetmasse abgedichtet und festgehalten.

Das Thermometer sollte so tief in den Karton gesteckt werden, dass durch das Fenster die Skala zum Ablesen sichtbar bleibt. Mit zwei Gummiringen wird der Deckel an dem Karton festgehalten.

„Haus" mit Wärmedämmung

Dieses Haus wird zunächst genau so gebaut wie das erste. Dann kommt die Isolierung dazu. Aus den Styroporplatten werden Stücke geschnitten, die so groß sind wie die vier Seitenwände, der Boden und der Deckel. Zeichne dazu mit einem Stift die Größe der Stücke auf das Styropor® und schneide sie anschließend mit einem scharfen Messer aus. Denke an die Fensteröffnung.
Das Fenster bekommt bei diesem Haus eine „Doppelverglasung". Dazu klebst du von innen und von außen Klarsichtfolie auf die Fensteröffnung.

Zur weiteren Isolierung kleidest du das Innere des Kartons (auch den Deckel) mit Alufolie aus. Die muss gar nicht festgeklebt werden, sondern hält auch, wenn du sie fest andrückst. Die Styroporplatten für die Seiten und den Boden kannst du mit zwei Gummiringen am Karton befestigen.

Wie funktioniert die Heizung?

Heize den Backofen auf 50 °C vor, lege zwei gleich große Steine etwa eine halbe Stunde hinein und lege sie dann in die Kartons. Vorsicht! Verwende Topflappen!
Solltest du nur einen Karton und nur ein Thermometer zur Verfügung haben, kannst du die Messungen auch nacheinander ausführen. Falls das Thermometer einen längeren „Stiel" hat, steckst du es – wie beschrieben – in den Deckel und lässt es zum Ablesen der Temperaturen im Haus oben aus dem Deckel herausschauen.

Aufgabe

Übertrage die Tabelle ins Heft, trage die Werte der Messungen ein und bewerte dein Ergebnis.

	Temperatur				
	nach 0 min	nach 15 min	nach 30 min	nach 45 min	nach 60 min
ohne Dämmung					
mit Dämmung					

2 Tabelle

Kühlung in früherer Zeit

Der Sommer 1951 war sehr heiß. Das Schützenfest in unserem Dorf stand bevor. Für uns Kinder war das immer ein Erlebnis. Buden, Karussells und ein großes Festzelt wurden auf den Rheinwiesen aufgebaut. Und am Sonntag kam der Eishändler mit Pferd und Wagen und lieferte große Stangen Eis zum Festzelt. Schließlich wollten unsere Eltern gut gekühlte Getränke bei dem heißen Wetter. Der Mann, der die Eisstangen ablieferte, schlug sie voneinander los und trug sie auf der Schulter in die großen Holzkisten, die im Festzelt standen …

Auch schon vor der Erfindung des Kühlschrankes, der Gefriertruhe und der Klimaanlage haben die Menschen ihre Speisen und Getränke kühl gehalten, um sie vor zu schnellem Verderben zu schützen. Man nutzte zur Isolierung und Wärmedämmung den Erdboden. Die Keller lagen daher tief in der Erde. Sie waren in der warmen Jahreszeit kühl und im Winter frostfrei (▷ B 2).

Eisblöcke für den Sommer
Schon vor Jahrhunderten schnitten die Menschen im Winter Eisblöcke aus Flüssen und Seen und lagerten sie in tiefen, mit Stroh „ausgepolsterten" Erdlöchern in kühlen Wäldern für den Sommer. Sie machten sich die Wärmedämmung des Erdbodens sowie von Holz, Stroh, Torf und Schilf zunutze.

Bild 1 zeigt einen „Eiskeller", der um 1900 gebaut wurde und mit natürlichen Dämmstoffen isoliert ist. Aber auch heute werden im ländlichen Bereich vereinzelt noch „Naturkeller" genutzt (▷ B 3).

Aufgabe

1 Beschreibe den Aufbau des Eiskellers aus der Zeit um 1900 (▷ B 1).
Welche Materialien wurden zur Isolierung verwendet? Begründe die Wahl der Materialien.

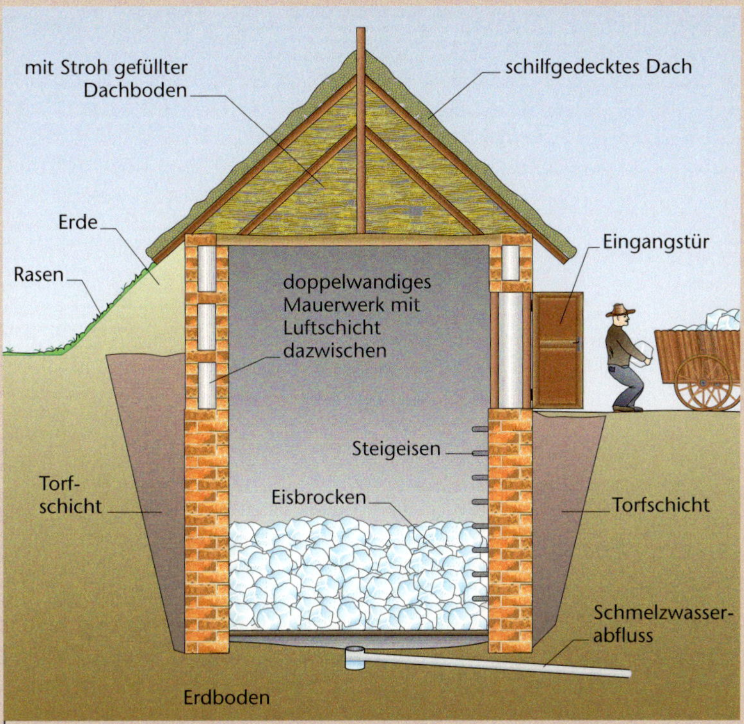

1 „Eiskeller" aus der Zeit um 1900

2 Weinkeller

3 „Naturkeller" – noch heute genutzt

Die Ausdehnung fester Körper

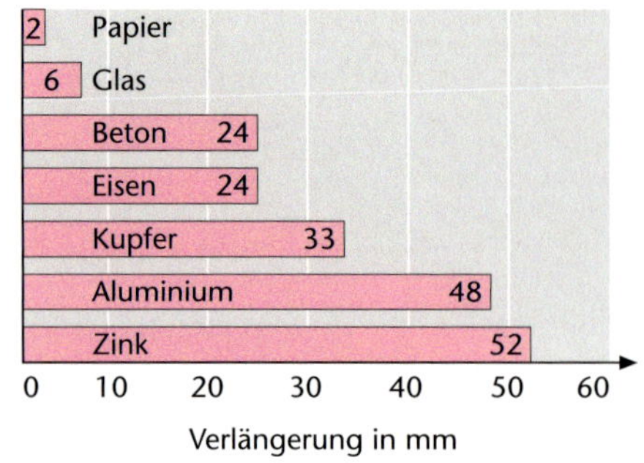

1 Ausdehnung von 100-m-Stäben bei einer Temperaturerhöhung um 20 °C

Ein Radweg mit „Hindernissen"
Mehmet ist mit seinen Freunden am Nachmittag unterwegs. Die Jungen haben ihre Skateboards dabei und wollen auf dem neuen Fahrradweg, der entlang der leicht abschüssigen Straße ins Tal führt, ihre Fahrkünste unter Beweis stellen. Der neue Radweg ist aus Beton gegossen und schön glatt. Aber die Enttäuschung der Jungen ist trotzdem groß. Alle 20 Meter gibt es einen 2 cm breiten Spalt, der mit Teer ausgegossen wurde. „Das ruckelt ja fürchterlich", sagt Mehmet. „Ist denen da der Beton ausgegangen?"

Nein! Beton haben die Bauarbeiter genug gehabt. Aber sie haben beachtet, dass sich feste Körper beim Erwärmen ausdehnen und beim Abkühlen wieder zusammenziehen. Das kannst du bei den Versuchen mit der Eisenkugel (▷V 2) und den Metallstäben (▷V 3) erkennen. Beim Erhitzen wird die Kugel dicker (▷B 3), beim Abkühlen wieder dünner. Entsprechend dehnt sich auch ein „Betonband" in der Sommerhitze aus und zieht sich im Winter wieder zusammen. Wie stark die Ausdehnung bei Beton und bei anderen Materialien ist, zeigt Bild 1.

Dehnungsfugen und Dehnungsbögen
Bei größeren Bauwerken (Brücken, Gebäuden, langen Mauern usw.) muss man Dehnungsfugen einbauen, damit durch die veränderte Länge zwischen Sommer und Winter keine Risse entstehen. Brücken liegen deshalb zusätzlich auf Rollen und Rohrleitungen haben Dehnungsbögen (▷B 4).

Feste Körper dehnen sich beim Erwärmen aus und ziehen sich beim Abkühlen wieder zusammen.

Versuche

1 Ein Bolzen aus Eisen wird in eine Halterung eingeklemmt (▷B 2). Die Halterung wird erhitzt und festgespannt. Beschreibe, was nach einigen Minuten passiert und begründe.

2 Die kalte Eisenkugel passt genau durch die kreisrunde Öffnung (▷B 3). Warum bleibt sie nach dem Erhitzen darin hängen?

3 Durch unterschiedliche Metallrohre wird heißes Wasser geleitet (▷B 5). Vergleiche die Beobachtungen am Zeigerausschlag mit den Werten in Bild 1.

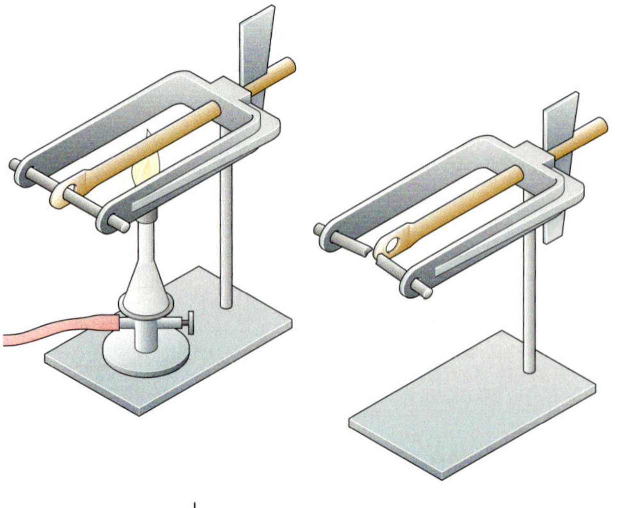

2 Der Bolzen wird gesprengt.

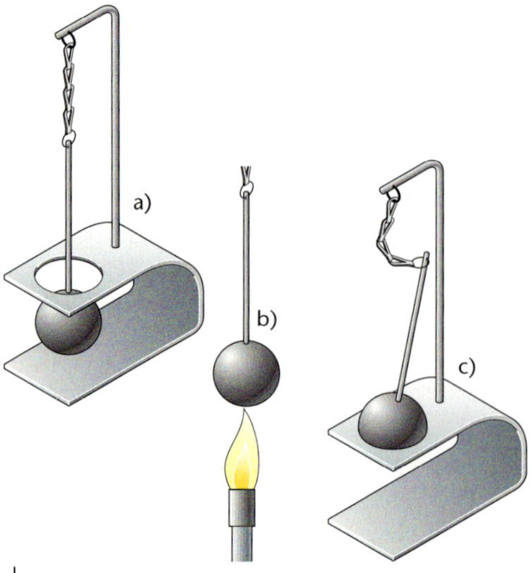

3 Eine Eisenkugel wird dicker.

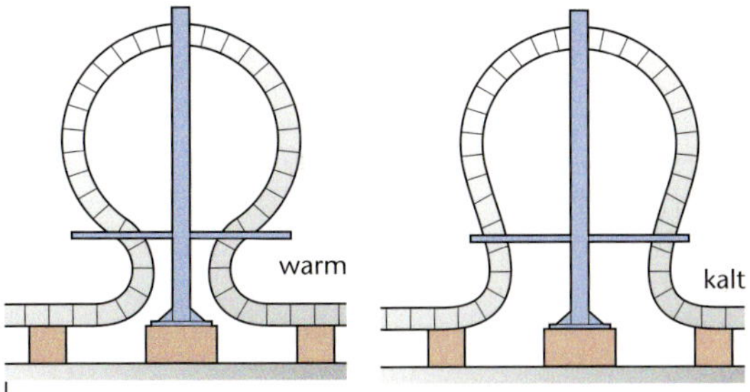

4 Dehnungsbogen bei Rohrleitungen

Aufgaben

1 Wodurch verhindert man die Bildung von Rissen in großen Gebäuden oder Bauwerken?

2 Warum ist es „günstig", dass sich Beton und Eisen bei Erwärmung gleich stark ausdehnen (▷ B 1)?

3 Um wie viel Zentimeter verlängert sich eine im Winter 300 m lange Betonbrücke im Sommer, wenn der Temperaturunterschied 20 °C beträgt?

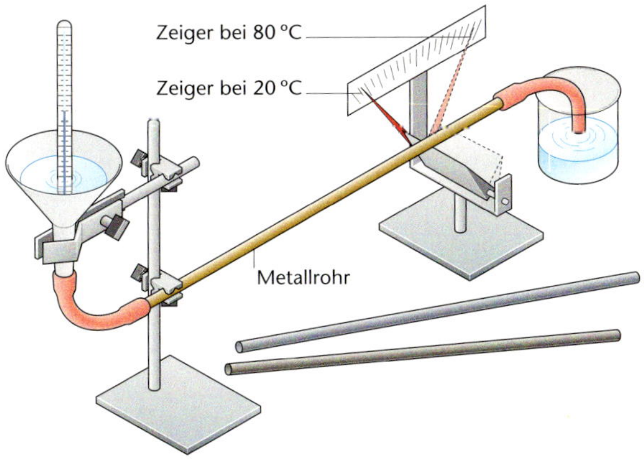

5 Verschiedene Materialien dehnen sich unterschiedlich aus.

Brennpunkt

Das Bimetall

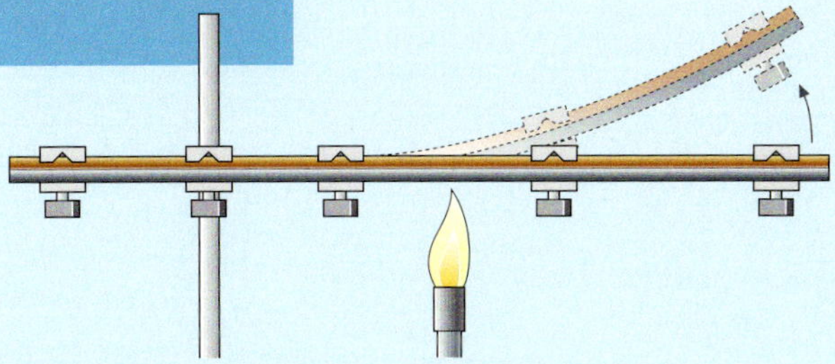
1 Ein Bimetall krümmt sich bei Erwärmung.

Viele Elektrogeräte schalten sich automatisch ein und aus und regeln auf diese Weise die Temperatur. Das passiert z. B. beim Backofen, der Herdplatte, dem Toaster und dem Bügeleisen. Zum Teil werden diese Geräte durch einen Bimetallstreifen geregelt. Ein Bimetall ist ein „Zweimetall". Es besteht aus zwei fest miteinander verbundenen Metallstreifen. Da sich beide Metalle bei Erwärmung unterschiedlich stark ausdehnen, krümmt sich der Bimetallstreifen (▷ B 1) und kann auf diese Weise einen Stromkreis öffnen bzw. schließen.

Versuche

1 Erwärme einen Bimetallstreifen mal von der einen und dann von der anderen Seite. Warum biegt er sich immer in die gleiche Richtung?

2 Schalte ein Bügeleisen ein. Gelegentlich hörst du ein leises Klicken. Was mag das wohl sein?

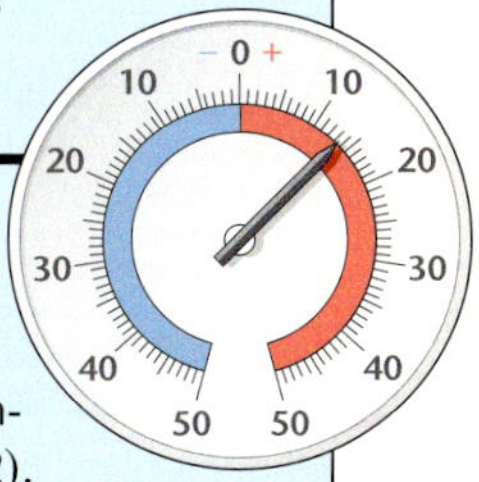

Aufgaben

1 Was ist ein Bimetall?

2 Beschreibe, wie beim Bügeleisen die Temperatur automatisch geregelt wird (▷ B 2).

3 Wie funktioniert das abgebildete Bimetallthermometer?

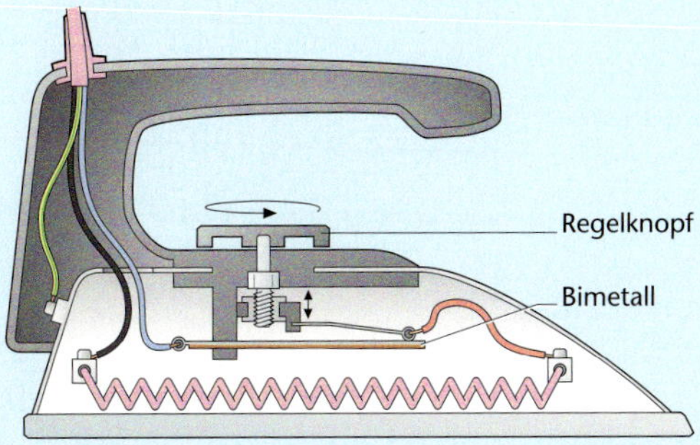

2 Ein Thermostat beim Bügeleisen

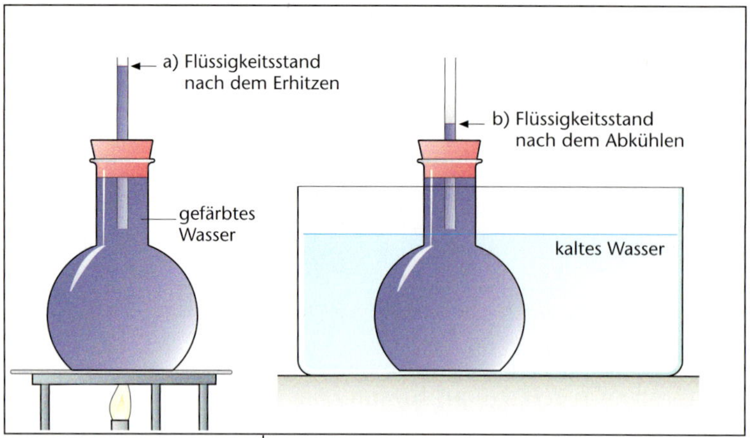

1 Ausdehnung von Wasser

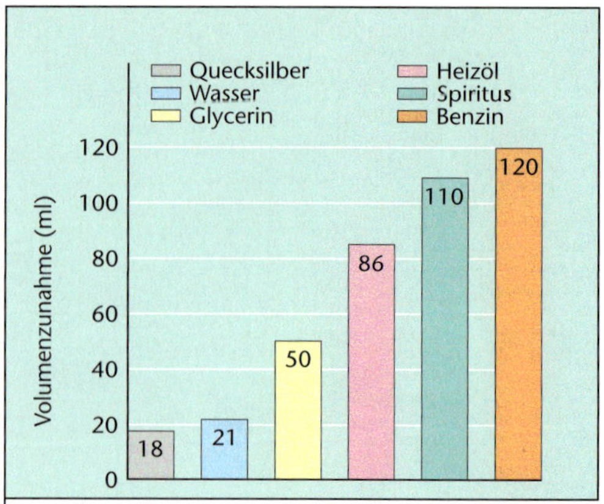

2 Ausdehnung von 10 l Flüssigkeit bei einer Temperaturerhöhung um 10 °C

Versuche

1 Fülle einen Rundkolben mit gefärbtem Wasser und verschließe ihn mit einem Stopfen mit Steigrohr (▷ B 1). Markiere den Wasserstand. Stelle dann den Glaskolben in kaltes Wasser, markiere ebenfalls den Wasserstand und erwärme anschließend den Glaskolben. Beschreibe deine Beobachtung.

2 Fülle Reagenzgläser mit unterschiedlichen Flüssigkeiten und verschließe die Gläser mit Stopfen und Steigrohr. Achte auf die gleiche Füllhöhe und markiere die Flüssigkeitsstände. Tauche die Reagenzgläser in eine Wanne mit heißem Wasser. Vergleiche die Höhe der Flüssigkeitsstände.

Wie ein Thermometer funktioniert

Du hast schon unterschiedliche Arten von Thermometern kennen gelernt. In den Flüssigkeitsthermometern steht eine Flüssigkeit im Steigrohr – je nach Temperatur – höher oder niedriger. Denn auch Flüssigkeiten dehnen sich bei Erwärmung aus und ziehen sich bei Abkühlung wieder zusammen. Wie unterschiedlich die Ausdehnung verschiedener Flüssigkeiten ist, zeigt dir Versuch 2.
Flüssigkeiten wie Heizöl, Spiritus und Benzin dehnen sich bei Erwärmung besonders stark aus (▷ B 2). Daher gibt es z. B. bei Tanks in Autos Vorrichtungen, die das Auslaufen von Benzin bei starker Erwärmung verhindern.

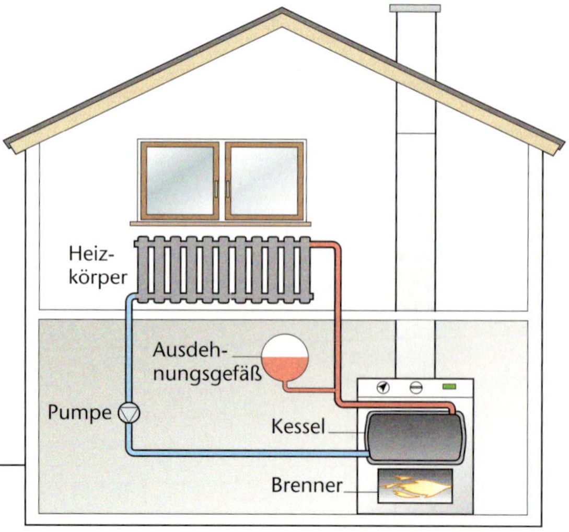

3 Heizungsanlage mit Ausdehnungsgefäß

Die Heizungsanlage

Jede Heizungsanlage hat ein geschlossenes Rohr- und Heizkörpersystem, das mit Wasser gefüllt ist. Was passiert aber, wenn das Wasser im Winter stark aufgeheizt wird und sich ausdehnt?
Damit das Wasser genug Platz hat, besitzt jede Heizungsanlage ein Ausdehnungsgefäß (▷ B 3).

Der tropfende Wasserhahn

In manchen Badezimmern befinden sich Warmwassergeräte. Kaltes Leitungswasser läuft ein und wird darin wie mit einem Tauchsieder erwärmt. Da sich auch in diesen Geräten das Wasser beim Erwärmen ausdehnt, kommt es vor, dass durch den Druck in dem Gefäß der Wasserhahn tropft.

Flüssigkeiten dehnen sich beim Erwärmen aus und ziehen sich beim Abkühlen wieder zusammen. Verschiedene Flüssigkeiten tun dies jedoch unterschiedlich stark.

Sprinkleranlagen – automatische Feuerlöscher

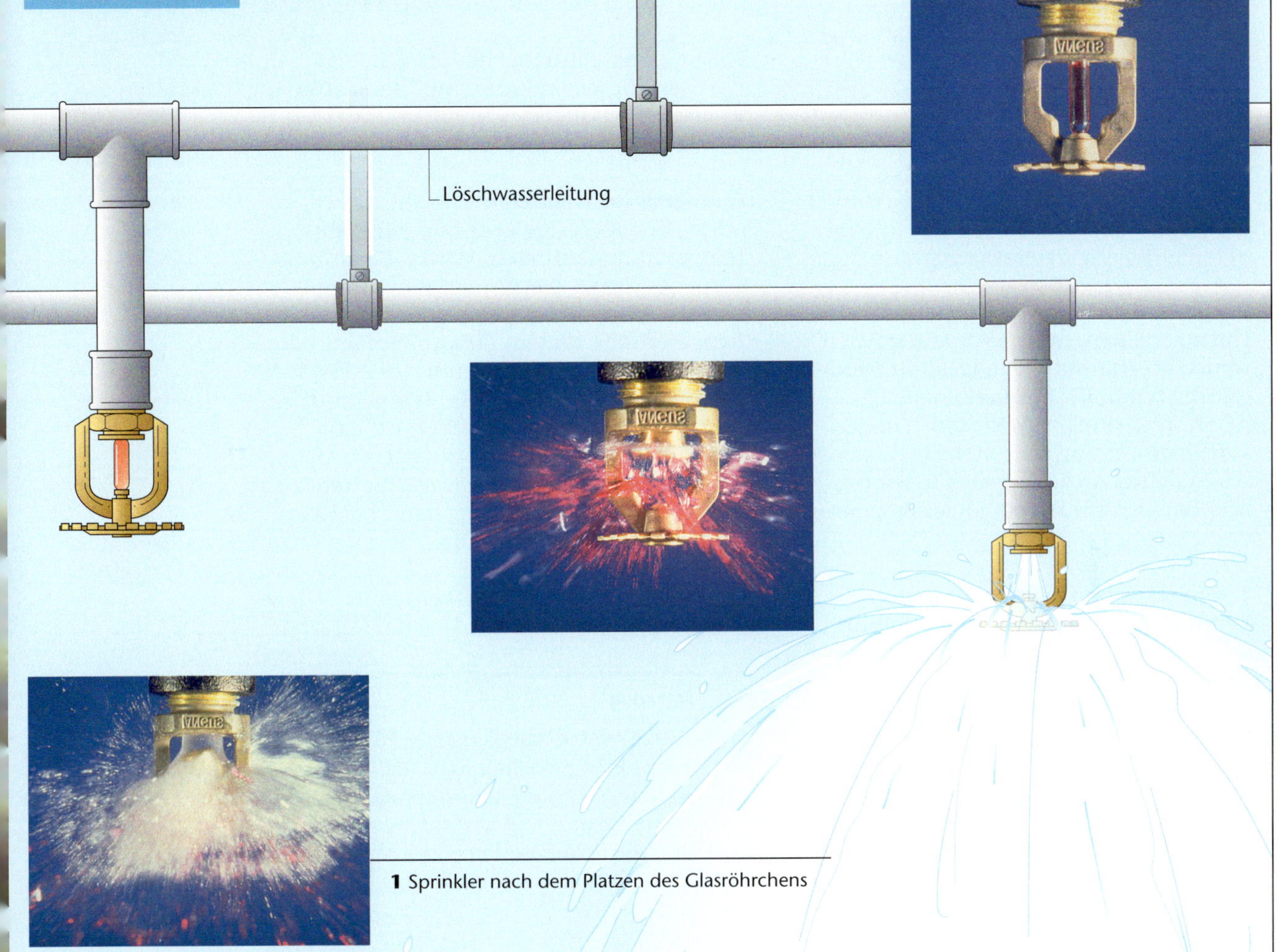

1 Sprinkler nach dem Platzen des Glasröhrchens

Wasser marsch!

Kaufhäuser, Kinos, Theater und Lagerhallen sind sehr häufig mit automatischen Löscheinrichtungen, den **Sprinkleranlagen**, versehen. Unter den Decken verlaufen Löschwasserleitungen. Daran angeschlossen sind die Sprüheinrichtungen, die **Sprinkler** (▷ B 1).

Die Sprinkler sind mit Glasröhrchen verschlossen. In ihnen befindet sich eine Flüssigkeit („Sprengflüssigkeit"), die sich beim Erwärmen stark ausdehnt.

Wenn es nun zu einem Brand kommt, werden die Glasröhrchen stark erwärmt, die Flüssigkeit darin dehnt sich aus und sprengt das Glas. Dadurch wird die Öffnung für das Löschwasser freigegeben. Der Wasserstrahl trifft auf ein sternförmiges Metallplättchen, durch das er wie Regen fein verteilt wird. So kann ein Feuer automatisch gelöscht werden.

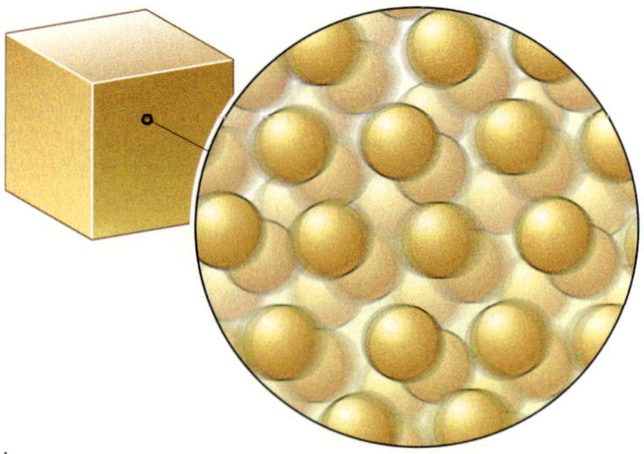

1 Modell des inneren Aufbaus von Körpern

Der innere Aufbau von Körpern
Um zu erklären, was in Körpern passiert, wenn sie erwärmt oder abgekühlt werden, müssen wir in ihr Inneres schauen.
Alle Körper sind aus kleinsten Teilchen aufgebaut (Atome oder Moleküle), zwischen denen Anziehungskräfte wirken. Alle Teilchen sind in ständiger Bewegung (▷ B 1).

Temperatur und Teilchenbewegung
Wenn einem Körper Energie zugeführt wird, dann kann sich die Bewegung der Teilchen, aus denen er aufgebaut ist, verstärken. Das macht sich durch eine Temperaturzunahme bemerkbar. Die Bewegungsenergie aller Teilchen zusammen wird als **innere Energie** des Körpers bezeichnet.

▶ Je höher die Temperatur eines Körpers ist, desto stärker ist die Bewegung seiner Atome oder Moleküle und desto größer ist seine innere Energie.

Die Brown'sche Bewegung
Im Jahre 1827 entdeckte der schottische Botaniker ROBERT BROWN (1773–1858) bei mikroskopischen Beobachtungen des Pollenstaubs, dass sich dieser im Wasser bewegte. Diese Erscheinung, die nach ihrem Entdecker Brown'sche Bewegung heißt, wurde später im Sinne der Teilchenvorstellung der Materie gedeutet. Der sehr leichte Pollenstaub wird von den sich bewegenden Wasserteilchen mitbewegt.

Der absolute Nullpunkt
Wenn man einen Körper immer weiter abkühlt, dann nimmt die Bewegung seiner Teilchen ab, bis sie schließlich vollkommen zur Ruhe gekommen sind. Diese Temperatur heißt absoluter Nullpunkt und liegt bei −273,15 °C. Eine tiefere Temperatur kann es nicht geben. Der Physiker WILLIAM THOMSON KELVIN (1834–1907) nahm den absoluten Nullpunkt für seine Temperaturskala (**Kelvinskala**) als Nullpunkt. 0 °C entspricht also 273,15 K.

▶ Die Temperatur, bei der die Teilchen eines Körpers in Ruhe sind, heißt absoluter Nullpunkt der Temperatur (0 K). Er liegt bei −273,15 °C.

Temperaturdifferenzen
Beim Thema Wärme geht es häufig um Temperaturänderungen. Wird z. B. ein Körper erwärmt, dann steigt seine Temperatur an. Kühlt er sich ab, dann sinkt seine Temperatur. In diesem Zusammenhang ist es dann manchmal notwendig, den Wert anzugeben, um den sich die Temperatur geändert hat. Die Besonderheit ist, dass dieser Wert immer in Kelvin angegeben wird. Ändert sich beispielsweise die Temperatur von 20 °C auf 80 °C, dann beträgt die Temperaturdifferenz 60 K.

▶ Temperaturdifferenzen werden in Kelvin angegeben.

Versuch

1 Gib in ein mit Wasser gefülltes Glas ein paar Tropfen Spülmittel und eine Messerspitze voll Aluminiumpulver. Rühre ein paar Mal um und lasse das Wasser zur Ruhe kommen. Richte eine Lichtquelle auf das Glas. Beobachte und erkläre.

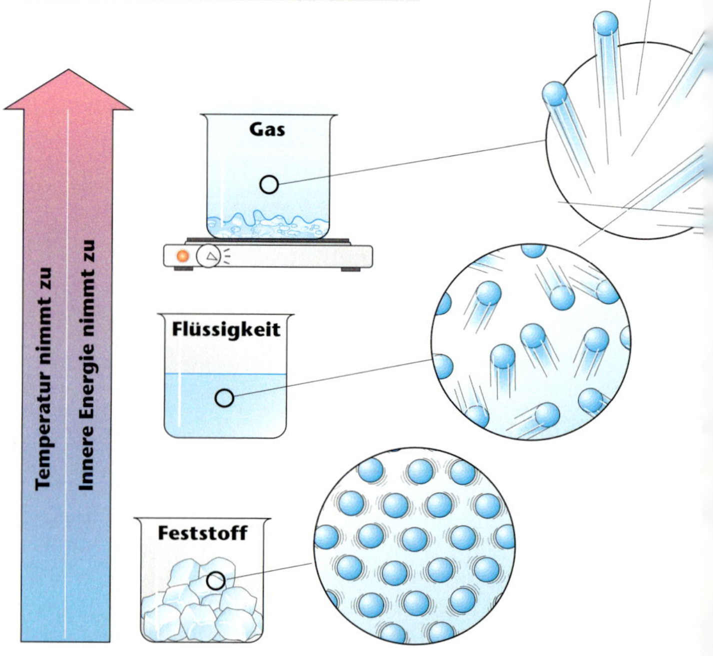

2 Temperatur und Aggregatzustand

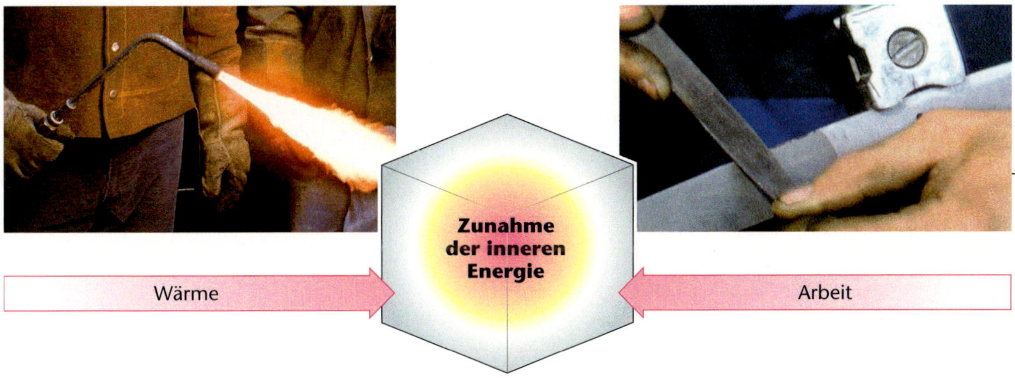

1 Energieübertragung durch Wärme und Arbeit

Energieübertragung durch Wärme
Wenn man Wasser erwärmen will, dann verwendet man eine Wärmequelle, z. B. eine Herdplatte. Von der Platte wird Energie in Form von Wärme an das Wasser übertragen. Diese Energieübertragung ist dir sicherlich bekannt.
Immer dann, wenn sich zwei Körper mit unterschiedlichen Temperaturen berühren oder vermischen, geht Energie vom wärmeren Körper auf den kälteren über, bis die Temperaturdifferenz ausgeglichen ist. Dabei nimmt die innere Energie des wärmeren Körpers ab und die des kälteren Körpers zu.

Energieübertragung durch Arbeit
Auch ohne Wärmequelle kann man die innere Energie eines Körpers und damit seine Temperatur erhöhen. Wird an einem Körper z. B. Reibungsarbeit verrichtet (▷ B 1), dann erhöht sich seine innere Energie. Beispiele sind eine Bohrerspitze oder die Bremsscheiben eines Autos. Beide können sehr heiß werden.
Auch ein Eisenstück, das mit einer Feile bearbeitet wird und ein dicker Eisendraht, der mehrmals hin und her gebogen wird, werden warm (▷ B 2). Die an ihnen verrichtete Arbeit erhöht ihre innere Energie.

Die innere Energie eines Körpers kann erhöht werden, indem ihm Wärme zugeführt wird oder Arbeit an ihm verrichtet wird.

Warum dehnen sich Körper beim Erwärmen aus?
Du hast schon gelernt, dass sich Körper beim Erwärmen ausdehnen und beim Abkühlen wieder zusammenziehen. Du hast aber noch nicht erfahren, warum das so ist. Mithilfe des Teilchenmodells und der inneren Energie von Körpern finden wir nun die Erklärung:
Wenn die innere Energie eines Körpers erhöht wird, geraten die Teilchen in stärkere Schwingung. Sie benötigen einen größeren Platz, was zu einem größeren Volumen führt.

„Energieverluste"?
Ein Fahrzeug wird abgebremst. Was geschieht dabei mit seiner Bewegungsenergie? Energieformen (Bewegungsenergie, Lageenergie, Spannenergie, elektrische Energie usw.) lassen sich nicht vollständig ineinander umwandeln. Ein Teil der Energie wird als Wärme abgegeben. Das gilt auch für die Umwandlung der Bewegungsenergie beim Bremsen. Die Bremsscheiben werden heiß.

Bei Energieumwandlungen entsteht immer auch Wärme. Energie geht nicht verloren.

Versuche

1 Biege einen dickeren Draht mehrmals hin und her. Was kannst du „erfühlen" (▷ B 2)?

2 Stelle in ein Gefäß mit kaltem Wasser ein kleineres Gefäß mit heißem Wasser (▷ B 3). Miss jeweils im Abstand von 5 Minuten die Temperaturen, lege eine Tabelle an und trage die Werte ein.

Aufgaben

1 a) In welcher „Richtung" wird bei Bild 1 Energie übertragen?
b) Beschreibe den Vorgang, indem du den Begriff innere Energie verwendest.

2 Nenne Beispiele, bei denen bei der Energieübertragung Wärme frei wird.

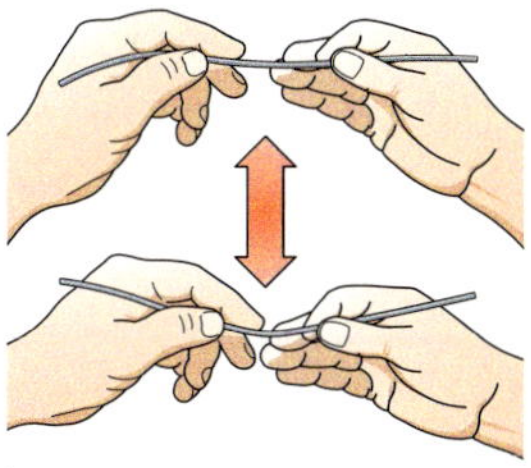

2 Erwärmen eines Drahts

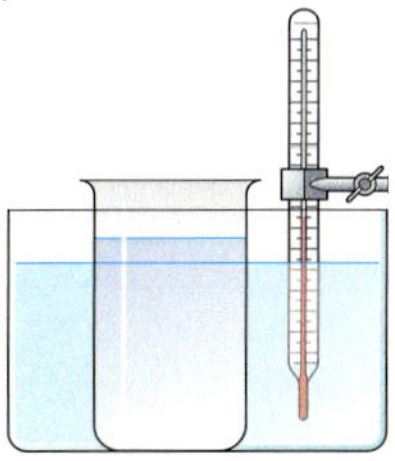

3 Zu Versuch 2

1 Abkühlung an heißen Tagen

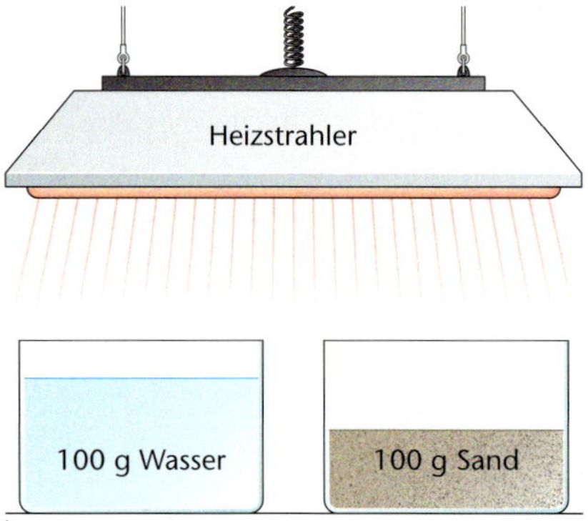

2 Zu Versuch 1

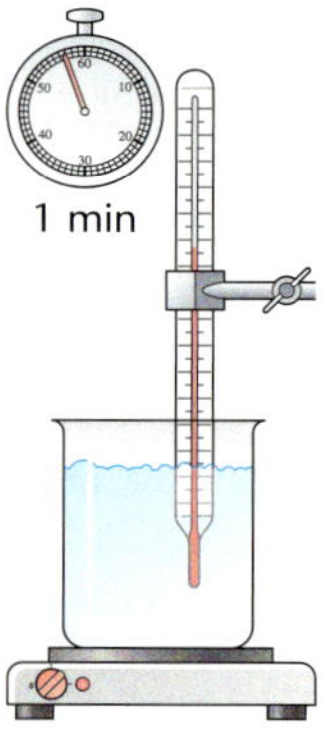

3 Zu Versuch 2

Stoff	**spezifische Wärme-kapazität *c*** in kJ/(kg · K)
Aluminium	0,896
Blei	0,129
Eisen	0,452
Glas	0,799
Kupfer	0,385
Silber	0,237
Wasser	4,18
Luft	1,005

4 Spezifische Wärmekapazität ausgewählter Stoffe

Versuche

1 a) Erwärme die gleiche Masse Wasser und Sand. Achte auf gleiche Anfangstemperatur, gleiche Erwärmungszeit und gleiche Zufuhr von Energie (▷ B 2). Durch gelegentliches Umrühren erreichst du eine gleichmäßige Temperatur in den Stoffen. Miss nach der Erwärmung die Temperatur in beiden Stoffen.
b) Untersuche, ob sich beim anschließenden Abkühlen der Stoffe Unterschiede ergeben.
c) Führe die Versuchsteile a) und b) unter den gleichen Bedingungen mit anderen Stoffen (z. B. Speiseöl und Wasser) durch. Lege eine Tabelle an und vergleiche die Werte.

2 Erwärme einen Liter Wasser eine Minute lang (▷ B 3). Miss die Temperatur vor und nach der Erwärmung und gib die übertragene Wärmemenge an.

Erwärmung von Wasser und Sand

An einem heißen Sommertag hast du bestimmt schon festgestellt, dass im Freibad die Steinplatten auf den Gehwegen sehr warm sind, das Gras auf der Liegewiese kühl ist und das Wasser im Becken eher als kalt empfunden wird (▷ B 1). Wie ist das möglich, wo doch die drei Bereiche von der Sonne die gleiche Energie erhalten?

Versuch 1 zeigt, dass Sand bei gleicher Energiezufuhr eine höhere Temperatur erreicht als Wasser. Auch bei anderen Stoffen zeigt sich, dass bei gleicher Energiezufuhr die erreichten Temperaturen unterschiedlich sind (▷ V 1c).
Ob einem Stoff viel oder wenig Energie zugeführt werden muss, damit er sich um 1 Kelvin erwärmt, hängt von seiner **spezifischen Wärmekapazität** c ab. Dieser Wert ist bei allen Stoffen unterschiedlich.

Berechnung der spezifischen Wärmekapazität von Wasser

Um die Berechnung durchführen zu können, brauchst du eine Wärmequelle, von der du weißt, wie viel Energie sie in einer bestimmten Zeit abgibt. Die Heizplatte in Bild 3 hat eine Aufschrift „600 W“. Das bedeutet: In jeder Sekunde gibt sie 600 Joule Energie ab, denn 600 W = 600 J/s.
Wird 1 Liter Wasser, wie in Versuch 2, eine Minute lang erwärmt, dann hat sich die Temperatur um etwa 8 K erhöht.
Die zugeführte Energie beträgt $E = 600\,\text{J/s} \cdot 60\,\text{s} = 36\,000\,\text{J}$. Daraus folgt, dass eine Energie von 4,5 kJ notwendig ist, um 1 Liter Wasser (1 kg) um 1 K zu erwärmen. Die spezifische Wärmekapazität von Wasser ergibt sich daraus zu 4,5 kJ/kg · K.
Vergleicht man den errechneten Wert mit dem in der Tabelle angegebenen (▷ B 4), dann zeigt sich eine leichte Differenz. Teilweise liegt das daran, dass in Versuch 2 auch das Glasgefäß mit erwärmt wurde.

Die spezifische Wärmekapazität c gibt an, wie viel Wärmeenergie nötig ist, um 1 kg eines Stoffes um 1 K zu erwärmen. Die Einheit der spezifischen Wärmekapazität ist J/(kg · K).

Berechnung der Wärmemenge

Die Energie, die ein Körper in Form von Wärme aufnimmt bzw. abgibt, kann man berechnen. Sie wird als Wärmemenge bezeichnet und hat das Formelzeichen Q. Bei der spezifischen Wärmekapazität hast du gelernt, dass man z. B. 1 kg Wasser eine Energie von 4,2 kJ zuführen muss, um es um 1 K zu erwärmen. Dieser und andere Werte sind in der Tabelle (▷ B 4) abzulesen.

Überlegung	**mathematische Übersetzung**
Beispielaufgabe: Welche Wärmemenge ist notwendig, um 5 kg Wasser um 40 K zu erwärmen?	Gesucht wird die Wärmemenge Q
Der Tabelle entnehmen wir die spezifische Wärmekapazität von Wasser: Wir wissen nun, dass 4,2 kJ benötigt werden, um 1 kg Wasser um 1 K zu erwärmen.	$c = 4{,}2\,\frac{\text{kJ}}{\text{kg}\cdot\text{K}}$
Wir schlussfolgern, dass für 5 kg Wasser die 5fache Energiemenge benötigt wird:	$4{,}2\,\frac{\text{kJ}}{\text{kg}\cdot\text{K}}\cdot 5\,\text{kg}$
Für die Temperaturerhöhung um 40 K wird die 40fache Energiemenge benötigt:	$4{,}2\,\frac{\text{kJ}}{\text{kg}\cdot\text{K}}\cdot 5\,\text{kg}\cdot 40\,\text{K}$
Daraus können wir die Formel für die Berechnung der Wärmemenge ableiten:	Wärmemenge = spezifische Wärmekapazität · Masse · Temperaturdifferenz $Q = c \cdot m \cdot \Delta T$

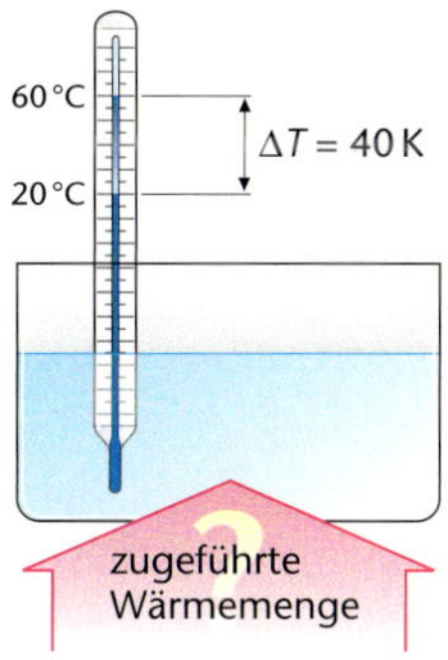

5 Herleitung der Formel zur Berechnung der Wärmemenge

Umstellung der Formel

Man kann nicht nur die Wärmemenge berechnen, die einem Körper zugeführt wird oder die ein Körper abgibt. Auch die anderen Größen der Formel können berechnet werden (▷ B 6).

$$Q = c \cdot m \cdot \Delta T \;\rightarrow\; c = \frac{Q}{m \cdot \Delta T}$$

$$Q = c \cdot m \cdot \Delta T \;\rightarrow\; m = \frac{Q}{c \cdot \Delta T}$$

$$Q = c \cdot m \cdot \Delta T \;\rightarrow\; \Delta T = \frac{Q}{m \cdot c}$$

6 Formelumstellung

Eine Bleikugel mit der Masse 1,5 kg wird um 40 K erwärmt. Berechne die zugeführte Wärmemenge.

Gegeben: $c_{(\text{Blei})} = 0{,}13\,\text{kJ}/(\text{kg}\cdot\text{K})$

$m = 1{,}5\,\text{kg}$

$\Delta T = 40\,\text{K}$

Gesucht: Q

Lösung: $Q = c \cdot m \cdot \Delta T$

$$Q = 0{,}13\,\frac{\text{kJ}}{\text{kg}\cdot\text{K}}\cdot 1{,}5\,\text{kg}\cdot 40\,\text{K}$$

$$Q = 7{,}8\,\text{kJ}$$

Die zugeführte Wärmemenge beträgt 7,8 kJ.

7 Beispielrechnung

Aufgaben

1 Erkläre an einem Beispiel, wie man die Tabelle (▷ B 4) liest. Beginne mit: Um 1 g...

2 Welcher der in Bild 4 aufgelisteten Stoffe erwärmt sich am schnellsten? Begründe.

3 Welche Wärmemenge benötigt man,
a) um die Füllung einer Badewanne (250 l Wasser) von 20 °C auf 40 °C zu erwärmen?
b) um 300 g Eisen von 30 °C auf 500 °C zu erwärmen?

4 Um wie viel Grad haben sich 2,3 kg Sand erwärmt, wenn eine Wärmemenge von 70 kJ zugeführt wird ($c = 0{,}84\,\text{kJ}/(\text{kg}\cdot\text{K})$)?

5 Ein Körper hat eine Masse von 30 g und wird bei einer Energiezufuhr von 270 J um 10 K erwärmt? Aus welchem Material besteht der Körper?

Wenn es in der Physik um **Differenzen** geht, benutzt man das „D" aus dem griechischen Alphabet, das Delta (Δ).

Zum Beispiel wird die Temperaturdifferenz mit ΔT bezeichnet.

Energieaufwand für warme Luft

Ein kalter Wintertag. Durchgefroren kommst du nach Hause, freust dich auf eine heiße Tasse Tee und auf dein warmes Zimmer. Doch du stellst fest, dass die Zimmertemperatur „nur“ 18 °C beträgt. Lieber wäre dir aber eine Temperatur von 22 °C. Hast du dir schon einmal überlegt wie viel Energie gebraucht wird um dein Zimmer entsprechend aufzuheizen?
Für die Berechnung nimmst du die Formel zur Berechnung der Wärmemenge:
$Q = c \cdot m \cdot \Delta T$.

Die spezifische Wärmekapazität c für Luft schlägst du in einer Tabelle nach. Der Buchstabe m steht für die Masse. Da die Luft erwärmt werden soll, wird die Masse der Luft in dem Zimmer benötigt. In einer Tabelle findest du für Luft: 1 m³ Luft hat eine Masse von 1,29 kg.
Das Volumen eines Zimmer wird berechnet: V = Länge · Breite · Raumhöhe. Ferner wird für die Berechnung der Temperaturunterschied benötigt. Du musst also wissen von welcher Ausgangstemperatur auf welche Endtemperatur die Luft erwärmt wird. Wird das Zimmer von 18 °C auf 22 °C erwärmt, benötigt man mindestens 156 kJ. Die genaue Berechnung siehst du in Bild 2. Insgesamt wird mehr Energie benötigt, denn nicht nur die Luft wird erwärmt, sondern auch die Wände, Möbel usw.

Welche Wärmemenge wird benötigt um ein Zimmer ($V = 30\,m^3$) von 18 °C auf 22 °C zu erwärmen?

Gegeben: Volumen $V = 30\,m^3$

Dichte $\varrho_{Luft} = 1{,}29\,\frac{kg}{m^3}$

spezifische Wärmekapazität $c_{Luft} = 1{,}01\,\frac{kJ}{kg \cdot K}$

Gesucht: Wärmemenge Q

Lösung: $m = \varrho_{Luft} \cdot V$

$m = 1{,}29\,\frac{kg}{m^3} \cdot 30\,m^3$

$m = 38{,}7\,kg$

$Q = m \cdot c \cdot \Delta T$

$Q = 37{,}7\,kg \cdot 1{,}01\,\frac{kJ}{kg \cdot K} \cdot 4\,K$

$Q = 156{,}35\,kJ$

Für die Erwärmung des Zimmers von 18 °C auf 22 °C wird eine Wärmemenge von 156,35 kJ benötigt.

2 Beispielrechnung

Energievergleich

Eine 100-W-Glühlampe wandelt die elektrische Energie zu 5 % in Licht und zu 95 % in Wärme um.
Diese Glühlampe gibt in 1 Sekunde also 95 J Wärme ab. Leuchten 27 Glühlampen (100 W) ungefähr 60 Sekunden, dann geben sie 154 kJ Wärme ab.

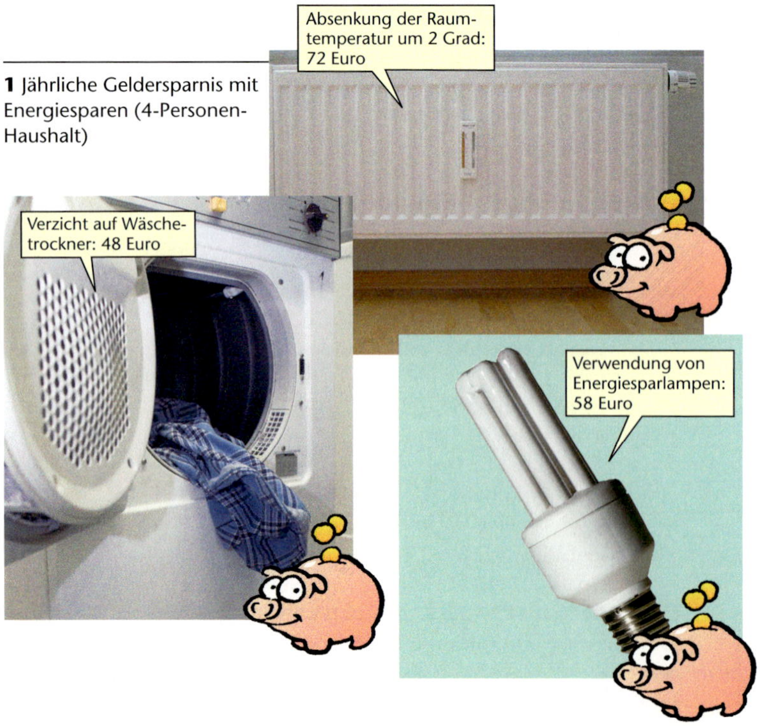

1 Jährliche Geldersparnis mit Energiesparen (4-Personen-Haushalt)

Energieeinsparungen im Haushalt

Durch Fenster und Wände wird Wärme aus dem Inneren an die Umgebung abgegeben. Man spricht von Wärmeverlusten. Um eine gleich bleibende Zimmertemperatur zu erreichen, müssen die Wärmeverluste ständig durch die Heizungsanlage ausgeglichen werden.
Gute Wärmedämmung des Mauerwerks und Isolierverglasung vermindern die Wärmeübertragung nach draußen. Bild 1 zeigt noch weitere Möglichkeiten zur Senkung des Energieeinsatzes.

Absenkung der Raumtemperatur

Durch die Absenkung der Raumtemperatur können erhebliche Energieeinsparungen erzielt werden. Wird die Raumtemperatur von 20 °C auf 19 °C abgesenkt, so ergibt sich eine Ersparnis von ungefähr 6 %.

Veränderung des Aggregatzustandes

Durch Zufuhr von Energie kann sich die Temperatur oder der Aggregatzustand eines Stoffes verändern. Feste Körper werden bei entsprechender Energiezufuhr zuerst flüssig und schließlich gasförmig. Wird dem Stoff Energie entzogen, dann laufen die Vorgänge umgekehrt ab.
Die Temperaturen, bei denen das passiert, sind bei allen Stoffen unterschiedlich. Sie heißen Schmelz- und Erstarrungstemperatur sowie Siede- und Kondensationstemperatur (▷B 2).

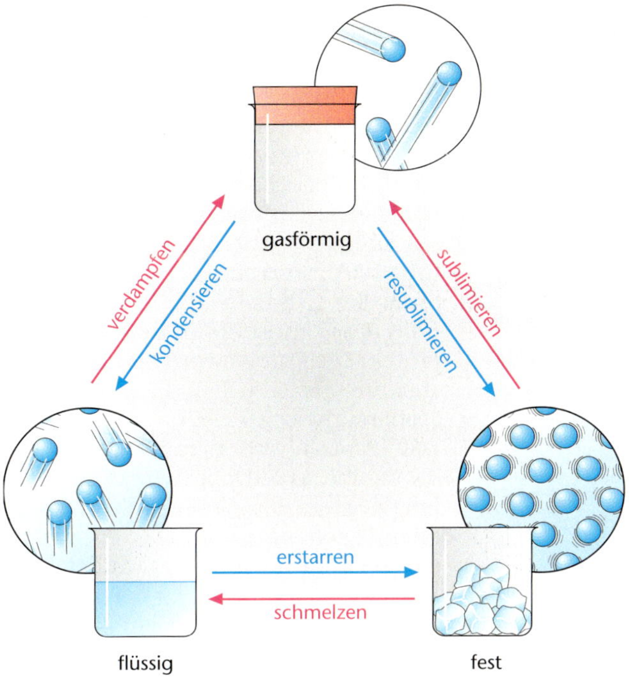

1 Änderung des Aggregatzustandes

Aggregatzustand und Teilchenmodell

In festen Körpern schwingen die Teilchen (Atome bzw. Moleküle), ohne ihre Plätze zu verlassen. Wird der Körper erwärmt, dann nimmt die Bewegung der Teilchen zu. Dadurch vergrößert sich der Abstand der Teilchen untereinander: Die Bindungskräfte werden schwächer. Bei Erreichen der Schmelztemperatur sind die Bindungskräfte so schwach, dass die Teilchen ihre Plätze verlassen. Der feste Körper geht in den flüssigen Zustand über.

Wird die Flüssigkeit bis zur Siedetemperatur weiter erwärmt, dann ist der Abstand der Teilchen aufgrund ihrer Bewegung so groß, dass die Bindungskräfte praktisch nicht mehr wirken. Der Körper wird gasförmig.
Beim Abkühlen laufen die Vorgänge in umgekehrter Reihenfolge ab.

Aufgaben

1 Welche Vorgänge laufen beim Sublimieren und beim Resublimieren ab (▷B 1)?

2 Erstelle eine Leiste wie in Bild 2 für einen anderen Stoff (siehe Tabelle im Anhang).

3 Was passiert beim Übergang von flüssig nach gasförmig? Erkläre mithilfe des Teilchenmodells.

▶ Durch Zufuhr von Energie kann sich die Temperatur eines Körpers erhöhen. Beim Erreichen der jeweiligen Schmelz- und Siedetemperatur ändert sich der Aggregatzustand.

▶ Wird einem Körper Energie entzogen, dann kann sich seine Temperatur verringern. Beim Erreichen der jeweiligen Kondensations- und Erstarrungstemperatur ändert sich der Aggregatzustand.

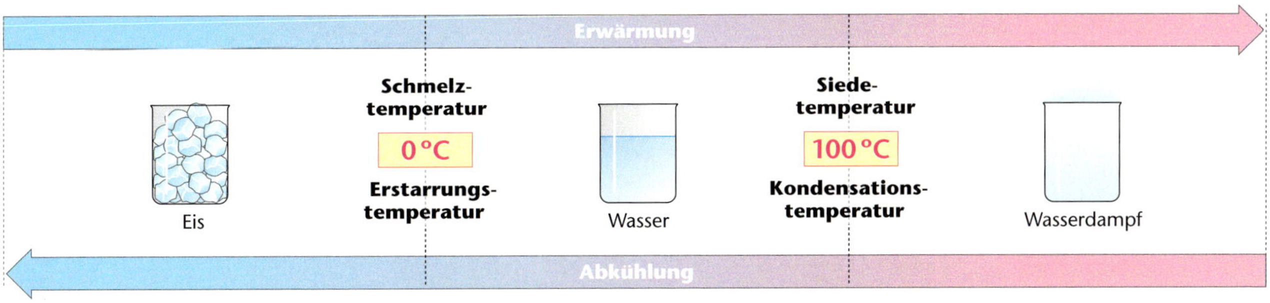

2 Übergangstemperaturen zwischen den Aggregatzuständen von Wasser

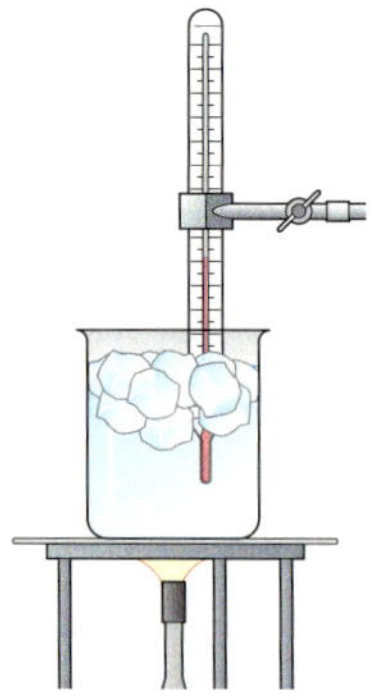

1 Zu Versuch 1

Das Auftauen dauert aber lange

Peter nimmt sich einen tiefgefrorenen „Klotz" Spinat aus der Tiefkühltruhe, legt ihn mit ein wenig Wasser in einen Topf und stellt diesen auf den Herd (▷B 4). Er hat großen Hunger. Doch es dauert sehr lange, bis der Klotz aufgetaut ist. Erst dann wird der Spinat warm.

Die Energie, die dem Tiefgefrorenen zugeführt wird, wird zum Schmelzen benötigt, ohne dass sich dabei die Temperatur erhöht. Das kannst du im Versuch 1 überprüfen. Die Energie wird **Schmelzenergie** genannt. Sie ist, wie Bild 2 zeigt, bei allen Stoffen unterschiedlich.

Das Erstarren ist der umgekehrte Vorgang des Schmelzens. Dabei wird dem Stoff Energie entzogen. Sie wird **Erstarrungsenergie** genannt. Schmelz- und Erstarrungsenergie eines Stoffes sind gleich.

Blei	24,7
Eisen	270
Silicium	166
Eis	336
Kupfer	205
Gold	64,5

2 Spezifische Schmelzenergie in kJ/kg

Die Energie, die nötig ist, um 1 kg eines Stoffes zum Schmelzen zu bringen, wird spezifische Schmelzenergie genannt. Beim Erstarren wird die gleiche Energiemenge wieder abgegeben.

Aufgaben

1 Besteht ein Unterschied, ob man ein Getränk mit Plastikwürfeln von 0 °C oder mit Eiswürfeln kühl hält? Begründe.

2 Erkläre mithilfe des Teilchenmodells, wozu die Energie beim Schmelzen benötigt wird, obwohl die Temperatur nicht zunimmt.

3 Warum sind Seen im Frühjahr oft noch zugefroren, obwohl die Lufttemperaturen schon über 0 °C liegen?

4 Tiefgefrorener Spinat wird aufgetaut.

Versuche

1 Gib etwa 200 g zerstoßenes Eis mit ein wenig Wasser in ein Becherglas und erwärme es bis zum Siedepunkt (▷B 1). Miss im Abstand von jeweils 2 Minuten die Temperaturen und trage die Werte in eine Tabelle ein. Zeichne eine Temperaturkurve.

2 Erwärme 200 g zerstoßenes Eis (0 °C) so lange, bis das Eis geschmolzen ist und das Wasser siedet. Verändere während des gesamten Versuches die Energiezufuhr nicht. Miss jeweils die Zeiten für das Schmelzen und bis zum Erreichen des Siedepunktes.
Die Wärmemenge für das Erwärmen von 0 °C auf 100 °C kannst du berechnen ($Q = c \cdot m \cdot \Delta T$). Setzt du diese Wärmemenge und die dafür benötigte Zeit in Beziehung zu der Zeit für das Schmelzen, dann kannst du die Schmelzenergie berechnen. Vergleiche deinen Wert mit dem in der Tabelle (▷B 2).

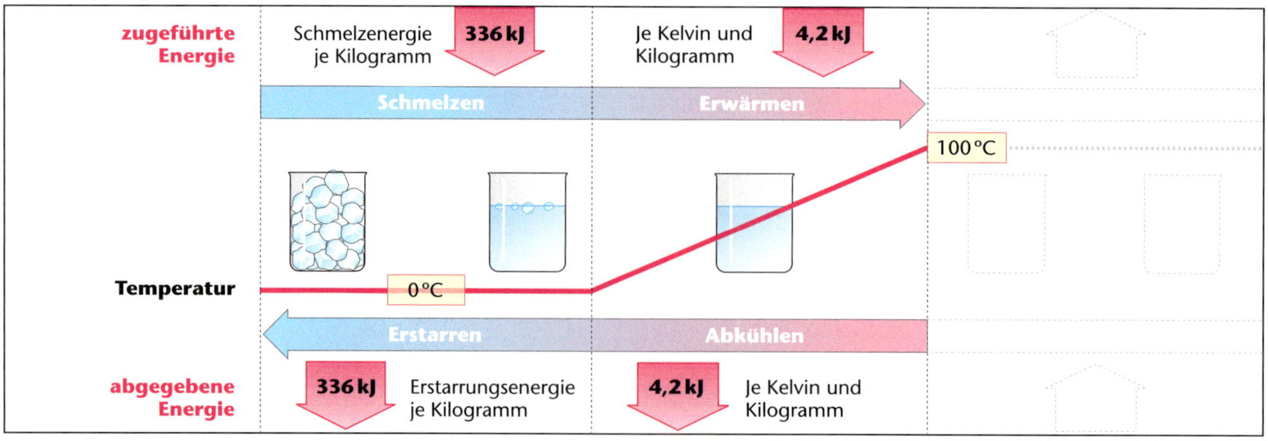

3 1 kg Eis wird geschmolzen und erwärmt.

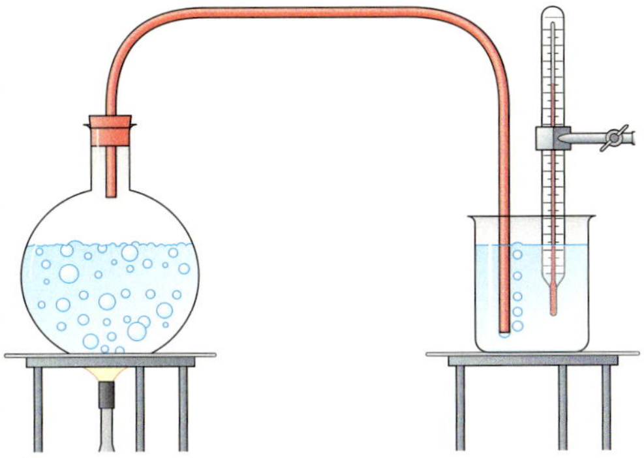

1 Zu Versuch 2

Versuche

1 Bringe Wasser zum Sieden und führe auch nach dem Erreichen des Siedepunktes weiterhin Energie zu. Miss im Abstand von jeweils 2 Minuten die Temperaturen und trage die Werte in eine Tabelle ein. Zeichne eine Temperaturkurve.

2 Führe den Versuch wie in Bild 1 durch. Miss über einen längeren Zeitraum die Temperaturen des kalten Wassers und begründe die Temperaturveränderung.

3 Führe 200 g Eiswasser (0 °C) so lange Energie zu, bis das Wasser verdampft ist. Ändere während des gesamten Versuches nicht die Energiezufuhr. Miss jeweils die Zeit für das Erwärmen von 0 °C auf 100 °C und für das Verdampfen. Die Wärmemenge für die Temperaturerhöhung von 0 °C auf 100 °C kannst du berechnen ($Q = c \cdot m \cdot \Delta T$). Wenn du diese Wärmemenge und die dafür benötigte Zeit in Beziehung zu der Zeit für das Verdampfen setzt, kannst du die Verdampfungsenergie berechnen. Vergleiche deinen Wert mit dem in der Tabelle (▷ B 3).

3 Erwärmen mit Wasserdampf

Aceton	519
Benzol	394
Ethanol	854
Ether	356
Quecksilber	285
Wasser	2258

4 Spezifische Verdampfungsenergie in kJ/kg

Energiesparen beim Kochen
Andreas hat Kartoffeln geschält, in einen Topf mit Wasser gegeben und auf die Herdplatte gestellt. Als das Wasser siedet, dreht er den Regler auf die Hälfte zurück. Denn er hat im Physikunterricht gelernt, dass das Wasser nicht wärmer als 100 °C werden kann. Was aber geschieht mit der überschüssigen Energie der Herdplatte? Beim Sieden eines Stoffes erhöht sich die Temperatur nicht mehr. Die weiterhin zugeführte Energie wird zum Verdampfen benötigt, daher wird sie **Verdampfungsenergie** genannt. Wie du die für Wasser näherungsweise berechnen kannst, zeigt der Versuch 3. Die Verdampfungsenergie ist für alle Stoffe unterschiedlich groß (▷ B 4).

Erwärmung beim Kondensieren
Wenn in der Küche gekocht wird und viel Wasser in die Luft entweicht, wird der Raum sehr schnell warm. Das liegt nicht nur an der Wärmeabstrahlung von Herd und Töpfen, sondern auch an der Tatsache, dass das gasförmige Wasser in der kühleren Luft **kondensiert** und dabei die Energie wieder abgibt, die es als Verdampfungsenergie aufgenommen hat. Diese Energie heißt **Kondensationsenergie**.

Die Energie, die nötig ist, um 1 kg eines Stoffes zu verdampfen, nennt man spezifische Verdampfungsenergie. Beim Kondensieren wird diese als Kondensationsenergie wieder frei.

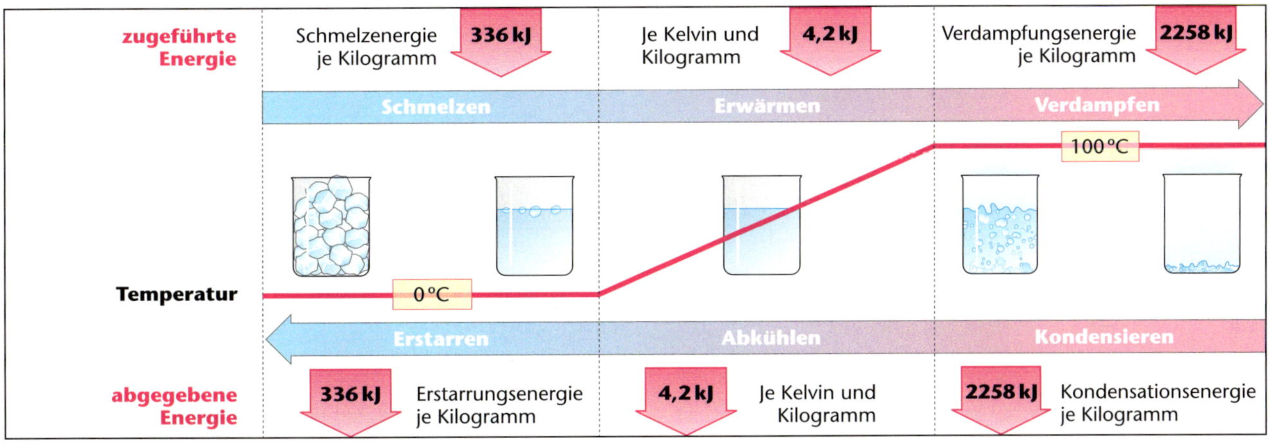

2 1 kg Eis wird geschmolzen, erwärmt und verdampft.

Schlusspunkt

Warm oder kalt?

Wärmeströmung
Wärme wird zusammen mit einem Stoff transportiert. Beispiel: Das im Heizkessel erwärmte Wasser wird zu den Heizkörpern transportiert.

Wärmeleitung
Ein Stoff gibt Wärme weiter, ohne dass er selbst mitwandert. Beispiel: Befindet sich ein Metalllöffel längere Zeit in einem Gefäß mit warmem Wasser, so erwärmt er sich.

2 Wärmeleitung kann schmerzhaft sein.

Wärmestrahlung
Wärme kann sich auch ohne eine Stoff ausbreiten. Beispiel: Die Wärme der Sonne erreicht die Erde mittels Strahlung.

Ausdehnung von Körpern
Feste und flüssige Körper dehnen sich bei Erwärmung aus und ziehen sich beim Abkühlen wieder zusammen (▷ B 4).

Die spezifische Wärmekapazität
Die spezifische Wärmekapazität c gibt an, wie viel Energie notwendig ist, um 1 kg eines Stoffes um 1 K zu erwärmen (▷ B 1). Einheit: J/(kg · K)

Stoff	spezifische Wärmekapazität c in kJ/(kg · K)
Aluminium	0,896
Blei	0,129
Eisen	0,452
Glas	0,799
Kupfer	0,385
Silber	0,237
Wasser	4,18
Luft	1,005

1 Spezifische Wärmekapazität

Der absolute Nullpunkt
Es gibt keine tiefere Temperatur als −273,15 °C. Das ist der absolute Nullpunkt der Temperatur bzw. 0 K (Kelvin).

Die Wärmemenge
Die auf einen Körper übertragene Wärmemenge Q kann nach folgender Formel berechnet werden:
$Q = c \cdot m \cdot \Delta T$.

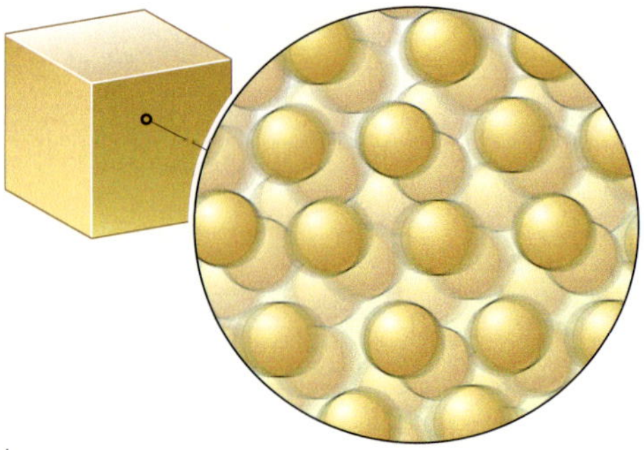

3 Teilchenmodell

Energieübertragung
Energie kann einem Körper durch Wärme oder Arbeit zugeführt werden.

Teilchenmodell und innere Energie
Alle Körper bestehen aus kleinsten Teilchen. Je höher die Temperatur des Körpers ist, desto stärker ist die Teilchenbewegung und damit die innere Energie (▷ B 3).

Schmelz- und Erstarrungsenergie
Die Energie, die nötig ist, um 1 kg eines Stoffes zum Schmelzen zu bringen, nennt man spezifische Schmelzenergie. Beim Erstarren gibt der Körper diese Energie wieder als Erstarrungsenergie ab.

Verdampfungs- und Kondensationsenergie
Die Energie, die nötig ist, um 1 kg eines Stoffes zu verdampfen, nennt man spezifische Verdampfungsenergie. Beim Kondensieren gibt der Körper diese Energie wieder als Kondensationsenergie ab.

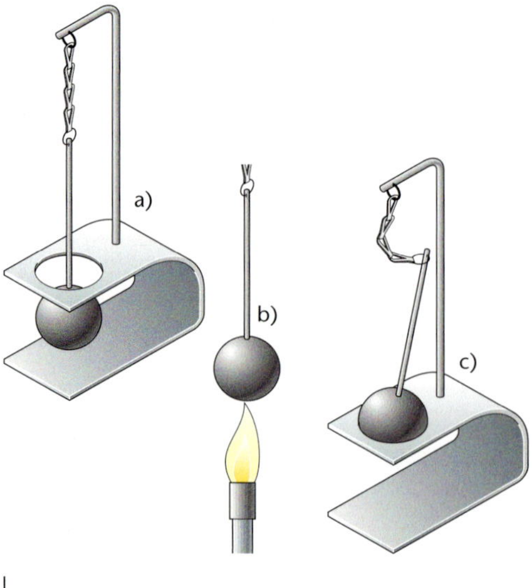

4 Erwärmt man eine Eisenkugel, so wird sie dicker.

Aufgaben

1 Erkläre wie die Warmwasserheizung funktioniert (▷ B 3).

2 Was versteht man unter Wärmedämmung?

3 Erkläre die Wärmedämmung bei der Thermoskanne (▷ B 1).

1 Die Thermoskanne

4 Beschreibe Vorgänge, bei denen durch Reibung Wärme erzeugt wird.

5 Schlägt man wiederholt mit einem Hammer auf einen Eisennagel, so kann es sein, dass man sich dann am Nagel die Finger verbrennt. Erkläre dies.

6 Welcher der in der Tabelle (▷ B 1, Seite 116) aufgeführten Stoffe erwärmt sich
a) am schnellsten
b) am langsamsten?
Begründe.

7 Welche Wärmemenge ist notwendig, um 10 kg Wasser um 30 K zu erwärmen?

8 Welche Wärmemenge ist notwendig, um 1 Tonne Eisen von 20 °C auf 800 °C zu erwärmen?

9 Um wie viel Kelvin haben sich 3 kg Blei erwärmt, wenn man eine Wärmemenge von 200 kJ zugeführt hat?

10 Was geschieht beim Übergang von flüssig nach fest? Erkläre mit dem Teilchenmodell.

11 Was musst du tun, um den Aggregatzustand eines Körpers zu verändern?

12 Erläutere das Diagramm in Bild 2.

13 Erkundige dich, wie hoch die Energieersparnis ist, wenn man ein Fernsehgerät über Nacht ausschaltet, statt es im „Stand-by-Betrieb" zu lassen.

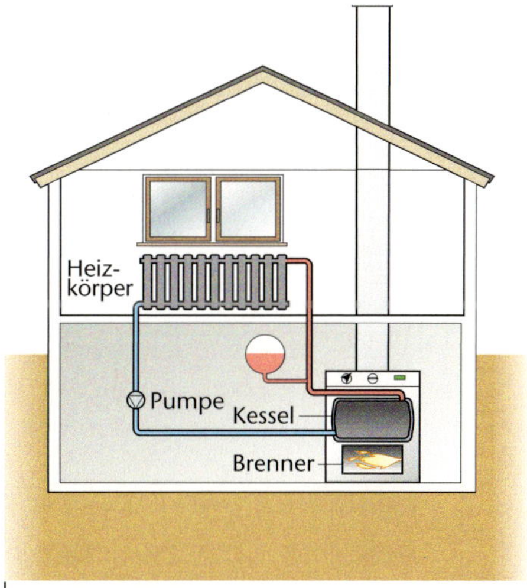

3 Heizungsanlage

14 Stelle dir vor, du könntest dir ein „Energiespar-Umweltschutz-Haus" bauen. Wie soll es aussehen?
Beachte bei der Planung, dass in allen Räumen, aber auch bei der Außengestaltung, Aspekte des Energiesparens und des Umweltschutzes zum Tragen kommen. Erkundige dich z. B. im Internet, welche gesetzlichen Vorschriften unbedingt beachtet werden müssen.

15 Welche Maßnahmen muss eine Stadt beim Neubau einer Realschule beachten, damit später beim Betrieb der Schule möglichst wenig Energie eingesetzt werden muss?

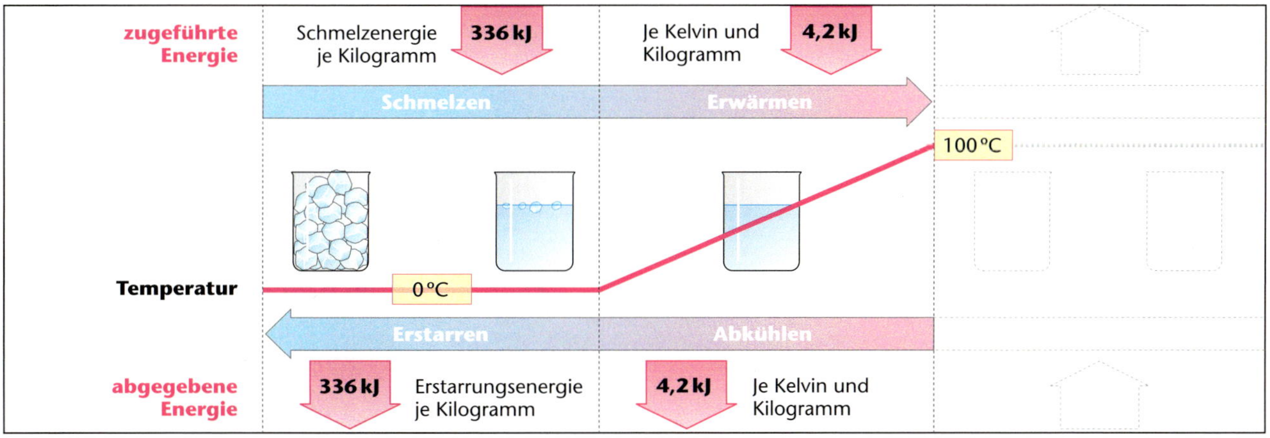

2 1 kg Eis wird geschmolzen und erwärmt.

Elektromagnetismus

Elektrizität und Magnetismus sind schon mehr als 2500 Jahre bekannt. Dass zwischen ihnen eine Verbindung besteht, wurde aber erst vor zweihundert Jahren entdeckt.

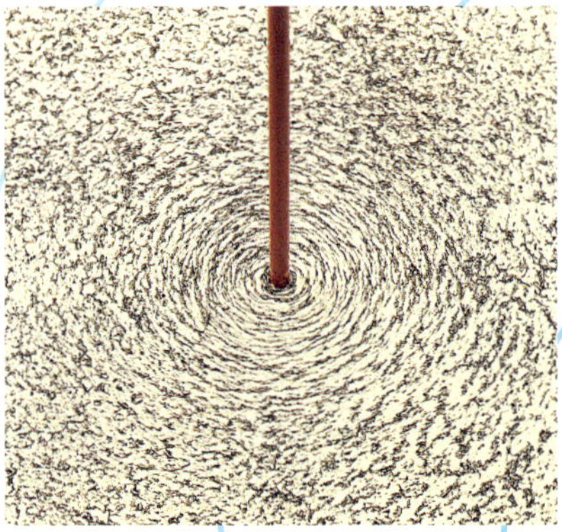

Im Jahr 1820 konnte der dänische Forscher Hans Christian Oersted (1777–1851) mit einem einfachen Versuch nachweisen, dass elektrischer Strom ein magnetisches Feld erzeugt – der Elektromagnet war geboren.
Nur wenig später zeigte der britische Physiker und Chemiker Michael Faraday (1791–1867), dass das Ganze auch umgekehrt funktioniert: Magnetismus kann zu einem elektrischen Strom führen.

Die Entdeckung des Elektromagnetismus legte den Grundstein für eine neue Art der Energieumwandlung: Die ersten Maschinen zur Erzeugung elektrischer Energie (Generatoren) wurden gebaut.

Bis weit in das 19. Jahrhundert hinein wurden Maschinen mit der Kraft des Wassers oder des Dampfes angetrieben. Der Elektromagnetismus ermöglichte die Entwicklung von Elektromotoren. Heute findet man kaum ein technisches Gerät, das nicht einen oder mehrere Elektromotoren enthält. Übrigens: In einem modernen PKW können über 100 Elektromotoren eingebaut sein.

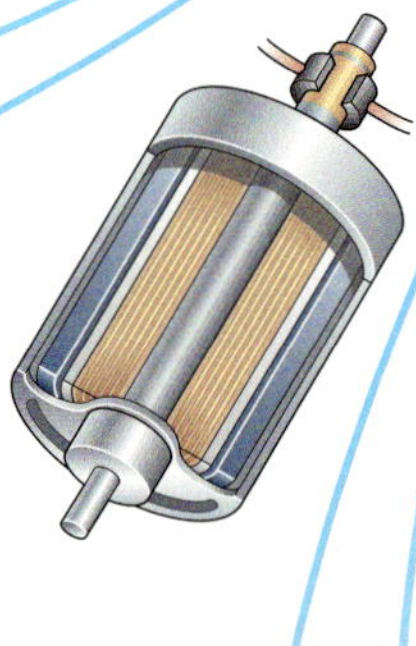

Baker Electric Vehicles
The Aristocrats of Motordom
THE BAKER "QUEEN VICTORIA"
BAKER Electrics are safest to drive—easiest to control—simplest in construction, and have greater speed and mileage than any other electrics. Where quality and efficiency are desired Baker Electrics are invariably the choice of discriminating men and women who want elegant appointments combined with mechanical perfection.
A request will bring to you our complete catalogue of Baker Electric Runabouts, Coupés, Roadsters, Landaulets, Broughams, etc.
THE BAKER MOTOR VEHICLE COMPANY
43 West 80th Street
CLEVELAND, OHIO
Agencies in all Principal Cities

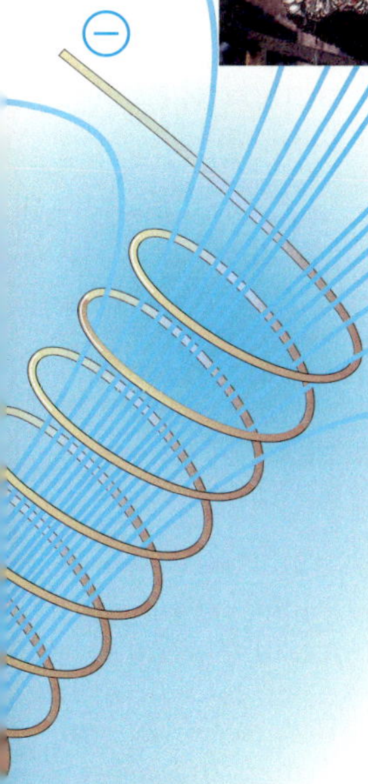

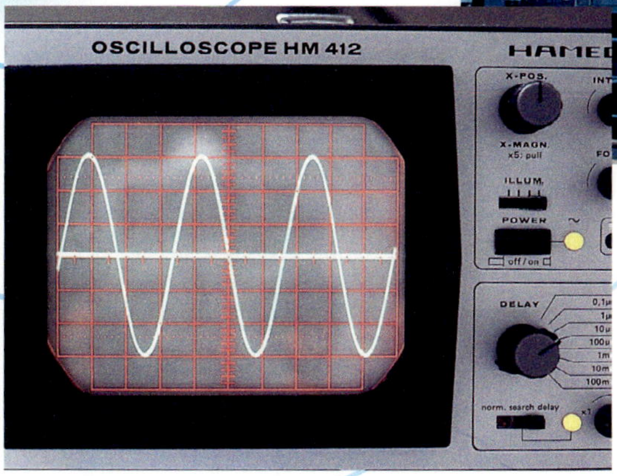

OSCILLOSCOPE HM 412
X-POS.
X-MAGN. x5: pull
ILLUM.
POWER
off / on
DELAY
norm. search delay

1 HANS CHRISTIAN OERSTED

Die „verrückte" Kompassnadel

Im Jahre 1820 experimentierte der dänische Physiker HANS CHRISTIAN OERSTED (1777–1851) mit einem Strom führenden Draht und einer Kompassnadel. OERSTED wollte herausfinden, ob es einen Zusammenhang zwischen Elektrizität und Magnetismus gibt. Dazu untersuchte er die Auswirkung eines Strom führenden Drahtes auf eine Kompassnadel. OERSTEDS Experiment kannst du in Versuch 1 selbst durchführen.

Dabei beobachtest du: Sobald Strom durch den Draht fließt, wird die Kompassnadel aus ihrer ursprünglichen Richtung abgelenkt (▷ B 3).

Fließt der Strom in umgekehrter Richtung durch den Draht, dreht sich die Nadel in die andere Richtung (▷ B 3).

> Eine Kompassnadel wird aus ihrer ursprünglichen Richtung abgelenkt, wenn sie sich in der Nähe eines Strom führenden Leiters befindet.

Die Ablenkung einer Kompassnadel erfordert ein Magnetfeld. Was ist die Ursache für dieses Feld in Versuch 1?
Du hast im Versuch beobachtet, dass sich die Nadel nur bei Stromfluss bewegt. Also muss der Strom die Ursache dafür sein, dass im Raum um den Draht eine Magnetkraft wirkt.
Sobald Strom durch den Kupferdraht fließt, baut sich um ihn herum ein Magnetfeld auf. Nach dem Ausschalten des Stromes verschwindet dieses Magnetfeld wieder. Die Kompassnadel pendelt in ihre Ausgangsposition zurück.

> Im Raum um einen stromdurchflossenen Leiter existiert ein Magnetfeld.

Stärkere Magnetfelder

Das Magnetfeld um einen stromdurchflossenen Leiter ist schwach. Wenn man aber den Draht verlängert und zu einer Spule aufwickelt, wird das entstehende Magnetfeld deutlich stärker.
Je mehr Windungen die Spule hat, desto stärker ist bei gleicher Stromstärke das Magnetfeld (▷ V 3).

Wenn du die Stromstärke durch eine Spule erhöhst, vergrößert sich ebenfalls die magnetische Kraft auf die Kompassnadel (▷ V 2c).

Befindet sich im Inneren einer Spule noch ein Eisenkern, verstärkt dieser bei gleicher Windungszahl und Stromstärke ebenfalls das entstehende Magnetfeld (▷ V 2b).

> Das Magnetfeld um eine stromdurchflossene Spule lässt sich verstärken durch
> - eine größere Windungszahl der Spule,
> - die Verwendung eines Eisenkernes und
> - eine höhere Stromstärke durch die Spule.

Der Elektromagnet

Eisennägel werden von einer Spule angezogen, sobald Strom durch ihre Windungen fließt (▷ B 4). Eine anziehende Wirkung hast du auch schon zwischen einem Dauermagneten und Eisennägeln beobachtet. Die Strom führende Spule verhält sich wie ein Magnet. Wird der Stromfluss unterbrochen, fallen die Nägel ab.

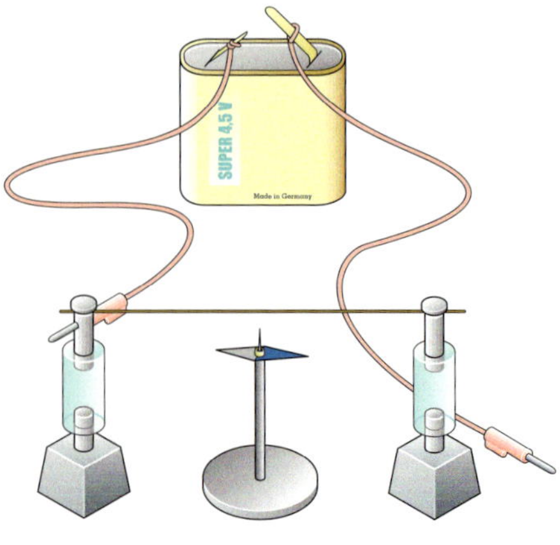

2 Zu Versuch 1

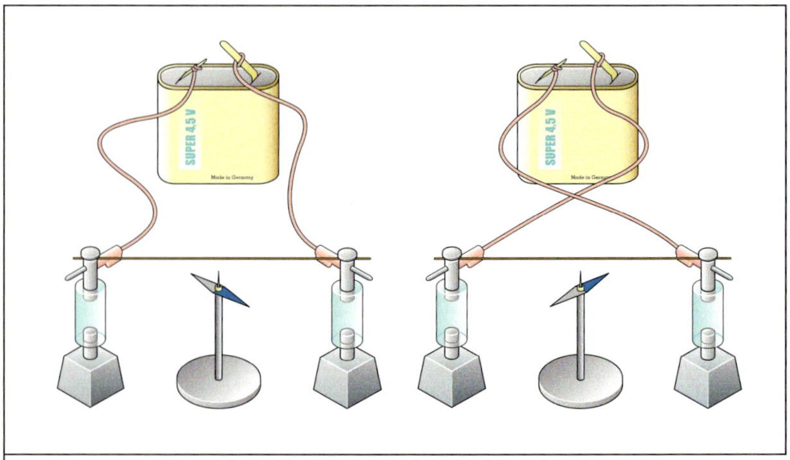

3 Ablenkung einer Kompassnadel bei verschiedenen Stromrichtungen.

4 Elektromagnet Spule

Eine Strom führende Spule ist ein Elektromagnet.

Zwischen einem Elektromagneten und einer Kompassnadel wirken Anziehungs- und Abstoßungskräfte. Im Gegensatz zum Dauermagneten ist die Stärke des Elektromagneten regelbar.
Elektromagnete können abgeschaltet und umgepolt werden. Die Umpolung erfolgt durch Änderung der Stromrichtung.

Aufgaben

1 Begründe die Reihenschaltung der Spulen in Versuch 3.

2 Die Stärke eines Elektromagneten soll verringert werden. Welche Möglichkeiten gibt es?

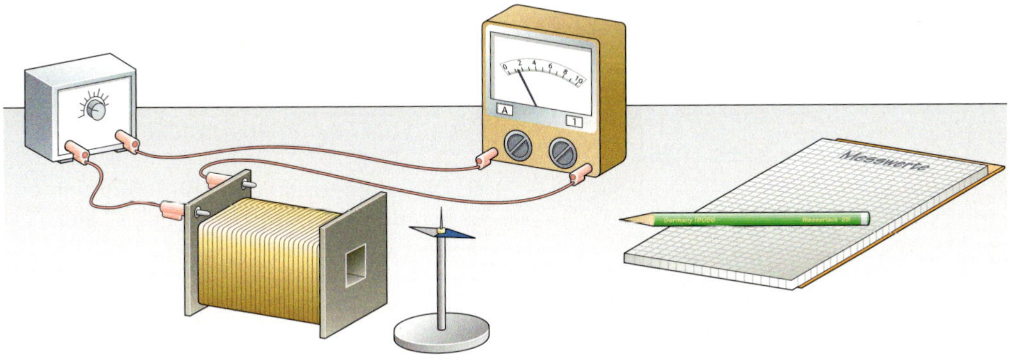

5 Zu Versuch 2c

Versuche

1 a) Spanne einen etwa 30 cm langen Kupferdraht in zwei Isolierstützen ein. Lasse eine Kompassnadel sich in Nord-Südrichtung einpendeln. Richte den Draht parallel zur Nadel aus (▷ B 2). Schließe den Draht an eine Gleichspannungsquelle (6 V) an. Beobachte!
b) Wiederhole V1a, mit veränderter Stromrichtung.

2 a) Schließe eine Spule mit 600 Windungen an eine Gleichspannungsquelle (6 V) an. Stelle in die Nähe der Spule eine Kompassnadel und schalte den Strom ein.
b) Wiederhole den Versuchsteil a) mit einem Eisenkern im Spuleninneren.
c) Schließe die Spule mit 600 Windungen in Reihe mit einem Strommesser an eine Gleichspannungsquelle an. Bringe eine Kompassnadel in Spulennähe. Beginne bei einer Spannung von 3 V erhöhe dann auf 6 V. Notiere die Stromstärken und die Stärke der Nadelbewegung.

3 Baue eine Reihenschaltung mit drei Spulen (300, 600 und 1200 Windungen) auf. Stelle vor jede Spule in gleichem Abstand eine Kompassnadel. Lege eine Spannung von 6 V an.

4 Wickle ein Kabel mehrfach um einen großen Eisennagel (▷ B 4). Schließe den selbst gebauten Elektromagneten an eine 4,5-V-Batterie an und teste wie viele Eisennägel er anzieht.

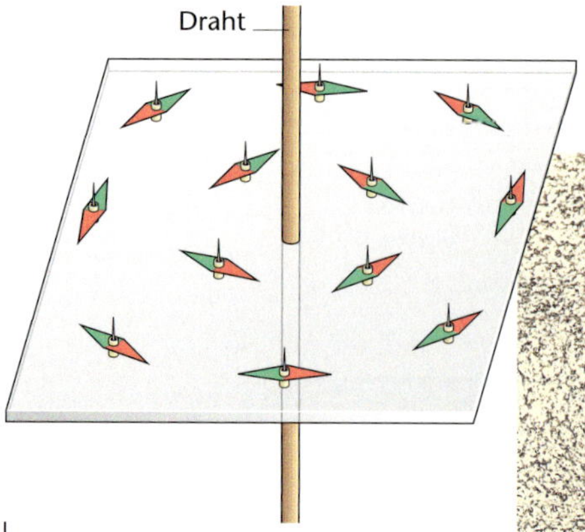

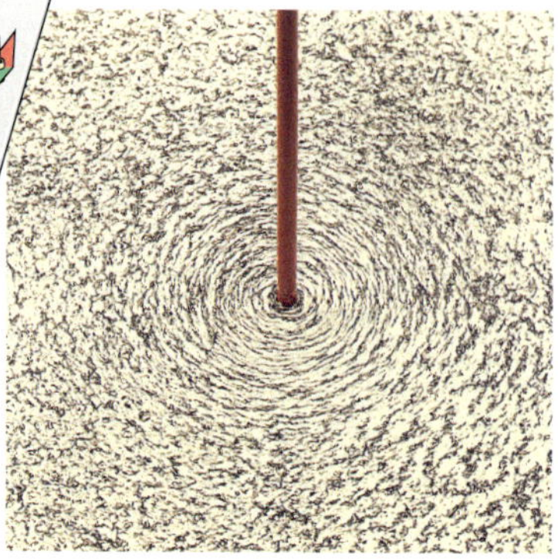

1 Magnetfeld eines geraden Leiters

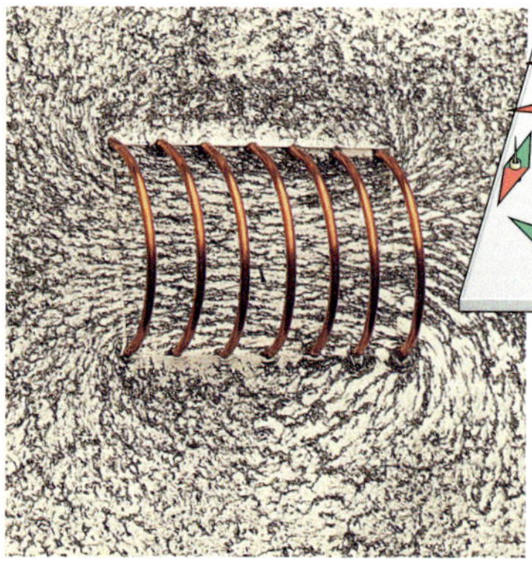

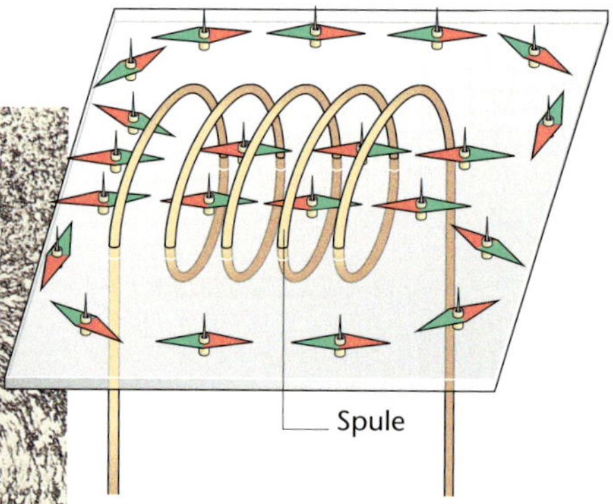

2 Magnetfeld einer Spule

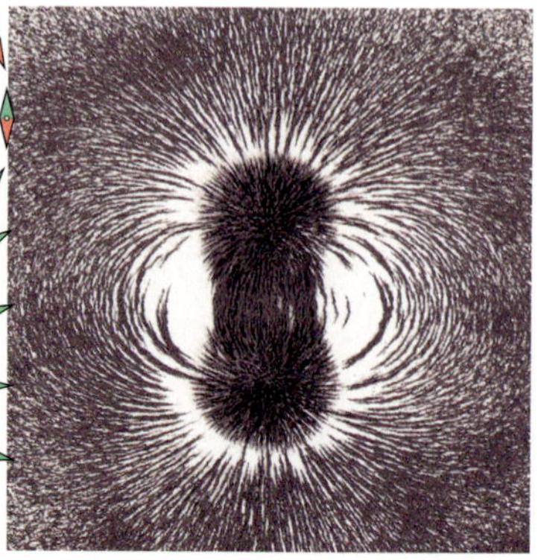

3 Magnetfeld eines Stabmagneten

Magnetfelder werden sichtbar gemacht
Du weißt bereits, dass sich Kompassnadeln und Eisenfeilspäne in Magnetfeldern ausrichten. Sie können daher als Hilfsmittel dienen, um den Magnetfeldern von stromdurchflossenen Drähten und Spulen auf die Spur zu kommen.

Bild 1 zeigt eine Plexiglasplatte, durch die ein elektrischer Leiter führt. Auf der Platte befinden sich zahlreiche Magnetnadeln. Nach Einschalten des Stromes durch den Draht richten sich alle Magnetnadeln rund um den Leiter aus. Wenn man die Nadeln in Gedanken miteinander verbindet, ergeben sich mehrere geschlossene Kreislinien.

Damit man die Kreise noch besser sieht, kann man Eisenfeilspäne benutzen. Die Späne richten sich um den Leiter herum aus. Deutlich ist die Struktur der magnetischen Feldlinien zu erkennen.

Aus diesen Versuchen kann man auf den Verlauf der Feldlinien schließen:

▶ Die magnetischen Feldlinien um einen geraden stromdurchflossenen Leiter sind kreisförmig.

Magnetfelder um Spulen
Im Bild 2 siehst du, wie sich Kompassnadeln und Eisenfeilspäne in der Umgebung einer stromdurchflossenen Spule ausrichten. Das Ganze erinnert an das Magnetfeld um einen Stabmagneten (▷ B 3). So hat die Spule ebenfalls einen magnetischen Nord- und Südpol.
Im Unterschied zum Stabmagneten können wir bei der Spule den Verlauf der Feldlinien im Inneren beobachten.

Im Inneren verlaufen die Feldlinien annähernd parallel (▷ B 2). In diesem Bereich hat das magnetische Feld überall die gleiche Stärke und Richtung.

▶ Das Magnetfeld um eine stromdurchflossene Spule ähnelt dem eines Stabmagneten. Bei einer stromdurchflossenen Spule sind die Magnetfeldlinien geschlossen.

Dauermagnete und Elektromagnete

Magnete im Vergleich

In den meisten elektrischen Geräten und Maschinen sind Elektromagnete eingebaut. Sie sind meist leichter als Dauermagnete und bieten noch weitere Vorteile.
Es gibt aber auch Anwendungen, wie z. B. Lautsprecher (▷ B 3), wo Dauermagnete verwendet werden.
Neben Unterschieden gibt es für beide Magnete auch viele Gemeinsamkeiten.

Aufgabe

1 Überlege dir Versuche, die die Aussagen über Elektromagnete bestätigen. Führe die Versuche durch und protokolliere sie in deinem Heft.

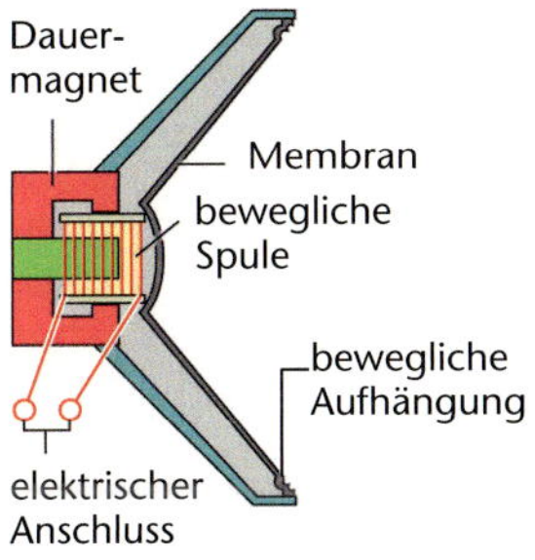

3 Dauermagnete bei Lautsprechern

Gemeinsamkeiten und Unterschiede von Dauer- und Elektromagneten

1. Dauermagnete sind von einem Magnetfeld umgeben. Durch Eisenfeilspäne oder kleine Kompassnadeln kann der Verlauf der Feldlinien sichtbar gemacht werden.

2. Dauermagnete haben Nord- und Südpol. Die Pole liegen fest.

3. Die Stärke eines Dauermagneten bleibt normalerweise erhalten. Nur durch sehr starke Erschütterungen oder Erwärmung kann er seine Magnetkraft verlieren.

4. Gleichnamige Pole stoßen sich ab (▷ B 1), ungleichnamige ziehen einander an.

5. Zwischen Magneten und Körpern, die Eisen, Nickel oder Cobalt enthalten, wirken Anziehungskräfte.

6. Die magnetische Kraft wirkt durch Papier, Pappe, Holz, Kunststoffe usw. hindurch. Sie kann durch Eisen, Nickel und Cobalt abgeschirmt werden.

1. Auch in der Umgebung von stromdurchflossenen Elektromagneten existieren Magnetfelder, die durch Eisenfeilspäne oder kleine Magnetnadeln nachgewiesen werden können.

2. Elektromagnete haben ebenfalls Nord- und Südpol. Durch Umkehrung der Stromrichtung lassen sich die Magnetfelder umpolen.

3. Die Stärke von Elektromagneten ist regelbar. Elektromagnete kann man abschalten.

4. Es gelten die Polgesetze (▷ B 2).

5. Es gibt Anziehungskräfte zwischen Elektromagneten und Körpern, die Eisen, Nickel oder Cobalt enthalten.

6. Die magnetische Kraft wirkt durch Papier, Pappe, Holz, Kunststoffe usw. hindurch. Sie kann durch Eisen, Nickel und Cobalt abgeschirmt werden.

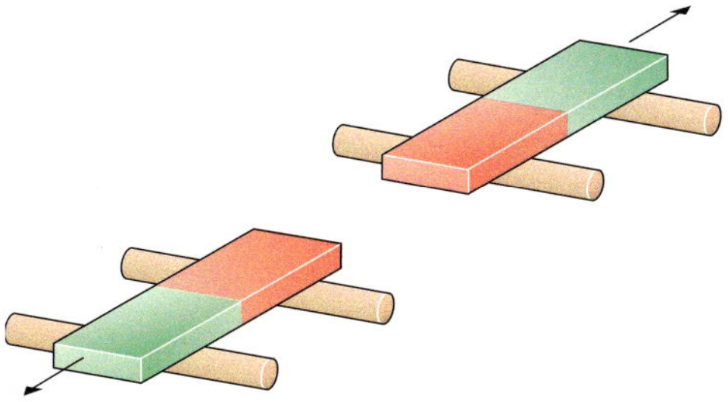

1 Gleichnamige Pole stoßen sich ab.

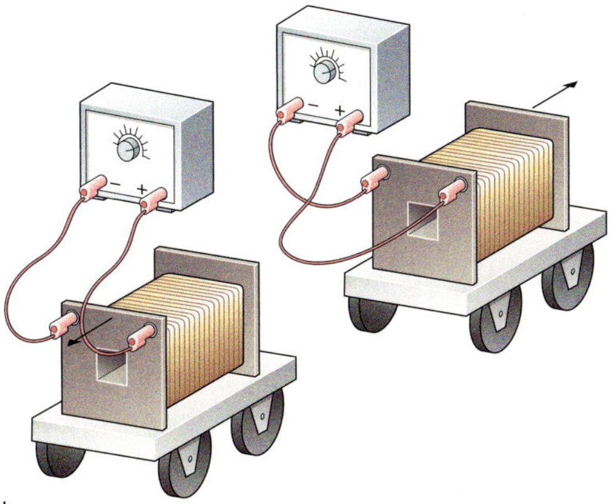

2 Abstoßung auch bei Elektromagneten

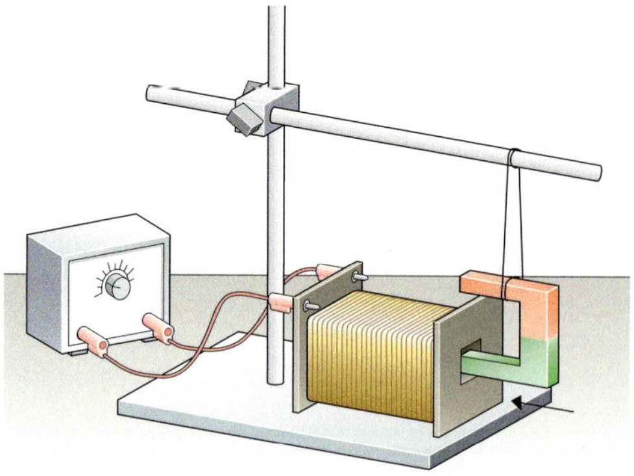

1 Eine stromdurchflossene Spule ist ein Elektromagnet.

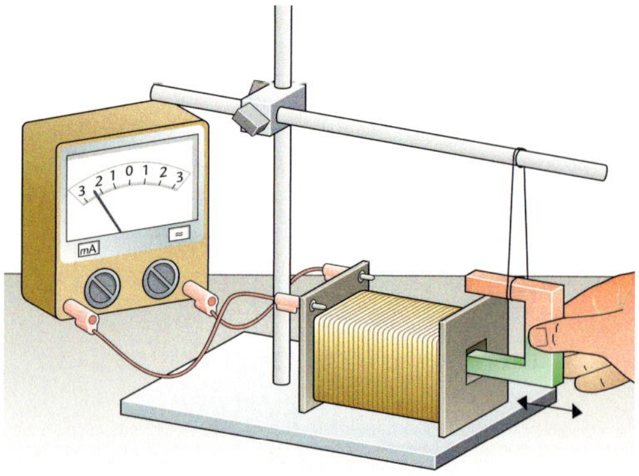

2 Experiment zur Induktion

„Gute magnetelektrische Maschinen, die billig starke Ströme erzeugen können, werden technisch außerordentlich wichtig werden und viele Industriebetriebe ganz umgestalten."

Werner von Siemens, 1889

Ein umkehrbares Experiment

Eine Spule wird zum Elektromagneten, wenn Strom durch ihre Windungen fließt. Diese Erfahrung hast du bereits in Experimenten gemacht.
Um die Strom führende Spule im Bild 1 hat sich ein Magnetfeld aufgebaut. Zwischen diesem und dem Magnetfeld des Dauermagneten wirken Kräfte. Der Magnet wird in die Spule gezogen.

Der englische Physiker MICHAEL FARADAY (1791–1867) fragte sich, ob man dieses Phänomen auch umkehren kann. Ist es möglich, mithilfe von Magneten einen Stromfluss zu erzeugen? FARADAY stellte sich die Aufgabe: „Convert magnetism into electricity."

Strom mit Spule und Magnet

Im Bild 2 ist die Spule nicht mehr an die Spannungsquelle angeschlossen. Zwischen ihren Enden ist nur ein Amperemeter geschaltet. Zuerst wird der Magnet von Hand ausgelenkt, um ihn anschließend in die Spule schwingen zu lassen.

Während der Magnet sich bewegt kannst du am Amperemeter eine wechselnde Anzeige beobachten. Das heißt, durch den Spulendraht fließt Strom, obwohl die Spule mit keiner Spannungsquelle verbunden ist.
FARADAY konnte seine Frage also bejahen: Der Oersted-Versuch lässt sich umkehren.

Spannung wird induziert

Wenn ein Strom durch die Spule fließt, muss eine Spannung vorhanden sein. Der Nachweis lässt sich einfach erbringen, indem im Versuch (▷ B 2) das Amperemeter durch ein Voltmeter ersetzt wird. Der Zeigerausschlag weist die Spannung nach. Die Spannung entsteht aber nur, solange sich der Magnet bewegt.

Diesen Vorgang der Spannungserzeugung bezeichnet man als **elektromagnetische Induktion**.
Man sagt, in der Spule wird eine Spannung induziert. Die entstehende Spannung nennt man deshalb **Induktionsspannung U_{ind}**.

Voraussetzung für Induktion

Wird wie im Bild 3 der Stabmagnet auf die Spule zu bewegt, zeigt das Messgerät eine Spannung an (▷ V 1a). Die Richtung des Zeigerausschlages hängt vom verwendeten Magnetpol und von der Bewegungsrichtung ab (▷ V 1a; V 1b).

Auch wenn der Magnet ruht und die Spule bewegt wird, entsteht eine Induktionsspannung (▷ V 1c). Befinden sich allerdings Spule und Magnet in Ruhe oder werden beide miteinander in die gleiche Richtung bewegt, entsteht keine Induktionsspannung (▷ V 1a; V 1d).

Nur wenn Spule und Dauermagnet gegeneinander bewegt werden, entsteht eine Spannung.

Was geschieht bei der Bewegung von Spule oder Dauermagnet?
Der Stabmagnet ist von einem konstanten Magnetfeld umgeben. Die Spule befindet sich im Einfluss dieses Magnetfeldes.

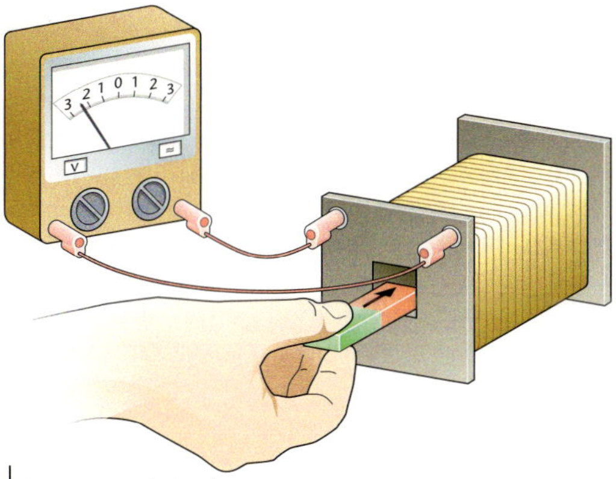

3 Zu Versuch 1a, b

Werden Stabmagnet und Spule aufeinander zu bewegt, dann nimmt die magnetische Wirkung des Stabmagneten auf die Spule zu. Sie befindet sich in einem stärker werdenden Magnetfeld.
Werden Magnet und Spule wieder voneinander entfernt, dann verringert sich seine magnetische Wirkung auf die Spule. Sie befindet sich in einem schwächer werdenden Magnetfeld. Werden Spule und Magnet miteinander bewegt (▷ V 1d), dann bleibt die magnetische Wirkung auf die Spule gleich.

Aus den Versuchen ergibt sich das Induktionsgesetz:

Solange sich in einer Spule das Magnetfeld ändert, wird in ihr eine Spannung induziert. Die entstehende Spannung heißt Induktionsspannung.

Sind beim Induktionsvorgang die beiden Enden der Spule leitend miteinander verbunden, dann fließt ein Strom. Er heißt **Induktionsstrom I_{ind}**.

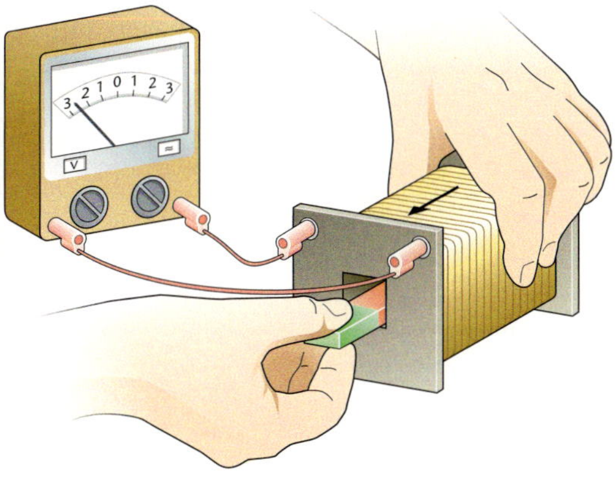

4 Zu Versuch 1c

Versuch

1 Baue den Versuch nach Bild 3 auf. Verwende eine Spule mit 1200 Windungen und ein Spannungsmessgerät mit Zeigermittelpunktslage. Führe die folgenden Versuche durch und beobachte jeweils den Zeiger des Messgerätes. Notiere deine Beobachtungen!

a) Schiebe den Stabmagneten mit dem Nordpol in die Spule hinein. Lasse ihn kurz in der Spule ruhen und ziehe ihn dann wieder heraus.

b) Wiederhole Versuchsteil a), benutze aber jetzt den Südpol des Stabmagneten.

c) Halte den Magneten fest und schiebe die Spule über den Magneten, zunächst über den Nord- dann über den Südpol.

d) Bewege Spule und Magnet miteinander in die gleiche Richtung.

Aufgaben

1 Beschreibe den Vorgang der elektromagnetischen Induktion.

2 Tom will mit einer Spule und einem Magneten ein Lämpchen zum Leuchten bringen. Er nimmt eine Spule mit großer Windungszahl und legt einen starken Dauermagneten in ihr Inneres. Was meinst du dazu? Begründe deine Antwort.

3 Beschreibe, wie es in den Versuchen 1a), b) und c) zur Veränderung des magnetischen Feldes kommt.

4 Wenn sich eine Spule in einem veränderlichen Magnetfeld befindet, dann entsteht immer eine Induktionsspannung. Wann fließt dabei auch ein Induktionsstrom?

5 Welche Möglichkeiten gibt es, bei einem Induktionsversuch mit Spule und Magnet die Richtung des entstehenden Induktionsstromes umzukehren?

6 Warum konntest du in deinen Versuchen immer nur kurzzeitig eine Spannung entstehen lassen?

5 Spule mit 300 Windungen

1 Mehr Spannung...

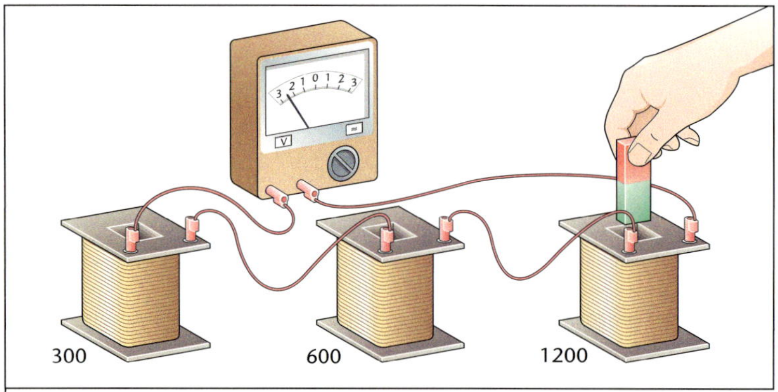

2 Induktionsspannung bei verschiedenen Windungszahlen

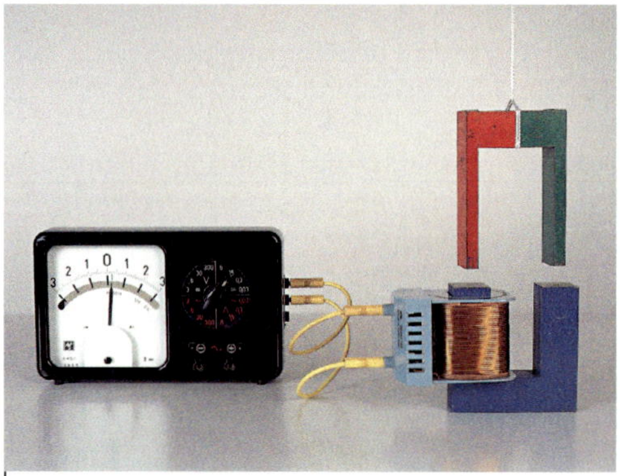

3 Ein Eisenkern erhöht die Induktionsspannung

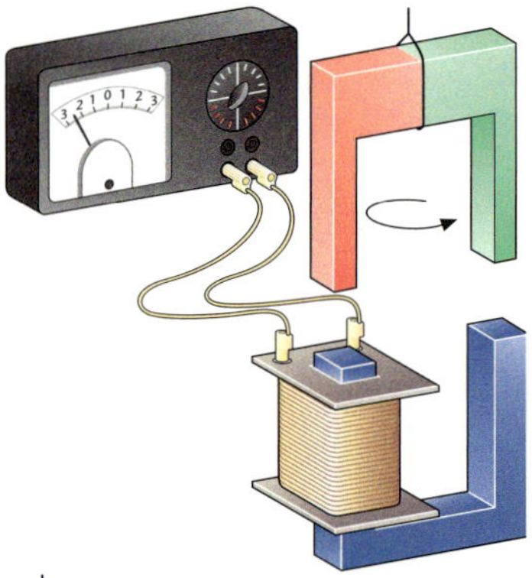

4 Induktionsspannung mit Eisenkern

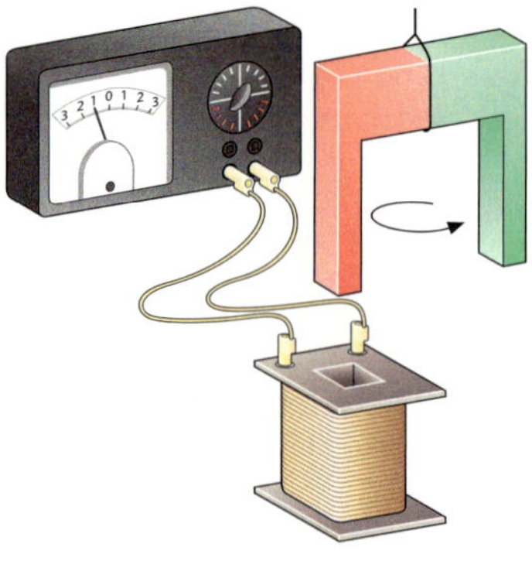

5 Induktionsspannung ohne Eisenkern

Elektrizität für alle?

Michael hat die Superidee: Er will mit Stabmagnet und Spule Induktionsspannungen erzeugen und damit Fernseher, Computer, Bohrmaschine usw. betreiben. Sein Problem ist nur: „Wie kann ich eine ausreichend große Spannung erzeugen?“

Es gibt mehrere Möglichkeiten, die Größe der Induktionsspannung zu beeinflussen. Im Bild 2 werden Spulen mit unterschiedlichen Windungszahlen verwendet. Bei der Spule mit der größten Windungszahl ist die erreichte Induktionsspannung am höchsten. Voraussetzung: Es wird immer der gleiche Magnet verwendet und er wird immer gleich schnell bewegt.

Wenn du einen Magneten mit stärkerer Magnetkraft benutzt, kannst du ebenfalls höhere Induktionsspannungen erzeugen.
Du kannst auch die Spule oder den Magneten schneller bewegen, um die Induktionsspannung zu erhöhen.

In den Bildern 4 und 5 drehen sich gleiche Magnete über Spulen mit gleichen Windungszahlen. In der Spule mit dem Eisenkern entsteht eine höhere Induktionsspannung, weil der Eisenkern magnetisiert wurde.

Die Induktionsspannung kann vergrößert werden durch
1. eine größere Windungszahl der Spule,
2. die Verwendung eines stärkeren Magneten und
3. eine schnellere Bewegung von Magnet oder Spule.

Versuch

1 Überlege dir Versuche, mit denen du unterschiedlich hohe Induktionsspannungen erzeugen kannst. Experimentiere mit Spulen unterschiedlicher Windungszahl, mit verschiedenen Magneten und Eisenkernen. Protokolliere alle Versuche.

Aufgaben

1 Formuliere den Merksatz als „je – desto“-Beziehung.

2 Begründe deine Ergebnisse aus Versuch 1.

Induktion im Versuch

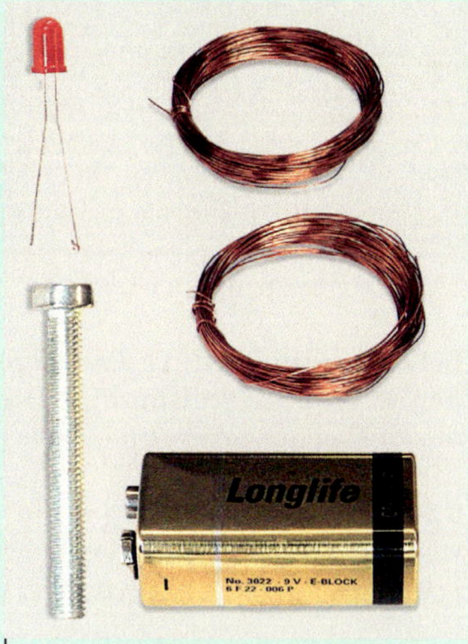

1 Zu Versuch 1

1 Faradays Versuch zur Induktion

Material

1 Schraube (Ø 6–8 mm, ca. 6 cm lang, Baumarkt), ca. 10 m Kupferlackdraht (Ø ca. 0,3 mm, Baumarkt oder Reparaturwerkstätten für Elektromotoren), 1 Flachbatterie 4,5 V (Elektrohandel, Baumarkt),1 rote Leuchtdiode (2 mA, sog. „low current" LED, erhältlich im Elektronik-Fachhandel oder -Versand), 1 Messer, evtl. Lötkolben

Versuchsanleitung

Wickle jeweils 5 m Kupferlackdraht auf die beiden Enden der Schraube, sodass zwei getrennte Spulen entstehen (▷ B 2). Achte darauf, dass die beiden Enden des Drahtes aus jeder Spule herausragen!
Kratze mit dem Messer den Isolationslack von allen Drahtenden ab.

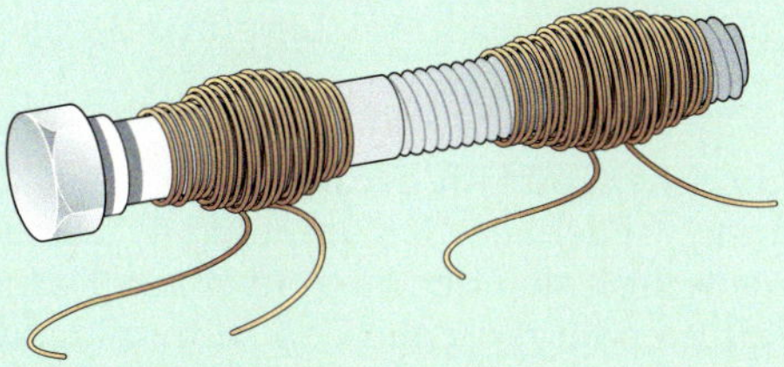

2 Die Induktionsspule

Verbinde dann die Leuchtdiode mit den beiden Anschlüssen einer Spule. Die Anschlüsse dürfen sich dabei nicht berühren!
Verbinde die beiden Drahtenden der anderen Spule mit den Anschlüssen der Flachbatterie. Die

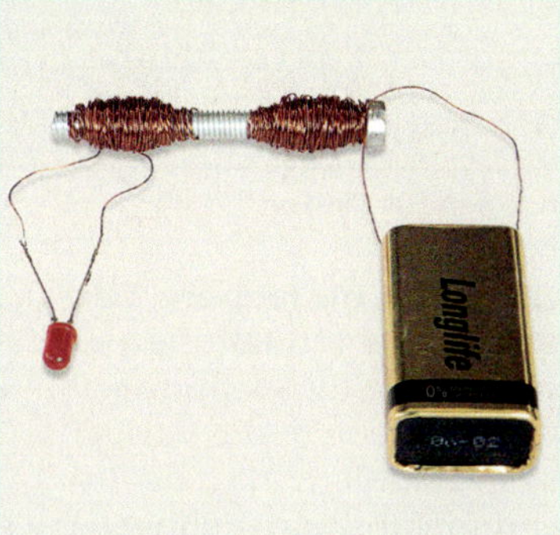

3 Anschluss der Leuchtdiode

Leuchtdiode blitzt nur in dem Moment kurz auf, in dem der Stromkreis unterbrochen oder geschlossen wird.
Falls der Versuch nicht funktioniert, vertausche die Anschlüsse an der Batterie.

2 Das „Schüttellicht"

Material

2 starke, runde Dauermagnete (Ø 6 mm, 20 mm lang, Elektronik-Fachhandel oder -Versand),
1 Hülle von einem einfachen Kugelschreiber (der Durchmesser der Hülle sollte überall gleich sein und muss etwas größer sein als der Durchmesser der Magnete),
1 Mikro-Glühlampe (1,2 V, 15 mA, Elektronik-Fachhandel oder -Versand), Kupferlackdraht (Ø 0,3 mm, ca. 70 m lang), 1 Messer, Klebstoff, evtl. Lötkolben

Versuchsanleitung

Wickle den Kupferdraht auf die Kugelschreiberhülle. Damit sich der Draht dabei nicht unbeabsichtigt verknotet, wickelst du ihn direkt von der Vorratsspule auf (▷ B 4). Achte darauf, dass die einzelnen Windungen möglichst dicht aneinander liegen.
Befestige die beiden Enden der so entstandenen Spule durch Klebeband oder Klebstoff, sonst kann sich der Draht wieder abwickeln. Entferne den Isolationslack an den Drahtenden und schließe die Mikro-Glühlampe an die Spule an.

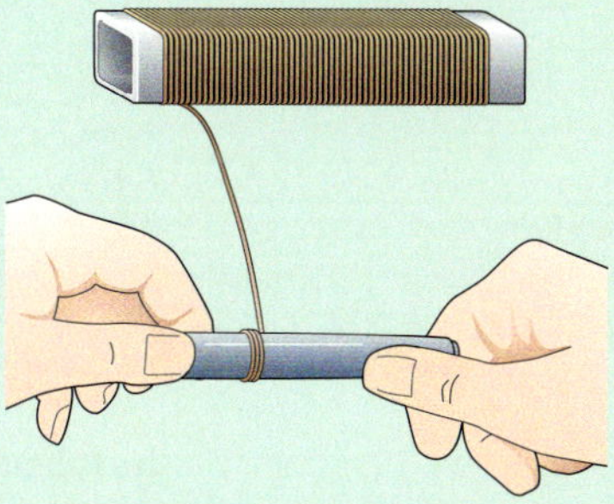

4 Der Draht wird aufgewickelt.

Stecke die beiden Dauermagnete (Nord- an Südpol) in die Kugelschreiberhülle (▷ B 5). Stecke nun die Kappe des Kugelschreibers wieder auf. Wenn du diese Anordnung sehr schnell schüttelst, dann glimmt die Lampe immer wieder kurz auf (▷ B 6).

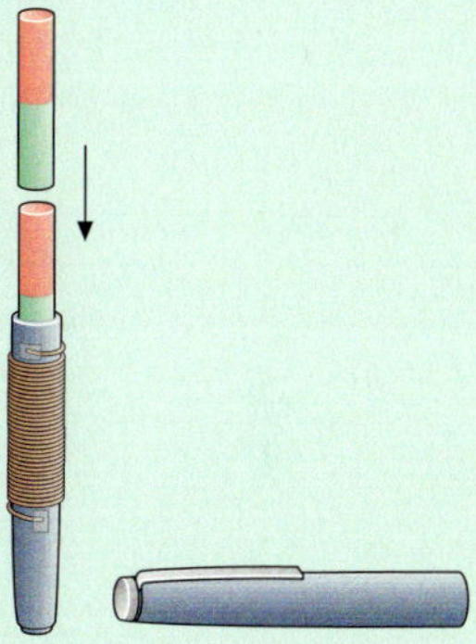

5 Magnete in der Kugelschreiberhülle

Du kannst diesen Effekt deutlicher erkennen, wenn es im Raum nicht zu hell ist.

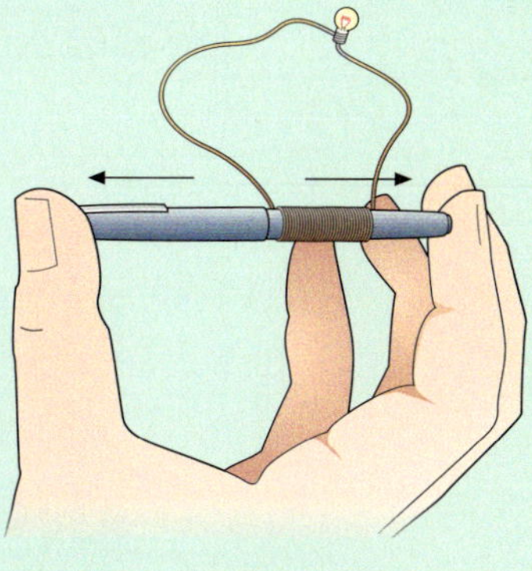

6 Das fertige Schüttellicht

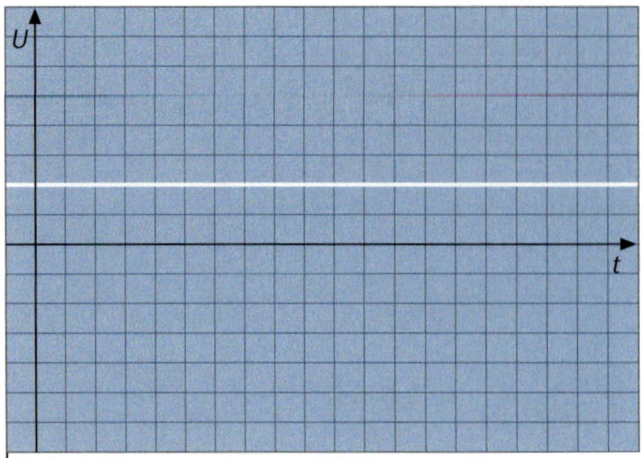

1 Gleichspannung am Oszilloskop

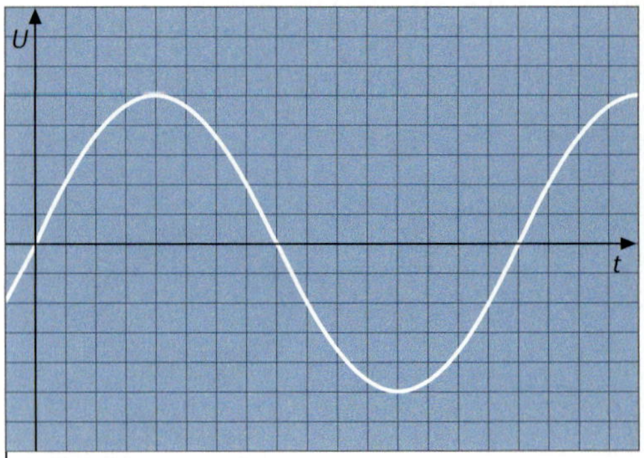

3 Wechselspannung am Oszilloskop

Induktionsspannung für längere Zeit
Bisher konntest du bei Induktionsvorgängen immer nur kurzzeitig Spannungen erzeugen. Wie könnte man die Versuchsbedingungen so abändern, dass die Induktionsspannung über einen längeren Zeitraum bestehen bleibt?

Wenn sich ein Magnet wie in Bild 2 gezeigt über einer Spule dreht, pendelt der Zeiger eines angeschlossenen Voltmeters ständig zwischen zwei Umkehrpunkten hin und her (▷ V 1a). Die Zeigerbewegung lässt erkennen, dass die entstehende Spannung fortlaufend ihre Polung wechselt.
In der Spule wird eine **Wechselspannung** induziert.

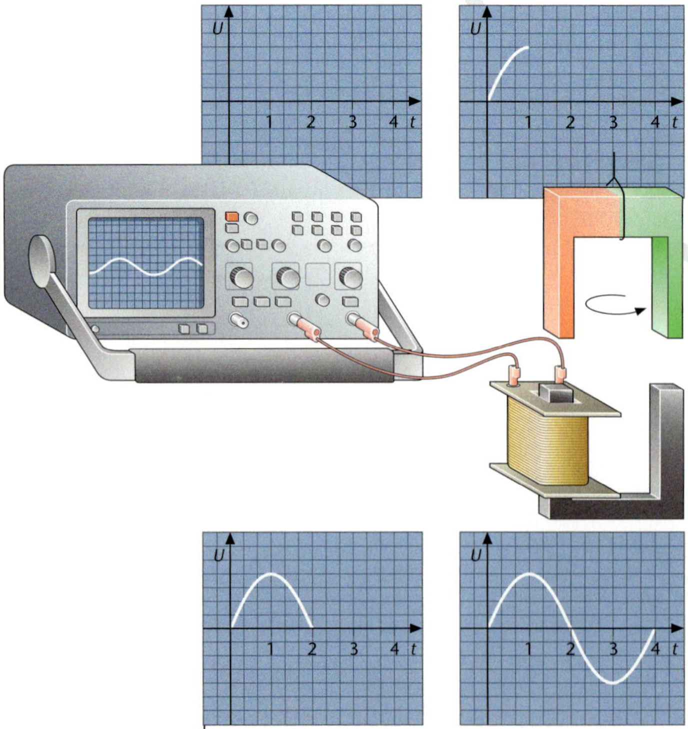

2 Zu Versuch 1

Bei einer Umdrehung des Magneten hat der Zeiger eine vollständige Hin- und Herbewegung ausgeführt (▷ V 1b).

Das Oszilloskop
Wenn man den zeitlichen Verlauf von Spannungen sichtbar machen will, verwendet man anstelle eines Messgerätes ein Oszilloskop (▷ B 2). Auf der senkrechten Achse des Bildschirmes (▷ B 1) wird die Spannung und auf der waagerechten die Zeit dargestellt.
Wird das Oszilloskop mit einer Gleichspannungsquelle verbunden, erscheint auf dem Bildschirm eine zur x- bzw. Zeitachse parallele Gerade. Das bedeutet: Die Spannung ist zu jedem Zeitpunkt gleich (▷ B 2).

Legt man aber eine Wechselspannung an das Oszilloskop, dann wird der Leuchtpunkt auch noch in y-Richtung, also nach oben und unten bewegt (▷ B 3).
Bild 2 zeigt die Bildschirmanzeige des Oszilloskops im Versuch mit dem drehenden Magneten für eine volle Drehung des Magneten. Zum Zeitpunkt 0 beträgt die Spannung 0 V. Sie steigt dann ständig an, und hat zum Zeitpunkt 1 ihren Maximalwert, die **Spitzenspannung**, erreicht. Dieser Maximalwert heißt **Amplitude**.

Anschließend wird die Spannung wieder kleiner und beträgt zum Zeitpunkt 2 wieder 0 V. Jetzt ändert sich die Polung. Danach wird der Betrag der Spannung wieder größer und erreicht im Zeitpunkt 3 erneut den Maximalwert.

Anschließend fällt der Betrag der Spannung wieder auf 0 V (Zeitpunkt 4). Danach wiederholt sich der Kurvenverlauf. Das Zeitintervall zwischen den Zeitpunkten 0 und 4 umschließt eine **Periode** der Wechselspannung.

Wenn sich eine physikalische Größe zeitlich periodisch ändert (▷B3), dann spricht man von einer **Schwingung**. Die **Frequenz** der Schwingung gibt an, wie viele Perioden sich in einer Sekunde wiederholen.
Bei fünfzig Wiederholungen pro Sekunde beträgt die Frequenz 50 Hz. Das ist die Frequenz der Wechselspannung, die an der Steckdose anliegt.

Spannung und Stromstärke
Wenn eine Wechselspannung induziert wird, dann fließt bei geschlossenem Stromkreis ein Wechselstrom. Stromstärke und Spannung ändern sich im gleichen Rhythmus.

6 V Gleich- und 6 V Wechselspannung
Mit einem Oszilloskop kann man Spannungen nicht nur sichtbar machen, man kann sie auch messen.

Ein Lämpchen wird einmal an 6 V Gleichspannung und einmal an eine Wechselspannung mit 6 V Spitzenspannung angeschlossen (▷V2). Trotz der gleichen Spannungswerte leuchten die Lämpchen unterschiedlich hell (▷B4; B5). Die Lampe an der Gleichspannung leuchtet heller. Das liegt daran, dass bei der Wechselspannung die Spitzenspannung (oder Amplitude) von 6 V nur kurzzeitig erreicht wird.

Wenn du die Wechselspannung in Versuch 2b so lange erhöhst, bis beide Lampen gleich hell leuchten, kannst du als Amplitude einen Wert von 8,4 V ablesen. Die Voltmeter zeigen aber im Gleich- und Wechselstromkreis 6 V an (▷V2c).

Um die gleiche Helligkeit beider Lämpchen zu erreichen, benötigt man also eine höhere Wechselspannung, da die Amplitude der Spannung nur kurzzeitig erreicht wird. Eine Wechselspannung mit 8,4 V Spitzenspannung entspricht einer Gleichspannung von 6 V. Diese Spannung wird **Effektivwert** genannt. Das Voltmeter zeigt den Effektivwert an. Gleiches gilt auch für die Stromstärke im Wechselstromkreis.

Die Amplituden von Spannung und Stromstärke im Wechselstromkreis werden nur kurzzeitig erreicht. Die Messgeräte zeigen immer die Effektivwerte an.

In unserem Netz beträgt der Effektivwert der Spannung 230 V.

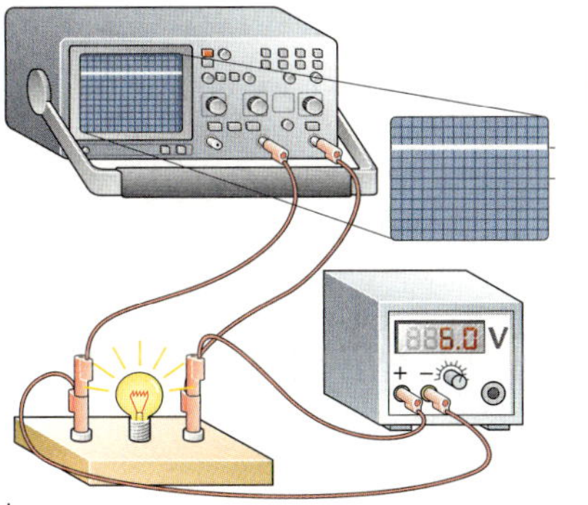

4 Lämpchen an Gleichspannung

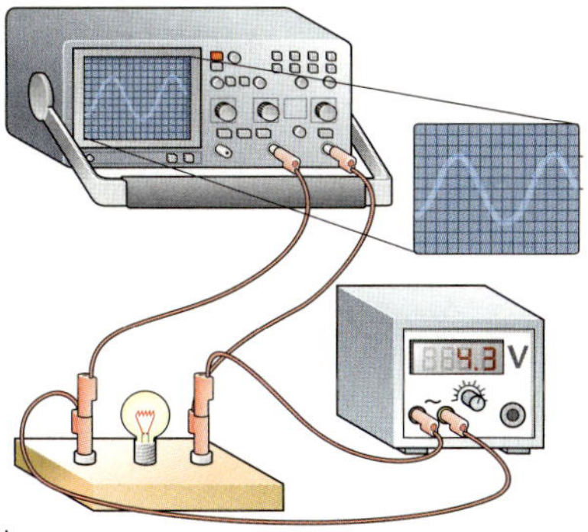

5 Lämpchen an Wechselspannung

Versuche

1 a) Verbinde eine Spule (1200 Windungen, Eisenkern) mit einem Voltmeter (Zeigermittelpunktslage). Lasse über der Spule einen Magneten rotieren.
b) Drehe den Magneten langsam mit deiner Hand, bis der Zeiger eine vollständige Hin- und Herbewegung ausgeführt hat. Um wie viel Grad hast du den Magneten gedreht?
c) Ersetze das Voltmeter durch ein Oszilloskop und wiederhole den Versuch (▷B2).

2 Zeichne für die folgenden Teilversuche die jeweiligen Schaltbilder ins Heft. Protokolliere die Bildschirmanzeigen und formuliere ein Ergebnis.
a) Lege eine Lampe an 6 V Gleichspannung, eine zweite, gleiche Lampe an eine Wechselspannung mit 6 V Spitzenspannung. Schließe an beide Lampen ein Oszilloskop an. Vergleiche die Bildschirmanzeigen und die Helligkeiten der Lampen (▷B4, B5).
b) Verwende eine regelbare Wechselspannungsquelle und stelle die Spannung so ein, dass beide Lampen gleich hell leuchten. Vergleiche die Bildschirmanzeigen.
c) Ersetze die Oszilloskope durch Voltmeter und miss die Spannungen.

Aufgaben

1 Wechselspannung und Wechselstrom werden als zeitabhängige Größen bezeichnet. Begründe!

2 Nenne Unterschiede zwischen Gleich- und Wechselspannung sowie Gleich- und Wechselstrom.

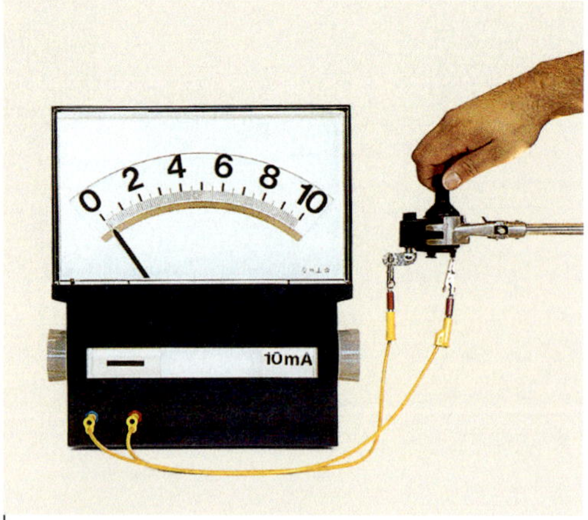

1 Zu Versuch 1

Versuch

1 a) Schließe ein Fahrradlämpchen an einen Fahrraddynamo an. Drehe das Antriebsrädchen mit der Hand an (▷B 1). Was kannst du beobachten?
b) Schließe den Fahrraddynamo an ein Amperemeter mit Mittelpunktslage an. Drehe das Rädchen erst langsam, dann immer schneller. Was zeigt das Amperemeter an?

Ein Kleingenerator

Zur Versorgung der Fahrradbeleuchtung mit elektrischer Energie wird keine Batterie verwendet, sondern ein Dynamo. Die Aufgabe des Fahrradynamos ist es, mechanische in elektrische Energie umzuwandeln. Die mechanische Energie hat ihren Ursprung in der Antriebsarbeit, die der Radfahrer mithilfe seiner Muskelkraft leistet. Ein Teil dieser Energie wird für den Dynamo verwendet.

Da ein Fahrraddynamo elektrische Energie „erzeugt“ wird er auch als **Generator** bezeichnet (genesis, lat. Erzeugung).

Große Generatoren zur Erzeugung elektrischer Energie werden in vielen Bereichen eingesetzt, insbesondere in Kraftwerken.

Wechselspannung durch Induktion

Betrachte den Aufbau eines einfachen Fahrraddynamos (▷B 2; B 3). Ein starker Dauermagnet dreht sich im Inneren einer Spule, die auf einen Eisenkern gewickelt ist. Durch die Drehung des Dauermagneten ändert sich das Magnetfeld ständig. Dadurch wird in der Spule eine Wechselspannung induziert (▷V 1b).

Ein Dynamo (Generator) erzeugt durch Induktion Wechselspannung. In einem Dynamo rotiert ein Magnet in einer Spule.

Aufgrund des Wechselstroms des Dynamos müsste eigentlich die Fahrradbeleuchtung ständig an- und ausgehen. Beim Fahren merkst du davon nichts. Das Antriebsrad des Dynamos dreht sich so schnell, dass die Helligkeitsänderungen der Beleuchtung nicht mehr wahrzunehmen sind.

Außerdem verwendet man in Dynamos Dauermagnete, die mehrere Nord- und Südpole besitzen (▷B 3). Beim Drehen dieser Magnete ändert sich das Magnetfeld noch schneller und die Frequenz des Wechselstromes steigt.

2 Die Bestandteile eines Fahrraddynamos

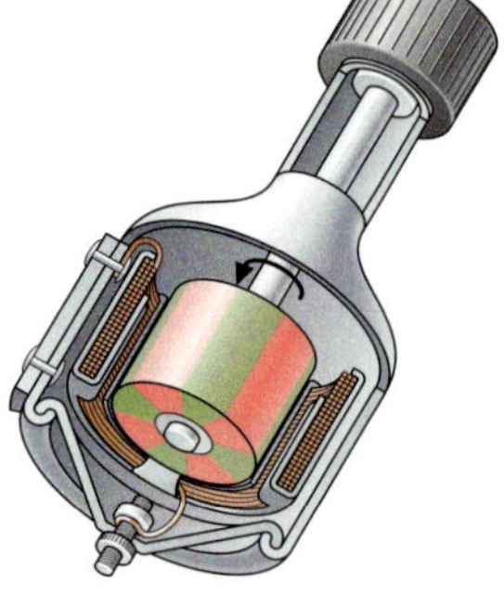

3 Der Aufbau eines Dynamos

Der „Mikrogenerator"

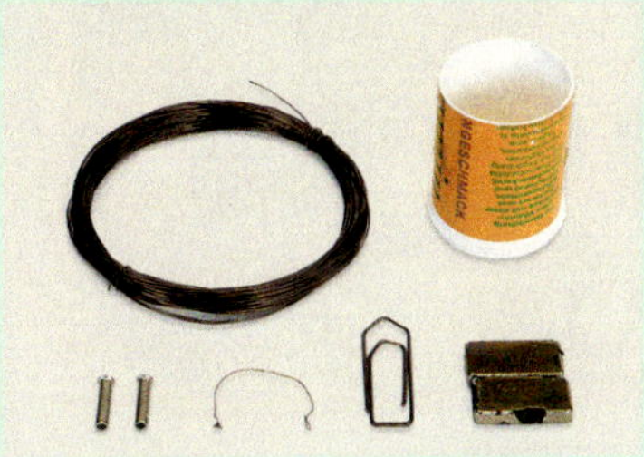

Material
1 Filmdose oder 1 Tablettenröhrchen (z. B. der untere Teil eines Röhrchens für Vitamintabletten), 2 sehr starke Dauermagnete, (20 mm · 10 mm · 4 mm), 1 Mikro-Glühlampe (1,2 V; 15 mA), ca. 50 m Kupferlackdraht (Ø 0,3 mm), 1 Büroklammer, 2 Adernendhülsen, Klebstoff, Klebeband, Messer, Zange, evtl. Lötkolben und Bohrmaschine

Hinweis
Mit diesem Mikrogenerator kannst du eine Glühlampe zum Leuchten bringen, allerdings müssen die beiden Dauermagnete eine große Magnetkraft besitzen. Die Magnete einer Pinnwand z. B. eignen sich für diesen Versuch nicht.
Bei sehr schneller Drehung besteht die Gefahr, dass die Mikro-Glühlampe durchbrennt. Sicherheitshalber kannst du auch eine „normale" Taschenlampen-Glühlampe (z. B. 4 V, 40 mA) anschließen. Dann musst du die Dauermagnete sehr schnell drehen!

Die Spule des Generators
Bohre genau durch die Mitte der Filmdose zwei Löcher mit einem Durchmesser von ca. 2 mm (▷ B 1). Durch diese Löcher steckst du von innen nach außen die beiden Adernendhülsen, die anschließend auf der Außenseite verklebt werden. Sie dienen später als Lager für den Rotor, es darf kein Klebstoff in die Hülsen eindringen. Du kannst auch auf die beiden Adernendhülsen verzichten, allerdings entsteht später beim Drehen ein erhöhter Reibungswiderstand.

Befestige das Ende des Kupferdrahtes mit dem Klebeband an der Filmdose und wickle die 50 m Draht um die Dose. Diese Länge entspricht ungefähr 400 Windungen. Du kannst dir diese Arbeit erleichtern, indem du den Draht direkt von der Vorratsspule abwickelst. Achte darauf, dass beide Enden des Drahtes aus der Spule herausragen!
Sichere das zweite Drahtende ebenfalls mit Klebeband oder Klebstoff (▷ B 2).

Der rotierende Magnet
Biege die Büroklammer zu einem möglichst geraden Draht auf. Stecke diesen Draht durch die Adernendhülsen der Filmdose und befestige die beiden Dauermagnete in der Dose am Draht (▷ B 3). Die Magnete halten schon durch ihre starke Magnetkraft recht sicher an dem Draht, durch einen Tropfen Klebstoff kannst du ein Verrutschen beim Drehen vollständig verhindern.
Die beiden Magnete müssen sich jetzt leicht in der Filmdose drehen lassen.

Der fertige Generator
Kratze von den beiden Drahtenden den Lack ab und schließe sie an die Glühlampe an. Wenn du den Draht mit den Magneten schnell drehst, leuchtet die Lampe auf (▷ B 4). Achtung: Drehe nicht zu schnell, sonst wird die Mikro-Glühlampe zerstört!

1 Die Filmdose wird in der Mitte durchbohrt.

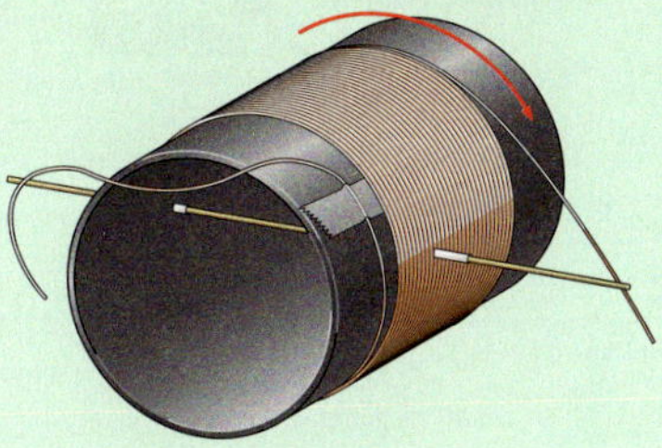

2 Die Spule wird gewickelt.

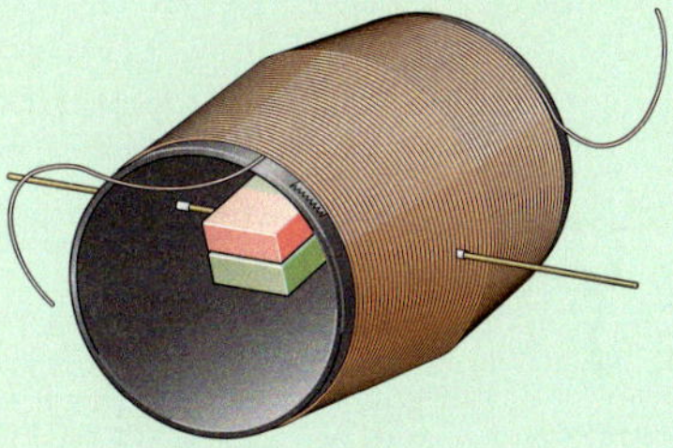

3 Befestigung der Dauermagnete an der Drehachse

4 Der fertige Generator

Brennpunkt

Generatoren

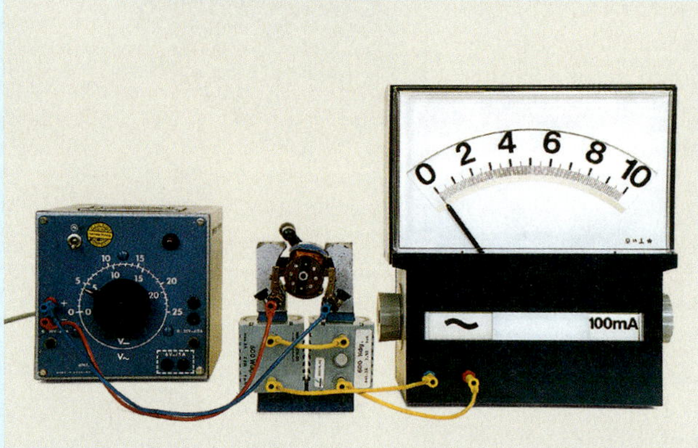

1 Der Magnet rotiert: ein Innenpolgenerator.

4 Notstromaggregat

Der Dynamo – ein Innenpolgenerator
Generatoren erzeugen Elektrizität mithilfe der Induktion. Bei einem Fahrraddynamo dreht sich ein Dauermagnet im Inneren einer feststehenden Spule. Die Spule ist vom veränderlichen Magnetfeld des Dauermagneten durchsetzt. Zwischen ihren Enden entsteht eine Wechselspannung. Generatoren, die nach diesem Prinzip arbeiten, nennt man **Innenpolgeneratoren**.

Generatoren für große Leistungen
Mit einem Dynamo kann man zwei kleine Glühlampen am Fahrrad zum Leuchten bringen. Zur Stromversorgung eines ganzen Hauses eignet er sich nicht. Das Magnetfeld des rotierenden Dauermagneten ist zu schwach, um einen großen Induktionsstrom zu erzeugen.
Ein Elektromagnet erzeugt ein stärkeres Magnetfeld. Ersetzt man den Dauermagneten eines Dynamos durch einen Elektromagneten (▷ V 1b), so lässt sich ein größerer Strom erzeugen. Generatoren, in denen sich ein starker Elektromagnet dreht, werden sowohl in kleinen Notstromaggre-

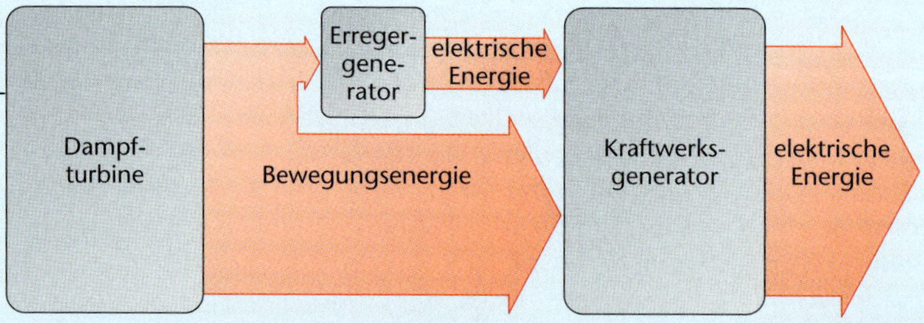

2 Der Erregergenerator versorgt den Kraftwerksgenerator mit elektrischer Energie.

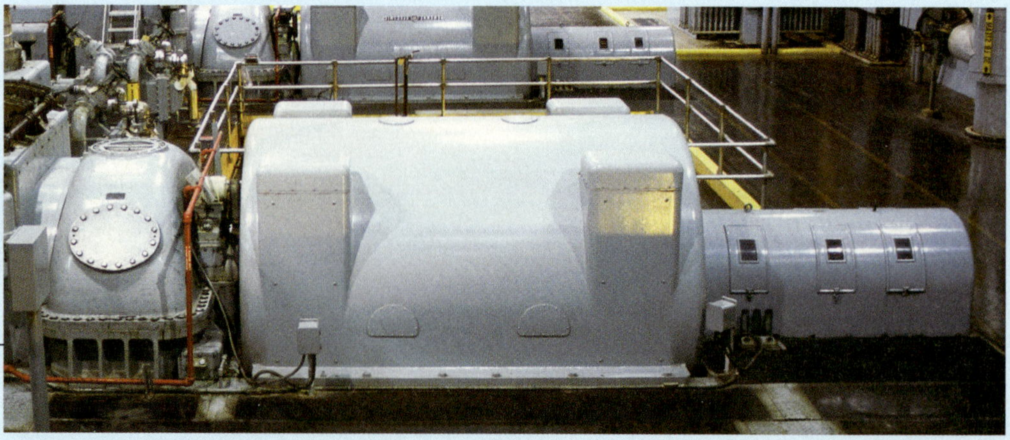

3 Kraftwerksgenerator

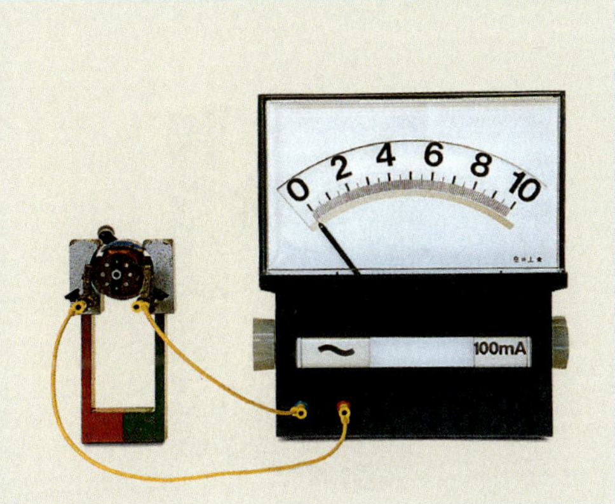

5 Der Magnet ist feststehend: ein Außenpolgenerator.

6 Turbine

gaten (▷ B 4) als auch in den Kraftwerken eingesetzt, die eine ganze Stadt mit Strom versorgen können.

Woher beziehen diese Generatoren den Strom für den rotierenden Elektromagneten? Kraftwerksgeneratoren werden von großen Dampfturbinen angetrieben. An den Antrieb ist ein zusätzlicher „Erregergenerator" angekoppelt, der einen Teil der Bewegungsenergie der Turbine in elektrische Energie umwandelt (▷ B 2). Mithilfe dieser Energie wird das Magnetfeld des rotierenden Elektromagneten erzeugt. Die abgegebene elektrische Energie ist dabei um ein Vielfaches höher als die benötigte elektrische Energie.

Außenpolgeneratoren

Das Prinzip der Innenpol-Generatoren kann umgekehrt werden. Im Versuch 1b wird das Magnetfeld durch einen äußeren, feststehenden Hufeisenmagneten erzeugt. Der Induktionsstrom entsteht hierbei in der drehbaren Spule. Solche Geräte nennt man Außenpolgeneratoren.

Solche Außenpolgeneratoren erzeugen ebenfalls Wechselstrom. Bei jeder Umdrehung wird der Eisenkern der Spule einmal in der einen Richtung und einmal in der anderen Richtung magnetisiert. Folglich fließt auch der Strom für eine halbe Umdrehung in die eine und für die andere halbe Umdrehung in die andere Richtung.

Ein Außenpolgenerator lässt sich so umbauen, dass er Gleichstrom erzeugen kann. Wenn man nach einer halben Umdrehung die Stromrichtung „umkehrt", dann fließt der Strom immer in die gleiche Richtung.

Dies lässt sich durch einen Kommutator erreichen. Er vertauscht nach jeder halben Umdrehung die Anschlüsse der Spule. Wenn das gerade in dem Moment passiert, in dem auch der Wechselstrom seine Richtung ändert, dann entsteht statt Wechselstrom ein Gleichstrom.

Die Leistung von Außenpolgeneratoren lässt sich ebenfalls erhöhen, wenn statt des Dauermagneten ein Elektromagnet verwendet wird.

Versuch

1 a) Auf einen U-förmigen Eisenkern werden zwei Spulen angebracht, miteinander verbunden und an ein Amperemeter angeschlossen.
Auf den Eisenkern wird eine drehbare Spule gesteckt. Sie erhält ihren Strom von einem Netzgerät (▷ B 1).
Man dreht diese Spule und beobachtet das Amperemeter. Wenn die Spule schnell gedreht wird, kann man eine kleine Glühlampe zum Leuchten bringen.

b) Die feststehenden Spulen mit dem Eisenkern werden gegen einen Hufeisenmagneten ausgetauscht. Man verbindet die Anschlüsse der rotierenden Spule mit einem Amperemeter (▷ B 5) bzw. mit einer kleinen Glühlampe. Die Spule wird gedreht und das Amperemeter beobachtet.

c) Man verbindet die Anschlüsse des Amperemeters mit den Anschlüssen des Kommutators an der Spule. Die Spule wird gedreht und das Amperemeter beobachtet.

Versuch

1 a) Wickle einen Kupferdraht um einen Holzstab oder eine Pappröhre. Halte die so entstandene Spule zwischen die Pole eines Hufeisenmagneten. Schließe sie an eine Spannungsquelle an (▷ B 2). Was kannst du beobachten?
b) Vertausche die Anschlüsse der Spule. Was beobachtest du jetzt? Kannst du dir eine Möglichkeit vorstellen, wie man durch Vertauschen der Anschlüsse eine ganze Drehung der Spule erreichen könnte?

2 Zu Versuch 1

Elektromotoren überall
In keinem Lebensbereich können wir auf Elektromotoren verzichten. Keine Waschmaschine arbeitet ohne Elektromotor, ebenso wenig Maschinen in Industriebetrieben und selbst der Computer würde ohne Elektromotoren für die Festplatte und den Lüfter nicht funktionieren.

In einem offenen Elektromotor kannst du eine Spule erkennen, die auf einen Eisenkern gewickelt ist (▷ B 1). Auch hierbei handelt es sich um einen Elektromagneten. Doch Magnete können sich nur anziehen oder abstoßen. Wie kann man erreichen, dass ein Elektromotor eine Drehbewegung erzeugt?

Ein „einfacher" Elektromotor?
In Versuch 1 hast du bereits den Vorläufer eines Elektromotors aufgebaut. Auch er enthält – wie jeder Elektromotor – einen feststehenden Magneten, der zum **Stator** des Motors gehört (lat. stare: stehen). Im Magnetfeld des Stators dreht sich eine Spule, die zum **Rotor** gehört (lat. rota: Rad).

Dieser „Motor" besitzt aber zwei große Nachteile:

1. Die Spule führt maximal eine halbe Umdrehung aus, denn dann stehen sich ungleichnamige Pole von Dauermagnet und Spule gegenüber. Da sich diese anziehen, dreht sich die Spule nicht weiter.

2. Wenn nach einer halben Umdrehung die Anschlüsse der Spule vertauscht würden, könnte sich die Spule weiter drehen. Durch die Umdrehungen wickeln sich jedoch die Anschlusskabel der Spule auf. Dadurch ist eine weitere Drehung bald unmöglich.

Ein Kommutator löst das Problem
Diese Nachteile werden vermieden, wenn man an der Rotorspule zusätzlich einen **Kommutator** anbringt (lat. commutare: vertauschen). Er besteht aus zwei Ringhälften, an die die Spule des Rotors angeschlossen ist (▷ B 5). Auf die beiden Ringhälften drücken Schleifkontakte, die eine leitende Verbindung von der Rotorspule zur Spannungsquelle ermöglichen.

1 Ein Elektromotor

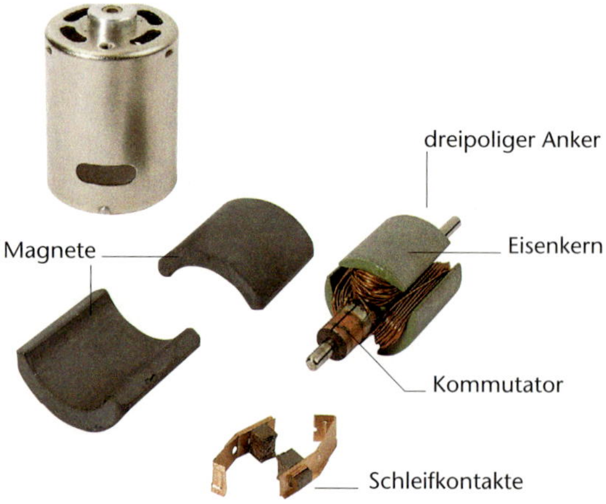

3 Geöffneter Elektromotor

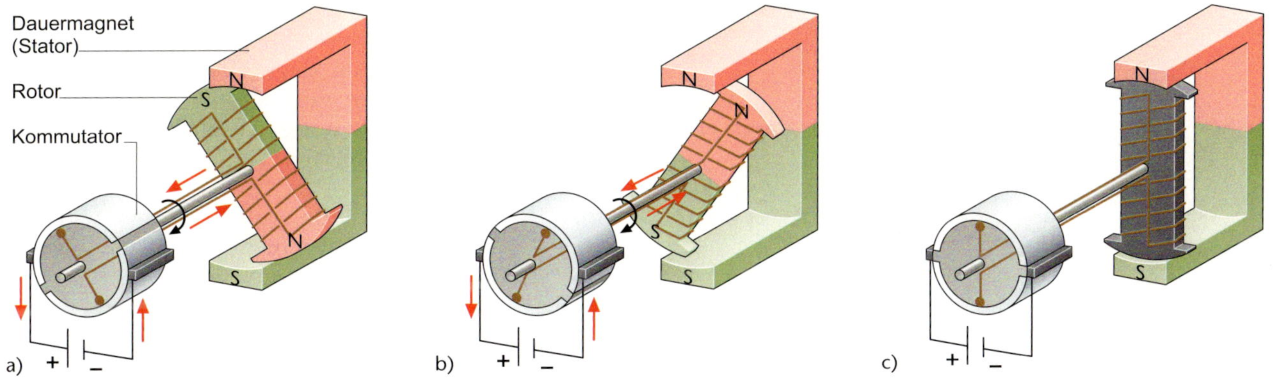

4 Elektromotor mit Kommutator

Dadurch gibt es keine Anschlusskabel mehr, die sich aufwickeln können.
Wie kommt es zu einer ständigen Drehung? Die Rotorspule dreht sich so weit, bis sich ungleichnamige Pole gegenüberstehen (▷ B 4a). Jetzt wechseln die Schleifkontakte auf die jeweils andere Ringhälfte (▷ B 4b). Dadurch ändert sich die Stromrichtung in der Rotorspule, und ihr Magnetfeld wird umgepolt. Nun stehen sich gleiche Pole gegenüber, die sich abstoßen, und der Rotor dreht sich weiter. Dieser Vorgang findet jede halbe Umdrehung statt: Der Rotor dreht sich ständig weiter.

▶ Durch den Kommutator werden die Magnetpole der Rotorspule nach jeder halben Umdrehung umgepolt. Dadurch wird eine ständige Drehung des Rotors erreicht.

Der Totpunkt wird vermieden

Wenn du den Elektromotor von Bild 4 mehrfach ein- und ausschaltest, wirst du noch einen Nachteil feststellen: Er läuft nicht jedesmal von selbst an und muss dann mit der Hand angeworfen werden. Der Rotor kann beim Ausschalten so stehen bleiben, dass sich die Pole der Rotorspule und des Stators genau gegenüberstehen. Der Rotor ist im **Totpunkt**, er erfährt keine Kraft, die ihn zur Drehung veranlasst (▷ B 4c).

Diese „Anlaufschwierigkeit“ lässt sich vermeiden, wenn man die Rotorspule in eine ungerade Anzahl von Spulenabschnitten aufteilt. Der einfachste Fall ist der **dreipolige Anker** (Anker wegen der Form des Eisenkerns). Bei ihm stehen mindestens zwei Spulen nicht direkt vor dem Stator, die dann für das Anlaufen des Motors sorgen (▷ B 1).

▶ Mit einem dreipoligen Anker als Rotor läuft der Elektromotor aus jeder Position sicher an.

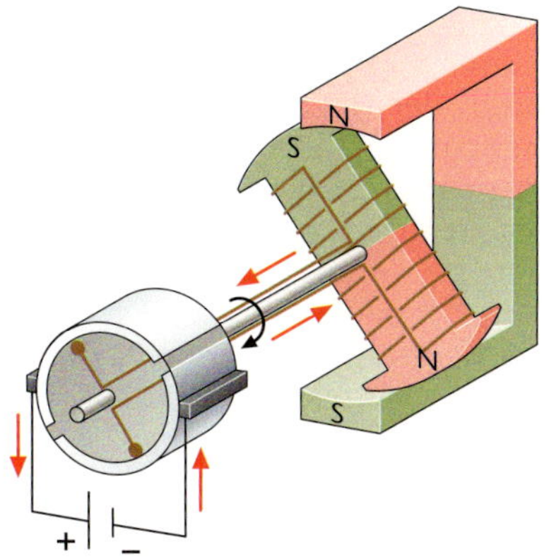

5 Der Kommutator

Lexikon

Elektromotoren

Rotor
Der drehbare Teil eines Elektromotors.

Rotorspule
Die drehbare Spule im Elektromotor. Ihre Anschlüsse sind mit dem Kommutator verbunden.

Stator
Der feststehende Teil des Elektromotors. Er besteht aus dem Gehäuse des Motors und den feststehenden Magneten (Dauermagnete oder Elektromagnete).

Statorspulen
Fest angebrachte Elektromagnete im Stator des Motors.

Kommutator
Er vertauscht bei jeder Umdrehung des Rotors zweimal die Anschlüsse der Rotorspule. Dadurch sorgt der Kommutator für ein Umpolen des Magnetfeldes an der Rotorspule.

Elektromagnetismus

1 Magnetfeld um geraden Leiter

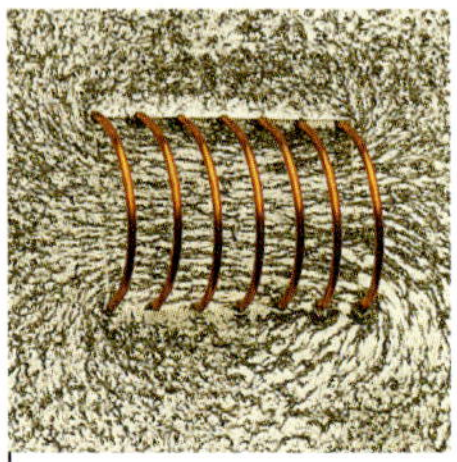
2 Magnetfeld um stromdurchflossene Spule

Magnetismus durch elektrischen Strom

Wenn Strom durch einen elektrischen Leiter fließt, dann entsteht um ihn ein magnetisches Feld.

Ein Elektromagnet ist ein Strom führender Draht, der zu einer Spule aufgewickelt wurde.
Das magnetische Feld um eine stromdurchflossene Spule lässt sich verstärken durch:
- eine größere Windungszahl der Spule,
- die Verwendung eines Eisenkerns und
- eine höhere Stromstärke in der Spule.

Magnetfelder

Magnetische Feldlinien geben die Richtung der Magnetkraft an. Am Verlauf der Feldlinien (▷ B 1; B 2) kann man erkennen, wie das Magnetfeld um stromdurchflossene Leiter beschaffen ist.

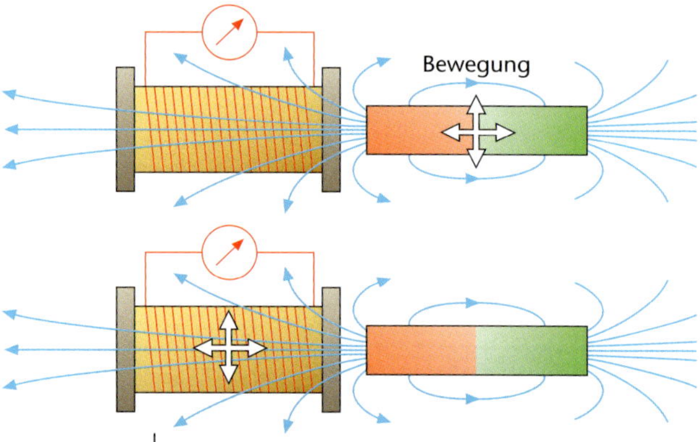

3 Elektromagnetische Induktion

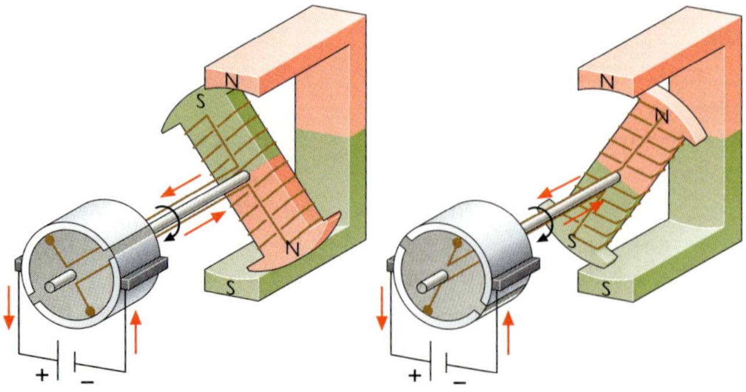

4 Der Kommutator ermöglicht die Drehung des Rotors

Elektromagnetische Induktion

Solange eine Spule sich in einem sich verändernden Magnetfeld befindet, wird in ihr eine Spannung induziert (erzeugt). Diese Erscheinung nennt man elektromagnetische Induktion (▷ B 3).

Befindet sich die Spule dabei in einem Stromkreis, dann fließt ein elektrischer Strom (Induktionsstrom). Seine Richtung ändert sich, wenn sich die Richtung des Magnetfeldes umkehrt.

Die entstehende Induktionsspannung kann vergrößert werden durch:
- eine größere Windungszahl der Spule,
- die Verwendung eines stärkeren Magneten und
- eine schnellere Magnetfeldänderung.

Elektromotoren

Elektromotoren wandeln elektrische in mechanische Energie um.
Bei einem einfachen Elektromotor dreht sich ein Elektromagnet (Rotor) im Magnetfeld eines feststehenden Dauermagneten (Stator).

Durch den Kommutator werden die Magnetpole des Rotors bei jeder Umdrehung zweimal vertauscht. Dadurch wird aufgrund der magnetischen Kräfte zwischen Rotor und Stator eine ständige Drehbewegung möglich (▷ B 4).

Generatoren

In Generatoren wird mechanische Energie in elektrische Energie umgewandelt.

Ein Fahrraddynamo ist ein einfaches Beispiel für einen **Innenpolgenerator**. Dabei dreht sich ein Magnet im Inneren einer feststehenden Spule.
Der Magnet beim Dynamo hat mehrere Nord- und Südpole. Durch die ständige Umpolung der Magnetfelder wird eine Wechselspannung induziert.
Generatoren für große Leistungen verwenden Elektromagnete statt der Dauermagnete.

Beim **Außenpolgenerator** dreht sich eine Spule im Magnetfeld eines feststehenden Magneten.
Außenpolgeneratoren erzeugen ebenfalls Wechselstrom, Außenpolgeneratoren mit Stromwender erzeugen Gleichstrom.

Aufgaben

1 Was verstehst du unter dem Begriff Elektromagnetismus?

2 Woraus besteht ein Elektromagnet? Begründe physikalisch, wie er funktioniert. Welche Vorteile haben Elektromagnete gegenüber Dauermagneten?

3 a) Ein Eisenkern verstärkt das Magnetfeld einer Strom führenden Spule. Erkläre dies mithilfe der Modellvorstellung der Elementarmagnete.
b) Auf Schrottplätzen kommen oft sehr starke Elektromagnete zum Einsatz. Wie lassen sich solch starke Magnetfelder erzeugen?

4 Gib Möglichkeiten der Bewegung zwischen einer Spule und einem Magneten an, bei der
a) eine Spannung induziert wird.
b) keine Spannung induziert wird.
Begründe deine Aussagen.

5 In einer Spule soll eine möglichst hohe Spannung induziert werden. Wie kann das erreicht werden?

6 In einer Spule liegt ein sehr starker Dauermagnet. Wird damit auch eine besonders hohe Induktionsspannung erzeugt? Begründe.

7 a) Unter welchen Bedingungen fließt in einer Spule ein Induktionsstrom?
b) Die Richtung des Induktionsstroms soll umgekehrt werden. Welche Möglichkeiten gibt es? Überprüfe deine Aussagen experimentell.

8 Neben einer Spule steht ein Elektromagnet. Was kannst du über die Induktionsspannung aussagen, wenn ...
a) ... der Elektromagnet gerade angeschaltet wird?
b) ... im Stromkreis des Elektromagneten ein konstanter Gleichstrom fließt?
c) ... der Elektromagnet gerade ausgeschaltet wird.

9 Erläutere die Funktion eines Elektromotors durch eine „logische Kette". Beginne so:
1. Die Rotorspule wird an eine Spannungsquelle angeschlossen.
2. Die Rotorspule wird zum Elektromagneten.
3. ...

10 Im Bild 1 erkennst du verschiedene Stellungen eines Rotors. In welche Richtung wird er sich jeweils drehen?

11 Wie lässt sich bei einem Gleichstrommotor die Drehrichtung verändern?

12 Wird bei einem Fahrraddynamo Gleich- oder Wechselspannung erzeugt? Begründe deine Meinung.

13 Wie kann man sich die Begriffe Innenpolgenerator und Außenpolgenerator erklären? Beschreibe dazu auch die Unterschiede zwischen beiden Generatorarten.

14 Eine Spule steht neben einem Elektromagneten. Die Stromstärke im Elektromagnet wird innerhalb einer Sekunde
a) von 0 auf 0,5 A
b) von 0 A auf 3 A
c) von 2,5 A auf 0 A
d) von 2 A auf 3 A
verändert. Vergleiche die Spannungen, die in der Spule induziert werden.

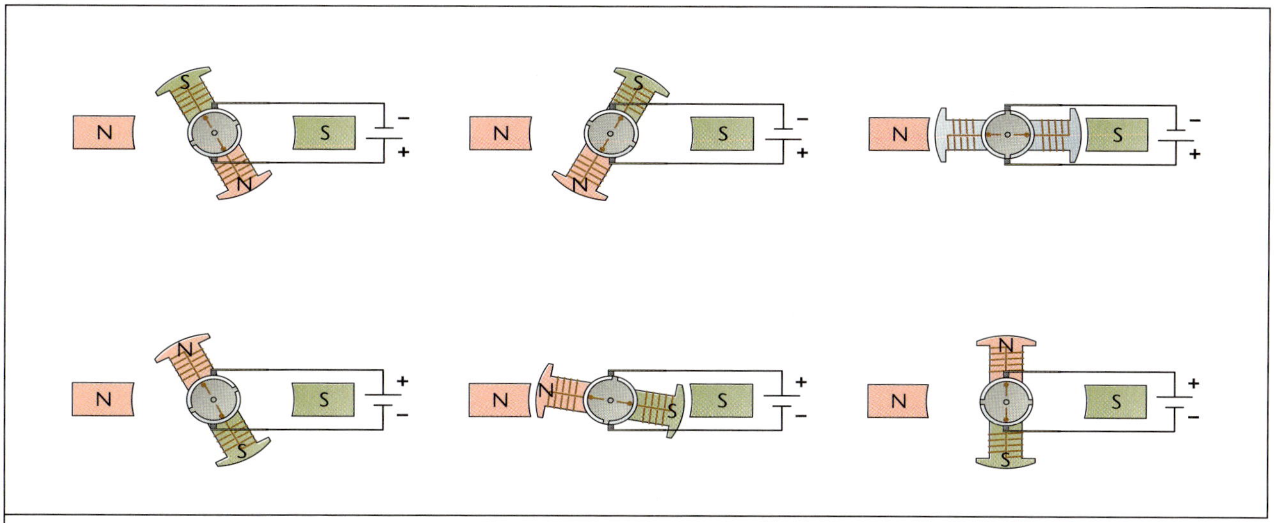

1 Zu Aufgabe 10

Elektrische
Energieübertragung

Vielleicht hast du schon einmal das Schild „Vorsicht Hochspannung“ gesehen. Der rote Blitz und die Aufschrift „Lebensgefahr“ weisen auf eine Gefährdung hin.

Was bedeutet aber „Hochspannung“? Wie und warum wird sie erzeugt?

In vielen Wohnungen hängt in einem kleinen „Schrank“ ein schwarzer Kasten mit einer Scheibe. Diese Scheibe dreht sich unaufhörlich, sogar in der Nacht. Je schneller sie sich dreht, desto stärker wird das Girokonto deiner Eltern belastet.

Warum dreht sich die Scheibe einmal langsamer und einmal schneller? Was wird hier gemessen und wofür muss bezahlt werden?

Diese und andere Fragen werden in dem folgenden Kapitel besprochen.

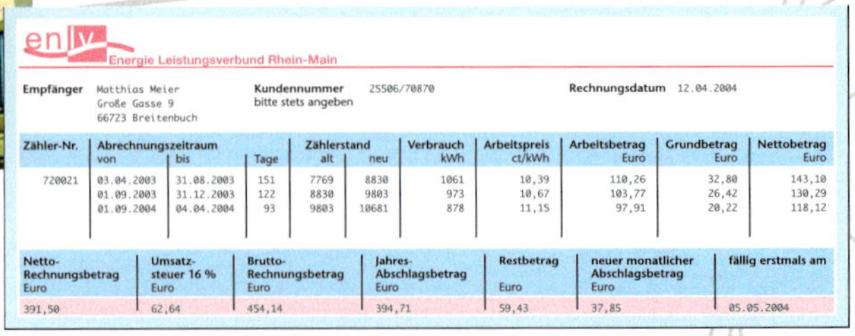

enlv Energie Leistungsverbund Rhein-Main

Empfänger Matthias Meier, Große Gasse 9, 66723 Breitenbuch

Kundennummer 25506/70870 bitte stets angeben

Rechnungsdatum 12.04.2004

Zähler-Nr.	Abrechnungszeitraum von	bis	Tage	Zählerstand alt	neu	Verbrauch kWh	Arbeitspreis ct/kWh	Arbeitsbetrag Euro	Grundbetrag Euro	Nettobetrag Euro
720021	03.04.2003	31.08.2003	151	7769	8830	1061	10,39	110,26	32,80	143,10
	01.09.2003	31.12.2003	122	8830	9803	973	10,67	103,77	26,42	130,29
	01.09.2004	04.04.2004	93	9803	10681	878	11,15	97,91	20,22	118,12

Netto-Rechnungsbetrag Euro	Umsatzsteuer 16 % Euro	Brutto-Rechnungsbetrag Euro	Jahres-Abschlagsbetrag Euro	Restbetrag Euro	neuer monatlicher Abschlagsbetrag Euro	fällig erstmals am
391,50	62,64	454,14	394,71	59,43	37,85	05.05.2004

500 V

12 V

115 kV

230 V

15 kV

20 V

▶ 55 ff.
▶ 180 ff.

1 Ein modernes Wärmekraftwerk

Energieumwandlung in Wärmekraftwerken

Wärmekraftwerke liefern uns elektrischen Strom. Die Frage ist, was Wärme mit elektrischem Strom zu tun hat.
Aus den in der Natur vorkommenden Energieträgern (z. B. Steinkohle, Braunkohle, Erdöl und Erdgas) kann man direkt keine elektrische Energie gewinnen. Mit einem Stück Kohle z. B. kannst du zu Hause nicht viel anfangen, damit lässt sich kein Elektrogerät betreiben (▷ B 5). Die in den genannten Energieträgern enthaltene Energie wird erst in Wärme umgewandelt, bevor sie auf den Energieträger elektrischer Strom übertragen wird. Diese Energieumwandlung läuft in einem Wärmekraftwerk ab.

In einem Wärmekraftwerk wird die in den Ausgangsstoffen enthaltene Energie in elektrische Energie umgewandelt.

Ein Modellversuch

Aus der Luft betrachtet sieht ein modernes Wärmekraftwerk ziemlich kompliziert aus (▷ B 1). Kühltürme, Schornsteine und viele Gebäude sind über ein großes Gelände verteilt. Doch die Funktionsweise eines solchen Kraftwerks kannst du dir an einem einfachen Modellversuch verdeutlichen. In einem Teekessel wird Wasser mithilfe eines Brenners erwärmt (▷ B 2). Das Wasser siedet und wird gasförmig. Der Wasserdampf treibt ein kleines Turbinenrad an, welches mit einem Dynamo verbunden werden kann, um elektrische Spannung zu erzeugen.

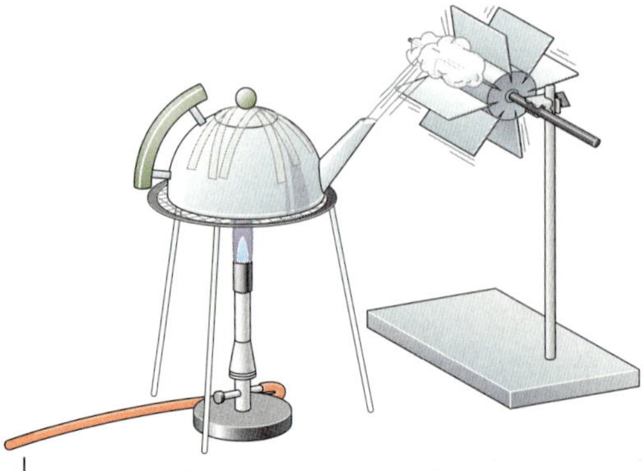

2 Das Modell eines Wärmekraftwerks

Die Funktionsweise eines Wärmekraftwerks

Die im Modellversuch beschriebenen Abläufe findest du auch in einem großen Wärmekraftwerk wieder – nur in einer ausgereifteren Technik. Als Energieträger dienen Braunkohle, Steinkohle, Erdöl oder Erdgas. In einem Kernkraftwerk wird Uran als Energieträger verwendet. Durch die Verbrennung dieser Stoffe bzw. die Spaltung des Urans wird sehr viel Wärme frei. Im Dampferzeuger wird Wasser erwärmt (▷ B 3), das unter hohem Druck zu sieden beginnt und verdampft. Der über 500 °C heiße Dampf treibt eine Turbine an. Der Dampf verrichtet Arbeit an der Turbine: Innere Energie wird in Bewegungsenergie der Turbine umgewandelt. An die Turbine ist ein Generator angeschlossen. Die Turbine verrichtet Arbeit am Generator: Bewegungsenergie wird in elektrische Energie umgewandelt.
Der Dampf aus der Turbine kühlt sich im Kondensator ab und wird zu Wasser, das wieder zurück zum Dampferzeuger geleitet wird. Es entsteht ein geschlossener Kreislauf. Damit der Wasserdampf

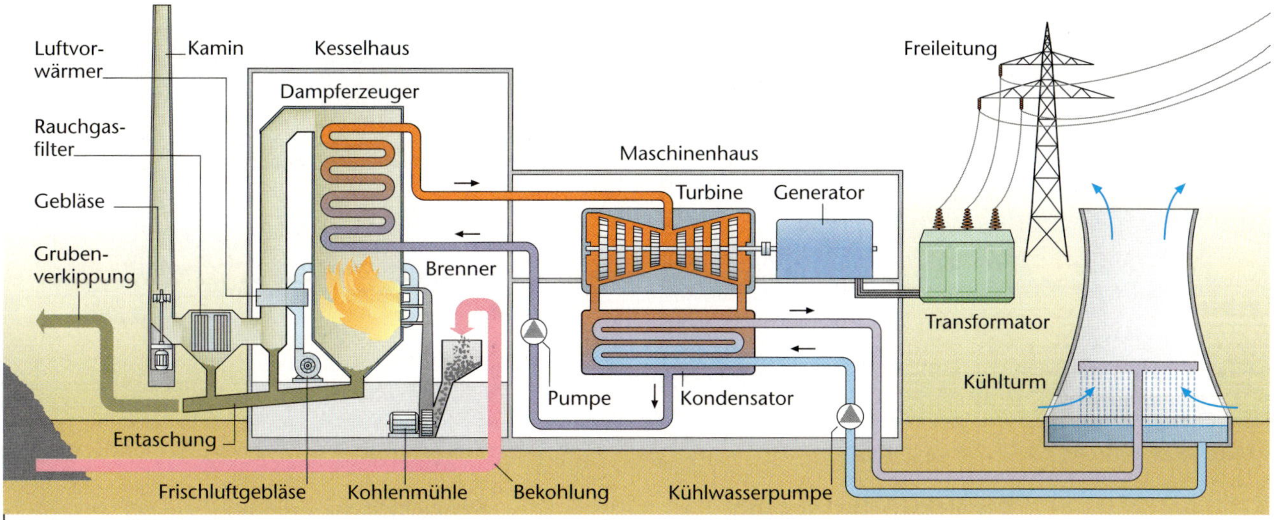

3 Schnitt durch ein Kohlekraftwerk (Wärmekraftwerk)

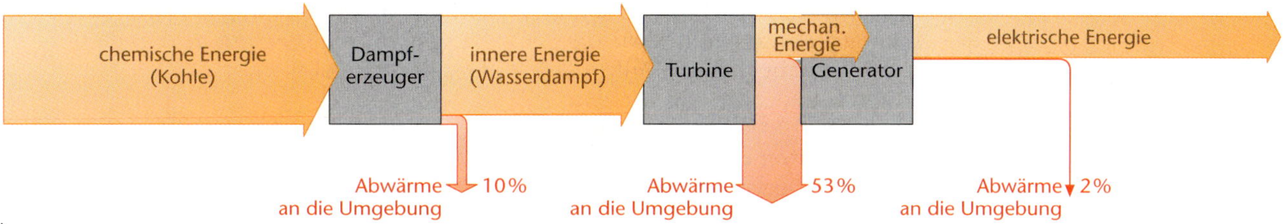

4 Energiefluss in einem Kohlekraftwerk (Wärmekraftwerk)

kondensiert, wird er von außen gekühlt. Früher geschah dies überwiegend durch Flusswasser. Viele ältere Kraftwerke stehen deshalb an den großen Flüssen. Allerdings erwärmte sich dadurch das Flusswasser zu stark. Heute werden Kühltürme eingesetzt. Du kannst sie schon von weitem erkennen, sie sind ein typisches Merkmal eines Wärmekraftwerks (▷B 1).

In einem Wärmekraftwerk wird Wasser zur Erzeugung der elektrischen Energie benötigt. Das Wasser durchläuft dabei einen geschlossenen Kreislauf.

Erwünschte und unerwünschte Energieumwandlung

Die gewünschte Energieumwandlung gelingt in den Wärmekraftwerken nicht vollständig. Bei jeder Umwandlung wird Energie an die Umgebung (Abwärme) abgegeben, die für uns nicht nutzbar ist (▷B 4).

In modernen Kraftwerken werden ca. 35 % der eingesetzten chemischen Energie in elektrische Energie umgewandelt. Die restlichen 65 % werden in Form von Wärme an die Umwelt abgegeben und tragen damit zur Erwärmung der Umgebung des Kraftwerkes bei.

Einige Kraftwerke benutzen jedoch das erwärmte Kühlwasser zur Heizung von umliegenden Wohnungen. Dadurch werden Abgase vermieden, die bei der Verbrennung von Heizöl oder Erdgas in den Privathäusern entstehen würden. Einem generellen Ausbau dieser **Fernwärme** stehen allerdings die hohen Kosten für das Verteilungssystem entgegen. Außerdem lässt sich die Fernwärme nicht über beliebige Entfernungen übertragen. Damit ist die Fernwärmeversorgung nur dort wirtschaftlich, wo viele Haushalte auf engem Raum angeschlossen werden können: in größeren Städten und in neuen Siedlungsgebieten.

5 Grundlage unserer Stromversorgung

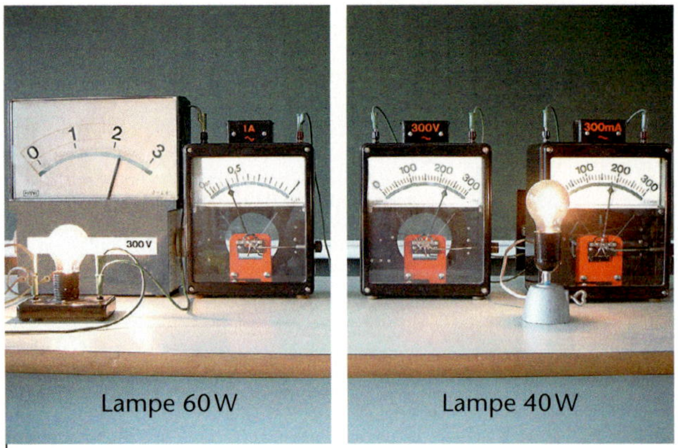

1 Die Spannungen sind gleich, die Ströme verschieden.

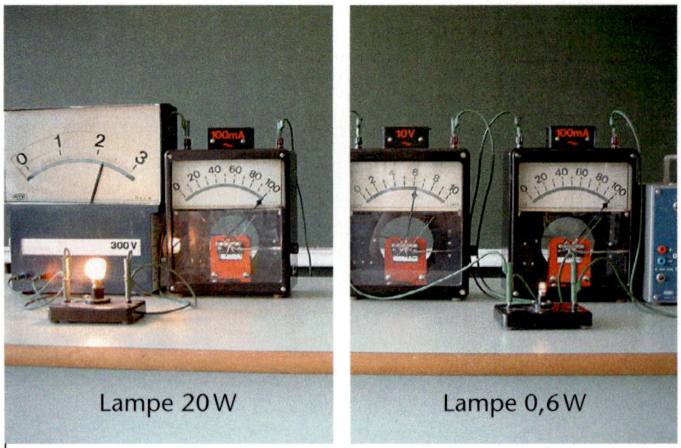

2 Die Ströme sind gleich groß, die Spannungen unterschiedlich.

Die elektrische Leistung

Als Tabeas Mutter die defekte Deckenlampe im Zimmer ihrer Tochter gegen eine neue austauscht, leuchtet die neue Lampe das Zimmer nicht so hell aus wie die alte Lampe. Sie schaut sich den Aufdruck auf der Lampe genauer an. Auf der alten Glühlampe steht „100 W“ auf der neuen „40 W“. Als die Mutter eine neue 100-W-Glühlampe in die Deckenlampe schraubt, wird das Zimmer so hell wie früher ausgeleuchtet. Die 40-W-Lampe hat eine geringere Leistung als die 100-W-Lampe. Du erkennst das daran, dass sie nicht so hell leuchtet wie eine 100-W-Glühlampe.
Je höher die Leistungsangabe auf der Glühlampe, desto heller leuchtet sie und desto größer ist der Strom, der bei gleicher Spannung durch sie hindurchfließt (▷ B 1).

Auch die Leistungen der Lampen im Bild 2 sind unterschiedlich, obwohl durch beide ein Strom gleicher Stärke fließt.
An der 25-W-Glühlampe liegt aber eine wesentlich größere Spannung an als an der kleinen Experimentierlampe.
Die elektrische Leistung hängt also auch von der anliegenden Spannung ab.

Die elektrische Leistung P hängt von der Spannung und der Stromstärke ab. Multiplizierst du Spannung und Stromstärke, erhältst du die Leistung der Glühlampe. Die elektrische Leistung wird in der Einheit Watt angegeben.

> Die elektrische Leistung ist das Produkt aus Spannung und Stromstärke.
> $P = U \cdot I$
> Einheit: Watt (W)
> $1\,\text{W} = 1\,\text{V} \cdot 1\,\text{A}$
> $1000\,\text{W} = 1\,\text{kW}$

Die Einheit der Leistung ist nach dem schottischen Ingenieur JAMES WATT (1736–1819) benannt.

Leistungsberechnungen

Welche Leistung hat die Lampe eines Fahrradrücklichts, durch die bei einer Spannung von 6 V ein Strom von 100 mA fließt? Die Beispielrechnung im Bild 4 liefert dir das Ergebnis.

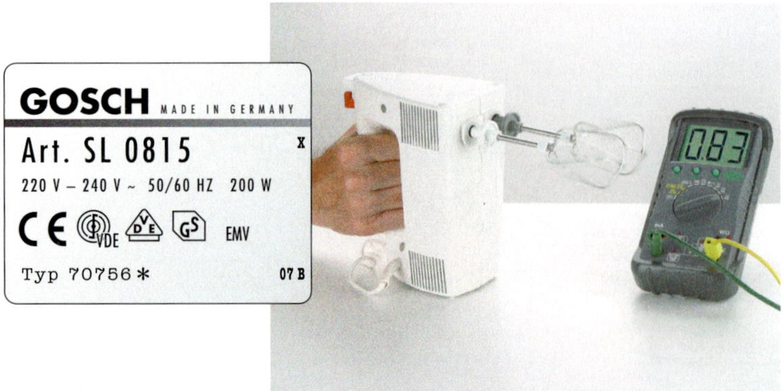

3 Messung der Stärke des Stroms durch einen Mixer

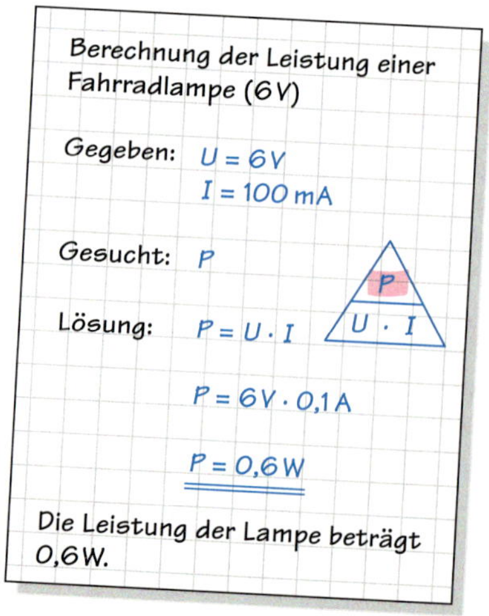

4 Berechnung der Leistung der Lampe

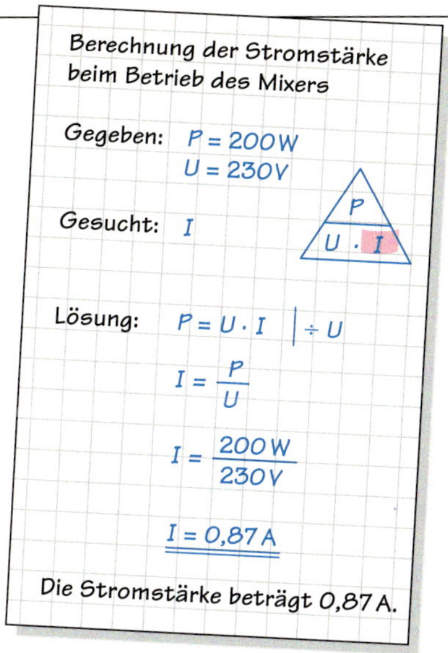

5 Berechnung des Stroms durch einen Mixer

Gerät	Spannung	Leistung
Taschenrechner	3 V	0,5 mW = 0,0005 W
Taschenlampe	3 V	0,9 W
Fahrradlampen	6 V	3 W
Rasierapparat	230 V	10 W
Autofernlicht	jew. 12 V	60 W
Farbfernseher	230 V	110 W
Haartrockner	30 V	600 W
Automotor-Anlasser	12 V	1000 W = 1,0 kW
Bügeleisen	230 V	1200 W = 1,2 kW
Waschmaschine	230 V	3500 W = 3,5 kW
Elektroherd, 4 Platten	230 V	7400 W = 7,4 kW
Elektrolokomotive	15 000 V	7000 kW
ICE, 2 Triebköpfe	15 000 V	9600 kW
Generator im Kraftwerk	27 000 V	700000 kW

6 Die elektrische Leistung verschiedener Geräte im Vergleich

Stromstärkeberechnungen

Auf allen elektrischen Haushaltsgeräten ist ein Typenschild angebracht (▷ B 3), auf dem neben der vorgeschriebenen Betriebsspannung die Leistung des Geräts angegeben wird.
Ist die Leistung eines elektrischen Geräts bekannt und kennt man die Spannung, mit der es betrieben wird, kann man die Stromstärke berechnen.
Für einen Mixer mit einer Leistung von 200 W, der an die Haushaltsspannung von 230 V angeschlossen ist, ermittelst du die Stromstärke wie in Bild 5 gezeigt.
Die Rechnung ergibt, dass beim Betrieb des Mixers ein Strom von etwa 870 mA fließt. Die errechnete Stromstärke stimmt in etwa mit der gemessenen Stromstärke (▷ B 3) überein.

Mechanische Leistung – elektrische Leistung

Die mechanische Leistung berechnet man mithilfe der Formel

$$P = \frac{W}{t}$$

Für elektrische und mechanische Leistungen gilt:

$$1\ \text{Watt}_{\text{mechanisch}} = 1\ \text{Watt}_{\text{elektrisch}}$$

Dies lässt sich am Beispiel eines Elektromotors verdeutlichen:
Wenn ein Elektromotor eine Masse von 100 Gramm in 1 Sekunde um 1 Meter hebt und dabei eine Spannung von 1 Volt am Elektromotor anliegt, fließt (im Idealfall) ein Strom der Stärke 1 Ampere. Der Elektromotor nutzt elektrische Energie um mechanische Arbeit zu verrichten (▷ B 7).
Im Idealfall wird mit 1 J eingesetzter Energie 1 J an mechanischer Arbeit geleistet. Die Leistung gibt also die Stärke des Energieflusses an:

$$P = \frac{W}{t} = \frac{E}{t}$$

Dabei gilt:

$$1\,\text{W} = 1\,\text{V} \cdot 1\,\text{A} = 1\,\frac{\text{J}}{\text{s}}$$

Leistung: 60 W
Spannung: 230 V

Leistung: 3 W
Spannung: 230 V

Aufgaben

1 Welcher Strom fließt durch eine Waschmaschine mit einer Leistung von 3,4 kW?

2 Berechne die Stromstärken für die abgebildeten Glühlampen.

Leistung: 40 W
Spannung: 230 V

Leistung: 25 W
Spannung: 230 V

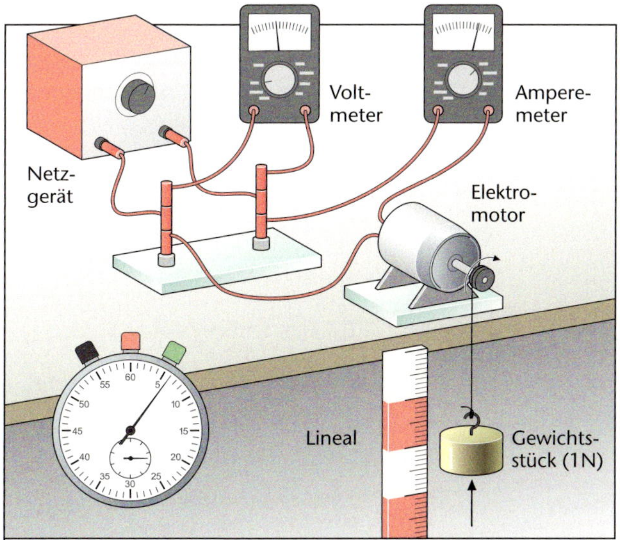

7 Der Elektromotor wandelt elektrische in mechanische Energie.

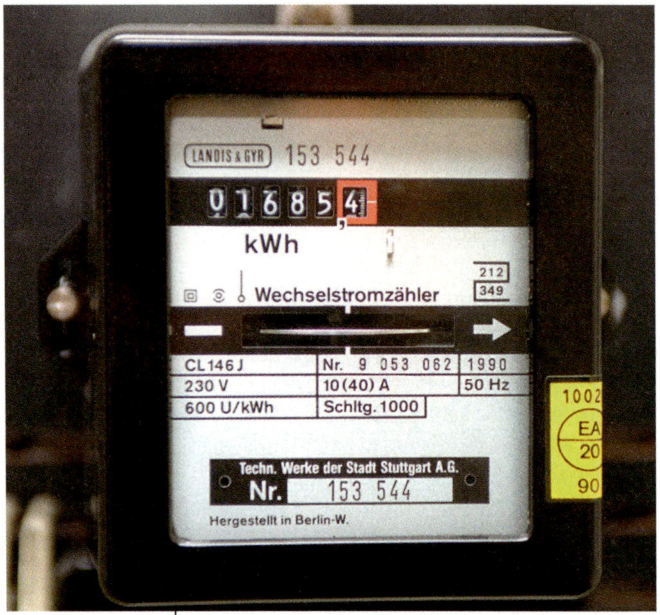

1 Der Stromzähler ist eigentlich ein Energiezähler.

Der elektrische Strom arbeitet für uns

Herr C. stöhnt über seine hohe Stromrechnung: „Im letzten Jahr haben wir zu viel Strom verbraucht. Jetzt muss ich auch noch Geld nachzahlen!" Mario erwidert: „Es ist nicht richtig, dass Strom verbraucht wird. Wir geben genauso viel Strom an das Elektrizitätswerk ab, wie wir auch bezogen haben." Was bezahlen wir dann mit der Stromrechnung?

Viele elektrische Geräte helfen uns im Haushalt. Einige Beispiele:

- in einem Mixer werden Nahrungsmittel zerkleinert,
- mit einer Bohrmaschine bohren wir ein Loch in die Wand,
- mit einem Staubsauger wird der Teppich gereinigt,
- eine Lampe erhellt das dunkle Zimmer.

Wie viel elektrische Energie benötigt eine 60-W-Glühlampe, wenn sie 5 Minuten leuchtet?

Gegeben: $P = 60\,W$, $t = 300\,s$ Gesucht: E

Lösung: $E = P \cdot t$

$E = 60\,W \cdot 300\,s$

$E = 18\,000\,Ws = 18\,000\,J$

In 5 Minuten wurde eine elektrische Energie von 18 000 Joule oder 18 Kilojoule umgesetzt.

2 Berechnung der Energie

Versuch

1 Schalte in deinem Haushalt möglichst viele Geräte aus und betrachte auf dem „Stromzähler" die Zählscheibe. Schalte nun einzelne Geräte (z. B. Föhn, Fernseher, Radio etc.) an und beobachte die Zählscheibe. Was stellst du fest?

In allen Fällen wird Arbeit verrichtet. Dafür wird elektrische Energie benötigt. Mit der Stromrechnung bezahlen wir die eingesetzte elektrische Energie, die uns über den elektrischen Strom als Energieträger geliefert wird.

Energie und Leistung

Die von den Elektrogeräten benötigte Energie stammt aus dem Versorgungsnetz. Die entnommene Energiemenge ist von der Leistung des Gerätes und der Betriebsdauer (also der Zeit) abhängig (▷ B 2):

- Je größer die Leistung eines elektrischen Geräts ist, desto mehr Energie wird pro Zeit benötigt.
- Je länger ein elektrisches Gerät in Betrieb ist, desto mehr Energie wird benötigt.

Die dem Versorgungsnetz entnommene elektrische Energie E ergibt sich aus dem Produkt der Leistung P und der Zeit t: $E = P \cdot t$
Einheit: $1\,Ws = 1\,J$

Die Energieeinheit Kilowattstunde

Die Energieeinheiten Joule bzw. Wattsekunde sind für den elektrischen Alltag ungebräuchlich. Dauert z. B. der Waschvorgang einer Waschmaschine (3 500 W) eine Stunde (3 600 s), so wurde eine elektrische Energie von 12 600 000 Ws bezogen. Da die Zahlen sehr groß sind, hat man als Energieeinheit die Kilowattstunde (kWh) eingeführt. Die Waschmaschine hat also eine Energie von $3{,}5\,kW \cdot 1\,h = 3{,}5\,kWh$ umgesetzt. Es gilt:
$1\,kWh = 1000\,Wh = 3\,600\,000\,Ws$ und $1\,Ws = 1\,J$

Die elektrische Energie kostet Geld

Die elektrische Energie, die jeder Haushalt benötigt, muss bezahlt werden. Deshalb befindet sich in jedem Haushalt ein verplombter Energiezähler (▷ B 1).
Dieser Zähler misst, wie viel Energie dem Stromnetz entnommen wird. Im Prinzip ist der Zähler ein Elektromotor mit einem

enlv Energie Leistungsverbund Rhein-Main

Empfänger	Matthias Meier Große Gasse 9 66723 Breitenbuch	**Kundennummer** bitte stets angeben	25506/70870	**Rechnungsdatum**	12.04.2006

Zähler-Nr.	Abrechnungszeitraum von	bis	Tage	Zählerstand alt	neu	Verbrauch kWh	Arbeitspreis ct/kWh	Arbeitsbetrag Euro	Grundbetrag Euro	Nettobetrag Euro
720021	03.04.2005	31.08.2005	151	7769	8830	1061	10,39	110,26	32,80	143,10
	01.09.2005	31.12.2005	122	8830	9803	973	10,67	103,77	26,42	130,29
	01.01.2006	04.04.2006	93	9803	10681	878	11,15	97,91	20,22	118,12

Netto-Rechnungsbetrag Euro	Umsatzsteuer 16 % Euro	Brutto-Rechnungsbetrag Euro	Jahres-Abschlagsbetrag Euro	Restbetrag Euro	neuer monatlicher Abschlagsbetrag Euro	fällig erstmals am
391,50	62,64	454,14	394,71	59,43	37,85	05.05.2006

3 Stromrechnung

Zählwerk. Schaltest du im Haushalt ein elektrisches Gerät ein, so dreht sich die silberfarbene Scheibe. Die sich drehende Scheibe bewegt das Zählwerk. Am Zähler kann man die dem Versorgungsnetz entnommene Energie in Kilowattstunden ablesen.
Bei Geräten mit einer großen Leistung (z. B. einer Waschmaschine) dreht sich die Scheibe schneller als bei Geräten mit geringer Leistung.

Aus der Stromrechnung (▷ B 3) kann man ebenfalls die dem Versorgungsnetz entnommene Energie ablesen. Pro Kilowattstunde muss man einen bestimmten Betrag bezahlen. Neben der Energie muss man auch noch einen Grundpreis z. B. für die Bereitstellung des Zählers und die Umsatzsteuer bezahlen.
Ein Vier-Personen-Haushalt benötigt im Jahr etwa 4800 kWh elektrische Energie.

Energiesparen

Die eingesetzte Energie wird oft nur unzureichend für den eigentlichen Zweck genutzt. Eine Leuchtstoffröhre gibt z. B. nur 15 % der aufgenommenen Energie als Licht ab. Bei Energiesparlampen ist die Energieausnutzung besser.
Aus diesem Grund leuchtet eine 7-W-Energiesparlampe etwa genauso hell wie eine 40-W-Lampe normaler Bauart, obwohl der Energieeinsatz deutlich geringer ist.

Nutzt man eine Waschmaschine richtig, kann man Energie und Geld sparen.
So sollte man die Maschine immer komplett füllen. Und Kochwäsche wird bei 60 °C meist genauso sauber wie bei 95 °C.

Energieberechnung ohne Leistungsangabe

Auf den kleinen Experimentierlampen sind meist keine Leistungsangaben aufgedruckt, sondern nur die zulässigen Höchstwerte für Spannung und Strom (z. B. 6 V / 50 mA). Die elektrische Energie, die in 30 s in Licht und Wärme umgewandelt wird, kannst du aus diesen Angaben trotzdem berechnen.
Wie du dabei vorgehen musst, siehst du in Bild 4.

Wie viel Energie benötigt eine Experimentierlampe (6 V, 50 mA) in 30 Sekunden?

Gegeben: $U = 6\,V$
$I = 50\,mA = 0{,}05\,A$
$t = 30\,s$

Gesucht: E

Lösung: Es gilt $E = P \cdot t$ und $P = U \cdot I$

P kann durch $U \cdot I$ ersetzt werden.

$E = U \cdot I \cdot t$

$E = 6\,V \cdot 0{,}05\,A \cdot 30\,s$

$E = 9\,V \cdot A \cdot s = 9\,J$

Die Experimentierlampe setzt 9 J um.

4 Berechnung der Energie ohne Leistungsangabe

Aufgabe

1 Gib den in Bild 4 berechneten Energiewert von 9 J in der Einheit kWh an.

Die elektrische Leistung

1 Die Wattangabe

Auf vielen kleinen Lämpchen und Halogenlampen ist auf dem Sockel neben der Spannung auch noch die Leistung aufgedruckt. Du kannst überprüfen, ob diese Angaben stimmen.

Material

Spannungsquelle, Strommessgerät, Spannungsmessgerät, 3 Kabel, 2 Krokodilklemmen und Lampen (mit Fassung)

Versuchsanleitung

Baue den Stromkreis nach Bild 1 auf. Lege die auf der Lampe angegebene Spannung an und miss die Stromstärke. Erstelle eine Tabelle (▷ B 2) und notiere deine Messergebnisse. Berechne die elektrische Leistung und vergleiche sie mit der aufgedruckten Leistungsangabe.

2 Ein rätselhaftes Versuchsergebnis

Material

Spannungsquelle, Stromessgerät, Spannungsmessgerät, 6 Kabel und 2 Lampen mit Fassung (6 V/0,6 W und 6 V/2,4 W)

Versuchsanleitung

Baue die Schaltung nach Bild 3 auf. Lege anschließend eine Spannung von 6 Volt an. Beobachte die Helligkeit der Lampen. Lege eine Tabelle (▷ B 4) an und schreibe deine Beobachtung auf. Versuche die Beobachtungen zu erklären. Miss dazu die Stromstärke im Stromkreis und die an jeder Lampe anliegende Spannung. Berechne aus den Daten die Leistung der Lampe und vergleiche sie mit der aufgedruckten Leistungsangabe.

Aufgabe

Ergänze folgende Sätze:
An der Lampe mit der kleinsten Wattangabe liegt ... an.
Sie hat den größten ...
Ihre Leistung ist deshalb am ...

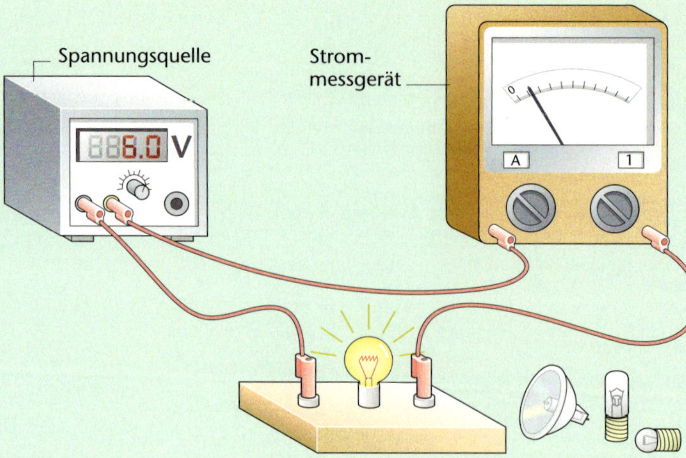

1 Zu Versuch 1

Lampe	**angegebene Leistung**	**angelegte Spannung**	**gemessene Stromstärke**	**berechnete Leistung**
6 V/0,6 W				
6 V/2,4 W				
6 V/3 W				
12 V/3 W				
12 V/10 W				
12 V/20 W				
12 V/30 W				

2 Überprüfung der Leistungsangabe von Lampen

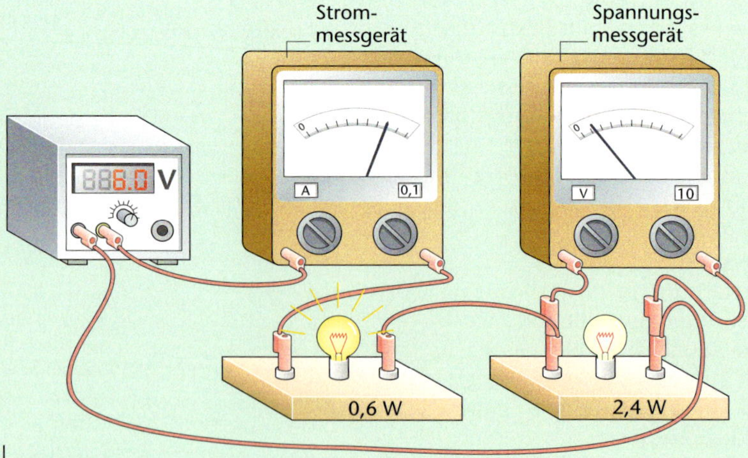

3 Zu Versuch 2

Lampe	**Helligkeit der Lampe**	**Stromstärke**	**gemessene Spannung**	**berechnete Leistung**
6 V/0,6 W				
6 V/2,4 W				

4 Zu Versuch 2

Energiesparen beim Kochen

1 Kochen von Kartoffeln

Vielleicht hast du schon einmal das Sprichwort gehört: „Zu jedem Topf findet sich auch ein passender Deckel!“
Beim energiebewussten Kochen bekommt dieser Satz eine neue Bedeutung. Mit einem gut schließenden Deckel spart man Geld. Probiere es einmal aus.

Material
5 mal 500 g Kartoffeln (festkochend, ungeschält, etwa von gleicher Größe, nicht zu groß), einen Topf mit Deckel, eine Herdplatte und einen Stromzähler

Versuchsanleitung
Die Kartoffeln sollen unter verschiedenen Bedingungen mit Schale gegart werden (▷ B 1). Notiere vor und nach jedem Versuch die Anzeige des Stromzählers.

a) Die Kartoffeln sind vollständig mit Wasser bedeckt und werden mit einem halb aufgelegten Deckel gekocht. Die Herdplatte bleibt während der Garzeit auf höchster Stufe eingeschaltet. Weil das Wasser verdampft, muss notfalls etwas nachgegossen werden.

b) Die Kartoffeln sind vollständig mit Wasser bedeckt, werden aber mit einem gut schließenden Deckel gekocht. Sobald das Wasser siedet wird auf die kleinste Heizstufe zurückgeschaltet.

c) Die Kartoffeln sind nur bis zur Hälfte mit Wasser bedeckt und werden sonst wie unter b) beschrieben gekocht.

d) Die unter c) beschriebene Wassermenge wird mit einem Wasserkocher zum Sieden gebracht und dann in den Topf mit den Kartoffeln umgegossen. Die vom Wasserkocher abgegebene Energie muss in der Tabelle mitberücksichtigt werden. Weitere Vorgehensweise wie bei c).

e) Versuchsdurchführung wie bei c), nur wird ca. 5 Minuten vor Ende der Garzeit die Herdplatte ausgeschaltet und die Nachwärme genutzt.

Diskutiert am Ende der Versuchsreihe in der Klasse über das „richtige“ Kochen. Als Grundlage dient die benötigte elektrische Energie. Stellt Kriterien für das Kochen mit dem geringsten Energieverbrauch auf. Was ihr aus den gekochten Kartoffeln „zaubern“ könnt, könnt ihr weiter unten nachlesen.

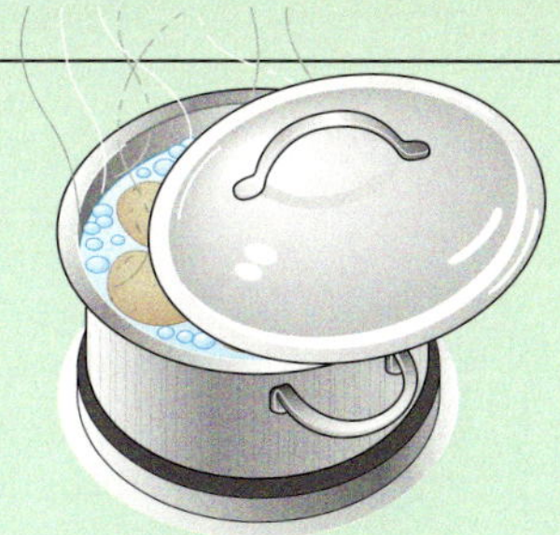
a)

b)

d)

Kartoffelsalat nach schwäbischer Art

Zutaten:
500 g Kartoffeln,
1 Brühwürfel
1 kleine bis mittelgroße Zwiebel
Salz, Pfeffer
Essig und Öl

Zubereitung:
Die in der Schale gekochten Kartoffeln abpellen und in kleine Scheiben in eine Schüssel schneiden.
Etwas Salz (halber Teelöffel) und etwa 2–3 Esslöffel Essig über die Kartoffeln gießen und unterheben.
1 Brühwürfel (Fleischbrühe, klare Brühe) in ca. 125 ml Wasser auflösen und aufkochen lassen.
Die in kleine Würfel geschnittene Zwiebel für ca. 1/2 Minute in die kochende Brühe geben und anschließend alles über die Kartoffeln gießen und umrühren.
Nach ca. 10 Minuten nochmals umrühren und ca. 3–4 Esslöffel Öl unterheben.
Nach Bedarf nochmals mit Salz und Pfeffer abschmecken und mit gehacktem Schnittlauch dekorieren.
Guten Appetit!

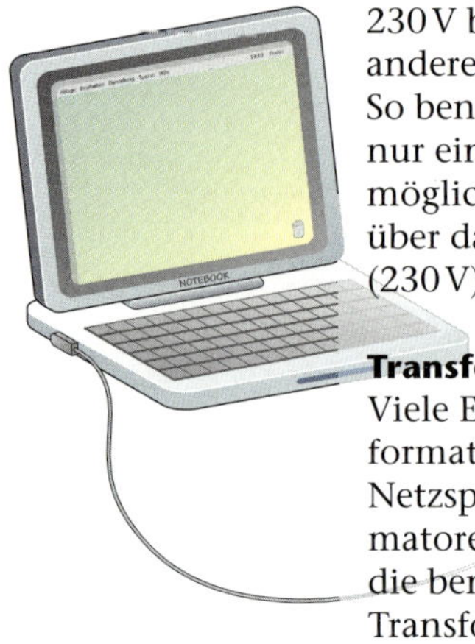

Von 230 V auf 3,6 V?

Viele elektrische Geräte dürfen nicht mit 230 V betrieben werden. Sie arbeiten mit anderen, meist geringeren Spannungen. So benötigt ein Handy beispielsweise nur eine Spannung von 3,6 V. Wie ist es möglich, dass man das Handy dennoch über das Ladegerät an die Netzspannung (230 V) anschließen kann?

Transformator

Viele Elektrogeräte werden über Transformatoren (Kurzform: Trafo) an die Netzspannung angeschlossen. Transformatoren wandeln die Netzspannung in die benötigte Betriebsspannung um. Ein Transformator wird zwischen Steckdose und Gerät geschaltet. Oft sind Trafos in das Gerät eingebaut wie es z. B. bei Ladegeräten (Notebook usw.) der Fall ist.

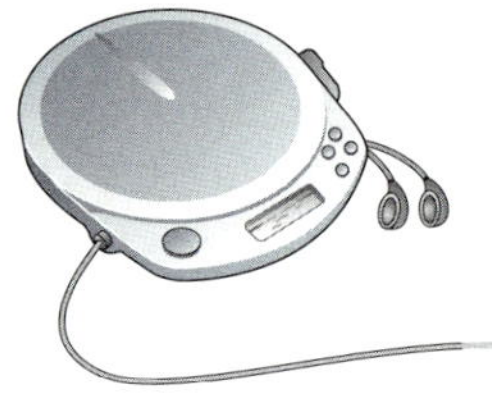

In den Bildern 1 und 4 erkennst du, wie ein Transformator prinzipiell aufgebaut ist: Ein Transformator besteht aus zwei Spulen, die auf einen gemeinsamen Eisenkern gewickelt sind. Jede Spule hat einen eigenen Stromkreis. In einem Ladegerät z. B. liegt eine Spule an 230 V Wechselspannung an, die zweite Spule ist mit dem Gerät verbunden.

Lebensgefahr!

Experimente mit dem Trafo können aufgrund der Entstehung hoher Induktionsspannungen gefährlich sein!

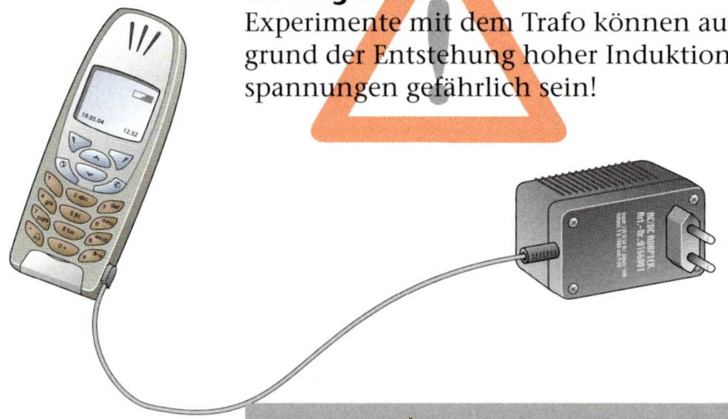

Auch bei kleinen Eingangsspannungen können lebensgefährliche Ausgangsspannungen entstehen. Führe Versuche mit Trafos nur nach Anweisung des Lehrers durch! Experimentiere niemals mit Trafos, die an die Netzspannung angeschlossen sind.

Drahtlose Energieübertragung

Zwischen den Spulen eines Trafos besteht keine leitende Verbindung. Wie also kommt elektrische Energie von der ersten zur zweiten Spule? In Versuch 1 kannst du diese Frage untersuchen (▷ V1a, 1b).

Versuch

1 a) Stelle zwei Spulen mit je 600 Windungen nebeneinander (▷ B 2). Verbinde die rechte Spule mit einem Lämpchen (3,8 V). Schließe die linke Spule an 4 V Wechselspannung an.
Was geschieht, wenn du langsam einen Eisenkern durch die Spulen schiebst?
b) Setze beide Spulen auf einen geschlossenen Eisenkern. Vergleiche die Beobachtungen und finde eine Erklärung.
c) Ersetze die rechte Spule durch Spulen mit unterschiedlichen Windungszahlen (300/150/75). Was stellst du fest?
Was schließt du aus deinen Beobachtungen für die Spannung an der rechten Spule?
d) Wie könntest du erreichen, dass das Lämpchen noch heller leuchtet? Plane einen Versuch. Lasse deinen Versuch vorher unbedingt vom Lehrer genehmigen.

1 Transformator

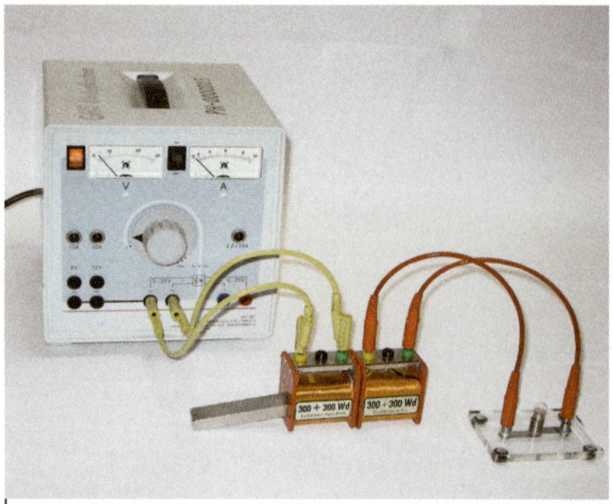

2 Zu Versuch 1

Das Prinzip ist bei allen Transformatoren gleich: Wenn du die Spule 1 an Wechselspannung anschließt, dann fließt durch ihre Windungen Wechselstrom. Es entsteht um diese Spule ein magnetisches Feld, das sich ebenfalls ständig ändert. Der gemeinsame Eisenkern verstärkt das magnetische Feld von Spule 1 und überträgt es auf Spule 2.
Durch die Magnetfeldänderungen wird in der zweiten Spule eine Wechselspannung induziert. Das Lämpchen leuchtet, die elektrische Energie wird durch elektromagnetische Induktion übertragen.

Die Spule, die das magnetische Wechselfeld erzeugt, wird **Primärspule** genannt (▷B4). In der zweiten Spule wird Spannung induziert. Sie heißt **Sekundärspule**.

> Ein Transformator besteht aus zwei Spulen, die auf einem geschlossenen Eisenkern sitzen.
> Durch elektromagnetische Induktion wird Energie vom Primär- auf den Sekundärkreis übertragen.

Trafos verändern Spannungen
Eine der Hauptaufgaben eines Trafos ist es, die Primärspannung an das Elektrogerät anzupassen. Wie wird im Trafo die Spannung verändert (▷V1c, V1d)?

Bei genauer Betrachtung der Bilder 3 und 5 erkennst du, dass die Windungszahlen der Spulen unterschiedlich sind.
Die Sekundärspule in Bild 5 hat viel weniger Windungen als die Primärspule. Dadurch wird die Primärspannung (230 V) so herabgesetzt, dass das 3,8-V-Lämpchen ohne Gefahr an die Sekundärspule angeschlossen werden kann.

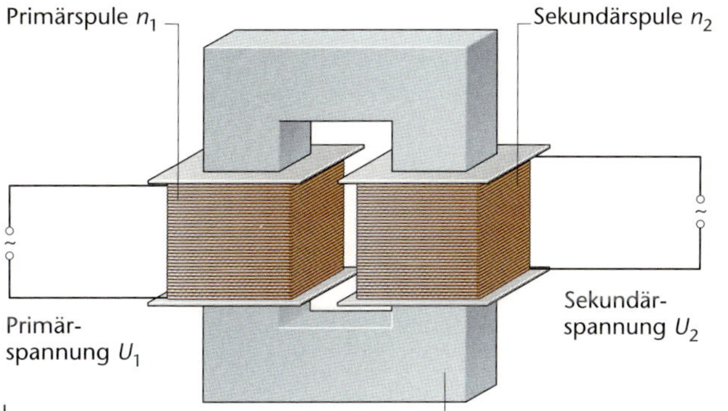

4 Bezeichnungen am Transformator

In Bild 3 ist der umgekehrte Fall dargestellt. Eine kleine Primärspannung wird so vergrößert, dass eine normale Haushaltsglühlampe betrieben werden kann. Auch hier liegt die Ursache in den Windungszahlen der Spulen. Weil die Sekundärspule mehr Windungen hat, ist an dieser Spule auch die Spannung größer.

> Mit Transformatoren können Spannungen vergrößert oder verkleinert werden.

Aufgaben

1 Was geschieht, wenn du den Transformator an eine Gleichspannung von 3 V anschließt? Plane einen Versuch, mit dem du deine Vermutung überprüfen kannst.

2 Warum wird die Primärspule oft auch als Feldspule bezeichnet? Finde einen anderen Begriff für Sekundärspule.

3 Wie könnte der Trafo im Ladegerät eines Handys aufgebaut sein? Skizziere den Trafo mit Anschlüssen und bezeichne die Teile. Erläutere, wie dieser Trafo funktionieren muss.

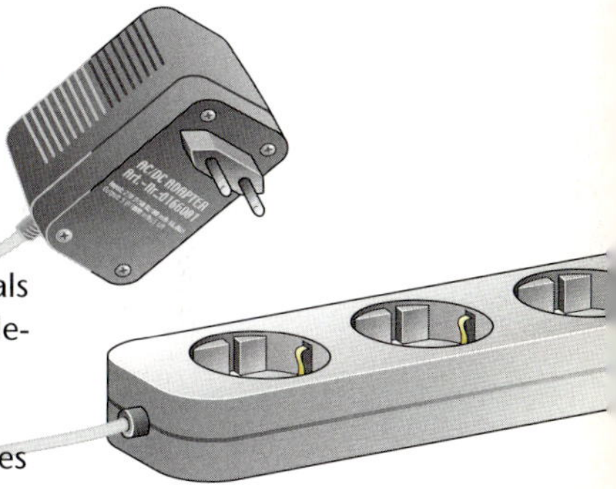

3 Vergrößern der Spannung

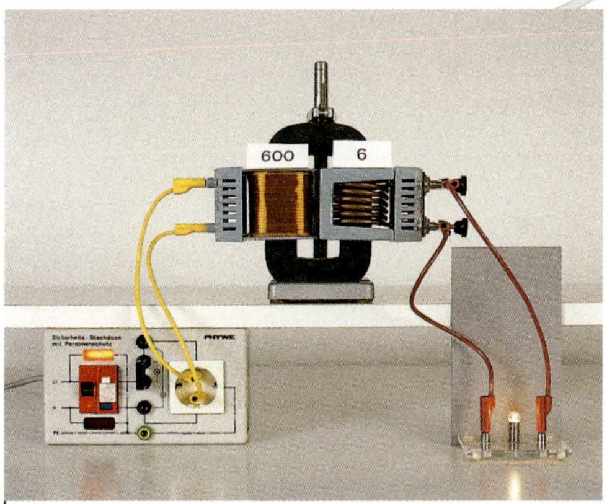

5 Verkleinern der Spannung

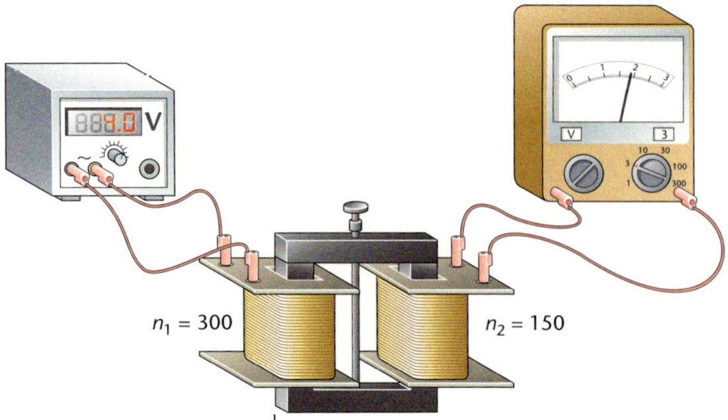

1 Zu Versuch 1

Auf die Spulenkombination kommt es an

Welche Sekundärspannung U_2 ein Trafo liefert, hängt nicht nur von der Primärspannung U_1 ab. Die Sekundärspannung wird auch von der Anzahl der Windungen in den beiden Spulen bestimmt. Durch eine geeignete Spulenkombination kann man mit einem Trafo die Spannung verkleinern oder vergrößern.

Welche Kombination für welchen Zweck?

Im Versuch 1 wird der Zusammenhang zwischen Windungszahl und Spannung bei einem unbelasteten Transformator genauer untersucht. Unbelastet bedeutet: Es ist kein elektrisches Gerät an die Sekundärspule angeschlossen. Dabei zeigt sich: Wenn Primär- und Sekundärspule gleiche Windungszahl haben, dann bleibt die Spannung (fast) gleich (▷ B 2).
Wenn die Sekundärspule z. B. halb so viele Windungen hat, dann ist auch die Spannung an dieser Spule halb so groß wie die Primärspannung (Verhältnis 2:1).
Bei z. B. doppelter bzw. dreifacher Windungszahl an der Sekundärspule entsteht etwa die doppelte bzw. die dreifache Sekundärspannung.

Primärkreis		**Sekundärkreis**			
U_1	n_1	n_2	U_2	$n_1 : n_2$	$U_1 : U_2$
4 V	300	600 300 150 75	7,8 V 3,9 V 1,9 V 1 V	300 : 600 (= 1 : 2) 300 : 300 (= 1 : 1) 300 : 150 (= 2 : 1) 300 : 75 (= 4 : 1)	4 : 7,8 (≈ 1 : 2) 4 : 3,9 (≈ 1 : 1) 4 : 1,9 (≈ 2 : 1) 4 : 1,0 (≈ 4 : 1)
10 V	600	1000 600 75			

2 Tabelle zu Versuch 1

▶ Bei einem unbelasteten Transformator gilt: Die Spannungen an den Spulen stehen im selben Verhältnis wie die entsprechenden Windungszahlen:

$$\frac{U_1}{U_2} = \frac{n_1}{n_2}$$

Damit kannst du schon vor den Versuchen die physikalischen Größen für jeden beliebigen Trafo berechnen. Ein Rechenbeispiel findest du im Bild 3.

Wie bei jedem elektrischen Gerät gibt es auch beim Trafo unerwünschte Energieumwandlungen (z. B. in Wärme). Außerdem gelangt das Magnetfeld der Primärspule nicht vollständig in die Sekundärspule und kann deshalb nicht voll wirksam werden. Deshalb ist die tatsächlich gemessene Spannung immer etwas kleiner als der berechnete Wert.

Transformatoren sorgen für Sicherheit

In vielen Fällen ist es aus Sicherheitsgründen notwendig, die Netzspannung herabzusetzen. Solche Niederspannungstransformatoren haben eine große Primär- und eine kleine Sekundärwindungszahl.

Der Umgang mit elektrischen Geräten kann gefährlich sein, wenn sie mit Feuchtigkeit in Berührung kommen. Deshalb sind Niederspannungstrafos beispielsweise im Rasierapparat oder auch in manchen elektrischen Zahnbürsten eingebaut (▷ B 5). In der Ladestation befindet sich die

Berechnung der Sekundärspannung U_2 in Bild 1.

Gegeben: $n_1 = 300$
$n_2 = 150$

Gesucht: U_2

Lösung: $\frac{U_1}{U_2} = \frac{n_1}{n_2}$

$\frac{4\,V}{U_2} = \frac{300}{150}$

$U_2 = \frac{150}{300} \cdot 4\,V$

$U_2 = 2\,V$

Die Sekundärspannung U_2 beträgt 2 V.

3 Beispielrechnung

Primärspule (viele Windungen), die auf einem Eisenkern sitzt. Ein Teil des Eisenkerns ragt in den Zapfen, auf den du die Zahnbürste aufsetzt. Die Sekundärspule (wenige Windungen) befindet sich im unteren Bereich der Zahnbürste.

Vorsicht Hochspannung!
In Bild 4 siehst du einen Hochspannungstrafo. Die Sekundärspule hat 46-mal mehr Windungen als die Primärspule. Dadurch steigt die Spannung von 230 V auf über 10 000 V. Bei dieser Spannung wird selbst die Luft zwischen den Elektroden leitend: Es entsteht ein Lichtbogen, der entlang der Elektroden nach oben steigt.
Auch zum Betrieb von Röntgengeräten reicht die Spannung an der Steckdose nicht aus. Die 230 V werden mittels eines Hochspannungstransformators auf mehrere tausend Volt erhöht.

Mit solchen gefährlichen Hochspannungen arbeitet auch die Bildröhre im Fernseher. Diese Hochspannung ist selbst dann vorhanden, wenn das Gerät abgeschaltet ist. Deshalb darfst du keinesfalls den Fernseher öffnen oder selbst Reparaturen vornehmen.
Auch im Auto findest du einen Hochspannungstrafo. Damit sich das Benzin-Luft-Gemisch entzündet, muss bei der Zündkerze ein Funke überspringen. Eine Spannung von etwa 15 000 V wird durch die Zündspule erreicht. Sie ist ein Hochspannungstrafo mit geringer Primär- und großer Sekundärwindungszahl.

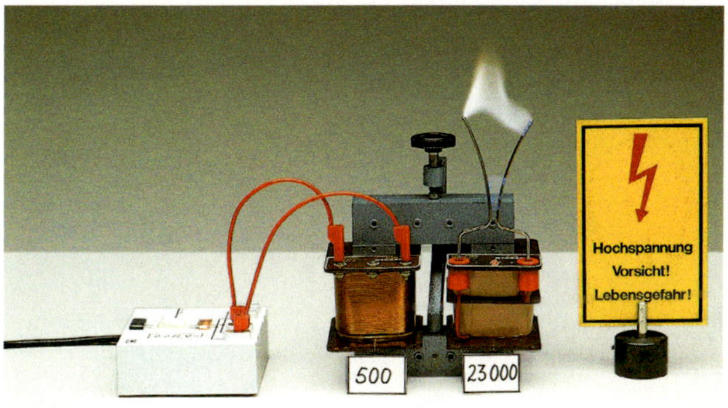

4 Ein Hochspannungstransformator

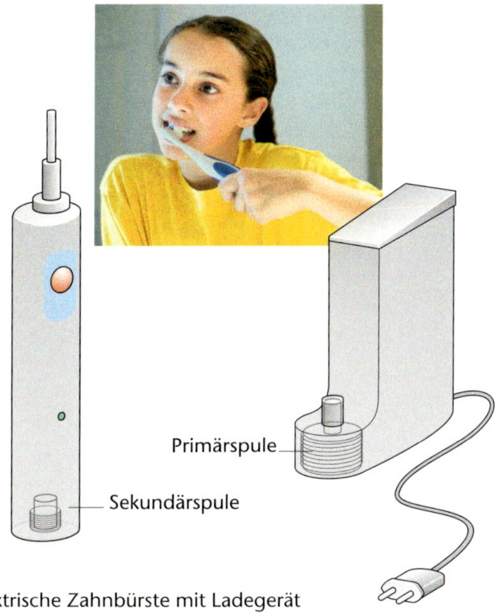

5 Elektrische Zahnbürste mit Ladegerät

Versuch

1 Baue den Transformator wie im Bild 1 auf. Miss die Primär- und Sekundärspannungen U_1 und U_2.
a) Ersetze die rechte Spule durch Spulen mit unterschiedlichen Windungszahlen (z. B. 600 / 300 / 150 / 75) und wiederhole die Messungen. Notiere die Messwerte in einer Tabelle.
b) Wiederhole den Versuch mit einer anderen Primärspannung. Achtung: Eine Primärspannung von 12 V darf nicht überschritten werden! Kannst du vor der Messung sagen, wie groß U_2 etwa sein wird? Vergleiche das Verhältnis der Spannungen ($U_1 : U_2$) mit dem der Windungszahlen ($n_1 : n_2$). Formuliere dein Versuchsergebnis in Worten und als Gleichung.

Aufgaben

1 a) Damit der Akku der Zahnbürste (▷ B 5) aufgeladen werden kann, musst du die Bürste auf das Ladegerät setzen. Beschreibe die Vorgänge im Trafo der Zahnbürste.
b) Warum wäre eine leitende Verbindung zwischen Primär- und Sekundärspule der Zahnbürste gefährlich?
c) Angenommen, bei der elektrischen Zahnbürste soll die Netzspannung von 230 V auf 4,6 V verringert werden. Du hast eine Primärspule mit 2000 Windungen. Welche Windungszahl muss die Sekundärspule haben? Zeichne den Trafo in der richtigen Anordnung.

2 Berechne die Spannung zwischen den Elektroden des Hochspannungstrafos in Bild 4.

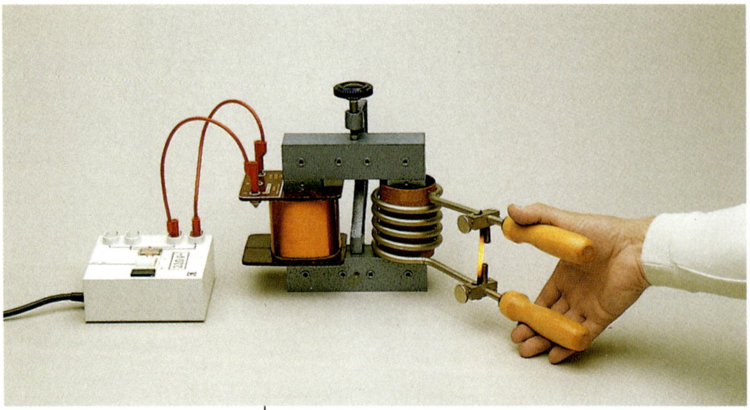

1 Ein Hochstromtransformator

Ein heißer Nagel

Der Transformator im Bild 1 ist an 230 V angeschlossen. Die Sekundärspule ist mit einem dicken Nagel verbunden. Die Windungszahlen von Primär- und Sekundärspule stehen im Verhältnis 100 : 1, demzufolge beträgt die Sekundärspannung nur etwas über 2 V.
Kein gefährlicher Versuch, meinst du? Das ist ein Irrtum, denn wie Bild 1 zeigt, geschieht etwas Erstaunliches, wenn der Trafo eingeschaltet wird: Der Nagel beginnt zu glühen und schmilzt durch.

Wodurch wird der Nagel – trotz der geringen Spannung – so stark erwärmt?
Ursache ist der elektrische Strom, der im Sekundärkreis und damit auch durch den Nagel fließt. Nur bei sehr hoher Stromstärke wird ein Leiter so stark erwärmt, dass er zu glühen beginnt. Doch woher kommt die große Stromstärke?

Die Primär- und die Sekundärstromstärke

Ein Transformator ändert nicht nur die Spannungen, sondern auch die Stromstärken. Die Stromstärken im Primär- und Sekundärkreis des Trafos werden durch die elektrischen Geräte beeinflusst, die an die Sekundärspule angeschlossen werden.
Bei geöffnetem Sekundärkreis fließt nur ein geringer Strom im Primärkreis (▷ V1a). Das ändert sich jedoch, wenn der Trafo belastet wird (d. h. an die Sekundärspule ist ein elektrisches Gerät angeschlossen). Dann fließen ein Sekundärstrom und ein (größerer) Primärstrom.
Im Versuch 1a kannst du das überprüfen. Wenn du verschiedene Lämpchen an die Sekundärspule des gleichen Trafos anschließt, wirst du aufgrund der unterschiedlichen Widerstandswerte jedes Mal andere Stromstärken messen.
Die Primärstromstärke stellt sich dabei auf die unterschiedlichen Belastungen ein: Je größer der Sekundärstrom, desto größer wird automatisch auch der Primärstrom.

Der Sekundärstrom bestimmt die Größe des Primärstroms.

Kleine Windungszahl – große Stromstärke?

Auch bei der Änderung der Stromstärke spielen die Windungszahlen eine entscheidende Rolle. Allerdings verhalten sich die Stromstärken genau umgekehrt wie die Windungszahlen: In der Spule mit der kleineren Windungszahl fließt immer der größere Strom (▷ V 1b).

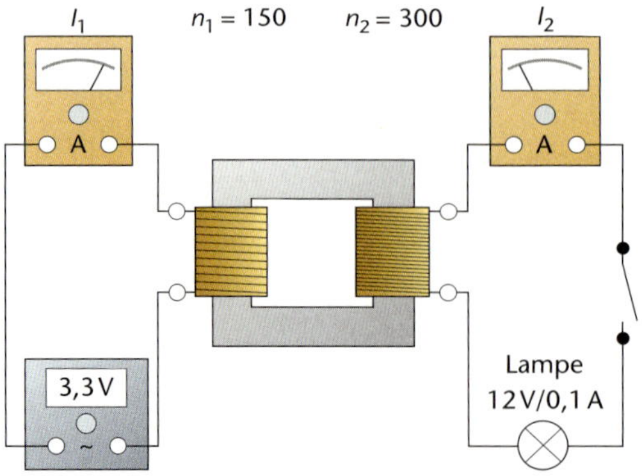

2 Zu Versuch 1

Versuch

1 a) Baue den Trafo wie in Bild 2 auf. Miss die Stromstärke I_0 im Primärkreis, wenn der Schalter geöffnet ist. Schließe nun den Schalter. Wie groß sind jetzt die Stromstärken im Primärkreis I_1 und im Sekundärkreis I_2?
Wiederhole den Versuch mit verschiedenen Bauteilen im Sekundärkreis. Wie verändern sich die Stromstärken?
b) Lass das Lämpchen im Sekundärkreis (▷ B 2) gleich. Verändere die Windungszahlen von Primär- und Sekundärspule und miss die Stromstärken (I_0, I_1, I_2). Trage alle Messwerte in eine Tabelle ein.
In welchem Verhältnis stehen die Windungszahlen? In welchem Verhältnis stehen die Stromstärken?
Tipp für die Auswertung: I_0 (Primärstrom bei offenem Sekundärkreis) trägt nicht zur Energieübertragung bei. Ziehe deshalb von der gemessenen Primärstromstärke I_1 den Wert I_0 ab.

Primärkreis					**Sekundärkreis**			**Verhältnis der**	
								Windungszahlen	**Stromstärken**
U_1	I_0 offener Sekundärkreis	I_1 geschlossener Sekundärkreis	I_1	n_1	U_2	n_2	I_2	$n_1 : n_2$	$I_1 : I_2$
3,3 V	130 mA	255 mA	125 mA	150	6,3 V	300	65 mA	150 : 300 (= 1 : 2)	125 : 65 (≈ 2 : 1)
	130 mA	430 mA	300 mA	150		600	76 mA	150 : 600 (= 1 : 4)	300 : 76 (≈ 4 : 1)
	16,3 mA	20,6 mA	4,3 mA	600		150	17,6 mA	600 : 150 (= 4 : 1)	4,3 : 17,6 (≈ 1 : 4)

3 Tabelle zu Versuch 1b

Die Messergebnisse (▷ B 3) offenbaren genauere Zusammenhänge: In der ersten Tabellenreihe erkennst du, dass die Primärspule halb so viele Windungen wie die Sekundärspule hat (Verhältnis 1 : 2). Dafür ist aber die Primärstromstärke I_1 fast doppelt so groß wie die Sekundärstromstärke I_2 (Verhältnis 2 : 1). Beim Windungszahlverhältnis 1 : 4 steigt die Primärstromstärke auf das Vierfache der Sekundärstromstärke. Vertauscht man dagegen die Spulen (Verhältnis 4 : 1), dann sinkt I_1 auf ein Viertel der Sekundärstromstärke.

Die Stromstärken beim belasteten Transformator verhalten sich umgekehrt wie die Windungszahlen.

$$\frac{I_1}{I_2} = \frac{n_2}{n_1}$$

Jetzt verstehst du auch, warum der Nagel im Bild 1 zu glühen beginnt:
Der Nagel hat einen sehr geringen Widerstandswert. Dadurch lässt er im Sekundärkreis eine sehr hohe Stromstärke (mehrere hundert Ampere) zu, die den Nagel zum Schmelzen bringt. Trotzdem wird dafür im Primärkreis nur eine wesentlich geringere Stromstärke benötigt, weil die Windungszahlen von Primär- und Sekundärspule ein Verhältnis von 100 : 1 haben.

Energie wird übertragen

Damit der Nagel (▷ B 1) glüht oder das Lämpchen (▷ B 2) leuchtet, ist Energie notwendig. Diese Energie wird über den Trafo vom Netz bezogen und dann vom Primär- auf den Sekundärkreis übertragen.
In der Beispielrechnung (▷ B 4) wird die elektrische Energie ermittelt, die der Primärkreis pro Sekunde vom Netz aufnimmt (Eingangsleistung). Die Rechnung rechts zeigt, wie viel Energie pro Sekunde vom Sekundärkreis (hier an das Lämpchen) abgegeben wird (Ausgangsleistung). Der Vergleich zeigt, dass Eingangs- und Ausgangsleistung fast gleich sind. Die Ausgangsleistung ist etwas kleiner, weil ein Teil der Energie im Trafo in Wärme umgewandelt wird.

Bei einem idealen Transformator ist die abgegebene elektrische Energie (Sekundärspule) genauso groß wie die aufgenommene elektrische Energie (Primärspule).

Aufgaben

1 Die Stromstärke im Primärkreis des Trafos in Bild 1 beträgt etwa 3 A. Wie groß ist die Stromstärke durch den Nagel? Wie groß ist sein Widerstandswert? Berechne die Eingangs- und die Ausgangsleistung.

2 Welcher Zusammenhang besteht zwischen den Spannungen und den Stromstärken bei einem Transformator? Formuliere in Worten und als Gleichung.

3 Welcher Unterschied besteht zwischen einem Hochspannungs- und einem Hochstromtrafo?

Vergleich von Eingangs- und Ausgangsleistung

Gegeben: Primärspule
$I_1 = 0{,}125\,A$
$U_1 = 3{,}3\,V$

Sekundärspule
$I_2 = 0{,}065\,A$
$U_2 = 6{,}3\,V$

Lösung: Eingangsleistung
$P_1 = U_1 \cdot I_1$
$P_1 = 3{,}3\,V \cdot 0{,}125\,A$
$P_1 = 0{,}4125\,W$

Ausgangsleistung
$P_2 = U_2 \cdot I_2$
$P_2 = 6{,}3\,V \cdot 0{,}065\,A$
$P_2 = 0{,}4035\,W$

$P_1 \approx P_2$

Die Eingangsleistung entspricht ungefähr der Ausgangsleistung.

4 Leistung beim Transformator

▶ 52
▶ 66 ff.

Anwendungen von Hochstromtransformatoren

1 Induktionsschmelzofen

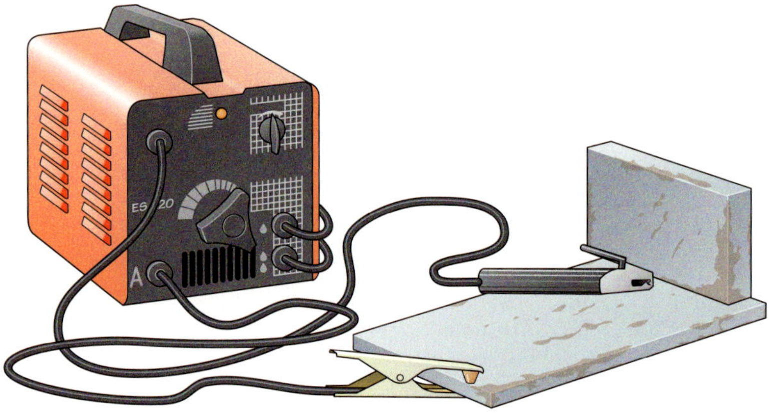

2 Ein Schweißtransformator

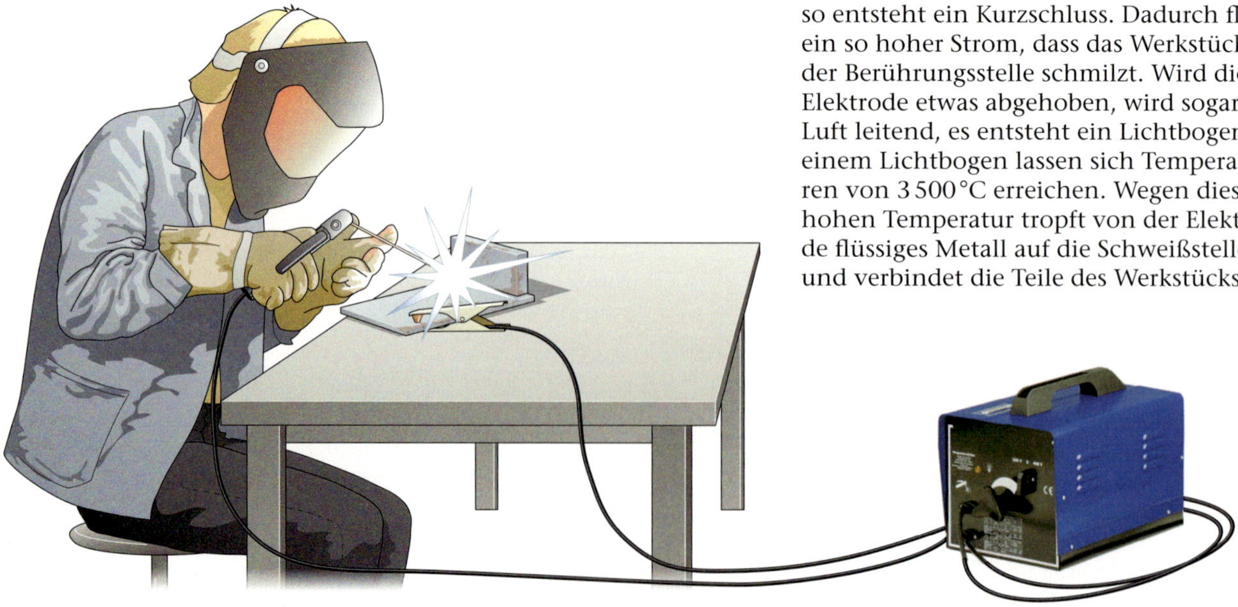

3 Elektroschweißen mithilfe eines Schweißtransformators

Induktionsschmelzen

Um Metalle zum Schmelzen zu bringen, sind sehr hohe Temperaturen erforderlich. Früher wurde das Metall in Hochöfen ausschließlich durch Verbrennen von Kohle oder Holz glühend gemacht.

Induktionsschmelzöfen sind heute eine gute Alternative – sie schützen Mensch und Umwelt. Kernstück des Ofens ist ein Transformator. Im Bild 1 siehst du das Bild eines geöffneten Induktionsschmelzofens. Der Induktionsschmelzofen funktioniert nach dem Prinzip eines Hochstromtransformators. Eine Primärspule mit sehr vielen Windungen wird mit einer Sekundärspule mit sehr wenigen Windungen kombiniert. Oft besteht die Sekundärspule nur aus einer einzigen Windung, die als Rinne geformt ist. Darin befindet sich das zu schmelzende Metall. Beim Einschalten fließt in der Sekundärspule ein sehr großer Strom. Die Sekundärwindung wird deshalb so heiß, dass das Metall schmilzt.

Elektrisches Schweißen

Um zwei Metallteile zu verschweißen, müssen die Kontaktstellen zum Glühen gebracht werden. Auch hier können die erforderlichen Temperaturen durch große Stromstärken in einem Schweißtrafo erreicht werden (▷ B 2).
Und so funktioniert es: Ein Pol der Sekundärspannung des Schweißtrafos wird mit dem Werkstück verbunden. Der andere Pol führt zur Schweißelektrode (▷ B 3). Berührt man damit kurzzeitig das Werkstück, so entsteht ein Kurzschluss. Dadurch fließt ein so hoher Strom, dass das Werkstück an der Berührungsstelle schmilzt. Wird die Elektrode etwas abgehoben, wird sogar die Luft leitend, es entsteht ein Lichtbogen. In einem Lichtbogen lassen sich Temperaturen von 3 500 °C erreichen. Wegen dieser hohen Temperatur tropft von der Elektrode flüssiges Metall auf die Schweißstelle und verbindet die Teile des Werkstücks.

▶52
▶66 ff.

Kochen mit dem Trafo

Viele Küchenherde haben ein Glaskeramikfeld (▷B4), unter der die Heizwicklungen liegen. Dabei erhitzen die glühenden Metalldrähte zunächst das Kochfeld und dann erst durch Wärmeleitung den Topf. Ein Teil der eingesetzten Energie wird ungenutzt an die Umgebung abgegeben.

Etwas energiesparender, aber vor allem schneller, arbeiten Induktionsherde (▷B6). Bei einem Induktionsherd wird die Wärme direkt im Topfboden erzeugt. Die Energieübertragung funktioniert nach dem Trafoprinzip.

Unter der Glaskeramikplatte des Herdes befindet sich eine Spule, die von Wechselstrom durchflossen wird. Sie entspricht der Primärspule eines Trafos (▷B5). Die Sekundärspule ist der Boden des Kochtopfs (Stahl). Du kannst ihn dir als Spule mit einer einzigen geschlossenen Windung vorstellen.

Wenn Strom durch die Primärspule unter der Glaskeramikplatte fließt, erzeugt er im Topfboden (der Sekundärspule) einen starken Strom. Die elektrische Energie wird direkt in Wärme im Topfboden umgewandelt.

Der große Vorteil besteht darin, dass das Kochfeld von Anfang an seine volle Wirkung entfaltet, denn es wird nicht zuerst die Glaskeramikplatte, sondern direkt der Topf aufgeheizt (▷B6). Aus diesem Grund dauert es nur etwa 1 Minute, um einen halben Liter Wasser zum Sieden zu bringen. Die eingesetzte Energie wird beim Induktionsherd sehr effektiv genutzt. Steht kein Topf auf dem Herd, erfolgt auch keine Energieübertragung.

Aufgaben

1 Bei einem Induktionsschmelzofen hat die Primärspule 25 Windungen. Es fließt ein Strom von 1000 A. Wie groß ist der Strom der Sekundärspule (eine Windung)?

2 Welche Vorteile haben Induktionsherde gegenüber herkömmlichen Herden? Gibt es auch Nachteile?

4 Ein Glaskeramikfeld mit Heizwicklungen

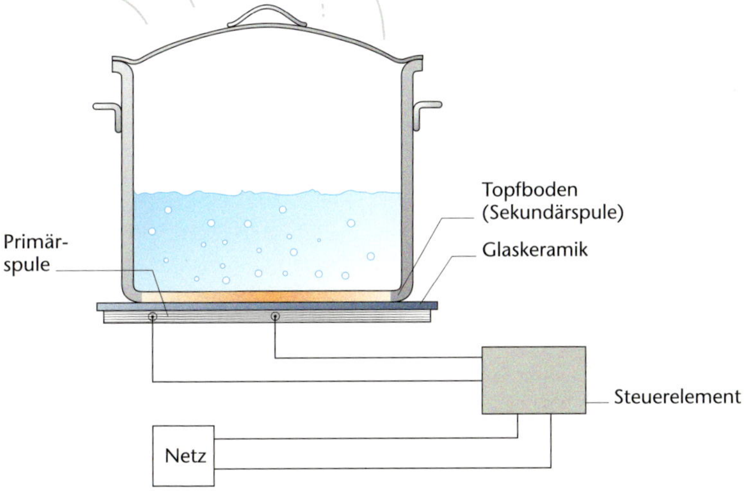

5 Schematischer Aufbau eines Induktionsherdes

6 Induktionsherd: Die Wärme wird direkt im Topfboden erzeugt.

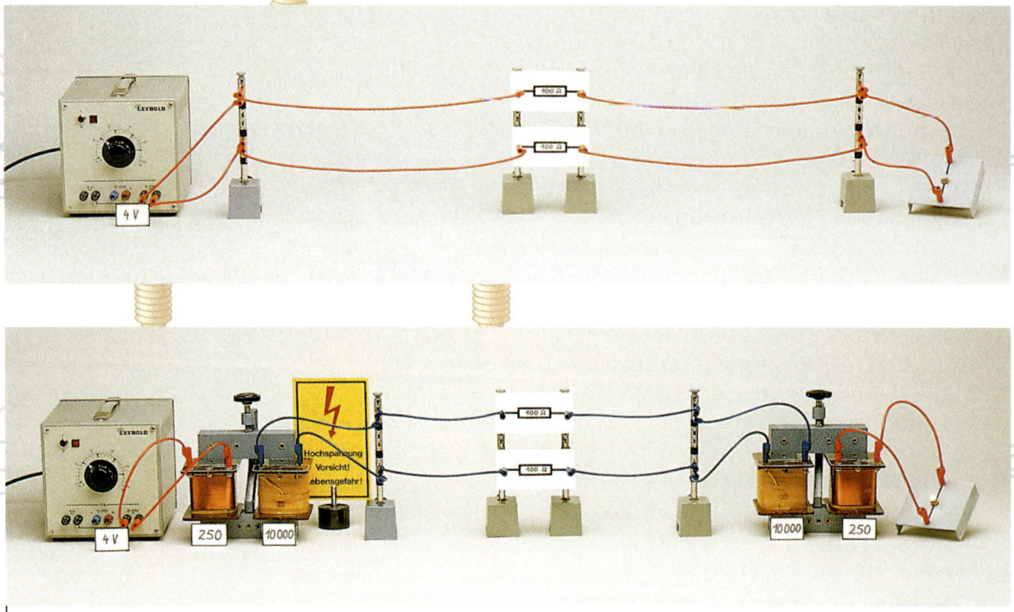

1 Modellversuch zur Fernleitung elektrischer Energie: Bei Hochspannung sind die Transportverluste gering.

Versuch

1 a) Eine Lampe (3,8 V / 0,07 A) wird über eine „Fernleitung" (je 100 Ω) an 4 V Wechselspannung angeschlossen (▷ B 1, oben).
b) In einer zweiten Schaltung wird die Ausgangsspannung zuerst hochtransformiert ($n_1 = 250 / n_2 = 10\,000$) und die Hochspannung an die „Fernleitung" angelegt. Vor der Lampe wird die Spannung im gleichen Verhältnis wieder heruntertransformiert (▷ B 1, unten). Vergleiche die Helligkeiten der Lampen.

Die Übertragung elektrischer Energie
Der Transport elektrischer Energie erfolgt normalerweise durch Drähte. Wegen des elektrischen Widerstands kommt es dabei zu einer Umwandlung von elektrischer Energie in nicht weiter nutzbare Wärme. Es erreicht also nur ein Teil der Energie den Empfänger.
In Versuch 1 wird der elektrische Widerstand von langen Drähten ersatzweise durch zwei 100-Ohm-Widerstände erreicht, die in Hin- und Rückleitung geschaltet sind (▷ B 1).
Der Versuchsteil 1a zeigt, dass aufgrund dieses Widerstandes zu wenig Energie an der Lampe ankommt: Sie leuchtet nicht. Da die Erwärmung der Drähte von der Stromstärke abhängt, ist es sinnvoll diese zu verkleinern. Damit trotzdem noch die gleiche Energie pro Zeit (Leistung) zum Empfänger gelangt, muss wegen $P = U \cdot I$ die Spannung erhöht werden.
In Versuchsteil 1b erfolgt die Verkleinerung der Stromstärke bei gleichzeitiger Vergrößerung der Spannung mithilfe eines Transformators. Vor dem Empfänger (dem Glühlämpchen) werden dann mit einem zweiten Transformator Spannung und Stromstärke wieder auf die ursprünglichen Werte gebracht. Das Leuchten des Lämpchens zeigt, dass jetzt ein größerer Teil der Energie beim Lämpchen ankommt.

Je kleiner die Stromstärke ist, desto weniger unerwünschte Wärme entsteht bei der Übertragung der elektrischen Energie.

Warum Hochspannungsleitungen?
Bei der Übertragung der elektrischen Energie von einem Kraftwerk zu den Haushalten treten die gleichen Erscheinungen wie in Versuch 1 auf. Bei hohen Stromstärken würde in den mehrere 100 km langen Leitungen viel Wärme entstehen. Deshalb versucht man, die Stromstärken in diesen Leitungen möglichst gering zu halten. Um die gleiche Leistung zu übertragen, muss aber die Spannung entsprechend groß sein. Und das ist der Grund, warum die elektrische Energie durch Hochspannung übertragen wird. Bei Spannungen von bis zu 380 000 V ist die Stromstärke so gering, dass auch in den langen Zuleitungen nur wenig Wärme entsteht.

Das Netz der Energieversorgung

Die Generatoren in den Kraftwerken erzeugen Spannungen von ca. 10 000 bis 20 000 V. Zur Übertragung der Energie sind diese Spannungen noch zu gering. Deshalb werden sie durch Transformatoren am Kraftwerk auf bis zu 380 000 V erhöht und dann in das Verbundnetz eingespeist (▷ B 2). Hoch- und Höchstspannungsleitungen (▷ B 3 – B 5) verteilen den Strom landesweit und versorgen ganze Städte und Regionen mit Energie. Diese Leitungen sind – bildlich gesprochen – die Autobahnen der Energieversorgung.

Elektrische Geräte lassen sich mit der Hochspannung nicht betreiben, sie muss durch weitere Transformatoren wieder verringert werden. **Umspannwerke** übernehmen diese Aufgabe, sie setzen die Hochspannung auf Werte von 10 000 oder 20 000 V herab. Mit diesen Spannungen werden Industriebetriebe, Dörfer oder Stadtteile versorgt (▷ B 2).
Für die Steckdose sind 10 000 V immer noch viel zu hoch. Weitere Transformatoren verringern die Spannung noch einmal auf die gewünschten 230 V bzw. 400 V (▷ B 2).

Vom Kraftwerk zum Verbundnetz

In den Anfängen der Stromversorgung war nur ein Kraftwerk für die Versorgung eines einzelnen Bereiches zuständig. Jedes Kraftwerk musste ständig in Betrieb sein, auch wenn zu bestimmten Zeiten nur wenig elektrische Energie benötigt wurde. Bei der Reparatur eines Kraftwerkes hatten die Bewohner in seinem Bereich unter Umständen tagelang keinen elektrischen Strom. Ab 1920 entstanden deshalb die ersten Zusammenschlüsse der verschiedenen Stromerzeuger zu einem **Verbundnetz**. Bei einer Störung in einem Kraftwerk konnten die anderen Kraftwerke des Netzes die fehlende Leistung aufbringen. Bei geringem Strombedarf (z. B. in der Nacht) wurden einige Werke abgeschaltet. Die Stromerzeugung wurde durch das Verbundnetz sicherer und preisgünstiger.
Heute endet unser Verbundnetz nicht an den Landesgrenzen. Das deutsche Netz ist in ein System eingebettet, das die meisten europäischen Staaten miteinander verbindet. Kraftwerksausfälle und Netzstörungen werden sofort von den anderen Teilnehmern des Netzes ausgeglichen. Kannst du dich überhaupt noch an einen längeren Stromausfall erinnern?

3 Eine 380 000-V-Höchstspannungsleitung

4 Eine oberirdische 10 000-V-Leitung

5 Die 230-V/400-V-Versorgungsleitungen eines Hauses

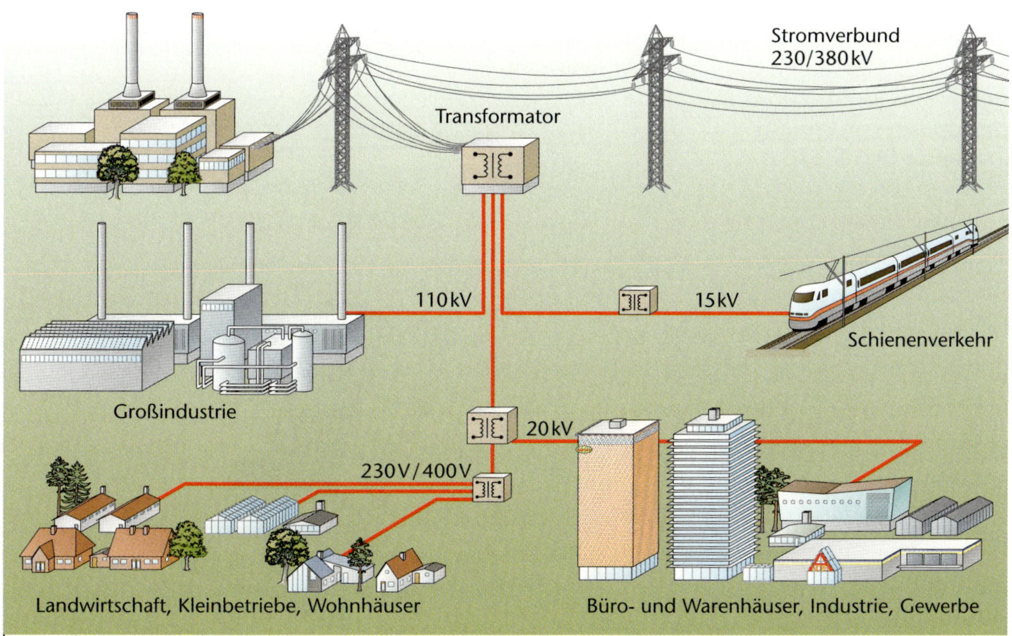

2 Das Verbundnetz der Stromerzeuger

Elektrosmog

Das Wort Smog setzt sich aus den beiden englischen Wörtern **Sm**oke (= Rauch) und **fog** (= Nebel) zusammen. Mit Smog ist normalerweise die Ansammlung von großen Mengen Abgasen und Schadstoffen am Boden gemeint. Im Zusammenhang mit Elektrizität ist die „Verschmutzung" unserer Umwelt mit **elektromagnetischen Feldern** gemeint.

Elektrische und magnetische Felder

Du weißt, dass Magnete von einem Magnetfeld umgeben sind. Eine Kompassnadel z. B. richtet sich im Magnetfeld der Erde in Nord-Süd-Richtung aus. Die Stärke von Magnetfeldern wird in Tesla angegeben. Das Erdmagnetfeld z. B. hat bei uns eine Stärke von 40 bis 50 Mikrotesla (0,000 04 bis 0,000 05 Tesla). Zum Vergleich: Das Magnetfeld eines Stabmagnetens hat etwa 1 bis 4 Tesla.

Elektrische Ladungen sind von einem elektrischen Feld umgeben. Die Stärke des elektrischen Feldes wird in Volt pro Meter (V/m) angegeben.

Zwischen elektrischen und magnetischen Feldern besteht ein enger Zusammenhang. Fließt in einem Leiter, z. B. in der Telefonleitung, ein elektrischer Strom, so ist der Leiter von einem Magnetfeld umgeben. Auch der umgekehrte Zusammenhang existiert. So haben magnetische Felder Wirkungen auf elektrische Ladungen. Wird z. B. eine Spule in einem Magnetfeld bewegt, so fließt ein elektrischer Strom (Induktion). Beide Phänomene bedingen sich wechselseitig. Kommen beide Felder zusammen vor, spricht man von elektromagnetischen Feldern.

Auswirkungen auf den Menschen

Ob Handys, Mikrowellen oder Computer, jedes elektrisch betriebene Gerät produziert elektromagnetische Felder. In wissenschaftlichen Untersuchungen wird erforscht, ob und welche Auswirkungen diese Felder auf den Menschen haben.
Bei Vorhandensein eines elektrischen Feldes kommt es auf der Haut zu kleinen Strömen. Diese sind normalerweise ungefährlich, denn die elektrischen Felder sind in der Regel sehr schwach. Sind wir jedoch einem zeitlich veränderlichen Magnetfeld ausgesetzt, so kommt es im Körperinneren zu kleinen Wirbelströmen. Diese können eventuell eine schädigende Wirkung hervorrufen.

Versuch

1 Miss mit einem Elektrosmog-Tester die magnetische Feldstärke von Geräten wie Computer, Fernseher, Waschmaschine, Halogenlampen. Lege dazu eine Tabelle an und miss den „Elektrosmog" in verschiedenen Entfernungen.

Gerät	Abstand 3 cm	Abstand 30 cm	Abstand 1 m
Haartrockner			
Elektrorasierer			
Staubsauger			
Mikrowelle			

Aufgaben

1 Informiere dich über Elektrosmog im Zusammenhang mit Mobilfunk.

2 Recherchiere, welche Bedeutung Grenzwerte haben. Wer legt sie fest?

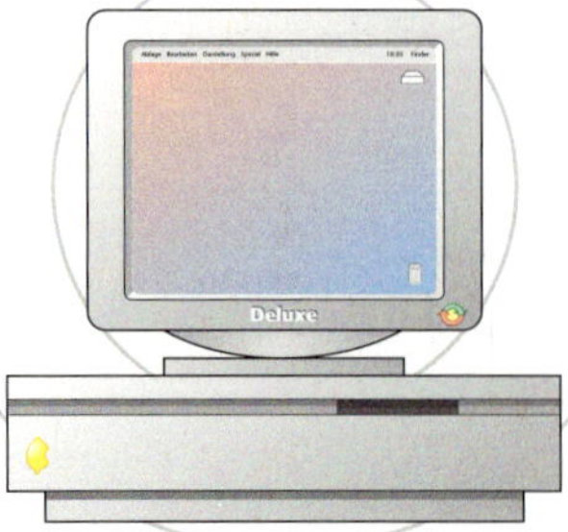

1 Ein Elektrosmogtester

Planspiel: Ein Sendemast auf unserer Schule?

Die Finanzsituation deiner Stadt hat sich durch eine Verminderung der Steuereinnahmen dramatisch verschlechtert. Die Stadt versucht daher zu sparen und neue Einnahmequellen zu erschließen. Die Anfrage eines Mobilfunkbetreibers nach Errichtung eines Sendemastes auf einer Schule soll in einer Bürgerversammlung diskutiert werden. Das eingenommene Geld könnte zum Teil der Schule für neue zusätzliche Projekte zur Verfügung gestellt werden.

Diese für die Bewohner der Stadt und die Schüler der Schule sehr wichtige Versammlung muss von allen Teilnehmern besonders sorgfältig vorbereitet werden. Es gibt viele Argumente, die für die Errichtung der Anlage sprechen, aber auch solche dagegen.

In einem **Planspiel** sollen die Argumente erarbeitet, formuliert und in einer fiktiven Sitzung ausgetauscht und zur Abstimmung gebracht werden.

A. Festlegung und Verteilung der Rollen
Es wird festgelegt, welche Rollen zu besetzen sind. Es bieten sich z. B. folgende Rollen an:
- Bürgermeister,
- Stadträte,
- Vertreter des Mobilfunkbetreibers,
- sachkundige Bürger,
- Vertreter von Umweltschutzverbänden,
- Vertreter der Kirchen,
- Vertreter des Jugendgemeinderats,
- Vertreter der Schule.

Die Schülerinnen und Schüler, die keine Rolle erhalten, bilden in der Sitzung die interessierten Bürger. Es ist auch möglich, mehrere Sitzungen durchzuführen, bei denen die Rollen dann getauscht werden.

B. Vorbereitung der Sitzung
Alle Teilnehmer bereiten sich intensiv auf die entscheidende Sitzung vor. Das gilt auch für die interessierten Bürger, die auf der Sitzung kritische Fragen stellen und Anregungen geben sollen. Als Informations- und Vorbereitungsquellen können z. B. genutzt werden:
- fachkundige Personen, z. B. auch Lehrerinnen und Lehrer unterschiedlicher Fächer
- Tageszeitungen
- Firmenprospekte
- Internetseiten unterschiedlicher Firmen
- Politiker/Vertreter der Stadt

C. Durchführung der Sitzung
Jede Gruppe bzw. jeder Interessensvertreter kann zunächst einmal die Argumente für oder gegen den Sendemast vortragen. Dazu bestimmt jede Gruppe einen Gruppensprecher. In einem weiteren Schritt können die interessierten Bürger dann Fragen stellen. Es muss darauf geachtet werden, dass eine Person die Sitzung leitet und dass während der Sitzung ein Protokoll geschrieben wird.

D. Abstimmung
Nachdem alle Argumente ausgetauscht worden sind, soll in einer Abstimmung entschieden werden, ob die Anlage gebaut werden soll oder nicht. Vorher muss natürlich geklärt werden, wer überhaupt an der Abstimmung teilnehmen darf.

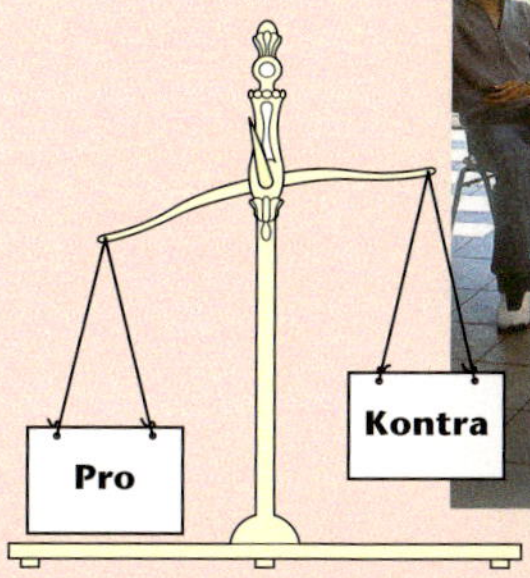

Elektrische Energieübertragung

Energieumwandlung in Wärmekraftwerken

In einem Wärmekraftwerk wird die in den Brennstoffen enthaltene Energie (z. B. chemische Energie) in elektrische Energie umgewandelt (▷ B 1).

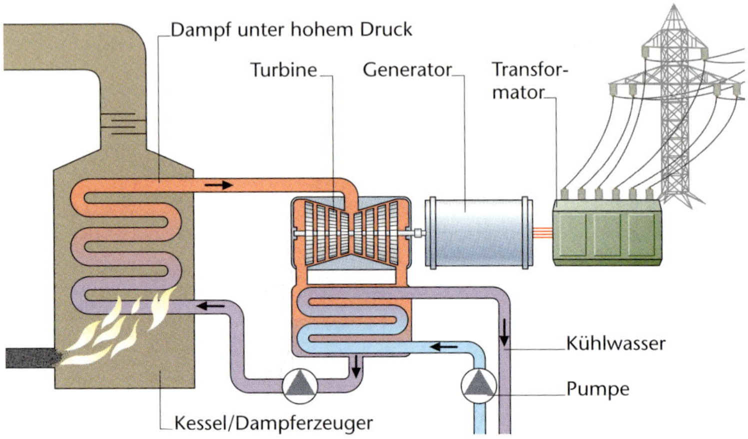

1 Der Aufbau eines Wärmekraftwerkes

Energie – Arbeit – Leistung

Ein Elektrogerät nimmt elektrische Energie auf und kann damit Arbeit verrichten.
Die aufgenommene elektrische Energie ist umso größer, je höher Spannung und Stromstärke sind und je länger das Elektrogerät betrieben wird.

$E = U \cdot I \cdot t$

Einheit: Joule (J)

$1\,\mathrm{J} = 1\,\mathrm{V} \cdot \mathrm{A} \cdot \mathrm{s}$

Auf Elektrogeräten findest du oft Angaben zur elektrischen Leistung. Sie gibt an, wie viel Energie pro Sekunde aufgenommen wird.

$P = U \cdot I$

Einheit: Watt (W)

$1\,\mathrm{W} = 1\,\frac{\mathrm{J}}{\mathrm{s}}$

Energieübertragung im Trafo

Transformatoren (▷ B 2) werden mit Wechselspannung an der Primärspule betrieben. Durch die Magnetfeldänderung in der Primärspule wird in der Sekundärspule eine Wechselspannung induziert.

Beim Transformator wird Energie vom Primär- auf den Sekundärstromkreis übertragen. Bei einem idealen Trafo ist die aufgenommene Energie (Primärstromkreis) genauso groß wie die abgegebene Energie (Sekundärstromkreis). In der Realität wird jedoch ein Teil der aufgenommenen Energie in Wärme umgewandelt.

Ein Transformator kann Spannungen und Stromstärken verändern. Dabei ist das Verhältnis der Windungszahlen beider Spulen entscheidend (▷ B 3).

Energietransport vom Kraftwerk bis zum Energieabnehmer

Der Transport von elektrischer Energie vom Kraftwerk zum Energieabnehmer erfolgt mit Spannungen bis zu 380 000 V. Auf diese Weise wird die gleiche Leistung bei kleinerer Stromstärke übertragen. Dadurch wird eine unerwünschte Erwärmung der Leitungen vermieden. Elektrogeräte im Haushalt benötigen wesentlich kleinere Spannungen. Deshalb wird die Hochspannung weiter herabgesetzt (z. B. auf 230 V) und an die Bedürfnisse der Energieabnehmer angepasst.

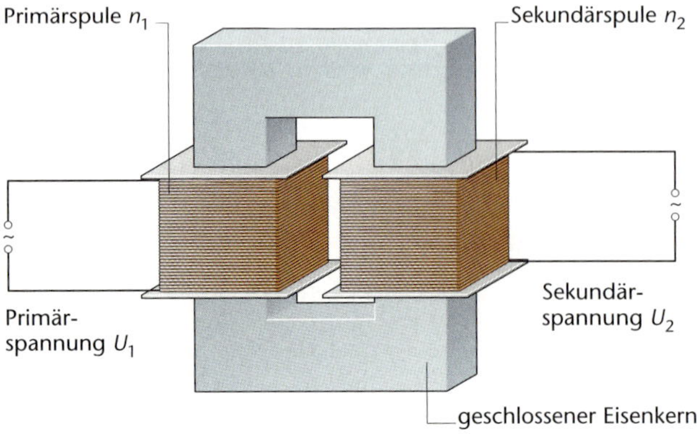

2 Transformator

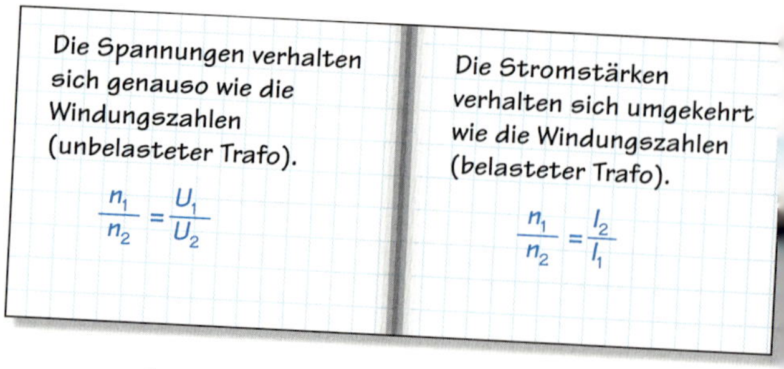

3 Gesetzmäßigkeiten beim Transformator

Aufgaben

1 Beschreibe die Vorgänge und Energieumwandlungen in einem Wärmekraftwerk.

2 Warum kann ein Wärmekraftwerk niemals einen Wirkungsgrad von 100 % besitzen?

3 In jedem Wärmekraftwerk (bis auf Kernkraftwerke) wird Kohlenstoffdioxid frei. Informiere dich über die Auswirkungen dieses Gases auf die Umwelt.

4 Du hast zwei Glühlämpchen mit der Aufschrift 2,4 V / 85 mA und 3,8 V / 0,05 A. Welches Lämpchen hat die größere Leistung?

5 Ein Videorecorder hat im „Stand-by-Betrieb" eine Leistungsaufnahme von 6 W. Wie viel Energie benötigt der Videorecorder in einem Jahr? Wie teuer ist das, wenn 1 kWh 0,12 € kostet?

6 Eine Bohrmaschine mit einer Leistung von 650 W hat eine Energie von 0,11 kWh umgesetzt.
Wie lange war die Maschine in Betrieb? (Runde sinnvoll.)

7 Bei einem Rührgerät beträgt der Widerstandswert 1,25 kΩ, wenn es angeschaltet ist. Berechne die elektrische Leistung (Netzspannung 230 V).

8 Beschreibe die Funktion eines Transformators mithilfe einer „logischen Kette". Beginne so:
1. Durch die Primärspule fließt ein Wechselstrom.
2. Dadurch wird ...
3. ...

9 Die Spulen eines Trafos haben 1500 (n_1) und 60 (n_2) Windungen. Wie groß ist die Sekundärspannung, wenn der Trafo an 230 V angeschlossen wird? Wie viele Windungen müsste die Primärspule haben, wenn die Sekundärspannung 10 V betragen soll?

10 Der Transformator in einem elektrischen Schweißgerät besitzt auf der Primärseite 540 Windungen und auf der Sekundärseite 36 Windungen. Es fließt ein Strom von 8 A durch die Primärspule. Wie hoch ist die Stromstärke auf der Sekundärseite?

11 Weshalb steigt die Primärstromstärke, wenn man ein elektrisches Gerät an die Sekundärspule anschließt?

12 Mithilfe eines Trafos soll ein Lämpchen (15,3 V / 1,2 A) an Netzspannung angeschlossen werden. Das Lämpchen soll möglichst hell leuchten, aber nicht zerstört werden. Für den Trafo hast du fünf Spulen mit 1200, 850, 750, 500 oder 50 Windungen zur Auswahl.

a) Aus welchen Spulen könnte der Trafo gebaut werden? Begründe.

b) Vergleiche die Eingangs- mit der Ausgangsleistung des Trafos.

c) In einem Lehrerversuch wurden die berechneten Werte überprüft. Dabei zeigte sich, dass die gemessene Primärstromstärke größer als der berechnete Wert war. Woran liegt das?

13 „Feine Sache, so ein Trafo", meint Tim. „Mit Transformatoren kann ich ja Spannung und Stromstärke erhöhen. Damit löse ich alle Energieprobleme der Welt!" Nimm Stellung zu dieser Aussage!

14 Warum wird elektrische Energie nicht mit einer Spannung 230 V vom Kraftwerk bis in die Haushalte übertragen? Wie groß wäre dabei die Stromstärke in den Leitungen, wenn ein Kraftwerk z. B. eine Leistung von 805 MW hat?

15 Das Bild 1 zeigt dir einen Modellversuch zur Übertragung der elektrischen Energie vom Kraftwerk zum Haushalt. Beschreibe.
Welche Aufgaben haben die beiden Transformatoren?

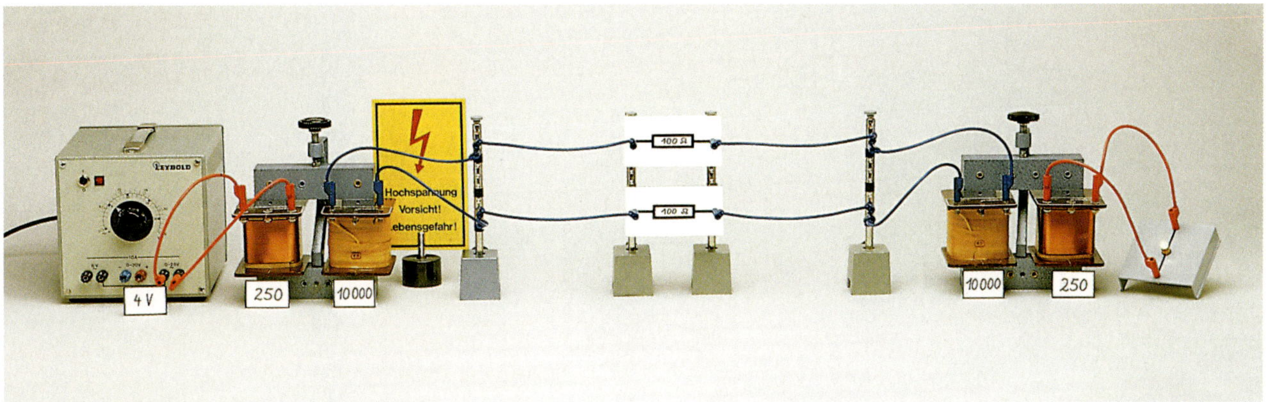

1 Zu Aufgabe 15

Radioaktivität und Kernenergie

Nur selten wird uns bewusst, dass wir ständig allen möglichen Strahlungen ausgesetzt sind:
beim Fernsehen, beim Telefonieren mit Mobiltelefonen, beim Röntgen, beim Aufenthalt im Freien usw. Auch Strahlung aus radioaktiven Quellen umgibt uns tagtäglich.

Für viele Menschen ist das Wort Strahlung ein Reizwort. Insbesondere, wenn es um den Bereich Radioaktivität geht, sind die Meinungen sehr unterschiedlich.
Das folgende Kapitel soll über Radioaktivität und Kernenergie informieren. Dabei werden die Gefahren, aber auch die nutzbringenden Wirkungen, z. B. in der Medizin oder Technik, dargestellt.

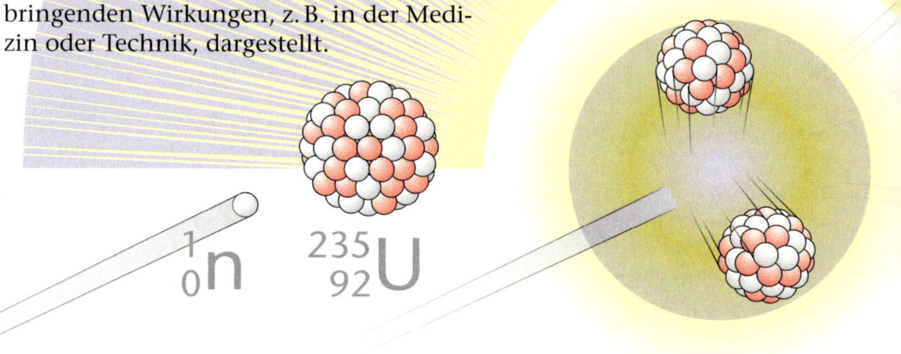

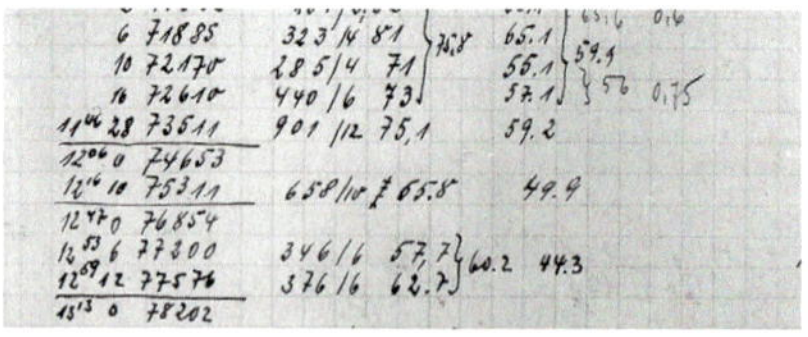

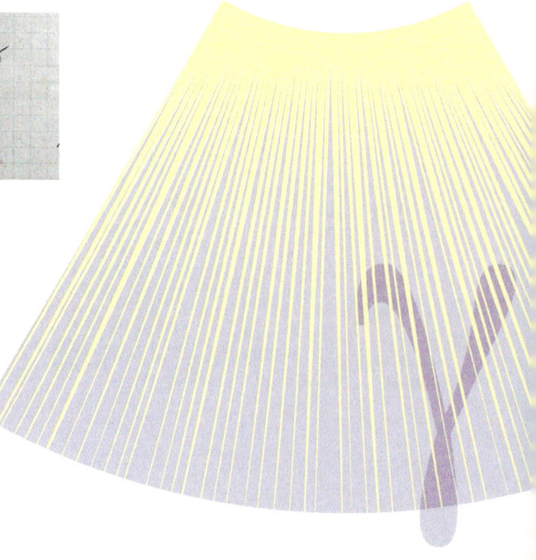

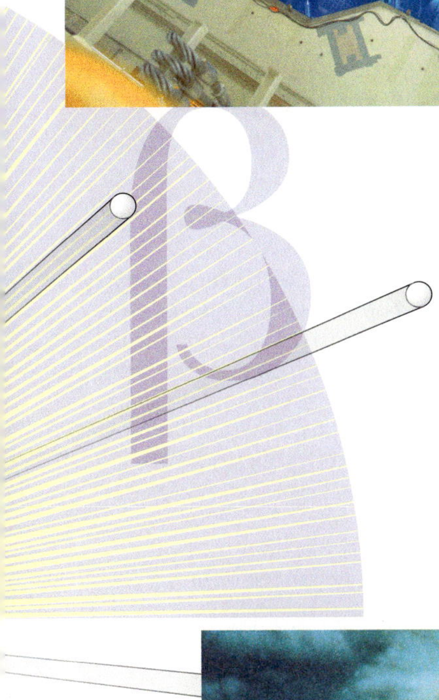

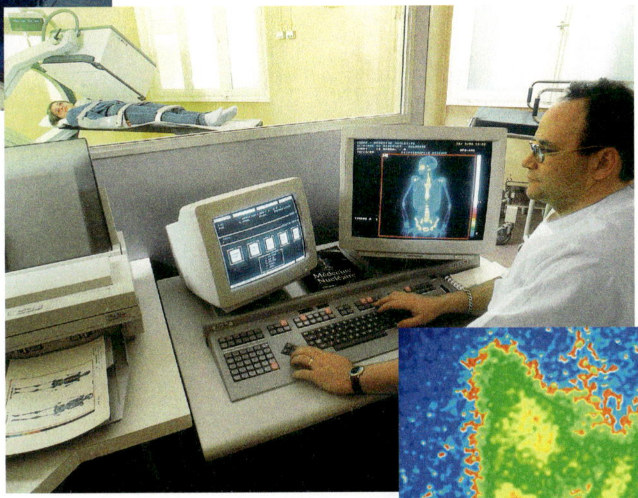

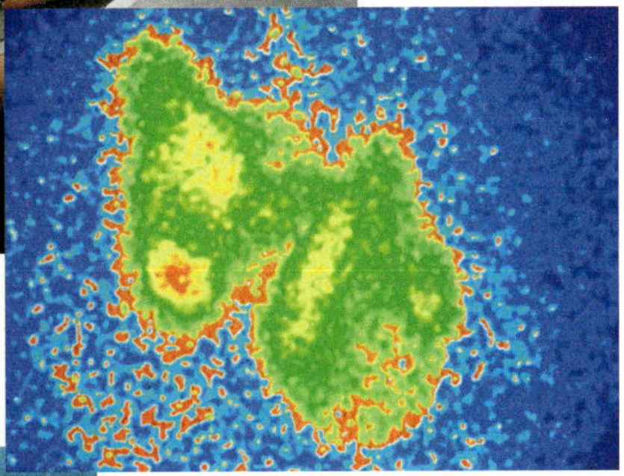

▶ 107 ff.

Das Atom

1 Demokrit von Abdera

2 Ernest Rutherford

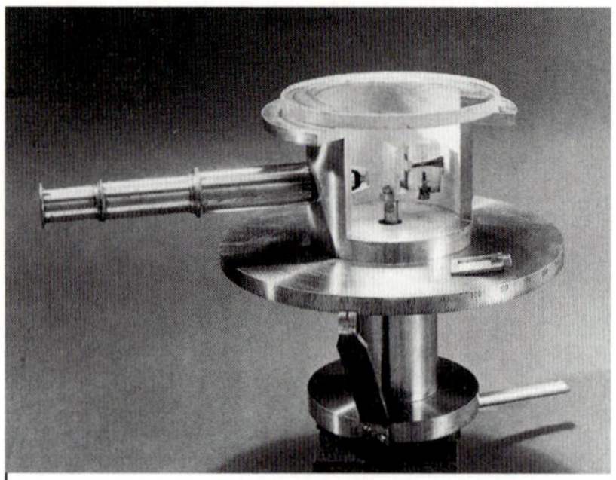

3 Apparatur zum Nachweis des Atomkerns

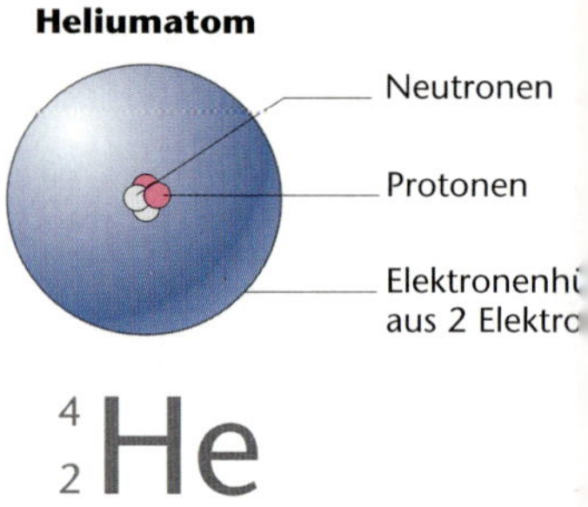

4 Aufbau des Heliumatoms

Die kleinsten Teilchen
Die beiden ersten Menschen, von denen man sicher weiß, dass sie eine regelrechte Atomtheorie entwickelten, waren die griechischen Naturphilosophen Leukipp (480–420 v. Chr.) und Demokrit von Abdera (470–360 v. Chr).
Sie erklärten, dass jeder Stoff in immer kleinere Teilchen zerteilbar ist, solange bis man ihn auf seine kleinsten Teilchen zurückgeführt hat. Diese kleinsten Teilchen, die nicht mehr teilbar sind, nannten sie Atome.

Die Entdeckung des Atomkerns
Erst über 2000 Jahre nach Demokrit wurde entdeckt, dass Atome einen inneren Aufbau besitzen.
Der Physiker Ernest Rutherford (▷ B 2) (1871–1937) und seine Mitarbeiter Hans Geiger (1882–1945) und Ernest Marsden (1888–1970) untersuchten die Durchlässigkeit von Metallfolien. Sie ließen positiv geladene Teilchen auf eine Goldfolie treffen (▷ B 3).
Die meisten dieser Teilchen durchquerten die Goldfolie ungehindert, so als wäre diese gar nicht vorhanden.
Rutherford folgerte daraus, dass die Atome keine massiven Kugeln sein konnten. Nur einige wenige Teilchen wurden in dem Experiment aus ihrer Bahn abgelenkt, so als wären sie auf etwas „hartes“, undurchdringbares gestoßen. Rutherford folgerte, dass dieser undurchdringbare Teil winzig klein sein musste, da er nur selten getroffen wurde. Rutherford hatte den Atomkern entdeckt. Weil die positiv geladenen Teilchen von diesem Kern abgestoßen wurden, kam er zu dem Ergebnis, dass der Atomkern ebenfalls positiv geladen sein musste. Rutherford (1914): *„I supposed that the atom consisted of a positively charged nucleus of small dimensions in which practically all the mass of the atom was concentrated. The nucleus was supposed to be surrounded by a distribution of electrons to make the atom electrically neutral …“*

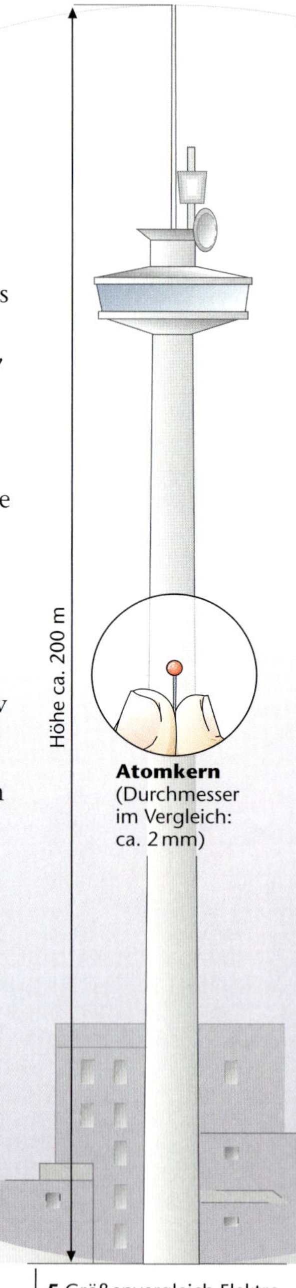

5 Größenvergleich Elektronenhülle und Atomkern

Atomkern und Atomhülle
Erst Jahre später konnte der Aufbau des Atoms weiter enträtselt werden. Man fand heraus, dass der **Atomkern** aus zwei Arten von Teilchen besteht: Protonen und Neutronen. Protonen sind elektrisch positiv geladen, Neutronen sind elektrisch neutral. Protonen und Neutronen nennt man auch Nukleonen (nucleus, lat.: der Kern). Alle Nukleonen haben etwa die gleiche Masse.

Um den Kern herum bewegen sich negativ geladene Elektronen. Sie bilden die Atomhülle (▷ B 4). Die Masse eines Elektrons ist jedoch viel kleiner als die eines Protons.

Die Anzahl der Elektronen ist gleich der Anzahl der Protonen im Kern. Atome sind daher elektrisch neutral.

Die Kernladungszahl
Die Anzahl der Protonen im Kern nennt man Kernladungszahl Z.
Untersucht man die Atome der chemischen Elemente, so stellt man fest:

▶ Alle Atome eines Elementes haben die gleiche Kernladungszahl.

So haben z. B. alle Aluminiumatome 27 Protonen im Kern. Atome, die 31 Protonen im Kern besitzen, gehören zum Element Phosphor. Heute kennt man 112 Elemente. Sie alle unterscheiden sich in ihrer Kernladungszahl.

▶104

Periodensystem der Elemente
Die Elemente werden im Periodensystem angeordnet. Dabei werden sie von 1 bis 112 durchnummeriert.
Der Ordnungsnummer im Periodensystem entspricht die Kernladungszahl.
Aluminium z. B. trägt die Ordnungszahl 27. Man findet Aluminium daher an der 27. Stelle im Periodensystem.

▶ Der Ordnungszahl im Periodensystem entspricht die Kernladungszahl Z.

Die Nukleonen
Obwohl ein chemisches Element nur aus Atomen mit der gleichen Kernladungszahl besteht, hat man nachgewiesen, dass sich Atome eines Elementes in ihrer Masse unterscheiden können. Grund für die Unterschiede in der Masse ist eine unterschiedliche Zahl von Neutronen.
So haben **alle** Wasserstoffatome 1 Proton im Kern. Die Kernladungszahl von Wasserstoff ist Z = 1. Der Großteil der Wasserstoffatome hat kein Neutron. Es gibt aber auch Wasserstoffatome, die ein oder zwei Neutronen besitzen (▷B 3). Die Neutronenzahl wird mit N bezeichnet.

Die Summe aus Kernladungszahl Z und Neutronenzahl N nennt man Nukleonenzahl A. Die Nukleonenzahl gibt also die Anzahl aller Kernteilchen (Nukleonen) an.

Isotope
Atome eines Elementes, die sich in ihrer Neutronenzahl unterscheiden, nennt man Isotope (griech. isos: gleich und topos: stelle). Chemische Elemente sind stets Gemische aus unterschiedlichen Isotopen. Um die Zusammensetzung eines Elements anzugeben, wird eine besondere Schreibweise benutzt. Sie ist in Bild 1 gezeigt.

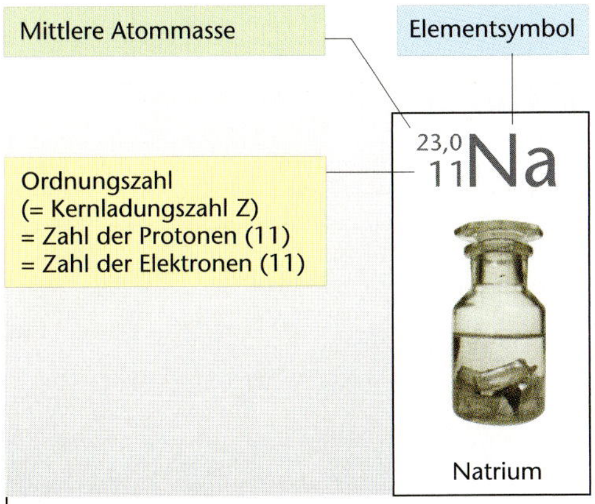

1 Angaben und was sie bedeuten

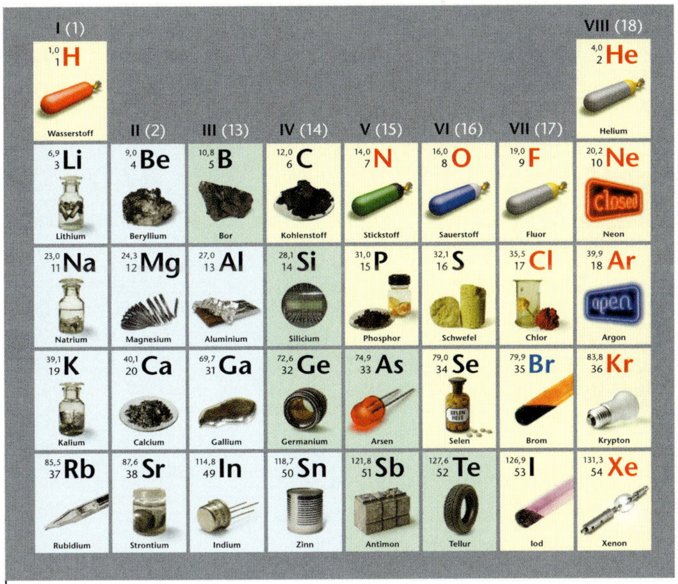

2 Die Hauptgruppen des Periodensystems der Elemente

Das Element Uran
Das Element Uran hat die Ordnungszahl 92. Alle Atome des Elements Uran enthalten 92 Protonen im Kern und 92 Elektronen in der Hülle.
Man kann jedoch nicht auf die Anzahl der Neutronen im Kern und damit auf die Nukleonenzahl schließen.
In den Uranvorräten, die in der Natur vorkommen, treten z. B. die Isotope

$^{235}_{92}U$ und $^{238}_{92}U$ auf.

Die Masse eines U-238-Atomkerns ist größer als die eines U-235-Kerns.
Ein U-238-Atomkern enthält drei Neutronen mehr als ein U-235-Kern.
Im Periodensystem findet man den auf der Erde vorhandenen Durchschnittswert („mittlere Atommasse", ▷B 1).

Ionen
Atome sind nach außen elektrisch neutral, weil die Anzahl der Elektronen mit der Protonenzahl übereinstimmt.
Es kann jedoch passieren, dass Elektronen aus der Hülle abgegeben werden. Das „Restatom" enthält mehr Protonen als Elektronen und ist deshalb positiv geladen. Solche Teilchen nennt man positiv geladene Ionen oder Kationen.
Es gibt auch negativ geladene Ionen (Anionen). Sie entstehen, wenn ein Atom Elektronen von außen aufnimmt. Die Anzahl der Elektronen ist dann größer als die Protonenzahl.

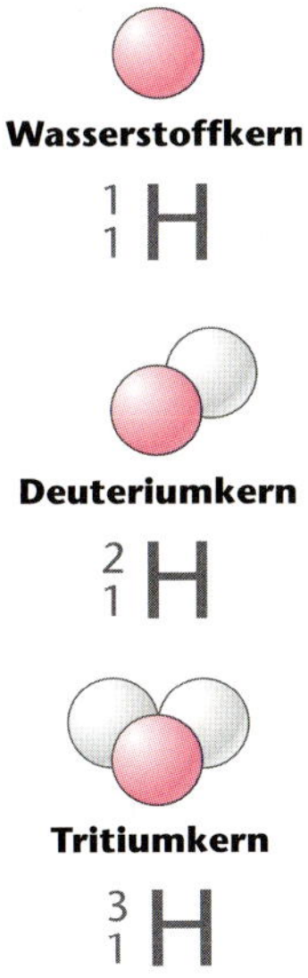

3 Verschiedene Wasserstoffkerne

Verbrecherjagd mit Neutronen

Wer war der Tote?

Ein grausamer Fund stellte die Polizei in Bayern vor ein Rätsel.
Eine bis zur Unkenntlichkeit entstellte Leiche wurde entdeckt. Trotz intensiver Nachforschungen konnte die Identität des Toten nicht geklärt werden. Keine Vermisstenmeldung stimmte mit den Merkmalen der Leiche überein.

Eine neue Untersuchungsmethode brachte schließlich den Erfolg und den Mörder hinter Schloss und Riegel.
Mithilfe der Isotopenanalyse konnte der frühere Aufenthaltsort des Mannes bestimmt werden. Er lebte in Italien. Der Name des Opfers konnte ermittelt und so das Umfeld des Mannes untersucht werden. Der Täter war ein ehemaliger Freund des Toten.

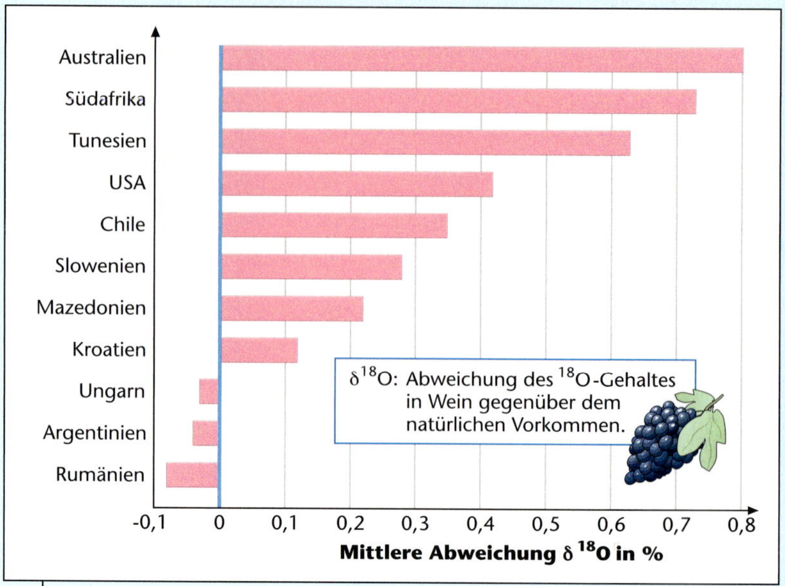

1 Isotopenverhältnisse können die Herkunft verraten.

Neutronen jagen Verbrecher

Jeder Mensch nimmt über die Luft und das Wasser den darin enthaltenen Sauerstoff auf. Alle Sauerstoffatome haben 8 Protonen. Die Anzahl der Neutronen ist jedoch verschieden. Es gibt Sauerstoffatome mit 8 Neutronen (O-16-Isotop), 9 Neutronen (O-17-Isotop) und mit 10 Neutronen (O-18-Isotop).

Über ein Haar oder eine Gewebeprobe eines Menschen kann die Isotopenzusammensetzung der Sauerstoffatome bestimmt werden. Entscheidend ist, dass die Häufigkeit der einzelnen Sauerstoff-Isotope an jedem Ort auf der Welt verschieden ist.
In Italien z. B. kommt das Sauerstoff-Isotop mit 10 Neutronen etwas häufiger vor als in Deutschland. Mit einer „Isotopen-Karte" für Sauerstoff kann nun die ermittelte Isotopenzusammensetzung einer Region zugewiesen werden. Mit großer Wahrscheinlichkeit hat die Person in dieser Region zuletzt längere Zeit gelebt.

Kommt der Wein wirklich aus Deutschland?

Auch die Herkunft von Nahrungsmitteln kann anhand der Isotopenzusammensetzung bestimmt werden (▷ B 1).
Bei der Herstellung von Wein, Fruchtsäften und anderen Getränken wird Wasser zugesetzt. Bestimmt man die Isotopenzusammensetzung des Sauerstoffs und des Wasserstoffs, kann die Herkunft des Getränks einer bestimmten Gegend zugeordnet werden. Weinpanschern kann so in Zukunft ihre Betrügerei eindeutig nachgewiesen werden.

Aufgabe

1 Informiere dich im Internet über Anwendungen der Isotopenanalyse. Stelle die Ergebnisse deiner Klasse vor.

2 Isotope bringen Verbrecher zu Fall.

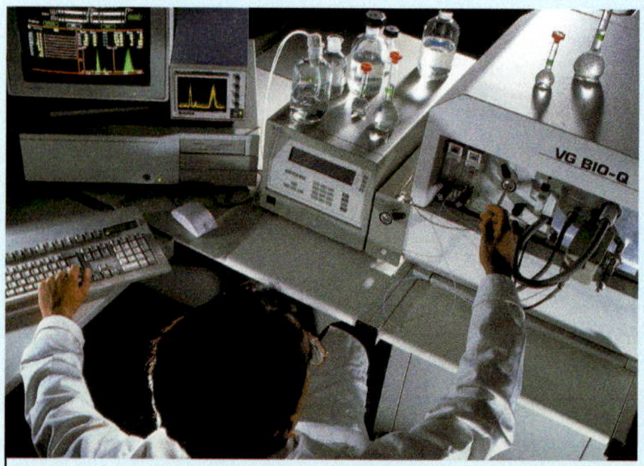

3 Modernes Isotopenanalyselabor

Strategie

Sich mit einem Physikthema näher beschäftigen

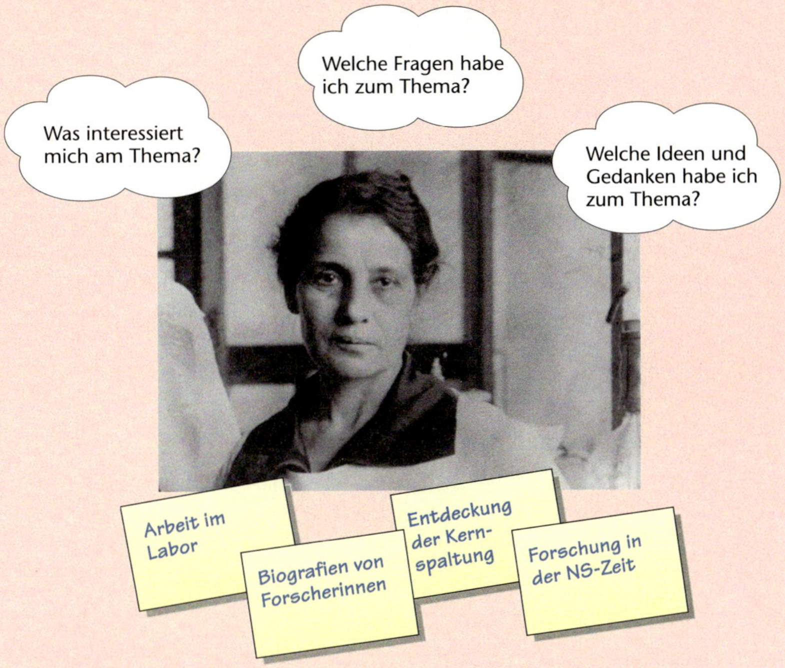

Eine Idee steht am Anfang
Einer der wichtigsten Meilensteine in der Geschichte der Physik war die Entdeckung der Kernspaltung. OTTO HAHN (1879–1968) hat für diese Entdeckung den Nobelpreis für Chemie erhalten. Seine langjährige Mitarbeiterin LISE MEITNER (1878–1968) wurde jedoch nicht berücksichtigt. Du empfindest das vielleicht als ungerecht und willst mehr über LISE MEITNER erfahren. In einem Gespräch mit deiner Physiklehrerin vereinbarst du, dass du über LISE MEITNER und ihre wissenschaftliche Tätigkeit eine Hausarbeit schreiben wirst.

Wie kannst du vorgehen?
Bevor du mit der Arbeit beginnst, solltest du dir über das Thema klar werden. Deine Physiklehrerin oder dein Physiklehrer unterstützen dich dabei bestimmt gerne. Vielleicht musst du das Thema eingrenzen, wenn dir nicht so viel Zeit zur Verfügung steht.

Literaturarbeit oder …
Bei einer reinen Literaturarbeit musst du zuerst schriftliche Informationen sammeln und aufbereiten. Die bekommst du aus Lexika, Wörterbüchern, Fachbüchern, Zeitschriften oder aus dem Internet. Belege deine Angaben anhand mehrerer Quellen.

… Forschungsarbeit?
Deine Facharbeit kann aber auch Versuche umfassen. Formuliere zuerst deine Fragen, plane Versuche dazu und stelle Vermutungen über Ergebnisse an. Führe die Versuche dann durch. Nur so kannst du deine Vermutungen überprüfen. Alle Ergebnisse musst du genau protokollieren und auswerten. Lass dich von deinem Physiklehrer oder deiner Physiklehrerin beraten.

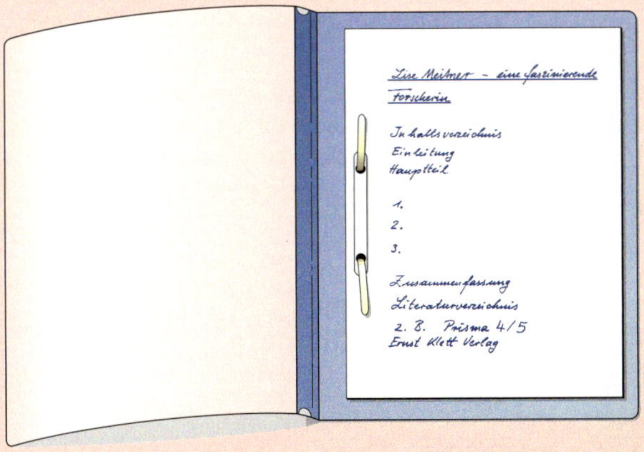

Inhalte ordnen – mit einer Gliederung
Formuliere nun eine Gliederung für deine Hausarbeit. Denke dabei an Einleitung, Hauptteil und Zusammenfassung. Dein geschriebener Text sollte verständlich und lebendig formuliert sein. Wende Fachbegriffe richtig an.

Auch das Äußere ist wichtig
- Lege eine ansprechende Mappe oder einen Ordner an.
- Damit deine Arbeit auf den ersten Blick interessant wirkt, solltest du das Deckblatt sorgfältig gestalten, z. B. mit einem aussagekräftigen Foto zum Thema.
- Verwende für das Inhalts- und Literaturverzeichnis je ein getrenntes Blatt.
- Schreibe mit dem PC oder mit leserlicher Handschrift.
- Lockere die Seiten mit Fotos oder eigenen Zeichnungen auf.
- Versieh deine Arbeit mit deinem Namen und deiner Unterschrift. Damit versicherst du, sie selbst erstellt zu haben.

Die Entdeckung der Radioaktivität

1 Henri Becquerel

Henri Becquerel

Die Eigenschaften von Atomen wurden überall auf der Welt von Wissenschaftlern genauer untersucht.
Da Atome so klein sind, dass man sie selbst unter den besten Mikroskopen nicht sichtbar machen konnte, musste man sich damit begnügen, Stoffe zu untersuchen und daraus auf die Eigenschaften von Atomen zu schließen.

Der französische Physiker Antoine Henri Becquerel (1852–1908) untersuchte unter anderem Uransalze. Er legte ein Stück Uransalz auf eine unbelichtete Fotoplatte, die in schwarzes Papier eingewickelt war. Nach dem Entwickeln der Fotoplatte zeigten sich die Umrisse des Uransalz-Brockens (▷ B 2). Die Platte war durch die Verpackung hindurch belichtet worden.

2 Originalfotoplatte von Becquerel

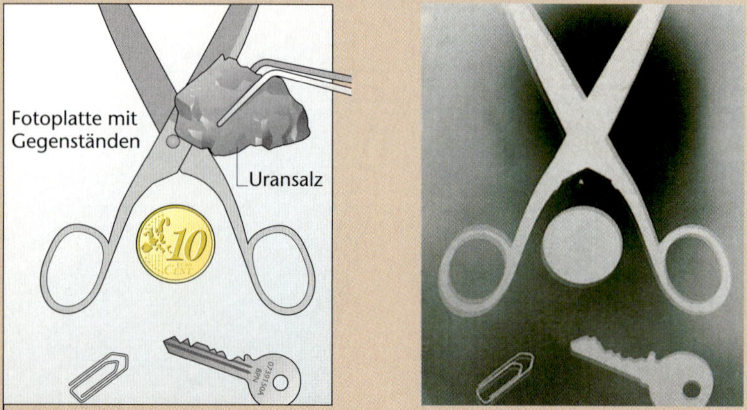

3 Eine Variation von Becquerels Versuch

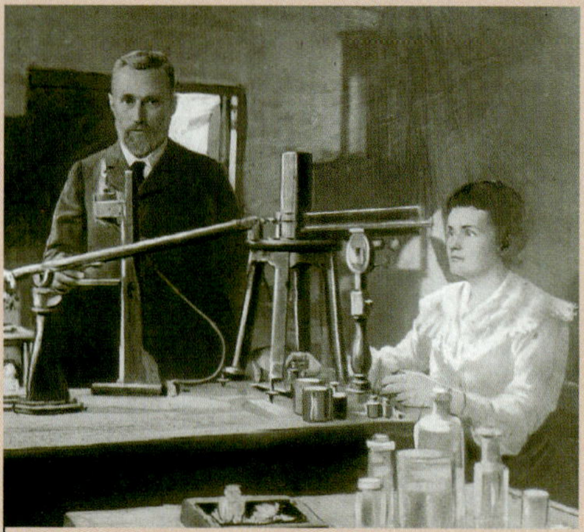

4 Das Ehepaar Pierre und Marie Curie

Henri Becquerel berichtet 1896 vor der Französischen Akademie der Wissenschaften: *„One can confirm very simply that the rays emitted by this substance pass through not only sheets of black paper but also various metals, for example a plate of aluminium and a thin sheet of copper."*

Henri Becquerel hatte eine neue Art von Strahlung entdeckt. Sie wurde nicht durch technische Geräte erzeugt, sondern entstand im Uransalz.

Marie und Pierre Curie

Die polnische Physikerin und Chemikerin Marie Sklodowska (1867–1934) lernte den französischen Physiker Pierre Curie (1859–1906) kennen und heiratete ihn. Gemeinsam untersuchten sie die von Becquerel neu entdeckte Strahlung.

Marie Curie vermutete, dass die Strahlung von den Uran-Atomen ausgehen müsste. Sie bestätigte, dass andere Elemente, die sie aus dem Uransalz trennen konnte, keine Strahlung abgaben.
Für weitere Experimente beschaffte sich das Ehepaar Curie große Mengen Pechblende, ein Uranerz. Auch hier hatte man die neue Strahlung festgestellt.
Bei ihren Versuchen machten die Curies eine erstaunliche Entdeckung: Reines Uran, das sie aus der Pechblende isoliert hatten, strahlte weniger stark als das restliche Erz. Es musste noch ein anderer Stoff außer Uran die neu entdeckte Strahlung abgeben.

5 Das Element Radium leuchtet.

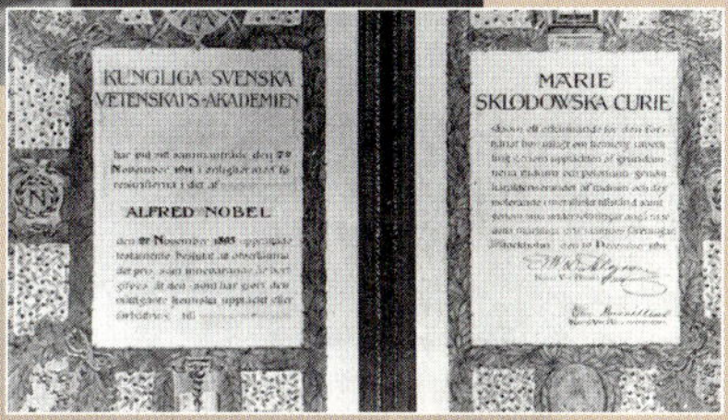

6 Marie Curie mit Nobelpreis-Urkunde

Die Entdeckung von Radium

Pierre und Marie Curie arbeiteten mit den damals vorhandenen einfachen Mittel, um den Stoff aus der Pechblende zu isolieren, der die starke Strahlung abgab. Diese Arbeit beschäftigte sie über Monate. Schließlich hatten sie Erfolg: Sie konnten eine winzige Menge eines bis dahin unbekannten Stoffes aus der Pechblende isolieren. Die Strahlung des geheimnisvollen Stoffes war so stark, dass im Dunkeln ein Leuchten sichtbar war (▷ B 5). Deshalb nannte Marie Curie den neu entdeckten Stoff Radium (radium, lat. das Strahlende).

Weitere Forschungsergebnisse

Pierre und Marie Curie konnten neben Uran und Radium weitere radioaktive Elemente isolieren. So fanden sie Radioaktivität bei Thorium. Ein weiteres neues Element benannten sie nach dem Geburtsland von Marie „Polonium“.
Auch in der Folgezeit untersuchte das Ehepaar Curie intensiv die Eigenschaften der von den Atomen ausgehenden Strahlungen.
Ihre Forschungsergebnisse wurden belohnt: Im Jahr 1903 erhielt das Ehepaar Curie gemeinsam mit Henri Becquerel den Nobelpreis für Physik. Marie Curie erhielt 1911 einen weiteren Nobelpreis für ihre Forschungen im Bereich Chemie.
Zu Ehren der Curies wurde später ein stark radioaktives Element als Curium bezeichnet.

Folgen

Marie und Pierre Curie kannten die Wirkungen der neuen Strahlungen auf den menschlichen Körper noch nicht. So können gesunde Körperzellen zerstört werden, wenn sie starker Strahlung ausgesetzt werden.

Pierre und Marie Curie zeigten schon nach einigen Monaten der Arbeit mit radioaktiven Stoffen zahlreiche Anzeichen radioaktiver Schäden. Der sorglose Umgang mit den radioaktiven Präparaten führte zu Verbrennungserscheinungen am ganzen Körper, aber vor allem an den Händen. Schmerzen in Armen und Beinen, Appetitlosigkeit, Nachlassen der Sehkraft, Lungenerkrankung – all dies waren Zeichen der bis dahin noch nicht bekannten Strahlenkrankheit.
Marie Curie hatte über viele Jahre mit radioaktiven Stoffen gearbeitet. Sie starb im Alter von 66 Jahren, fast völlig blind, an Leukämie.

Aufgabe

1 Fertige ein Referat über das Leben und die wissenschaftliche Arbeit der Marie Curie an.

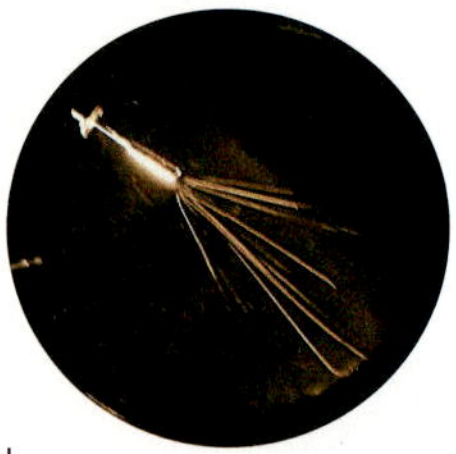

1 Nebelspuren eines radioaktiven Präparats

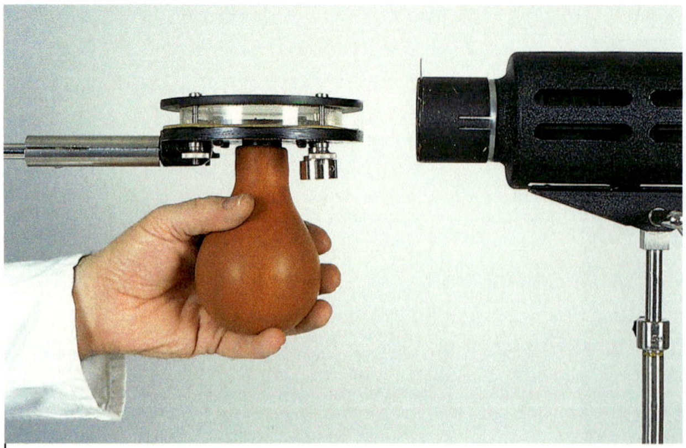

3 Nachweis mithilfe einer Nebelkammer

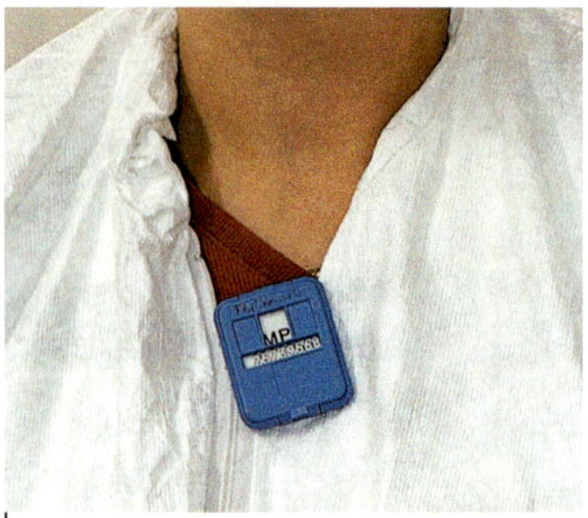

4 In strahlenbelasteter Umgebung muss ein Dosimeter getragen werden.

2 Zeichen für Radioaktivität

Der Nachweis
Strahlung aus radioaktiven Quellen kann man nicht hören, nicht sehen und nicht fühlen. Ein Nachweis der Strahlung gelingt nur durch die Wirkungen, die sie verursacht.

Filme werden belichtet
BECQUEREL entdeckte die Radioaktivität anhand einer Fotoplatte, die durch die Verpackung hindurch belichtet wurde. Auch heute nutzt man diese Wirkung z. B. bei Filmdosimetern (▷ B 4). Die Strahlung durchdringt dabei Blech, Plastik und Papier und belichtet ein Stück Film. Nach Entwicklung kann man erkennen, ob die Person, die das Dosimeter getragen hat, Strahlung ausgesetzt war.

Strahlung aus radioaktiven Quellen schwärzt Fotoplatten, Filme oder Fotopapier.

Die Nebelkammer
In einer Nebelkammer (▷ B 3) befindet sich Luft in einem Glasgehäuse. Die Luft ist mit Wasserdampf gesättigt. In das Gehäuse wird ein radioaktives Präparat eingesetzt. Ausgehend vom Präparat werden Nebelspuren sichtbar. Ähnlich wie ein Flugzeug, hinter dem Kondensstreifen entstehen können, hinterlässt die Strahlung, die vom Präparat ausgeht, Nebelspuren (▷ B 1).

Strahlung aus radioaktiven Quellen hinterlässt in einer Nebelkammer Spuren.

Ionisierung
In Versuch 1 (▷ B 5) trifft die Strahlung des Radium-Präparats auf Luftmoleküle und „löst" Elektronen aus ihnen heraus. Es entstehen positiv geladene Ionen und frei bewegliche Elektronen. Die Luft wird **ionisiert**.
Die negativ geladenen, frei beweglichen Elektronen werden zur positiven Elektrode hin beschleunigt. Sie stoßen auf ihrem Weg mit anderen Atomen zusammen, aus denen sie weitere Elektronen herauslösen. Dieser Vorgang heißt **Stoßionisation**. Der Rückgang des Zeigerausschlags am Elektroskop zeigt an, dass sich die Metallplatten entladen.

Strahlung aus radioaktiven Quellen kann Ionen erzeugen.

Versuch

1 Ein Kondensator aus zwei Metallplatten wird aufgeladen, indem man die Platten kurz mit den Polen einer Hochspannungsquelle in Verbindung bringt. Ein Elektroskop zeigt den Ladungszustand an. Zwischen den Platten steht ein Radium-Präparat (▷ B 5). Die Zeitdauer der Entladung wird gemessen. Der Versuch wird ohne Präparat wiederholt.

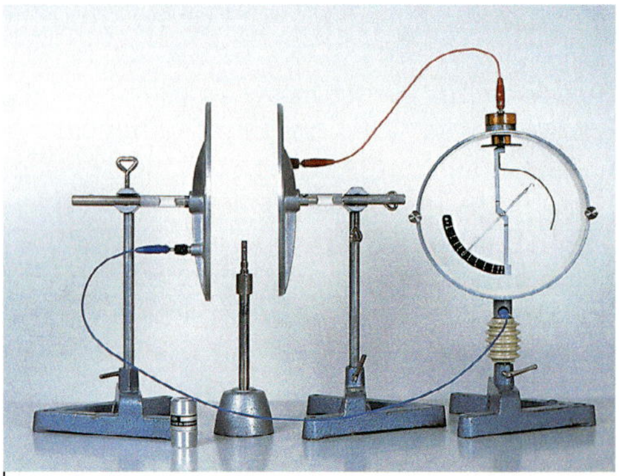

5 Zu Versuch 1

6 HANS GEIGER

7 WALTHER MÜLLER

8 Strahlenmessung mit Geiger-Müller-Zählrohr

Das Geiger-Müller-Zählrohr

Die ersten Zählrohre wurden um 1930 von HANS GEIGER (1882–1945) und seinem Assistenten WALTHER MÜLLER (1905–1979) entwickelt. Nach seinen beiden Erfindern (▷ B 6, B 7) heißt es **Geiger-Müller-Zählrohr**. Im Alltag ist die Bezeichnung **Geigerzähler** gebräuchlich.

Der Hauptbestandteil des Geigerzählers ist ein mit Edelgas gefülltes Metallrohr, das Zählrohr (▷ B 9). Es ist vorne durch eine sehr dünne Folie verschlossen, sodass die Strahlung nahezu ungehindert eindringen kann.

Ins Innere des Rohres ragt ein Metalldraht. Zwischen diesem Metalldraht und dem Metallrohr liegt eine Spannung von 500 V an. Der Metalldraht ist mit dem positiven Pol verbunden, das Metallrohr mit dem negativen. Dringt durch die Folie Strahlung in das Rohr, wird das Gas ionisiert: Elektronen werden aus den Gasmolekülen herausgelöst. Diese Elektronen werden zum positiv geladenen Draht hin beschleunigt. Auf ihrem Weg erzeugen sie durch Stoßionisation neue freie Elektronen und Ionen. Diese ionisieren weitere Moleküle

Es kommt zu einer Elektronenlawine. Kurzzeitig fließt Strom. Dieser kurze Stromstoß wird elektronisch verstärkt und über einen Lautsprecher als akustisches Signal ausgegeben. Ein Knacken wird hörbar. Man spricht dann von einem Impuls.

Je mehr Impulse in einer bestimmten Zeit zu hören sind, desto mehr Strahlung ist vorhanden.

▶ Mit dem Geiger-Müller-Zählrohr (kurz: Geigerzähler) kann man die Stärke einer radioaktiven Quelle bestimmen.

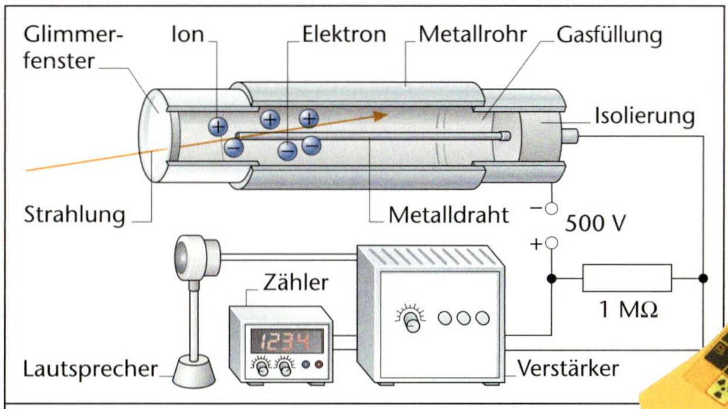

9 Funktionsprinzip des Geiger-Müller-Zählrohrs

10 Moderner Geigerzähler

Aufgaben

1 Erkundige dich, in welchen Bereichen regelmäßig Messungen der Radioaktivität vorgenommen werden (▷ B 11).

2 Welche Möglichkeiten gibt es, Radioaktivität nachzuweisen?

3 Erkläre den Vorgang der Stoßionisation beim Geiger-Müller-Zählrohr.

11 Zu Aufgabe 1

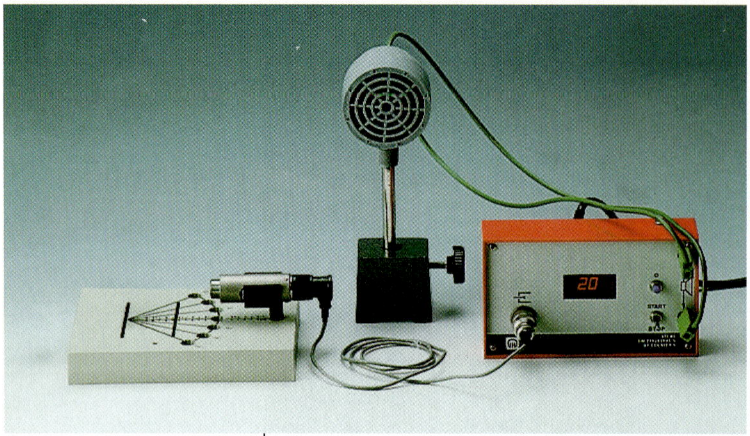

1 Messung des Nulleffekts

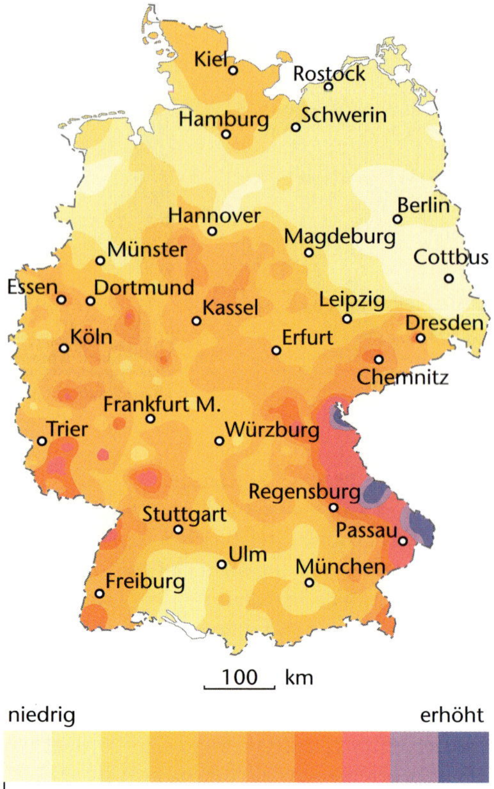

2 Radioaktive Belastung durch Umgebungsstrahlung

Radioaktivität in der Schule?
In einem Klassenraum wird ein Geigerzähler aufgestellt, ohne dass sich ein radioaktives Präparat in der Nähe befindet (▷ B 1). Für eine Minute werden die Impulse gezählt. Es wird eine schwache Strahlung registriert, der wir ständig ausgesetzt sind, hier z. B. 20 Impulse pro Minute.

Ein Zählrohr zeigt auch ohne radioaktives Präparat Strahlung an. Man spricht vom Nulleffekt.

Kosmische Strahlung (Höhenstrahlung)
Ein Teil der Strahlung, die den Nulleffekt ausmacht, kommt von der Sonne.
Trifft diese Strahlung auf die Lufthülle der Erde, so wird sie abgeschwächt. Nur ein Teil gelangt bis zur Erdoberfläche. 1500 bis 2000 m über Meereshöhe ist sie doppelt so stark wie in Meereshöhe.
Bei einem Flug in 9000 bis 10000 m Höhe sind Passagiere und Besatzungsmitglieder einer noch stärkeren Strahlung ausgesetzt.

Terrestrische Strahlung
Der größere Teil der Strahlung kommt von natürlichen radioaktiven Substanzen, die im Erdboden vorhanden sind. Deshalb spricht man von terrestrischer Strahlung.

Der Gehalt an radioaktiven Stoffen hängt dabei stark von der Bodenart ab.

Wer im Schwarzwald auf Gesteinsböden mit hohen Anteilen an Uran und Radium lebt, ist einer stärkeren Strahlung ausgesetzt als jemand, der auf dem kalkreichen Boden der Alpenvorlandes lebt (▷ B 2).
Bestimmte Gesteine und Baustoffe geben mehr Strahlung ab als andere. Hohe Radioaktivität registriert man beispielsweise bei Materialien wie Granit, Gips, Schlacken und Bimsstein.
Holz, Ziegel oder Beton weisen eine geringere Radioaktivität auf (▷ B 3).

Kosmische und terrestrische Strahlung nennt man auch **Umgebungsstrahlung**.

3 Die Radioaktivität verschiedener Materialien ist unterschiedlich hoch.

Werkstatt

Radioaktivität wird gemessen

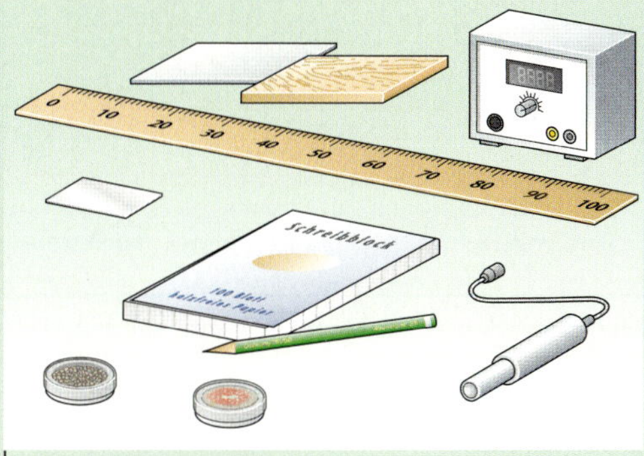

1 Versuchsmaterialien

Material
Ein Zählrohr mit hoher Nachweisempfindlichkeit, Glühstrumpf in Dose, Kaliumchlorid in Dose, Kunstdünger in Dose, Maßstab (100 cm), ein Block (100 Blatt), eine Aluminiumplatte, ein Holzbrettchen, eine kleine Glasscheibe

Nulleffekt
Zum Vergleich der folgenden Messergebnisse ist es nötig, zunächst die Nullrate zu bestimmen. Stelle das Zählrohr im Physikraum auf. Miss eine Minute lang die Impulse.
Notiere das Ergebnis.
Wiederhole die Messung mindestens fünf Mal und berechne den Mittelwert.
Dieser Wert ist die Nullrate.

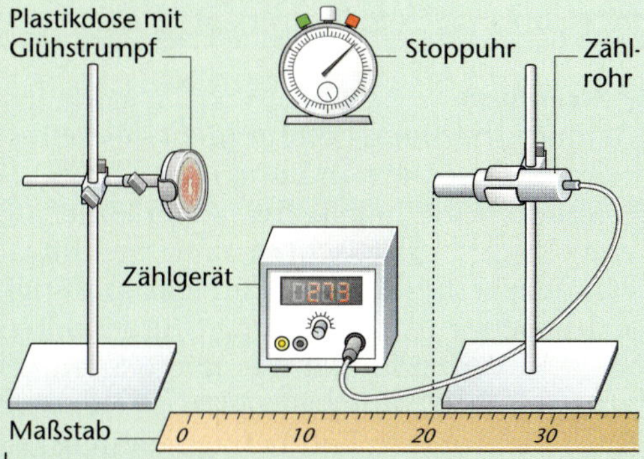

2 Versuchsaufbau

Glühstrümpfe
a) Bringe einen Glühstrumpf in seiner Verpackung oder in einer Plastikdose 20 cm vor dem Zählrohr an (▷ B 2).

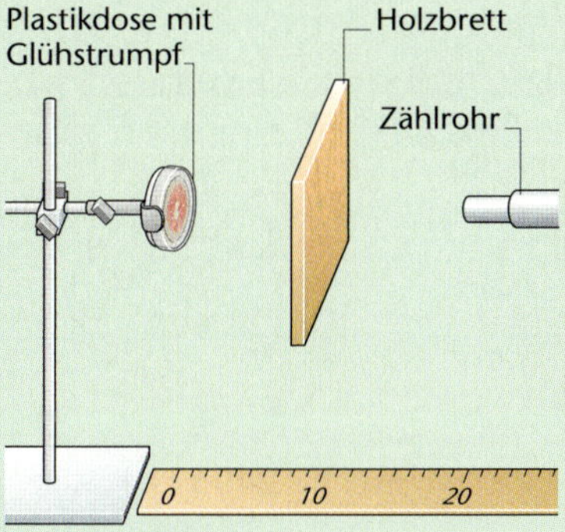

3 Abschirmung

b) Zähle die Impulse pro Minute.
c) Vergleiche das Messergebnis mit der zuvor gemessenen Nullrate.

Abstand halten
Wiederhole das Experiment und verändere dabei die Entfernung zwischen Zählrohr und Glühstrumpf (z. B. 15 cm, 10 cm, 5 cm, …).

Notiere die Messergebnisse und stelle sie anschließend grafisch dar. Bild 4 zeigt ein Diagramm, das du in dein Heft übertragen kannst.
Formuliere das Ergebnis.

Abschirmung
Was geschieht, wenn du nacheinander ein einzelnes Blatt Papier, 100 Blatt Papier, eine Aluminiumplatte, ein Holzbrettchen (▷ B 3) und eine Glasscheibe zwischen den Glühstrumpf und das Zählrohr hältst? Miss und notiere die Ergebnisse.

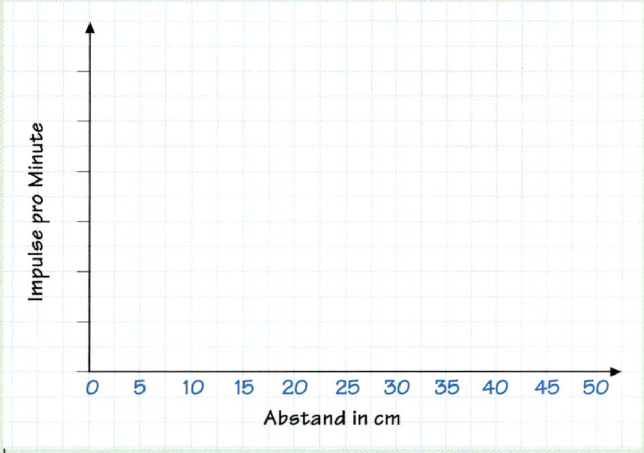

4 Diagramm für die Versuchsauswertung

5 Glühstrumpf

Verschiedene Materialien
Du kannst nun verschiedene Stoffe untersuchen (z. B. Kunstdünger, Kaliumchlorid oder andere) (▷ B 6). Frage deinen Lehrer oder deine Lehrerin, welche anderen Materialien in deiner Schule für diesen Versuch benutzt werden können.

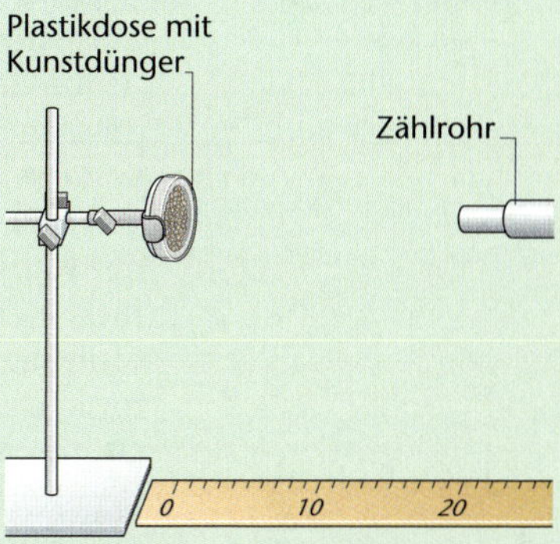

6 Strahlungsmessung bei Kunstdünger

Beachte, dass der Abstand zwischen Zählrohr und Präparat bei allen Messungen gleich ist und die Messzeit nicht verändert wird.

Drei Arten von Strahlung

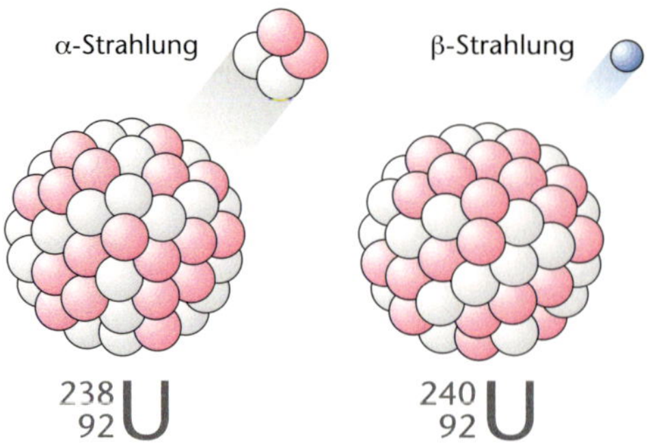

2 Beispiele für Uranisotope

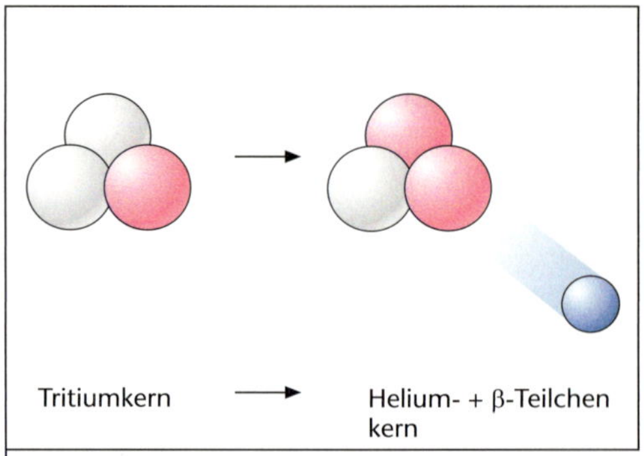

4 Umwandlung eines Neutrons in ein Proton und Elektron.

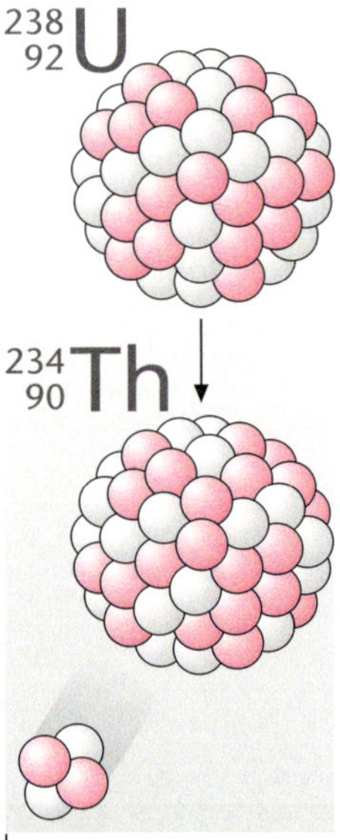

1 α-Strahlung

Der Ursprung der Strahlung

So wie viele Elemente hat auch Uran verschiedene Isotope. Einige von ihnen sind nicht stabil. Sie sind radioaktiv, d. h. ihre Atomkerne wandeln sich ohne äußeren Einfluss in andere Atomkerne um und geben dabei Strahlung ab. Man unterscheidet drei Arten von Strahlung.

α-Strahlung

Alpha-Strahlung besteht aus Teilchen, die den Kern mit großer Geschwindigkeit verlassen (▷ B 2). Ein α-Teilchen besteht aus 2 Protonen und 2 Neutronen. Da auch der Kern eines Heliumatoms (${}^{4}_{2}He$) aus 2 Protonen und 2 Neutronen besteht, kann man sagen: α-Strahlung besteht aus Heliumkernen.
α-Teilchen sind zweifach positiv geladen. Ihre Reichweite in Luft beträgt nur wenige Zentimeter. Aber schon durch ein einziges Blatt Papier kann man α-Strahlung aufhalten.
Die Spuren von α-Strahlung kann man in der Nebelkammer sichtbar machen (▷ B 3).

▶ α-Strahlung besteht aus Heliumkernen, d. h. 2 Protonen und 2 Neutronen.

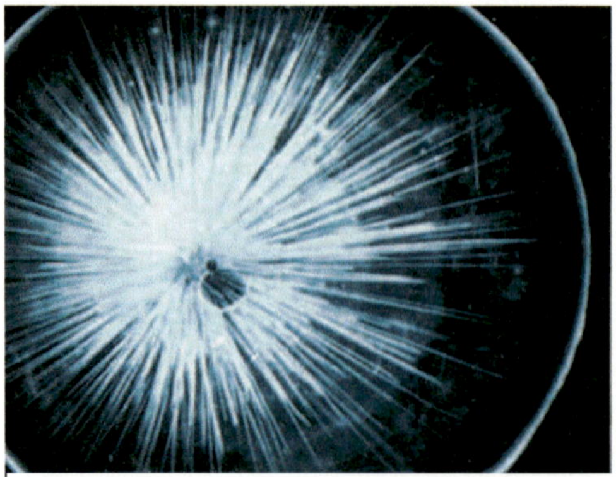

3 α-Strahlung in der Nebelkammer

β-Strahlung

Auch Beta-Strahlung besteht aus Teilchen, die den Kern mit sehr hoher Geschwindigkeit verlassen. β-Teilchen sind Elektronen. Das überrascht, denn bisher war von Elektronen nur im Zusammenhang mit der Atomhülle die Rede. Es ist jedoch möglich, dass sich im Kern eines radioaktiven Atoms spontan ein Neutron in ein Proton und ein Elektron umwandelt (▷ B 4).

Ein β-Teilchen (Elektron) hat eine verschwindend kleine Masse. Im Vergleich zu α-Teilchen erreichen die Elektronen auch eine höhere Geschwindigkeit (fast Lichtgeschwindigkeit). Dadurch haben sie eine größere Reichweite. In Luft kann β-Strahlung mehrere Meter weit reichen. Will man β-Strahlung abschirmen, reicht ein Blatt Papier nicht mehr aus. Man benötigt mindestens 100 Blatt Papier oder ein ein 4 bis 5 mm dickes Aluminiumblech.

▶ β-Strahlung besteht aus schnellen Elektronen, die bei der Umwandlung eines Neutrons in ein Proton entstehen.

γ-Strahlung

Gamma-Strahlung besteht nicht aus Teilchen. Bei der Umwandlung radioaktiver Elemente wird Energie frei, die in Form von elektromagnetischer Strahlung, ähnlich dem Licht oder der Röntgenstrahlung, abgegeben wird. γ-Strahlung tritt deshalb meist in Verbindung mit α- und β-Strahlung auf. γ-Strahlung ist elektrisch neutral. Ihre Reichweite in Luft beträgt mehrere Kilometer. γ-Strahlung kann nur durch sehr dicke Blei- oder Betonschichten abgeschirmt werden.

▶ Bei γ-Strahlung handelt es sich nicht um Teilchen, sondern um energiereiche elektromagnetische Strahlung.

α-,β-,γ-Strahlung im elektrischen Feld
Die Tabelle (▷ B 2) zeigt einen Vergleich der Eigenschaften der 3 Strahlungsarten. Ein weiterer Unterschied zwischen den 3 Arten wird deutlich, wenn man die radioaktive Strahlung eines Radiumpräparates durch ein starkes elektrisches Feld schickt (▷ B 1). Es kommt zu einer Aufspaltung der 3 Strahlungsarten. Die γ-Strahlung wird nicht abgelenkt, während α-und β-Strahlung in unterschiedliche Richtungen abgelenkt werden. Außerdem wird die β-Strahlung stärker abgelenkt als die α-Strahlung, da Elektronen eine kleinere Masse haben als Heliumkerne.

Radioaktiver Zerfall
Was geschieht mit dem Atomkern, wenn er α- oder β-Strahlung abgibt?
Der Kern gibt entweder Heliumkerne oder Elektronen ab. Man spricht bei dem Vorgang auch vom Kernzerfall. In beiden Fällen ändert sich die Anzahl der Protonen im Kern. Das bedeutet, dass der Atomkern eines anderen Elementes entsteht.

α-Zerfall
Sendet ein Uranatom beispielsweise ein α-Teilchen aus, so verlassen 2 Protonen und 2 Neutronen den Kern.
Von den ursprünglich 92 Protonen des Urankerns bleiben nur noch 90 übrig. Ein Kern mit 90 Protonen gehört zum Element Thorium. Von den insgesamt 238 Nukleonen (Kernteilchen) haben 4 den Kern verlassen. So besitzt der entstandene Thoriumkern 234 Nukleonen.

β-Zerfall
Thorium-234 (90 Protonen) ist ein β-Strahler. Im Kern wandelt sich ein Neutron in ein Proton und ein Elektron um. Das Elektron verlässt den Kern. Der neue Kern (91 Protonen) hat nun ein zusätzliches Proton. Ein Kern mit 91 Protonen gehört zum Element Protactinium.

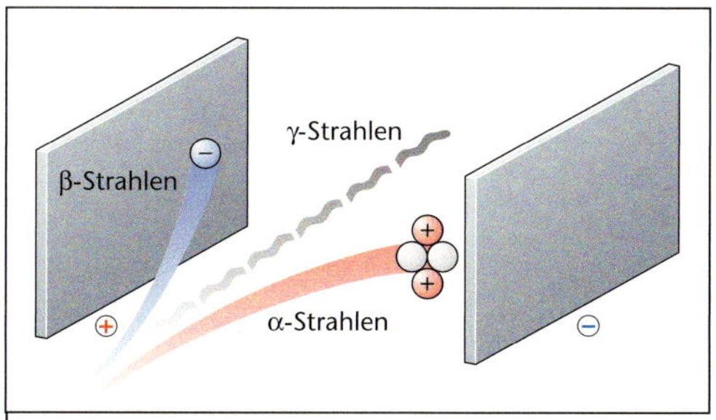

1 Ablenkung von α- und β-Strahlung im elektrischen Feld

Bezeichnung	α	β	γ
Art der Strahlung	**Heliumkerne** (Teilchen)	**Elektronen** (Teilchen)	**energiereiche elektromagnetische Wellen** (ähnlich der Röntgenstrahlung)
Ladung	zweifach positiv	negativ	neutral
Abschirmung	• 4–8 cm Luftschicht • 1 Blatt Papier	• mehrere Meter Luftschicht (je nach Strahler) • 100 Blatt Papier • 4–5 mm dickes Aluminiumblech	• meterdicke Betonwände • dicke Bleiwände

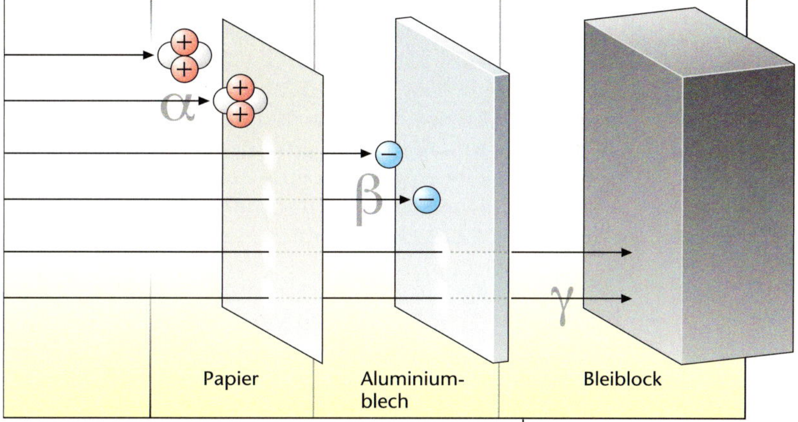

2 Die drei Strahlungsarten im Vergleich

Aufgaben

1 Warum werden α- und β-Strahlung in einem elektrischen Feld abgelenkt, γ-Strahlung dagegen nicht?

2 Ra-226 gibt ein α-Teilchen ab. Beschreibe ausführlich, was geschieht.

3 Polonium-218 kann entweder ein α-oder β-Teilchen abgeben. Erläutere in beiden Fällen, welches Element entsteht.

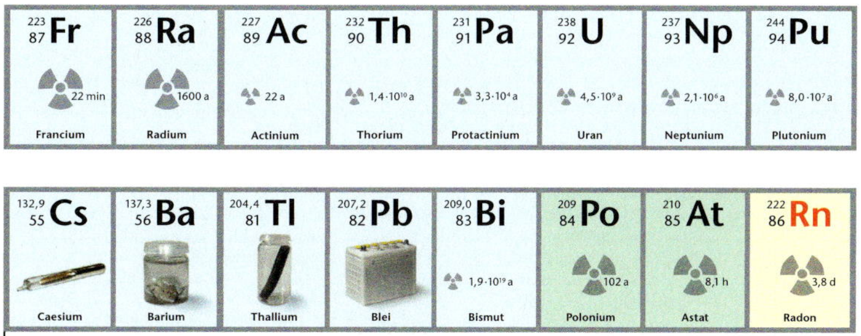

3 Zu den Aufgaben

Von der Hälfte die Hälfte

Radioaktive Elemente wandeln sich unter Aussendung von α-Strahlung oder β-Strahlung in einen anderen Stoff um. Wann ein einzelner Atomkern zerfällt kann nicht vorausgesagt werden. Es kann in den nächsten Sekunden oder erst in vielen Jahren sein.
Betrachtet man aber eine große Anzahl von Atomen, dann zerfällt in gleichen Zeitabschnitten ungefähr immer der gleiche Prozentsatz der noch vorhandenen Atomkerne des Ausgangselements.
So wandeln sich in einer Zeitspanne von 1600 Jahren die Hälfte der Radiumatomkerne um. Durch Aussendung eines α-Teilchens werden sie zum Element Radon. Nach weiteren 1600 Jahren haben sich von den noch vorhandenen Radiumatomen wieder die Hälfte in Radon umgewandelt (▷ B 2) usw.

1 Unaufhaltsamer Zerfall

Trägst du die Anzahl der Radiumatome und die Zeit in ein Koordinatensystem ein, erhältst du eine Zerfallskurve (▷ B 3). Diese Kurve sieht für jedes radioaktive Element ähnlich aus.

Die Zeitspanne, in der jeweils die Hälfte eines radioaktiven Stoffes zerfallen ist, wird Halbwertszeit genannt.

Zeit	Anzahl der Radiumatome
0	1000
nach 1600 Jahren	500
nach 3200 Jahren	250
nach 4800 Jahren	125

2 Anzahl der Radiumatome

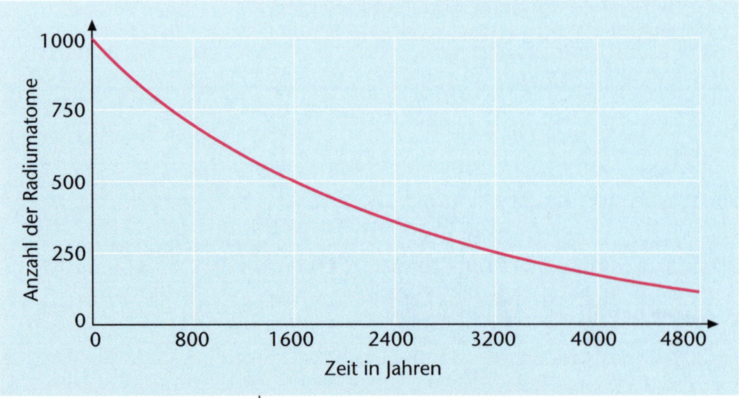

3 Zerfallskurve von Radium

Radioaktives Element	Halbwertszeit
Polonium-214	$1{,}64 \cdot 10^{-4}$ Sekunden
Bismut-214	19,9 Minuten
Radon-222	3,825 Tage
Radium-226	$1{,}6 \cdot 10^{3}$ Jahre
Plutonium-239	$2{,}411 \cdot 10^{4}$ Jahre
Uran-235	$7{,}038 \cdot 10^{8}$ Jahre
Uran-238	$4{,}468 \cdot 10^{9}$ Jahre
Thorium-232	$1{,}405 \cdot 10^{10}$ Jahre

4 Halbwertszeiten

Es gibt Isotope, bei denen die Hälfte der ursprünglichen Atome schon nach Bruchteilen von Sekunden zerfallen sind. Bei anderen dauert es unvorstellbar lange (▷ B 4).

Aufgaben

1 Was sagt die Halbwertszeit über ein radioaktives Element aus?

2 Eine radioaktive Versuchsprobe enthält 24 000 000 Atome. Wie viele Atomkerne sind nach drei Halbwertszeiten zerfallen?

3 In einem Reagenzglas befindet sich eine radioaktive Flüssigkeit. Diese zerfällt mit einer unbekannten Halbwertszeit. Um die Halbwertszeit experimentell zu bestimmen, misst man mit einem Zählgerät die Impulse nach jeweils 1 Minute. Für den Versuch ergeben sich die Messwerte in Bild 5.
Bestimme die Halbwertszeit dieses Stoffes.
Überprüfe dein Ergebnis für mehrere Messwerte aus der Tabelle.

Zeit in Minuten	Impulse pro Minute Nulleffekt abgezogen
1	990
2	700
3	495
4	350
5	248
6	175
7	124
8	88
9	62
10	44

5 Zu Aufgabe 3

▶183

Zerfallsreihen

Bei der Umwandlung eines radioaktiven Elements entsteht in den meisten Fällen wieder ein Element, das radioaktiv ist. Auch aus diesem Element entsteht durch Kernumwandlung ein anderes Element usw. Man erhält eine Zerfallsreihe.

In Bild 1 ist die Zerfallsreihe für das Uranisotop U-238 dargestellt. Die Atomkerne wandeln sich durch Aussendung von α-Strahlung in Thorium um. Thorium ist ein β-Strahler. Ein Neutron wandelt sich in ein Proton und ein Elektron um. Es entsteht Protactinium. Diese Zerfallsreihe setzt sich bis zum Blei fort. Pb-206 ist nicht mehr radioaktiv. Im Laufe von Milliarden von Jahren nehmen so die Uranvorräte der Erde ab und die Bleivorräte werden immer größer.
Insgesamt kennt man vier Zerfallsreihen: Th-232, U-235, U-238 und Np-237. Die Np-237-Zerfallsreihe endet als einzige nicht bei Blei, sondern bei Thallium (Tl-205).

Altersbestimmung mithilfe radioaktiver Strahlung – die C-14-Methode

Lebende Pflanzen und Tiere nehmen ständig über die Luft und die Nahrung das radioaktive Kohlenstoffisotop C-14 auf. Stirbt ein Lebewesen, so nimmt es keinen Kohlenstoff mehr auf. Ab diesem Moment verringert sich durch radioaktiven Zerfall der Anteil an C-14-Atomen. In jedem Gramm kohlenstoffhaltiger lebender Materie zerfallen rund 16 radioaktive Kohlenstoffisotope pro Minute. Da die Halbwertszeit von C-14 bekannt ist, kann aus der Radioaktivität toter Materie auf das Alter geschlossen werden.
Die Halbwertszeit von C-14 beträgt 5 730 Jahre. Zerfallen in einem Gramm toter Materie nur noch 8 C-14-Atome pro Minute, dann ist die Substanz 5 730 Jahre alt. Sind es nur noch 4 Zerfälle pro Gramm und Minute, beträgt das Alter zwei Halbwertszeiten, das sind 11 460 Jahre.

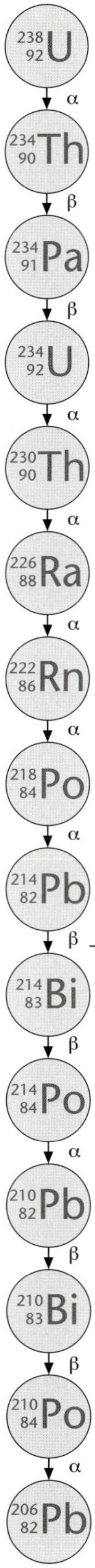

1 Die Zerfallsreihe für U-238

Gold	Au	79
Quecksilber	Hg	80
Thallium	Tl	81
Blei	Pb	82
Bismut	Bi	83
Polonium	Po	84
Astat	At	85
Radon	Rn	86
Francium	Fr	87
Radium	Ra	88
Actinium	Ac	89
Thorium	Th	90
Protactinium	Pa	91
Uran	U	92

2 Zu Aufgabe 1

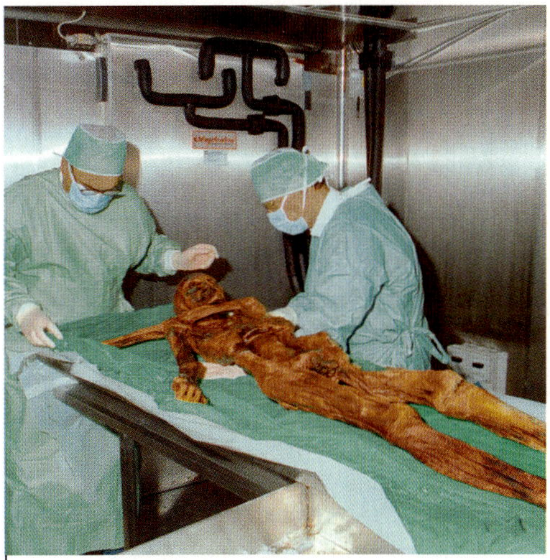

3 Bei mumifizierten Toten kann das Alter mit der C-14-Methode bestimmt werden

Aufgaben

1 Th-232 ist radioaktiv. Stelle die Zerfallsreihe für Thorium auf. Berechne unter Berücksichtigung des jeweiligen Zerfalls aus dem alten Element das neue. Verwende dazu die Tabelle in Bild 2. Thorium ist zu Beginn ein α-Strahler. Das neue Element wandelt sich durch Aussendung von β-Strahlung um. Das entstandene Element sendet β-Strahlung aus. Danach wandelt sich das Element durch Aussendung von α-Strahlung um. Das geschieht 4-mal hintereinander. Schließlich folgt ein β-Zerfall. Das neue Element sendet α-Strahlung aus. Das vorletzte Element wandelt sich unter Aussendung von β-Strahlung in ein nicht mehr radioaktives Element um.

2 In der Abbildung rechts siehst du eine Zerfallsreihe. Übertrage sie in dein Heft und fülle die Lücken aus.

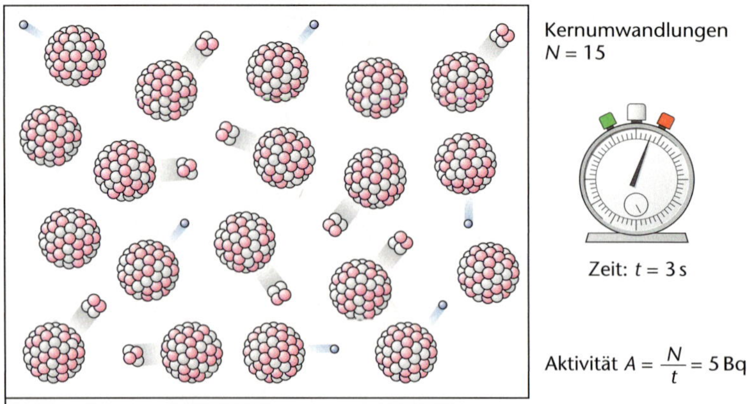

1 Die Aktivität gibt die Anzahl der Kernumwandlungen pro Zeit an.

Zerfallen in einer bestimmten Menge einer radioaktiven Substanz
15 Atomkerne in 3 Sekunden,
so beträgt die Aktivität:

$$\text{Aktivität } A = \frac{\text{Zahl der Kernumwandlungen}}{\text{Zeit}}$$

$$A = \frac{15}{3\,\text{s}}$$

$$A = 5\,\text{Bq}$$

Zerfallen in einer bestimmten Menge einer radioaktiven Substanz
80 Atomkerne in 40 Sekunden,
so beträgt die Aktivität:

$$\text{Aktivität } A = \frac{\text{Zahl der Kernumwandlungen}}{\text{Zeit}}$$

$$A = \frac{80}{40\,\text{s}}$$

$$A = 2\,\text{Bq}$$

3 Beispiel zur Aktivität

Aktivität
Verschiedene radioaktive Strahlungsquellen geben unterschiedlich viel Strahlung ab. Um festzustellen, wie stark eine radioaktive Substanz strahlt, hat man die Größe Aktivität festgelegt. Die Aktivität ist der Quotient aus der Anzahl der Kernumwandlungen und der gemessen Zeit. Zu Ehren des französischen Physikers HENRI BECQUEREL (1852 – 1908) ist die Einheit der Aktivität das Becquerel (Bq).

$$\text{Aktivität} = \frac{\text{Kernumwandlungen}}{\text{Zeit}}$$

Das Formelzeichen für die Aktivität ist A.

Die Angabe der Aktivität eines Stoffes reicht für die Beurteilung der Schädlichkeit der Strahlung allerdings noch nicht aus.

Spezifische Aktivität
Bei der Angabe der Aktivität eines radioaktiv strahlenden Körpers bzw. Stoffes ist dessen Masse zu berücksichtigen. Es ist ein Unterschied, ob ein Tanklastzug oder eine Tasse voll Milch eine Aktivität von 500 Bq aufweist (▷ B 2).
Wird die Aktivität auf die Masse bezogen, so wird dies als spezifische Aktivität bezeichnet.

$$\text{Spezifische Aktivität} = \frac{\text{Aktivität}}{\text{Masse}}$$

Die Einheit der spezifischen Aktivität ist Becquerel pro Kilogramm (Bq/kg), das zugehörige Formelzeichen ist a.
Bild 4 zeigt ein Beispiel für die Berechnung der spezifischen Aktivität.

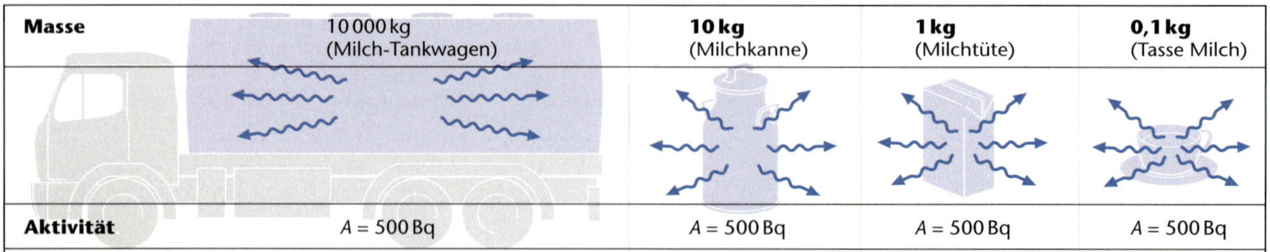

Masse	10 000 kg (Milch-Tankwagen)	**10 kg** (Milchkanne)	**1 kg** (Milchtüte)	**0,1 kg** (Tasse Milch)
Aktivität	$A = 500\,\text{Bq}$	$A = 500\,\text{Bq}$	$A = 500\,\text{Bq}$	$A = 500\,\text{Bq}$
Spezifische Aktivität: $a = \frac{\text{Aktivität } A \text{ in Bq}}{\text{Masse in kg}}$	$a = \frac{500\,\text{Bq}}{10\,000\,\text{kg}}$ $a = 0{,}05\,\frac{\text{Bq}}{\text{kg}}$	$a = \frac{500\,\text{Bq}}{10\,\text{kg}}$ $a = 50\,\frac{\text{Bq}}{\text{kg}}$	$a = \frac{500\,\text{Bq}}{1\,\text{kg}}$ $a = 500\,\frac{\text{Bq}}{\text{kg}}$	$a = \frac{500\,\text{Bq}}{0{,}1\,\text{kg}}$ $a = 5000\,\frac{\text{Bq}}{\text{kg}}$

2 Die spezifische Aktivität berücksichtigt die Masse der radioaktiven Substanz.

Ein Stoff mit der Masse $m = 0{,}1\,\text{kg}$ hat eine Aktivität $A = 50\,\text{Bq}$.

Die spezifische Aktivität a beträgt:

$$\text{spezifische Aktivität } a = \frac{\text{Aktivität}}{\text{Masse}}$$

$$a = \frac{50\,\text{Bq}}{0{,}1\,\text{kg}}$$

$$a = 500\,\frac{\text{Bq}}{\text{kg}}$$

4 Spezifische Aktivität *a*

5 Reaktor in Tschernobyl

Geigerzähler beim Einkauf?

Seit dem Reaktorunfall 1986 in Tschernobyl sind die Menschen verunsichert, was die radioaktive Belastung von Lebensmitteln betrifft. Immer wieder werden Lebensmittel auf Radioaktivität untersucht (▷ B 6). Eine korrekte Angabe muss die Aktivität bezogen auf die Masse, also die spezifische Aktivität angeben. Ferner muss das radioaktive Element, das für die Strahlung verantwortlich ist, genannt werden. Die Angabe: „Von der Milch sollten nicht mehr als 500 Becquerel ausgehen“, ist daher nicht ausreichend.

Deutsches Mineralwasser kann eine spezifische Aktivität von bis zu 0,6 Becquerel pro Kilogramm aufweisen. Je nach dem Urangehalt des Gesteins kann das Mineralwasser über die Uranzerfallsreihe mit Ra-226 belastet sein. Pflanzliche und tierische Nahrungsmittel weisen ebenfalls eine gewisse Radioaktivität auf. Ursache ist die Aufnahme von belasteten Nährstoffen. Das durch den Reaktorunfall in Tschernobyl freigesetzte radioaktive Cäsium belastet auch weiterhin die oberen Bodenschichten. So können Pilze, Beeren und Wildfleisch in Teilen Mitteleuropas weiter erhöhte Strahlenwerte aufweisen.

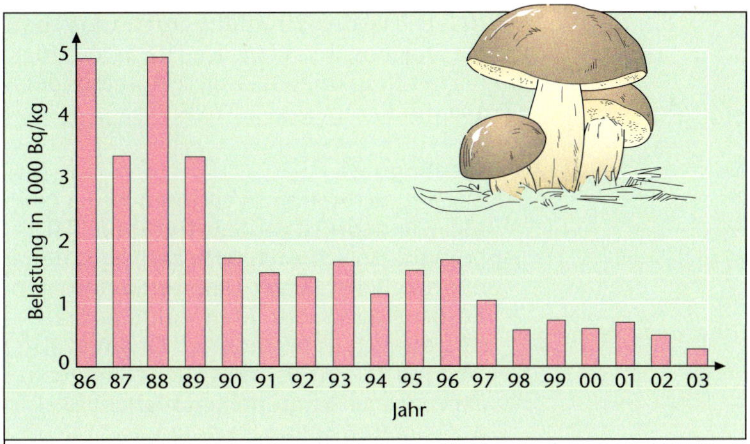

6 Cäsiumbelastung von Maronenröhrlingen (Umweltinstitut München e. V.)

▶ Über die Nahrungskette kommt es bei Tieren und Pflanzen zu einer Aufnahme radioaktiver Stoffe.

Aufgaben

1 Was wird durch die Anzahl der Kernumwandlungen pro Zeit angegeben?

2 Welche Einheit hat die Aktivität?

3 Ein radioaktiver Strahler hat eine Aktivität von 3000 Bq.
Wie viele Kernumwandlungen finden in 2 Minuten statt?

4 Ein Cäsium-137-Präparat hat eine Aktivität von 4 000 000 Bq. Welche spezifische Aktivität erhält man, wenn dieses Präparat in 1 Tonne Wasser gelöst wird?

5 „Im Wildfleisch wurden 2000 und mehr Becquerel nachgewiesen“. Ist diese Angabe vollständig? Begründe deine Antwort.

6 Eine radioaktives Präparat hat eine spezifische Aktivität von 16 000 Bq/kg. 8 g dieses Präparates werden in 10 Liter (ca. 10 Kilogramm) Wasser gleichmäßig verteilt. Welche Aktivität hat das Wasser?

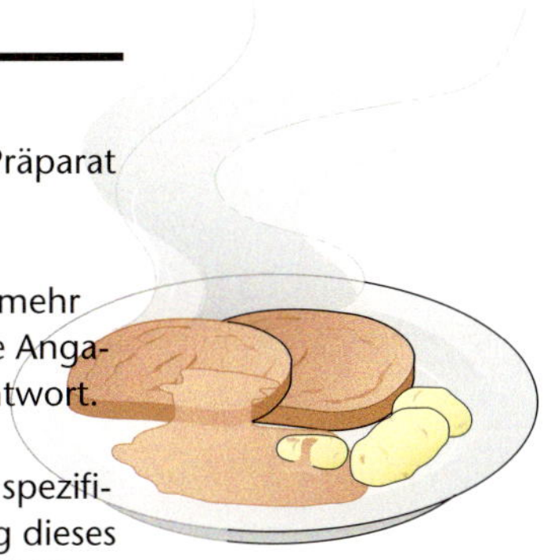

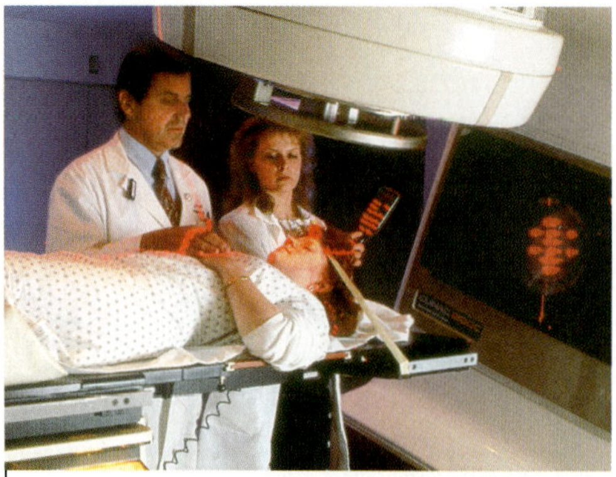

1 Vorbereitung einer Strahlentherapie

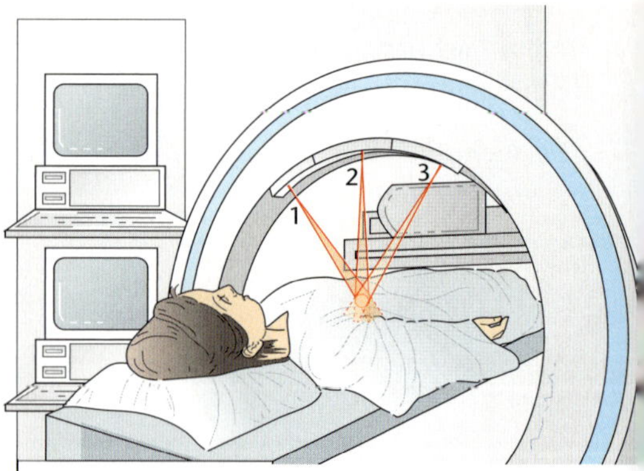

3 Bestrahlung eines Krebstumors

Kampf dem Krebs
Strahlung aus radioaktiven Quellen hat eine breite Anwendung in der Medizin (▷B 1). Die drei Strahlungsarten werden in der Diagnostik und in der Therapie zahlreicher Krankheiten eingesetzt, besonders aber im Kampf gegen Krebs.

Die Diagnose
Ein weit verbreitetes Verfahren in der **Nuklearmedizin** ist die **Szintigraphie**. Hierbei wird ein schwach radioaktives Material mit möglichst kurzer Halbwertszeit in den Körper eingebracht. Man wählt Substanzen, die sich in bestimmten Organen ablagern. Die Aufzeichnung der vom Organ abgegebenen Strahlung ermöglicht die Aufzeichnung eines zweidimensionalen Bildes des Organs.

Bild 2 zeigt die Aufzeichnung einer Schilddrüsenszintigraphie. Hierbei werden z. B. die Radionuklide Iod-131 oder Iod-123 benutzt. Dem Patienten wird eine bestimmte Menge des radioaktiven Stoffes verabreicht. Innerhalb einiger Stunden wird es zum größten Teil durch die Schilddrüse aufgenommen.

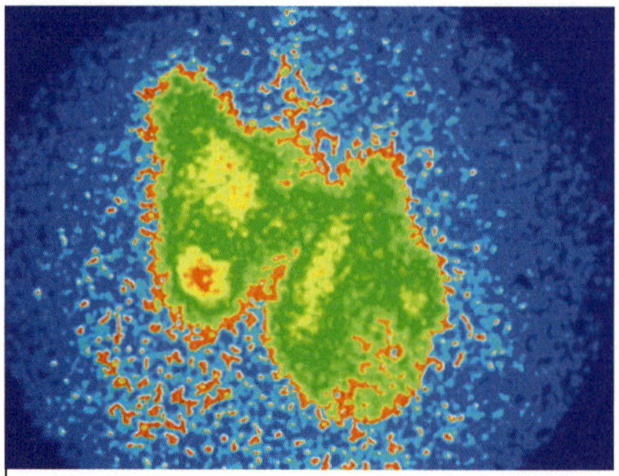

2 Szintigramm: Das Farbmuster hilft dem Arzt bei der Diagnose.

Das von der Schilddrüse aufgenomme radioaktive Iod sendet Strahlen aus. Diese werden mit einem Detektor aufgezeichnet. Das **Szintigramm** zeigt dem Arzt die Lage und die Größe der beiden Schilddrüsenlappen.
Bei Leberuntersuchungen wird Au-198 angewendet. Zur Untersuchung der Bauchspeicheldrüse eignet sich Se-75.

Strahlentherapie
Anhand der Szintigramme kann ein Arzt Rückschlüsse auf die Funktion eines Organs ziehen oder z. B. auch Tumore erkennen. Mit dem gleichen Verfahren wie bei der Szintigraphie kann z. B. auch ein Tumor der Schilddrüse therapiert werden. Radioaktives Jod wird fast ausschließlich in der Schilddrüse gespeichert. Die vom Jod ausgehende Beta-Strahlung hat im Körper nur eine geringe Reichweite und wirkt deshalb praktisch nur auf die Schilddrüse ein. Auf diese Weise kann ein Tumor lokal zerstört werden.
Auch die Bestrahlung von Krebstumoren von außen ist möglich. Bild 3 zeigt, wie krankes Gewebe im Körperinneren bestrahlt wird. Krebszellen sind empfindlicher gegen Strahlung als gesunde Zellen. Die gesunden Zellen sollen trotzdem möglichst wenig geschädigt werden. Deshalb bestrahlt man die Krebsgeschwulst aus unterschiedlichen Richtungen. Dabei dreht sich entweder der Strahler über dem Körper oder der Körper wird unter dem Strahler hinwegbewegt.

Entkeimung
Eine weitere Anwendung von Strahlung in der Medizin ist die Sterilisation (Entkeimung) medizinischer Instrumente oder Verbandsmaterialien. Dabei werden Bakterien oder Viren durch eine hohe Strahlendosis abgetötet.

Radioaktivität in Natur und Technik

Feuermelder
Die empfindlichsten und schnellsten Feuer- und Rauchmelder werden mit einer kleinen Menge radioaktiver Stoffe betrieben.

1 Feuermelder

Geologie
Geologen nutzen radioaktive Stoffe. Versetzt man Regenwasser mit radioaktiven Stoffen, dann kann man verfolgen, wie sich das Wasser in den unterschiedlichen Schichten des Erdbodens ausbreitet.

Werkstoffprüfungen
Um Werkstücke von außen auf Mängel zu untersuchen, bringt man sie vor einen Film und bestrahlt sie von der anderen Seite mit einem radioaktiven Stoff. Je nachdem, wie dick das Material ist und ob es Risse oder Löcher enthält, zeigt der Film unterschiedliche Schwärzungen.

2 Schadhaftes Werkstück

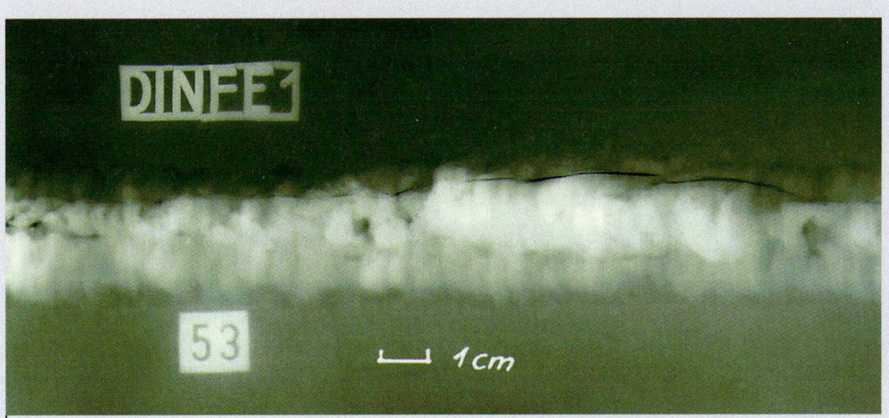

3 Schweißnaht

Schweißnähte
Schweißnähte können mithilfe von γ-Strahlung geprüft werden. In Bild 3 ist die Aufnahme einer solchen Messung zu sehen. Ein Experte kann beurteilen, ob die Naht hält.

Lebensmittelkonservierung
Strahlung aus radioaktiven Quellen kann lebende Zellen abtöten. Deshalb kann man diese Strahlung zur Konservierung von Lebensmitteln einsetzen. Dabei werden Schimmelpilze und Fäulnisbakterien abgetötet. Die Lebensmittel bleiben länger haltbar.
Die Methode ist jedoch nicht unumstritten. Die bestrahlten Lebensmittel werden zwar nicht selbst radioaktiv. Sie ändern aber ihren Gehalt an Nährstoffen. Es wird noch untersucht, inwieweit die Bestrahlung Folgen für die Gesundheit des Menschen haben kann.

Pflanzenaufzucht
Strahlung aus radioaktiven Quellen wird auch eingesetzt, um neue Arten zu züchten. Durch gezieltes Bestrahlen werden Mutationen erzeugt. Auch das Pflanzenwachstum und der Pflanzenstoffwechsel können mithilfe radioaktiver Stoffe untersucht werden.
Die radioaktiven Stoffe werden von der Pflanze aufgenommen und können mit einer Art Geigerzähler von außen beobachtet werden. So kann z. B. die Aufnahme von Düngemitteln oder anderen Nährstoffen untersucht und verbessert werden.

Qualitätskontrollen
In Walzwerken ist es nötig, dass hergestellte Bleche, Folien oder Papiere stets gleiche Dicke haben. Deshalb wird hier während der Produktion ständig die Dicke der erzeugten Stoffe untersucht, z. B. indem Bleche mit β- oder γ-Strahlung durchstrahlt werden. Ein Messgerät zeichnet die Strahlung auf. Ein Regler vergleicht die Messwerte mit einem vorgegebenen Sollwert. Wird dieser über- oder unterschritten, wird der Abstand der Walzen automatisch korrigiert.

Kunststoffveredelung
Um bestimmte Kunststoffe beständiger gegen große Hitze oder gegen Chemikalien zu machen, setzt man sie einer β-Strahlung aus. Dieses Verfahren ist besonders geeignet für Kunststoffrohre bzw. Ummantelungen für Heißwasserleitungen und Elektrokabel.

5 In dieser Apparatur werden Kunststoffe mithilfe radioaktiver Strahlung „veredelt".

Äußere und innere Bestrahlung

„Wir strahlen"
Der Mensch nimmt mit den Nahrungsmitteln, der Atemluft und dem Trinkwasser in geringen Mengen radioaktive Stoffe auf. Sie führen zur inneren Strahlenbelastung, auch **Eigenstrahlung** genannt.
Am Beispiel der α-Strahlung wird der Unterschied von innerer und äußerer Strahlenbelastung deutlich. Wirkt α-Strahlung von außen auf den Menschen, so dringt sie nur in die äußeren Hautschichten ein. In das Körperinnere dringt sie nicht vor. Eine einfache Abschirmung mit Papier oder ein Abstand von ca. 10 cm zur Strahlungsquelle verhindert, dass die α-Strahlung die Haut trifft.
Wird der α-Strahler aber mit der Nahrung aufgenommen, fehlt die Abschirmung. Die Strahlung kann auf die inneren Organe einwirken. Wegen der stark ionisierenden Wirkung von α-Strahlung kann es zu ernsthaften Krankheiten kommen.

Nahrungskette – Belastungspfade
Pflanzen nehmen über die Blätter und den Boden Nährstoffe, Wasser und Luft auf. Damit können auch radioaktive Substanzen in die Pflanzen gelangen. Über die Nahrung nimmt der Mensch diese Stoffe auf (▷ B 1).

Von besonderer Bedeutung ist der „Weide-Kuh-Milch-Pfad". Radioaktives Iod-131 gelangt über das Gras und die Kuh in die Milch. Da Kleinkinder relativ viel Milch trinken, erhalten sie einen besonders hohen Iod-131-Anteil. Iod lagert sich in der Schilddrüse ab. Eine mögliche Folge ist eine gestörte Hormonbildung.

Brennpunkt

Bestrahlung von Lebensmitteln

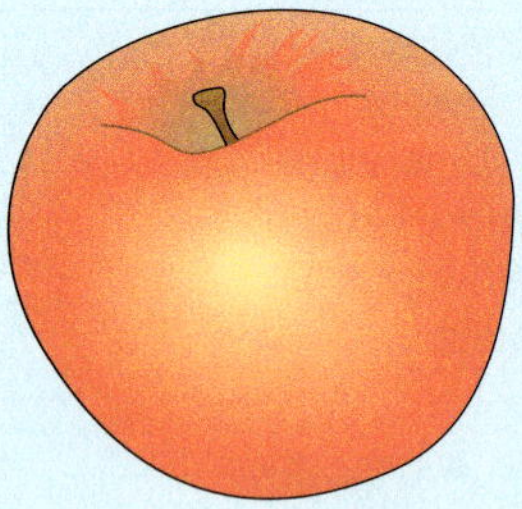

Übersetzungshilfe
Hast du schon einmal beim Einkaufen von Lebensmitteln auf die Zutaten und sonstigen Kennzeichnungen geachtet?
Wenn die Lebensmittel im Ausland gekauft worden sind, kann man die Angaben vielleicht nicht verstehen, weil man die Sprache nicht beherrscht.

Weißt du was damit gemeint ist, wenn auf einer spanischen Gemüseverpackung **„irradiado"** oder **„tratado con radiación ionizante"** steht? Auf einer französischen Geflügelpackung könnte vielleicht vermerkt sein **„traité par rayonnements"** oder **„traité par ionisation"**.
Auf einer deutschen Verpackung würde stehen **„bestrahlt"** oder **„mit ionisierenden Strahlen behandelt"**.

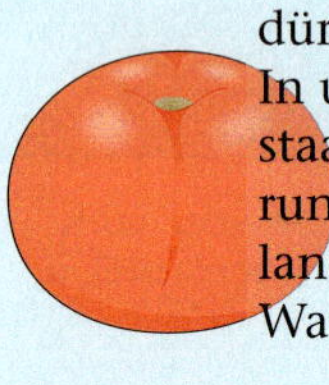

Die Bestrahlung von Lebensmitteln mit Strahlung aus radioaktiven Quellen ist gesetzlich geregelt. Nur getrocknete Gewürze dürfen in Deutschland bestrahlt werden. In ungefähr der Hälfte der EU-Mitgliedsstaaten ist es erlaubt, bestimmte Nahrungsmittel zu bestrahlen. Nach Deutschland dürfen auf diese Weise behandelte Waren nicht importiert werden.

Zum Einsatz kommen die Gammastrahler Cobalt-60 und Cäsium-137. Die bestrahlten Lebensmittel werden dabei selbst nicht radioaktiv.

Warum wird bestrahlt?
Bakterien, Schimmelpilze, Ungeziefer bei Gewürzen oder in Getreide, Salmonellen in Geflügel und Fisch werden mit der Bestrahlung abgetötet. Die Reifedauer von Obst und Gemüse wird hinausgezögert. Die Lagerzeiten können dadurch verlängert werden. Das kann allerdings zur Folge haben, dass die in den Produkten enthaltenen Vitamine zum Teil schon abgebaut sind, bevor sie beim Verbraucher zum Verzehr kommen.
Verkeimtes Flüssig-Ei kann durch Bestrahlung wieder in den Handel gelangen, weil Bakterien abgetötet wurden.

Schädlichkeit
Über die gesundheitsschädigenden Wirkungen bestrahlter Lebensmittel gehen die Meinungen auseinander. Langzeitwirkungen sind noch nicht ausgiebig erforscht worden.

Aufgabe

1 Recherchiere Argumente für und gegen die Bestrahlung von Lebensmitteln (Internet …).

Anreicherung
Erhöht sich in der Schilddrüse der Iod-131-Anteil, dann kann die Schilddrüse erkranken. Kommt es zu einer vermehrten Aufnahme radioaktiver Isotope z. B. von Strontium oder Cäsium, dann kann eine Anreicherung dieser radioaktiven Isotope die Folge sein.

Künstliche Strahlungsquellen
Der Mensch ist noch weiteren radioaktiven Strahlungsquellen ausgesetzt. Für diese Strahlungsquellen sind wir Menschen selbst verantwortlich. Wir können uns diesen Strahlungsquellen zum Teil aber auch entziehen. Zur Heilung von Krebs kann Strahlung eingesetzt werden. Die radioaktive Strahlungsquelle wird von außen auf den Tumor im Körperinneren gerichtet. Die Strahlung dringt in den Körper ein und zerstört den Tumor.
Eine andere Tumortherapie ist die Bor-Neutroneneinfang-Therapie. Ein bestimmtes Bor-Isotop, das besonders gut Neutronen einfängt, wird über chemische Verbindungen in den Körper gebracht. Diese chemischen Verbindungen lagern sich im Krebsgewebe ab. Wird nun von außen das Tumorgewebe mit Neutronen beschossen, so fängt das zuvor eingebrachte Bor-Isotop diese Neutronen ein. Durch den Neutroneneinfang wird das Bor-Isotop radioaktiv. Es sendet α-Strahlung aus. Da α-Strahlung in menschlichem Gewebe nur eine sehr geringe Reichweite hat, wird nur der Tumor zerstört. Gesunde Zellen werden nicht beeinträchtigt. Bei dieser Therapie wird eine innere Strahlungsquelle von außen „angeschaltet“.
Bei allen Strahlungstherapien steht der heilende Erfolg gegenüber einer Strahlenbelastung im Vordergrund.
Kernkraftwerke, die Kernwaffenversuche der 60er-Jahre und der Reaktorunfall in Tschernobyl erhöhen ebenfalls die Strahlungsbelastung.
Aus dem Erdboden und den Baumaterialien für Häuser entweichen ständig in kleinen Mengen radioaktiver Stoffe. Besonders häufig ist dabei das Edelgas Radon (Rn-222). Es wird vom Menschen über die Atemluft aufgenommen. Bei schlecht gelüfteten Wohnungen kann die Radonkonzentration in der Atemluft ansteigen.

Der Mensch ist überall und zu jeder Zeit radioaktiver Strahlung ausgesetzt. Die Größe der Belastung hängt von der Umgebung und den Lebensgewohnheiten ab.

Aufgaben

1 Warum besitzt der Mensch eine Eigenstrahlung?

2 Erkläre die Begriffe: äußere und innere Bestrahlung, äußere und innere Strahlungsquelle, natürliche und künstliche Strahlungsquelle.

3 Beschreibe eine Nahrungskette, bei der radioaktive Stoffe in den menschlichen Körper gelangen können.

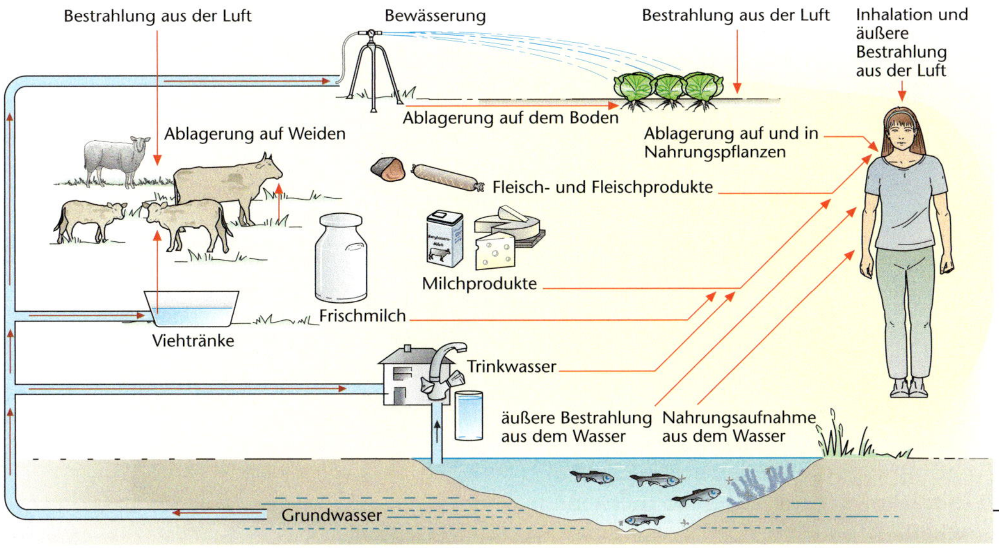

1 Belastungspfade

▶154
▶126 ff.

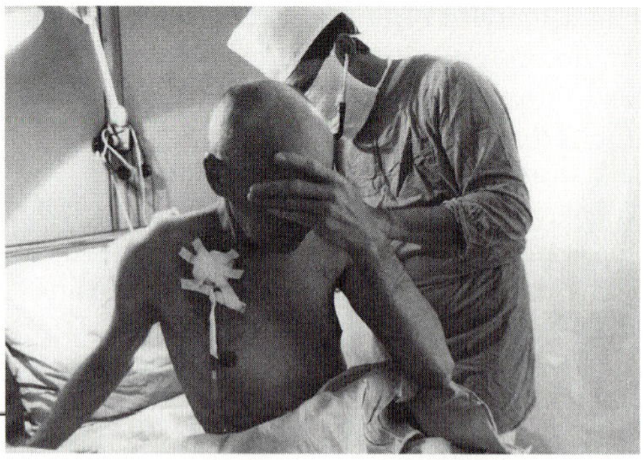

1 Strahlenopfer

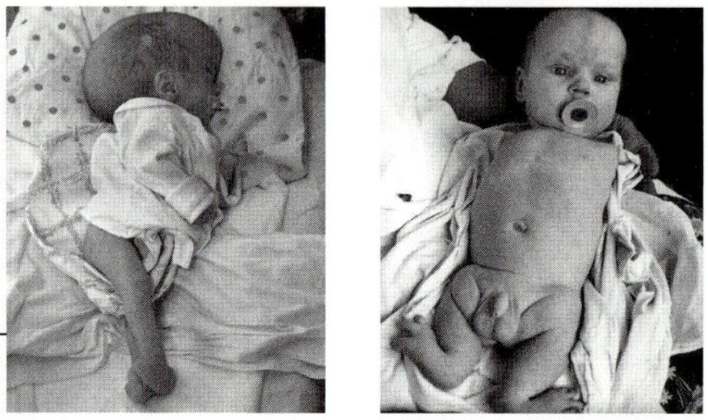

2 Strahlenopfer mit genetischen Schäden

Strahlenschäden

Beim Umgang mit radioaktiven Stoffen ist größte Sorgfalt angebracht, da sie eine schädigende Wirkung haben können. Trifft von diesen Stoffen ausgehende Strahlung auf lebende Zellen, so wird Energie auf die Moleküle der Zellen übertragen. Es können Wassermoleküle oder die DNS betroffen sein. Da eine Zelle zum größten Teil aus Wasser besteht, werden sehr oft Wassermoleküle von der Strahlung getroffen. Dabei werden die Molekülstrukturen verändert. In der Folge kann es zu Stoffwechselstörungen in der Zelle kommen.

Trifft Strahlung auf die DNS-Moleküle, dann kann entweder eine Körperzelle oder eine Keimzelle betroffen sein.
Ist eine Körperzelle betroffen, dann wird möglicherweise der Mechanismus zum Bau von neuen Körperzellen gestört. Krankheiten können die Folge sein.

Früh- und Spätschäden durch Strahlung

Frühschäden bei einer Strahlenerkrankung können Übelkeit, Hautrötung, Erbrechen, Durchfall, Haarausfall und Geschwüre sein. Schwere Krankheiten wie Unfruchtbarkeit, Schädigung des Knochenmarks und Krebs können ebenfalls auftreten. Diese Krankheiten können in sehr kurzer Zeit oder erst Jahre später auftreten. Eine Zuordnung zu einem bestimmten radioaktiven Bestrahlungsfall ist so nicht mehr möglich.

Genetische Schäden

Es kann sein, dass Strahlung die DNS einer Keimzelle trifft (▷ B 3). Die DNS ist die Trägerin der Erbinformationen. Wird die DNS geschädigt, kann es zu einer Veränderung der Erbinformationen in den Chromosomen der Keimzelle kommen.
Solche Veränderungen der Erbinformationen werden in der Fachsprache der Biologen Mutationen genannt. Diese genetischen Schäden werden vererbt und wirken sich deshalb bei den nachfolgenden Generationen aus.

▶ Strahlung aus radioaktiven Quellen kann lebende Zellen schädigen. Genetische Schädigungen werden an die nächsten Generationen weitergegeben.

Keine Abhärtung gegen Strahlung

Ob wir mit dem Handy telefonieren, Radio hören oder uns in der Sonne bräunen, immer sind wir von Strahlung umgeben. Dabei handelt es sich bei den genannten Beispielen um elektromagnetische Strahlung. Auch das sichtbare Licht, ultraviolette Strahlung und Infrarotstrahlung sind elektromagnetische Strahlung, ebenso die Gammastrahlung und die Röntgenstrahlung.
Gegen viele dieser Strahlungen musst du dich schützen. Gegen die ultraviolette Strahlung schützt du dich z. B. mit einer Sonnenbrille und Sonnencreme.
Auch gegen die Strahlung aus radioaktiven Quellen ist Schutz möglich. Gegen α-Strahlung helfen ein Mundschutz, Handschuhe oder ein Abstand von 10 cm zur Strahlungsquelle.

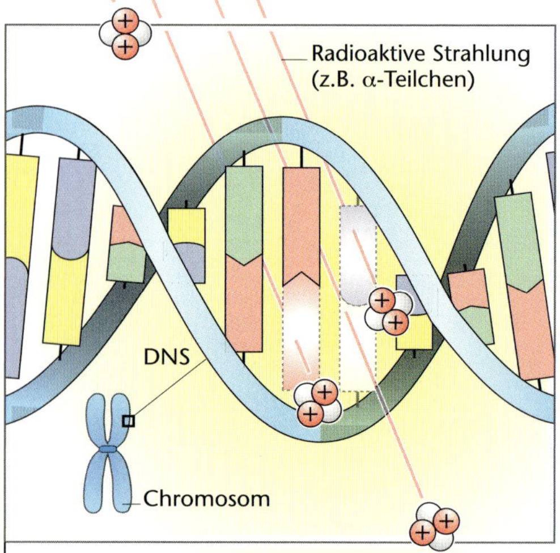

3 Besonders gefährdet – die Erbinformation der DNS.

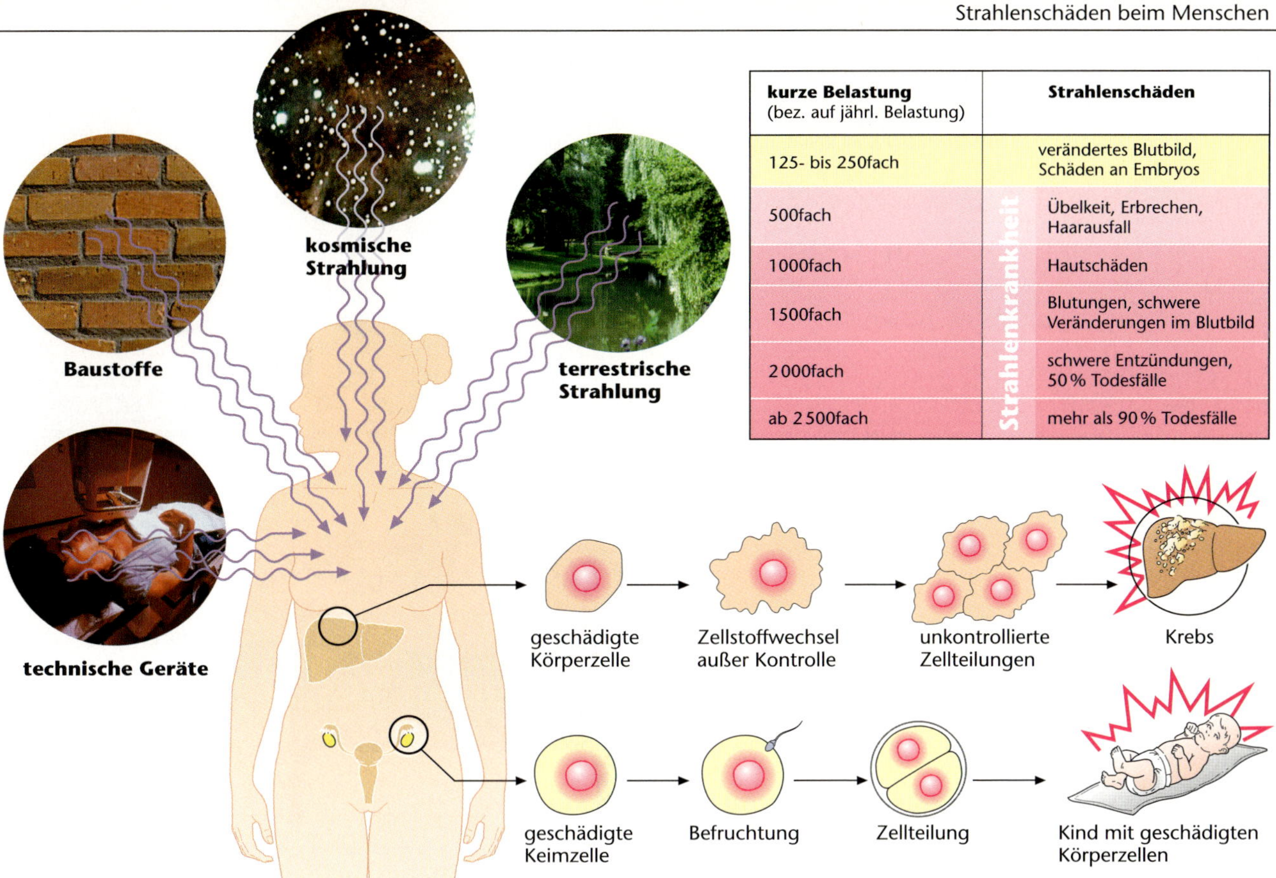

kurze Belastung (bez. auf jährl. Belastung)		**Strahlenschäden**
125- bis 250fach		verändertes Blutbild, Schäden an Embryos
500fach	Strahlenkrankheit	Übelkeit, Erbrechen, Haarausfall
1000fach		Hautschäden
1500fach		Blutungen, schwere Veränderungen im Blutbild
2000fach		schwere Entzündungen, 50 % Todesfälle
ab 2500fach		mehr als 90 % Todesfälle

4 Alltägliche Strahlenbelastung

Um dich gegen die β-Strahlung wirkungsvoll zu schützen, benötigst du mindestens eine 4 mm dicke Aluminiumschicht oder einen Abstand von mindestens 10 Meter zur Strahlungsquelle.
Mit dicken Bleischichten kannst du dich gegen Gammastrahlung schützen.
Wenn es zu einer radioaktiven Bestrahlung kommt, dann sollte die Bestrahlungsdauer möglichst kurz sein.
Eine Abhärtung gegen α-, β- oder γ-Strahlung gibt es nicht. Man kann sich an diese Strahlungsarten auch nicht gewöhnen.

Strahlenbelastung – Strahlenschäden
Der Mensch ist ständig einer radioaktiven Strahlungsbelastung ausgesetzt (▷ B 4).
Diese Umgebungsstrahlung kommt von der Strahlung aus dem Weltall und der terrestrischen Strahlung.
Die Strahlungsbelastung kann je nach den persönlichen Lebensgewohnheiten kleiner oder größer sein.

Nimmt man die natürliche durchschnittliche Strahlungsbelastung pro Jahr in der Bundesrepublik Deutschland als Bezugsgröße, so ergeben sich folgende Faktoren. Bei 30 Flugstunden in 10 km Höhe steigt die Strahlungsbelastung um den Faktor 1,04. Wohnt eine Person in Natursteinbauten, so kann sich die Strahlungsbelastung verdoppeln (Faktor 2).
Ist die Umgebungsstrahlung 80-mal größer als die natürliche durchschnittliche Strahlungsbelastung eines Bundesbürgers, dann gehen die Wissenschaftler heute davon aus, dass eine hohe Wahrscheinlichkeit besteht, an Krebs zu erkranken.
Erhält eine Person in kurzer Zeit das 400fache der jährlichen natürlichen Strahlungsbelastung, kommt es zu einer Strahlenkrankheit. Der Krankheitsverlauf beginnt mit Appetitlosigkeit, Kopfschmerzen, Übelkeit und Erbrechen. In den folgenden Tagen kann es zu inneren Blutungen, blutigen Durchfällen und Haarausfall kommen.

Aufgaben

1 Welche Wirkung kann radioaktive Bestrahlung auf Zellen haben?

2 Nenne Früh- und Spätschäden am menschlichen Körper aufgrund radioaktiver Bestrahlung.

3 Warum sind genetische Schäden besonders schwerwiegend?

Die Kernspaltung wird entdeckt

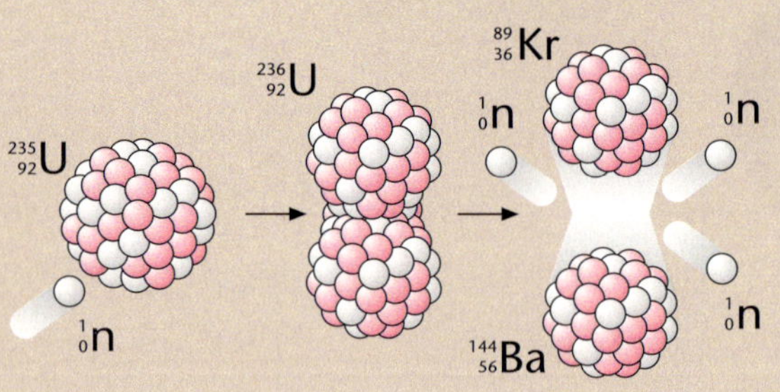

$$^{235}_{92}U + ^{1}_{0}n \rightarrow ^{236}_{92}U \rightarrow ^{89}_{36}Kr + ^{144}_{56}Ba + 3 \cdot ^{1}_{0}n + \text{Energie}$$

2 Kernspaltung von Uran-235

3 Otto Hahn und Fritz Strassmann

1 Aufbau des Hahn-Straßmann-Experiments

Eine Entdeckung und ihre Folgen
Berlin 1938: Die beiden Chemiker Otto Hahn (1879–1968) und Fritz Strassmann (1902–1980) führten Versuche durch, bei denen sie durch Beschuss von Uranatomen mit Neutronen neue, massereichere Elemente erzeugen wollten (▷ B 1). Mit großem Erstaunen stellten sie bei ihren Experimenten fest, dass keine massereichen Atome entstanden. Stattdessen entstanden Elemente mit kleineren Ordnungszahlen, Barium und Krypton.

Otto Hahn schickte die Ergebnisse an seine langjährige Mitarbeiterin, die Physikerin Lise Meitner (1878–1968). Diese hatte als Jüdin nach 1933 wie viele andere jüdische Wissenschaftler Deutschland verlassen. Sie arbeitete nun in Schweden. Als sie die Ergebnisse erhielt, folgerte sie, dass es sich um eine **Kernspaltung** handeln musste. Die beschossenen Urankerne mussten in zwei Teile zerbrochen sein: *„It seems therefore possible that the uranium nucleus has only small stability of form, and may, after neutron capture, divide itself into two nuclei of roughly equal size.“* Sie berechnete auch die dabei freigesetzte Energie.

Nobelpreis für Otto Hahn
Otto Hahn erfuhr als Kriegsgefangener in England aus dem Radio, dass ihm der Nobel-Preis für Chemie für 1944 verliehen worden war. Erst nach dem Krieg und nach seiner Entlassung aus der Kriegsgefangenschaft konnte er den Preis 1946 in Stockholm entgegennehmen.

Eine neue Energiequelle
Schnell erkannte man, dass man mit der Kernspaltung eine neue, große Energiequelle schaffen konnte. Jeder gespaltene Urankern liefert 2 bis 3 neue Neutronen (▷ B 2), die wiederum 2 bis 3 Urankerne spalten können. Dann hat man 4 bis 9 Neutronen, die Urankerne spalten können usw.
Diese Kettenreaktion zwischen Urankernen läuft so schnell ab, dass in Sekundenbruchteilen ungeheure Energiemengen frei werden.

Auswirkungen auf die Politik
Die damaligen Kriegsgegner Deutschlands, vor allem Briten und Amerikaner, befürchteten, dass deutsche Wissenschaftler eine neue Waffe bauen könnten.
Die USA begannen daher eine **Atombombe** zu entwickeln.

Dem in den USA lebenden Italiener Enrico Fermi war es schon 1942 gelungen, eine „Uranbatterie“, eine Art ersten Kernreaktor, zu bauen: Er hatte dabei eine künstli-

4 Atombombenexplosion

5 Das zerstörte Hiroshima

che Kettenreaktion mithilfe von Neutronen in Gang gesetzt. Diese Entwicklung war eine wesentliche Grundlage für die Herstellung der Atombombe.

Die Entwicklung der Atombombe
Der dänische Physiker NIELS BOHR, ENRICO FERMI und der Amerikaner ROBERT OPPENHEIMER gehörten zu den führenden Wissenschaftlern in den USA. Gemeinsam mit zahlreichen anderen aus Europa geflohenen Wissenschaftlern gelang ihnen in einer einsamen Berglandschaft in Los Alamos im US-Staat New Mexiko der Bau einer Test-Atombombe. Sie wurde am 16. Juli 1945 zur Explosion gebracht. Die Sprengkraft und Hitze waren so gewaltig, dass Steinoberflächen schmolzen und noch in fast 20 km Entfernung Beobachter durch die Druckwelle umgerissen wurden. Die Amerikaner besaßen nun die mächtigste Waffe, die bis dahin gebaut worden war.

Die Folgen
Noch während seiner Gefangenschaft erfuhr OTTO HAHN, dass am 6. August 1945 eine Atombombe die japanische Stadt Hiroshima vernichtet hatte (▷ B 5). Drei Tage später zerstörte die zweite Atombombe den größten Teil der japanischen Stadt Nagasaki.
Hunderttausende Menschen kamen bei den Explosionen ums Leben. Noch mehr Menschen starben oder erkrankten an den Folgen der Freisetzung radioaktiver Stoffe. Schädigungen des Erbgutes führten in der Nachkommenschaft der Überlebenden zu erheblichen gesundheitlichen Schäden. Noch heute sterben Nachfahren der Opfer an den Spätfolgen der ersten Atombombenexplosionen.

Als Entdecker der Kernspaltung fühlte sich OTTO HAHN mitverantwortlich für die möglichen Folgen eines weltweiten Aufrüstens mit Atomwaffen. Auch andere Wissenschaftler, z. B. ROBERT OPPENHEIMER, warnten vor dem weiteren Ausbau der Atomwaffen. Sie fanden jedoch kein Gehör. Das Wettrüsten zwischen Ost und West begann.

6 NILS BOHR

Proteste gegen Atomwaffen
Nach Ende des 2. Weltkrieges wurden viele Jahre lang Atombomben versuchsweise zur Explosion gebracht.
Diese Tests fanden zwar in einsamen Gegenden statt (in Wüstengebieten, in Sibirien und auf Inseln im Pazifischen Ozean). Doch die freigesetzten radioaktiven Stoffe wurden durch Wind und Regen auf der gesamten Erdoberfläche verteilt. Überall kam es zu Protesten gegen die Verseuchung mit radioaktiven Schadstoffen.

Forderungen nach einer Beendigung aller Atomtests wurden laut. Aber erst 1963 wurde das Teststoppabkommen für Atomwaffen von den USA, Großbritannien und der Sowjetunion abgeschlossen; Frankreich und China haben das Abkommen später unterzeichnet.

Proteste gegen friedliche Nutzung der Kernenergie
Die Angst vor den Gefahren radioaktiver Strahlung führte dazu, dass viele Menschen auch gegen die friedliche Nutzung der Kernenergie protestierten. Unfälle in Kernkraftwerken und deren Folgen schienen ihnen Recht zu geben.
Inzwischen haben mehrere Länder beschlossen, die friedliche Nutzung der Kernenergie aufzugeben.

1 Labor einer Forschungseinrichtung mit Neutronenquelle

Neue Elemente

Nachdem 1932 der Engländer JAMES CHADWICK (1891–1974) das Neutron entdeckt hatte, erkannte der italienische Physiker ENRICO FERMI (1901–1954) schnell den Nutzen der Neutronen für den Beschuss von Atomkernen. Da Neutronen elektrisch neutral sind, dringen sie leicht in den Atomkern ein. α-Teilchen dagegen werden wegen ihrer zweifach positiven Ladung vom Kern abgestoßen. Sie sind daher als Beschussmaterial weniger geeignet. Wissenschaftler begannen Elemente (z. B. Uran) mit Neutronen zu beschießen. Es kam zu Kernumwandlungen, ein vom Urankern eingefangenes Neutron wandelt sich z. B. im Kern in ein Proton und ein Elektron um. Das Elektron verlässt den Kern. Das neue Element hat somit 93 Protonen und ist deshalb schwerer als Uran. Es hat den Namen Neptunium.
Alle Elemente mit einer Protonenzahl, die größer als 92 ist, werden Transurane genannt (▷ B 2).

Uran	U	92
Neptunium	Np	93*
Plutonium	Pu	94
Americium	Am	95*
Curium	Cm	96*
Berkelium	Bk	97*
Californium	Cf	98*
Einsteinium	Es	99*
Fermium	Fm	100*
Mendelevium	Md	101*
Nobelium	No	102*
Lawrencium	Lw	103*
Kurtschatowium	Ku	104*
Hahnium	Ha	105*
Seaborgium	Sg	106*
Bohrium	Bh	107*
Hassium	Hs	108*
Meitnerium	Mt	109*

* Elemente, die ausschließlich künstlich erzeugt worden sind.

2 Transurane

Kernspaltung

Auch OTTO HAHN (1879–1968), LISE MEITNER (1878–1968) und FRITZ STRASSMANN (1902–1980) versuchten neue Elemente zu erzeugen, deren Kerne schwerer als Urankerne sind.
Durch den Neutronenbeschuss von Uran, erhielten die Wissenschaftler zu ihrem großen Erstaunen jedoch keine schwereren Elemente. Stattdessen fanden sie Elemente, die leichter waren. So konnten sie kleine Mengen Barium nachweisen. Barium hat nur 56 Protonen, ist also wesentlich leichter als Uran.
Sie vermuteten, dass der Urankern durch den Beschuss mit Neutronen zerplatzt war. Tatsächlich konnten sie kurze Zeit später das zweite Bruchstück nachweisen: Der Urankern (92 Protonen) war in Barium (56 Protonen) und Krypton (36 Protonen) gespalten worden.
Durch genauere Untersuchungen und Berechnungen fanden die Wissenschaftler heraus, dass lediglich das Uranisotop U-235 gespalten worden war, das nur zu einem sehr kleinen Prozentsatz im Natururan vorkommt.

▶ Uran kommt in der Natur immer als Isotopengemisch vor: Uran-238 zu 99,275 %, Uran-235 zu 0,72 % und Uran-234 zu 0,005 %.

Spaltprodukte

Bei der Spaltung von Uran-235 entstehen verschiedene Spaltprodukte. Zusätzlich werden 2 oder 3 Neutronen freigesetzt (▷ B 4). Im Bild 5 siehst du weitere Spaltmöglichkeiten.
Dabei wird gleichzeitig eine große Menge an Energie freigesetzt, und zwar in Form von Bewegungsenergie der Spaltprodukte und der Neutronen sowie in Form von Gammastrahlung.

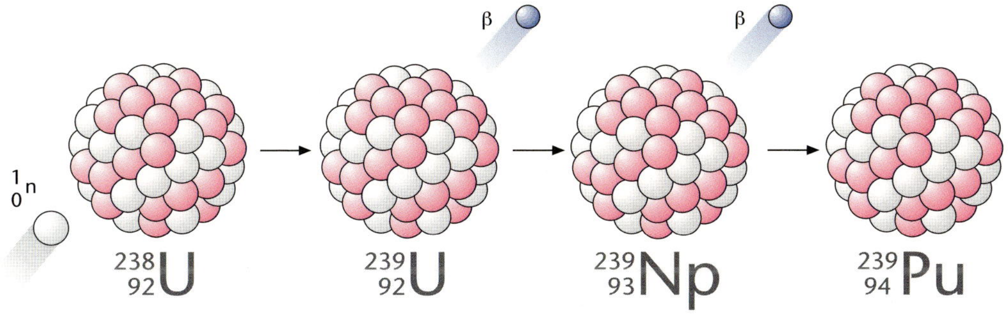

3 Kernumwandlung

Auf die Geschwindigkeit kommt es an
Uranisotope lassen sich mit Neutronen besonders leicht spalten. Erstaunlicherweise spalten aber nicht alle Neutronen die Uranisotope gleich gut. Es kommt auf die Geschwindigkeit der Neutronen an. Mit langsamen Neutronen, sie haben eine Geschwindigkeit von ca. 2 km/s, lässt sich besonders gut das Uranisotop mit der Nukleonenzahl 235 spalten.
Uran-238 lässt sich nur mit sehr schnellen Neutronen (mindestens 20 000 km/s) spalten.

Mehr Energie und mehr Neutronen
Bei der Spaltung von Urankernen werden folgende Beobachtungen gemacht:
1. Uran-235 kann durch langsame Neutronen besonders gut gespalten werden.
2. Bei der Spaltung von Uran wird mehr Energie frei, als zum Beschuss mit Neutronen aufgewendet werden muss.
3. Für jede einzelne Uranspaltung wird nur ein Neutron gebraucht. Es werden aber 2 bis 3 Neutronen frei. Diese Neutronen können weitere Spaltungen verursachen.

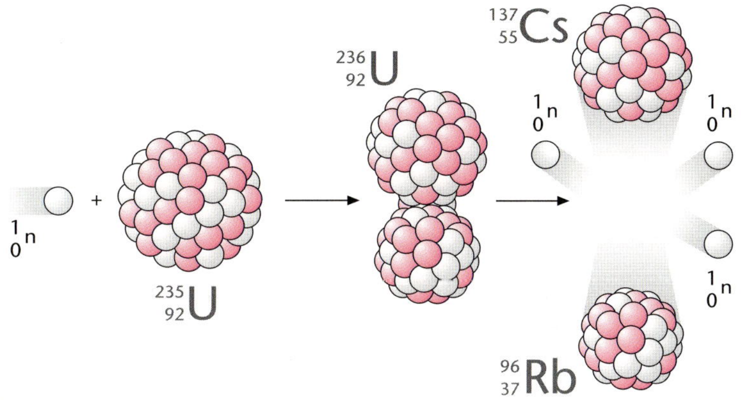

4 Spaltung von U-235 in Cäsium und Rubidium

$^{235}_{92}U$	+	^1_0n	⟶	$^{147}_{60}Nd$	+	$^{86}_{32}Ge$	+	$3\,^1_0n$
$^{235}_{92}U$	+	^1_0n	⟶	$^{89}_{36}Kr$	+	$^{144}_{56}Ba$	+	$3\,^1_0n$
$^{235}_{92}U$	+	^1_0n	⟶	$^{85}_{34}Se$	+	$^{148}_{58}Ce$	+	$3\,^1_0n$
$^{235}_{92}U$	+	^1_0n	⟶	$^{103}_{42}Mo$	+	$^{131}_{50}Sn$	+	$2\,^1_0n$
$^{235}_{92}U$	+	^1_0n	⟶	$^{137}_{53}I$	+	$^{96}_{39}Y$	+	$3\,^1_0n$
$^{235}_{92}U$	+	^1_0n	⟶	$^{137}_{55}Cs$	+	$^{96}_{37}Rb$	+	$3\,^1_0n$
$^{235}_{92}U$	+	^1_0n	⟶	$^{90}_{36}Kr$	+	$^{144}_{56}Ba$	+	$2\,^1_0n$
$^{235}_{92}U$	+	^1_0n	⟶	$^{135}_{52}Te$	+	$^{98}_{40}Zr$	+	$3\,^1_0n$
$^{235}_{92}U$	+	^1_0n	⟶	$^{133}_{51}Sb$	+	$^{101}_{41}Nb$	+	$2\,^1_0n$
$^{235}_{92}U$	+	^1_0n	⟶	$^{129}_{51}Sb$	+	$^{104}_{41}Nb$	+	$3\,^1_0n$

5 Spaltmöglichkeiten von U-235

Aufgaben

1 Rhodium kann sich durch Neutronenbeschuss in Palladium umwandeln. Vervollständige die Reaktionsgleichung. Verwende dabei das Periodensystem.

$$^{103}_{45}Rh + ^1_0n \longrightarrow ^{104}_{?}Pd + e^-$$

2 Uran-235 kann durch Neutronenbeschuss gespalten werden. Vervollständige die Reaktionsgleichungen. Verwende dabei das Periodensystem.

$$^{235}_{92}U + ^1_0n \longrightarrow ^{143}_{54}Xe + ^{90}_{?} + 3\cdot ^1_0n$$

$$^{235}_{92}U + ^1_0n \longrightarrow ^{147}_{57}La + ^{87}_{?}\_\_ + \_\_$$

6 Nur nicht zu schnell, sonst klappt die Spaltung nicht.

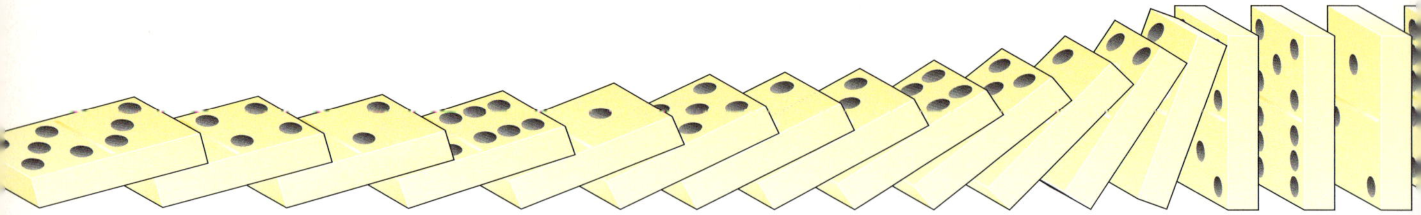

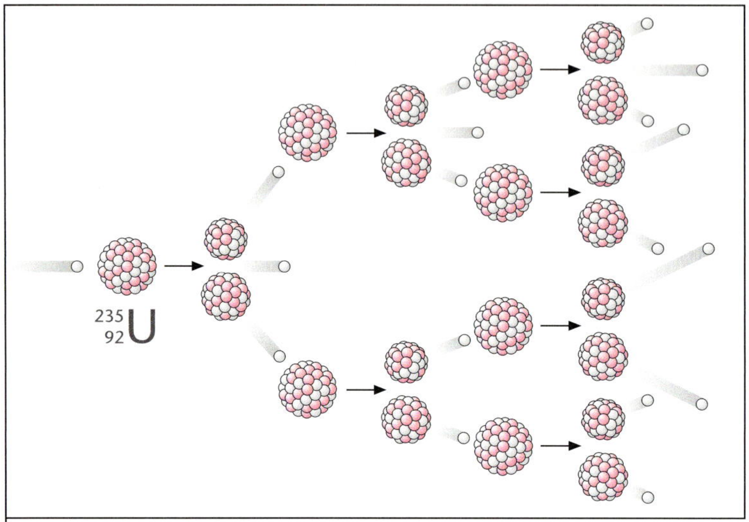

1 Unkontrollierte Kettenreaktion

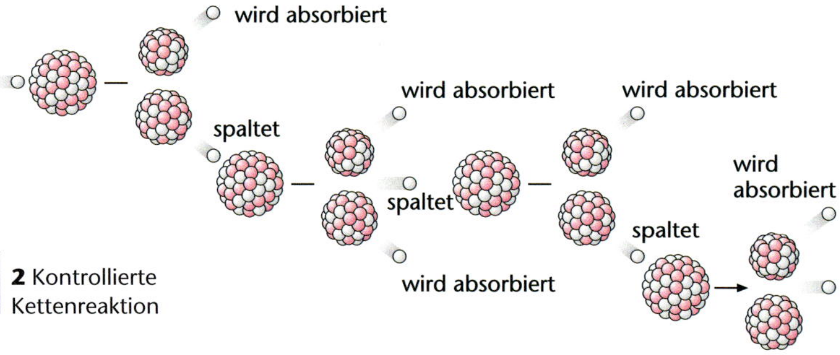

2 Kontrollierte Kettenreaktion

Kettenreaktion
Stelle dir eine Reihe von hintereinander aufgestellten Dominosteinen vor.

Wird der erste Stein in Richtung des nächsten Steines gekippt, fällt ein Stein nach dem anderen um. Eine Kettenreaktion ist in Gang gekommen.
Übertragen wir dieses Modell auf unsere Neutronen bei der Kernspaltung.

Kontrollierte Kettenreaktion
Für die kontrollierte Kettenreaktion kann das Domino-Modell als Anschauung dienen. Jedes Steinchen wirft immer nur ein anderes um. Man könnte sagen, das Umkippen der Steine geht ganz gleichmäßig und geregelt vor sich. Bei der kontrollierten Kettenreaktion funktioniert es ähnlich.
Wie du weißt, werden bei jeder Uranspaltung im Durchschnitt 2 bis 3 Neutronen frei. Für eine Spaltung wird aber nur 1 Neutron benötigt. Die übrigen Neutronen muss man einfangen, damit es zu einer kontrollierten Kettenreaktion kommt (▷ B 2).

Unkontrollierte Kettenreaktion
Spaltet jedes der 2 bis 3 Neutronen wieder einen Urankern, dann wächst die Zahl der Spaltungen schnell an (▷ B 1). In Bruchteilen von Sekunden wird so eine riesige Energiemenge freigesetzt. Das geschieht z. B. bei einer Atombombe.

Kritische Masse
Neutronen, die bei einer Uranspaltung freigesetzt werden, können einen Uranblock durch dessen Oberfläche verlassen, bevor sie eine Spaltung verursachen. Verlassen mehr Neutronen das Uran als neue durch Spaltung hinzukommen, kommt keine Kettenreaktion zustande (▷ B 3).

Ob eine Kettenreaktion möglich ist, hängt von der Form und Masse des Uranblocks ab. Die Mindestmasse, ab der eine Kettenreaktion möglich ist, nennt man kritische Masse. Sie beträgt für reines Uran-235 in Kugelform ca. 50 kg. Eine Kugel mit dieser Masse hat ungefähr einen Durchmesser von ca. 17 cm.

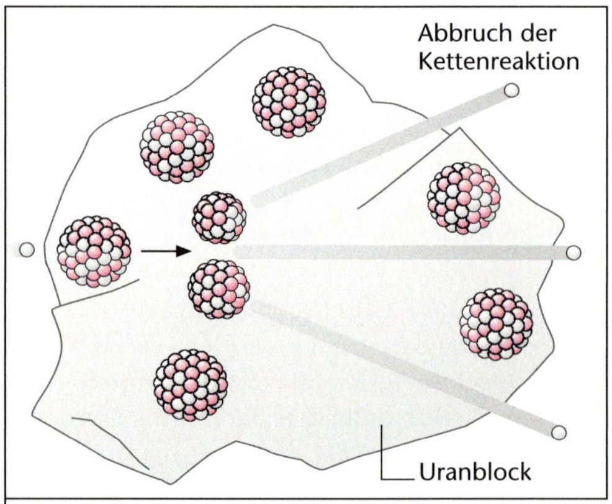

3 Ist die kritische Masse nicht erreicht, dann bricht die Kettenreaktion ab.

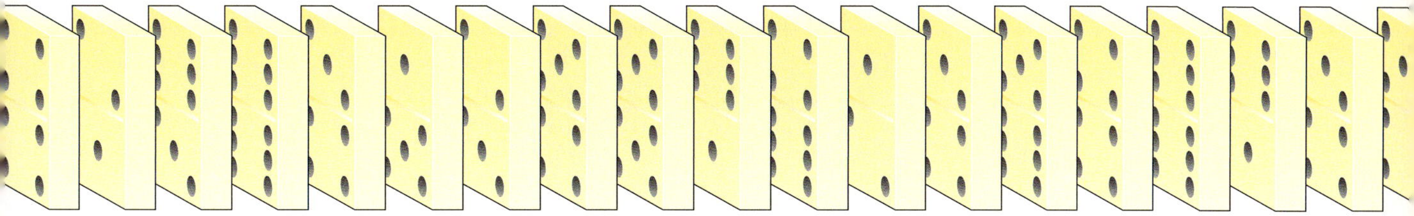

Keine Kettenreaktion im Natururan
Im Natururan kann es aus zwei Gründen zu keiner Kettenreaktion kommen. Zunächst muss ein Anfangsneutron für die erste Spaltung vorhanden sein. Dieses Neutron kann der Höhenstrahlung oder einem Spontanzerfall eines Urankerns, was sehr selten ist, entstammen.
Dieses Anfangsneutron muss jedoch die richtige Geschwindigkeit besitzen, um Uran-235 spalten zu können. Normalerweise ist die Geschwindigkeit aber zu groß.
Ein weiteres Problem sind die Uran-238-Kerne. Sie absorbieren freie Neutronen, bevor diese einen Uran-235-Kern spalten können (▷B5). Aufgrund der großen Zahl von Uran-238-Kernen ist die Wahrscheinlichkeit nämlich sehr gering, dass ein Neutron auf einen Uran-235-Kern trifft. So kommen auf einen U-235-Kern ca. 142 U-238-Kerne.

Freigesetzte Energie
Die bei der Spaltung von 1 kg Uran-235 freigesetzte Energie entspricht 23 000 000 kWh. Das entspricht ca. der Energie, die bei der Verbrennung von 2 600 t Steinkohle, 6 400 t Holz oder 2 200 000 l Heizöl frei wird.
Mit dieser Energiemenge könnte man 1 000 Einfamilienhäuser ein Jahr lang beheizen.

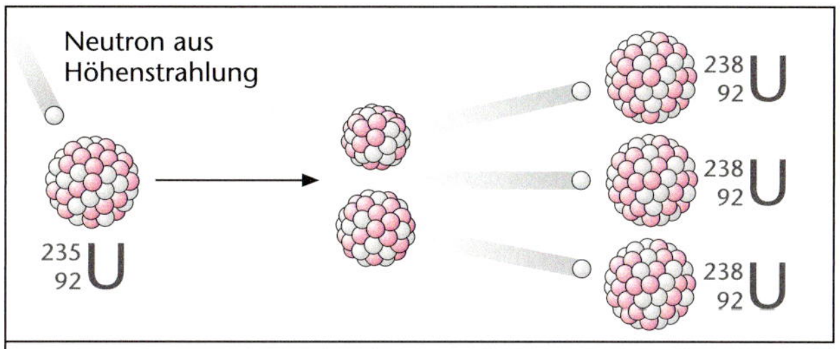

5 Kernspaltung mithilfe der Höhenstrahlung

Aufgaben

1 Mit welchen Neutronen lässt sich Uran-235 besonders gut spalten?

2 Warum kann im Natururan keine Kettenreaktion von selbst ablaufen?

3 Was versteht man unter der kritischen Masse?

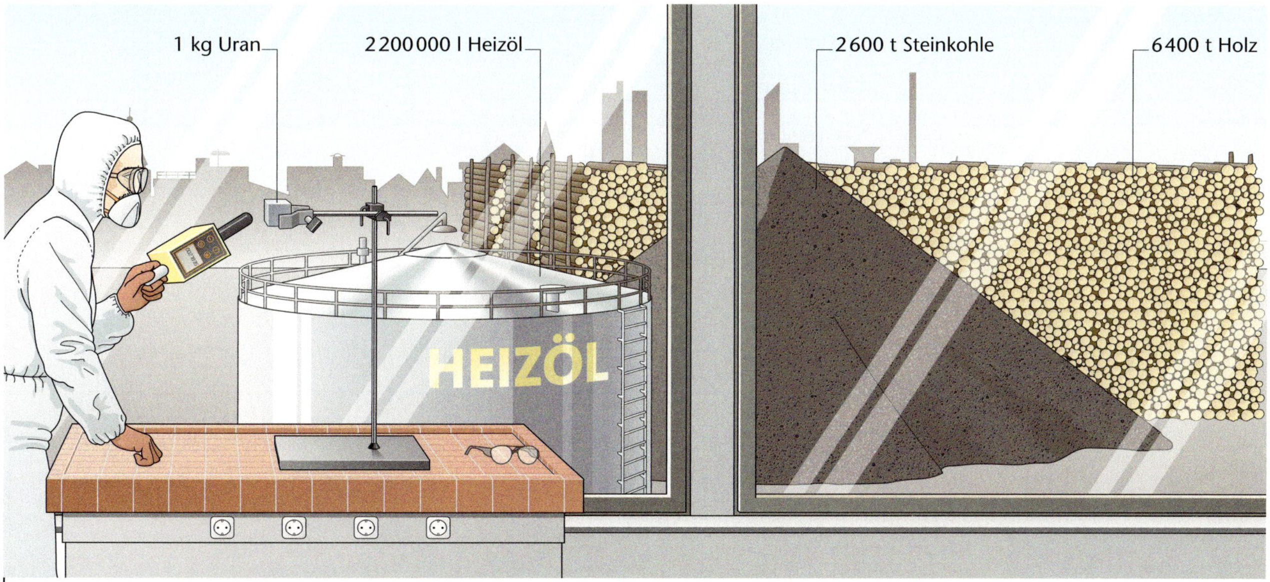

4 Um auf die Energie zu kommen, die bei der Spaltung von 1 kg U-235 frei wird, benötigt man große Mengen konventioneller Brennstoffe.

1 Kernkraftwerk

Vergleich von Wärmekraftwerken

In konventionellen Kraftwerken wird Wasser durch Verbrennen von Kohle, Öl oder Gas verdampft. In Kernkraftwerken geschieht dies mithilfe der Kernspaltung. Die Herstellung des Wasserdampfs erfolgt im Reaktorgebäude (▷ B 2).

Ein weiterer Unterschied zwischen einem Kernkraftwerk und einem konventionellen Kraftwerk ist die Art der Umweltbelastung.

Bei der Verbrennung fossiler Brennstoffe entsteht viel Kohlendioxid. Kohlendioxid wird von Wissenschaftlern für den Treibhauseffekt und somit für die Veränderung des Weltklimas verantwortlich gemacht. Zudem können bei der Verbrennung Schwefel- und Stickstoffverbindungen in die Luft entweichen. Diese Verbindungen werden für den sauren Regen mitverantwortlich gemacht.

Bei Kernkraftwerken gelangt immer etwas Radioaktivität in die Umwelt. Diese Belastung ist jedoch sehr gering. Die viel größere Schwierigkeit ist die Beseitigung der benutzten radioaktiven Stoffe. Diese bleiben für sehr lange Zeit hoch radioaktiv.

Aufbau von Kernkraftwerken

Im Reaktorgebäude befindet sich das Reaktordruckgefäß. Es enthält die Brennelemente mit dem Kernbrennstoff, die in Wasser eintauchen. Im Druckbehälter wird durch Kernspaltungen Energie freigesetzt. Dadurch erhitzt sich das Wasser auf Temperaturen von über 300 °C. Der hohe Druck im Druckbehälter verhindert das Sieden des Wassers. Das heiße Wasser wird durch den Wärmetauscher geleitet und fließt von dort aus zurück in den Druckbehälter (Primärkreislauf).

Im Wärmetauscher überträgt das heiße Wasser einen Teil seiner Energie auf das Wasser in einem zweiten, unabhängigen Kreislauf (Sekundärkreislauf). Das Wasser im Wärmetauscher verdampft und treibt so eine Turbine an, die mit einem Generator gekoppelt ist. Dieser wandelt die mechanische Energie der Turbine in elektrische Energie um. Nachdem der Dampf Energie abgegeben hat, wird er an wassergekühlten Rohren vorbeigeleitet, kondensiert wieder zu Wasser und gelangt zurück in den Wärmetauscher. Das dabei in den Rohren erwärmte Wasser wird in Kühltürmen wieder abgekühlt.

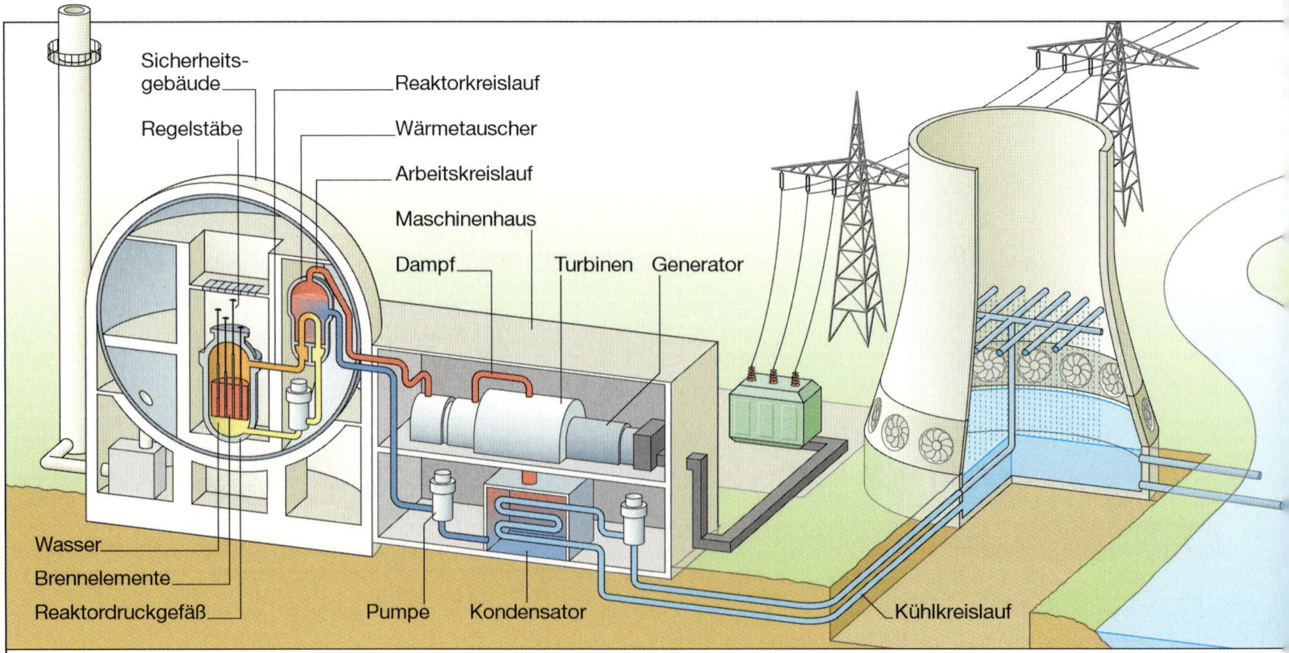

2 Aufbau eines Kernkraftwerks

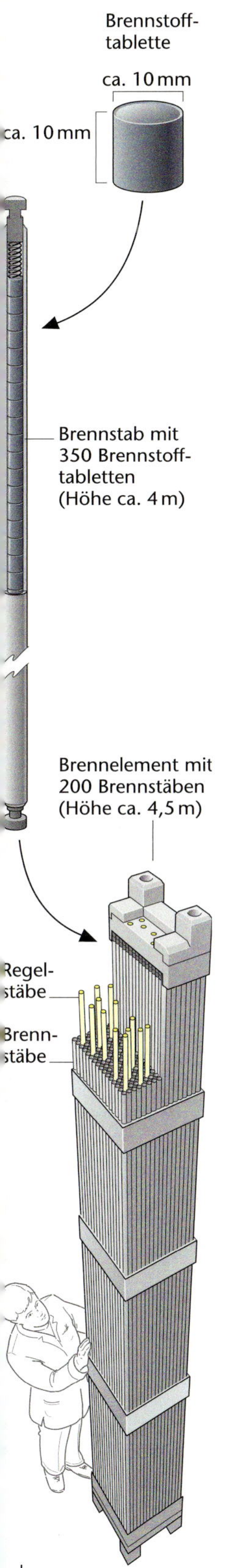

3 Aufbau eines Brennelements

4 Geöffneter Reaktorkern

Tabletten im Reaktordruckbehälter

Das Uran wird in Tablettenform gepresst. Diese Brennstofftabletten befinden sich in den **Brennstäben**. Ungefähr 200 Brennstoffstäbe werden zu einem **Brennelement** zusammengefasst (▷ B 3). Hunderte von Brennelementen bilden den Reaktorkern, der vom Reaktordruckgefäß umgeben ist.

Spaltvorgänge

Bei der Spaltung eines Uran-235-Kerns werden 2 bis 3 Neutronen frei.
Weil U-238 Neutronen einfängt, muss die Wahrscheinlichkeit erhöht werden, dass ein Neutron auf einen U-235-Kern trifft. Dies geschieht dadurch, dass der Anteil von U-235 von 0,7 % auf 2 bis 4 % erhöht wird.
Man sagt, das Uran wird angereichert.

Gut moderiert

Da Uran-235 besonders gut von langsamen Neutronen gespalten wird, müssen die Neutronen abgebremst werden. Dies geschieht mit einer Bremssubstanz, dem so genannten **Moderator**. In vielen Reaktortypen ist dies normales Wasser, das die Brennstäbe umgibt (▷ B 5). Eine andere Möglichkeit ist Graphit. Die Brennstäbe müssen einen so kleinen Durchmesser haben, dass die Neutronen möglichst schnell den Brennstab verlassen können, bevor sie von Uran-238 absorbiert werden. Dann müssen sie im Wasser abgebremst werden um schließlich wieder in einen Brennstab zu gelangen und weitere Spaltungen vorzunehmen.
Fehlt der Moderator, nimmt die Zahl der Kernspaltungen ab. Der Reaktor setzt immer weniger Energie frei. Er „schaltet“ sich von selbst ab.

Regelstäbe

Damit die kontrollierte Kettenreaktion gesteuert werden kann, befinden sich zwischen den Brennstäben die Regelstäbe. Diese bestehen aus Bor oder Cadmium. Beide Stoffe haben die Eigenschaft Neutronen einzufangen. Befinden sich die Stäbe zwischen den Brennstäben, kommt die Kettenreaktion zum Erliegen.

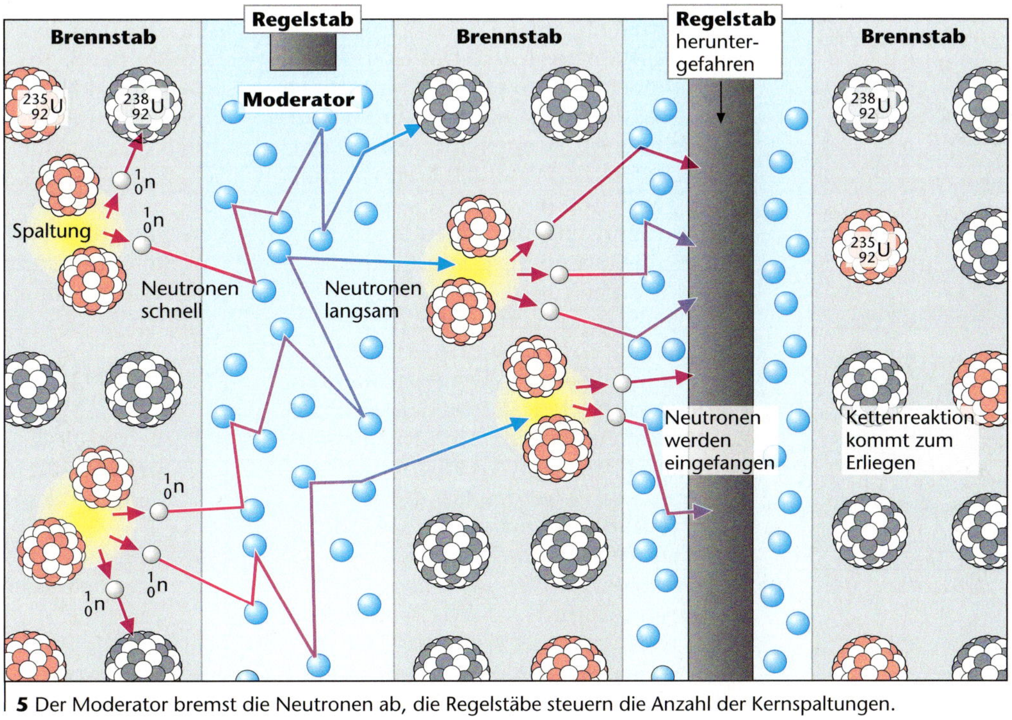

5 Der Moderator bremst die Neutronen ab, die Regelstäbe steuern die Anzahl der Kernspaltungen.

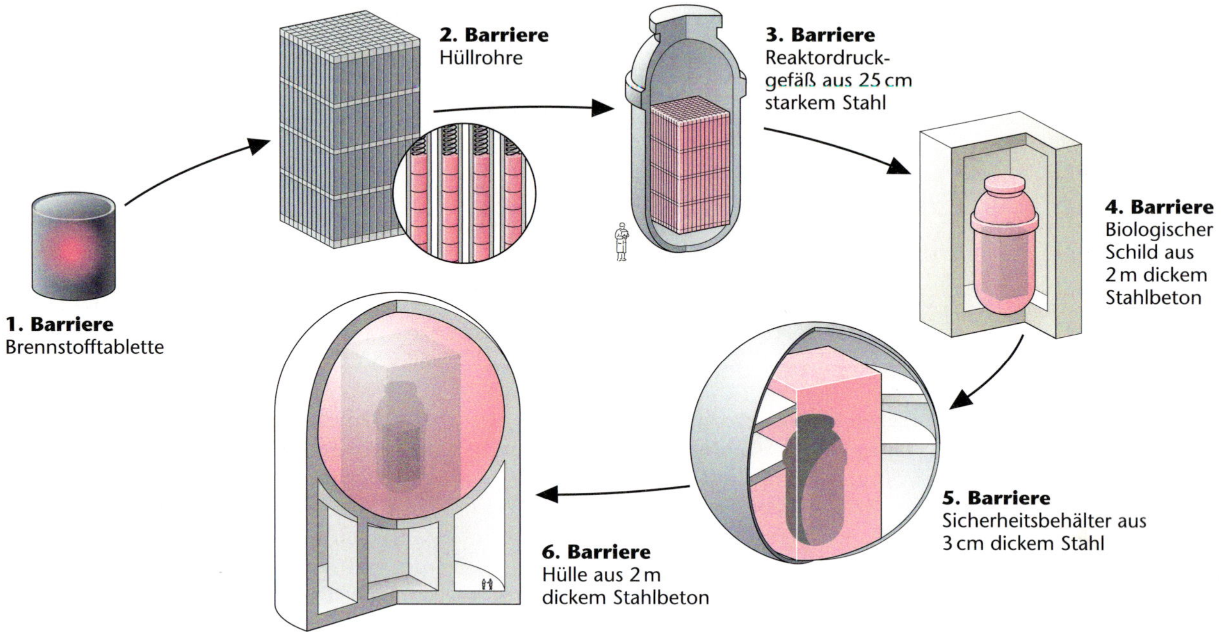

1 Sicherheitsbarrieren eines Kernkraftwerks

Sicherheitsbarrieren
Ein Kernkraftwerk muss so gesichert sein, dass im Normalbetrieb weder Strahlung noch radioaktive Stoffe in die Umwelt gelangen. Gleiches muss auch für den Fall eines Reaktorunfalls, eines technischen Defekts oder eines Bedienungsfehlers durch das Kraftwerkspersonal gelten. Sogar die Möglichkeit terroristischer bzw. kriegerischer Angriffe ist zu berücksichtigen.

Im Kernkraftwerk gibt es mehrere Sicherheitsbarrieren (▷B 1). Die erste ist die Brennstofftablette selbst. Das Uranoxid als Kernbrennstoff ist so in Tablettenform gepresst, dass die Spaltprodukte eingeschlossen bleiben. Als zweite Barriere dient der Brennstab. In ihm sind die Brennstofftabletten gasdicht eingeschlossen. Spätestens das die Brennstäbe umspülende Wasser schirmt die α- und die β-Strahlung ab.
Als dritte Sicherung dient das Reaktordruckgefäß. Es besteht aus bis zu 25 cm starkem Stahl und lässt nur sehr wenig γ-Strahlung hindurch. Umgeben werden das Reaktordruckgefäß und der Dampferzeuger von einer bis zu 2 m dicken Stahlbetonabschirmung (vierte Sicherheitsbarriere). Damit werden fast die gesamte Gammastrahlung sowie die frei werdenden Neutronen abgeschirmt.

Der gesamte kerntechnische Teil des Kraftwerks wird von einer Kugel aus 3 cm dickem Stahl umgeben. Diese fünfte Sicherheitsbarriere ist so dimensioniert, dass bei einem Störfall das verdampfende Kühlmittel aufgenommen werden kann.
Auch dieser Sicherheitsbehälter ist von einer 2 m dicken Stahlbetonhülle umgeben. Sie soll den Reaktor gegen Einwirkungen von außen sichern.

Die Freisetzung radioaktiver Stoffe und deren Strahlung wird durch eine mehrstufige Sicherheitsbarriere verhindert.

Doppelt hält besser
Alle wichtigen Systeme sind in einem Kernkraftwerk mehrfach vorhanden und arbeiten unabhängig voneinander.
Ein beträchtlicher Schaden entstünde durch den Bruch einer Hauptkühlleitung. Selbst im Fall der sofortigen Notabschaltung des Reaktors würde in den Brennstäben eine große Wärmemenge entstehen. Aus diesem Grund gibt es mehrere Notkühlsysteme mit ausreichenden Wasservorräten.

Aufgaben

1. Beschreibe die verschiedenen Sicherheitsbarrieren, die das Austreten radioaktiver Stoffe verhindern sollen.
2. Warum sind in einem Kernkraftwerk sicherheitstechnische Systeme mehrfach vorhanden?
3. Warum gibt es in einem Kernkraftwerk ein Notkühlsystem?

1 Zerstörtes Reaktorgebäude

2 Aufräumungsarbeiten

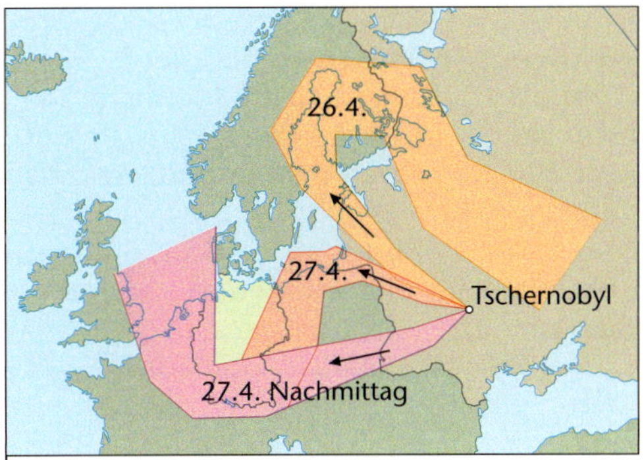

3 Verbreitung der Radioaktivität durch Luftströmungen

„Schickt alle Feuerwehren"
„Hallo Iwankowo, wir brauchen eure Hilfe in Pripjat (Vorort der ukrainischen Hauptstadt Kiew)! Hallo?"
„Ja, wir hören euch."
„Wir brauchen euch am Atomkraftwerk. Das Dach von Block 3 und 4 brennt."
„Okay. Wir sind schon unterwegs."
„Schickt alle Feuerwehren."

Das Unvorstellbare geschieht!
Am 26. April 1986 passiert in Tschernobyl der bislang schwerste Atomunfall im Bereich der zivilen Nutzung der Kernenergie. Der Reaktorkern des Block 4 heizt sich so stark auf, dass das Reaktorgebäude explodiert. Was war geschehen?

Der Reaktor sollte zur alljährlichen Überprüfung abgeschaltet werden. Beim Herunterfahren der Reaktorleistung wollte man noch einen Test durchführen. Reicht die Rotationsenergie des Generators aus, um bei einem Stromausfall im Netz die Notkühlung so lange aufrecht zu erhalten, bis die Notstromaggregate angesprungen sind? Durch das Abschalten entsprechender Sicherheitseinrichtungen wurde die gewünschte Ausgangssituation hergestellt. Bei dem Experiment nahm plötzlich die Zahl der Kernspaltungen zu. Die Notabschaltung war außer Betrieb gesetzt worden. Die Temperatur stieg schlagartig an, die Brennstäbe schmolzen und das Wasser in den Druckröhren verdampfte. Eine Explosion zerstörte das Gebäude und sprengte das Dach weg. Da das Druckgefäß und der Sicherheitsbehälter fehlten, gelangten radioaktive Stoffe bis in eine Höhe von 2 km und verteilten sich über Europa (▷ B 3).

„Wir haben getan, was wir konnten"
Die kaum gegen die Strahlung geschützten Feuerwehrleute konnten die Brände nach einigen Stunden unter Kontrolle bringen. Sie durften nur kurze Zeit arbeiten, denn am Unglücksort herrschte eine sehr hohe Strahlungsbelastung. Die radioaktive Belastung in einer Stunde war 4000-mal so groß wie die jährliche natürliche Strahlungsbelastung eines Bundesbürgers.

Evakuierung
Erst zwei Tage nach dem schrecklichen Unfall wurden alle Bewohner im näheren Umkreis des Reaktors evakuiert. Das zerstörte Kraftwerk wurde einbetoniert. Das Gebiet ist heute noch gesperrt und unbewohnbar, weil noch eine erhöhte Strahlenbelastung gemessen wird. Die Zahl der durch die Reaktorkatastrophe verursachten Todesfälle ist bis heute unbekannt.

Wind aus dem Osten
Mit dem Wind wurden radioaktive Stoffe (vor allem J-131 und Cs-137) über ganz Europa verteilt. Auch die Bundesrepublik wurde zum Teil verseucht. Gemüse auf den Feldern musste untergepflügt oder vernichtet werden. Bauern wurden angewiesen die Kühe mit Heu und nicht mehr mit frischem Gras zu füttern.

Entsorgung – Endlagerung – Wiederaufbereitung

2 Lagerung radioaktiver Stoffe in einem Salzbergwerk

Wohin mit radioaktiven Abfällen?
Wenn Brennelemente 2 bis 3 Jahre im Reaktor waren, müssen sie ausgetauscht werden. Ein „ausgebranntes" Brennelement besteht zu etwa 1 % aus Uran-235, zu 94 % aus Uran-238, zu 4 % aus Spaltprodukten und zu 1% aus Plutonium und anderen Transuranen.
Für die Beseitigung, die so genannte Entsorgung, kommen zwei Wege in Frage:
- die Wiederaufarbeitung der abgebrannten Brennelemente, was zu einer Reduzierung der Abfälle führt oder
- die direkte Endlagerung.

Die Wiederaufarbeitung ausgebrannter Brennstäbe
Bei der Entnahme der Brennstäbe aus den Reaktoren ist die Radioaktivität immer noch sehr hoch. Aus diesem Grund müssen sie zunächst in großen, mit gekühltem Wasser gefüllten Becken gelagert werden. Diese Abklingbecken befinden sich direkt neben den Reaktoren (▷ B 1).
Erst nach einem Jahr sind die Brennelemente abgekühlt und ihre Aktivität ist auf weniger als ein Hundertstel des ursprünglichen Wertes abgeklungen. Jetzt ist der Transport zu einer Wiederaufarbeitungsanlage möglich. In Verträgen mit Frankreich und Großbritannien, die bis 2005 gelten, wurde vereinbart, dass von diesen Ländern Brennelemente zur Wiederaufarbeitung angenommen werden. Für andere radioaktive Abfälle gilt dies jedoch nicht.
In der Wiederaufarbeitung werden die Stoffe aus den Brennstäben durch spezielle chemische Verfahren voneinander getrennt. Hierbei werden Uran und Plutonium als Kernbrennstoffe zurückgewonnen. Gleichzeitig fallen aber große Mengen anderer Spaltprodukte an, die hochradioaktiv sind, lange Halbwertszeiten besitzen und nicht spaltbar sind. Das Problem, diesen Atommüll sicher zu lagern, ist bis heute noch nicht endgültig gelöst.

1 Abklingbecken für Brennelemente

Die Endlagerung
Alle radioaktiven Abfälle, nicht nur aus Kernkraftwerken, sondern auch aus Industrie, Medizin oder Technik, müssen ohne Gefahr für die Menschen und unsere Umwelt gelagert werden.
Als sicherste Methode für die **Endlagerung** gilt heute, die zunächst verfestigten Abfälle in großer Tiefe in ehemaligen Salzbergwerken unterzubringen (▷ B 2).
Forscher haben festgestellt, dass die Gesteine der Salzstöcke über lange Zeiten stabil sind und dass dort kein Wasser vorhanden ist. Damit fehlt ein Transportmittel für radioaktive Stoffe.

Ungelöste Probleme
Man untersucht schon seit mehreren Jahren, ob eine direkte Endlagerung von Brennstäben möglich ist. Dieses Verfahren ist jedoch sehr problematisch. Die Behälter müssten zur Abschirmung der Strahlung ummantelt werden. Dafür würden große Mengen wertvoller Rohstoffe benötigt.
Riesige Lagerkapazitäten wären nötig. Wo könnten diese sein?
Welche Wirkungen hätte die Restwärme auf die Umgebung der Lagerstätten und die Lagerbehälter?
Dies sind Fragen, die noch weiter untersucht werden müssen.

1 Der ehemalige Reaktor in Kalkar als Freizeitpark

2 Kernforschungsanlage Jülich

AUS STADT UND LAND

Montag, 15. Juli 2002/ Nr. 20 346

Großreinemachen in Jülich

Der Atomforschungsreaktor soll nun doch ganz abgebaut und nicht nur "sicher eingeschlossen" werden. Bund und Land streiten um die Finanzierung des Projektes.

POLIZEI-NACHRICHTEN

Zwei Brände gelöscht

Free-Climbing im Kühlturm eines Kernkraftwerks

Ein Hotelzimmer im Reaktorgebäude, mit der Achterbahn über das Gelände des Kraftwerks …
Das hört sich unglaublich an? Am Niederrhein, in der Nähe der Stadt Kalkar, ist das alles möglich.

1972 beschlossen Deutschland, Belgien und die Niederlande den gemeinsamen Bau eines „schnellen Brutreaktors“. Ein Jahr später begann der Bau bei Kalkar. Nach einer Bauzeit von 12 Jahren war der Reaktor betriebsbereit. Bis dahin waren 4 Milliarden Euro in den Bau investiert worden. Doch aus politischen Gründen ging das Kraftwerk niemals ans Netz. Erst im Jahr 1995 kaufte ein Niederländer die teuerste Bauruine Deutschlands. Er baute sie in ein Freizeit- und Erholungszentrum um. Heute ist das Gelände am Rhein ein beliebtes Ziel für Rad- und Wandertouristen (▷ B 1).

Ein Vorbild für andere stillgelegte Kernkraftwerke?

Nicht nur in Deutschland ist es geplant, langfristig aus der Kernenergie auszusteigen, auch andere Länder haben ähnliche Pläne. Damit könnten viele Kernkraftwerke überflüssig werden. Sie müssen stillgelegt werden. Könnte die Nutzung des Reaktors in Kalkar Vorbild für die Nutzung stillgelegter Kraftwerke sein? Diese Frage kann man klar verneinen. Der Reaktor in Kalkar war niemals in Betrieb. Er hat nie radioaktives Material enthalten.

Kernkraftwerke, die einmal in Betrieb waren, können dagegen auch nach ihrer Stilllegung nicht mehr anders genutzt werden.

Der Abbau eines Reaktors

Seit 1992 sollte der Forschungsreaktor in der Kernforschungsanlage Jülich komplett stillgelegt sein. Zuerst war geplant, ihn bis zu einem späteren Abriss „sicher einzuschließen“. Doch auch 10 Jahre später konnte dieses Ziel nicht erreicht werden (▷ B 2). Die zunächst geplanten Kosten von 39 Millionen Euro hatten bis dahin schon 190 Millionen erreicht. Nachdem zuerst mit einem Zeitraum von 4 Jahren gerechnet wurde, kam der Bundesrechnungshof zu dem Ergebnis, dass mindestens 18 Jahre zu erwarten wären. Inzwischen plant man nicht mehr den Einschluss des Reaktors, sondern einen kompletten Abbau. Man spricht vom Projekt „Grüne Wiese“. Nach Schätzungen des Bundesrechnungshofes wird dieses zusätzliche Kosten von 300 Millionen Euro verschlingen – darin eingeschlossen sind der komplette Abriss und die Kosten für die Endlagerung der radioaktiven Abfälle.

Der Forschungsreaktor ist nur ein kleines Kraftwerk. Du kannst dir vorstellen, dass die Kosten zur Stilllegung eines großen Kernkraftwerkes um ein Vielfaches höher sind.

Schlusspunkt

Radioaktivität und Kernenergie

Die Entdeckung der Radioaktivität
Henri Becquerel entdeckte im Jahr 1896 eine Strahlung, die vom Uransalz ausging.

Nachweisverfahren
Man kann Strahlung aus radioaktiven Quellen z. B. mit dem Geiger-Müller-Zählrohr, in einer Nebelkammer oder durch Schwärzung von Fotopapier nachweisen.

Radioaktivität ist überall
Selbst wenn kein radioaktives Präparat in der Nähe ist, ermittelt man mit einem Zählrohr eine gewisse Impulsrate. Das ist der Nulleffekt.
Ursache für diese so genannte Umgebungsstrahlung sind kosmische und terrestrische Strahlungsquellen.

α-, β-, γ- Strahlung
Man unterscheidet drei Arten von Strahlung, die bei der Umwandlung von Atomkernen entstehen können:

α-Strahlung besteht aus Heliumkernen (▷ B 1), die den Kern eines radioaktiven Elementes mit großer Geschwindigkeit verlassen.

β-Strahlung besteht aus Elektronen (▷ B 2). Auch sie verlassen den Kern mit sehr großer Geschwindigkeit. Ihre Reichweite in Luft ist größer als die von α-Strahlung.

Gibt ein Kern α- oder β-Strahlung ab, so kommt es zu einer Kernumwandlung.
γ- Strahlung besteht nicht aus Teilchen. Es handelt sich um elektromagnetische Strahlung, etwa wie Licht.

Halbwertszeit
Die Halbwertszeit ist die Zeit, in der jeweils die Hälfte der Atome eines radioaktiven Stoffes zerfallen sind.

Aktivität

$$\text{Aktivität} = \frac{\text{Kernumwandlungen}}{\text{Zeit}}$$

Die Einheit der Aktivität ist das Becquerel (1 Bq).

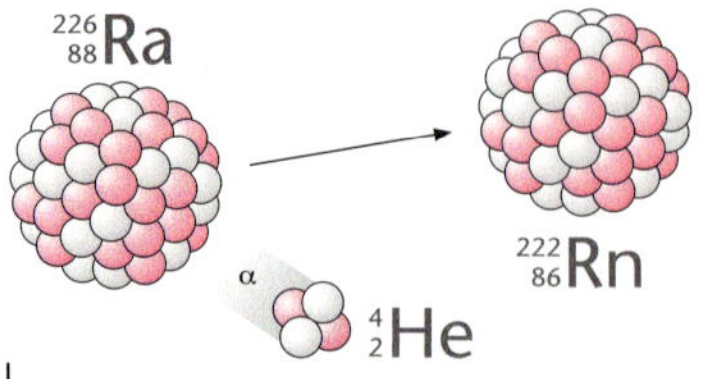

1 α-Strahlung

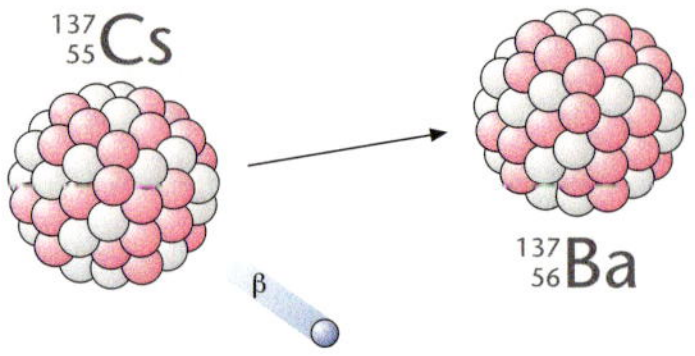

2 β-Strahlung

Strahlenschäden
α-, β-, und γ-Strahlung können lebende Zellen schädigen. Mögliche Folgen sind Frühschäden (z. B. Übelkeit, Hautrötung, Geschwüre), Spätschäden (wie z. B. Krebs) und genetische Schäden durch Veränderung der Erbinformationen. Genetische Schäden können an spätere Generationen weitergegeben werden.

Schutz vor Strahlenschäden:
– Abstand von der Strahlungsquelle
– kurze Bestrahlungszeiten
– Abschirmung gegen die Strahlungen

Kernspaltung und Kettenreaktion
Durch Beschuss mit einem Neutron wird z. B. ein Uran-235-Kern in zwei leichtere Spaltprodukte sowie zwei oder drei Neutronen zerlegt (▷ B 3). Gleichzeitig wird viel Energie frei.
Die Neutronen können weitere Spaltungen auslösen. Dadurch kann die Zahl der Kernspaltungen innerhalb kurzer Zeit lawinenartig ansteigen (Kettenreaktion).

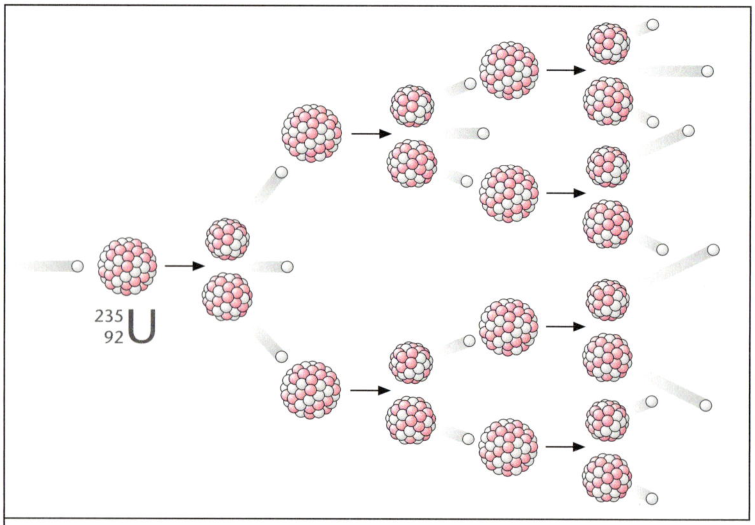

3 Unkontrollierte Kettenreaktion

Aufgaben

1 Zu Aufgabe 8

1 Was sagt die folgende Schreibweise über den Aufbau eines Atoms aus?
$^{235}_{92}U$

2 Was versteht man unter den Isotopen eines Elements?

3 Vergleiche ausführlich die Atome C-12 und C-14.

4 Wer gilt als Entdecker der Radioaktivität? Wie und wann entdeckte er die neue Strahlung?

5 Nenne Möglichkeiten, wie man Strahlung von radioaktiven Stoffen nachweisen kann. Welche Eigenschaften werden bei den verschiedenen Nachweismethoden genutzt?

6 Beschreibe den Aufbau und die Funktionsweise eines Geigerzählers anhand von Bild 3.

7 In einer Schule im Schwarzwald und in einer Schule in Duisburg wird gleichzeitig der Nulleffekt gemessen.
Die Schüler im Schwarzwald erhalten einen Messwert von 24 Impulsen pro Minute. Die Duisburger messen nur 17 Impulse pro Minute.
a) Erkläre, wie es zu diesem Unterschied kommen konnte.
b) Ist es möglich, dass bei einer erneuten Messung an den beiden Orten genau das gleiche Messergebnis erzielt wird? Begründe.

8 a) Erkläre den Begriff Umgebungsstrahlung.
b) Wieso sind Passagiere und Besatzungsmitglieder bei Flügen in großer Höhe einer stärkeren Strahlung ausgesetzt als Menschen am Boden in Meereshöhe?
c) Erkundige dich im Internet oder in Büchern, an welchen Orten auf der Erdoberfläche die terrestrische Strahlung besonders hoch ist. Begründe dies.

9 Was haben α- und β-Strahlung gemeinsam? Wodurch unterscheiden sie sich?

10 Was geschieht, wenn ein radioaktiver Kern α-Strahlung abgibt?

11 Was geschieht, wenn ein radioaktiver Kern β-Strahlung abgibt?

12 Wie kann man sich gegen α- und β-Strahlung schützen?

13 Ein Urankern U-238 gibt α-Strahlung ab. Welches Atom entsteht? Erkläre den Vorgang ausführlich.

14 Welche Strahlungsarten führen zu einer Elementumwandlung?

Radioaktives Element	Halbwertszeit
Polonium-214	$1{,}64 \cdot 10^{-4}$ Sekunden
Bismut-214	19,9 Minuten
Radon-222	3,825 Tage
Radium-226	$1{,}6 \cdot 10^{3}$ Jahre
Plutonium-234	$2{,}411 \cdot 10^{4}$ Jahre
Uran-235	$7{,}038 \cdot 10^{8}$ Jahre
Uran-238	$4{,}468 \cdot 10^{9}$ Jahre
Thorium-232	$1{,}405 \cdot 10^{10}$ Jahre

2 Zu Aufgabe 16

15 $^{239}_{94}Pu$ ist ein α-Strahler. Welches Element entsteht beim radioaktiven Zerfall?

16 Erkläre den Begriff Halbwertszeit anhand eines Beispiels aus der Tabelle in Bild 2.

17 Das radioaktive Kohlenstoffisotop C-14 hat eine Halbwertszeit von 5730 Jahren. Beschreibe die so genannte C-14-Methode zur Altersbestimmung kohlenstoffhaltiger, toter Materie.

18 a) Welche Halbwertszeit hat Cäsium-134?
b) Zeichne ein Diagramm, in dem der radioaktive Zerfall einer beliebigen Ausgangsmasse von Cs-134 über einen Zeitraum von 150 Jahren dargestellt wird.

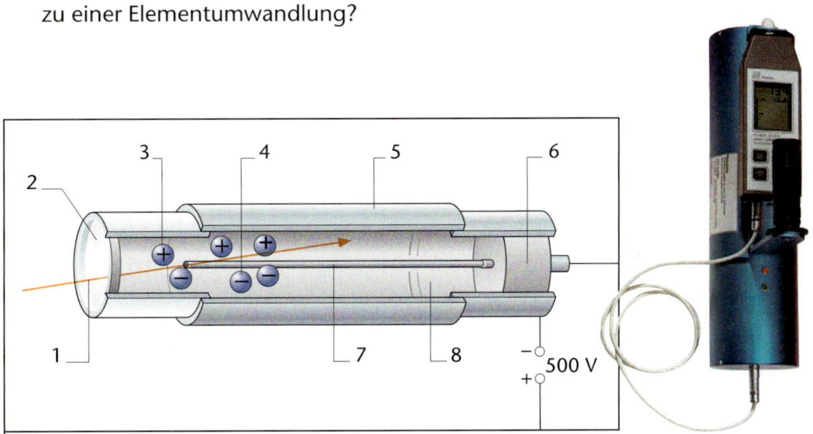

3 Geigerzähler, zu Aufgabe 6

1 Demokrit

2 John Dalton

3 Marie Curie

Name	Jahr	Ereignis
Demokrit	zw. 460 v. Chr. und 370 v. Chr.	Die Welt ist aus Atomen aufgebaut.
John Dalton	1808	
Henri Becquerel	1896	
Marie und Pierre Curie	1898	
Ernest Rutherford	1911	
Hans Geiger, Walther Müller	1928	
Otto Hahn, Fritz Straßmann, Lise Meitner	1938	
Niels Bohr, Enrico Fermi, Robert Oppenheimer	1945	

4 Zu Aufgabe 22

5 Ernest Rutherford

6 Fritz Strassmann

7 Robert Oppenheimer

19 a) Was versteht man unter der Aktivität eines radioaktiven Stoffes?
b) Ein Stoff hat eine Aktivität von 20 Bq. Was heißt das?

20 In einigen europäischen Ländern dürfen Lebensmittel mit Strahlung aus radioaktiven Quellen behandelt werden.
a) Welche Wirkungen erzielt man mit der Bestrahlung?
b) Warum ist diese Art der Bestrahlung nicht in allen Ländern zugelassen?

21 Auch der menschliche Körper gibt α-, β-, und γ-Strahlung ab.
a) Wie gelangen radioaktive Substanzen in den Körper?
b) Welche Organe des menschlichen Körpers sind vermehrt einer Bestrahlung ausgesetzt?

22 Ordne den folgenden Namen und Jahreszahlen das jeweilige Ereignis zu, das im Rahmen der Entwicklung der Atomforschung von Bedeutung war. Stelle dazu eine Tabelle auf (▷ B 4).

23 Bild 8 zeigt den Beginn einer unkontrollierten Kettenreaktion bei U-235 Kernen.
a) Beschreibe ausführlich den Ablauf.

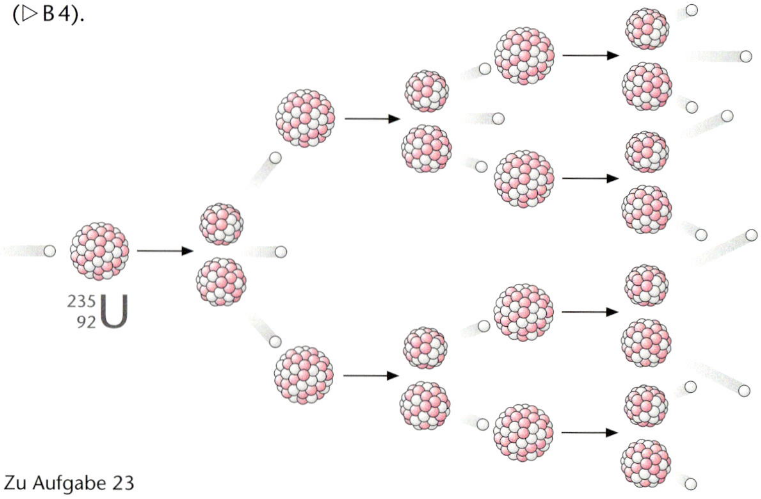

8 Zu Aufgabe 23

b) Was würde geschehen, wenn eine solche Reaktion in einer ausreichend großen Masse, der so genannten kritischen Masse, reinen Urans-235 einsetzen würde?
c) Warum kann in Natururan keine Kettenreaktion ablaufen?

24 Bei einer unkontrollierten Kettenreaktion wird Energie frei. Erkundige dich, um welche Energieformen es sich dabei handelt.

25 Bild 9 zeigt, wie eine Kettenreaktion kontrolliert abläuft. Technisch wird eine solche Kettenreaktion in einem Kernkraftwerk eingesetzt.
a) Welche Funktion haben dabei die Regelstäbe aus Bor oder Cadmium?
b) Welche Bedeutung kommt dem Moderator Wasser zu?

26 Warum müssen die Brennstäbe aus Kernkraftwerken regelmäßig gegen neue ausgetauscht werden?

27 1986 gab es in Tschernobyl den bisher folgenschwersten Unfall in einem Kernkraftwerk. Schreibe einen Bericht über das Ereignis.
Hier einige Stichpunkte für deine Arbeit: Erkundige dich, wo Tschernobyl liegt. Was genau geschah dort am 25. April 1986? Was war die Ursache für diesen schwerwiegenden Atomunfall? Welche Folgen hatte der Unfall für die Menschen, die in der Umgebung des Kraftwerks lebten, für die ersten Helfer (Feuerwehrleute, Kraftwerkspersonal u. a.)?
Wann und wie wurde der Unfall in den angrenzenden Ländern bekannt? Welche Folgen hatte der Unfall für die Menschen in Deutschland und in anderen Ländern?

10 Reaktor in Tschernobyl

28 Welche Schäden können α-, β- und γ-Strahlung beim Menschen hervorrufen?

29 Nenne einige Anwendungen radioaktiver Stoffe und ihrer Strahlung in der Medizin.

30 Wie kann man sich beim Umgang mit radioaktiven Stoffen vor möglichen Schäden schützen?

11 Transport radioaktiver Stoffe

31 Auf die Frage: „Wohin mit radioaktiven Abfällen?" kam vor Jahren der Vorschlag, sie mit Raketen ins Weltall zu schießen.
Warum wurde dieser Vorschlag nicht in die Tat umgesetzt?

32 Wie wird Radioaktivität zur Qualitätskontrolle bei Werkstoffen, z. B. bei der Herstellung von Blechen, genutzt?

33 Ziehe Erkundigungen ein über die Entwicklung der Kernenergienutzung in Deutschland seit 1970. Welchen Anteil hatte die Kernenergie in den Jahren 1970, 1980, 1990, 2000 und heute am Gesamtenergiebedarf in Deutschland? Welche Entwicklung ist für die Zukunft zu erwarten?
Trage die Ergebnisse in ein Diagramm ein.

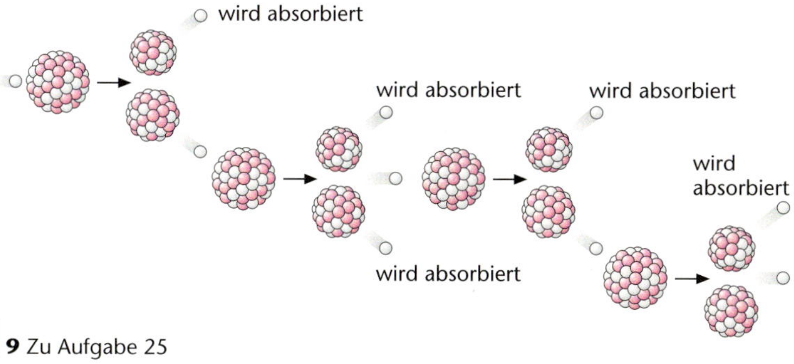

9 Zu Aufgabe 25

Bewegte Körper und ihre Energie

Die ersten „Motorkutschen" fuhren mit einer Geschwindigkeit von etwa 20 km/h. Für die Menschen zu Beginn des 20. Jahrhunderts war das bereits ungeheuer schnell.

Heute sind für uns Geschwindigkeiten von 130 km/h selbstverständlich. Doch solche Geschwindigkeiten sind auch mit Gefahren verbunden. Denn beim Beschleunigen und Bremsen eines Fahrzeugs wirken große Kräfte auf die Insassen. Für besonders kritische Situationen sind deshalb Sicherheitssysteme vorhanden, wie z. B. der Airbag.
Was sonst noch alles bei der Bewegung von Körpern berücksichtigt werden muss, erfährst du in diesem Kapitel.

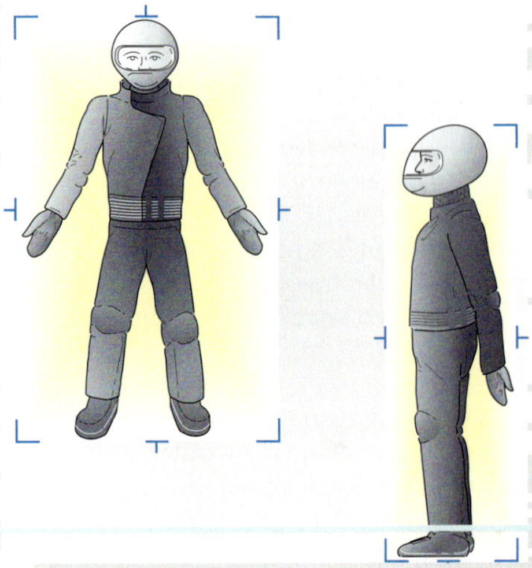

Ein Auto benötigt Energie zum Fahren. Woher diese Energie stammt, wie sie umgewandelt und übertragen wird, ist ebenfalls Thema dieses Kapitels.

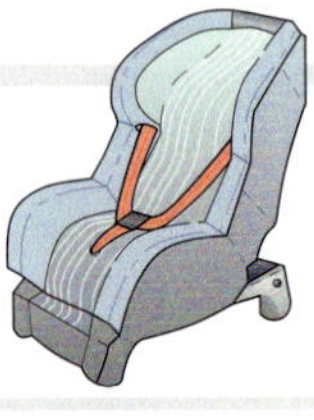

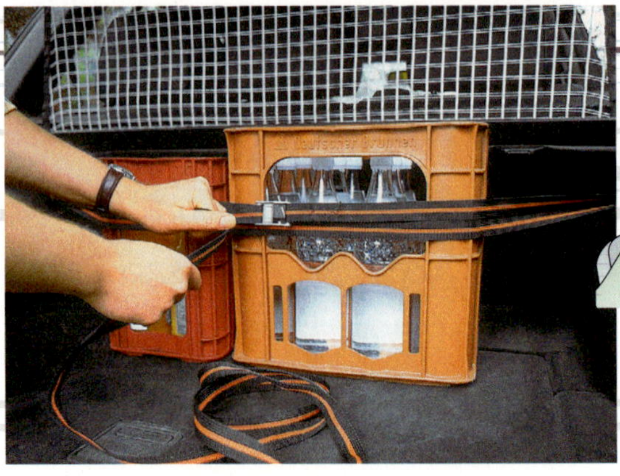

CBR

Safety Ce
99 FH 03

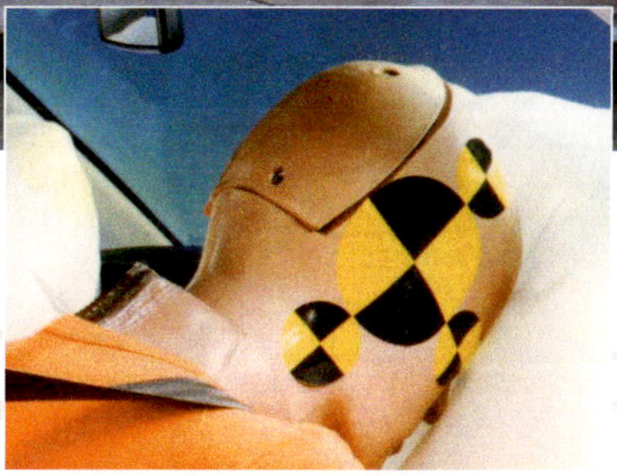

1 Gleichförmige Bewegung

2 Beschleunigte Bewegung

4 Verzögerte Bewegung

Die Geschwindigkeit

Die Geschwindigkeit gibt an, welchen Weg ein Körper in einer bestimmten Zeit zurücklegt. Die Geschwindigkeit wird berechnet als Quotient aus Weg und Zeit:

$$\text{Geschwindigkeit} = \frac{\text{Weg}}{\text{Zeit}}$$

$$v = \frac{s}{t}$$

v ist das Formelzeichen der Geschwindigkeit.
Die Einheit der Geschwindigkeit ist:

$$1\,\frac{\text{m}}{\text{s}}$$

Bewegungen

Betrachtet man die Geschwindigkeit während einer Bewegung, so kann man drei Bewegungsarten unterscheiden.

1. Die gleichförmige Bewegung (▷ B 1): Die Geschwindigkeit bleibt gleich.
2. Die beschleunigte Bewegung (▷ B 2): Die Geschwindigkeit wird größer.
3. Die verzögerte Bewegung (▷ B 4): Die Geschwindigkeit wird kleiner.

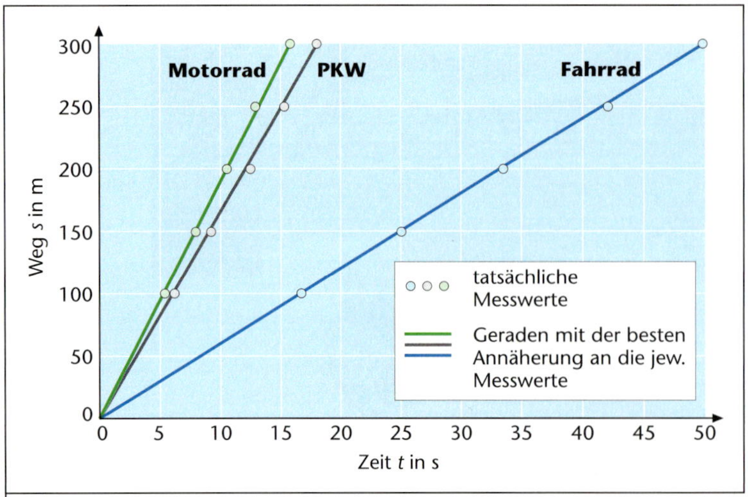

3 Zeit-Weg-Diagramm für eine gleichförmige Bewegung

Das Zeit-Weg-Diagramm

Die Bewegung eines Körpers lässt sich auch zeichnerisch darstellen. Dazu legt man ein Zeit-Weg-Diagramm an. Auf der waagrechten Achse wird die Zeit und auf der senkrechten Achse der Weg abgetragen. Zeichnest du das Zeit-Weg-Diagramm einer gleichförmigen Bewegung, so erhältst du eine ansteigende Gerade (▷ B 3).

Das Motorrad hat eine größere Geschwindigkeit als der PKW. Die Gerade im Diagramm verläuft deshalb steiler. Mithilfe des Diagramms kannst du auch Geschwindigkeiten bestimmen, z. B. die des Motorrads. Aus dem Diagramm suchst du dir dazu einen Zeitpunkt heraus und liest den zurückgelegten Weg ab. Zur Zeit $t = 5{,}3$ Sekunden hat das Motorrad 100 Meter zurückgelegt. Wie du die Geschwindigkeit berechnest zeigt dir Bild 5.

Berechne die Durchschnittsgeschwindigkeit des Motorrads.

Gegeben: $s = 100\,\text{m}$
$t = 5{,}3\,\text{s}$

Gesucht: v

Lösung: $v = \frac{s}{t}$

$v = \frac{100\,\text{m}}{5{,}3\,\text{s}}$

$v \approx 18{,}9\,\frac{\text{m}}{\text{s}}$

Das Motorrad hat eine Durchschnittsgeschwindigkeit von 18,9 m/s bzw. 68,0 km/h.

5 Berechnung der Geschwindigkeit

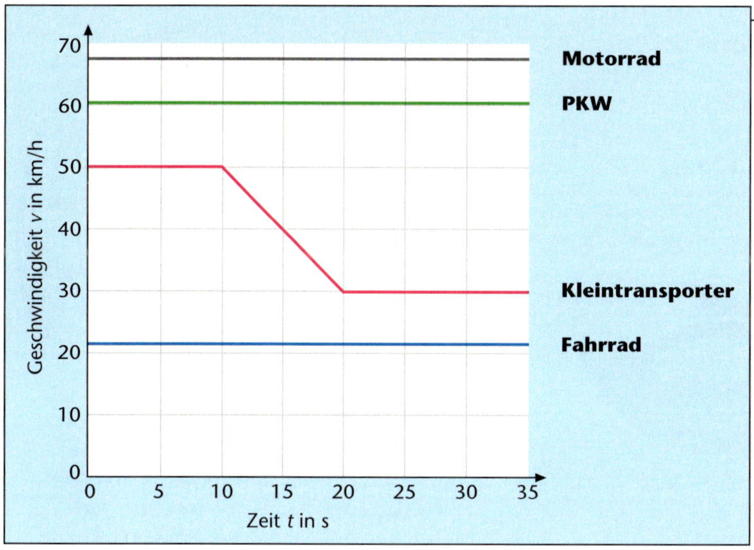

5 Zeit-Geschwindigkeit-Diagramm

6 Bremsender Kleintransporter

Zeit und Geschwindigkeit im Diagramm
So wie man den Zusammenhang von Weg und Zeit in einem Diagramm darstellen kann, ist es auch möglich, den Zusammenhang von Geschwindigkeit und Zeit darzustellen. Dann spricht man von einem Zeit-Geschwindigkeit-Diagramm (*t*-*v*-Diagramm). Auf der senkrechten Achse wird die Geschwindigkeit abgetragen (▷ B 5). Bei der gleichförmigen Bewegung ist die Geschwindigkeit immer gleich. Es entsteht im Diagramm also eine Gerade, die waagerecht verläuft.

Wenn sich die Geschwindigkeit ändert, spricht man von einer ungleichförmigen Bewegung. Das ist im Diagramm am Beispiel eines Kleintransporters dargestellt (▷ B 5). Er hat nur am Anfang eine konstante Geschwindigkeit. Nach 10 Sekunden beginnt der Bremsvorgang (▷ B 5). 5 Sekunden danach hat der Kleintransporter nur noch eine Geschwindigkeit von 40 km/h. Nach weiteren 5 Sekunden hat das Fahrzeug eine Geschwindigkeit von 30 km/h. Nun endet der Bremsvorgang und das Fahrzeug fährt gleichförmig mit 30 km/h weiter.

▶ Das Zeit-Weg-Diagramm stellt den Zusammenhang zwischen den Größen Zeit und Weg dar.

▶ Das Zeit-Geschwindigkeit-Diagramm stellt den Zusammenhang zwischen den Größen Zeit und Geschwindigkeit dar.

Aufgaben

1 Der schnellste Orca-Wal wurde 1958 im östlichen Pazifik beobachtet. Er legte eine Strecke von 350 Metern in 22,7 s zurück. Berechne seine Geschwindigkeit und gib sie in zwei verschiedenen Einheiten an.

2 Der Geschwindigkeitsrekord bei Pferderennen liegt bei 69,62 km/h und wurde 1945 von dem Pferd „Big Racket" in Mexico City gelaufen.
a) Welche Strecke legte dieses Pferd in den gemessenen 20,8 s zurück?
b) Wie könnte das Zeit-Geschwindigkeit-Diagramm für ein Pferd bei einem Rennen aussehen?

3 Bei einem Langstreckenläufer wurden Zeit und Weg gemessen. Zeichne zu den Messwerten (▷ B 8) das Zeit-Weg-Diagramm.

4 Im Bild 7 ist siehst du das Zeit-Geschwindigkeit-Diagramm für einen ICE. Beschreibe den Bewegungsablauf

t in s	*s* in m
30	135
60	270
90	400
120	540
150	670

8 Zu Aufgabe 3

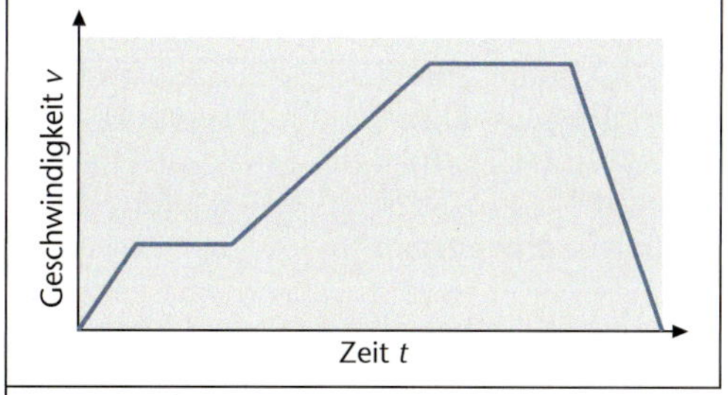

7 *t*-*v*-Diagramm für einen ICE

Brennpunkt

Geschwindigkeitsmessung im Straßenverkehr

1 Tachometer mit km/h-Anzeige

2 Tachometer mit mph-Anzeige

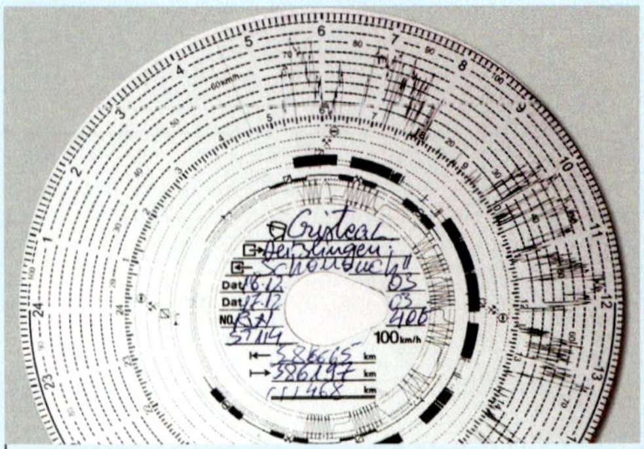

4 Scheibe eines Fahrtenschreibers

Geschwindigkeitsmessung

Der Tachometer (tachos, griech.: Schnelligkeit), der auch Geschwindigkeitsmesser genannt wird, zeigt die Geschwindigkeit eines Fahrzeuges zu jedem Zeitpunkt an (▷ B 1; B 2). Früher wurden die Umdrehungen eines Vorderrades mithilfe einer biegsamen Welle zum Tachometer übertragen. Durch die Drehbewegung der Tachowelle wurde im Instrument die Tachonadel ausgelenkt. Bei heutigen Fahrzeugen stellt ein besonderer Elektromotor entsprechend der Drehzahl eines Vorderrades die Tachonadel auf den Skalenwert ein.

3 Schwerlastverkehr

In den meisten europäischen Ländern zeigt der Tachometer die Momentangeschwindigkeit in Kilometer pro Stunde an. Dies erkennt man auch an dem aufgedruckten „km/h“ auf dem Ziffernblatt. In angelsächsischen Ländern steht „mph“ oder auch „m/h“ auf den Tachometern. Das heißt miles per hour.

Wenn ein „mph“-Tachometer „50“ anzeigt, dann hat der Wagen eine Geschwindigkeit von 80 km/h (1 Meile = 1,609 km/h).

Tachoabweichung

Der Tachometer darf niemals weniger anzeigen als tatsächlich gefahren wird. Die maximale Abweichung nach oben darf 10 % plus 4 km/h betragen. Fährt der Wagen mit 100 km/h dann darf die Tachonadel also höchstens einen Wert von 114 km/h anzeigen.

Fahrtenschreiber

LKW und Omnibusse müssen mit einem Fahrtenschreiber ausgerüstet sein. Er zeichnet die Momentangeschwindigkeit während der gesamten Fahrt auf einer Scheibe auf. Die Scheibe wird von einem Uhrwerk gedreht. Damit wird für jede Uhrzeit die gefahrene Geschwindigkeit erfasst (▷ B 4).
Vor Antritt der Fahrt muss eine neue Scheibe in den Fahrtenschreiber einlegt werden. Die Polizei kann anhand der Scheibe überprüfen, ob z. B. die vorgeschriebenen Ruhezeiten und die Höchstgeschwindigkeit eingehalten wurden.

Geschwindigkeitsüberwachung

An Unfallschwerpunkten, Baustellenbereichen oder Ortseingängen werden Geschwindigkeitsüberwachungen durchgeführt. Damit sollen Unfallzahlen gesenkt und Menschenleben gerettet werden.

Stationäre Geschwindigkeitsmessanlage

In Bild 7 ist der Aufbau einer Tempoüberwachungsanlage dargestellt. Sie wird stationär eingesetzt. Sie besteht aus einer Kamera, einem Blitzlicht, einer Auswertungselektronik und einem Netzteil mit Batterie. Das Fahrzeug überfährt einen in der Fahrbahn befindlichen Sensor. Der dadurch ausgelöste Impuls startet eine Uhr, die beim Überfahren des zweiten Sensors angehalten wird. Ein Computer ermittelt aus dem Weg und der Zeit die Geschwindigkeit des Fahrzeugs. Wird ein vorher eingestellter Wert überschritten, wird die Kamera ausgelöst. Der Temposünder ist jetzt erfasst (▷ B 5). Datum, Uhrzeit und natürlich die gemessene Geschwindigkeit werden mit auf dem Foto vermerkt.

In Wirklichkeit werden in der Fahrbahndecke 3 Sensoren im Abstand von jeweils 1 Meter verlegt. Beim Überfahren der Messstrecke erfolgen 3 separate Messungen. Damit sollen mögliche Messfehler ausgeschaltet werden.

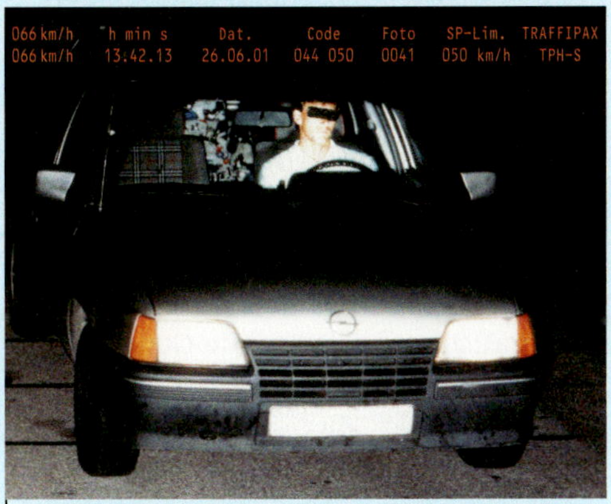

5 Foto bei Geschwindigkeitsüberschreitung

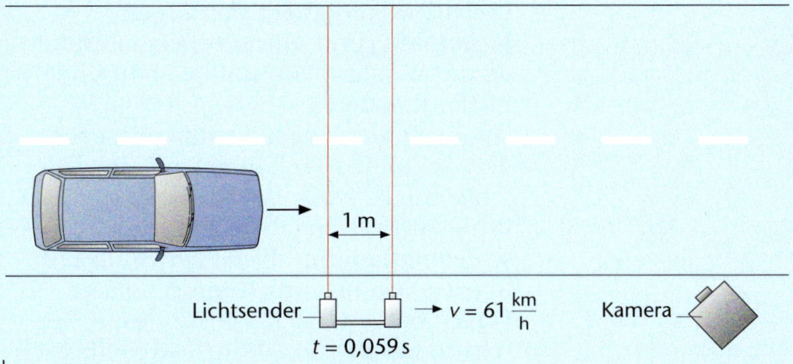

7 Aufbau einer Tempoüberwachungsanlage

Eine Schranke reicht nicht

Andere Messanlagen (▷ B 6) können von der Polizei an wechselnden Stellen eingesetzt werden. Eine Lichtquelle sendet Infrarotlicht oder Laserlicht über die Fahrbahn zu einem Lichtempfänger. In Bild 6 kannst du einen Lichtsender erkennen, der zueinander parallele Lichtstrahlen aussendet.
Unterbricht ein Fahrzeug den ersten Lichtstrahl, wird die Zeitmessung gestartet. Wird der zweite Lichtstrahl vom Fahrzeug unterbrochen, wird die Zeitmessung gestoppt. Ein Computer berechnet aus dem Abstand der beiden Lichtstrahlen und der zum Durchfahren benötigten Zeit die Geschwindigkeit. Zur besseren Absicherung der Ergebnisse werden heute Dreifach- oder Vierfachlichtschranken verwendet. Dabei hat der erste Lichtstrahl einen Abstand von 0,25 m zum zweiten Lichtstrahl.

Diese Laserlichtschranken haben eine garantierte Genauigkeit von 1 km/h. Mit dieser Anlage können sogar beide Fahrtrichtungen gleichzeitig überwacht werden.

Mit Licht schießen

Laser-Geschwindigkeitsmessgeräte (▷ B 8) werden ebenfalls für den mobilen Einsatz verwendet. Sie sind einfach in der Handhabung und haben keine störenden Verbindungskabel. Der Polizeibeamte visiert mit der „Laserpistole" das Fahrzeug an und auf einem Display wird die Geschwindigkeit angezeigt. Bei überhöhtem Tempo wird der Fahrer meist gleich angehalten. Von der Laserpistole werden Lichtimpulse auf das zu messende Fahrzeug gesendet und von diesem reflektiert. Die Zeit zwischen dem Sendesignal und dem Empfangssignal wird gemessen. Da die Lichtgeschwindigkeit bekannt ist, kann die Entfernung zum Auto bestimmt werden. Über mehrere Messungen innerhalb 1 Sekunde wird die unterschiedliche Entfernung zum Auto ermittelt. Aus der Änderung der Entfernung und der dafür benötigten Zeit wird die Geschwindigkeit des Fahrzeuges berechnet.

8 Verkehrsüberwachung mit Laser

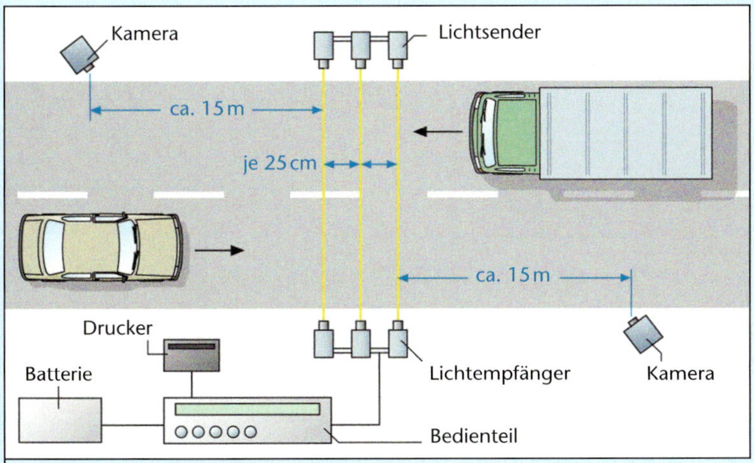

6 Mobile Messanlage zur Geschwindigkeitsüberwachung

9 Geschwindigkeitsüberwachung

Beschleunigung bei Fahrzeugen

In Autotests und Autoprospekten findest du die Angabe: „Von null auf einhundert in 10 Sekunden“.
Das heißt, der Wagen beschleunigt aus dem Stand in 10 Sekunden auf eine Geschwindigkeit von 100 km/h.
Wird das Fahrzeug dabei gleichmäßig beschleunigt, nimmt die Geschwindigkeit in jeder Sekunde um 10 km/h zu. Der Wagen hat also nach 1 Sekunde eine Geschwindigkeit von 10 km/h erreicht, nach 2 Sekunden eine Geschwindigkeit von 20 km/h usw.

Bei einer beschleunigten Bewegung ändert sich die Momentangeschwindigeit.

Für die gleichmäßig beschleunigte Bewegung aus dem Stand gilt:

Beschleunigung

$$= \frac{\text{Momentangeschwindigkeit}}{\text{Beschleunigungszeit}}$$

$$a = \frac{v}{t}$$

Die Einheit der Beschleunigung ist m/s^2 (lies: Meter pro Sekunde im Quadrat). Anhand des Beispiels in Bild 2 kannst du dir die Zusammenhänge nochmals verdeutlichen.

1 Beschleunigung

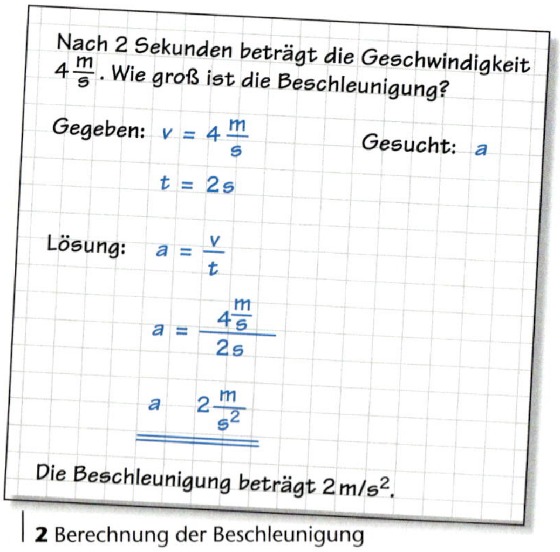

Nach 2 Sekunden beträgt die Geschwindigkeit $4\frac{m}{s}$. Wie groß ist die Beschleunigung?

Gegeben: $v = 4\frac{m}{s}$, $t = 2s$ Gesucht: a

Lösung: $a = \frac{v}{t}$

$$a = \frac{4\frac{m}{s}}{2s}$$

$$a \quad 2\frac{m}{s^2}$$

Die Beschleunigung beträgt $2\,m/s^2$.

2 Berechnung der Beschleunigung

Bei einer Beschleunigung von $a = 2\,m/s^2$ aus dem Stillstand ergibt sich nach 5 Sekunden eine Endgeschwindigkeit von:

$$v = 2\frac{m}{s^2} \cdot 5\,s$$

$$v = 10\frac{m}{s}.$$

Das Zeit-Geschwindigkeit-Diagramm

Die Momentangeschwindigkeit kannst du mit der Formel $v = a \cdot t$ berechnen.

In der Tabelle (▷ B 3) sind für die Beschleunigung aus Bild 2 einige berechnete Momentangeschwindigkeiten dargestellt. Diese Werte werden in ein Zeit-Geschwindigkeit-Diagramm übertragen (▷ B 4). Du erhältst eine ansteigende Gerade.

t in s	*v* in m/s
0	0
1	2
2	4
3	6
4	8

3 Momentangeschwindigkeiten

Das Zeit-Geschwindigkeit-Gesetz der gleichmäßig beschleunigten Bewegung lautet:

Bei der gleichmäßig beschleunigten Bewegung ist die Geschwindigkeit das Produkt aus Beschleunigung und Zeit.

$$v = a \cdot t$$

Das Zeit-Weg-Diagramm

In Bild 7 lassen wir einen Luftkissenschlitten mehrmals aus dem Stand beschleunigen. Die Strecke, die der Schlitten durchfährt, vergrößern wir nacheinander jeweils um 0,1 m. Die benötigte Zeit für die einzelnen Strecken wird mit einer Stoppuhr gemessen und in einer Tabelle notiert (▷ B 6).

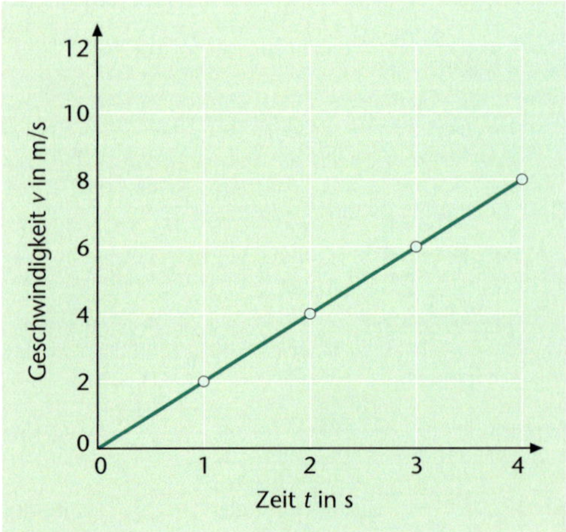

4 *t*-*v*-Diagramm

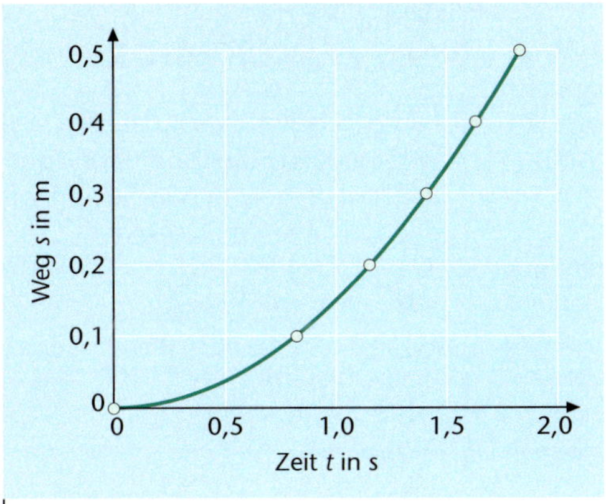

5 *t-s*-Diagramm

Die Werte aus der Tabelle übertragen wir in ein Diagramm. Die Verbindung der einzelnen Punkte ergibt eine Halbparabel (▷B 5).

s in m	*t* in s
0	0
0,1	0,82
0,2	1,15
0,3	1,41
0,4	1,63
0,5	1,83

6 Messwerte

Einfacher noch als anhand der Messwerte kann man aus der Parabelform folgenden Zusammenhang ablesen: Bei einer gleichmäßig beschleunigten Bewegung ist nach der doppelten Zeit der zurückgelegte Weg viermal so groß, nach der dreifachen Zeit neunmal so groß usw.

Aufgaben

1 Ein Auto wird mit $a = 3{,}5\,\text{m/s}^2$ beschleunigt.
a) Erstelle eine Zeit-Geschwindigkeit-Tabelle.

b) Zeichne anhand der Tabellenwerte von Aufgabenteil a) ein Zeit-Geschwindigkeit-Diagramm.

2 Ein Fahrzeug hat eine Beschleunigung von $a = 2{,}75\,\text{m/s}^2$.
Berechne den jeweils aus dem Stillstand zurückgelegten Weg nach 2, 4 und 8 Sekunden.

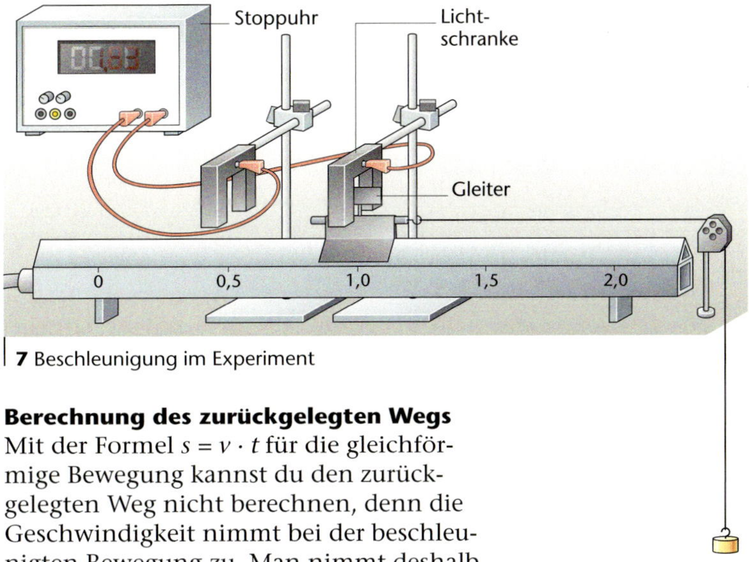

7 Beschleunigung im Experiment

Berechnung des zurückgelegten Wegs
Mit der Formel $s = v \cdot t$ für die gleichförmige Bewegung kannst du den zurückgelegten Weg nicht berechnen, denn die Geschwindigkeit nimmt bei der beschleunigten Bewegung zu. Man nimmt deshalb die Durchschnittsgeschwindigkeit v_D.

Die Durchschnittsgeschwindigkeit v_D berechnet man aus der Anfangsgeschwindigkeit v_A plus der Endgeschwindigkeit v_E dividiert durch zwei.

v_A = Anfangsgeschwindigkeit

v_D = Durchschnittsgeschwindigkeit

v_E = Endgeschwindigkeit

$$v_A = 0\,\frac{\text{m}}{\text{s}}$$

$$v_D = \frac{v_A + v_E}{2}$$

$$v_D = \frac{0 + v_E}{2}$$

Die Endgeschwindigkeit lässt sich mit $v_E = a \cdot t$ berechnen.

Um den zurückgelegten Weg bei der beschleunigten Bewegung zu berechnen, setzt man zunächst $v_E = a \cdot t$ in die Gleichung für v_D ein:

$$v_D = \frac{1}{2} \cdot a \cdot t$$

Setzt man diesen Term in $s = v \cdot t$ ein, so erhält man:

$$s = \frac{1}{2} \cdot a \cdot t^2$$

Bei einer gleichmäßig beschleunigten Bewegung ist der zurückgelegte Weg proportional zum Quadrat der Zeit.

Zeit-Weg-Gesetz der gleichmäßig beschleunigten Bewegung:

$$s = \frac{1}{2} \cdot a \cdot t^2$$

Werkstatt

Die Kugel rollt

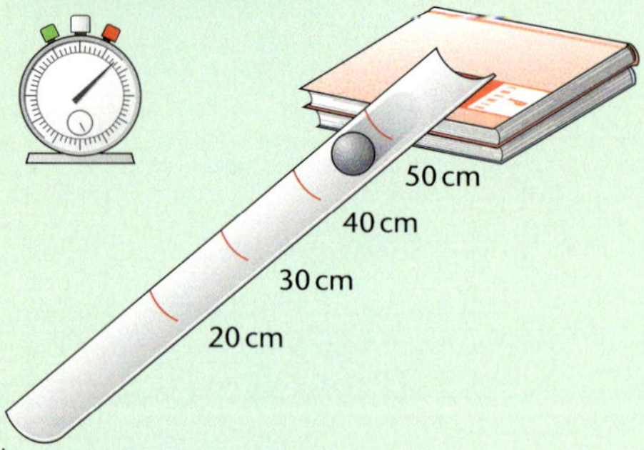

1 Versuchsaufbau

Eine gleichmäßig beschleunigte Bewegung erhältst du, wenn eine Kugel eine schiefe Ebene hinab rollt.

Material
1 Stahlkugel (Ø 1–2 cm), 1 Ablaufrinne ca. 30 bis 60 cm lang, 1 Stoppuhr, 1 Lineal, mehrere Unterlegmaterialien (z. B. Bücher)

Versuchsaufbau
Trage mit einem Stift von einem Ende der Rinne Markierungen im Abstand von 20 cm, 30 cm, 40 cm, 50 cm und 60 cm ab. Unterlege das andere Ende der Rinne mit den Büchern, sodass eine Höhe von ca. 3 cm erreicht wird.

Versuchsanleitung
Setze die Kugel bei den verschiedenen Markierungen in die Rinne. Beginne mit 20 cm. Eine Mitschülerin oder ein Mitschüler stoppt die Zeit bis zum Auftreffen der Kugel auf die Tischoberfläche.

Führe jeweils 10 Versuche durch und berechne die Durchschnittszeit. Wiederhole den Versuch dann mit den anderen Strecken.

Versuchsauswertung
Trage die Messwerte in ein Zeit-Weg-Diagramm ein.

Aufgaben
1. Variiere bei dem Versuch verschiedene Größen und miss die jeweiligen Zeiten. Was stellst du fest?

2. Wie verhalten sich Strecke und Zeit mathematisch zueinander?

Brennpunkt

Der beschleunigte Mensch

Kennst du die Lügengeschichten des „Baron von Münchhausen" (1720–1797)? Der Baron war Rittmeister in einem russischen Regiment und nahm an mehreren Feldzügen teil. Noch zu Lebzeiten erzählte er Lügengeschichten über seine erlebten Abenteuer. Eine davon handelte von seinem Ritt auf einer fliegenden Kanonenkugel (▷ B 1).

1 Der Ritt auf der Kanonenkugel

2 Die menschliche Kanonenkugel

Was damals phantasievolle Prahlerei war, wurde Jahre später in abgeänderter Form Wirklichkeit.
Dem Zirkusartisten Emanuel Zacchini gelang im Jahr 1940 ein Flug aus einer Kanone (▷ B 2) über drei Riesenräder hinweg. Er legte dabei eine horizontale Strecke von 69 m zurück und landete dann in einem aufgespannten Netz.

Wo aber liegen die Grenzen der menschlichen Belastbarkeit für Beschleunigungen? Damit der Mensch den Weltraum erobern kann, sind Flüge ins Weltall notwendig. Die bemannte internationale Raumstation ISS umkreist die Erde in einer Höhe von ungefähr 400 Kilometer mit einer Geschwindigkeit von ca. 28 000 km/h.
Die Astronauten müssen auf diese Geschwindigkeit beschleunigt werden.
Aus Beschleunigungstests mit Tieren weiß man, dass lebende Organismen große Beschleunigungen unbeschadet überstehen können, wenn diese von kurzer Dauer sind. Astronauten (▷ B 3) werden beim Start einer maximalen Beschleunigung ausgesetzt, die die Insassen eines PKW erfahren würden, wenn ihr Wagen in einer Sekunde aus dem Stillstand auf 106 km/h beschleunigt würde. Die Astronauten erfahren während dieser Beschleunigung die dreifache Gewichtskraft.
Piloten von Kampfflugzeugen müssen die achtfache Gewichtskraft aushalten.

3 Astronaut

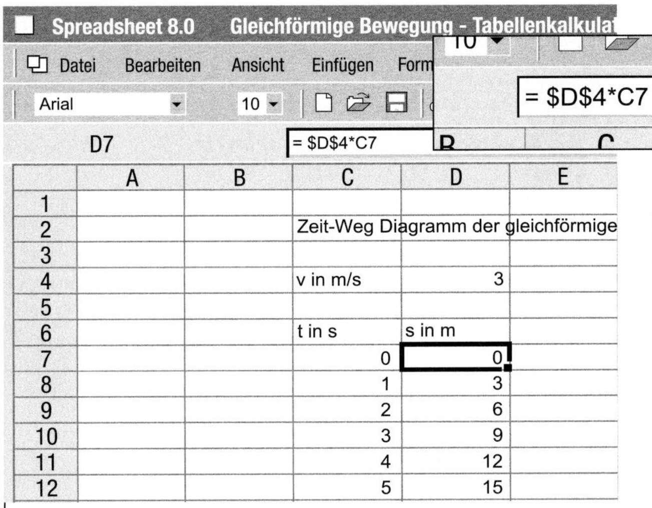

1 Tabellenkalkulation für gleichförmige Bewegung

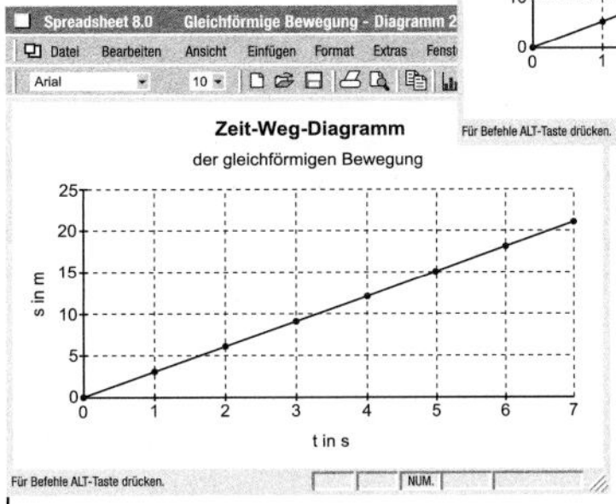

2 *t*-*s*-Diagramm

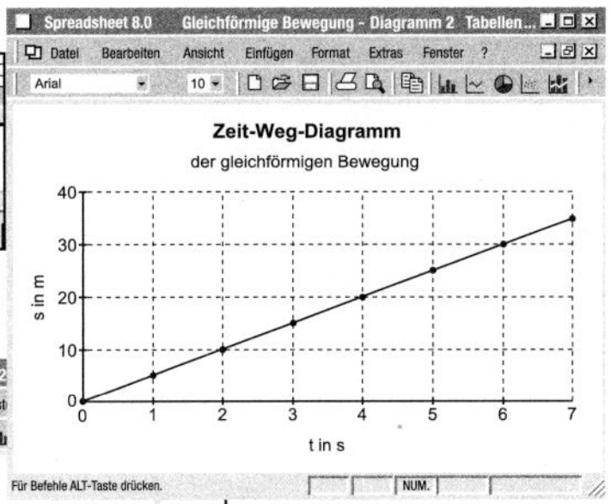

3 *t*-*s*-Diagramm für geänderten Geschwindigkeitswert

Zeit-Weg-Diagramm der gleichförmigen Bewegung

Ein Fahrzeug bewegt sich mit einer Geschwindigkeit von 2 m/s. Der Computer soll für einige Zeitpunkte den zurückgelegten Weg $s = v \cdot t$ des Fahrzeugs berechnen und die Werte als Diagramm darstellen. Dazu benutzen wir ein **Tabellenkalkulationsprogramm**.

In den Arbeitsbereich (▷ B 1) geben wir den Wert für die Geschwindigkeit ohne Einheit in ein Feld ein.
In ein zweites Feld wird „*t* in s", das heißt Zeit in Sekunden, und in das benachbarte Feld „*s* in m" für Strecke in Meter geschrieben. Anschließend werden noch einige Zeitschritte unter das entsprechende Feld geschrieben.

Im Feld D7 wird die Berechnung für den zurückgelegten Weg angegeben. Da es sich um eine Berechnung handelt muss mit dem Gleichheitszeichen „=" begonnen werden. Die Zeit steht in Feld C7 und die Geschwindigkeit im Feld D4. Da wir die Formel in die unteren Felder kopieren möchten, darf sich nur der Wert im Zeitfeld anpassen. Der Geschwindigkeitswert muss gleich bleiben. Du musst daher die Spalte D und die Zeile 4 mit einem Dollarzeichen versehen. Die Berechnungsformel im Feld D7 lautet: = D4 · C7. Jetzt kannst du die Formel in die anderen Felder übernehmen.

Um für diese Wertetabelle ein Diagramm zu erstellen, markierst du die Zeitwerte und klickst unter „Extras" den Menüpunkt „Neues Diagramm" erstellen an. Wenn du als Diagrammart das Liniendiagramm anklickst, erhältst du sofort ein Schaubild (▷ B 2).
Veränderst du im Feld D4 den Wert für die Geschwindigkeit, so werden automatisch die Werte für die Strecke neu berechnet und das Diagramm entsprechend angepasst (▷ B 3).
Jetzt musst du nur noch die Achsen beschriften und dem Diagramm einen Titel geben.

Zeit-Weg-Diagramm der beschleunigten Bewegung

Die grafische Darstellung des Zeit-Weg-Gesetzes ist auch nicht sehr schwierig (▷ B 5). Bild 4 zeigt die Tabellenkalkulation für eine Beschleunigung von 2 m/s². Der zurückgelegte Weg wird mit der Formel $s = 1/2 \cdot a \cdot t^2$ berechnet. Die Formel in D7 muss also lauten: = 1/2 · D4 · C7 · C7.
Den Rest kannst du wie bereits beschrieben ausführen.

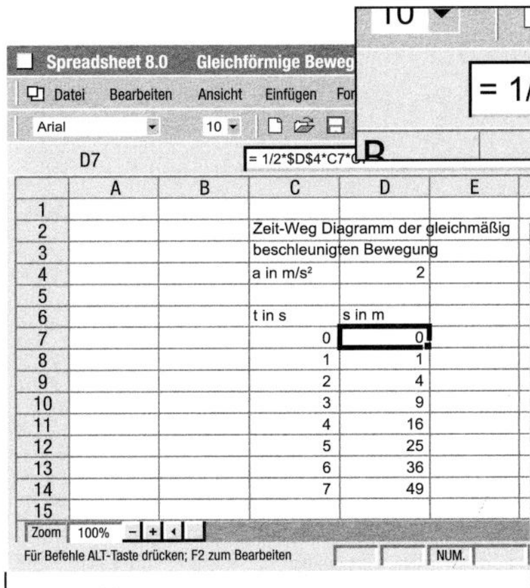

4 Beschleunigte Bewegung

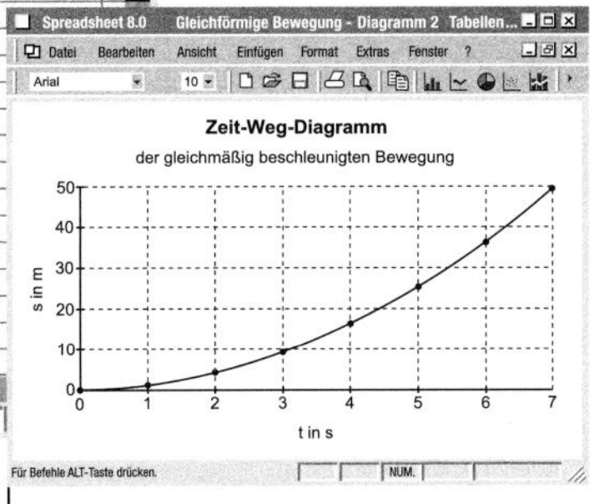

5 *t*-*s*-Diagramm

1 Bremsende PKW

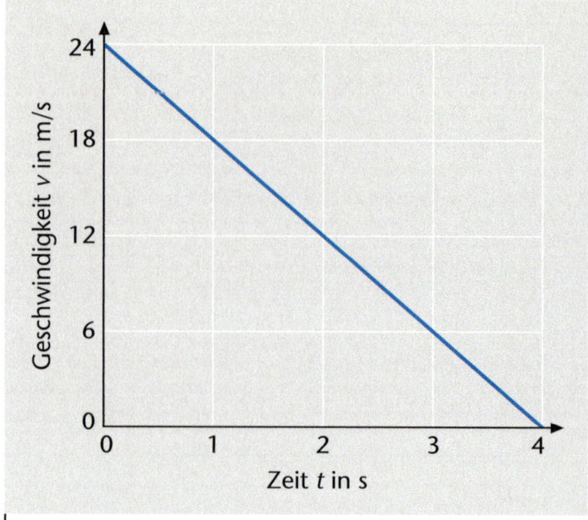

2 *t-v*-Diagramm einer gleichmäßig verzögerten Bewegung

t = Zeit
s_B = Bremsweg
v_A = Anfangsgeschwindigkeit
a_B = Bremsverzögerung

Auf die Bremse treten

In der Stadt wird der Verkehr an vielen Kreuzungen durch Ampeln geregelt. Schaltet eine Ampel auf Rot, tritt der Fahrer auf die Bremse. Der Wagen wird langsamer (▷ B 1). In der Physik spricht man von einer **verzögerten Bewegung**.
Ist die Verzögerung gleichmäßig, dann nimmt die Geschwindigkeit in jeder Sekunde um den gleichen Betrag ab.

Im Bild 2 ist das *t-v*-Diagramm einer gleichmäßig verzögerten Bewegung dargestellt. Das Fahrzeug hat eine Anfangsgeschwindigkeit von 24 m/s und kommt nach 4 Sekunden zum Stillstand. In jeder Sekunde nimmt die Geschwindigkeit also um 6 m/s ab.

Verzögerte Bewegung – rückwärts gesehen

Nimmst du einen Bremsvorgang mit einer Kamera auf und spielst die Aufnahme rückwärts ab, siehst du eine beschleunigte Bewegung. Liest du das Diagramm von rechts nach links, wird aus der gleichmäßig verzögerten Bewegung eine gleichmäßig beschleunigte Bewegung.

▶ Die gleichmäßig verzögerte Bewegung ist die Umkehrung der gleichmäßig beschleunigten Bewegung.

Die Verzögerung a_B gibt an, wie stark ein Fahrzeug abgebremst wird. Für die gleichmäßig verzögerte Bewegung gelten die gleichen Formeln wie für die gleichmäßig beschleunigte Bewegung.

Wie lang ist der Bremsweg?

Für den Bremsweg spielt auch die Dauer des Bremsvorganges eine Rolle.
Es gilt die Formel:

$$t = \frac{v_A}{a_B}$$

v ist die Geschwindigkeit, die das Fahrzeug vor dem Bremsvorgang hat und a_B ist die Verzögerung.

Setzt man in die Formel $s = \frac{1}{2} \cdot a \cdot t^2$ für

t den Ausdruck $\frac{v_A}{a_B}$ ein, so erhält man

$$s_B = \frac{1}{2} \cdot a_B \cdot \left(\frac{v_A}{a_B}\right)^2$$

$$s_B = \frac{1}{2} \cdot a_B \cdot \frac{v_A^2}{a_B^2}$$

$$s_B = \frac{v_A^2}{2 \cdot a_B}$$

Betrachtest du die Formel zur Berechnung des Bremswegs, dann erkennst du, dass die Länge des Bremswegs von der Anfangsgeschwindigkeit und der Verzögerung abhängt.

▶ Der Bremsweg einer gleichmäßig verzögerten Bewegung lässt sich mit folgender Formel berechnen:

$$s_B = \frac{v_A^2}{2 \cdot a_B}$$

Verschiedene Bremswege

In der Tabelle (▷ B 5) sind für einige Geschwindigkeiten die Bremswege auf trockenem Asphalt angegeben.
Die Werte aus der Tabelle in Bild 6 können in einem Geschwindigkeit-Weg-Diagramm dargestellt (▷ B 4) werden.

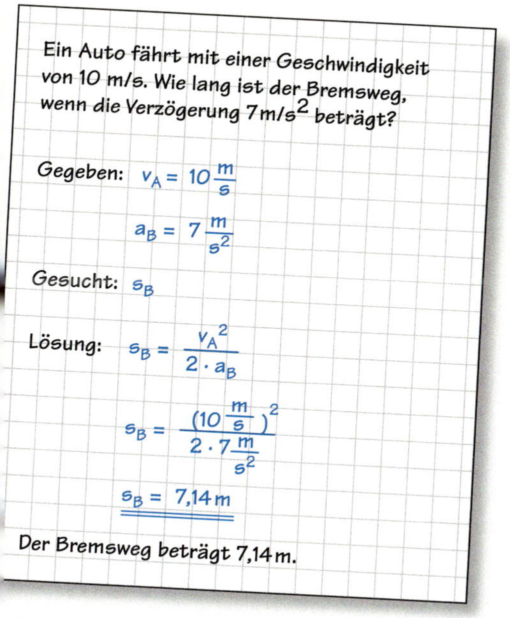

3 Berechnungsbeispiel zur verzögerten Bewegung

Die doppelte Ausgangsgeschwindigkeit ergibt bei konstanter Verzögerung den vierfachen Bremsweg, die dreifache Anfangsgeschwindigkeit den neunfachen Bremsweg usw.

Der Bremsweg ist proportional zum Quadrat der Geschwindigkeit.

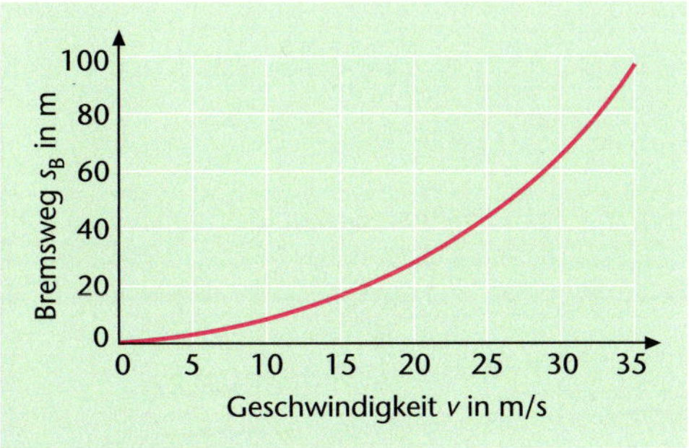

4 v-s-Diagramm einer gleichmäßig verzögerten Bewegung

v_A in m/s	s_B in m
10	7,14
15	16,07
20	28,57
25	44,64
30	64,29
35	87,5

5 Bremswege auf trockenem Asphalt

Brennpunkt

Sicherheitsabstand im Straßenverkehr

Punkte für zu kleinen Abstand
Viele Unfälle ließen sich vermeiden, wenn Autofahrer den Bremsweg ihres Fahrzeugs besser einschätzen könnten. Daher ist der Sicherheitsabstand zum vorausfahrenden Fahrzeug sehr wichtig. Er muss so groß sein, dass das Fahrzeug auch dann noch rechtzeitig zum Stillstand kommt, wenn der Vordermann plötzlich stark abbremst. Wer den Sicherheitsabstand nicht einhält, der riskiert ein Bußgeld und Punkte in der „Flensburger Kartei“.
Die physikalische Formel für den Bremsweg ist viel zu schwierig, als dass sie im Straßenverkehr angewendet werden könnte. Deshalb kommen so genannte „Faustregeln“ zur Anwendung.

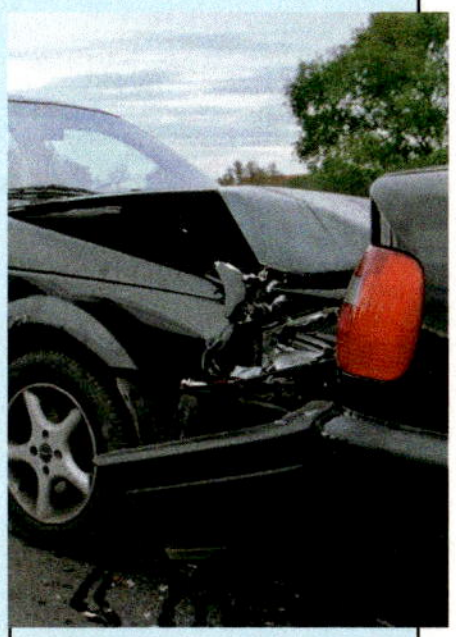

1 Auffahrunfall

Faustregel für den Bremsweg
Die Faustregel für den Bremsweg lautet:

$$s_B = \frac{v^2}{100}$$

Ein Rechenbeispiel verdeutlicht diese Faustregel. Hat ein Fahrzeug eine Geschwindigkeit von 60 km/h, beträgt sein Bremsweg nach der Faustformel ungefähr:

$$s_B = \frac{60^2}{100} = 36\,m$$

Wie kann der Fahrer einen Abstand von 36 m abschätzen? Eine gute Orientierungshilfe bieten die Leitpfosten am Fahrbahnrand. Sie sind an Autobahnen im Abstand von 50 m und an Landstraßen im Abstand von 25 m aufgestellt.

Faustregel für den Sicherheitsabstand
„Halber Tacho“ ist eine weitere leicht anwendbare Faustregel. Wer mit Tempo 120 km/h fährt, muss einen Abstand von 60 Meter einhalten.
Beide Faustregeln sind nur grobe Abschätzungen, die weder Witterungs- und noch Straßenverhältnisse berücksichtigen.

Aufgabe

1 Recherchiere, was mit der „2-Sekunden-Regel“ für den Sicherheitsabstand gemeint ist.

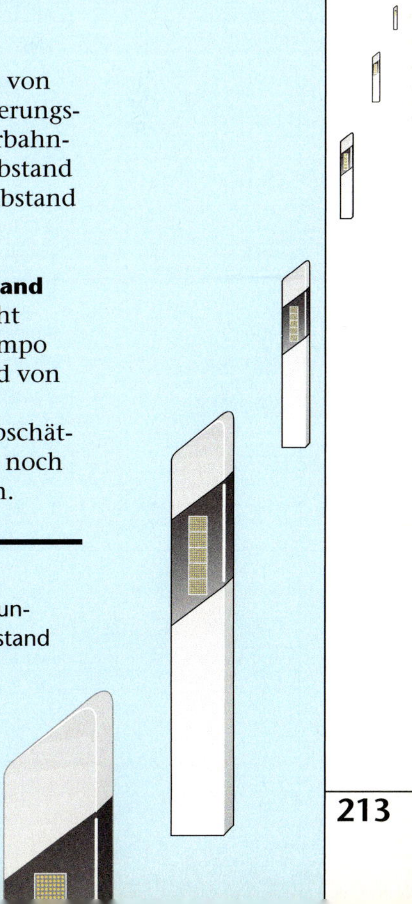

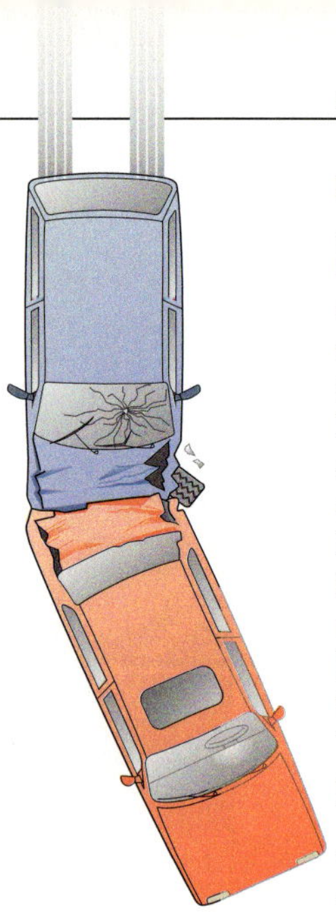

Hörgenuss mit schlimmen Folgen
„Auffahrunfall auf der A3 zwischen Frankfurt und Würzburg. Am letzten Wochenende ereignete sich auf der A3 zwischen den Anschlussstellen Hanau und Seligenstadt ein Auffahrunfall. An den beteiligten Fahrzeugen entstand erheblicher Sachschaden. Verursacht wurde der Unfall von einem Autofahrer, der nach Angaben der Polizei nur eine CD aus dem Handschuhfach holen wollte. Sein Abstand zum Vordermann habe ungefähr 50 bis 60 Meter betragen." So begann kürzlich ein Zeitungsbericht. Warum hat der Abstand zum Vordermann nicht ausgereicht als dieser plötzlich abbremste?

War der Fahrer bei einer Geschwindigkeit von 130 km/h nur 2 Sekunden lang abgelenkt, dann hat das Fahrzeug in dieser Zeit 72 m zurückgelegt, ohne dass der Fahrer auf die Gefahrensituation reagieren und bremsen konnte.

Anhalteweg ist nicht gleich Bremsweg
Der Anhalteweg gliedert sich in drei Teilwege auf: den Reaktionsweg, den Ansprechweg und den Bremsweg (▷ B 2). Nach dem Erkennen der Gefahrensituation vergeht die so genannte „Schrecksekunde". Diese Zeit beträgt in der Regel 0,7 Sekunden. Medikamente, Alkohol und andere Drogen, Stress, aber auch ein allzu fröhlicher Gemütszustand beim Fahren können die Reaktionszeit wesentlich erhöhen. Laute Musik z. B. kann die Reaktionszeit um 0,2 Sekunden verlängern. Wer unter dem Einfluss von Drogen am Steuer angetroffen wird, verliert seinen Führerschein.
Während der Reaktionszeit fährt das Auto mit gleich bleibender Geschwindigkeit weiter. Dann tritt der Fahrer auf die Bremse. Bevor jedoch die Bremswirkung eintritt, muss sich der Druck in den Bremsleitungen aufbauen. Diese Ansprechzeit beträgt ca. 0,3 Sekunden. Erst jetzt setzt

Welchen Anhalteweg hat ein PKW bei einer Geschwindigkeit von 130 km/h?

Die Reaktionszeit des Fahrers ist 0,7 Sekunden.

Die Ansprechzeit der Bremsen ist 0,3 Sekunden.

Bei trockenem Asphalt beträgt die Bremsverzögerung ca. 7 m/s²

Gesucht: Anhalteweg s

$s = \underbrace{(\text{Reaktionsweg} + \text{Ansprechweg})}_{s_1} + \underbrace{\text{Bremsweg}}_{s_2}$

$s = s_1 + s_2$

Lösung: a) Bestimmung von s_1

$s_1 = v \cdot t$

$s_1 = 36{,}1\,\frac{m}{s} \cdot (0{,}7 + 0{,}3)\,s$

$s_1 = 36{,}1\,m$

b) Bestimmung von s_2

$s_2 = \frac{v^2}{2 \cdot a_B}$

$s_2 = \frac{(36{,}1\,m)^2}{2 \cdot 7\,m/s^2}$

$s_2 \approx 93{,}1\,m$

c) Bestimmung von s

$s = s_1 + s_2$

$s = 129{,}2\,m$

Antwort: Der Anhalteweg beträgt 129,2 m.

1 Beispielrechnung zum Anhalteweg

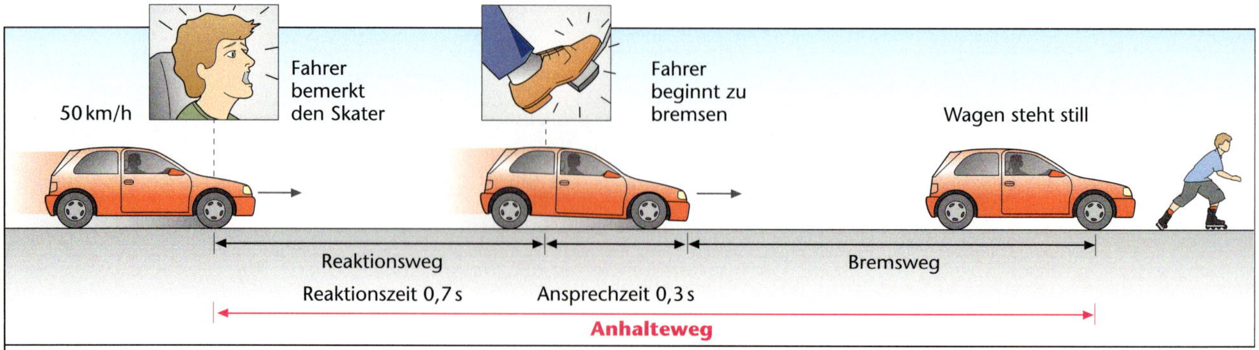

2 Anhalteweg

die Bremswirkung ein und der Wagen wird gleichmäßig verzögert. Bis zum Stillstand des Wagens legt er den Bremsweg zurück.

Anhalteweg =
Reaktionsweg + Ansprechweg + Bremsweg

Ein Beispiel zur Berechnung des Anhaltewegs siehst du in Bild 1.

Möglichst schnell langsam werden
Moderne Fahrzeuge besitzen **Scheibenbremsen** (▷ B 6). Bei der Scheibenbremse werden zwei Bremsbacken gegen die Seiten der Bremsscheibe gedrückt. Dadurch wird das Rad abgebremst. Die Reifen müssen diese Bremskraft auf die Straße übertragen. Wie gut ein Reifen auf der Straße haftet, hängt von verschiedenen Faktoren ab. Zum einen sind das Gummimischung, Profil und Luftdruck des Reifens. Aber auch die Fahrbahnbeschaffenheit hat einen entscheidenden Einfluss auf die Länge des Bremswegs. Je glatter die Fahrbahn ist, desto geringer ist die erreichbare Verzögerung.

Auf Granit- und Kopfsteinpflaster werden geringere Verzögerungswerte als auf Asphalt erreicht. Insbesondere eine nasse Fahrbahnoberfläche setzt die Verzögerung herab (▷ B 3). Der Bremsweg verlängert sich dann erheblich. Auch auf Straßen in denen Schienen verlegt sind oder die mit frischem Laub bedeckt sind, verringern sich die Verzögerungswerte.

Verzögerungswerte auf Asphalt in m/s^2	
trocken	ca. 8
nass	ca. 5
Schnee	ca. 2
Eis	ca. 1

3 Witterungseinfluss

Die Verzögerung hängt aber auch von der Bremsanlage eines Fahrzeuges ab. Ein Wagen mit technisch aufwändiger Bremsanlage kann auf trockenem Asphalt einen Verzögerungswert von ca. 11 m/s^2 erreichen.

Unter 7 °C sind Winterreifen ein Muss
Sommerreifen verlieren bereits ab einer Temperatur von unter 7 °C an Haftung. Deshalb ist es besonders in der kalten Jahreszeit wichtig, das Auto mit Winterreifen auszurüsten. Der Bremsweg auf verschneiten Fahrbahnen verkürzt sich dadurch deutlich (▷ B 4).

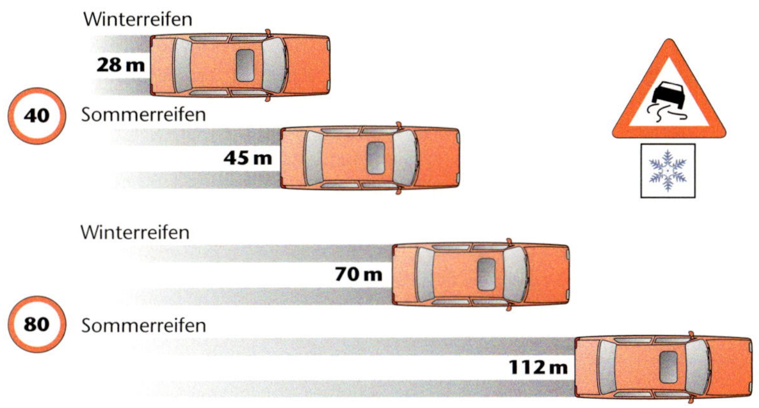

4 Unterschiedliche Bremswege von Sommer- und Winterreifen

Bremsverzögerung beim Fahrrad
Beim Fahrrad wird die Bremswirkung über die Felgenbremse (▷ B 5) oder die Rücktrittbremse erreicht. Es gibt aber auch schon Fahrräder, die über Scheibenbremsen verfügen. Fahrräder müssen mit zwei voneinander unabhängig wirkenden Bremsvorrichtungen ausgestattet sein. Auf trockener Fahrbahn muss eine mittlere Bremsverzögerung von 4 m/s^2 bei einer Ausgangsgeschwindigkeit von 20 km/h erreicht werden.

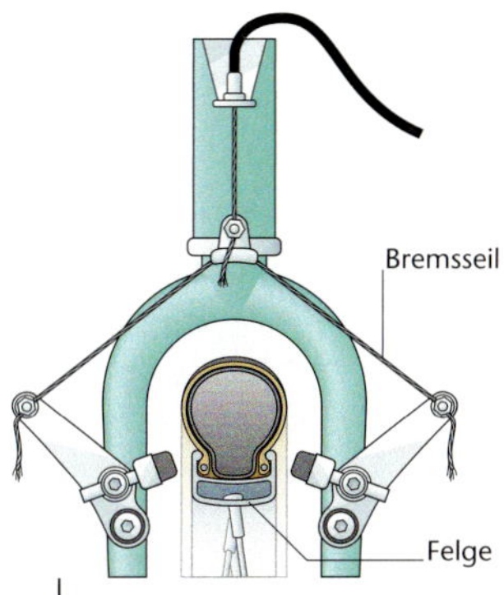

5 Felgenbremse

Züge
Züge mit ihrer großen Masse erreichen mit den Stahlrädern auf Schienen nur einen Verzögerungswert von ca. 0,5 bis 1,2 m/s^2.

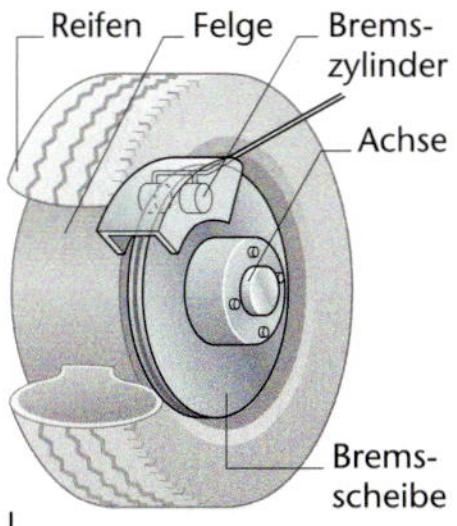

6 Scheibenbremse

Aufgaben

1 Nach der StVO darf man bei Nebel mit einer Sichtweite von 50 Meter nicht schneller als 50 km/h fahren.
Erkläre diese Vorgabe.

2 Bei einem Unfall wurde eine Radfahrerin von einem Auto angefahren. Der Sachverständige wies darauf hin, dass die Bremsspur erst 31 m hinter der Unfallstelle begann.
Mithilfe der Geschwindigkeit, die der Autofahrer im Augenblick der Kollision hatte (85 km/h), lässt sich die Reaktionszeit des Fahrers berechnen.
Welche Reaktionszeit hatte der Fahrer?

3 Welchen Bremsweg benötigt ein Zug, um ausgehend von einer Geschwindigkeit von 100 km/h zum Stehen zu kommen?

Sicherheitssysteme

Aktive und passive Sicherheit
Unter den aktiven Sicherheitselementen eines Autos versteht man Bestandteile des Fahrzeugs, mit denen das Fahren sicherer wird. Dazu gehören Scheinwerfer mit besserer Lichtausbeute, Bremssysteme, die elektronische Stabilitätshilfe usw.
Bei Unfällen vermindern passive Sicherheitselemente die Verletzungen der Fahrzeuginsassen. Dazu gehören die sichere Fahrgastzelle, Airbags, Sicherheitsgurte und Kopfstützen. Schutzanzüge und Sturzhelm mindern bei Motorradfahrern die Verletzungen.

Elektronische Stabilitätshilfe
Ein Computer wertet beim Fahren die Fahrzeuggeschwindigkeit, die Lenkradbewegung und die Querbeschleunigung des Fahrzeuges aus. Wird eine Schleudergefahr des Wagens erkannt, greift die elektronische Stabilitätshilfe ein. Das Fahrzeug wird blitzschnell an einem oder mehreren Rädern abgebremst und bei Bedarf die Motorleistung gedrosselt. So soll ein instabiler Fahrzustand vermieden werden.

1 Mit ABS bleibt ein PKW lenkfähig

Antiblockiersystem (ABS)
Beim Druck auf das Bremspedal werden die Bremsbacken gegen die Bremsscheibe gedrückt und das Rad wird abgebremst. Bei Fahrzeugen ohne ABS kann es zum Blockieren der Räder kommen. Der Wagen bricht aus seiner Spur aus und ist nicht mehr lenkfähig. Egal welche Stellung die Räder haben, das Auto rutscht geradeaus.
Das ABS verfügt über Drehzahlsensoren in den Rädern. Diese erkennen eine Blockiergefahr. Ein Steuergerät gibt Befehl an die Stellventile so viel Druck aus dem Bremskreis abzulassen, dass keine Blockiergefahr mehr besteht. Das Auto bleibt spurstabil und lenkfähig (▷ B 1).
Wer mit einem Antiblockiersystem bremst darf keine Wunder erwarten. Entgegen weit verbreiteter Meinung dient das ABS nicht zur Verringerung des Bremsweges.

2 Knautschzone

Knautschzonen
Autos verfügen über Knautschzonen, die sich bei einem Aufprall verformen und dabei Beschleunigungsenergie umwandeln. Die Fahrgastzelle bleibt so stabil und bietet größtmöglichen Schutz für die Fahrzeuginsassen (▷ B 2).

3 Aufprall ohne Sicherheitsgurt

Sicherheitsgurt mit Gurtstraffer
Fahrzeuginsassen, die nicht angegurtet sind, können bei Unfällen gegen die Windschutzscheibe geschleudert werden (▷ B 3). Tödliche Verletzungen sind dann oft die Folge. Der Gurtstraffer zieht bei einem Aufprall den Gurt an den Körper. Dadurch hat der Sicherheitsgurt eine größere Wirkung. Seit 1976 gilt in Deutschland die Anschnallpflicht.

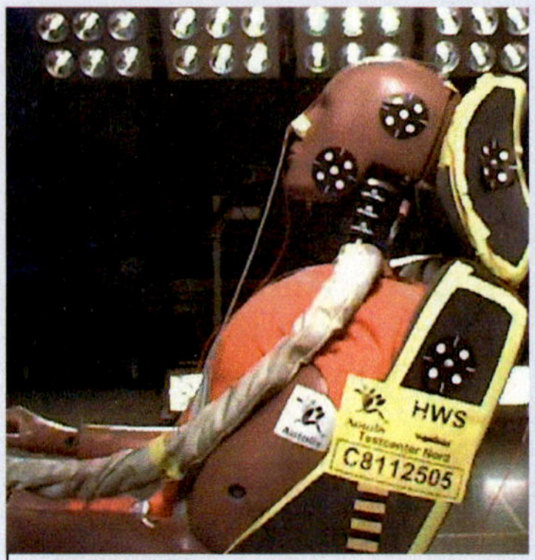

4 Kopfstützen

Kopfstützen
Kopfstützen sind nicht zum Anlehnen und Ausruhen da. Richtig eingestellt, sollen sie bei einem Auffahrunfall verhindern, dass der Kopf nach hinten geschleudert wird und Verletzungen an den Halswirbeln entstehen (▷ B 4).

5 Mehr Sicherheit mit Airbag

Airbag
Luftkissen im Armaturenbrett, in der äußeren Sitzlehnenseite und im Dachhimmel blasen sich bei einem Unfall in Bruchteilen von Sekunden auf und vermindern das Verletzungsrisiko (▷ B 5).

Brennpunkt

Ökonomische Fahrweise

1 Es gibt mehrere Möglichkeiten Kraftstoff einzusparen

Drei-Liter-Club
Viele Automobilhersteller haben besonders verbrauchsgünstige Autos in ihrer Typenliste. Einige bieten sogar Drei-Liter-Autos an. Das sind Autos, die auf 100 km nur 3 Liter Treibstoff verbrauchen.
Um diese Verbrauchswerte zu erreichen muss auch an Masse gespart werden. Motorhaube, Türen und Fahrwerk sind aus Aluminium gefertigt. Als Faustregel gilt: Pro 100 kg Ersparnis werden 0,5 Liter weniger Kraftstoff verbrannt.
Damit das Auto möglichst reibungsarm über die Straßen rollt, werden Leichtlaufreifen (▷ B 1) auf die Felgen aufgezogen.
Leichtlaufreifen mit zulässigem Höchstdruck können bis zu 0,5 Liter Treibstoff auf 100 km sparen.

Was kann man selbst unternehmen, wenn das Auto zu viel Treibstoff verbraucht?

Sparfüchse am Steuer
Mit folgenden Maßnahmen kann man Kraftstoff sparen. Aus dem Kofferraum müssen schwere und unnötige Gegenstände ausgeladen werden. Dazu können überflüssiges Werkzeug (▷ B 1), unnötiger Ballast und das Reserverad gehören.
Manche Autohersteller rüsten deshalb ihre Fahrzeuge mit Flickspray anstelle eines Reserverads aus (▷ B 2). Die Kraftstoffersparnis beträgt ungefähr 0,2 Liter auf 100 km. Dachboxen (▷ B 1) und Fahrradträger machen den Wagen schwerer und erhöhen den Luftwiderstand. Ohne Dachbox beträgt die Kraftstoffersparnis bis zu 1 Liter auf 100 km.
Sitzheizungen, Klimaanlagen (▷ B 1), Heckscheibenheizungen und Ventilatoren beziehen ihre elektrische Energie von der Lichtmaschine. Der Kraftstoffverbrauch steigt. Eine eingeschaltete Klimaanlage erhöht den Kraftstoffverbrauch um bis zu 1 Liter auf 100 km.
Gut gewartete Motoren mit neuen Luftfiltern, Zündkerzen und Leichtlauföl senken ebenfalls den Treibstoffverbrauch.

Fahren mit „Köpfchen" ist noch die beste Methode um Kraftstoff zu sparen.
- Bei 1500 bis 2000 Umdrehungen pro Minute sofort einen Gang höher schalten.
- Immer den höchst möglichen Gang wählen.
- Bei längeren Stopps z. B. vor roten Ampeln oder geschlossenen Bahnschranken Motor abstellen (▷ B 3).

2 Flickzeug

3 Motor abstellen bei langen Wartezeiten

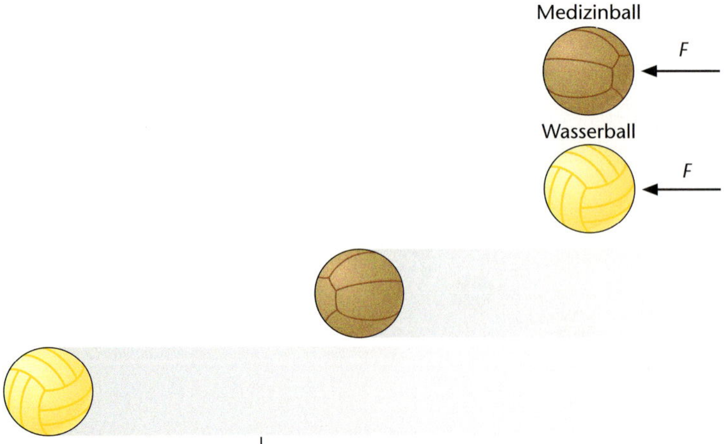

1 Trägheit im Versuch

Newtons Gesetze

Der englische Naturforscher Isaac Newton (1643–1727) war an vielen alltäglichen Phänomenen interessiert. Es wird berichtet, dass er einmal im Garten saß und beobachtete, wie ein Apfel vom Baum fiel. Er fragte sich: Warum fällt ein Körper immer nach unten? Welche Kräfte wirken dabei? Er untersuchte viele Beobachtungen mit einfachen Experimenten. Seine Ergebnisse veröffentlichte er 1687 in seinem Buch „Principia“. Darin beschreibt er u. a. drei grundlegende Gesetze der Mechanik, die man heute wegen ihrer großen Bedeutung die Grundgesetze der Mechanik nennt. Das erste Gesetz ist das **Wechselwirkungsprinzip**:

> Zu jeder Kraft gibt es eine Gegenkraft. Beide Kräfte sind gleich groß, greifen an verschiedenen Körpern an und sind entgegengesetzt gerichtet.

Körper sind träge

Stelle dir vor, ein Medizinball und ein Wasserball liegen nebeneinander (▷ B 1). Beide sind gleich groß, haben aber unterschiedliche Massen. Solange keine Kraft auf die Bälle wirkt, bleiben sie ruhig liegen. Werden sie angestoßen, bewegen sie sich.

> Ein Körper in Ruhe bewegt sich nur dann, wenn eine Kraft auf ihn wirkt.

Nun werden der Medizinball und der Wasserball in Bewegung versetzt. Welcher Ball bewegt sich bei gleicher Krafteinwirkung schneller? Ganz klar: der Wasserball. Der Ball mit der größeren Masse ist langsamer. Man sagt, er hat die größere Trägheit.

> Jeder Körper hat die Eigenschaft, sich einer Bewegungsänderung zu widersetzen. Diese Eigenschaft nennt man Trägheit.

> Je größer die Masse, desto träger ist der Körper.

Bewegte Körper

Auch wenn sich ein Körper gleichförmig bewegt, wird er diesen Bewegungszustand nicht „freiwillig“ ändern.
Was muss passieren, damit der Körper schneller oder langsamer wird? Es muss wieder eine Kraft auf ihn einwirken. Soll z. B. ein Auto bremsen, muss eine Kraft wirken. Durch das Bremspedal wird Kraft auf die Räder übertragen und diese Reibungskraft bewirkt das Langsamerwerden des Fahrzeugs. Beim Beschleunigen wirkt die Kraft des Motors auf die Räder.

Trägheitsgesetz

> Ein Körper verharrt in Ruhe oder bleibt in geradliniger, gleichförmiger Bewegung, solange keine Kraft auf ihn einwirkt.

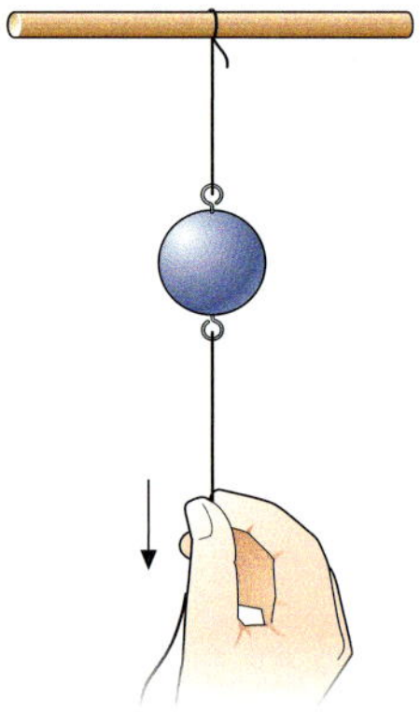

2 Zu Versuch 1

Versuch

1 Hänge eine Kugel an einem Faden auf. Befestige unten an der Kugel einen zweiten Faden (▷ B 2).
Ziehe nun vorsichtig an dem unteren Faden. Welcher Faden reißt – der obere oder der untere?
Ziehe nun ruckartig am unteren Faden. Welcher Faden reißt – der obere oder der untere?
Erkläre die unterschiedlichen Versuchsergebnisse.

Trägheit im Straßenverkehr

Im PKW

Wenn du dich in einem Fahrzeug befindest, das zügig anfährt, hast du das Gefühl, nach hinten an die Lehne des Sitzes gedrückt zu werden.
Dein Körper befindet sich im Ruhezustand und soll sich nun mit dem Auto vorwärts bewegen. Aufgrund der Trägheit „möchte" dein Körper im Ruhezustand bleiben. Aber durch die wirkende Kraft wird er zur Bewegung gezwungen.
Wenn der Fahrer scharf bremsen muss, bewegen sich alle Körper im Auto aufgrund ihrer Trägheit in gleichförmiger und geradliniger Bewegung weiter. Das ist bereits bei 30 km/h für die Insassen eines PKW lebensgefährlich. Um Schäden bei einem Unfall so gering wie möglich zu halten, gibt es im Auto zahlreiche Sicherheitsvorkehrungen.
Die Sicherheitsgurte sollen verhindern, dass die Personen weiter nach vorn bewegt werden. Hat das Auto zusätzlich noch Airbags, verhindern diese Luftkissen weitere Verletzungen. Das ist vor allem für den Fahrer wichtig, da er das Lenkrad unmittelbar vor seinem Körper hat.
Um Kopf und Nacken beim Rückprall zu schützen, sind Nackenstützen an den Sitzlehnen angebracht.

Gepäck sichern!

Lebensgefährlich können auch unbefestigte Gepäckstücke sein (▷ B 2). So wie Personen beim Bremsen nach vorn geschleudert werden, geschieht es auch mit freiliegenden Gepäckstücken. Deswegen haben viele Kombis eine Abdeckung über dem Laderaum oder ein Netz zwischen Laderaum und Sitzbänken (▷ B 4).

2 Ungesichertes Gepäck

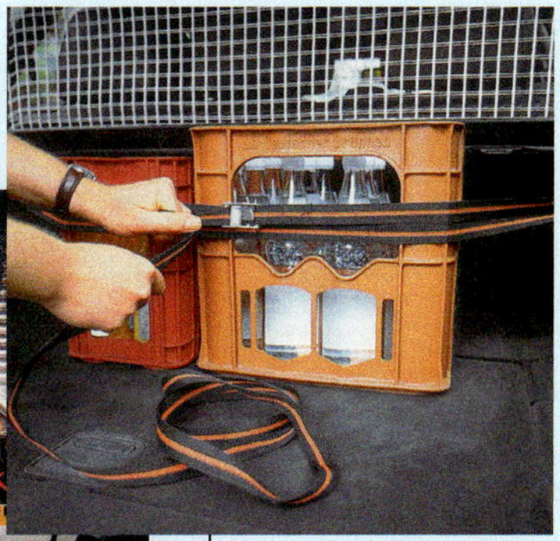

4 Gesicherte Ladung

Transportiert man Gepäck auf dem Dach, dann muss es gut am Dachgepäckträger befestigt sein, sonst „fliegt" es beim Bremsen auch mit nach vorn.

Im Bus

Wenn du im Bus stehst, musst du dich gut festhalten. Bremst der Bus in einer Gefahrensituation plötzlich ab, dann bewegen sich alle Körper aufgrund ihrer Trägheit nach vorn. Das kann zu schmerzhaften Verletzungen führen, auch wenn der Bus nur langsam im Stadtverkehr fährt. Ein unbefestigter Kinderwagen ist nicht nur eine Gefahr für das Kind, sondern auch für die anderen Fahrgäste.

5 Trägheit beim Busfahren

Mit dem Motorrad

Motorradfahrer haben keine Sicherheitsgurte. Das heißt, bei einem Aufprall auf ein Hindernis bewegen sie sich geradeaus weiter. Deshalb ist es gerade für Motorradfahrer wichtig, einen Helm zu tragen, nicht zu schnell zu fahren und immer einen ausreichenden Sicherheitsabstand einzuhalten.

1 Zukünftige Entwicklung: ...

3 ... der Airbag für das Motorrad

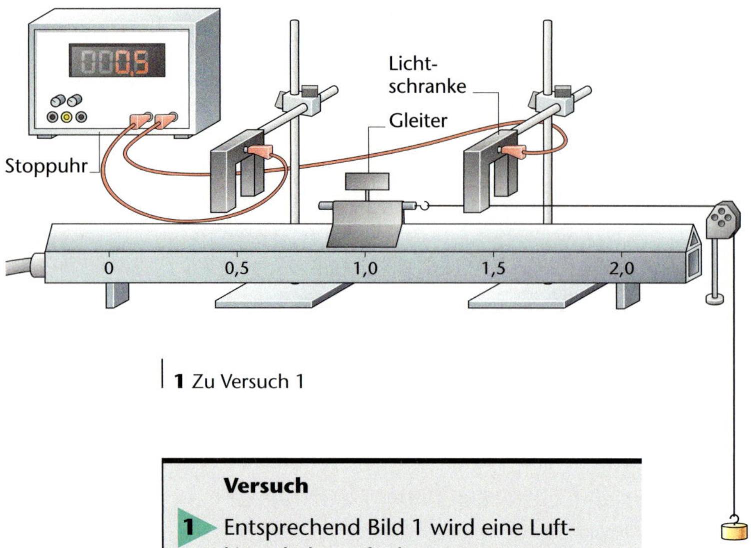

1 Zu Versuch 1

Versuch

1 Entsprechend Bild 1 wird eine Luftkissenbahn aufgebaut.
a) Es wird ein Weg von einem Meter abgemessen. Am Faden wird die wirkende Kraft um jeweils 0,05 N erhöht und die Zeit wird gemessen. Die Beschleunigung berechnet man mit der Formel $a = 2\,s/t^2$.
b) Die wirkende Kraft wird konstant gehalten und die Masse des Gleiters wird erhöht.
c) Protokolliere beide Messungen und formuliere zu jedem Experiment das Ergebnis.

Beschleunigung und Kraft

Das Trägheitsgesetz besagt, dass ein Körper seinen Bewegungszustand ändert, wenn eine Kraft auf ihn einwirkt.
Welche Größen bestimmen, wie groß die Kraft sein muss?
Ein Auto, das sehr schnell hohe Geschwindigkeiten erreicht, also eine große Beschleunigung hat, braucht einen starken Motor. Also könnte man vermuten, dass die Beschleunigung um so größer ist, je größer die wirkende Kraft ist.

In Versuch 1a bleibt die Masse des Körpers immer gleich, aber die wirkende Kraft wird verändert. Um den Einfluss der Reibung so gering wie möglich zu halten, wird das Experiment mit einer Luftkissenbahn durchgeführt.
Der Gleiter auf dem Luftkissen hat eine Masse von 200 g. An diesem Gleiter wird ein Faden befestigt, der über eine Rolle geführt wird und an dessen Ende man Massestücke befestigen kann. Legt man eine Strecke von z. B. einem Meter fest, kann die Zeit gemessen werden, die der Körper für diese Strecke braucht.
Die Messergebnisse des Experimentes und die berechnete Beschleunigung siehst du im Bild 2.

F	s	t	$a = 2s/t^2$
0,05 N	1 m	4,1 s	0,12 m/s²
0,10 N	1 m	2,8 s	0,26 m/s²
0,15 N	1 m	2,3 s	0,38 m/s²

2 Messergebnisse zu Versuch 1a

Diese Messwerte werden zur Auswertung in einem Kraft-Beschleunigung-Diagramm dargestellt. Du kannst erkennen, dass bei zunehmender Kraft auch die Beschleunigung zunimmt. Die ansteigende Gerade im *F*-*a*-Diagramm zeigt, dass beide Größen zueinander proportional sind.

Je größer die Kraft ist, desto größer ist auch die Beschleunigung des Körpers.
Es gilt: $a \sim F$

Masse und Beschleunigung

Beobachtet man das Anfahren eines Autos mit und ohne Anhänger, dann kann man vermuten, dass bei größerer Masse des Autos die Beschleunigung kleiner ist.
Im Versuch 1b wird das untersucht, indem die Masse des Gleiters vergrößert wird. Die Kraft, die den Körper beschleunigt, wird konstant gehalten ($F = 0{,}2\,\text{N}$).
Im Bild 4 siehst du die aufgenommenen Messwerte. In einem Masse-Beschleunigung-Diagramm können die Messwerte dargestellt werden (▷ B 5).

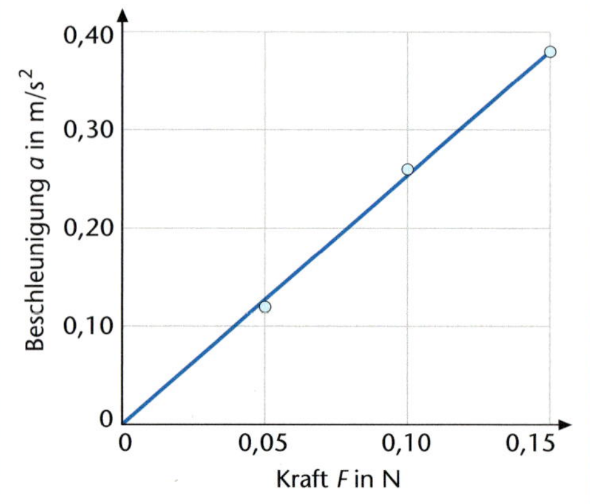

3 Kraft-Beschleunigung-Diagramm

Anhand der Messwerte erkennst du, dass bei doppelter Masse die Beschleunigung halbiert wird. Das bedeutet, dass zwischen Masse und Beschleunigung eine umgekehrte Proportionalität vorliegt.
Im Diagramm entsteht keine Gerade, sondern eine abfallende Kurve.

Aufgrund der Zusammenhänge zwischen Beschleunigung, Kraft und Masse kann die Beschleunigung berechnet werden, indem man die Kraft durch die Masse dividiert.

Je größer die Masse des Körpers ist, desto kleiner ist die Beschleunigung. Es gilt: $a \sim 1/m$

Die Beschleunigung ist der Quotient aus Kraft und Masse.

$$a = \frac{F}{m}$$

Newton'sches Grundgesetz
Newton formulierte diese Zusammenhänge zwischen Kraft, Masse und Beschleunigung in seinem dritten Gesetz, dem Newton'schen Grundgesetz:

Wirkt auf einen Körper eine Kraft, so wird er beschleunigt. Die Kraft ist das Produkt aus Masse und Beschleunigung: $F = m \cdot a$.

m	*s*	*t*	*a* = 2*s*/*t*²
100 g	1 m	1,4 s	1,02 m/s²
200 g	1 m	2,0 s	0,50 m/s²
400 g	1 m	2,8 s	0,26 m/s²

4 Messwerte zu Versuch 1b

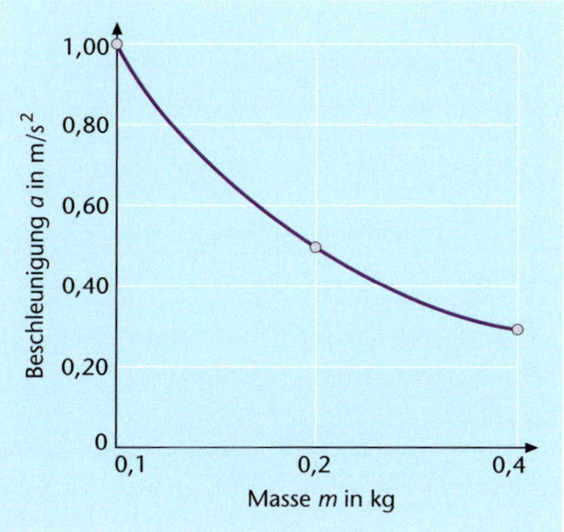

5 Masse-Beschleunigung-Diagramm

Die Einheit der Kraft
Die Einheit der Kraft ist das Newton. Eine Kraft von 1 Newton braucht man, um einen Körper mit der Masse 1 kg mit 1 m/s² zu beschleunigen. Die Einheit Newton setzt sich aus den Einheiten von Masse und Beschleunigung zusammen.

$$1\,\text{N} = \frac{1\,\text{kg} \cdot 1\,\text{m}}{1\,\text{s}^2}$$

Kleine Fahrschule
Gerade beim Überholen (▷ B 6) ist eine ausreichende Beschleunigung nötig. Je größer die Masse des Fahrzeugs ist, desto geringer ist seine Beschleunigung. Es ist also schon ein Unterschied, ob in einem PKW nur der Fahrer oder die ganze Familie sitzt. Im zweiten Fall kann das Auto weniger stark beschleunigen und braucht eine längere Überholstrecke.

6 Überholvorgang

Aufgaben

1 a) Ein PKW hat eine Leermasse von 1237 kg (einschl. 75 kg Fahrergewicht) und eine Beschleunigung von 2,2 m/s². Mit welcher Kraft wird das Auto beschleunigt?
b) In dem Fahrzeug können noch 4 weitere Personen mitfahren. Berechne die Kraft, die der Motor für die gleiche Beschleunigung aufbringen muss, wenn das Auto voll besetzt ist. Alle Insassen sollen eine Masse von 75 kg haben.

2 „Der Lack muss ab!", meinte der Motorsportchef. Beim Eifel-Grand-Prix 1934 wog der neue Mercedes Rennwagen exakt 1 kg zu viel! Der Lack wurde abgekratzt bis die Aluminiumschicht darunter sichtbar wurde. Jetzt stimmte die Masse und seitdem nennt man die Rennwagen „Silberpfeile". Warum gibt es auch heute noch Vorschriften für die Masse eines Rennwagens?

7 Silberpfeil

1 Energieumwandlung

Energieerhaltung
Energie kann nicht entstehen oder verschwinden. Man kann Energie aber übertragen oder sie von einer Form in eine andere umwandeln.
Woher nimmt ein Fahrzeug die Energie zum Fahren und was wird aus der Energie, wenn das Fahrzeug wieder stillsteht?

Energieumwandlungen
Die beim Beschleunigen eines Fahrzeugs verrichtete Arbeit nennt man Beschleunigungsarbeit (▷B 1). Dafür benötigt das Fahrzeug Energie. Benzin- oder dieselbetriebene Fahrzeuge wandeln hierfür chemische Energie des Kraftstoffs in kinetische Energie (Bewegungsenergie) um. Außerdem braucht ein Fahrzeug ständig chemische Energie, um mit konstanter Geschwindigkeit fahren zu können, denn für die Überwindung der Reibung wird Energie benötigt. Viele Autos sind heute so konstruiert, dass die Luftreibung beim Fahren möglichst gering ist. Das verringert den Kraftstoffverbrauch.

Energie beim Bremsen
Was passiert mit der kinetischen Energie beim Bremsen? Sobald der Fahrer des Autos auf das Bremspedal tritt, werden starke Reibungskräfte ausgeübt und das Fahrzeug kommt zum Stehen. An den Bremsscheiben und den Rädern entsteht Wärme (▷B 2). Die kinetische Energie wird demnach in Wärme umgewandelt. Diese thermische Energie wird an die Umgebung abgegeben und ist für uns nicht mehr nutzbar.

Auf in die Berge
Wird chemische Energie des Treibstoffs dazu genutzt, mit dem Fahrzeug einen Berg hochzufahren, dann wird am Fahrzeug auch Hubarbeit verrichtet. Die chemische Energie wird in kinetische Energie und Höhenenergie umgewandelt.

Fährt man einen Berg hinunter, wird die Höhenenergie wieder in kinetische Energie umgewandelt. Vom Radfahren weißt du, dass man bergab schneller wird. Also muss man bremsen. Ein Teil der Höhenenergie wird dabei also in thermische Energie umgewandelt.

2 Glühende Bremsscheiben

▶ Bei einem Auto wird chemische Energie in kinetische und thermische Energie sowie Höhenenergie umgewandelt.

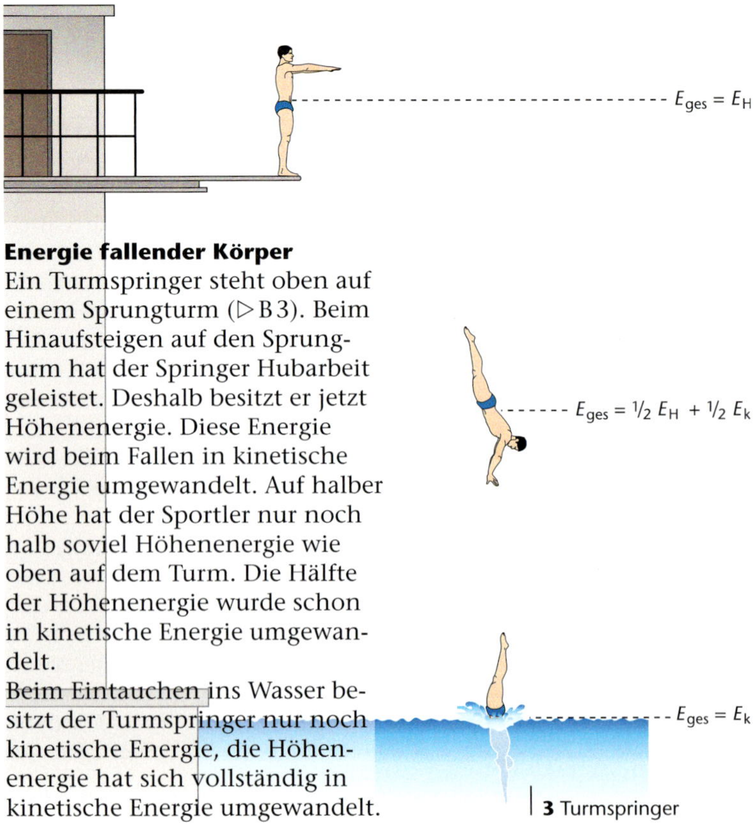

Energie fallender Körper
Ein Turmspringer steht oben auf einem Sprungturm (▷B 3). Beim Hinaufsteigen auf den Sprungturm hat der Springer Hubarbeit geleistet. Deshalb besitzt er jetzt Höhenenergie. Diese Energie wird beim Fallen in kinetische Energie umgewandelt. Auf halber Höhe hat der Sportler nur noch halb soviel Höhenenergie wie oben auf dem Turm. Die Hälfte der Höhenenergie wurde schon in kinetische Energie umgewandelt.
Beim Eintauchen ins Wasser besitzt der Turmspringer nur noch kinetische Energie, die Höhenenergie hat sich vollständig in kinetische Energie umgewandelt.

3 Turmspringer

4 Knautschzone

Berechnung der Beschleunigungsarbeit
Um einen Körper zu beschleunigen muss Arbeit verrichtet werden. Die Größe der Arbeit kann berechnet werden. Die Formel $W = F \cdot s$ kannst du nutzen, wenn die Kraft konstant ist und in Wegrichtung wirkt. Die Kraft für das Beschleunigen wird mithilfe des Newton'schen Grundgesetzes $F = m \cdot a$ berechnet. Der Weg bei einer beschleunigten Bewegung kann mit dem Zeit-Weg-Gesetz $s = \frac{1}{2} a t^2$ berechnet werden.

$W = F \cdot s$

$W = m \cdot a \cdot 1/2 \cdot a \cdot t^2$

$W = 1/2 \cdot m \cdot a^2 \cdot t^2$

$W = 1/2 \cdot m \cdot (a \cdot t)^2$

Mit $v = a \cdot t$ folgt:

$W = 1/2 \cdot m \cdot v^2$

Durch das Verrichten von Beschleunigungsarbeit erhält der Körper kinetische Energie in Größe der verrichteten Arbeit $E_K = W$.

Ein Körper in Bewegung hat kinetische Energie.

$E_K = \frac{1}{2} \cdot m \cdot v^2$

Einfluss der Masse
Will man wissen, wie viel kinetische Energie ein Fahrzeug besitzt, muss man die Masse des Fahrzeuges und seine Geschwindigkeit kennen.
Die kinetische Energie und die Masse sind proportional zueinander. Verdoppelt sich die Masse des Fahrzeuges, dann verdoppelt sich auch seine Energie.

Wenn also ein Fahrzeug mit einer bestimmten Geschwindigkeit voll beladen ist und dann auf ein Hindernis aufprallt, geschieht das mit viel größerer Energie als im unbeladenen Zustand.

Einfluss der Geschwindigkeit
Ein PKW mit einer Masse von 950 kg fährt einmal mit 30 km/h und einmal mit 90 km/h über eine Landstraße. Welcher Zusammenhang zwischen der Geschwindigkeit und der Energie des Autos besteht, ist in einem Beispiel (▷ B 6) dargestellt.

Verdreifacht sich die Geschwindigkeit, auf 90 km/h, dann verneunfacht sich die kinetische Energie des Autos! Und das hat schwerwiegende Folgen bei Unfällen. Denn diese Energie wird bei einem Aufprall als Verformungsarbeit abgegeben. Deshalb hat jeder PKW eine Knautschzone (▷ B 4). Bei einem Aufprall auf ein Hindernis wird sie zuerst verformt, wodurch ein Teil der kinetischen Energie aufgenommen wird.

5 Fahren auf der Landstraße

Wie ändert sich die Energie eines Fahrzeugs, wenn die Geschwindigkeit verdoppelt wird?

Gegeben: $m = 950\,\text{kg}$
$v_1 = 30\,\text{km/h} = 8{,}3\,\text{m/s}$
$v_2 = 60\,\text{km/h} = 16{,}6\,\text{m/s}$

Gesucht: E_K

Lösung: $E_K = \frac{1}{2} \cdot m \cdot v^2$

– für v_1: $E_K = \frac{1}{2} \cdot 950\,\text{kg} \cdot (8{,}3\,\frac{\text{m}}{\text{s}})^2$
$E_K = 32\,722{,}75\,\text{J}$

– für v_2: $E_K = \frac{1}{2} \cdot 950\,\text{kg} \cdot (16{,}6\,\text{m})^2$
$E_K = 130\,891{,}0\,\text{J}$

Das Verhältnis der kinetischen Energien:
$\frac{130\,891{,}0\,\text{J}}{32\,722{,}75\,\text{J}} = \underline{\underline{4:1}}$

Antwort: Wenn sich die Geschwindigkeit des Fahrzeugs verdoppelt, dann vervierfacht sich die kinetische Energie.

6 Geschwindigkeit und Energie

1 Freier Fall beim Springen

Immer schneller!
Wenn du von der dritten Stufe einer Treppe nach unten springst, dann kannst du den Aufprall noch gut abfedern. Mit zunehmender Höhe wird dir das aber immer schwerer gelingen (▷ B 1). Die Aufprallgeschwindigkeit wird immer größer.
Das kannst du auch an den unterschiedlichen Verformungen einer Knetkugel sehen, die aus unterschiedlichen Höhen nach unten fällt (▷ V 1).

Die Fallbewegung eines Körpers aufgrund der Erdanziehung ist eine beschleunigte Bewegung und wird als **freier Fall** bezeichnet.

Wenn für die Fallbewegung eines Körpers nur seine Gewichtskraft verantwortlich ist, dann wird dies als freier Fall bezeichnet.

Freier Fall
Lässt du eine Eisenkugel los, so fällt sie aufgrund ihrer Gewichtskraft beschleunigt. Die Geschwindigkeit der Kugel wird immer größer.
Misst du in einem Fallversuch die Fallstrecke der Kugel und die dafür benötigte Zeit, dann erkennst du: Bei zweifacher Fallzeit ist der Fallweg viermal so groß, bei dreifacher Fallzeit ist der Fallweg neunmal so groß usw. (▷ V 2a).
Auch für den freien Fall gilt das Zeit-Weg-Gesetz der beschleunigten Bewegung:

$$s = \frac{1}{2} \cdot a \cdot t^2$$

Löst du die Gleichung nach a auf, dann erhältst du:

$$a = \frac{2 \cdot s}{t^2}$$

Wenn du die Wertepaare aus Bild 5 für die gemessenen Fallstrecken und die Fallzeiten in die Gleichung für a einsetzt, dann ergibt sich ein Wert von ungefähr 10. Dieser Wert wird Erdbeschleunigung genannt und mit dem Buchstaben g abgekürzt. Genauere Untersuchungen zeigen, dass dieser Wert ortsabhängig ist.

Die Erdbeschleunigung beträgt etwa $10\,m/s^2$ und wird mit dem Buchstaben g abgekürzt.

Kaum zu glauben!
Von der gleichmäßig beschleunigten Bewegung kennst du das Geschwindigkeit-Zeit-Gesetz $v = a \cdot t$.
Wenn die Beschleunigung a durch die Erdbeschleunigung g ersetzt wird, erhältst du die Gleichung $v = g \cdot t$.
Das würde aber bedeuten, dass die Fallgeschwindigkeit eines Körpers nur von der Zeit abhängt und nicht, wie du vielleicht geglaubt hast, von seiner Masse.

Feder und Kugel auf gleicher Höhe
In einer Glasröhre (▷ B 2) befinden sich eine Eisenkugel und eine Feder. Hältst du die Röhre senkrecht, dann fallen die Gegenstände nach unten. Die Kugel fällt voran und die Feder gleitet langsam hinterher. Die Beobachtung entspricht deiner Alltagserfahrung. Nach $v = g \cdot t$ müssten die Kugel und die Feder aber gleichzeitig am Boden der Röhre ankommen.
Die unterschiedlichen Fallzeiten haben ihre Ursache im Luftwiderstand. Die Feder wird von der Luft stärker abgebremst als die Kugel. Wird die Luft aus der Glasröhre abgepumpt und der Versuch wiederholt, fallen beide Gegenstände gleich schnell.

Im luftleeren Raum fallen alle Körper gleich schnell.

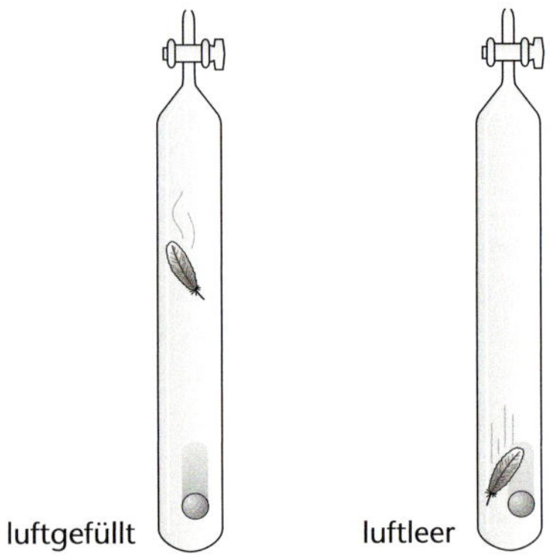

2 Fallröhren-Versuch

4 Fallschirmspringer

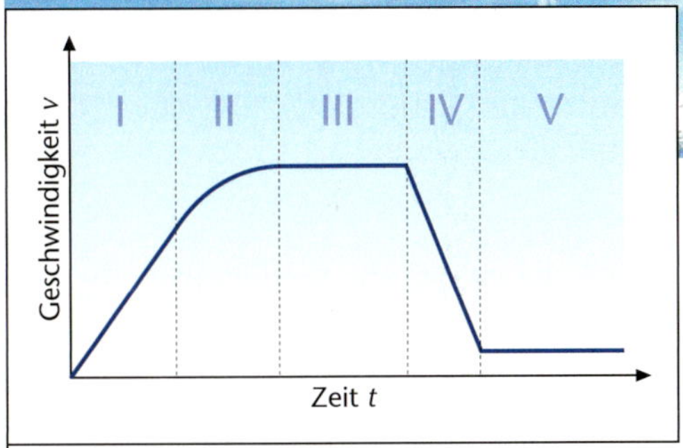

3 t-v-Diagramm für Fallschirmspringer

Runter kommen sie alle

Fallschirmspringer lassen sich mit dem Flugzeug auf einige tausend Meter Höhe bringen und springen dann ab.

In den ersten Sekunden nimmt die Geschwindigkeit des Fallschirmspringers zu. Er wird beschleunigt (▷ B 3, Abschnitt I). Mit zunehmender Geschwindigkeit wird die Reibungskraft der Luft aber immer größer (▷ B 3, Abschnitt II). Nach einigen Sekunden ist diese Reibungskraft genauso groß wie die Gewichtskraft des Springers. Er gleitet dann mit einer konstanten Geschwindigkeit von ungefähr 55 m/s, das sind rund 200 km/h, nach unten (▷ B 3, Abschnitt III). Beim Öffnen des Fallschirms wird der Springer plötzlich abgebremst (▷ B 3, Abschnitt IV). Anschließend fällt er mit etwa 4 m/s zur Erde (▷ B 3, Abschnitt V).

Aufgaben

1 Warum erhöht sich die Geschwindigkeit des Fallschirmspringers mit geschlossenem Fallschirm nicht auf 450 km/h?

2 Eine Eisenkugel fällt auf der Erde und auf dem Mond aus 10 m Höhe zu Boden. Welche Kugel kommt mit einer größeren Geschwindigkeit auf dem Boden an? Begründe deine Antwort.
Berücksichtige bei deiner Begründung die unterschiedlichen Bedingungen auf dem Mond und der Erde!

Versuche

1 Lasse eine Knetkugel aus unterschiedlichen Höhen zu Boden fallen. Beobachte die Verformung der Knetkugel.

2 Untersuche den Zusammenhang zwischen Fallstrecke und Fallzeit einer Eisenkugel.
Baue den Versuch nach Bild 6 auf.
a) Die Eisenkugel wird von dem Elektromagneten gehalten. Wird der Schalter betätigt, dann fällt die Kugel nach unten und die Stoppuhr wird gestartet. Trifft die Kugel unten auf, wird die Uhr gestoppt.
Lies die Fallzeit an der Stoppuhr ab und miss die Fallstrecke. Trage die Werte in eine Tabelle ein.
Führe den Versuch für verschiedene Fallstrecken durch.
b) Zeichne ein Zeit-Weg-Diagramm für die gemessenen Werte.
Berechne nach der Formel $a = 2 \cdot s/t^2$ für die entsprechenden Fallstrecken und Fallzeiten den Wert für a.
c) Welches Ergebnis kannst du formulieren?

Versuchsergebnisse für die Fallzeit

s in m	t in s	g in m/s²
0,20	0,20	10
0,40	0,29	9,51
0,60	0,35	9,80
0,80	0,40	10
1,00	0,45	9,88

5 Zu Versuch 2

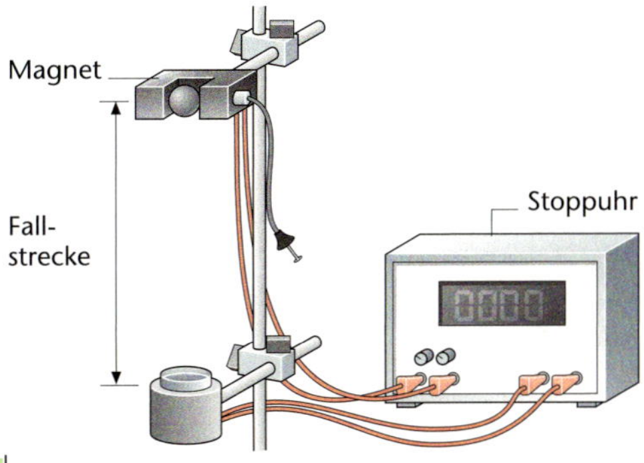

6 Zu Versuch 2

Bewegte Körper und ihre Energie

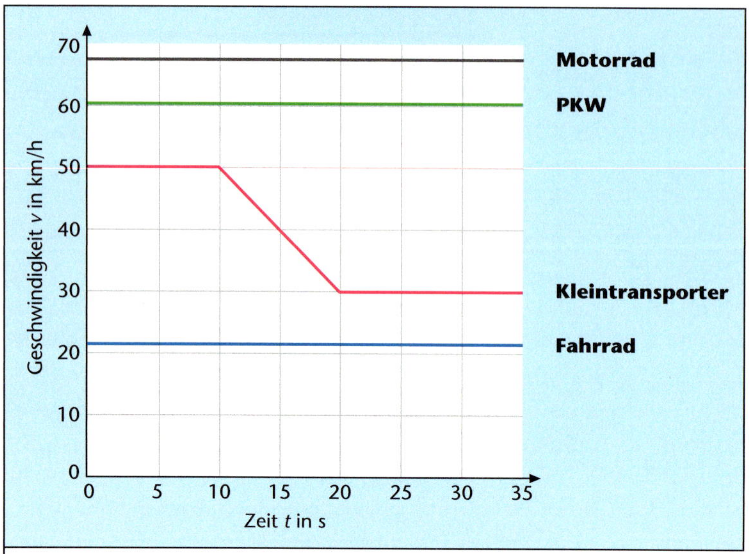

1 *t*-*v*-Diagramm

Beschleunigte Bewegung

Bei der beschleunigten Bewegung wird die Geschwindigkeit eines Körpers immer größer.

Die Beschleunigung gibt die Geschwindigkeitszunahme in einer bestimmten Zeit an.

Formelzeichen: a

Einheit: $1\,\frac{\text{m}}{\text{s}^2}$

Zeit-Geschwindigkeit-Gesetz:

$$v = a \cdot t$$

Zeit-Weg-Gesetz:

$$s = \frac{1}{2} \cdot a \cdot t^2$$

Verzögerte Bewegung

Bei der verzögerten Bewegung wird die Geschwindigkeit eines Körpers immer kleiner. Der Bremsweg kann berechnet werden:

$$s_B = \frac{v_A^2}{2 \cdot a_B}$$

Der Anhalteweg

Der Anhalteweg (▷ B 2) eines Fahrzeuges setzt sich aus 3 Teilstrecken zusammen:

Anhalteweg = Reaktionsweg + Ansprechweg + Bremsweg

Freier Fall

Die Fallbewegung ist eine beschleunigte Bewegung.

Die Erdbeschleunigung beträgt in Deutschland etwa $10\,\text{m/s}^2$.

Im luftleeren Raum fallen alle Gegenstände gleich schnell.

Trägheit

Jeder Körper hat die Eigenschaft, sich einer Bewegungsänderung zu widersetzen. Diese Eigenschaft nennt man Trägheit.

Je größer die Masse, desto träger ist der Körper.

Die drei Grundgesetze der Mechanik

Wechselwirkungsprinzip: Zu jeder Kraft gibt es eine Gegenkraft. Beide Kräfte sind gleich groß, aber entgegengesetzt gerichtet. Die Kräfte greifen an verschiedenen Körpern an.

Trägheitsgesetz: Ein Körper verharrt in Ruhe oder bleibt in geradliniger, gleichförmiger Bewegung, solange keine Kraft auf ihn wirkt.

Newton'sches Grundgesetz: Wirkt auf einen Körper eine Kraft, so wird er beschleunigt.

$$F = m \cdot a$$

Bewegung und Energie

Jeder sich bewegende Körper hat kinetische Energie. Durch das Verrichten von Beschleunigungsarbeit wird die kinetische Energie vergrößert.

$$E_K = \frac{1}{2} \cdot m \cdot v^2$$

2 Anhalteweg

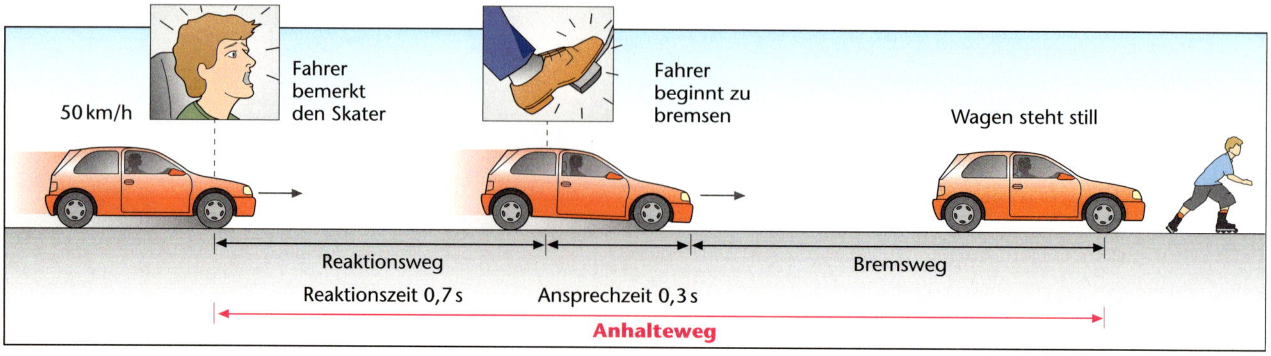

Aufgaben

1 Bei einem Experiment in einem Bergwerksstollen stellten amerikanische Wissenschaftler fest, dass Fledermäuse eine Strecke von 150 Metern in einer Zeit von nur 27 Sekunden durchflogen. Wie schnell waren die Fledermäuse? Gib die Geschwindigkeit in zwei verschiedenen Einheiten an.

2 Ein LKW fährt um 7.20 Uhr los, macht 11.50 Uhr Mittagspause, setzt seine Fahrt 12.50 Uhr fort und kommt 17.50 Uhr an seinem Ziel an.
a) Wie groß ist jeweils seine Durchschnittsgeschwindigkeit am Vormittag und am Nachmittag, wenn er am Vormittag 332 km und am Nachmittag 390 km gefahren ist?
b) Wie groß ist seine Durchschnittsgeschwindigkeit für den ganzen Tag?

3 Begründe, warum beim Abschleppen eines Fahrzeugs der Fahrer des vorderen Autos nicht ruckartig anfahren darf.

4 „Sicherheitsgurte auch auf Motorrädern, in Bussen und in LKWs!" Diskutiert darüber in der Klasse.

1 Perfekte Sicherheit?

5 Ein LKW mit einer Masse von 1,5 Tonnen beschleunigt mit 3,9 m/s^2. Wie groß ist die Kraft zum Beschleunigen?

6 Wie groß ist die kinetische Energie einer Bowlingkugel mit einer Masse von 4 kg, wenn sie mit einer Geschwindigkeit von 16,5 km/h rollt?

7 Ein Körper bewegt sich geradlinig. Es ergeben sich folgende Messwerte:

Zeit in s	Strecke in m
0	0
2	3
4	12
6	27
8	48

Um welche Bewegungsart könnte es sich handeln? Begründe deine Antwort auf 3 Arten: mithilfe der Messwerte, aber ohne zu rechnen, mithilfe einer Formel und mit einer Zeichnung.

8 Ein PKW fährt mit einer Geschwindigkeit von 65 km/h hinter einem Lastwagen her. Der PKW setzt zum Überholen an (▷ B 2) und beschleunigt in 4,9 Sekunden auf 100 km/h.
a) Wie groß war die Beschleunigung des Fahrzeugs?
b) Welchen Weg hat das Fahrzeug in dieser Zeit zurückgelegt?

9 Berechne den Anhalteweg eines PKW, wenn folgende Werte vorausgesetzt werden:
Anfangsgeschwindigkeit: 100 km/h;
Reaktionszeit des Fahrers: 0,7 s
Ansprechzeit der Bremsen: 0,3 s;
Bremsverzögerung: 8,5 m/s^2 (trockener Asphalt).

10 Wie verlängert sich der Bremsweg, wenn die Geschwindigkeit verdoppelt wird?

11 Um die Tiefe eines Schachts näherungsweise zu bestimmen, lässt man einen kleinen Stein hinunterfallen. Die Fallzeit beträgt 2 Sekunden. Wie tief ist der Schacht ungefähr?

2 Überholmanöver

Elektrische
Leitungsvorgänge

Metalle sind gute elektrische Leiter. Aber auch in Flüssigkeiten, Gasen und sogar im Vakuum kann unter bestimmten Bedingungen Strom fließen.

Beim Elektroschweißen z. B. wird die Luft zwischen den Elektroden leitend. Vermutlich ist dir Luft bisher als Isolator bekannt. Weshalb kann dennoch ein elektrischer Strom fließen?

Dass auch Flüssigkeiten den elektrischen Strom leiten können, wird bei Verfahren zur Oberflächenveredelung wie z. B. dem Verchromen oder Galvanisieren ausgenutzt. Damit elektrischer Strom fließt, müssen Ladungsträger vorhanden sein. Welche Teilchen transportieren die Ladung in Flüssigkeiten?

Nicht nur Metalle, sondern viele feste Stoffe leiten den elektrischen Strom. Bei Solarzellen, Dioden und anderen elektronischen Bauteilen wird oft Silicium verwendet. Aus welchem Grund? Was ist das Besondere an diesem Stoff?

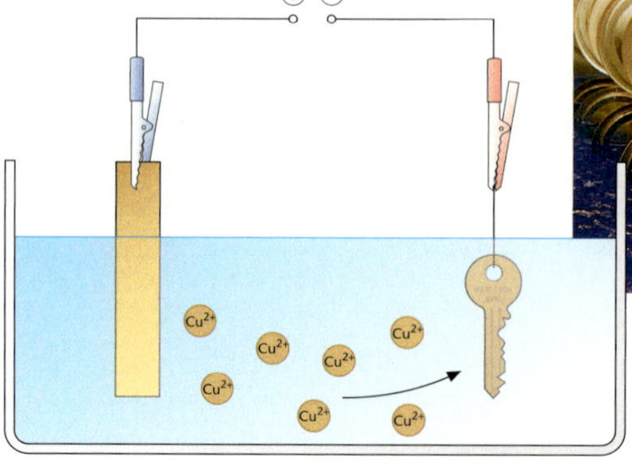

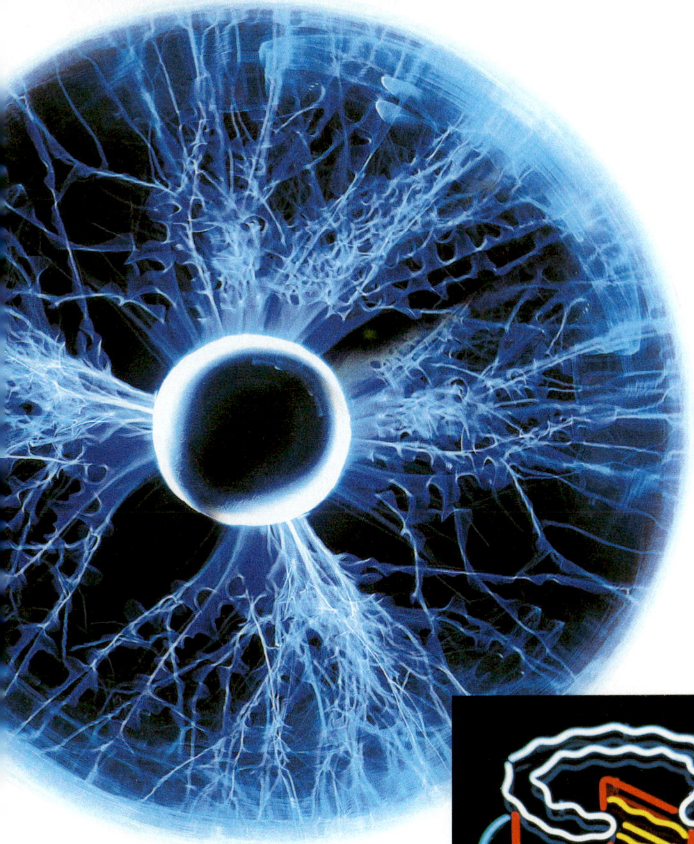

ICE CREAM

▶124

Elektrische Leitungsvorgänge in Metallen und Flüssigkeiten

Voraussetzungen für elektrischen Strom
Elektrische Geräte werden in allen Bereichen unseres Lebens verwendet. Damit sie funktionieren, muss elektrischer Strom fließen.

Wenn sich geladene Teilchen in eine gemeinsame Richtung bewegen, bezeichnet man dies als elektrischen Strom. Die Teilchen transportieren elektrische Ladungen. Elektrische Ladungen befinden sich in den Atomen eines jeden Stoffes. Die positiven Ladungen befinden sich im Atomkern, die Elektronen in der Atomhülle tragen negative Ladungen.

Metalle wie Eisen, Kupfer usw. sind gute elektrische Leiter. Wenn du dir den Aufbau dieser Stoffe anschaust, dann findest du auch heraus, warum das so ist. Metalle haben nämlich eine Besonderheit:
Jedes Metall-Atom gibt ein Elektron aus seiner Hülle frei. Die **freien Elektronen** tragen negative Ladung und bewegen sich ungeordnet im Metall. Die „Restatome" sind positiv geladen und fest im Kristallgitter angeordnet. Geladene Atome (oder Moleküle) heißen Ionen.

Wenn du einen Stromkreis aufbaust, dann sind z.B. in den Kupferkabeln viele frei bewegliche Elektronen vorhanden – dabei fließt aber noch kein Strom. Erst dann, wenn die Elektronen durch die Spannungsquelle in eine einzige Richtung (zum Pluspol) getrieben werden, wird eine Lampe im Stromkreis leuchten (▷B 1).
Kunststoffe und viele andere Materialien leiten den elektrischen Strom nicht, denn sie besitzen keine frei beweglichen Elektronen.

Damit elektrischer Strom fließt, müssen vorhanden sein:
- frei bewegliche Ladungsträger
- eine Spannungsquelle, die die Ladungsträger antreibt.

Elektrischer Strom in Flüssigkeiten
Auch Flüssigkeiten können elektrischen Strom leiten, wenn freie Ladungsträger vorhanden sind. In Flüssigkeiten erfolgt der Ladungstransport durch **frei bewegliche Ionen**.
Negativ geladene Ionen haben Elektronenüberschuss. Bei positiv geladenen Ionen fehlen Elektronen, es überwiegt die positive Kernladung.

Viele Stoffe bilden Ionen, wenn sie in Wasser gelöst werden. Das Prinzip wird am Beispiel von Kochsalz verständlich (▷V 1):
Im festen Zustand ist Kochsalz (Natriumchlorid) ein Isolator, d.h. alle Teilchen sitzen fest im Gitter (▷B 3). Freie Ladungsträger gibt es keine.
Wird das Salz gelöst, dann wird die feste Verbindung zwischen den Teilchen aufgelöst. Die neutralen Moleküle spalten sich in positiv geladene Natrium-Ionen und negativ geladene Chlorid-Ionen. Diese Ionen sind nun frei beweglich.

Versuche

1 a) Baue einen Stromkreis so wie in Bild 2 auf. Gib etwas Speisesalz in eine Glasschale. Untersuche, ob Salz ein elektrischer Leiter ist.
b) Gib nun etwas Wasser zum Salz dazu. Was beobachtest du?
c) Wiederhole die Versuche 1a und 1b mit Zucker. Was stellst du fest?
d) Entferne das Lämpchen aus dem Stromkreis. Untersuche weitere Flüssigkeiten auf ihre Leitfähigkeit: Wasser, destilliertes Wasser, Zitronensaft, Öl, Spülmittel, Essig und Seifenlauge.

2 Fülle eine Kochsalzlösung in eine längliche schmale Schale. Gib ein Körnchen Kaliumpermanganat in die Mitte der Lösung. Lege eine Gleichspannung (6V) an und beobachte die Färbung. Vertausche die Pole. Was passiert nun? Finde eine Erklärung.

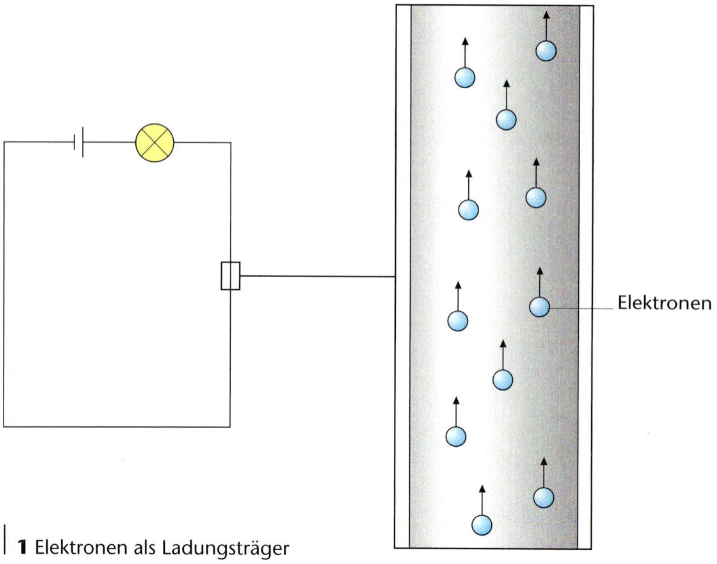

1 Elektronen als Ladungsträger

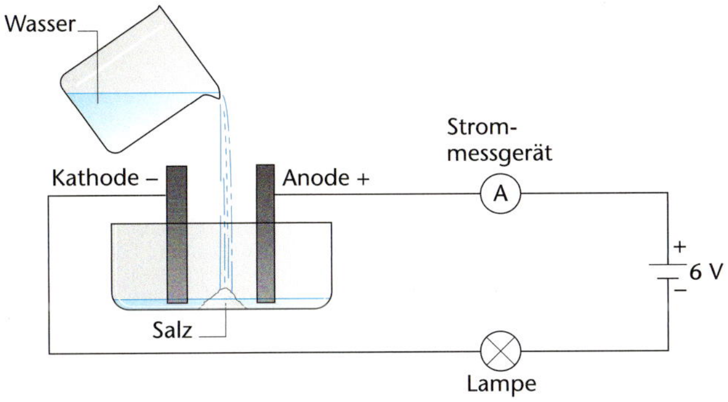

2 Zu Versuch 1

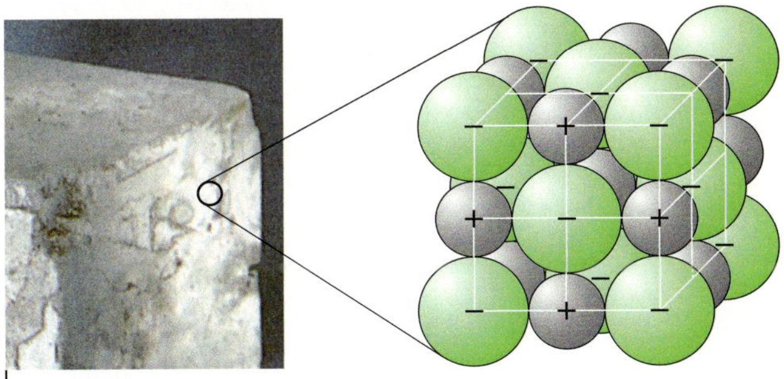

3 Natriumchlorid bildet ein Ionengitter

Wenn du eine Spannung an die Lösung legst, dann bewegen sich die freien Ionen in eine bestimmte Richtung (▷ B 2): Die positiv geladenen Natrium-Ionen wandern zur negativ geladenen Elektrode (auch Kathode genannt). Die negativ geladenen Chlorid-Ionen wandern zur positiv geladenen Elektrode (auch Anode genannt). Im Versuch 2 zeigt dir das Lämpchen, dass Strom fließt.

Nicht nur Salzlösungen, sondern auch Säuren und Laugen leiten auf diese Weise elektrischen Strom.

▶ In Flüssigkeiten erfolgt der Ladungstransport durch freie positiv und negativ geladene Ionen.

Stofftransport durch elektrischen Strom
Eine Kupferchlorid-Lösung enthält zweifach positiv geladene Kupfer-Ionen und einfach negative geladene Chlorid-Ionen.

Beim Anlegen einer Spannung wandern die Kupfer-Ionen zur Kathode (–). Wenn sie dort ankommen, nehmen sie zwei Elektronen auf und verwandeln sich wieder in neutrale Moleküle zurück. Auf der Elektrode bildet sich ein dünner rot-brauner Kupferbelag (▷ B 4).

Jedes Chlorid-Ion gibt dagegen an der positiv geladenen Anode ein überschüssiges Elektron ab. Dabei entsteht neutrales Chlorgas, das in kleinen Gasbläschen entweicht.

▶ In Flüssigkeiten ist der Ladungstransport immer auch mit einem Stofftransport verbunden.

Diesen Vorgang nennt man Elektrolyse. Die Elektrolyse spielt z. B. bei der Herstellung und Reinigung von Metallen eine wichtige Rolle.
Auf diese Weise werden aber auch Oberflächen veredelt (▷ B 5). Dies wird als **Galvanisieren** bezeichnet. Dabei wird ein Werkstück mit einer dünnen Schicht des jeweiligen Metalls überzogen. Das kann als Schutz dienen (z. B. gegen Rost), aber auch zur Verzierung (z. B. Vergolden von Schmuckstücken).

Aufgabe

1 Welche Stoffe entstehen an den Elektroden, wenn elektrischer Strom in einer Kochsalzlösung fließt? Wie kannst du das nachweisen?

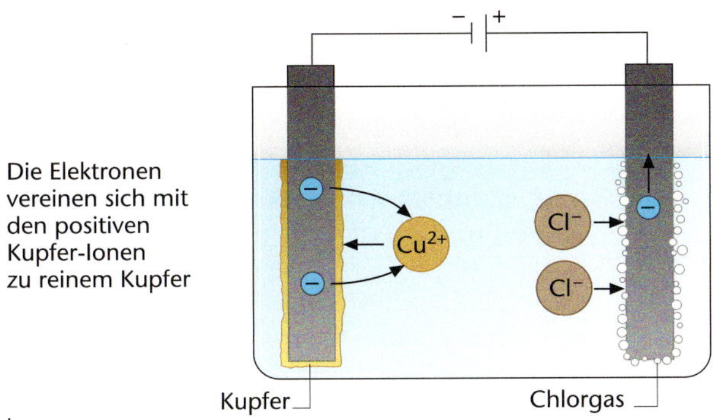

4 Ionen als Ladungsträger

5 Oberflächenveredelung durch Galvanisieren

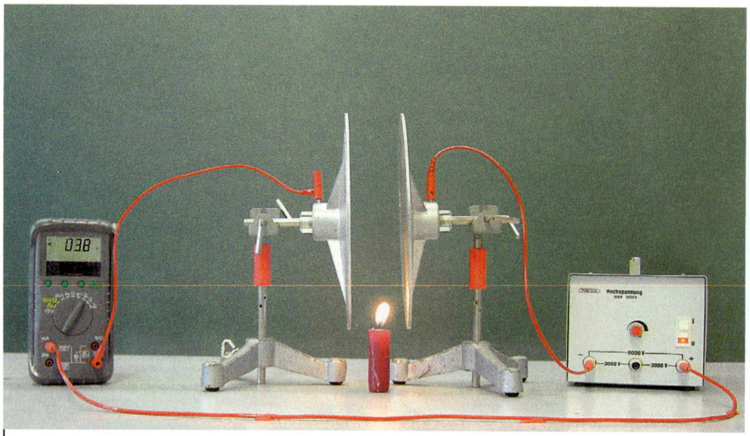

1 Die Kerzenflamme erzeugt freie Ladungsträger.

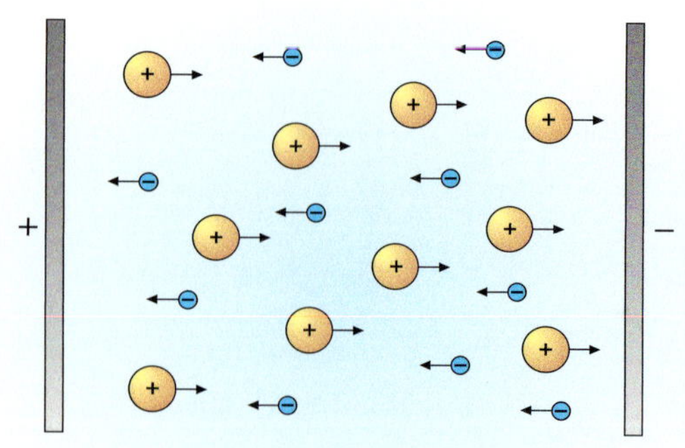

Gase – Leiter oder Nichtleiter?

Gase und Gasgemische (wie z. B. Luft) leiten unter normalen Bedingungen den elektrischen Strom nicht, sonst könnten beispielsweise Hochspannungsleitungen nicht frei durch die Luft geführt werden. Andererseits weißt du aber, dass bei einem Blitz sehr große Ströme durch die Luft fließen können. Unter welchen Bedingungen werden Gase leitfähig?

Gase bestehen aus elektrisch neutralen Molekülen. Sie haben großen Abstand voneinander und zwischen ihnen wirken nur noch sehr schwache Bindungskräfte. Gase leiten nur dann elektrischen Strom, wenn in ihnen frei bewegliche Ladungsträger erzeugt werden. Durch verschiedene äußere Einflüsse können die neutralen Gasteilchen in Elektronen und Ionen aufgespaltet werden (Ionisation).

Ionisation durch Wärme

Luft ist ein guter Isolator. Sie enthält normalerweise keine freien Ladungsträger. Daher fließt zuerst auch kein Strom, wenn man, wie in Bild 1 gezeigt, zwischen zwei Metallplatten eine Hochspannung anlegt. Wird eine brennende Kerze zwischen die Platten gebracht, dann ändert sich die Situation: Es fließt ein Strom.
Das Gas der Kerzenflamme ist wegen der hohen Temperatur ionisiert. Es liegen frei bewegliche negativ geladene Elektronen und positiv geladene Ionen vor. Durch die Spannung werden die Ladungsträger beschleunigt: die Elektronen zur positiv geladenen Platte (Anode), die Ionen zur negativ geladenen Platte (Kathode). Zwischen den Platten fließen also gleichzeitig und entgegengesetzt ein Elektronen- und ein Ionenstrom (▷ B 1 rechts).

2 Geiger-Müller-Zählrohr

Ionisation durch Strahlung

Gase können auch durch die Energie radioaktiver Strahlung ionisiert werden. Das wird beispielsweise im Geiger-Müller-Zählrohr ausgenutzt (▷ B 2). Im eigentlichen Zählrohr befindet sich ein Gas, das durch auftreffende Strahlung ionisiert wird. Das Gas wird dadurch kurzzeitig leitend. Der entstehende Stromstoß wird elektronisch verstärkt und über einen Lautsprecher hörbar gemacht.

Ionisation durch Zusammenstöße

Durch die natürliche radioaktive Umgebungsstrahlung werden in der Luft ständig freie Ladungsträger (Ionen und Elektronen) erzeugt. Ihre Anzahl ist jedoch zu gering, um die Luft leitend zu machen.

Bei einem Gewitter entstehen sehr hohe Ladungsunterschiede (Spannung) zwischen Wolken und Erde (▷ B 4). Dadurch werden die wenigen freien Elektronen und Ionen so stark beschleunigt, dass sie bei Zusammenstößen mit den Teilchen der Luft diese ionisieren: Es entstehen zusätzliche positiv geladene Ionen und frei bewegliche Elektronen. Diese Ionen und Elektronen werden ebenfalls wieder beschleunigt und erzeugen dann beim Zusammenstoß mit Luftteilchen weitere Ladungsträger usw. Durch diese Stoßionisationen entstehen in sehr kurzer Zeit in einem lawinenartigen Prozess sehr viele freie Ladungsträger. Die Luft wird dadurch leitend und du siehst die Entladung als Blitz.

▶ Durch Wärme, energiereiche Strahlung oder Stoßionisation können Gase ionisiert werden. Dabei entstehen freie Elektronen und Ionen.

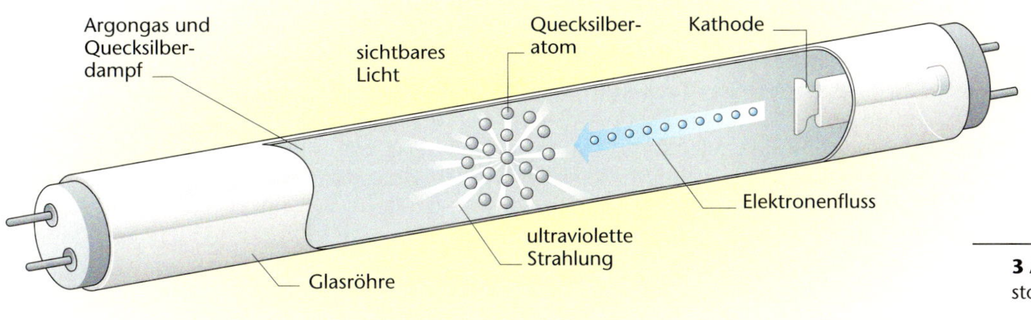

3 Aufbau einer Leuchtstoffröhre

Leuchtstoffröhre
Eine Leuchtstoffröhre besteht aus einem Glasrohr, an dessen Enden zwei Elektroden aus Metall eingeschmolzen sind. Im Innern befindet sich ein Gas bei niedrigem Druck. Oft ist das Gas eine Mischung aus Quecksilberdampf und Argon.
Bei einer Leuchtstoffröhre wird das Licht nicht durch hohe Temperaturen erzeugt (wie z. B. bei der Glühlampe), sondern durch den Stromfluss in Gasen.

Die Hochspannung an den Elektroden sorgt dafür, dass die Gasmoleküle ionisiert werden (▷B3). Die Gas-Ionen und die freien Elektronen werden stark beschleunigt. Durch die hohe Geschwindigkeit haben sie so viel Energie, dass sie beim Zusammenprall mit neutralen Gasteilchen diese nicht nur ionisieren, sondern auch zum Leuchten anregen können. So sendet beispielsweise Quecksilber durch die Stoßanregung ultraviolettes Licht aus, das allerdings für den Menschen nicht sichtbar ist. Durch einen Leuchtstoff, der an der Innenseite der Röhre angebracht ist, wird die UV-Strahlung in sichtbares Licht umgewandelt (▷B3).

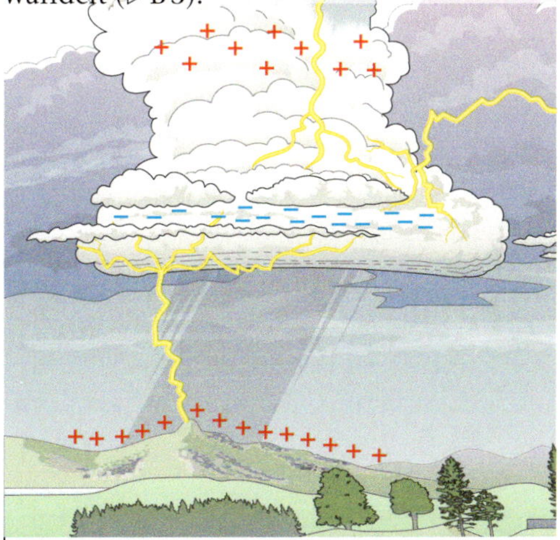
4 Ladungsunterschiede bei einem Gewitter

Der Stromfluss in Gasen ist oft mit Leuchterscheinungen verbunden.

Leuchtende Gase am Himmel
Ein leuchtender Vorhang am Himmel – so beschreiben Beobachter dieses Naturschauspiel (▷B5). Ursache ist die Sonne. Besonders bei starker Sonnenaktivität werden unzählige elektrisch geladene Teilchen Richtung Erde geschleudert. Wenn sie in die Erdatmosphäre eintreten, prallen sie auf Luftbestandteile wie Sauerstoff und Stickstoff und regen diese zum Leuchten an. Beim Zusammenprall mit Sauerstoff entsteht grünes Polarlicht. Treffen sie z. B. auf Stickstoff, sieht man rotes Licht. In den Polregionen kann man Polarlichter fast jede Nacht beobachten, in Deutschland eher selten.

Versuch

1 Knicke einen Folienstreifen in der Mitte und reibe die Hälften kräftig aneinander, bis sie sich abstoßen. Halte den Streifen nun vorsichtig über eine Kerzenflamme. Was geschieht dabei? Wie erklärst du deine Beobachtung?

5 Polarlichter sind ein besonderes Naturschauspiel.

Was ist ein Vakuum?
Die Erde ist von einer Lufthülle umgeben. Diese besteht aus einem Gasgemisch und reicht bis in eine Höhe von vielen Kilometern. Aufgrund ihrer Gewichtskraft übt die Luft einen bestimmten Druck (Luftdruck) auf uns und auf alle Gegenstände aus. Nimm einmal einen Trinkhalm, verschließe ihn unten und sauge etwas Luft ab. Die Luft im Trinkhalm wird „dünner", d. h. die Anzahl der Gasmoleküle nimmt ab. Im Trinkhalm herrscht ein kleinerer Luftdruck als draußen.

Je mehr Luft bzw. Gas aus einem Behälter gepumpt wird, desto weniger Gasmoleküle sind im Gefäß und desto kleiner wird der Gasdruck. Ein Gas mit einem extrem kleinen Druck bezeichnet man als **Vakuum**. Ein Vakuum ist ein idealer Isolator, da es (fast) keine Gasteilchen und damit auch keine Ladungsträger enthält.

Um ein starkes Vakuum in z. B. einer verschlossenen Glasröhre zu erzeugen, wird die Luft bzw. das Gas mit speziellen Pumpen abgepumpt.

Ein Vakuum ist ein Raum, in dem der Gasdruck deutlich niedriger als der normale Luftdruck ist, sodass fast keine Gasteilchen mehr vorhanden sind.

Leitungsvorgang im Vakuum
Bild 1 zeigt eine Glasröhre, aus der die Luft abgepumpt wurde. In ihrem Innern befindet sich ein Vakuum. Damit in diesem Vakuum ein elektrischer Strom fließen kann, müssen Ladungsträger eingebracht werden. Dafür gibt es zwei Möglichkeiten:

1. Wärme
In die Vakuumröhre wird ein Metalldraht (z. B. Wolframdraht) eingebaut und elektrisch zum Glühen gebracht. Dadurch erhalten einige Elektronen im Draht so viel kinetische Energie, dass sie aus dem Metall austreten können bzw. emittiert werden. Dieser Vorgang heißt **Glühemission** (▷ B 1). Legt man eine Spannung an die Röhre an, werden die frei beweglichen Elektronen zur Anode (+) beschleunigt – im Vakuum fließt Strom.

Weil es im Vakuum jedoch (fast) keine anderen Teilchen gibt, kommt es nur sehr selten zu Zusammenstößen. Die Elektronen erreichen äußerst hohe Geschwindigkeiten und damit sehr viel Energie. Durch Glühemission wird z. B. ein energiereicher Elektronenstrahl in der Fernsehbildröhre erzeugt.

2. Licht
Wird ein Metall mit Licht bestrahlt, können die Elektronen so viel Energie erhalten, dass sie aus dem Metall freigesetzt werden (▷ B 3). Man spricht von **Fotoemission.**
Fotozellen sind Sensoren, in denen auf diese Weise Lichtenergie in elektrische Energie umgewandelt wird. Die Fotozelle besteht aus einem Glasgefäß, in dem ein Vakuum herrscht. Im Innern des Gefäßes befindet sich die Kathode (–), die aus einem lichtempfindlichen Material besteht. Bei Lichteinfall werden Elektronen aus diesem Material freigesetzt und im Vakuum zur Anode (+) hin beschleunigt. Es fließt ein elektrischer Strom.

Mithilfe von Fotozellen können in vielen Bereichen völlig berührungslos Schaltvorgänge durch Licht ausgelöst werden. Beispiele dafür sind Alarmanlagen, Ampelanlagen und automatische Türöffner.

In einem Vakuum werden freie Elektronen durch Glüh- oder Fotoemission erzeugt.

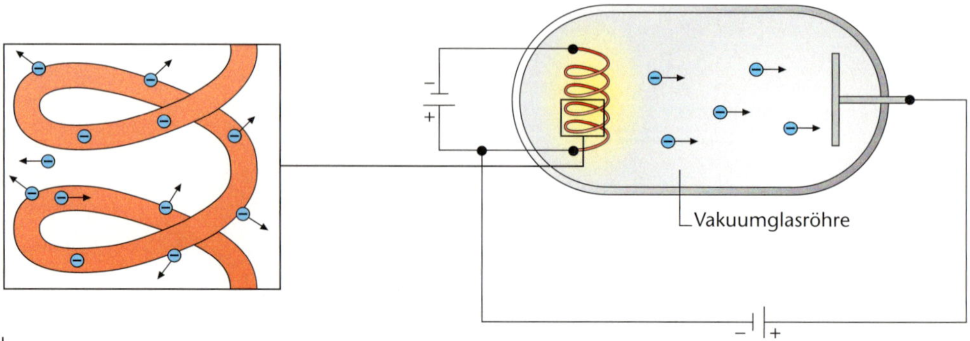

1 Freie Ladungsträger können durch Glühemission erzeugt werden.

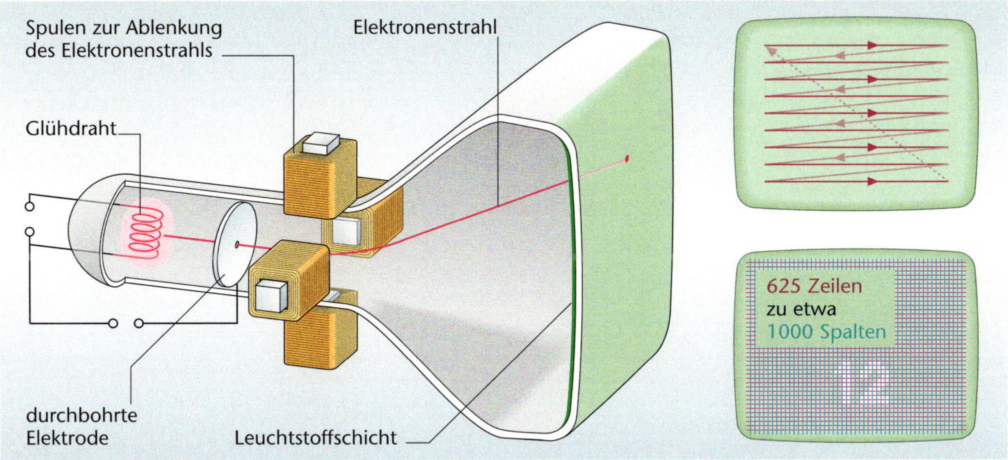

2 Aufbau einer Bildröhre (im Farbfernsehgerät sind drei Elektronenstrahlen beteiligt).

Schnelle Elektronenstrahlen im Fernseher
Ein Fernsehbild setzt sich aus über einer Million einzelner Bildpunkte zusammen. Bei vielen Fernsehgeräten werden die **Bildpunkte** durch Elektronenstrahlen in der **Bildröhre** erzeugt (▷ B 2).

Im Innern der Bildröhre herrscht Vakuum. Durch Glühemission erzeugte Elektronen werden zu einem dünnen Strahl gebündelt und durch das elektrische Feld zwischen Kathode (–) und Anode (+) beschleunigt. Die Steuerung dieses Elektronenstrahls erfolgt durch elektrische Signale.

Spezielle Spulensysteme lenken den Elektronenstrahl auf eine bestimmte Stelle des Leuchtschirms. Der Schirm ist mit verschiedenen Leuchtstoffen beschichtet. Wenn der Elektronenstrahl dort auftrifft, leuchtet diese Stelle in einer bestimmten Farbe auf.

Beim Farbfernsehgerät werden drei Elektronenstrahlen benötigt. Sie lassen auf dem Bildschirm jeweils grüne, blaue und rote Farbpunkte aufleuchten. Aus diesen Farbpunkten entstehen dann farbige Bilder.

Plasmabildschirme
Ein Plasmabildschirm (▷ B 4) arbeitet nach einem anderen Prinzip, ähnlich dem einer Leuchtstoffröhre. Im Innern des Geräts befindet sich eine große Anzahl winziger Kammern. Jede von ihnen enthält ein Edelgasgemisch bei geringem Druck. Wenn Spannung anliegt, wird das Edelgasgemisch ionisiert (ein ionisiertes Gas nennt man Plasma).
Das Plasma sendet UV-Licht aus, welches durch spezielle Leuchtschichten in sichtbares Licht umgewandelt wird. Je nach Leuchtstoff sendet die Kammer rotes, grünes oder blaues Licht aus.
Immer drei benachbarte Kammern (je eine für Rot, Grün und Blau) ergeben einen farbigen Bildpunkt.

4 Plasmabildschirme

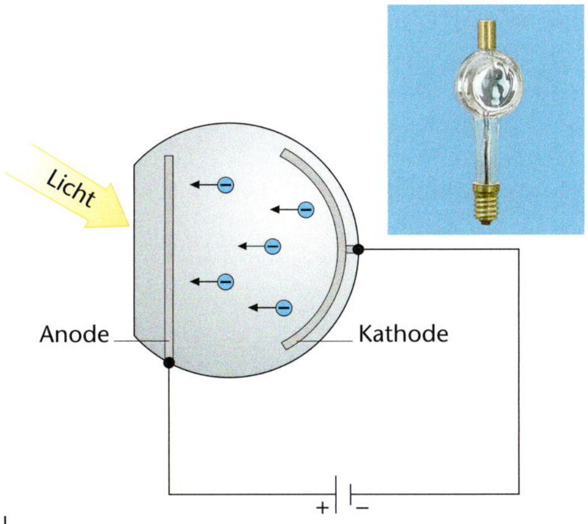

3 Fotoemission

Aufgaben

1 Vergleiche den Leitungsvorgang in Metallen, Flüssigkeiten, Gasen und Vakuum.

2 Das Gas in Leuchtstoffröhren hat einen geringen Druck. Was wird dadurch erreicht?

3 Was meinst du: Tritt beim Stromfluss in einem Vakuum eine Leuchterscheinung auf? Begründe deine Antwort.

Halbleiter

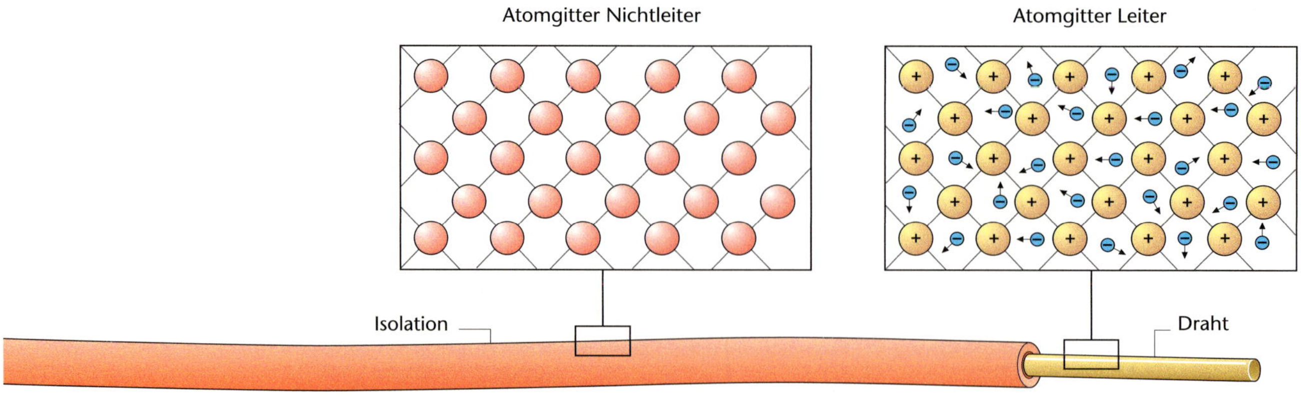

1 Nichtleiter und Leiter im Vergleich

Leiter und Nichtleiter
Metalle wie Eisen, Kupfer usw. sind bei Zimmertemperatur gute elektrische Leiter, weil sie viele frei bewegliche Elektronen besitzen.
Bei Kunststoffen, Glas und vielen anderen Materialien ist das nicht der Fall. Freie Ladungsträger sind hier kaum vorhanden (▷ B 1).

Manchmal Nichtleiter und manchmal Leiter
Manche Leuchtdioden, Solarzellen und andere elektronische Bauteile bestehen aus Silicium.

Silicium ist ein elektrischer **Halbleiter**. Bei Zimmertemperatur leiten Halbleiter-Stoffe den elektrischen Strom viel schlechter als Metalle. Die elektrische Leitfähigkeit von Halbleitern lässt sich jedoch durch Energiezufuhr (Wärme oder Licht) verbessern (▷ B 2).

So leitet beispielsweise ein Heißleiter bei sehr tiefen Temperaturen fast gar nicht. Mit steigender Temperatur wird der Heißleiter jedoch zunehmend leitfähig.
Beim Fotowiderstand (LDR) bewirkt Licht Ähnliches. Bei starker Beleuchtung leitet der LDR sehr gut, er hat einen kleinen Widerstand. Bei Dunkelheit ist der Widerstand groß.

▶ Bei Halbleitern nimmt die elektrische Leitfähigkeit zu, wenn sie erwärmt oder stärker beleuchtet werden.

Was bewirkt Energie im Halbleiter?
Den Halbleiter Silicium findest du in der 4. Hauptgruppe des Periodensystems. Wie man sich den Aufbau eines Siliciumkristalls vorstellt, zeigt Bild 2 oben: Ein Siliciumatom hat vier Außenelektronen. Jedes bildet mit einem Außenelektron des Nachbaratoms eine Elektronenpaarbindung.

Bei sehr tiefen Temperaturen oder bei Dunkelheit sind die Elektronen im Siliciumkristall fest gebunden. Der Kristall ist ein Nichtleiter.

▶ Halbleiter leiten bei tiefen Temperaturen oder Dunkelheit sehr schlecht, weil fast alle Elektronen fest gebunden sind.

Bei Erwärmung bzw. Beleuchtung ändert sich die Situation: Durch die Energiezufuhr werden einzelne Elektronen aus der Bindung „geschüttelt“ und sind frei beweglich (▷ B 2 unten). Damit stehen sie für den Leitungsvorgang zur Verfügung.

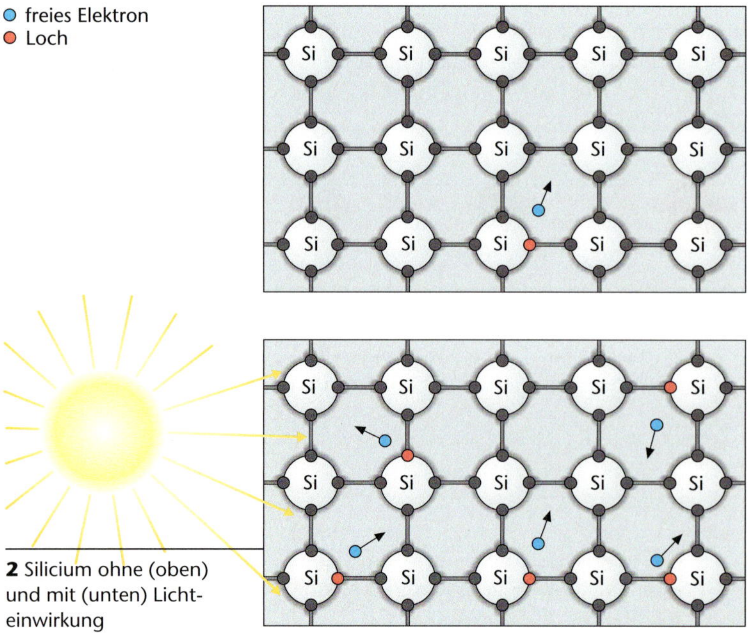

2 Silicium ohne (oben) und mit (unten) Lichteinwirkung

Bei Zimmertemperatur reicht die Energie aus, um einem von etwa einer Billion Atomen ein Elektron zu entreißen. Je mehr Energie zugeführt wird, desto mehr freie Elektronen entstehen und desto besser leitet der Halbleiter.

Jedes freigesetzte Elektron hinterlässt eine Elektronen-Fehlstelle im Atom. Eine solche Fehlstelle wird auch als **Loch** bezeichnet. Da die negative Ladung des freigesetzten Elektrons an dieser Stelle fehlt, kann man das Loch als positiv geladen betrachten.

Bei Energiezufuhr werden Elektronen freigesetzt. Jedes freigesetzte Elektron hinterlässt ein (positiv geladenes) Loch.

Versuch

1 Vergleiche die Leitfähigkeit eines Fotowiderstands bei unterschiedlicher Beleuchtung mit der Leitfähigkeit eines Heißleiters bei unterschiedlichen Temperaturen.
Plane das Experiment und erstelle ein Versuchsprotokoll.

Brennpunkt

Silicium – so häufig wie Sand am Meer

Wusstest du, dass Silicium nach Sauerstoff der häufigste Bestandteil der Erdkruste ist?
Berge, Felsen, Steine, sogar manche Halbedelsteine enthalten Silicium. Allerdings kommt Silicium in der Natur nicht rein vor, sondern immer in Verbindung mit anderen Elementen. Am häufigsten ist die Verbindung mit Sauerstoff (Siliciumdioxid) – dies kennst du als Quarz oder in lockerer Form als Sand.

Silicium ist der wichtigste Grundstoff in der Halbleitertechnik. Die elektrischen Eigenschaften des Siliciums ermöglichen es, winzige Mikrochips zu bauen. So passen auf einen heutigen Mikroprozessor etwa 40 Millionen Transistoren.

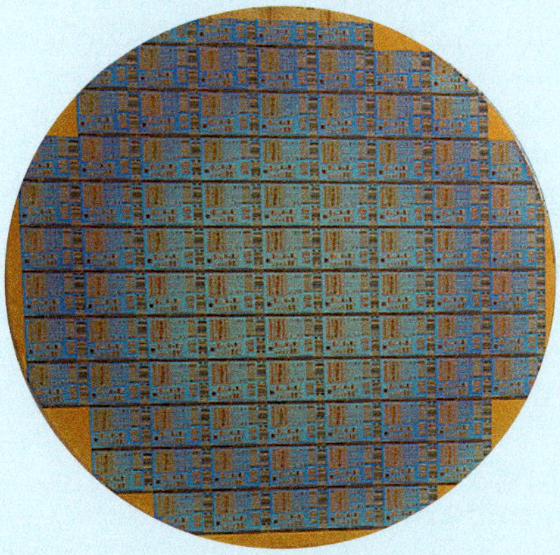

1 Silicium-Wafer mit Mikrochips

2 Siliciumdioxid in Form von Quarzkristallen und Sand.

Für die Herstellung solcher Chips muss das Silicium allerdings in höchster Reinheit gewonnen werden, z. B. aus Sand. Dabei darf sich unter 100 Milliarden Atomen höchstens ein einziges „falsches“ befinden.
Es gibt kein anderes Element auf der Welt, das in solcher Reinheit benötigt wird.

Aber auch in anderen Bereichen wird Silicium sehr vielseitig verwendet:
So ist beispielsweise Glas nichts anderes als geschmolzenes und wieder erstarrtes Siliciumdioxid.
Auch Silikon ist ein Siliciumprodukt. Es wird zum Abdichten von Fugen verwendet, aber auch in der Schönheitschirurgie eingesetzt.
Jeder Mensch benötigt eine ausreichende Siliciumversorgung. Silicium stärkt das Immunsystem und ist gut für Haare, Haut und Fingernägel.

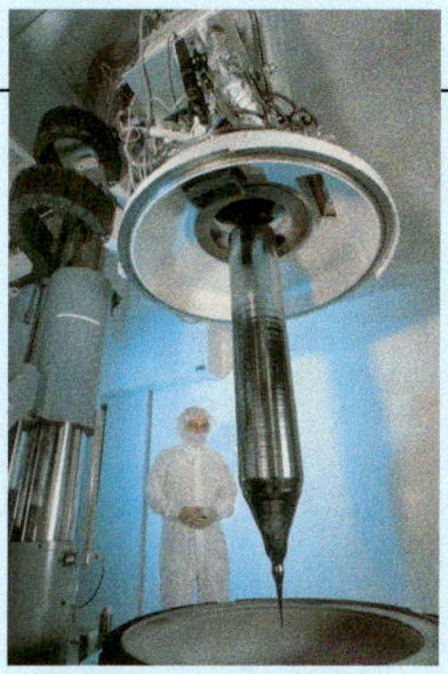

Silicium (nach dem lateinischen Wort „silex“ für Kiesel):
- Halbleiter (Nichtmetall)
- dunkelgrau, glänzend
- hart, spröde
- entdeckt 1823 von dem schwedischen Chemiker J. J. Berzelius

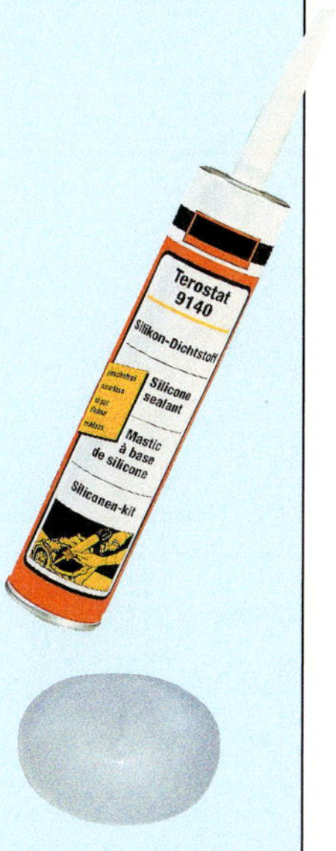

3 Auch Silikon enthält Silicium

Der Leitungsvorgang in Halbleitern

Elektrischer Strom in Halbleitern
Auch Fotowiderstände und Heißleiter bestehen aus Halbleitern. Wenn du beispielsweise einen Fotowiderstand aus Silicium beleuchtest, dann lösen sich im Siliciumkristall mehr und mehr Außenelektronen aus der Bindung. Dadurch entstehen Löcher.

Die Elektronen können sich zunächst frei im Siliciumkristall bewegen (▷ B 1). Sobald jedoch eine Spannung angelegt wird, laufen im Halbleiter gleichzeitig zwei Vorgänge ab (▷ B 2):

1. Die negativ geladenen Elektronen bewegen sich zum Pluspol. Dieser Vorgang wird als **Elektronenstrom** bezeichnet.

2. Die positiv geladenen Löcher können Elektronen aus einer Nachbarbindung „einfangen“. Nun ist an der neuen Stelle ein Loch entstanden. Dieses Loch geht wieder auf „Elektronenfang“ usw …

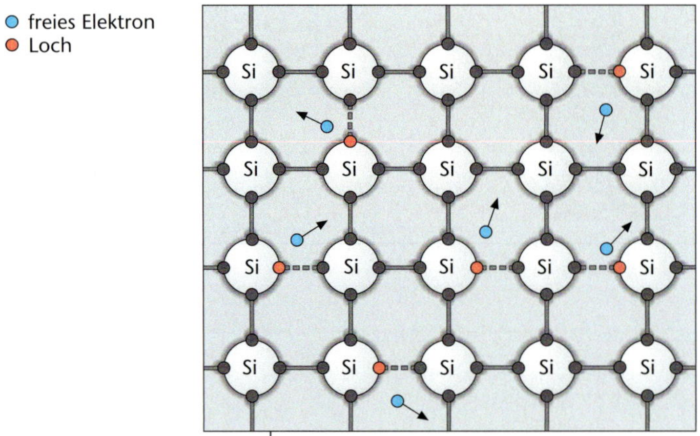

1 Siliciumkristall ohne Spannung

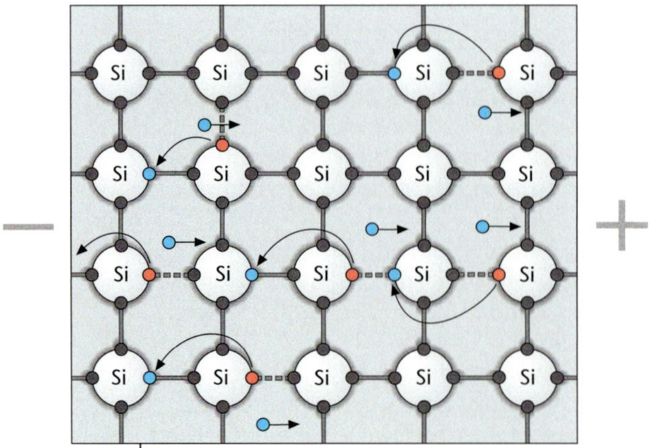

2 Siliciumkristall mit angelegter Spannung

3 Auch ein freier Platz kann wandern.

Dadurch scheint es, als ob die Löcher zum Minuspol wanderten. Dieser Strom wird als **Löcherstrom** bezeichnet.

Du kannst dir das wie beim Platzwechsel vorstellen, wenn irgendwo in der Mitte ein Platz frei geblieben ist.
Im Bild 3 ist dies anschaulich gemacht. Wenn jeder immer einen Platz weiter nach rechts springt, dann wandert der freie Platz (entspricht einem Loch) nach links.

Wird eine Spannung an einen Halbleiter angelegt, dann fließt
- ein Elektronenstrom in Richtung Pluspol und
- gleichzeitig ein Löcherstrom in Richtung Minuspol.

Nützliche Fremdatome
Die Leitfähigkeit von Silicium wird nicht nur von Temperatur oder Licht beeinflusst. Ob Silicium gut oder schlecht leitet, hängt auch von seiner Reinheit ab. Erstaunlicherweise leitet Silicium sogar noch besser, wenn es verunreinigt ist. Diese Tatsache macht man sich zunutze und „schmuggelt“ in das Silicium ganz gezielt Fremdatome ein. Diesen Vorgang nennt man **Dotieren** (lat. dotare: dazugeben).
Dabei wird etwa jedes Millionste Siliciumatom durch ein fremdes Atom (z. B. Arsen) ersetzt.

Durch den Einbau von Fremdatomen (Dotieren) kann ein Halbleiter gezielt leitfähiger gemacht werden.

Die eingebauten Fremdatome haben entweder ein Außenelektron mehr oder ein Außenelektron weniger als ein Siliciumatom.
Auf diese Weise kann gesteuert werden, ob im Siliciumkristall hauptsächlich die freien Elektronen oder die Löcher den Strom bewirken sollen.

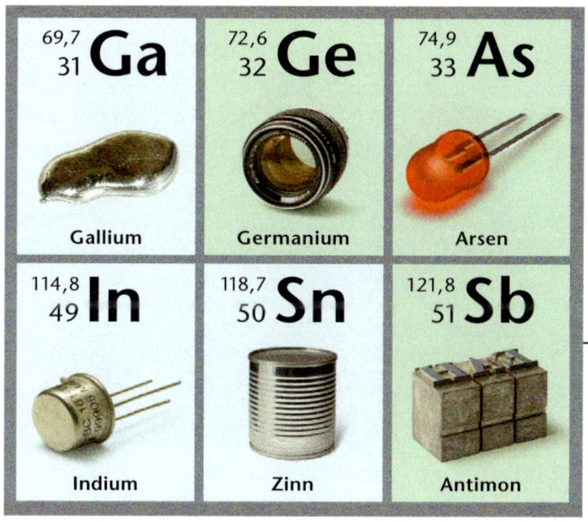

4 Ausschnitt aus dem Periodensystem

Mehr freie Elektronen für den Elektronenstrom

Arsen findest du in der 5. Hauptgruppe des Periodensystems (▷ B 4), es hat fünf Außenelektronen und damit eines mehr als Silicium.
Wird ein Arsenatom in einen Siliciumkristall eingebaut, werden vier Außenelektronen des Arsens fest gebunden (▷ B 6). Das fünfte bleibt übrig und steht für den Elektronenstrom zur Verfügung.
Den so entstandenen Kristall bezeichnet man als **n-dotiert**, weil in diesem Fall die freien Elektronen (mit negativer Ladung) in der Überzahl sind und den Strom bewirken.

▶ Ein n-dotierter Halbleiter besitzt aufgrund eines Überschusses an freien Elektronen eine bessere Leitfähigkeit.

Mehr Löcher für den Löcherstrom

Dotiert man dagegen Silicium mit Fremdatomen eines Elements aus der dritten Hauptgruppe (z. B. Indium), dann überwiegen danach die Löcher im Kristall.

Indiumatome haben nur drei Außenelektronen. Wird nun ein Indiumatom in einen Siliciumkristall eingebaut, dann geschieht Folgendes:
Drei Außenelektronen des Indiumatoms bilden mit drei Außenelektronen des Siliciumatoms eine feste Bindung (▷ B 5). Das vierte Außenelektron des Siliciums hat keinen Bindungspartner. Damit entsteht ein zusätzliches Loch. Dies ermöglicht einen erhöhten Löcherstrom.

Bei einem in dieser Weise dotierten Halbleiter sind die Löcher in der Überzahl. Er wird deshalb als **p-dotiert** bezeichnet.

▶ Ein p-dotierter Halbleiter besitzt aufgrund eines Überschusses an Löchern eine bessere Leitfähigkeit.

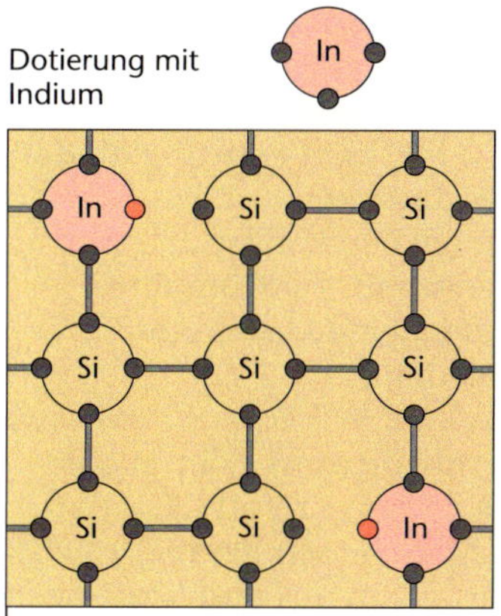

5 p-dotierter Halbleiter

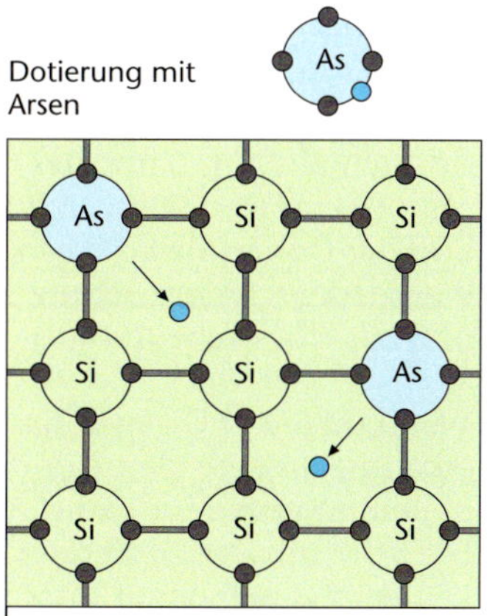

6 n-dotierter Halbleiter

Aufgaben

1 Vergleiche den Leitungsvorgang in Halbleitern mit dem in Metallen.

2 Man kann Silicium auch mit Bor oder Phosphor dotieren. Erläutere jeweils anhand einer Skizze, welche Dotierung sich ergibt.

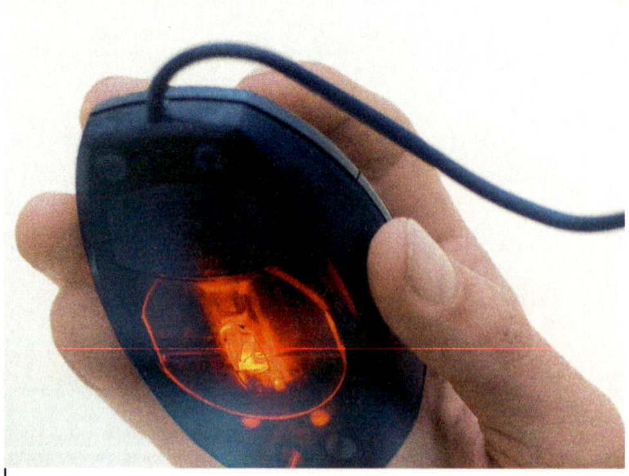

1 LED in einer Computermaus

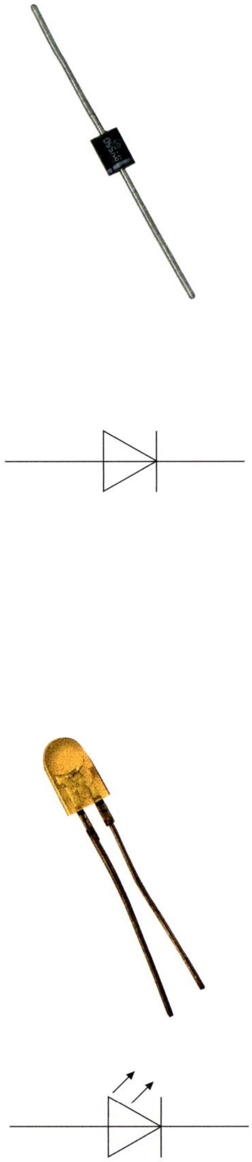

2 Dioden mit Schaltzeichen (oben: Universaldiode; unten: Leuchtdiode)

Signale durch Leuchtdioden

Ob weiße Leuchtdioden in Lampen oder farbige Leuchtdioden in Displays (Anzeigefeldern) – in vielen Bereichen sind Leuchtdioden (LED: light emitting diode) nicht mehr wegzudenken.
An ihren Lichtsignalen kannst du erkennen, ob ein Gerät (z. B. ein Computer) in Betrieb ist oder gerade bestimmte Vorgänge darin ablaufen.

Auch in der Fernbedienung oder in optischen Computer-Mäusen sind LEDs enthalten (▷ B 1). Manche senden nicht sichtbares (infrarotes) Licht aus und übertragen damit Steuerbefehle zum Gerät.

Was sind Leuchtdioden?

Leuchtdioden sind Halbleiterbauteile mit einer Besonderheit: Wenn elektrischer Strom durch eine LED fließt, dann sendet sie Licht aus. Die Farbe des Lichts hängt nur vom verwendeten Halbleitermaterial und der Dotierung ab. Die Kunststoffhülle dient lediglich zum Schutz des Kristalls und zur Unterscheidung.

Wenn du die LED gegen das Licht hältst, erkennst du eine kleine und eine große Metallhalterung für den Halbleiterkristall. Die Seite mit der größeren Halterung erkennst du auch daran, dass sich dort der kürzere der beiden Anschlussdrähte (▷ B 3) befindet und der Kragen am Kunststoffgehäuse der Leuchtdiode etwas abgeflacht ist.

▶ Wenn elektrischer Strom durch eine Leuchtdiode fließt, dann sendet sie Licht aus.

Im unteren Teil von Bild 2 siehst du das Schaltzeichen einer Leuchtdiode. Der senkrechte Balken im Bild entspricht der LED-Seite mit dem kurzen Anschlussdraht.

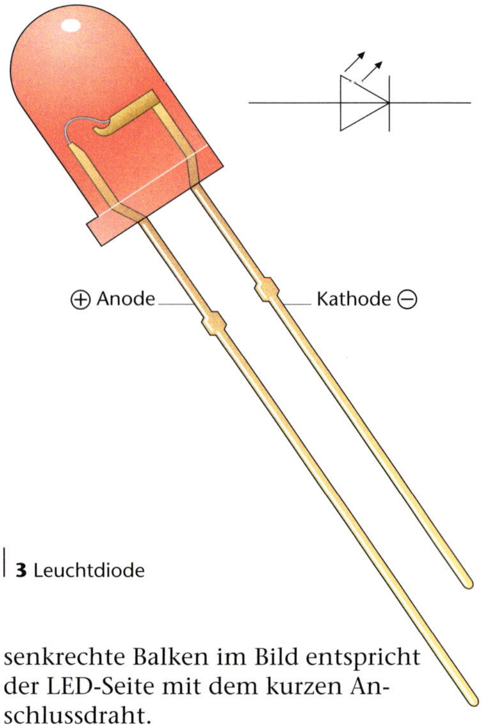

3 Leuchtdiode

Einbahnstraßen für Elektronen

Eine LED sendet nur dann Licht aus, wenn sie richtig angeschlossen ist (▷ V 1). Dazu muss der kurze Draht mit dem Minuspol und der lange Draht mit dem Pluspol der Spannungsquelle verbunden sein.

Versuche

1 a) Schließe eine rote LED in Reihe mit einer Lampe (3,8 V / 0,07 A) an eine Batterie (4,5 V) an. Was beobachtest du?
b) Vertausche die Anschlüsse der Batterie. Welcher Batteriepol muss mit dem kurzen Bein verbunden sein, damit die LED leuchtet?
c) Baue zusätzlich ein Amperemeter in den Stromkreis ein. Miss die Stromstärke, wenn die LED erst so wie in Teil a) und dann wie in Teil b) angeschlossen wird.
d) Schließe die LED an eine Wechselspannungsquelle (2 V) an. Bewege die LED vorsichtig hin und her. Was beobachtest du?
e) Fasse die Ergebnisse der Teile a) bis d) zusammen.

2 Wiederhole die Versuche 1 a) bis c). Benutze anstelle der roten LED eine Universaldiode.

In diesem Fall fließen Elektronen durch den Halbleiter – die LED ist in Durchlassrichtung geschaltet (▷B4, links).
Wenn du die Anschlüsse vertauschst, dann ist der Weg für die Elektronen gesperrt. Es fließt kein Strom – die LED ist in Sperrrichtung geschaltet (▷B4, rechts).

Nicht alle Dioden leuchten
Es gibt auch Dioden, die kein Licht aussenden (▷B2, oben). Diese sind auf einer Seite mit einem Ring markiert. Der Ring entspricht dem Balken im Schaltzeichen. Auch nicht leuchtende Dioden lassen den Strom nur in eine Richtung fließen: Wenn der Minuspol der Spannungsquelle mit der „Ringseite" der Diode verbunden ist, dann ist die Diode in Durchlassrichtung geschaltet (▷V2). Bei umgekehrter Polung sperrt die Diode.

Dioden sind Halbleiterbauteile, die den Strom nur in einer Richtung fließen lassen.

Durch falsche Polung können Halbleiterbauteile in elektronischen Geräten beschädigt werden. Deshalb sind oft Dioden eingebaut. Hier nutzt man ihre besondere Eigenschaft, bei falscher Polung den Stromfluss zu sperren.

Dioden brauchen Schutz
Bei kleinen Spannungen leitet eine Diode fast gar nicht. Hat die Spannung aber einen bestimmten Wert (bei Silicium-Dioden etwa 0,7 V) überschritten, dann steigt die Stromstärke plötzlich sehr stark an.
Bei zu hoher Stromstärke kann jedoch der Halbleiterkristall zerstört werden. Deshalb sind für alle Dioden Höchstspannungen angegeben.
Wie groß diese Höchstspannungen sind, hängt vom Diodentyp ab (▷B5). Willst du mit höheren Spannungen arbeiten, dann muss die Diode durch einen geeigneten Vorwiderstand geschützt werden.

Klein, aber oho!
Leuchtdioden sind klein, unempfindlich gegenüber Erschütterungen und benötigen nur eine geringe Betriebsspannung. Das sind jedoch nicht die einzigen Vorteile.
So ist beispielsweise ihr Wirkungsgrad schon heute größer als der von Glühlampen. Außerdem ist die Lebensdauer von LEDs mindestens 100-mal höher als die von Glühlampen. Damit übertreffen sie sogar Energiesparlampen.

Aufgaben

1 Erläutere Gemeinsamkeiten und Unterschiede von LEDs und nicht leuchtenden Dioden.

2 Erkläre die Beobachtung, die du in Versuch 1d) gemacht hast.

3 In Versuch 1 dient das Lämpchen als Anzeige, aber auch als Schutz der Leuchtdiode. Erläutere diese Aussage.

4 In vielen Bereichen sollen Glühlampen nach und nach durch Leuchtdioden ersetzt werden. Welche Vorteile bringt das?

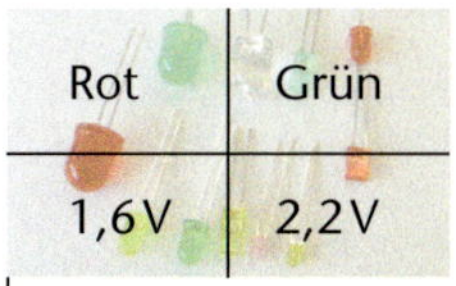

5 Zulässige Spannungen von roten und grünen LEDs

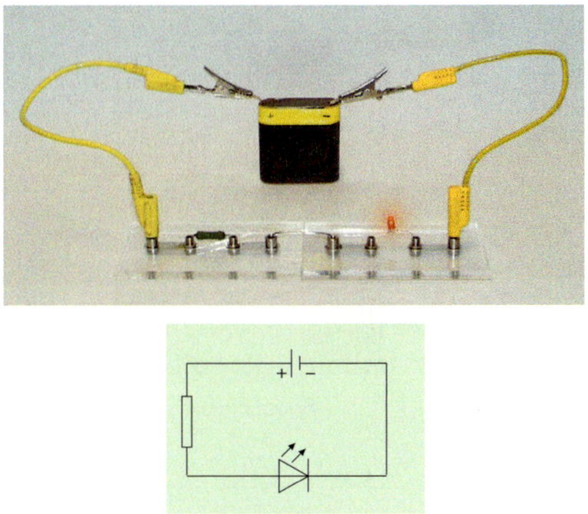
Durchlassrichtung – es fließt Strom.

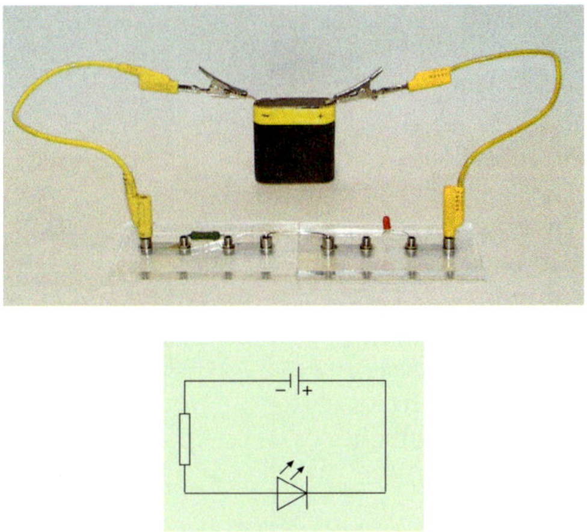
Sperrrichtung – es fließt kein Strom.

4 Bei der Diode kommt es auf die Polung an.

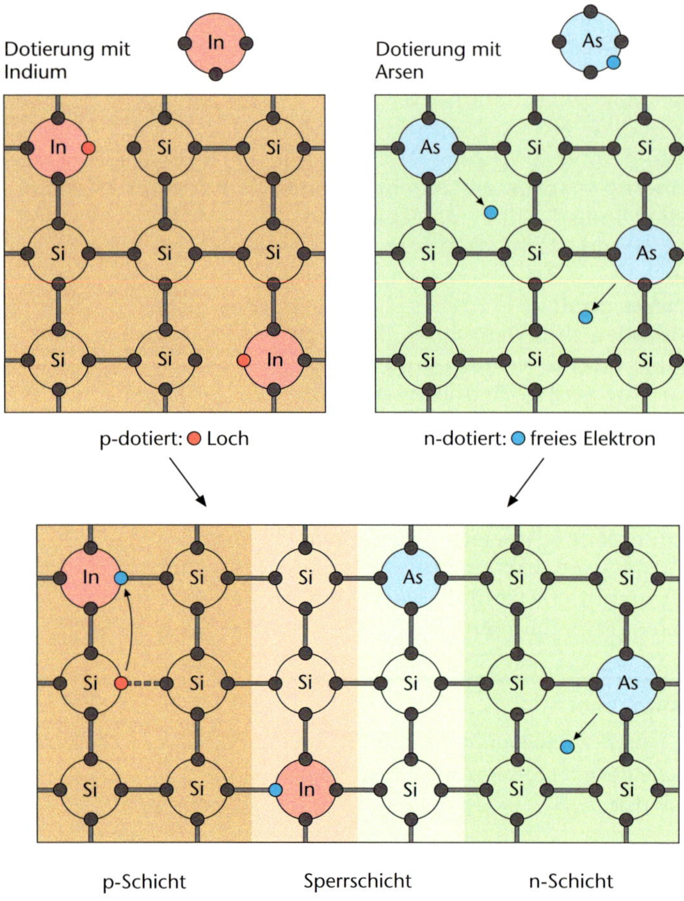

1 Aufbau einer Halbleiterdiode

Der Aufbau einer Diode

Jede Diode besteht aus einem Halbleiterkristall mit zwei unterschiedlich dotierten Bereichen (▷B 1). Dabei hat ein Bereich mehr freie Elektronen (n-dotiert), der andere hat mehr Löcher (p-dotiert).
Im Schaltzeichen der Diode sind die dotierten Bereiche verdeutlicht: Der p-dotierte Kristall entspricht dem Pfeil, der n-dotierte Kristall entspricht dem Balken.

Dort, wo n- und p-Schicht zusammentreffen, werden einige freie Elektronen von den Löchern „eingefangen". Dadurch entsteht ein schmaler Bereich, in dem es weder freie Elektronen noch unbesetzte Löcher gibt. Diese Schicht leitet nicht, deshalb wird sie auch als **Sperrschicht** bezeichnet (▷B 1).

▶ Eine Diode besteht aus einem n-dotierten und einem p-dotierten Halbleiterkristall.

Was geschieht in Durchlassrichtung?

Eine Diode ist in Durchlassrichtung geschaltet, wenn der Pluspol der Spannungsquelle mit dem p-dotierten Bereich der Diode verbunden ist und der Minuspol am n-dotierten Bereich der Diode liegt.

In Bild 2, links, sind die Vorgänge in der Diode dargestellt. Unter dem Einfluss der Spannungsquelle werden die freien Elektronen aus der n-Schicht durch die Sperrschicht zum Pluspol getrieben. Gleichzeitig „wandern" dadurch die positiv geladenen Löcher aus der p-Schicht zum Minuspol.

Was geschieht in Sperrrichtung?

Bei umgekehrter Polung ist die Diode in Sperrrichtung geschaltet. Der Pluspol der Spannungsquelle liegt am n-dotierten Bereich der Diode. In Bild 2, rechts, erkennst du, was dabei in der Diode abläuft.

Die Elektronen in der n-Schicht wandern zum Pluspol der Spannungsquelle – also weg von der Sperrschicht.
Mit den Löchern verhält es sich ähnlich: Die Elektronen, die vom Minuspol der Spannungsquelle kommen, besetzen die Löcher in der p-Schicht. Dadurch verlagern sich die Löcher zum Minuspol.
Also wird die Sperrschicht, in der keine freien Elektronen oder Löcher vorhanden sind, breiter. Die Diode sperrt.

▶ In einer Diode fließt Strom, wenn der Pluspol der Spannungsquelle am p-dotierten Bereich und der Minuspol am n-dotierten Bereich der Diode liegt.

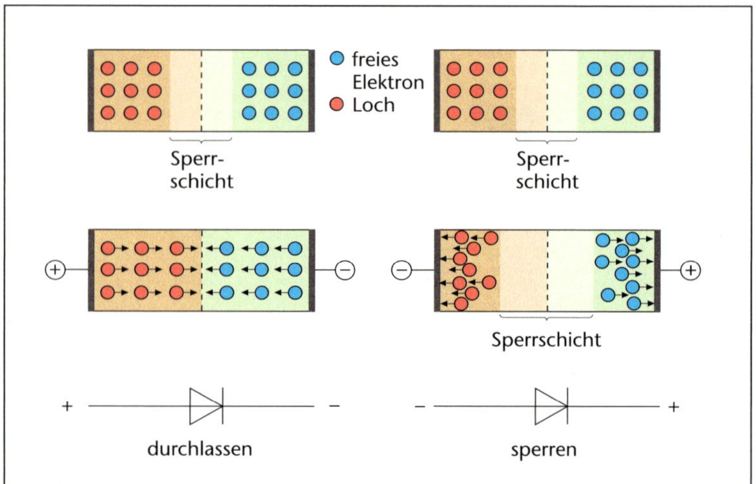

2 Durchlass- und Sperrrichtung einer Diode

1 Die Netzspannung ist Wechselspannung

Wechselspannung nicht erwünscht

An der Steckdose liegt Wechselspannung an. Schließt du ein Gerät an, dann fließt ein Wechselstrom, der in jeder Sekunde 100-mal die Richtung wechselt.
Tragbare CD-Player, Handys und auch andere Geräte funktionieren aber oftmals nur mit Gleichstrom.
Mithilfe von Dioden lässt sich Wechselstrom in Gleichstrom umwandeln. Die Dioden sind in ein Netzgerät eingebaut, das außerdem die Spannung verkleinert.

Die Diode – ein Gleichrichter für Wechselstrom

Wenn du einen Gleichstrommotor an Wechselspannung anschließt, dann läuft der Motor nicht wie gewünscht. Die Motorachse zittert nur hin und her, denn sie ändert ständig die Drehrichtung (▷V 1a, b).

Damit sich der Motor gleichmäßig in eine Richtung dreht, benötigt er Gleichstrom. Dies erreichst du, wenn du zusätzlich eine Diode in den Stromkreis einbaust. Die Diode lässt nur den Anteil des Wechselstroms in Durchlassrichtung durch, die andere Richtung sperrt sie. Dadurch hat der Strom durch den Motor immer die gleiche Richtung – es fließt ein pulsierender Gleichstrom (▷B 2 unten, V 1c).

▶ Dioden können Wechselstrom in Gleichstrom umwandeln.

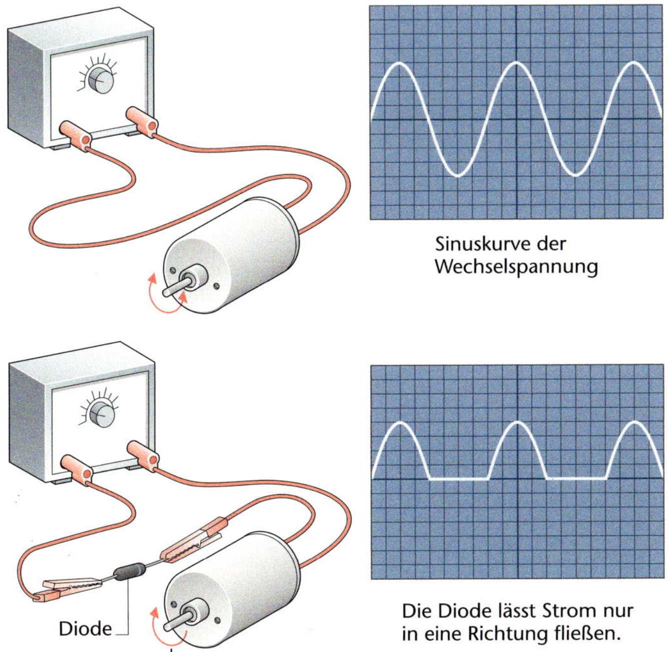

2 Eine Diode sorgt für Gleichstrom.

3 Auch eine Form von Wechsel- und Gleichstrom

Im Oszilloskopbild kannst du die beiden Stromarten vergleichen.
Wenn Wechselstrom durch den Motor fließt, dann ändert sich ständig die Stromrichtung. Das Oszilloskop in Bild 2 (oben) zeigt die typische Wellenlinie des Wechselstroms an.

In Bild 2 (unten) ist zusätzlich eine Diode in den Stromkreis eingebaut, also fließt Gleichstrom durch den Motor. Das ist mit dem Oszilloskop nachweisbar:
Du siehst nur noch die obere Halbwelle. Diese zeigt den Strom in Durchlassrichtung. Die untere Halbwelle der Wechselstromkurve ist abgeschnitten.

Versuch

1 a) Schließe einen Gleichstrommotor kurzzeitig an eine geeignete Batterie an. Vertausche danach die Polung. Beobachte dabei die Motorachse. Was stellst du fest?

b) Schließe den Motor an eine geeignete Wechselspannung an. Wie bewegt sich der Motor nun? Begründe.

c) Schalte nun zusätzlich eine Diode in Reihe mit dem Motor und wiederhole Versuch b). Beobachte und beschreibe die Unterschiede zu den vorher durchgeführten Versuchen.

Aufgabe

1 Was kannst du am Motor beobachten, wenn du die Diode in Bild 2 umpolst?

Die Solarzelle – ein Minikraftwerk

Energielieferant Sonne
Die Sonne spendet Licht und Wärme. In jeder Sekunde wird von der Sonne unvorstellbar viel Energie in den Weltraum abgestrahlt. Ein Teil davon erreicht die Erde innerhalb von etwa 8 Minuten. In Deutschland empfängt 1 m^2 Erdboden je nach Lage ungefähr 1000 kWh pro Jahr. Damit könnte man theoretisch ein Bügeleisen etwa 1000 Stunden lang betreiben.

Das Sonnenlicht ist Voraussetzung für die Fotosynthese. Damit können Pflanzen Sonnenenergie in chemische Energie umwandeln und speichern. Ein Teil dieser Energie wurde im Laufe von Jahrtausenden in fossilen Brennstoffen (z. B. Holz, Kohle usw.) konserviert. Der Mensch gewinnt daraus durch Energieumwandlung z. B. elektrische Energie.
Unsere Reserven an fossilen Brennstoffen sind jedoch begrenzt – die Energievorräte der Sonne sind dagegen fast unerschöpflich.

Versuche

1 a) Schließe einen Elektromotor an eine Solarzelle an. Halte die Solarzelle in die Sonne oder das Licht einer Lampe. Beobachte die Motorachse. Was geschieht, wenn du die Anschlüsse vertauschst?

b) Beleuchte eine Solarzelle mit einer hellen Lampe. Miss die Spannung und die Stromstärke, wenn die Solarzelle zu drei Viertel, zur Hälfte, zu einem Viertel bzw. nicht bedeckt ist. Notiere die Messwerte in einer Tabelle.
Welchen Einfluss hat die Größe der beleuchteten Zellenfläche auf die Spannung und die Stromstärke?

2 a) Schalte schrittweise mehrere Solarzellen in Reihe. Miss an den Endanschlüssen jeweils Spannung und Stromstärke. Trage die Messwerte in eine Tabelle ein.

b) Schalte nun nach und nach mehrere Solarzellen parallel zueinander. Bestimme wiederum die Spannung und die Stromstärke.
Was erreicht man mit der Reihenschaltung und was mit der Parallelschaltung von Solarzellen?

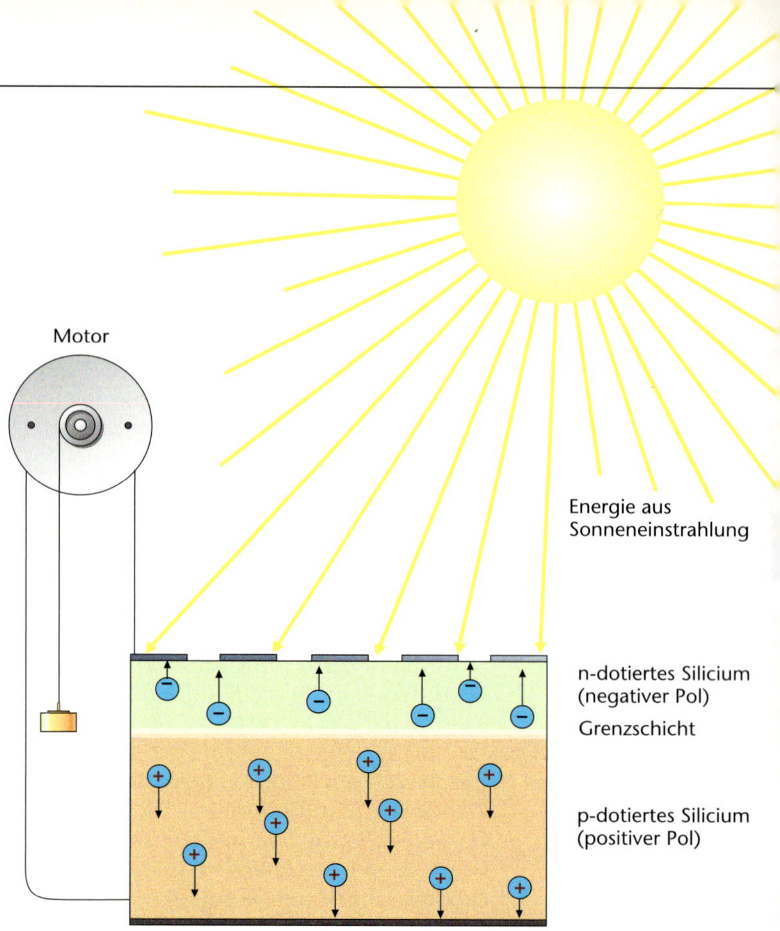

1 Prinzip einer Solarzelle

Solarzellen
Die Solarzelle (▷ B 2) ist ein Halbleiterbauteil, das Sonnenenergie nutzt. Solarzellen wandeln das Sonnenlicht direkt in elektrische Energie um.
Somit sind Solarzellen Stromerzeuger, die im Gegensatz zu Kraftwerken ohne bewegliche Teile auskommen.

Energieumwandlung in der Solarzelle
Du hast Leuchtdioden bereits genauer untersucht. Wenn elektrischer Strom durch eine LED fließt, dann sendet sie Licht aus.

In Solarzellen geschieht genau das Gegenteil: Hier wird Lichtenergie in elektrische Energie umgewandelt (▷ B 1). Sobald Licht auf die Solarzelle fällt, entsteht zwischen einer positiv und einer negativ geladenen Kontaktfläche eine Spannung. Wird der Stromkreis z. B. über einen Motor geschlossen (▷ V 1), dann fließt Gleichstrom.
Die Energie des Energieträgers Strom kann entweder direkt genutzt oder in einem Akku gespeichert werden.

2 Solarzelle

Solarzellen sind Halbleiterbauteile, die Lichtenergie in elektrische Energie umwandeln.

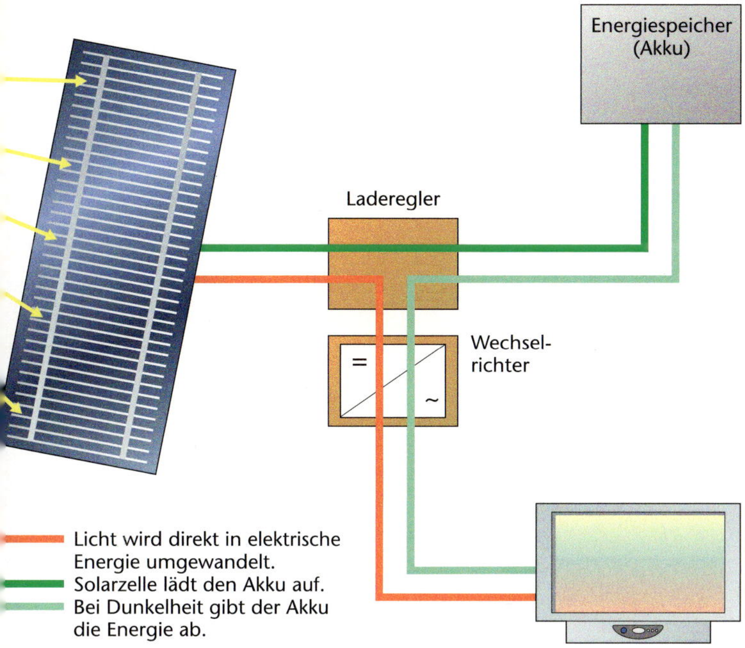

3 Prinzip der Versorgung eines Haushalts mit Solarenergie

Woraus bestehen Solarzellen?
Solarzellen bestehen aus einer 0,3 mm dünnen Siliciumscheibe, die von beiden Seiten unterschiedlich dotiert ist (▷ B 1).

Die vom Licht abgewandte Seite ist p-dotiert (Löcherüberschuss) und auf einer Kunststoffplatte befestigt. Die „Sonnenseite" ist n-dotiert (Elektronenüberschuss). Sie ist nur etwa 0,002 mm dick, damit das Licht möglichst ungehindert bis zur Grenzschicht durchdringen kann.
Das blaue Schimmern wird von einem speziellen Überzug aus Titanoxid verursacht. Er dient zum Schutz der Solarzelle und zur Verminderung von Reflexionsverlusten.
Auf der Vorder- und der Rückseite der Solarzelle befinden sich Metallkontakte, an denen die Spannung abgegriffen wird.

Wie wird aus Licht elektrische Energie?
Wenn Licht auf die p-n-Grenzschicht in der Solarzelle trifft, dann werden Elektronen aus den Bindungen herausgelöst. Es entstehen freie Elektronen und positiv geladene Löcher (▷ B 1).
Die Elektronen sammeln sich im n-Leiter, die Löcher im p-Leiter. Solange Licht einfällt, bleiben die positiven und negativen Ladungen voneinander getrennt, an den Anschlüssen der Solarzelle entsteht also eine Spannung. Wird der Stromkreis geschlossen, dann fließt Gleichstrom.

Von der Zelle zum Solarmodul
Die Größe der Spannung, die eine einzelne Solarzelle liefert, ist begrenzt. Die üblicherweise eingesetzten Solarzellen liefern etwa 0,5 V.
Bei stärkerer Beleuchtung steigt die Stromstärke, die Spannung ändert sich jedoch kaum. Auch die Größe der beleuchteten Fläche der Zelle hat fast keinen Einfluss auf die Spannung. Die Stromstärke steigt dagegen, je größer die beleuchtete Zellenfläche ist (▷ V1b).

Um höhere Spannungen bzw. Stromstärken bereitstellen zu können, werden mehrere Solarzellen zu größeren Einheiten (Modulen) miteinander verschaltet. Eine Reihenschaltung der Zellen bewirkt eine höhere Spannung (▷ V2a). Schaltet man die einzelnen Zellen parallel zueinander, dann steigt die Stromstärke (▷ V2b).

Solarmodule für den Hausgebrauch
Bei den meisten Solarmodulen sind Solarzellen in Reihe geschaltet und in einem Gehäuse montiert. Solch ein Modul liefert eine Gleichspannung von etwa 14 V bis 20 V. Damit können Akkus aufgeladen werden, die z. B. bei Dunkelheit die elektrische Energie wieder abgeben. Auch ein Parkscheinautomat kann mit einem Modul betrieben werden.
Für die Stromversorgung im Haushalt wird jedoch meist Wechselspannung benötigt. Mithilfe eines Wechselrichters wird der Solar-Gleichstrom in Wechselstrom umgewandelt (▷ B 3).

Aufgaben

1 Beschreibe die Energieumwandlungen im Versuch 1.

2 Weshalb kann man eine Solarzelle als Minikraftwerk bezeichnen?

4 Nutzung der Sonnenenergie in der Raumfahrt

Der Aufbau des Transistors
Transistoren bestehen aus drei Schichten (▷ B 2) von n- und p-leitenden Halbleitermaterialien (z. B. Silicium).
Beim npn-Transistor bestehen die Emitter- und die Kollektorschicht aus einem n-dotierten Halbleiter und die Basis aus einem p-dotierten Halbleiter. Beim pnp-Transistor ist es genau umgekehrt.
Die Basisschicht ist sehr dünn. Im Prinzip könnte man sich den Aufbau wie bei einem Stromkreis vorstellen, bei dem hintereinander eine Diode in Durchlass- und eine in Sperrrichtung geschaltet sind. Allerdings lässt sich das Verhalten eines Transistors nicht mit zwei Dioden verwirklichen. Dazu ist eine gemeinsame Halbleiterschicht notwendig.

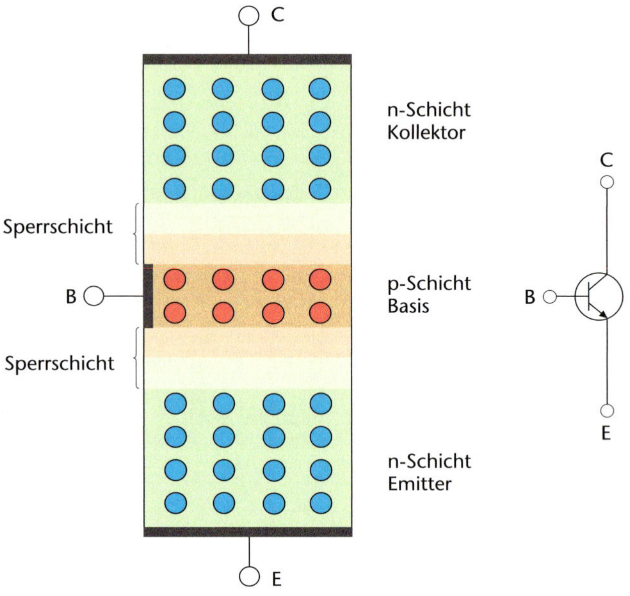

2 Ein npn-Transistor

Versuche

1 Bei welcher Basisspannung schaltet der Transistor?
Baue einen Schaltkreis wie in Bild 1 auf. Achte auf den korrekten Anschluss des Transistors.
Drehe das Potentiometer in die Nullstellung. Miss in 0,1-V-Schritten die Basis-Spannung U_{BE} zwischen Basis und Emitter des Transistors sowie den Basis-Strom I_B.
Ab welcher Basis-Spannung leuchtet die LED?

2 Baue den Stromkreis wie in Bild 3 auf. Drehe das Potentiometer in die Nullstellung. Miss in 10-μA-Schritten den Basis-Strom I_B und den Kollektor-Strom I_C.
Stelle das Ergebnis in einem I_B- I_C-Diagramm grafisch dar.
Berechne das Verhältnis (Verstärkungsfaktor) von I_C zu I_B.

Der Transistor sperrt
Legst du eine Spannung zwischen Emitter und Kollektor an, so leuchtet die Lampe nicht (▷ B 4). Was geschieht im Transistor?

Der np-Übergang zwischen Emitter und Basis leitet, der Transistor verhält sich hier wie eine Diode in Durchlassrichtung.
Beim pn-Übergang zwischen Basis und Kollektor verhält sich der Transistor wie eine Diode in Sperrrichtung.
Die freien Elektronen der Kollektorschicht haben die Löcher in der Nähe der Grenzfläche gefüllt. Dadurch, dass an der Grenzschicht keine freien Elektronen und keine Löcher vorliegen, leitet das Silicium dort nicht. Es kann deshalb kein Strom durch den Transistor fließen.

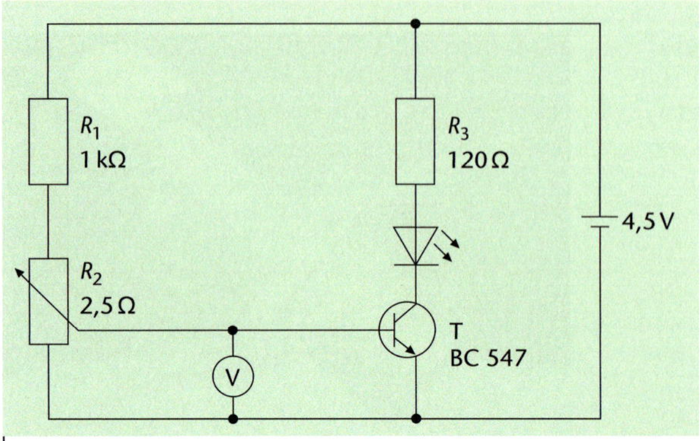

1 Zu Versuch 1

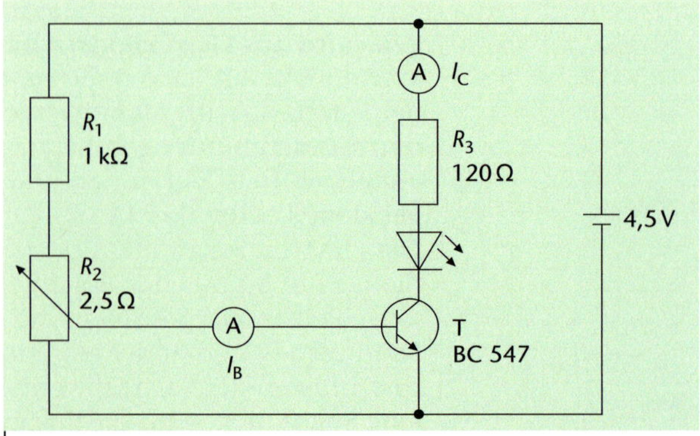

3 Zu Versuch 2

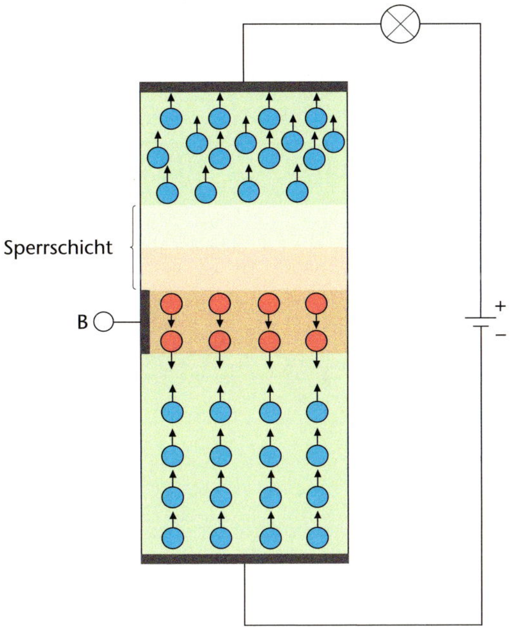

4 Der Transistor sperrt.

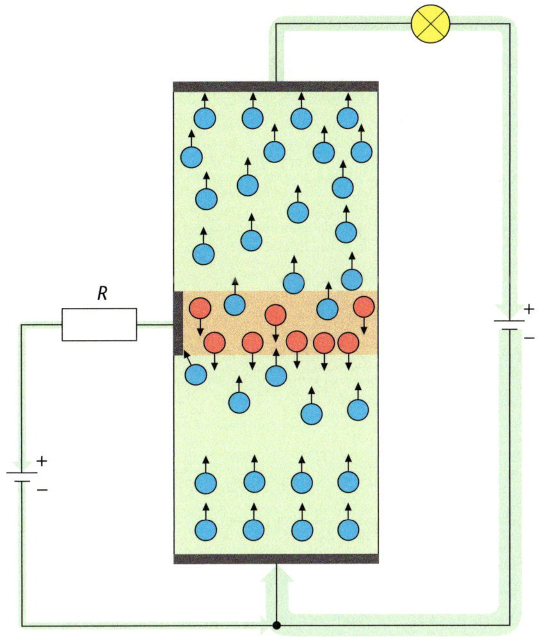

5 Der Transistor verstärkt.

Der Transistor schaltet
Zwischen Basis und Emitter wird nun eine Spannung U_{BE} angelegt. Überschreitet sie einen Wert von 0,6 V (▷ V 1), dann fließt auch ein Strom im Arbeitsstromkreis (▷ B 5, dicker Pfeil). Der Transistor wirkt wie ein Schalter, der den Arbeitsstrom ein- und ausschaltet. Die zum Schalten benötigte minimale Basis-Spannung nennt man auch **Schwellenspannung**.

Über den Emitter gelangen Elektronen in den Transistor. Ein kleiner Teil fließt über die Basis wieder ab. Dies führt zu einem Strom im Steuerstromkreis (▷ B 5, dünner Pfeil). Weil die Basisschicht sehr schmal ist, gelangen die meisten Elektronen in die Kollektorschicht hinein (▷ B 5). Die Kollektorschicht besteht beim npn-Transistor aus n-dotiertem Halbleitermaterial, sodass die freien Elektronen weiter zum Pluspol fließen können. Der Transistor schaltet.

▶ Unterhalb der Schwellenspannung kann durch einen Transistor kein Strom fließen. Der Transistor sperrt. Nach Überschreiten der Schwellenspannung zwischen Emitter und Basis fließt ein geringer Steuerstrom und ein großer Arbeitsstrom. Der Transistor schaltet.

Der Transistor verstärkt
Nach Überschreiten der Schwellenspannung fließt im Arbeitsstromkreis ein im Verhältnis zum Steuerstromkreis großer Strom (▷ V2).
Eine Vergrößerung der Steuerstromstärke hat auch eine Vergrößerung der Arbeitsstromstärke zur Folge, Steuerstromstärke und Arbeitsstromstärke sind proportional zueinander. Der Transistor verstärkt, indem er durch den kleinen Strom über die Basis einen um ein Vielfaches größeren Strom über den Kollektor regelt.

Das Verhältnis zwischen Kollektorstromstärke I_C und Basisstromstärke I_B bezeichnet man als Verstärkungsfaktor ***V***.

$$\boldsymbol{V} = \frac{I_C}{I_B}$$

Je nach verwendetem Transistortyp kann ein Basisstrom von wenigen Milliampere einen Kollektorstrom von mehreren Ampere regeln.

▶ Ein kleiner Steuerstrom regelt einen großen Arbeitsstrom. Arbeitsstromstärke und Steuerstromstärke sind proportional zueinander.

Werkstatt

Eigene Versuche mit Transistoren durchführen

1 Materialien für die Versuche

Material für alle Versuche
- 2 Transistoren (z. B. BC 547, BC 550)
- 1 Widerstand 1,8 kΩ; 1 Widerstand 6,8 kΩ
- Batterie 4,5 V
- 2 Krokodilklemmen
- isolierte, verschiedenfarbige Kabel (Schaltdraht)
- Glühlampe, z. B. 3,8 V/70 mA
- Lampenfassung für die Glühlampe (Brückenfassung)
- Lüsterklemmen
- Holzplatte ca. 10 cm x 10 cm
- Schrauben, Schraubendreher, Abisolierzange, Zange

Vorbereitung

Befestige die Lüsterklemmen mittels der Schrauben auf der Holzplatte. Transistoren, Widerstände, Lampen, Kabel usw. können dann an den Lüsterklemmen angeschraubt werden.

Als Spannungsquelle eignet sich eine 4,5-V-Batterie. Diese erhältst du preiswert im Baumarkt. Alternativ kannst du auch ein Netzgerät verwenden.

Die Lüsterklemmleisten auf dem Aufbaubrett dienen zum Anschluss der elektrischen Bauteile. So kannst du auf einfache Weise die verschiedenen Schaltungen aufbauen und ausprobieren.

Achte beim Transistor auf den korrekten Anschluss von Emitter (E), Basis (B) und Kollektor (C). Ein falsches Anschließen des Transistors kann ihn beschädigen!
Wenn du auf den Transistor schaust und die abgeflachte Seite nach links zeigt, ist das untere Anschlussbeinchen der Emitter, das mittlere die Basis und das obere der Kollektor (▷ B 1). In dieser Lage muss der Transistor auch auf dem Aufbaubrett befestigt werden.

Die Glühlampenfassung kannst du auf das Aufbaubrett nageln. Du solltest jedoch vorher zwei Drahtstückchen an der Fassung anschließen.

1 Der Transistor schaltet

Versuchsanleitung

Baue zunächst den Versuch so wie in Bild 2 auf. Verwende einen Widerstand von 1,8 kΩ. Entferne mit der Abisolierzange die Isolierung an beiden Drahtenden. Halte die beiden Drahtenden mehrfach aneinander.
Sobald sich die beiden Drähte berühren, schaltet der Transistor, die Lampe leuchtet auf.

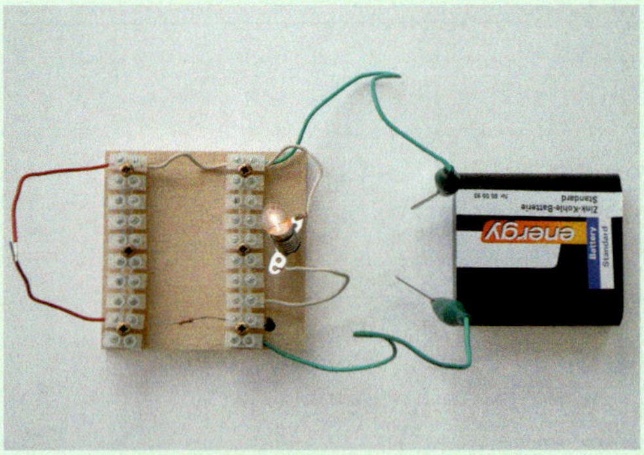

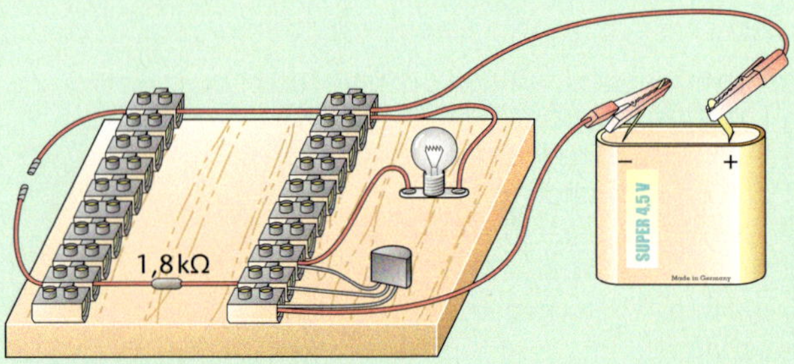

2 Zu Versuch 1

2 Eine Nicht-Schaltung – die Alarmanlage

Sehr häufig benötigt man in der Technik Schaltungen, die ein Signal ausgeben, wenn ein Stromkreis unterbrochen wird. In Bild 3 siehst du eine solche Schaltung.

Versuchsanleitung

Baue die Schaltung so wie in Bild 3 auf.
Isoliere die losen Drahtstückchen an den Enden ab und lege sie aufeinander, sodass sie Kontakt haben.

Erklärung

Berühren sich die Drähte, so fließt ein Strom über den Widerstand vom Minuspol zum Pluspol der Batterie. Der Strom über die Basis des Transistors ist minimal. Der Transistor sperrt. Dies ändert sich, wenn sich die Drähte nicht mehr berühren. Jetzt fließt ein Strom über die Basis, der Transistor schaltet, die Lampe leuchtet. Der Widerstand dient als Vorwiderstand zur Strombegrenzung und schützt so den Transistor vor Beschädigung.

Wenn du ein sehr dünnes Kabel einsetzt und z. B. an einer Tür befestigst, kannst du diese Schaltung auch als einfache Alarmanlage verwenden. Wird der Draht zerrissen, leuchtet die Lampe auf.

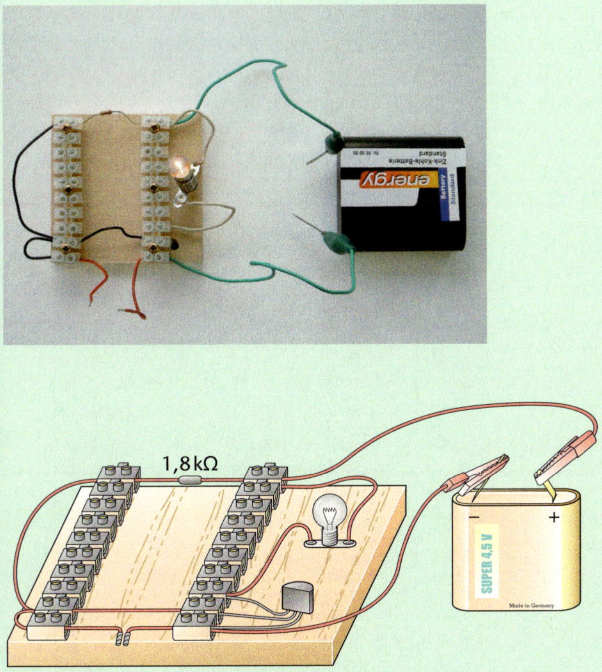

3 Zu Versuch 2

3 Die Darlington-Schaltung

Bei einer Transistorschaltung reicht manchmal der Stromfluss über die Basis nicht aus, einen genügend großen Arbeitsstrom über den Kollektor zu schalten.
In diesem Fall kann aber der Stromfluss mithilfe zweier Transistoren verstärkt werden (▷ B 4).
Diese mehrfache Verstärkung reicht z. B. aus, um einen Berührungssensor zu bauen.

Eine Mehrfachschaltung von Transistoren heißt Darlington-Schaltung.

Versuchsanleitung

Baue die Schaltung so wie in Bild 4 dargestellt auf. Achte auf den korrekten Anschluss der Transistoren. Berühre mit einem Finger die losen Drahtenden.

Erklärung

Der Arbeitsstromkreis des ersten Transistors T_1 befindet sich im Steuerstromkreis eines zweiten Transistors T_2.

Der Stromfluss über den Schutzwiderstand R_1 und deinen Finger steuert den Stromfluss durch den Transistor T_1. Der Stromstärke reicht aber nicht aus, ein Lämpchen zu schalten.
Deshalb wird der Emitter von T_1 mit der Basis von T_2 verbunden. Der Arbeitsstromkreis des Transistors T_1 befindet sich jetzt im Steuerstromkreis des Transistors T_2. Der verstärkte Steuerstrom bewirkt an T_2 einen großen Kollektorstrom, das Lämpchen leuchtet.

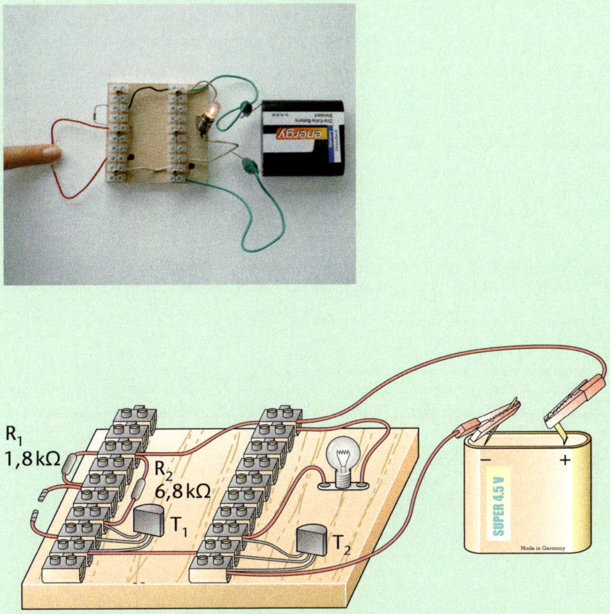

4 Zu Versuch 3

Elektrische Leitungsvorgänge

Voraussetzungen für den Leitungsvorgang

Damit ein Strom fließen kann sind bewegliche Ladungsträger und eine Spannung notwendig.
Positiv geladene Teilchen wandern in Richtung Minuspol, negativ geladene Teilchen in Richtung Pluspol der Spannungsquelle.
Ladungsträger können Ionen oder Elektronen sein.

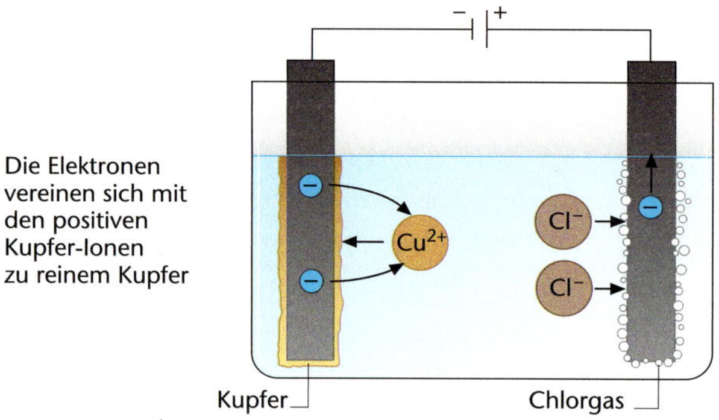

1 Ionen als Ladungsträger

Freie Ladungsträger in Metallen, Flüssigkeiten und Gasen

Der elektrische Strom in Metallen ist ein Elektronenstrom.

In Flüssigkeiten erfolgt der Ladungstransport durch Ionen. Viele Stoffe bilden positiv und negativ geladene Ionen, wenn sie in Wasser gelöst werden (▷B 1).

In Gasen können sowohl Elektronen als auch Ionen als Ladungsträger vorkommen. Die Ladungsträger entstehen durch Ionisierung der neutralen Gasatome.

Freie Ladungsträger im Vakuum

Im Vakuum werden Ladungsträger durch Glüh- und Fotoemission aus Metallen bereitgestellt (▷B 2).
Dabei werden Metalle stark erwärmt bzw. mit Licht bestrahlt. Durch die zugeführte Energie können Elektronen aus der Metalloberfläche austreten und in das Vakuum gelangen.

Leitungsvorgang in Halbleitern

Halbleiter bestehen aus Stoffen wie z. B. Silicium und Germanium.
Halbleiter sind bei sehr tiefen Temperaturen oder Dunkelheit schlechte elektrische Leiter, weil die Elektronen fest an die Atome gebunden sind.

Bei Energiezufuhr (Wärme, Licht) lösen sich einige Elektronen aus der Bindung. Jedes freigesetzte Elektron hinterlässt eine Elektronenfehlstelle (Loch), die sich scheinbar wie ein positiv geladenes Teilchen verhält. Beim Anlegen einer Spannung fließt im Halbleiter ein Elektronenstrom zum Pluspol und gleichzeitig ein Löcherstrom zum Minuspol (▷B 3).

Dotieren

Durch Einbau von Fremdatomen (Dotieren) kann ein Halbleiter gezielt leitfähiger gemacht werden.
Werden Atome mit mehr Außenelektronen eingebaut, dann verstärkt man in Halbleitern die Elektronenleitung. Der Halbleiter ist n(egativ)-dotiert.
Durch Hinzufügen von Atomen mit weniger Außenelektronen verstärkt man die Löcherleitung. Der Halbleiter ist p(ositiv)-dotiert.

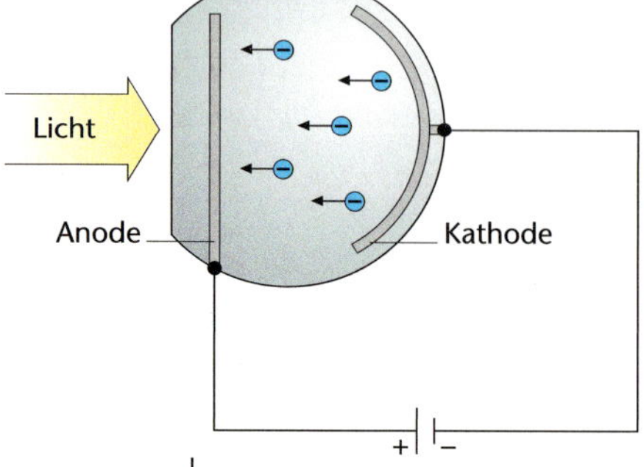

2 Fotoemission

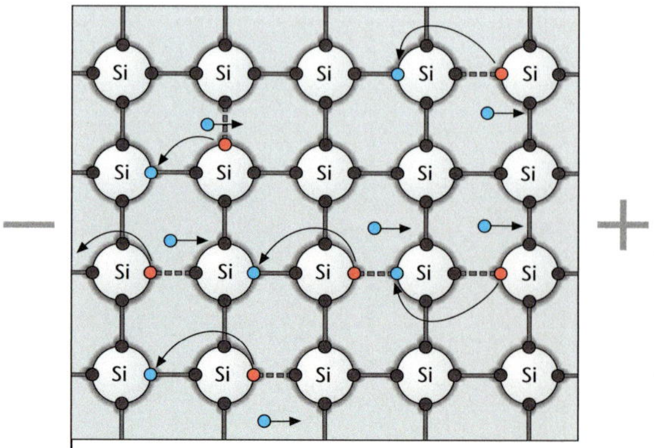

3 Siliciumkristall bei angelegter Spannung

Halbleiterbauteile

Die Diode ist ein Bauteil, das Strom nur in eine Richtung hindurchlässt. Jede Diode besteht aus einer n- und einer p-dotierten Halbleiterschicht. Je nach Polung kann eine Diode in Durchlass- oder in Sperrrichtung geschaltet sein (▷ B 4).

Leuchtdioden senden Licht aus, wenn Strom durch sie fließt.

Solarzellen bestehen aus einer dünnen Siliciumscheibe, die auf der einen Seite p-dotiert und auf der anderen Seite n-dotiert ist. Solange Licht auftrifft, entsteht an den Anschlüssen der Solarzelle eine Gleichspannung.

Transistoren werden als elektronische Schalter und Verstärker verwendet. Transistoren bestehen aus drei Schichten von n- und p-leitenden Halbleitermaterialien.

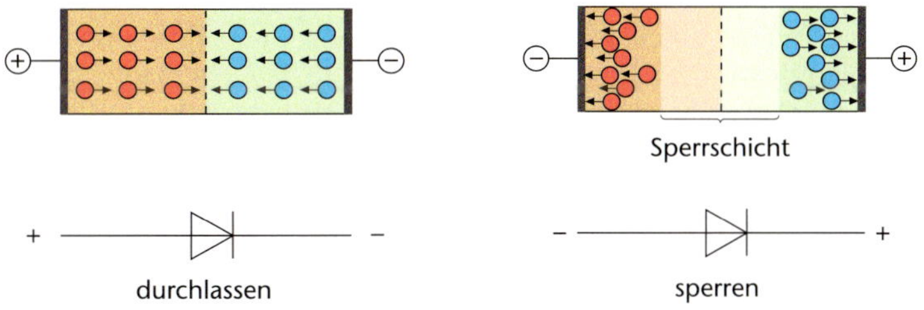

4 Durchlass- und Sperrrichtung einer Diode

Aufgaben

1 Vergleiche die Leitungsvorgänge in Metallen, Flüssigkeiten, Gasen, Vakuum und in Halbleitern. Welche Gemeinsamkeiten bzw. Unterschiede gibt es? Gib jeweils ein Anwendungsbeispiel an.

2 Welche Energieumwandlungen können bei einem elektrischen Leitungsvorgang ablaufen? Erläutere an Beispielen.

3 Erkläre, warum in reinem Wasser kein Stromfluss möglich ist. Wodurch kann der Leitungsvorgang ermöglicht werden? Beschreibe auch die dabei ablaufenden chemischen Prozesse.

4 Weshalb kann in einem Gas, in dem der Druck viel kleiner ist als der Luftdruck, ein Strom fließen?

5 Beschreibe Aufbau und Funktionsweise einer Leuchtstoffröhre.

6 Der NTC-Widerstand ist ein Halbleiter. Erkläre, weshalb der Widerstand mit steigender Temperatur abnimmt.

7 Plane ein Experiment, mit dem du unterscheiden kannst, ob ein Stoff ein metallischer Leiter oder ein Halbleiter ist.

8 a) Erläutere den Aufbau und die Funktionsweise einer Leuchtdiode. Wodurch wird die Farbe einer LED bestimmt?
b) Die Höchstspannung für gelbe LEDs beträgt 2,2 V. Dabei fließt durch die LED ein Strom von 20 mA. Welchen Vorwiderstand musst du bei einer Spannung von 4,5 V (6 V, 9 V) vorschalten?

9 a) In Bild 4 sind eine grüne und eine rote LED entgegengesetzt in den Stromkreis geschaltet. Welche leuchtet?
b) Was würdest du beobachten, wenn die Batterie durch eine Wechselspannungsquelle ersetzt würde?
Begründe deine Aussagen.

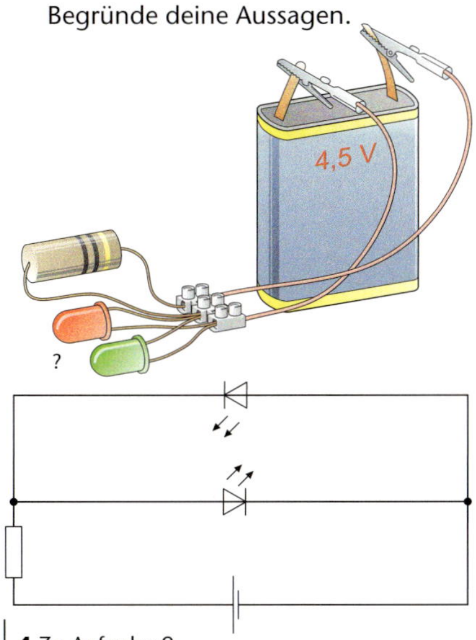

4 Zu Aufgabe 9

10 a) Weshalb kann man eine Solarzelle mit einer großflächigen Diode vergleichen?
b) Juliana meint: „Ohne Lichtzufuhr müsste sie dann auch wie jede andere Diode funktionieren." Plane ein Experiment, mit dem du überprüfen kannst, ob Juliana Recht hat.

11 Selbst bei maximaler Beleuchtung kann man mit einer einzelnen Solarzelle kein elektrisches Gerät betreiben. Die erzeugte Spannung reicht nicht aus. Du hast mehrere Solarzellen zur Verfügung. Wie könntest du damit eine Spannung von z. B. 9 V bereitstellen? Skizziere.

12 Hast du schon einmal die Lichtblitze in einer Plasmalampe bestaunt? In der Lampe befindet sich ein Gas unter sehr geringem Druck. Zwischen der inneren und der äußeren Glaskugel besteht sehr hohe Spannung. Wie kommt es zu den Leuchterscheinungen?

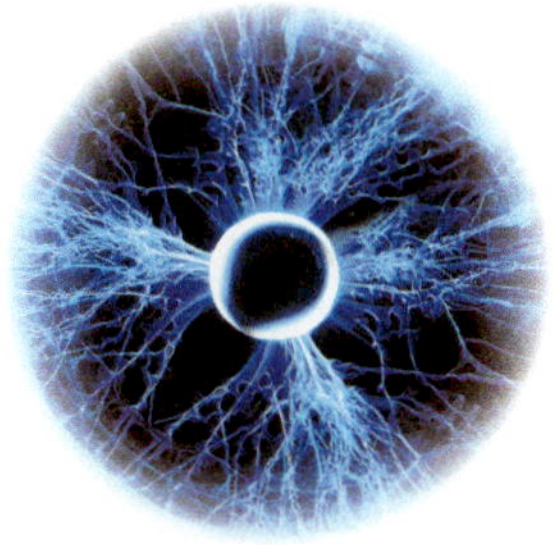

Elektrischer Strom – fließende elektrische Ladung

8 Die in der Kiste versteckte Schaltung muss gleichzeitig zwei Bedingungen erfüllen:
1. Beim Herausdrehen von Lampe A leuchten die Lampen B und C.
2. Beim Herausdrehen von Lampe B leuchtet nur noch Lampe A.
Jetzt musst du für jede einzelne Schaltung überprüfen, ob tatsächlich beide Bedingungen gelten. Schau dir zunächst erst einmal an, wie die Bauteile geschaltet sind.

***Zu Schaltskizze 1*:**
Die Lampen A und B sind parallel geschaltet, die Lampe C liegt in Reihenschaltung.
Wird A herausgedreht, liegen B und C in Reihe – dieser Stromkreis ist geschlossen, B und C leuchten. Die Bedingung 1 trifft somit zu. Die zweite Bedingung funktioniert jedoch nicht. Wenn du Lampe B herausdrehst, leuchten noch A und C, denn nun liegen diese in Reihe.

***Zu Schaltskizze 2*:**
Alle drei Lampen sind parallel geschaltet, jedes Lämpchen bildet somit mit der Batterie einen unabhängigen Stromkreis.
Deshalb trifft zwar Bedingung 1 zu, nicht aber die zweite Bedingung. In diesem Fall leuchten A und C.

***Zu Schaltskizze 3*:**
Die Lampen B und C sind in Reihe geschaltet. Die Lampe A liegt zusätzlich noch parallel zu beiden.
Wird A herausgedreht, dann leuchten noch B und C, denn sie liegen in Reihe. Bedingung 1 stimmt also auch hier.
Wird Lampe B herausgedreht, dann ist der Stromkreis auch für C unterbrochen. Lampe A leuchtet weiter, da sie parallel geschaltet ist. Bedingung 2 trifft also nur auf Schaltskizze 3 zu.

10 Elektrischen Strom, also die Bewegung von Ladungsträgern, kannst du nicht direkt sehen. Du kannst nur die Wirkungen des elektrischen Stroms beobachten. Diese sind:
1. Magnetische Wirkung
Um einen Strom führenden Leiter entsteht ein magnetisches Feld. Das kannst du nachweisen, wenn du eine Kompassnadel oder kleine Eisenteilchen in die Nähe des Leiters bringst. Nach diesem Prinzip funktionieren Elektromagnete.
2. Wärmewirkung
Wenn elektrischer Strom durch einen Metalldraht fließt, erwärmt sich dieser. Ausgenutzt wird diese Wirkung beispielsweise beim Tauchsieder oder bei einem Hitzdrahtamperemeter.
3. Lichtwirkung
Ein Metalldraht kann durch den elektrischen Strom so stark erwärmt werden, dass er leuchtet.

Der elektrische Strom stößt auf Widerstand

7 Gerundete Werte:

U	20 V	60 V	20 V	230 V	31,5 V
I	1,5 A	2 A	40 mA	0,5 A	9 mA
R	13,3 Ω	30 Ω	500 Ω	0,46 kΩ	3,5 kΩ

22 Im Haushalt sind alle Elektrogeräte parallel geschaltet, damit sie mit gleicher Spannung (230 V~) betrieben werden können.
Zunächst werden die Widerstandswerte von Radio und Lampe berechnet. Beachte, dass du die Stromstärke in Ampere umrechnen musst.
Radio:

$$R = \frac{U}{I}$$

$$R = \frac{230\,\text{V}}{0{,}09\,\text{A}}$$

$$R \approx 2555{,}6\,\Omega$$

Lampe:

$$R = \frac{U}{I}$$

$$R = \frac{230\,\text{V}}{0{,}11\,\text{A}}$$

$$R \approx 2090{,}9\,\Omega$$

Jetzt berechnest du den Gesamtwiderstandswert von Lampe und Radio. Beide Geräte sind parallel geschaltet.

$$\frac{1}{R_{ges}} = \frac{1}{R_1} + \frac{1}{R_2}$$

$$R_{ges} = \frac{R_1 \cdot R_2}{R_1 + R_2}$$

$$R_{ges} = \frac{2555{,}6\,\Omega \cdot 2090{,}9\,\Omega}{R_1 + R_2}$$

$$R_{ges} = \frac{5\,343\,504{,}04\,\Omega^2}{4646{,}5\,\Omega}$$

$$R_{ges} \approx 1150\,\Omega$$

Antwort: Der Gesamtwiderstandswert beider Geräte beträgt 1150 Ω.

27 a)
Gegeben: $A = 0{,}0013\,\text{mm}^2$
$U = 230\,\text{V}$
$I = 0{,}2\,\text{A}$
$\rho = 0{,}73\,\frac{\Omega\,\text{mm}^2}{\text{m}}$

Gesucht: l

Lösung: $R = \rho \cdot \frac{l}{A}$, $R = \frac{U}{I}$

$$R \cdot A = \rho \cdot l$$

$$l = \frac{R \cdot A}{\rho}$$

$$l = \frac{U \cdot A}{I \cdot \rho}$$

$$l = \frac{230\,\text{V} \cdot 0{,}0013\,\text{mm}^2}{0{,}2\,\text{A} \cdot 0{,}73\,\frac{\Omega\,\text{mm}^2}{\text{m}}}$$

$$l \approx 2{,}05\,\text{m}$$

Der Draht ist ungefähr 2,05 m lang.

b) Wegen der hohen Glühtemperatur ist der spezifische Widerstandswert des Drahtes wesentlich größer als der Tabellenwert für 20 °C. Die Ionen schwingen heftiger und behindern dadurch den Elektronenfluss sehr viel stärker.

Arbeit und Leistung

2 An einem Körper wird immer dann physikalische Arbeit verrichtet, wenn eine Kraft aufgewendet werden muss und die Kraft in die Richtung wirkt, in die der Körper sich bewegt. Wenn Marco den Koffer nach oben in die Gepäckablage hebt, dann verrichtet er physikalische Arbeit. Hält er den Koffer in der Hand, ohne ihn zu bewegen, verrichtet Marco keine physikalische Arbeit am Koffer.

7 Thomas verrichtet nicht nur an sich selbst Hubarbeit, sondern auch an seiner Mappe.
Gegeben: $m = 48\,\text{kg} + 6\,\text{kg}$
$m = 54\,\text{kg}$
$s = 5\,\text{m}$
Gesucht: verrichtete Hubarbeit W
Die Gewichtskraft einer Masse von 1 kg beträgt auf der Erde ca. 10 N. Thomas muss folglich eine Kraft von ca. 540 N aufwenden.
$W = F \cdot s$
$W = 540\,\text{N} \cdot 5\,\text{m}$
$W = 2700\,\text{Nm}$
$W = 2{,}7\,\text{kJ}$
Thomas hat eine Hubarbeit von insgesamt 2,7 kJ verrichtet.

8 Gegeben: $s = 50\,\text{m}$, $W = 22{,}5\,\text{kJ}$
Gesucht: Masse von Nico
$W = F \cdot s$

$$F = \frac{W}{s}$$

$$F = \frac{22\,500\,\text{J}}{50\,\text{m}}$$

$F = 450\,\text{N}$
Die Gewichtskraft einer Masse von 45 kg beträgt auf der Erde ca. 450 N.
Nico hat eine Masse von ca. 45 kg.

11 Für die Berechnung der Arbeit wurde die Kraft 50 N verwendet. Dies ist nicht korrekt, da beim Ziehen der Feder der Kraftaufwand immer größer wird. Erst bei einer Federausdehnung von 5 cm wurde eine Kraft von 50 N benötigt. Bei weniger als 5 cm Federausdehnung war der Kraftaufwand kleiner.
(Die Spannarbeit wird berechnet

$$W = \frac{1}{2}\,F \cdot s,$$

F ist die Kraft am Ende des Spannvorgangs).

17 Ein Sportler stemmt eine Masse von 50 kg um 60 cm nach oben. Er verrichtet somit Hubarbeit. Diese Arbeit vollbringt er in 15 Sekunden 10-mal.
Gegeben: $m = 50\,\text{kg}$
$s = 60\,\text{cm} = 0{,}6\,\text{m}$
$t = 15\,\text{s}$ (für 10-maliges Hochheben)
Gesucht: P
Zunächst muss die Hubarbeit berechnet werden. Um eine Masse von 50 kg hochzuheben, muss der Sportler eine Kraft von ca. 500 N aufwenden.
$W = F \cdot s$
$W = 500\,\text{N} \cdot 0{,}6\,\text{m}$
$W = 300\,\text{Nm}$
Da er die Masse insgesamt 10-mal hochhebt, verrichtet der Sportler eine 10-mal größere Arbeit.
$W = 300\,\text{Nm} \cdot 10$
$W = 3000\,\text{Nm}$
Berechnung der Leistung:

$$P = \frac{W}{t}$$

$$P = \frac{3000\,\text{Nm}}{15\,\text{s}}$$

$P = 200\,\text{Nm/s}$
$P = 200\,\text{W}$
Der Sportler hat eine Leistung von 200 W erbracht.

18 Beim „Seilspringen" verrichtet Anja Hubarbeit. Bei gegebener Zeit kann die Leistung berechnet werden.
Gegeben:
$m = 52\,\text{kg}$
$s = 10\,\text{cm} = 0{,}1\,\text{m}$
$t = 1$ Minute für 120 Sprünge

Gesucht: P
Zunächst muss die Hubarbeit berechnet werden.
Um die Masse von 52 kg hochzuheben, muss Anja eine Kraft von ca. 520 N aufbringen.
Der gesamte Weg beträgt
$s = 0{,}1\,\text{m} \cdot 120 = 12\,\text{m}$
$W = F \cdot s$
$W = 520\,\text{N} \cdot 12\,\text{m}$
$W = 6240\,\text{Nm}$

$$P = \frac{W}{t}$$

$$P = \frac{6240\,\text{Nm}}{60\,s}$$

$$P = 104\,\frac{\text{Nm}}{s}$$

$P = 104\,\text{W}$

Energie

3 Die Artisten wandeln Lageenergie in Bewegungsenergie um. Im tiefsten Bahnpunkt haben sie die größte Geschwindigkeit.

9 Das wäre ein Perpetuum mobile, eine Maschine, die ohne Energiezufuhr arbeitet. Da der Generator und die Pumpe sich immer etwas erwärmen, geht ein Teil der ursprünglichen Lageenergie des Wassers in Wärme über. Es wird also immer weniger Wasser nach oben gepumpt als nach unten geflossen ist. Nach einer gewissen Zeit befindet sich das gesamte Wasser im unteren Becken. Der Generator wird nicht mehr angetrieben, die Pumpe befördert kein Wasser mehr nach oben.

10 a) Die Wärme kommt von der Verbrennung des Kraftstoffes.
b) Im Sommer muss die Wärme über einen Kühler an die Umwelt abgegeben werden. Verbrennungsmotoren müssen gekühlt werden.
c) Neue Autos verbrauchen sehr viel weniger Kraftstoff als noch vor etlichen Jahren. Damit ist auch die Wärmemenge, die bei der Verbrennung entsteht, deutlich geringer. Großraumlimousinen können deshalb in sehr kalten Wintern nicht mehr ausreichend beheizt werden. Sie benötigen eine Zusatzheizung.

Warm oder kalt?

1 Im Heizraum (meistens im Keller) wird mit einem Brenner Wasser erhitzt. Das so erwärmte Wasser wird mithilfe einer Pumpe durch das Rohrleitungssystem des Hauses gepumpt (Wärmeströmung). Von den Heizkörpern wird die Wärme des Wassers an die Zimmerluft abgegeben (Wärmeleitung und Wärmestrahlung). Das abgekühlte Wasser fließt durch das Rohrleitungssystem zurück zum Brenner und wird dort erneut erhitzt.

9 Gegeben: $m = 3\,\text{kg}$
$Q = 200\,\text{kJ}$

$$c_{\text{Blei}} = \frac{0{,}129\,\text{kJ}}{\text{kg} \cdot \text{K}}$$

Gesucht: ΔT

Lösung:

$$\Delta T = \frac{Q}{c \cdot m}$$

$$\Delta T = \frac{200\,\text{kJ}}{0{,}129\,\text{kJ}/(\text{kg} \cdot \text{K}) \cdot 3\,\text{kg}}$$

$$\Delta T = 517\,\text{K}$$

Die Temperatur der 3 kg Blei hat sich um 517 K erhöht.

Elektromagnetismus

3 a) Modell der Elementarmagnete: Im unmagnetisierten Eisen liegen die Elementarmagnete völlig ungeordnet vor. Das Magnetfeld im Innern der stromdurchflossenen Spule durchsetzt auch den Eisenkern. Dadurch richten sich die Elementarmagnete im Eisen entsprechend dem Magnetfeld der Spule aus. Der Eisenkern wird selbst zum Magneten und verstärkt damit das Magnetfeld der Spule.
b) Entsprechend hohe Windungszahlen der Spule, Verwendung eines Drahtmaterials mit geringem Widerstandswert, Eisenkern, hohe Stromstärken durch die Spule

13 Bei einem **Innenpol**generator dreht sich ein Magnet (Dauermagnet oder Elektromagnet) im **Inneren** einer feststehenden Spule. Innenpolgeneratoren erzeugen Wechselstrom.
Bei einem **Außenpol**generator wird das Magnetfeld durch einen **äußeren**, feststehenden Magneten erzeugt. Der Induktionsstrom entsteht in der drehbaren Spule. Außenpolgeneratoren erzeugen ebenfalls Wechselstrom. Baut man einen Kommutator ein, entsteht ein Gleichstrom.

Elektrische Energieübertragung

5 Gegeben: $P = 6\,\text{W}$,
$t = 1$ Jahr,
Preis $= 0{,}12\,€/\text{kWh}$
Gesucht:
Energieeinsatz in einem Jahr E_{Jahr}, Kosten der eingesetzten Energie

Lösung:
Da die Energie im vorliegenden Beispiel in Kilowattstunden angegeben wird, benötigt man zuerst die Anzahl der Stunden, die ein Jahr hat.
$t = 1\ \text{Jahr} = 365 \cdot 24\,\text{h}$
$t = 8760\,\text{h}$

Im zweiten Schritt wird die eingesetzte Energie berechnet.
$E_{\text{Jahr}} = W \cdot t$
$E_{\text{Jahr}} = 6\,\text{W} \cdot 8760\,\text{h}$
$E_{\text{Jahr}} = 52560\,\text{Wh} = 52{,}560\,\text{kWh}$

Dieser Energieeinsatz verursacht Kosten in Höhe von
$52{,}560\,\text{kWh} \cdot 0{,}12\,€/\text{kWh} = 6{,}3072\,€$.

10 Gegeben: $n_1 = 540$,
$n_2 = 36$,
$I_1 = 8\,\text{A}$

Gesucht: I_2

Lösung:

$$\frac{n_1}{n_2} = \frac{I_2}{I_1}$$

$$I_2 = \frac{n_1}{n_2} \cdot I_1$$

$$I_2 = \frac{540}{36} \cdot 8\,\text{A}$$

$$I_2 = 120\,\text{A}$$

Die Stromstärke auf der Sekundärseite beträgt 120 A.

11 Wenn man ein elektrisches Gerät an die Sekundärspule anschließt, gibt die Sekundärspule mehr elektrische Energie ab. Bei einem idealen Transformator ist die abgegebene elektrische Energie genau so groß wie die aufgenommene elektrische Energie. Deswegen muss die Primärspule auch mehr elektrische Energie aufnehmen. Da sich die angeschlossene Spannung an der Primärspule nicht ändern kann, steigt die Stromstärke an ($E = U \cdot I \cdot t$).

Radioaktivität und Kernenergie

10 α-Strahlung ist eine Teilchenstrahlung: Ein Kern gibt dabei einen Heliumkern ab (2 Protonen und 2 Neutronen), sodass 4 Nukleonen den Kern verlassen.
Dabei kommt es zu einer Elementumwandlung, denn die ursprüngliche Protonenzahl des Kerns vermindert sich um 2.

20 a) Schimmelpilze, Bakterien, Ungeziefer, Salmonellen u. a. in Lebensmitteln werden zerstört. Die Reifedauer von Obst und Gemüse kann verzögert werden. Die Haltbarkeit wird verlängert.
b) Es gibt noch keine Langzeituntersuchungen, die eventuelle gesundheitliche Nebenwirkungen ausschließen können.

23 a) Trifft ein langsames Neutron einen U-235-Atomkern, so wird dieser gespalten und es entstehen 2–3 neue Neutronen. Spalten 2–3 der Neutronen wieder Urankerne usw., dann wächst die Zahl der Spaltungen schnell an. In Bruchteilen von Sekunden wird so eine große Energiemenge frei.
b) Neutronen, die bei einer Uranspaltung entstehen, können einen Uranblock durch die Oberfläche verlassen, bevor sie eine neue Spaltung verursacht haben. Ist diese Anzahl zu groß, kommt keine Kettenreaktion zustande.
Ab einer bestimmten Masse des Uranblocks, der so genannten kritischen Masse, kommt es dagegen immer zu einer Kettenreaktion.

Denn wegen der vergrößerten Anzahl an Kernen trifft ein freies Neutron jetzt eher auf einen Kern, bevor es den Uranblock durch die Oberfläche verlassen kann.
c) Im Natururan ist eine große Anzahl U-238-Atome enthalten. Auf einen U-235-Kern kommen ca. 142 U-238-Kerne. Die U-238-Kerne absorbieren daher freie Neutronen, bevor sie U-235-Kerne spalten können.

26 Durch die Spaltung der U-235-Kerne verringert sich deren Konzentration ständig. Stattdessen entstehen zahlreiche Spaltprodukte in den Brennstäben, die nicht mehr für eine Kettenreaktion zu gebrauchen sind. Wird die Konzentration des spaltbaren Materials mit der Zeit zu gering, müssen die Stäbe ausgetauscht werden.

Bewegte Körper und ihre Energie

2 a) Gegeben:
Vormittag: $t = 4{,}5\,\text{h}$, $s = 332\,\text{km}$
Nachmittag: $t = 5\,\text{h}$, $s = 390\,\text{km}$
Gesucht: v
Lösung: $v = \frac{s}{t}$

Vormittag: $v = \frac{332\,\text{km}}{4{,}5\,\text{h}}$

$v = 73{,}78\,\frac{\text{km}}{\text{h}}$

Nachmittag: $v = \frac{390\,\text{km}}{5\,\text{h}}$

$v = 78\,\frac{\text{km}}{\text{h}}$

Antwort: Der LKW hatte am Nachmittag eine größere Durchschnittsgeschwindigkeit.

b) Die Durchschnittsgeschwindigkeit ist der Quotient aus dem Gesamtweg und der Gesamtfahrzeit:

$v = \frac{s}{t}$

$v = \frac{(332\,\text{km} + 390\,\text{km})}{(4{,}5\,\text{h} + 5\,\text{h})}$

$v = 76\,\frac{\text{km}}{\text{h}}$

6 Gegeben: $m = 4\,\text{kg}$

$v = 16{,}5\,\frac{\text{km}}{\text{h}} = 4{,}58\,\frac{\text{m}}{\text{s}}$

Gesucht: E_{Kin}

Lösung: $E_{kin} = \frac{1}{2} \cdot m \cdot v^2$

$E_{kin} = \frac{1}{2} \cdot 4\,\text{kg} \cdot (4{,}58\,\frac{\text{m}}{\text{s}})^2$

$E_{kin} = 41{,}95\,\text{J}$

Antwort: Die Bowlingkugel hat eine kinetische Energie von etwa 42 J.

11 Gegeben: $g = 9{,}81\,\frac{\text{m}}{\text{s}^2}$, $t = 2\,\text{s}$

Gesucht: s

Lösung: $s = \frac{1}{2} \cdot g \cdot t^2$

$s = \frac{1}{2} \cdot 9{,}81\,\frac{\text{m}}{\text{s}^2} \cdot (2\,\text{s})^2$

$s = 19{,}6\,\text{m}$

Antwort: Der Schacht ist 19,6 m tief.

Elektrische Leitungsvorgänge

5 Eine Leuchtstoffröhre besteht aus einem Glasrohr, das mit einer Metalldampf-Gas-Mischung bei verringertem Druck gefüllt ist. Durch einen Hochspannungsstoß wird die Gasfüllung ionisiert und damit leitfähig. Die Gas-Ionen und Elektronen werden beschleunigt und regen beim Zusammenstoß mit neutralen Gasteilchen diese zum Leuchten an.
Oft wird als Füllung eine Gasmischung benutzt, die Quecksilberdampf enthält. Dabei wird hauptsächlich unsichtbares ultraviolettes Licht erzeugt.
Dieses UV-Licht regt eine auf der Innenwand der Glasröhre aufgebrachte Leuchtstoffschicht zum Leuchten an. Dabei entsteht sichtbares weißes Licht. Je nach der Zusammensetzung des Leuchtstoffs können damit auch andere Farben erzeugt werden.

9 a) Es leuchtet nur die untere grüne LED, da sie in Durchlassrichtung geschaltet ist. Die rote LED liegt in Sperrrichtung.
b) Beim Betrieb mit Wechselspannung würden die LEDs abwechselnd leuchten, da bei einer Stromrichtung die grüne LED, bei umgekehrter Stromrichtung die rote LED in Durchlassrichtung liegt. Aufgrund des schnellen Wechsels der Stromrichtung (Frequenz des Wechselstroms 50 Hz) nimmt man das abwechselnde Leuchten der LEDs als Flimmern wahr.

Eigenschaften verschiedener Stoffe

Feste Stoffe	Dichte bei 20 °C in g/cm³	spezifische Wärmekapazität c in kJ/(kg · K)	Ausdehnung eines 1-m-Stabes bei Erwärmung um 10 K in mm	Schmelztemperatur in °C	Siedetemperatur in °C
Aluminium	2,70	0,896	0,238	660	2400
Beton	2,2–2,5	0,879	0,12		
Blei	11,35	0,129	0,294	327	1750
Kobalt	8,80	0,419	0,126	1493	2880
Eis (–4 °C)	0,92	2,090	0,37	0	100
Eisen	7,86	0,452	0,12	1535	2800
Glas	2,23	0,799	0,032	815	
Gold	19,30	0,129	0,142	1063	2660
Graphit	2,25	0,711	0,19	3800	4400
Kochsalz	2,16	0,854	0,48	808	1461
Kupfer	8,93	0,385	0,168	1083	2582
Platin	21,45	0,134	0,091	1769	4300
Plexiglas®	1,16	1,300	0,75	~110	
Porzellan	2,30	0,846	0,04	1670	
Silber	10,50	0,237	0,193	961	2180
Zinn	7,30	0,226	0,27	232	2680
Flüssigkeiten			Ausdehnung von 10 l bei 20 °C und Erwärmung um 1 K in ml		
Alkohol (Ethanol)	0,789	2,40	11,0	–114	78
Glycerin	1,260	2,39	5,0	18	291
Petroleum	0,847	2,14	9,6		150–280
Quecksilber	13,546	0,138	1,8	–39	357
Wasser	0,998	4,18	2,1	0	100
Gase	g/l				
Helium	0,179	5,23		–273	–269
Kohlenstoffdioxid	1,977	0,837		–78	–57
Kohlenstoffmonooxid	1,25	1,05		–204	–191
Luft	1,293	1,005		–213	–193
Wasserstoff	0,089	1,430		–259	–253

Größen und Einheiten

Größe	Zeichen	Einheit	Zeichen	Größe	Zeichen	Einheit	Zeichen
Länge	*s*, *l*	Meter	1 m	Arbeit	*W*	Joule, Wattsekunde	1 J, 1 Ws
Fläche	*A*	Quadratmeter	1 m²	Energie	*E*	Joule, Wattsekunde	1 J, 1 Ws
Volumen	*V*	Kubikmeter	1 m³	Leistung	*P*	Watt	1 W
Masse	*m*	Kilogramm	1 kg	Temperatur	ϑ	Grad Celsius	1 °C
Dichte	ρ		$1\frac{kg}{m^3}$; $1\frac{g}{cm^3}$		*T*	Kelvin	1 K
Zeit	*t*	Sekunde	1 s	Ladung	*Q*	Coulomb	1 C
Geschwindigkeit	*v*		$1\frac{m}{s}$; $1\frac{km}{h}$	Stromstärke	*I*	Ampere	1 A
Frequenz	*f*	Hertz	1 Hz	Spannung	*U*	Volt	1 V
Kraft	*F*	Newton	1 N	Widerstand	*R*	Ohm	1 Ω

Umrechnung von Einheiten

Vorsilben für Vielfache und Teile von Einheiten

Vorsilbe	Bedeutung	Beispiel	
Atto a	$10^{-18} = 0{,}000\,000\,000\,000\,000\,001$	$1\,aWs = 10^{-18}\,Ws$	Grenze der Lichtempfindlichkeit des Auges
Femto f	$10^{-15} = 0{,}000\,000\,000\,000\,001$	$1\,fm = 10^{-15}\,m$	Größe von Protonen und Neutronen
Pico p	$10^{-12} = 0{,}000\,000\,000\,001$	$1\,pPa = 10^{-12}\,Pa$	Luftdruck im technisch besten Vakuum
Nano n	$10^{-9} = 0{,}000\,000\,001$	$1\,nm = 10^{-9}\,m$	Größe von Molekülen
Mikro µ	$10^{-6} = 0{,}000\,001$	$1\,\mu g = 10^{-6}\,g$	Masse eines größeren Staubkorns
Milli m	$10^{-3} = 0{,}001$	$1\,mV = 10^{-3}\,V$	Spannung in den Nerven zur Reizleitung
Zenti c	$10^{-2} = 0{,}01$	$1\,cl = 10^{-2}\,l$	Volumen von einem Kaffeelöffel Flüssigkeit
Dezi d	$10^{-1} = 0{,}1$	$1\,dm = 10^{-1}\,m$	Handbreite
	$10^{0} = 1$	1 A	Stromstärke beim Fahrraddynamo
Deka da	$10^{1} = 10$	1 dam = 10 m	Breite einer Straße
Hekto h	$10^{2} = 100$	$1\,hl = 10^{2}\,l$	Volumen eines größeren Koffers
Kilo k	$10^{3} = 1000$	$1\,kA = 10^{3}\,A$	Stromstärke bei einer Elektrolokomotive
Mega M	$10^{6} = 100\,000$	$1\,MHz = 10^{6}\,Hz$	Frequenz elektrischer Schwingungen im Radio
Giga G	$10^{9} = 1\,000\,000\,000$	$1\,GW = 10^{9}\,W$	Leistung eines Kernkraftwerkes
Tera T	$10^{12} = 1\,000\,000\,000\,000$	$1\,TW = 10^{12}\,W$	Leistung eines Gewitterblitzes
Peta P	$10^{15} = 1\,000\,000\,000\,000\,000$	$1\,Pm = 10^{15}\,m$	Weg, den das Licht in 1 Monat zurücklegt
Exa E	$10^{18} = 1\,000\,000\,000\,000\,000\,000$	$1\,EHz = 10^{18}\,Hz$	Frequenz von Röntgenstrahlen

Umrechnung von Krafteinheiten

	in N	in cN	in kN	in MN
1 N =	1	100	0,001	0,000 001
1 cN =	0,01	1	0,000 01	0,000 000 01
1 kN =	1000	100 000	1	0,001
1 MN =	1 000 000	100 000 000	1 000	1

Umrechnung von Einheiten für Arbeit, Wärme, Energie

	in J, Nm, Ws	in kJ	in kWh
1 J = 1 Nm = 1 Ws	1	0,001	0,000 000 278
1 kJ =	1 000	1	0,000 278
1 kWh =	3 600 000	3 600	1

Umrechnung von Geschwindigkeitseinheiten

	in $\frac{m}{s}$	in $\frac{km}{h}$
$1\,\frac{m}{s}$	= 1	= 3,6
$1\,\frac{km}{h}$	≈ 0,28	= 1

Umrechnung von Zeiteinheiten

	in s	in h	in d	in a	
1 s =	1	0,0003	–	–	
1 h =	3 600	1	0,042	–	lat. hora, Stunde
1 d =	86 400	24	1	0,003	lat. dies, Tag
1 a =	31,5 mio.	8 760	365	1	lat. annus, Jahr

Einheiten für Spezialgebiete

1 Lichtjahr	Astronomie	= 9 460 000 000 000 km
1 Seemeile (sm)	Seefahrt	= 1852 m
1 Knoten (kn)	Luft- und Seefahrt	= 1,852 km/h
1 Registertonne (RT)	Seefahrt	$= 2{,}83\,m^3$
1 Karat	Schmuck	= 0,2 g
1 Steinkohleneinheit	Energiewirtschaft	= 8147 kWh (SKE)
1 mm Quecksilbersäule (mm Hg)-	Medizin	= 133 Pa
1 Ar (a)	Grundstücke	$= 100\,m^2$
1 Hektar (ha) = 100 Ar		$= 10\,000\,m^2$

Englische (amerikanische) Einheiten

1 Zoll	inch	= 2,54 cm
1 Fuß = 12 inches	foot, Mz. feet	= 30,48 cm
1 Yard = 3 feet	yard	= 91,44 cm
1 Meile = 10760 yards	mile	= 1609 m
1 engl. Gallone	gallon	= 4,546 l
1 amerik. Gallone	gallon	= 3,785 l
1 engl. Fass = 35 gallons	barrel	= 159,11 l
1 amerik. Fass = 42 gallons	barrel	= 158,97 l
1 Unze	ounce	= 28,35 g
1 Pfund = 16 ounces	pound	= 453,6 g

A

B

C

D

E

F

G

U1.1 ZEFA (M. Moellenberg), Düsseldorf; **U1.2** Getty Images (Ken Reid), München; **U4.1** Getty Images (Taxi/Joos Mind), München; **U4.2** ZEFA (J. Westrich), Düsseldorf; **U4.3** Getty Images (Taxi/Joos Mind), München; **U4.4** Getty Images (The Image Bank/Alan Thornton), München; **3.1** Creativ Collection Verlag GmbH, Freiburg; **3.2** MEV, Augsburg; **4.1** DaimlerChrysler, Stuttgart; **4.2** Deseret News, UT Salt Lake City; **4.3** Visum (Gebhard Krewitt), Hamburg; **5.1** Klett-Archiv, Stuttgart; **5.2** Picture-Alliance (KPA/Hörstel, Jürge), Frankfurt; **6.1** Okapia (V. Steger/P. Arnold), Frankfurt; **7.1** MEV, Augsburg; **7.2** Mauritius (SST), Mittenwald; **8.1** Obi@Otto GmbH, Hamburg; **9.1** Ute Schuhmacher, Stuttgart; **9.2** Creativ Collection Verlag GmbH, Freiburg; **9.3** NWS (Horst Rudel), Stuttgart; **10.1** Mauritius (Gilsdorf), Mittenwald; **11.6** Helga Lade, Frankfurt; **17.1** Unbekannter Lieferant, Stuttgart; **17.2** Deutsches Museum, München; **18.1** Corbis, Düsseldorf; **18.2** Getty Images PhotoDisc, Hamburg; **18.3** Picture-Alliance (dpa / Ed Oudenaarden), Frankfurt; **21.1** Phywe Systeme GmbH & Co. KG, Göttingen; **23.1** Ute Schuhmacher, Stuttgart; **26.1** Deutsches Museum, München; **26.2** AKG, Berlin; **26.3** Corbis (Bettmann), Düsseldorf; **26.4** Deutsches Museum, München; **27.1** Klett-Archiv (Gunter Klar), Stuttgart; **27.5** Corbis (Archivo Iconografico), Düsseldorf; **28.1** Getty Images RF, München; **33.1, 33.2** Klett-Archiv (Herr Ciprina), Stuttgart; **34.1, 34.2** Phywe Systeme GmbH & Co. KG, Göttingen; **36.1, 36.2** MEV, Augsburg; **37.1** Picture-Alliance (dpa/Horst Pfeiffer), Frankfurt; **37.2** MEV, Augsburg; **37.3** Klett-Archiv (Gustav Klar), Stuttgart; **37.4** Leupold, Johann, Wendisch-Evern; **41.4** Klett-Archiv (Zuckerfabrik digital), Stuttgart; **43.5** Leupold, Johann, Wendisch-Evern; **43.1**A AKG, Berlin; **43.1**B Deutsches Museum, München; **44.1** Harald Lange Naturbild, Bad Lausick; **47.1, 47.2, 47.3** Science & Society Picture Library, London; **47.4** Kabeltechnik Klaus Zuhmann, Hagen; **49.4** Osram, München; **50.1** MEV, Augsburg; **51.1A, 51.1B, 51.1C** Klett-Archiv (Zuckerfabrik digital), Stuttgart; **53.6** Picture-Alliance (Andreas Lander/dpa), Frankfurt; **54.1** Klett-Archiv (Zuckerfabrik digital), Stuttgart; **55.5**A IKEA, Hofheim; **57.7** ESKA Erich Schweizer GmbH, Kassel; **59.7** Leupold, Johann, Wendisch-Evern; **62.1** Corbis (© Lowell Georgia), Düsseldorf; **62.2** DaimlerChrysler, Stuttgart; **63.2** Corbis (Bettmann), Düsseldorf; **63.3** Mauritius (A. Matrei), Mittenwald; **63.4** BASF AG, Ludwigshafen; **64.1A, 64.1B, 64.1C** Niehoff, Ulrich, Bienenbüttel; **65.5** Picture-Alliance (dpa/Martyn Hayhow), Frankfurt; **66.1** Sven Simon Fotoagentur, Essen; **66.2** AP (Eric Risberg), Frankfurt am Main; **66.5** Okapia (Gerhard Stief), Frankfurt; **67.1** Klett-Archiv (Charlotte Willmer-Klumpp), Stuttgart; **68.1, 68.2** Michael Maiworm, Sprockhövel; **71.1** Picture-Alliance (dpa/Kerim Okten), Frankfurt; **73.1** Klett-Archiv (Jens Werlein), Stuttgart; **74.1, 74.2** Deutsches Museum, München; **75.1** Corbis (Chris Cole), Düsseldorf; **75.3** Mauritius (The Copyright Group), Mittenwald; **75.4** Mauritius (Spectrum), Mittenwald; **76.1** mecom (Danny Gohlke), Hamburg; **76.2** Astrofoto, Sörth; **76.3** Mauritius (AGE), Mittenwald; **77.6** Sport-Thieme GmbH, Grasleben; **78.1** FOCUS (Science Photo Library), Hamburg; **79.1** ullstein bild, Berlin; **79.2** Deseret News, UT Salt Lake City; **79.3** Corbis (RF), Düsseldorf; **80.1** Corbis (Steve Chenn), Düsseldorf; **80.2** Corbis (RF), Düsseldorf; **82.1** Demag Cranes & Components, Wetter; **82.2** ABB, Mannheim; **82.3** Klett-Archiv (Zuckerfabrik digital), Stuttgart; **82.4** Corbis, Düsseldorf; **83.5** Ernst Klett Verlag (Markus Hanselmann), Stuttgart; **83.6** Mauritius (Pele), Mittenwald; **83.7** Liebherr Holding GmbH, Biberach an der Riss; **85.4** Hugendubel Haus des Schirmes, Donaueschingen; **86.1** Mauritius (AGE), Mittenwald; **87.1** Fotosearch RF (Brand X Pictures), Waukesha, WI; **88.1** RWE Aktiengesellschaft, Essen; **89.1** DaimlerChrysler, Stuttgart; **90.3** Mauritius (ACE), Mittenwald; **90.4** Bongarts (Frank Peters), Hamburg; **91.5** Mauritius (ACE), Mittenwald; **91.8** Corbis (Neal Preston), Düsseldorf; **91.9** Mauritius (Rosenfeld), Mittenwald; **93.1** Visum (Gebhard Krewitt), Hamburg; **93.2** Visum (Gebhard Krewitt), Hamburg; **93.3** Mauritius (Aourell), Mittenwald; **93.4** Klett-Archiv (Markus Hanselmann), Stuttgart; **94.2A, 94.2B, 94.2C, 94.4** Klett-Archiv (Zuckerfabrik digital), Stuttgart; **95.1** petra-electric Peter Hohlfeld, Burgau; **95.3** Mauritius (Pega), Mittenwald; **98.4** Mauritius (Poehlmann), Mittenwald; **99.1** Mauritius (Caroline), Mittenwald; **99.2, 99.3** Fröchtenicht, Eycke, Lüneburg; **100.2**A Mauritius (Auli), Mittenwald; **100.2**B Helga Lade (BAV), Frankfurt; **100.2**C Mauritius (Manus), Mittenwald; **100.2**D Bayerwald (Schnitt0), Neukirchen vorm Wald; **103.2** laif, Köln; **103.3** Klett-Archiv (Linda Hanselmann), Stuttgart; **105.4** BASF AG, Ludwigshafen; **107.2** Photo Library International Ltd, Leeds; **107.1A, 107.1B, 107.1C** GW Sprinkler A/S, Glambsbjerg; **109.1A** Corbis (Mark L Stephenson), Düsseldorf; **109.1B** Corbis (LELOUP VINCENT/CORBIS), Düsseldorf; **110.1** Imago Stock & People (Engelhardt), Berlin; **112.1A** Klett-Archiv (Markus Hanselmann), Stuttgart; **112.1B** Schwelle, Dagmar, Hamburg; **112.1C** Klett-Archiv (Silberzahn), Stuttgart; **114.4** Ernst Klett Verlag (Markus Hanselmann), Stuttgart; **115.3** Imago Stock & People (Thorsten Baering), Berlin; **119.1** Informationszentrum Weißblech e.V., Düsseldorf; **119.2** Repro Verlag Solare Zukunft, Erlangen; **119.3** Superbild, Unterhaching/München; **120.1** Pixtal, New York NY; **121.4** Leupold, Johann, Wendisch-Evern; **123.5** Phywe Systeme GmbH & Co. KG, Göttingen; **124.3** Kremer, Dr. Bruno P., Wachtberg; **126.3** Matthias Müller, Böbingen; **127.1** Maiworm, Michael, Sprockhövel; **127.2** Leupold, Johann, Wendisch-Evern; **127.3, 130.1, 131.1, 131.2, 132.1** Maiworm, Michael, Sprockhövel; **132.3** Corbis (Jean Heguy), Düsseldorf; **132.4** Endress power products GmbH, Großbettlingen; **133.5** Maiworm, Michael, Sprockhövel; **133.6** Siemens AG, Erlangen; **134.1** Elsner, Gert, Stuttgart; **134.2** Maiworm, Michael, Sprockhövel; **138.1** Mauritius (age), Mittenwald; **139.1** Picture-Alliance (dpaweb/Kay Nietfel), Frankfurt; **139.2** Conrad Electronic GmbH, Hirschau; **139.3** MEV, Augsburg; **139.4** Picture-Alliance (KPA / Hörstel, Jürge), Frankfurt; **139.5** Picture-Alliance (ZB / Wolfgang Thieme), Frankfurt; **140.1** Picture-Alliance (ZB / Wolfgang Kluge), Frankfurt; **142.1, 142.2** Ciprina, Heinz-Joachim, Dortmund; **142.3** Klett-Archiv (Zuckerfabrik digital), Stuttgart; **143.8, 143.9, 143.10, 143.11** Osram, München; **144.1** Picture-Alliance (dpa/Bernd Weissbrod), Frankfurt; **148.2** Méndez, Anke, Königsbronn; **151.5** Avenue Images GmbH, Hamburg; **155.4** Miele, Gütersloh; **155.6** BSH Bosch u. Siemens Hausgeräte Gmb, München; **156.1** ABB Process Industries GmbH, Frankfurt/Praunheim; **157.2** Creativ Collection Verlag GmbH, Freiburg; **157.3** RWE Net AG, Dortmund; **157.4** Photo Affairs, Deisslingen; **158.1** Conrad Electronic GmbH, Hirschau; **159.1** Peter Wirtz Fotografie, Dormagen; **162.1, 162.2A, 162.3, 162.4A, 162.4B** Deutsches Museum, München; **162.2B** AKG, Berlin; **163.1** NWS (Schäfer), Stuttgart; **163.2** MEV, Augsburg; **163.3** Superbild (RESO), Unterhaching/München; **163.4** Bonn-Sequenz, Bonn; **163.5** Action Press, Hamburg; **163.6** Süddeutscher Verlag, München; **164.1** AKG; **164.2, 164.3** Deutsches Museum, München; **166.1** Sygma (Reka), Paris; **166.3** FOCUS (Geoff Tompkinson), Hamburg; **167.1, 168.1, 168.2** Deutsches Museum, München; **168.4** AKG, Berlin; **168.3B** Jünger Verlag, Offenbach; **169.5, 169.6B** Deutsches Museum, München; **169.6**A Picture-Alliance (dpa/CAF), Frankfurt; **170.1** Klett-Archiv (Zuckerfabrik digital), Stuttgart; **170.3** Müller, Matthias, Böbingen an der Rems; **170.4** Bundesamt für Strahlenschutz, Salzgitter; **170.5** Matthias Müller, Böbingen; **171.6** Deutsches Museum, München; **171.7** Interfoto (Karger-Decker), München; **171.8** dpa, Frankfurt; **171.10** Conrad Electronic GmbH, Hirschau; **171.11** FOCUS (Pascal Goetgheluck), Hamburg; **173.5** Marion Barmeier, Essen; **177.3** Picture-Alliance (epa Ansa), Frankfurt; **179.5** Bonn-Sequenz, Bonn; **180.1** Okapia (E. Hildebrandt), Frankfurt; **180.2** Okapia (V. Steger/P. Arnold), Frankfurt; **181.1** D-Secour, Bremen; **181.3** Staatliche Materialprüfanstalt (Prof. Dr. Dieter Bli), Stuttgart; **181.5** Arbeitsgemeinschaft d. Bayer. Forsc, München; **184.1** Corbis (KOSTIN IGOR/CORBIS SYGMA), Düsseldorf; **184.2**A Picture-Alliance (dpa), Frankfurt; **184.2**B Picture-Alliance (dpa/Johann Haas), Frankfurt; **185.4**A Corel Corporation, Unterschleissheim; **185.4**B Getty Images RF (PhotoDisc), München; **185.4**C MEV, Augsburg; **185.4**D FOCUS (Mark Richards), Hamburg; **186.2, 186.3** Deutsches Museum, München; **187.4** Corbis (Roger Ressmeyer), Düsseldorf; **187.5** Bilderdienst Süddeutscher Verlag Gm, München; **187.6** Deutsches Museum, München; **188.1** Technische Universität, Garching; **192.1** blickwinkel (N. Lipka), Witten; **193.5** Informationskreis Kernenergie (Rainer Kiedrowski), Bonn; **194.1** Picture-Alliance (dpa), Frankfurt; **195.2** Greenpeace (Clive Shirley/Signum), Hamburg; **196.1** Picture-Alliance (dpa), Frankfurt; **196.2** AP (ECKEHARD SCHULZ), Frankfurt am Main; **197.1** Picture-Alliance (dpa/Horst Ossinger), Frankfurt; **197.2** Picture-Alliance (dpa/Hub), Frankfurt; **199.1** Caro Fotoagentur (Blume), Berlin; **199.3** Bundesamt für Strahlenschutz, Salzgitter; **200.1** AKG, Berlin; **200.2, 200.3, 200.5, 200.6** Deutsches Museum, München; **200.7** Corbis, Düsseldorf; **201.10** Picture-Alliance (dpa),

Frankfurt; **201.11** AP, Frankfurt am Main; **202.1** DaimlerChrysler, Stuttgart; **202.2** Deutscher Verkehrssicherheitsrat e. V., Bonn; **203.1** ddp Nachrichtenagentur GmbH INSOLVE (Kai-Uwe Knoth), Berlin; **203.2** Motor-Presse International (Jooss), Stuttgart; **203.3** MEV, Augsburg; **203.4** Deutscher Verkehrssicherheitsrat e., Bonn; **203.5** Imago Stock & People (David Heerde), Berlin; **203.7** Picture-Alliance (Jasper Juinen-Anp), Frankfurt; **203.8** Picture-Alliance (dpa/volkswagen), Frankfurt; **204.1** Das Fotoarchiv (Jochen Tack), Essen; **204.2** dpa (AFP/Rolf Haid), Frankfurt; **204.4** blickwinkel (M. Delpho), Witten; **205.8** Mauritius (E. Gebhardt), Mittenwald; **206.1** Photo Affairs, Deisslingen; **206.2** Corbis (Alan Schein Photogra), Düsseldorf; **206.3** Argus (Thomas Raupach), Hamburg; **206.4** Photo Affairs, Deisslingen; **207.8** Picture-Alliance (dpa/Jochen Eckel), Frankfurt; **208.1** Picture-Alliance (ASA/Thomas Urner), Frankfurt; **210.1, 210.2** Picture-Alliance (akg-images), Frankfurt; **210.3** Astrofoto (NASA), Sörth; **212.1** Photo Affairs (Jürgen Bögelspacher), Deisslingen; **213.1** Argum (Wolfgang Nuerbauer), München; **216.1** DaimlerChrysler, Stuttgart; **216.2** Picture-Alliance (dpa/Wolfgang Weihs), Frankfurt; **216.3, 216.4** Autoliv GmbH, Dachau; **216.5** Picture-Alliance (dpa / wolkswagen), Frankfurt; **217.2** AKEMI GmbH, Nürnberg; **217.3** Okapia (Horst-Jürgen Schunk), Frankfurt; **217.1A** Photo Affairs, Deisslingen; **217.1B** Niehoff, Ulrich, Bienenbüttel; **217.1C** Volkswagen AG, Wolfsburg; **217.1D** Photo Affairs, Deisslingen; **217.1E** Bridgestone Deutschland GmbH, Bad Homburg v.d.H.; **219.1** DEKRA AG, Stuttgart; **219.2** Sortimo, Zusmarshausen; **219.3** Deutscher Verkehrssicherheitsrat e., Bonn; **219.4** DEKRA AG, Stuttgart; **221.7** DaimlerChrysler, Stuttgart; **222.2** Motor-Presse International, Stuttgart; **223.4** Mauritius (Pokorski), Stuttgart; **223.5** f1 online digitale Bildagentur (Trigalou), Frankfurt; **225.4** Mauritius (nonstock), Mittenwald; **227.2** Photo Affairs, Deisslingen; **228.1** Corbis (Tom Ives), Düsseldorf; **229.1** Mauritius (SST), Mittenwald; **229.2** Mauritius (Lehn), Mittenwald; **229.3** Mauritius (Hackenberg), Mittenwald; **229.4** Getty Images (Eyewire), München; **229.5** FOCUS (SPL), Hamburg; **232.1** Méndez, Anke, Königsbronn; **232.2** Klett-Archiv (Zuckerfabrik digital), Stuttgart; **233.5** Mauritius (age), Mittenwald; **234.1** Pictor International Ltd., München; **235.3** Leybold Didactic, Hürth; **235.4** Picture-Alliance (dpa/Marcus Führer), Frankfurt; **237.1** IBM, Frankfurt; **237.2**A Eisenbeiss, Hermann, Bad Kohlgrub; **237.2**B Transglobe Agency (Adolf Marents), Hamburg; **237.2**C Wacker Siltronic, Burghausen; **237.3**A Loctite European Group, München; **237.3**B mediXtra, Nürnberg/Airport; **240.1** Mauritius (age), Mittenwald; **240.2**A Klett-Archiv (Silberzahn), Stuttgart; **240.2**B Leupold, Johann, Wendisch-Evern; **241.2** FOCUS (SPL), Hamburg; **241.5** Schlüter, Heinz, Flensburg; **241.4A, 241.4B**Méndez, Anke, Königsbronn; **243.1** Höllerer, Conrad, Stuttgart; **245.4** Corbis (Denis Scott), Düsseldorf; **248.2, 249.3, 249.4** Ciprina, Heinz-Joachim, Dortmund; **251.5** Mauritius (Lehn), Mittenwald;

Alle weitern Fotos stammen von Werkstattfotografie Neumann und Zörlein, Stuttgart oder aus dem Archiv des Ernst Klett Verlags.

Nicht in allen Fällen war es möglich, den uns bekannten Rechteinhaber der Abbildungen ausfindig zu machen. Berechtigte Ansprüche werden selbstverständlich im Rahmen der üblichen Vereinbarungen abgegolten.